本报告属复旦大学国外马克思主义与
国外思潮研究国家创新基地能力建设项目
暨上海市重点学科项目（B103）

国外马克思主义研究报告

2009

复旦大学国外马克思主义与国外思潮研究
国家创新基地（985国家级重点研究基地）
复旦大学当代国外马克思主义研究中心
（教育部重点研究基地）
复旦大学哲学学院

人民出版社

Report on Studies of Marxism Abroad (2009)

The State Innovative for Studies of Marxism and Ideological Trends Abroad at Fudan University

Center for Contemporary Marxism in Foreign Countries of Fudan University

School of Philosophy, Fudan University

主　编：俞吾金

副主编：陈学明　吴晓明　张庆熊

本辑执行主编：邹诗鹏

本辑执行编委：汪行福　王金林　王凤才　吴　猛

本辑编务：鲁绍臣　赵司空　林　青　陈祥勤　马碧霄　沈丹丹

目 录

Report on Studies of Marxism Abroad (2009)
Contents

Editorial Remarks   Yu Wu-jin

General Report on Studies of Marxism Abroad (in 2009)

Studies of Marxism in Major Countries and Regions (in 2009)

Subject:The Current financial Crisis and Critique of Neoliberalism

Research Frontiers

Memory

Bibliographical Studies of Marxism

Index

主编的话

俞吾金

毫无疑问，只要人们置身于 2008—2009 年的语境中，就不得不接受这样一个事实，即"金融危机"成了一个无法回避的话题。实际上，摆在我们面前的《国外马克思主义研究报告 2009》也是围绕着这个中心话题展开的。这份报告还专门辟出了"金融危机与新自由主义批判"的专栏，其中收录了哈贝马斯等四位著名学者的访谈和论文。既然这个话题是一个绕不开的话题，我们也应该明确地表明我们的看法和态度。

按照我们的看法，自从美国的金融海啸引发世界性经济衰退以来，人们对这一重大事件的诊断就始终没有走上正确的、令人信服的轨道，即使是这份报告中收录的哈贝马斯等四位著名学者的观点，也无法避免同样的命运。一般说来，经济学家们倾向于把这场危机理解为"金融危机"，而把金融危机的形成进一步归咎于美国金融政策的某些决策人，并进而检讨这些决策人的思想理论基础——自由主义和新自由主义。追溯到这一步，他们认定，自己的任务已经完满地结束了。而非经济学领域的专家们则倾向于把这次危机理解为单纯经济领域内的危机，而他们分析的触角一旦伸入到经济领域，也就只有追随经济学家们的份了。也就是说，这些非经济领域的专家们完全是以"旁观者"，甚至是"局外人"的身份来理解这场危机的。

不久前，我到菲律宾马尼拉参加联合国教科文组织（UNESCO）主办的一个关于哲学教学的高水平国际会议，国际哲学学会联盟（FISP）提供了一个简要的文本《关于危机与哲学的宣言》（Declaration On Philosophy And The Crisis），来听取大家的意见。我当时就发表了不同的看法，甚至不同意 Philosophy And The Crisis 这样的提法，因为这一提法从一开头就已把哲学置于经济危机之外，即置于"旁观者"或"局外人"的地位上。而按照我们的看法，哲学不但不在危机之外，相反，它就是整个危机中的一个重要的、不可忽略的因素。哲学家们不但应该深入地分析、检讨经济领域，尤其是金融领域中出现的各种问题，更应该深入地分析、检讨文化、价值，尤其是哲学领域中出现的各种问题。我们认为，经济活动本质上是文化活动，也是价值观念和哲学观念的体现。深入的探讨表明，正是文化、价值和哲学领域中出现的某些错误的思想倾向和观念，自觉地或不自觉地为经济领域，特别是金融领域中出现的错误决策及人们对这些决策的盲目认同提供了思想基础。

与当前普遍流行的见解不同，我们倾向于把目前仍然在继续的危机理解为"综合性危机"。所谓"综合性危机"，也就是说，这场危机不是单纯的"经济危机"，更不是单纯的"金融危机"，它同时也是"治理危机"、"文化危机"、"价值危机"乃至"哲学危机"。因而我们坚决反对旁观者式的"危机外的反思"，主张当事人式的"危机内的反思"。

当然，我们这里提出的"危机外的反思"和"危机内的反思"并不是从危机本身蕴含的结果上，而是从危机得以形成的原因上来说的。显然，从危机本身蕴含的结果上来看，我们可以说，全球所有的人，不管愿意不愿意，都被卷入这场危机中，并不同程度地承担了这场危机酿成的苦果。在这个意义上，所有人的反思都可以说是"危机内的反思"。但从危机形成的原因上来看，情形就完全不同了，因为绝大部分人都认为，这场危机是由某些金融理论家和决策人所造成的，因而他们始终是站在危机之外，以"旁观者"，甚至是"局外人"的方式来反思危机的。也就是说，他们坚持的始终是"危机外的反思"，而不是"危机内的反思"。这就启示我们，只有当人们，尤其是那些非经济领域的专家们，把这场危机理解为"综合性危机"，即所有其他领域也像经济领域一样处于危机中时，他们才可能真正地启动"危机内的反思"，即抛开"旁观者"或"局外人"的立场和态度，把对"他者"的反思同时理解为对"自我"的反思。

其实，明眼人一看就知道，在这场"综合性危机"中，"金融危机"不过是一种触目可见的、表层的危机。只要我们沿着这种表层的危机思索下去，危机的更深的层面就会展现在我们的面前。事实上，谁都知道，单凭那些必须对金融政策的制定和实施负责的少数决策人和理论家，是根本不可能掀起全球性的金融海啸的，而值得深思的倒是问题的另一个方面，即为什么这些政策会迎合人们的心理需求，得到他们的普遍认同？

无数事实表明，人们之所以对金融政策中的一系列衍生物——次贷、信用卡、透支、分期付款等，采取普遍认同的态度，因为这些衍生物解放了他们的欲望，为他们理想中的生活方式的实现提供了条件。事实上，正是这种普遍的认同及与之相应的独特的消费模式和大量的消费行为，才有可能最终引发全球性的金融海啸。俗话说："苍蝇不叮无缝的鸡蛋。"对于我们来说，不但要反思：为什么"苍蝇"会去叮"有缝的鸡蛋"；也要反思，为什么"有缝的鸡蛋"会成为苍蝇叮咬的对象。

让我们继续追问下去：在金融危机没有发生之前，为什么人们对美国的金融政策采取普遍认同和赞扬的态度呢？因为这些政策极大地刺激并提升了人们潜在的消费欲望，从而倒过来推动并促进了生产的大规模发展和整个社会经济生活的繁荣。然而，正像一条项链的承受力取决于每个环节的承受力一样，高度扩张化和符号化的金融系统的承受力也取决于每个环节的承受力。一旦某个环节出现了支付上的困难，就有可能导致整个系统的崩溃和解体。这不禁使我们联想起席勒笔下的华伦斯坦夫人对自己丈夫的批评：

> 哦，我的丈夫！你总是在营造营造，
>
> 已经高出了云表，依然在想着更高更高，
>
> 全不念及这狭隘的地基已不能支持
>
> 那眩晕飘摇的营造。

然而，深入的思考表明，人们潜在的消费欲望也不是直接被这些金融政策或与之相应的金融衍生物激发起来的，而是通过电视、电台、报刊、城市道路两旁和上空的铺天盖地、色彩缤纷的广告而刺激起来的。事实上，正是这些无处不在的广告构成了"虚拟的实在"（virtual reality），甚至构成了居伊·德波所说的"景观社会"（La Societe du Spectacle），从而对人们的消费策略和消费行为产生了至关重要的影响。

当然，更加深入的反思启示我们，以广告为根本要素的"虚拟的实在"的形成以及对人们潜在的消费欲望的激活，仍然需要比文化观念、价值观念更为深刻的哲学观念的参与。我们至少可以列举下面三种哲学观念，毫无疑问，它们乃是刺激人们潜在消费欲望的共谋：

一是虚无主义的流行。自从德国哲学家尼采说出"上帝已死"（Gott ist tot）这句名言，以理性主义为特征、以基督教为背景的西方传统哲学就陷入全面的危机之中。德国哲学家海德格尔认为，虚无主义就是最高价值的自我贬黜，而当代科学技术的高度发展和人与人之间关系的物化与异化，又助长了这种虚无主义的蔓延。在到处弥漫的虚无主义的精神氛围中，不但传统的

观念遭到全面的否弃，而且在近代文艺复兴、宗教改革和启蒙运动中形成并发展起来的普世性价值体系也遭到了全面的否弃，以至于德国社会学家马克思·韦伯在20世纪前期出版的《新教伦理与资本主义精神》一书中阐发的见解，也仿佛成了来自遥远星球的梦呓。如果说，新教伦理倡导的是勤劳、节俭、诚信的话，那么，当代消费者崇尚的则是"债多不愁"、"恶意透支"和"报复性的消费"。这使我们很容易联想起法国皇帝路易十五的名言："我死后哪怕洪水滔天！"这种虚无主义的哲学情绪在经济生活中的表现是：把当代社会理解为消费社会，并进而把消费理解为全部生活的本质。

二是对身体和欲望的倚重。如果说，在黑格尔的《精神现象学》中，"欲望"还只是"自我意识"展开中的一个环节，那么，在差不多与黑格尔同时代的叔本华那里，生存意志和欲望已经成了其全部哲学的出发点。而在当代法国哲学中，德罗兹、利科、拉康等哲学家，更是通过对斯宾诺莎、弗洛伊德传统的重新诠释，发展出一种新的欲望形而上学，甚至发展出一种新的欲望语义学，从而充分肯定了欲望在人们的社会生活，乃至精神生活中的基础性的地位和作用。与此相颉颃的是，"身体意识"是在尼采哲学中揭开序幕的，而通过当代法国哲学家梅洛-庞蒂、福柯等人，在哲学中获得了核心的地位和作用。显而易见，当代哲学对身体意识和生存欲望的倚重，对当代经济领域产生了无与伦比的重大影响。显然，与传统哲学相比较，当代哲学以前所未有的自觉确立起对身体和欲望的关注，从而为人们潜在的消费欲望的开启和泛滥提供了思想温床。

三是感觉主义的流行。在反叛理性主义哲学传统的同时，非理性主义，尤其是感觉主义也在当代盛行起来。在当代生活中，"跟着感觉走"成了一个时尚的口号，这使我们自然而然地联想起德国哲学家费尔巴哈关于"我欲故我在"的名言。无庸讳言，作为感觉主义者，最注重的无非是当下或此刻的身体的感受。在他们看来，本来显得无限遥远的"永恒"正是通过无数个"此刻"来达成的。如果说，人们在每个"此刻"中自我感觉都是良好的，那么，他们实际上已经永恒地占有了幸福。明眼人一看就知道，这种在当代人中普遍流行的感觉主义与最能唤起当下感受的、铺天盖地的广告之间存在着天然的默契。事实上，再也没有别的思潮比感觉主义更容易转化为当前生活中的消费主义了。于是，我们前面提到的费尔巴哈的名言就在不知不觉中转化为下面的名言："我消费故我在。"

这样一来，我们也就明白了，金融危机并不仅仅是金融危机，它同时也是治理危机、文化危机、价值危机和哲学危机，一言以蔽之，它是"综合性危机"。对于当代哲学研究者来说，以目前流行的方式，即"旁观者"或"局外人"的方式，轻描淡写地就危机这一重大的历史事件发表一些游谈无根的意见，是不足取的。在我们看来，只有把这场危机理解为"综合性危机"，并自觉地起来反思、检讨当代文化观念、价值观念和哲学观念的病症，才有可能准确地理解危机的本质并找出相应的有效的对策。否则，他们关于危机问题谈论得越多，离开危机的真相和本质就可能越远。总之，我们需要的是"危机内的反思"，而不是"危机外的反思"。

不管人们是否认同我们的观点，我们已经说了，已经拯救了自己的灵魂！

国外马克思主义研究总报告
(2009)

国外马克思主义研究总报告
（2009）

    始于 2007 年的美国次贷危机，在 2008 年扩展为波及全球的金融危机，也全面激活了马克思主义传统及其理论研究。本文结合本研究报告以及相关研究成果，从全球左翼活动状况、金融危机与新自由主义批判、马克思主义经典著作研究热点、马克思主义理论研究动向几个方面，对 2008 年国外马克思主义研究状况作一综述及分析。不当之处，敬请方家指教①。

    一、近年来，拉美左翼崛起引人注目，欧洲新左翼在"一路飘红"的同时也陷入分裂与耗散状态。2008 年，金融危机激起了激进左翼思潮的进一步复兴。在西方，由左翼组织并参与的游行、罢工以及社会抗议活动引人注目，奥巴马当选、"五月风暴"40 周年等等，均助推了激进左翼思潮。在非西方国家及地区，反自由主义及反全球化运动十分活跃，新社会运动及全球社会论坛呈现新态势，拉美左翼版图进一步扩大，亚洲各地如印度、印度尼西亚、马来西亚、日本、韩国、孟加拉国、伊朗等的左翼活动日益活跃，尼泊尔共

① 总报告在形成过程中听取了俞吾金、陈学明、吴晓明、张庆熊和课题组主要成员汪行福、王金林、王凤才以及吴猛的意见，执笔人邹诗鹏。

产党（毛主义）在选举中获胜。但总体说来，目前国外左翼政党及其活动依然组织涣散、缺乏章法并且处境艰难，难以真正对抗和挑战已经形成很强自我修复能力的当代资本主义制度，就目前情形看，还难以做出世界社会主义运动复苏的判断。

当前全球范围内频繁且针对性极强的激进左翼活动，构成了国外马克思主义研究活动的实践基础。近些年来，全球左翼活动呈复兴态势，拉美左翼崛起现象引起世人瞩目。就反自由主义与反全球化的程度而言，目前拉美左翼可分为"激进左翼"与"温和左翼"，前者如古巴、委内瑞拉、玻利维亚、尼加拉瓜，后者如巴西、智利、阿根廷、乌拉圭、巴拿马、秘鲁、危地马拉、多米尼加、哥斯达黎加。随着 2008 年 4 月巴拉圭左翼政党领袖卢戈选举获胜，以及 2009 年 3 月萨尔瓦多左翼政党法本多·马蒂民族解放阵线候选人毛里西奥·富内斯赢得总统选举，拉美左翼版图进一步扩大。拉美左翼目前已引起了一批著名激进左翼理论家如卡利尼柯斯、奈格里、萨米尔·阿明、哈维等的高度关注。

2008 年，诸如美国纽约全球左翼联盟、芝加哥"社会主义大会"、英国的马克思主义节、历史唯物主义年会、德国的马克思主义大会、法国的"国际马克思大会"以及欧洲社会论坛等，都举行了相关的活动。11 月，全世界共产党、工人党第 10 次国际会议在巴西圣保罗举行，65 个政党与会，主题：国际社会中的新现象，焦点问题是金融危机，会议最后通过了一份主旨为"社会主义是另一种选择"的《圣保罗宣言》。世界社会论坛则是全球、特别是非西方国家左翼活动的最重要的国际组织，自 2001 年以来已举办了七届，分别在拉美、欧洲、亚洲（印度）以及非洲等地举行。2009 年 2 月，世界社会论坛一年一度的年会在中断一年后，在巴西贝伦举办，参加人数达 10 余万人，这也是论坛开办以来人数较多的一次。在题为"建设一个别样世界"的旗帜下，论坛强调重建国际金融秩序、保护环境、建设一个更为公平的世界。

欧洲新左翼近年来的"一路飘红"现象颇值关注。过去十年，欧洲大陆形成了一股旨在批判新自由主义、反对战争以及全球资本主义的新左翼运动。新左翼运动也陷入了分裂与耗散状态。在卡利尼柯斯看来，2004 年意大利重建共产党的右转，意味着新左翼本身的分裂。2006 年英国新新左翼的出现，实际上正是新左翼的右转症状，丹麦等地的新左翼也一度陷入分裂。但是，金融危机的出现，在很大程度上促使欧洲左翼政党及左翼活动再度活跃起来。

目前，欧洲各主要左翼政党，如德国社会民主党、意大利"彩虹左翼联盟"（由意重建共产党、共产党人党和绿党联合组成）、奥地利共产党、比利时共产党、卢森堡左翼党、荷兰社会党、瑞典左翼党、挪威左翼社会党、丹麦的社会主义人民党、芬兰的左翼联盟、西班牙联合左翼、西班牙共产党、葡萄牙左翼阵营、希腊左翼社会党、匈牙利社会党、罗马尼亚社会民主党、波兰民主左翼联盟党、保加利亚左翼党、捷克民主社会主义党、斯洛伐克民主左翼党、立陶宛社会民主党，这些左翼政党及组织，近年来打出诸如复兴社会主义、反自由主义、反全球化，反帝国主义、反战、反法西斯主义等旗号，吸收整合诸如生态主义、和平主义以及女权主义等左翼思想资源，与近些年来蓬勃兴起的新社会运动以及欧洲社会论坛等左翼组织相结合，组织并参与了各种各样的活动，包括频繁且声势浩大的社会抗议活动。自 2007 年底以来，法国运输业、教育以及公共领域行业举行了多次声势浩大的大罢工，参加人数达 500 万，旨在反对萨科齐政府及新自由主义政策；2008 年五一节期间，德国汉堡和柏林地区举行大规模的新左翼游行，反对新纳粹主义、种族主义、反全球化、反八国峰会，其声势完全压倒了右翼新纳粹；2009 年 1 月，德国左翼党数万人集会举行纪念国际工人运动领袖罗莎·卢森堡和卡尔·李卜克内西的活动；2008 年 9 月，"欧洲社会论坛"在瑞典马尔默举行，其主题是：另一个欧洲的开始！与会人数多达 13000 人，会议期间也举行了口号为"另一个欧洲、另一个世界"的游行。2008 年 10 月，意大利左翼政党发起了 250 万人参加的大规模反政府示威游行，抗议政府削减教育开支。2009 年 3 月底至 4 月初，在伦敦八国峰会前后，社会抗议活动更是达到近年来的高潮。在英国伦敦、北爱尔兰首府贝尔法斯特、苏格兰的格拉斯哥、德国柏林及法兰克福、意大利罗马以及希腊、西班牙、葡萄牙、乌克兰爆发了由左翼组织和参加的大规模游行示威及大罢工。

左翼政党在目前西方社会运动中发挥着不可替代的重要作用。有的左翼党甚至通过选举成功直接成为执政党，对本国政治以及国际左翼活动产生了强有力的影响。如 2008 年 2 月，塞浦路斯劳动人民进步党总书记赫里斯托亚斯当选国家总统。再如 2009 年 2 月，冰岛左翼政党组成新政府。但总体上看，目前左翼政党及其组织仍然处境艰难。一方面，新自由主义政治时局一直打压左翼政党及其左翼活动，甚至于偏袒右翼新纳粹；另一方面新左翼因其激进的政治立场，而不容易为现实中的大多数人所接受。新左翼的民众基础实际上是成问题的，再加上一味地适应选民政治，使得新左翼政党容易在形式上漂浮不定，显得没有章法且缺乏自信。2008年1月，一个主张反资本主义及新自由主义并激烈抵制萨科齐政府的法国激进左翼新政党"革命共产主义联盟"诞生（其前身可追溯到在1968年"五月风暴"中扮演重要角色后屡遭官方取缔的托派性质的"革命共产主义青年团"），有3500人加入组织，并有明确的政治构想，但不到一个月即宣布解散。取而代之的是"新反资本主义"，借势于反金融资本主义的浪潮，在随后的几个月内，新组织在法国各地成立了460个委员会，参加者逾万人，但即便如此，也难以改变目前法国的政局。几年以前，意大利重建共产党"倒右"，但在近年来金融资本主义的批判浪潮中，"重建共"与共产党人党和绿党联合组建意大利"彩虹左翼联盟"，并参与选举活动。始料不及的是，选举最后以惨败而告终，意大利左翼活动也严重受挫。

目前欧洲声势浩大的左翼社会抗议运动的确引起了官方一定程度上的恐慌。从客观情况看，左翼组织内部依然是鱼龙混杂、良莠不齐。在经济危机与社会危机并存的情况下，左翼激进活动从客观上也存在着社会风险，不排除对社会稳定构成重大威胁，甚至于不排除左翼参与恐怖行动或被恐怖组织所利用，从而使左翼活动走向另一个极端，但也不必过分夸大这种恐慌。经历法国大革命的历史洗礼，经历1968年"五月风暴"及其雅皮士造反精神的时代洗礼，在解构主义浪潮下，法国乃至于整个西方的左翼社会抗议活动更多地带有节日狂欢式的意味，仅仅是一种负面情绪的宣泄与释放，而并非真正的社会造反运动。但在金融危机中暴露出的诸如贫困与社会不公现象，倒是当代西方社会面临的实际问题。

原苏东地区的左翼政党及组织，如俄罗斯、白俄罗斯、乌克兰、塔吉克斯坦，虽然其左翼内部出现了不同程度的分化，但仍然保留了共产党左翼组织的名号，目前也在开展诸如社会运动、反新自由主义及反全球化运动。目前这一地区的左翼活动，还有一个特点，就是清除斯大林模式与苏俄极权主义的影响，努力推进本地区的社会民主化进程。

美国左翼显然不如欧洲那样活跃。美国不仅没有欧洲那样的社会主义传统，而且在长期反共路线下，利用民族主义、保守主义及右翼政治势力，把激进左翼特别是马克思主义及社会主义思潮看成是牺牲美国国家利益的毒草而加以抵制，这在麦卡锡主义时代达到高峰，对激进左翼思想的排斥在民众中亦是根深蒂固。即使左翼倾向性较为明显的美国知识界，也常常会有意与马克思主义激进左翼保持距离，以至于在美国，人们尤其要注意区分知识左翼与马克思主义激进左翼。但美国毕竟强调所谓多元民主，思潮纷起并且流派纷争，是其思想界的常态，何况在现当代史上，美国思想界显然受到了马克思主义以及西方马克思主义传统的影响，而很多新左翼的思想主张以及行动策略，也都发自于美国。激进左翼仍然是美国思想之一种。

欧洲乃至于其眼皮底下拉美左翼的崛起，包括墨西哥的左翼政党活动，显然对美国产生了影响。金融危机不仅直接激起了美国国内的左翼活动，而且也产生了广泛的全球影响。从马克思主义学者大会分化出来的纽约全球左翼联盟，其主旨是："另一个世界是可能的"。这是一个号召力十分广泛的左翼组织，是目前全球反新自由主义与反资本主义全球化的主力。论坛每年举行一次大型活动，吸引来自全世界的千余名左翼思想者参与，每年3月在纽约库珀联盟举行，2008年的主题是"抵制帝国"，金融危机显然是关键词。此外，芝加哥举办了"2008社会主义大会"，主题有三：社会的改造、新革命与改变世界道路的寻求、现代无产阶级的联合与团结。作为当年法国1968年"五月风暴"的活跃地，美国在2008年也举行了各种各样的纪念活动。奥巴马代表民主党当选美国总统，更是激起了左翼的兴趣与想象，因为奥巴马的政策看起来就包含着激进左翼的因素。究竟是奥巴马转向左翼并引来美国政治理念的转变，还是这只不过是虚晃一枪转而维持和修补新自由主义政策并使美国继续扮演大国角色，就目前情形看来，显然需要从后一方面去观察。

因为金融危机从而使得社会主潮直接转向激进左翼运动，这一说法对美国而言尤其不现实。美国左翼的不够自信并非没有现实原因。与美国保守主义代表人物塞缪尔·亨廷顿（于2008年逝世）齐名的福山，近些年来因批评美国入侵伊拉克并提出"现实的威尔逊主义"以及"多元的多边主义"，这些论述带有很大的开放性，从而被看成是对新保守主义的反戈一击。但是，金融危机以后，福山再次重申自己的新保守主义立场。实际上，正如齐泽克所言，虽然福山的历史终结论屡遭左翼嘲笑，但当今大部分美国人还是不折不扣的"福山派"，他们深信自由—民主资本主义乃是最好的可能社会，而需要做的无非是使它变得更加公正和宽容。就美国而言，断言左翼运动由此兴起，还缺乏相应的事实根据。

2008年，激进左翼活动特别值得提及的是有关纪念1968年"五月风暴"40

周年的活动。当年风暴强烈波及的地方，如巴黎、纽约、伦敦、旧金山、华盛顿特区、渥太华、墨西哥城以及法国巴黎大学、巴黎高等师范学校、美国哥伦比亚大学、芝加哥大学、旧金山州立大学、加州大学圣巴巴拉分校、得克萨斯奥斯汀学院、英国莱塞斯特大学、开放大学、加拿大肯迪娅大学以及布拉格年会，都举行了各种形式的纪念活动。一批时下左翼理论的执牛耳者、同时也是当年风暴的参与者或亲历者，如巴迪厄、比岱、霍布斯鲍姆、弗雷泽、齐泽克、丹尼尔·科恩—本迪、塔里克·阿里等，均就此发表著述，连同回忆录、影视、音乐、诗歌、广告以及各种集会，实际上把1968年"五月风暴"的纪念活动，做成了一场盛大的文化庆典。显然，今天人们以如此方式纪念发生在40年前的那场"五月风暴"，不只是要意气性地回应萨科齐式的极右言论，而是有更深层的背景与意向。但是，今日人们是否具有理论勇气、激情以及思想能力，去面对那些比当年更为复杂严峻的现实问题及其危机，则是更为重要的问题。

与欧洲左翼的复苏现象相比，亚洲左翼活动也称得上是有声有色。印度、印度尼西亚、马来西亚、韩国、日本、孟加拉国、伊朗等地的左翼活动，近年来日益活跃。亚洲各社会主义国家，如中国、越南、朝鲜、老挝等国的左翼活动，在国家政治方针的前提下，民族主义特征愈益彰显。值得注意的是，2008年4月，尼泊尔共产党（毛主义）在选举中获胜，引起了国外激进左翼界的关注。

从总体上讲，目前国外左翼政党及其组织虽然十分活跃，并对金融危机及新自由主义开展了富有成果的批判，提出了相关的社会改革及社会主义方案，但由此做出世界社会主义运动已经复苏的判断，还为时尚早。从目前情形看，左翼的力量并没有强大到足以全面影响西方政治结构的程度。事实上，左翼组织依然是组织结构涣散、缺乏章法而且处境艰难，与之相比，当代资本主义已经和正在形成的强大的自我修复能力以及转移危机的功能，更应引起足够的重视。

二、金融危机进一步激起对新自由主义及新帝国主义的批判。国外左翼及马克思主义的研究认为，这次金融危机是继20世纪30年代经济危机之后当代资本主义面临的又一次严重的经济危机，且因其突出的全球效应而更为复杂。金融资本主义、虚拟经济、信用及危机理论、消费主义等，成为左翼理论界研究的关键问题。关于如何克服金融危机及金融资本主义，左翼并不

完全认同复活凯恩斯主义，而是提出了各种社会主义改革及解决方案。国外马克思主义研究同样关注中国在缓解全球经济危机中的作用及其面临的风险。

对金融危机及其新自由主义与金融资本主义的批判，无疑是 2008 年国外各路左翼理论家尤其是国外马克思主义研究的重头戏。诸如霍布斯鲍姆、哈贝马斯、詹姆逊、奈格里、萨米尔·阿明、洛苏尔多、梅扎罗斯、赖特、福斯特、塞耶斯、阿希姆·比塑夫（Joachim Bischoff）、安德烈阿尼、迈克尔·洛威等，均致力于分析批判金融危机及新自由主义政策，提出相应的解决方案。同时，2008 年还出版发表了一大批专题论著，如《全球金融危机》、《世界金融危机为何爆发——从次贷危机到金融资本主义的崩溃》、《世界金融资本主义》、《美国资本主义破产的原因》、《贪婪的资本主义华尔街的自我毁灭》、《谁将为经济危机埋单?》、《2009 年资本主义大崩溃》、《资本的虚构》、《金融危机的资本论》、《全球化：最糟糕时刻即将到来》、《沉落：关于资本主义现实危机的理论》、《南方银行与新国际危机：对新自由主义的资本主义的替代和反抗》、《资本主义生产方式的展开：资本主义生产方式的衰退与全球化》、《资本主义为何而自灭》、《后福特主义时代的资本主义》、《新资本主义的真相》、《工资的面相：当代资本主义劳动与就业的变动》、《当前的失业问题》、《失控的资本主义》、《再见，贪婪的资本主义》、《资本主义失控到何时》、《资本主义的新奴隶》、《资本主义机制中的冲突与能力》、《我们能够批判资本主义吗?》、《战胜赌博式的资本主义》、《迈向新资本主义》、《全球化资本主义的变革与危机——替代方案是什么?》、《社会经济：一个对资本主义的替代》、《建立没有贫困的世界》，等等。

目前，国外左翼理论界普遍认为，始于 2007 年美国次贷危机并在 2008 年持续加剧的全球性金融危机，是自 20 世纪 30 年代经济危机以来西方资本主义世界面临的最严重的危机。其直接原因，则是自 20 世纪 70 年代以来以英美为首的西方发达国家长期推行的新自由主义政策。自由市场并不像它本身所标榜的那样是一种具有良性的、自我规范的并且服从于社会整体利益要求的机制，而恰恰是缺乏道德自律以及法的约束机制。新自由主义制度，作为资本主义基本矛盾不断加剧的制度设计，实际上是进一步纵容了市场自由放任原则，因而更加容易陷入周期性的经济危机。正是追求资本最大化和利润最大化的自由放任的市场机制，随着信贷扩张、虚拟经济最大化以及金融衍生品市场的飞速发展，最终促成了金融危机。

金融危机彻底暴露了新自由主义政策的症结。哈贝马斯反对把金融危机一般性地归咎于资本主义，而是归之于具体的政治观念及其行为。因为正是20世纪90年代以来（以华盛顿共识为标志）复活了社会达尔文主义的新自由主义政策，导致了这场全球性并最终由穷人埋单的金融危机。哈贝马斯认为，金融危机更为清楚地显示出新自由主义如何加剧了生活世界殖民化，由此他主张应该有效地遏止美国霸权，并强烈批判美国那种向世界各地输出错误的生活方式的普遍主义。但哈贝马斯同时认为，美国在一定时期将依然保持自由主义的超级强力，并不断巩固新保守主义成果。

对于金融危机形成机制的具体分析，研究呈现出多种视角，主导性的观点是归咎于新自由主义金融体制本身。有研究指出，金融危机的产生，是因为在商业银行之外逐渐衍生出二级、三级影子银行体系，不仅脱离有效的金融监管，而且反过来操控金融市场进而控制实体经济。在新自由主义政策推动下，金融已不再只是资本主义经济体系中的一种组织形式，而是反过来成为凌驾并完全控制和支配整个资本主义体系的超级组织结构，金融对不动产领域的高度操控更是直接地反映了这一点。金融资本主义是当今资本主义最显著的特征，进一步巩固了当代资本主义经济的虚拟性质，并通过刺激边缘国家的兴起成功地实现了金融资本的转移支付，从而使全球性的金融资本主义成为可能。金融资本主义既是后福特主义的极致，同时也是其终结状态。

正是受新自由主义支配的全球性的金融资本主义体系，多年来始终处于脆弱和不稳定状态，而华盛顿共识恰恰从相反的方向上引导了世界经济危机的蔓延，直到这次殃及自身的次贷危机。先是拉美依附模式（包括西班牙等西方国家在这一模式形成过程中的逐步边缘化），接下来是东南亚与俄罗斯的金融危机。如果说发达国家的金融危机呈现的还只是一种急性症候，那么，在受全球金融资本主义影响的那些欠发达国家、地区以及低层阶级那里，金融危机更多地呈现为迁延难治的慢性症候。金融危机的后果是：贫困与贫富分化的加剧、通货膨胀的持续压力、日益严重的失业、行业不稳定以及欠薪问题、精神困境、社会动荡，等等，揭示和批判这些现象，构成了目前国外左翼理论界研究的重要课题。美国、日本、西班牙等国左翼理论家尤其关注本国的贫富分化问题，连同近年来兴起的阶级研究热，直接说明了目前世界范围内贫困问题的严峻程度，必然要引起马克思主义传统的高度重视。有研究认为，金融危机及金融资本主义，不仅是新自由主义经济体制恶化的结果，同时也是消费主义及虚拟经济盛行的结果。金融危机的爆发，恰恰证明了消费主义与虚拟经济的失败，左翼理论家由此重申马克思主义有关生产原则以及实体经济的理论立场与原则，展开对消费主义与虚拟经济的深入批判。金融危机虽然表现在金融领域，其根源却是工业领域的危机，是当代资本主义在经历产业资本积累的滞后和失败之后转向金融领域的冒险行动。有的研究则指出，金融危机不仅是经济危机，更是当代资本主义的社会危机、文化危机与结构危机。一些研究还从资源危机、生产进步特别是高技术的过快发展、"知本家"的形成等方面分析金融危机的成因。

是否能够以及如何克服金融危机及金融资本主义，左翼理论界显然不可能定于一尊。在马克思看来，经济危机最终必然导致资本主义制度的灭亡。如今，要求破除新自由主义体系，并引向社会主义道路的传统方案，依然是一些国家共产党所追求的实践方向。激进左翼理论界也展开了对解放政治的各种构想，如梅扎罗斯提出实质性改变资本主义的"结构命令"以积极迈向社会主义的世界运动；萨米尔·阿明提出一种要求体现开放性及"多样性联合"的"新国际"构想，以对现行资本主义进行更有效的抵抗；齐泽克对当今贫民窟现象的深入分析，强化了无产阶级立场以及解放政治的现实性；赖特提出了以"社会赋权"为核心的社会主义构想，并由此作为解放政治的理论基础；大卫·科茨更为坚定地强化其反私有制及社会主义改革思想；弗雷泽的反常规正义理论，也力图在重建激进左翼理论愿景方面有所作为。

但是，仔细分辨，人们会发现，激进左翼理论家们各自的激进立场既有一定的交叉重叠而又各个不同，民主社会主义、无政府主义、民粹主义、托派、民族主义、新帝国主义批评、毛主义、后马克思主义、生态学马克思主义、拉美21世纪社会主义、女性主义马克思主义，等等，不一而足。激进的程度显然也有很大区别，今日的国外马克思主义，除了像托派以及正统马克思主义那样主张激进的阶级革命外，传统的激进立场已越来越少，更多的还是提出针对性的改良建议。

目前，国外左翼理论界提出的针对金融危机的改良性建议，不外乎如下几个方面：

第一，强调加强金融监管，改良金融资本主义体系。多数左翼理论人士并不认为批判金融资本主义就一定要抛弃金融体系，而是强调应该从严规范银行系统，建立良性的金融管制体系以及全球性的社会基金网络，并限制影子银行与金融衍生产品对经济系统的介入与控制。与此同时，一些左翼理论家也主张在全球资本主义体系内遏止美国新自由主义政策的影响，减少欠发达国家被美国"捆绑发展"的可能性，在这方面，一些研究对中国作为美国发展最大的债务国感到担忧。

第二，加强社会建设与公共经济建设。面对私有制肆无忌惮的发展以及日趋严峻的贫困问题，公共经济建设的要求越来越强烈，左翼界明确提出了社会经济以及社会企业的观点。在他们看来，一个强大的社会经济体系以及社会保障与福利系统，能够对缓解日益增长的贫困问题有所作为。一些激进左翼理论家明确提出通过政府限制急剧膨胀的私有制，并建立全球化的反贫困社会保障系统。不过，按照霍布斯鲍姆的分析，未来的经济仍然是公共经济与私人经济的混合，只是混合的方式越来越多地倾向于社会主义方向。

第三，重建一种积极健康的发展理念及其生活方式，生态社会主义观点更加引人关注。在金融危机下的西方世界，人们开始重新思考新教伦理有关理性禁欲主义及其节俭观点，展开对消费主义的批判，重建生活方式。左翼理论界也提出了相关的思想。哈贝马斯认为，在金融危机下，新自由主义的市场原教旨主义及社会达尔文主义，也加剧了生活世界的殖民化。在哈贝马斯看来，形成健康的生活方式就必须要遏止美国的新自由主义政治。金融危机使得生态学马克思主义者（如福斯特等）更加活跃。在他们看来，从根本上克服金融危机，必须转变目前这种靠掠夺自然资源为代价的工业主义模式及其生活方式。

与此同时，国外左翼所面对的困惑看来要远远超过他们可能形成的实践决断与理论自觉。比如，一方面，左翼理论界非常清楚：目前这种通过世界银行或各国政府追加货币投入等经济刺激政策，实际上是进一步加剧了新自由主义政策的矛盾，也进一步加剧了金融危机，尤其是进一步加剧了社会底层的贫困现象，加剧了阶级冲突。这无异于火上浇油，更何况左翼理论界并不真正相信新自由主义政策能够有效地实现对金融机制的有效监管。金融危机本来应该由新自由主义体制下的发达国家及资本家个人承担责任，但目前依然只是在新自由主义框架下实施的各种经济振兴计划，实际上是让欠发达国家、地区以及社会低层民众埋单，如此"劫贫济富"只能进一步加剧贫富分化，并导致阶级冲突激化。但是，另一方面，左翼理论界中一些人士尤其是中偏左派又似乎相信，金融危机将通过复兴凯恩斯主义而得到解决，甚至于可以通过左翼思想影响民主党并由此对奥巴马心存希望。然而，在目前这种全球性的金融资本主义条件下，复兴凯恩斯主义，也许可以在一定程度上缓解发达国家内部的经济矛盾，但必然会加剧发达国家与欠发达国家的矛盾与不公，并进一步加剧全球的军事紧张局势。金融危机中凯恩斯主义的复活，其实是值得注意的倾向。但是，正如有的左翼理论界看到的那样，在目前不平衡的全球发展格局以及西方民族主义和保守主义盛行的今天，凯恩斯主义的复活实际上会步入右翼。不过目前西方左翼界在这方面还缺乏更为深入的研究。

"左"与"右"的争论与区分，在最近几十年里往往被弄得扑朔迷离、莫衷一是。其中，很多政治设计往往负荷过多也绕得太多，因而看起来几乎不便于以"左""右"来进行评判。然而，在严峻的金融危机面前，"左""右"的底限呈现了出来：左翼强调的是公平，是低层民众的生存，是社会主义的基本价值取向，是穷人的经济学；右翼打着自由主义旗号，且总是与民族主义联系在一起，但它所强调的总归是特权。因此，在左翼与右翼思想之间作调和折中，终归还是无法回应一些尖锐的现实问题。在此意义上，目前国外超越左右分执的所谓第三条道路（实际上还是中偏左）的理论家们（如英国工党的理论家们）在这场危机面前几乎处于集体性失语状态，不是没有原因的；因为，金融危机，在很大程度上正是意味着他们先前所设计的向新自由主义妥协方案的破产。

金融危机进一步激起了国外左翼对中国发展模式的兴趣。从态势上看，自2008年以来，国外激进左翼对中国的兴趣超过了拉美，中国在反"藏独"、汶川地震、迎奥运等一系列活动中不断高涨的民族精神与民族自信心，使得西方左翼理论界对中国在当代世界的重建中正在和将要承担的角色，有了更进一步的认识，对于中国在全球化的金融危机及其化解中将要扮演的角色及其评价，也有了新的洞察。值得注意的一个动向是，目前左翼理论界对中国的研究，较多地引入了法国年鉴学派的观点，如阿瑞吉即在华勒斯坦的世界体系论以及布罗代尔长时段理论视野下，把以美国为代表的西方模式与中国为代表的东亚模式区分开来，把前者看成是一个以资本密集与能量密集为基础的西方斯密主义模式——其实质是工业主义模式；而把后者看成是以劳动密集与能量储存为基础的东亚斯密主义模式——实质是勤劳主义模式。阿瑞吉明确指出，美国那种表现为军国主义的霸权模式正在衰亡，而中国这种非军事化的勤劳模式将在全球格局中扮演越来越重要的角色。阿瑞吉的研究，连同近年来在西方左翼界流行的所谓"淡色中国"概念，对于辨识中国模式的世界意义，尤其是澄清中国威胁论，均具有一定意义。但是，如何客观地把握中国实力，理解在实现现代转化中正在生成的中国现代文化精神，把握中国作为一个负责任大国应当承担的军事职责，都是需要深入研究的问题。事实上，如果对中国模式缺乏更为内在的分析研究，那么，无论是认为中国模式将同构于全球资本主义，还是认为中国模式将异质于并有可能终结全球资本主义，恐怕都不仅难以形成可靠的理论成果，而且还可能误导实践。

三、金融危机使《资本论》与《共产党宣言》成为热门读物。在理论研究方面，《共产党宣言》有关全球化、世界历史、空间转移以及阶级斗争理论，进一步激发了有关马克思主义地理学及新帝国主义方面的探讨。围绕《资本论》讨论的热点问题有：危机与信用理论、政治经济学批判与古典政治经济学的关系、实体经济与虚体经济的关系、资本扩张与领土扩张的关系，等等。2008 年是马克思《政治经济学批判大纲》撰写 150 周年，由此，在近年研究基础上，诸如《大纲》与《资本论》的关系、非物质劳动的论述、受黑格尔主义的影响程度、对金融危机及新自由主义政策的批判价值、对马克思主义地理学研究范式以及后殖民主义批判范式的意义，均成为研究重点。马克思早期著作中的政治批判思想受到重视，与此同时，《1844 年经济学哲学手稿》、《德意志意识形态》、《哲学的贫困》、《路易·波拿巴的雾月十八日》以及列宁的《帝国主义论》、《哲学笔记》及《国家与革命》，也在不同程度上引起了国外左翼理论界的关注和研究。

研究表明，在近年来积累的基础上，特别是金融危机，激起了知识分子以及大学生们对马克思主义经典著作的兴趣。金融危机再次应验了马克思在《共产党宣言》中的精彩论断："这个曾经仿佛用法术创造了如此庞大的生产资料和交换手段的现代资产阶级社会，现在像一个魔法师一样不能再支配自己用法术呼唤出来的魔鬼了"[①]。并且，当前西方国家用以救治危机的那些治标不治本甚至无异于饮鸩止渴的方法，也没有超出马克思的预见，即"一方面不得不消灭大量生产力，另一方面夺取新的市场，更加彻底地利用旧的市场"[②]，其结果是危机的持续恶化。在这种状况下，人们重新重视马克思对资

① 《马克思恩格斯选集》第 1 卷，人民出版社，1995 年，第 277—278 页。
② 同上书，第 278 页

本的精彩分析。《共产党宣言》与《资本论》也成为热销图书，大学生们甚至开始系统研读《资本论》。一些西方国家的政要、企业家以及宗教上层人士，甚至于一些右翼人士，也开始关注并肯定马克思对资本主义制度的分析。

一些研究对《资本论》提出了补充性的商榷意见。主要集中于这样几个问题：一是《资本论》中政治经济学批判与古典经济学关系的研究，这一研究同时直接涉及马克思对资本主义的批判态度。约翰·米约斯（John Milios）认为，《资本论》第一卷的价值理论是马克思主义政治经济学批判话语，而第三卷从价值转向生产价格问题时，则转向了古典经济学话语，也即意味着转向了对资本主义结构的辩护。二是对马克思的补充论述。罗伯维茨在《超越资本论》（2003）中曾指出，《资本论》的一个重要缺陷是只考虑资本与劳动的技术构成对工人报酬的影响，而没有考虑工人阶级的组织化和政治斗争对收入分配的影响。但在本·芬恩看来，问题不在于必须把劳动力价值还原为无产阶级同资产阶级的政治斗争，还需要扩展性地考察历史、文化、地域等更为复杂的因素。有的研究提出，马克思当年只写资本生产，而没有过多地涉及他曾经计划划过的那些方面，而这些方面恰恰在今天值得引起研究。迈克尔·海因里希（Michael Heinrich）认为，虽然马克思在有关资本的生产和流通以及资本主义生产总过程的分析中加入了信用和危机理论，这不仅导致了《资本论》后两卷的困难，而且信用和危机理论的阐释本身也是成问题的。但是，这一信用与危机理论却从理论上深刻地切中了今日金融危机的症结。三是抽象劳动与非物质生产问题——这同时也是《大纲》研究涉及的问题，不妨放到稍后再讲。四是实体经济与虚体经济的关系——这一问题乃是金融危机问题讨论的关键所在。值得注意的是，这些年来，调节学派及其激进政治经济学一直在展开对鲍德里亚符号政治经济学批判及其消费社会批判理论的批判，这些研究特别值得结合金融危机问题进行深化。

2008 年是《大纲》撰写 150 周年。这部被看成是《资本论》手稿的著作也成为理论界关注和探讨的重点。人们注意到，正是 1857 年发生的那波及西方主要发达资本主义国家的市场、货币及金融危机，促使马克思撰写《大纲》。面对今日全球资本主义及其金融危机，重新解读《大纲》并展开相关理论探索，就十分重要。2008 年，围绕《大纲》探讨的核心问题有：受黑格尔主义的影响程度；同《资本论》的关系；有关非物质劳动的论述；对今日新自由主义及其金融危机的批判价值；对马克思主义地理学、人类学以及后殖民主义批判的价值。

结构主义的马克思主义与分析的马克思主义反对对《资本论》作黑格尔主义式的解读，并强调《大纲》作为手稿的不成熟性质，主张将贯彻黑格尔主义的政治经济学批判的《大纲》与渗透着经济主义（实质上是实证主义）的《资本论》区分开来，实质上是忽视了《大纲》的意义。虽然科莱蒂、阿多拉斯基、奈格里、詹姆逊以及哈维等主张应在马克思与黑格尔的相关性上理解《资本论》并因此重视《大纲》，而 MEGA2 有关《资本论》及其手稿的研究、编辑与出版工作也在为这一研究不断提供新的依据，但目前这一主张并不占主流。不过，近年来，随着新自由主义批判的深入，尤其是面对全球性金融危机，西方左翼界逐渐重视对《大纲》的研究，并在 2008 年达到高潮。

2008 年，《卡尔·马克思的〈大纲〉：150 年后政治经济学批判的基础》文集出版，作者包括霍布斯鲍姆、阿瑟、福斯特、卡弗、伍德等众多名家，这部文集强调大纲所强化的政治经济学批判及其对《资本论》的影响。阿多拉斯基 1968 年出版的《关于〈资本论〉的形成史：1857—1858〈资本论〉的粗略构想》也引起关注，人们特别肯定了此著的一个贡献，即分析了马克思将政治经济学批判与对蒲鲁东无政府主义的政治批判区分开来，从而通过政治经济学批判将《大纲》与《资本论》统一起来。近年来，随着 MEGA2 有关《资本论》及其前期的政治经济学手稿的出版，人们更为清楚地把握到相关手稿与《资本论》的内在关系，包括从由恩格斯整理出版的《资本论》第 2、3 卷中区分出马克思自己的"原始"思想或想法，进而有益于解读从手稿到《资本论》一以贯之的政治经济学批判思想。奈格里曾出版过专著《马克思超越马克思：关于〈大纲〉的讲座》（1979），专门讨论了《大纲》有关经济范畴与社会矛盾，并揭示了这些研究如何奠定了《资本论》的基本框架。有研究甚至认为，奈格里著作中对《大纲》有关生产自动化、劳动社会化以及一般智力或非物质劳动的研究，已经初步奠定了其"帝国"思想的基本框架。

基于 MEGA2，施蒂策勒（Ingo Stuetzle）细致地分析了《大纲》与《资本论》的关系。他认为，虽然《大纲》，连同《政治经济学批判》（第一分册）（1859）、《1861—1863 经济学手稿》、《1863—1865 经济学手稿》一起，都只是《资本论》的准备稿，但二者之间并不存在断裂，比如《大纲》有关货币的研究，实际上就是《资本论》第 3 卷里的内容。当然《资本论》进一步研究了商品、商品价值以及抽象劳动等等问题，因而实现了政治经济学的跳跃。针对通常认为《大纲》包含的政治干预思想，施蒂策勒再次强调他反对将资本看成是资本主义的动力学特征，并强调劳动挣脱资本对人类解放的意义。针对《大纲》中马克思对黑格尔有关概念创造客体的批判，以及对商品拜物教及货币拜物教的批判，吕梯肯（Sven Lütticken）指出，当代资本主义已越来越表现为抽象物（商品、货币）对人的劳动和具体实践活动的统治，因此，必须高度重视对当今时代抽象物的研究。

英国著名杂志《对极》（Antipode）2008 年第 5 期的专题即"《大纲》的地理学"，反映了《大纲》对今日影响重大的马克思主义地理学研究的关联。杰夫·曼恩（Geoff Mann）与温莱特（Joel Wainwright）认为，从黑格尔—马克思这条线索来阅读《大纲》，可以揭示一个反目的论的以及对"大写历史"深表怀疑的马克思。他们认为，马克思《大纲》中有关时间消灭空间的论述，实际上开创了批判地理学，并进而成为后殖民主义的先驱。曼恩通过区分《大纲》中的历史化的必然性思想与通常那种决定论的解读模式，提出了一种"否定的必然性地理学"；温莱特则认为，《大纲》只是展开了一个前资本主义关系的概念框架，还难以把握资本主义的不平衡发展问题，但从《大纲》到《资本论》，马克思则进一步发现了不平衡发展与帝国主义现象。维兰·哥瓦涅（Vinay Gidwani）则区分了《大纲》中的两个黑格尔（即主张通过扬弃达到和解的黑格尔与强调遭遇而不是扬弃的黑格尔），揭示马克思劳动挣脱资本的解放欲望何以有力地突破了资本总体化以及黑格尔的异化，并使人们能够超越"欧洲"的认识力量与地理力量来进行思考。内森·塞尔（Nathan F. Sayre）则论述了大卫·哈维的时空压缩思想与《大纲》中有关时空观的内在联系，并认为《大纲》有关前资本主义经济形态的分析，实际上促进了 20 世纪 70 年代英语世界马克思主义人类学传统的形成。

相关马克思主义原著的研究也在深化。马克思的早期著作及其思想，近年来引起了国外激进左翼的浓厚兴趣。目前关于早期马克思研究的一个值得注意的动向就是，试图通过对马克思早期著作的新解读，将早期马克思的思想回溯到康德以来的德国启蒙传统，理解青年马克思何以实现对青年黑格尔派的内在突破，把握当时自由主义、各种社会主义及共产主义、无政府主义、民粹主义等复杂的思想谱系，并在当时正在兴起的激进政治思潮中解读马克思早期著作，重现马克思主义的政治批判维度。马克思博士论文中的自我意识、原子论、偶然性及其自由，对历史学派及其浪漫主义的批判，以及《〈黑格尔法哲学批判〉导言》、《黑格尔法哲学批判》和《论犹太人问题》中的有关宗教解放、哲学扬弃、市民社会批判、政治解放与人类解放的关系，等等，均成为激进左翼界研究的问题。对马克思早期政治批判思想的关注也体现在《1844年经济学哲学手稿》的研究方面。《1844年经济学哲学手稿》始终是国外激进左翼界研究的重点，近年来持续推进的异化及物化问题研究，不仅推动了卢卡奇思想的研究，更是深化了对《1844年经济学哲学手稿》的解读。2008年，法国马克思主义理论家埃玛纽埃尔·雷诺出版新著《读〈1844年经济学哲学手稿〉》，该书特别强调，解读《1844年经济学哲学手稿》，必须要揭示其自然主义的哲学立场与异化分析的政治意义，并将政治批判与政治经济学批判区分开来。意大利左翼理论家马里奥·琴格里（Mario Cingoli）则撰文分析《1844年经济学哲学手稿》何以构成历史唯物主义的起源。

马克思主义传统的复兴以及政治维度的强化，同样体现在对其他经典著作的解读。包括前述早期著作、《共产党宣言》、《资本论》及其手稿在内，在相关的经典著作如《德意志意识形态》、《哲学的贫困》、《路易·波拿巴的雾月十八日》、《哲学笔记》以及《国家与革命》等著作的研究方面，有关还原政治背景的研究要求也一再被强化。研究表明，在近些年后马克思主义思潮中不断模糊掉的马克思主义政治立场，正在得到再现。与此对应，后马克思主义与马克思学研究的一个新方向，即通过回复黑格尔主义传统、从而修复与马克思主义政治哲学传统的断裂的方向也正在呈现出来。

MEGA2版的整理及出版工作目前仍在进行之中。值得注意的是，近年来，由日本方面独立编辑的第II部门第12卷、第13卷以及日俄学者共同编辑的第11卷，相继正式出版。日本学者实质性地参与先前由印欧语系为主体所承担的MEGA2工作，这一成就特别值得引起中国马克思主义理论界的重视。

四、目前国外左翼理论界在马克思主义理论研究方面出现了一些值得关注的新动向，诸如：马克思主义政治哲学传统、阶级理论以及道德伦理批判传统的复兴；空间理论及新帝国主义理论研究不断深入；乌托邦与马克思主义宗教研究一定程度的复兴；马克思主义哲学研究的斯宾诺莎转向以及阿尔都塞研究进一步深化，等等。

（一）随着马克思主义政治哲学传统的复兴，马克思主义的道德伦理维度亦受到重视，德性伦理学传统有所复兴，社会批判传统中弗雷泽反常规正义理论的崛起引人注目。

在马克思的资本主义批判中，其实是包含道德伦理内涵的，其基础是在马克思早期的思想中处于特殊地位的哲学人类学，特别表述为无产阶级有关人类解放的自我意识。但马克思随后展开的对伦理学社会主义以及空想共产主义的批判，则把道德批判本身看成是意识形态的表现形式。因而，一般说来，在马克思主义传统中，道德批判的维度即使存在，连同宗教批判一样，也都必然是服从于政治批判与政治经济学批判的。早期西方马克思主义传统重视马克思的哲学人类学，包括随后对宗教思想的发挥、解放神学的兴起，以及亚里士多德德性论的引入，在很大程度上强化了道德批判维度。但是，阿尔都塞以后尤其是后马克思主义以来，马克思主义道德批判的维度渐渐式微。

但是，在近些年来展开的对新自由主义的批判中，一些左翼理论家感到有必要重视马克思的道德伦理思想，并在政治批判中强化道德批判维度。在他们看来，马克思的政治经济学对资本主义的描述尽管十分可靠，但也必须补充道德理论。保罗·布莱克莱奇认为，马克思的伦理学是不同于当时所有资产阶级伦理学传统的另一种伦理学，它的出发点是工人反对剥削的斗争。这种斗争既揭露了资本主义社会自由的局限性，同时又开启了超越自由主义道德观的集体团结的德性。伊格尔顿的大爱伦理观以及柄谷行人的超批判理论则主张，把握马克思的道德批判思想，不能仅仅停留于资本主义制度革命，而应该高度重视马克思早期的哲学人类学思想，通过回溯到亚里士多德的德性伦理学传统，并在康德意义上把握实践。柄谷行人特别强调，《资本论》中本身就渗透着一种康德式的实践观，而道德分析要有效力，也必须要同经济范畴的分析与价值探讨结合起来。在伊格尔顿看来，马克思实际上应该被看成是"经典的道德主义者"，而解放政治也必然要关涉到价值及道德评价的普遍性及客观性，这也是在马克思主义意义上确立大爱伦理的依据所在。

道德批判维度的突显，与在公众层面展开的新一轮反资本主义运动中道德力量的强化是有关系的。左翼界显然不能忍受马克思主义理论中的道德赤字现象。他们坚信，只有把对资本的道德批判渗透到对资本的政治经济学批判中，才使得资本批判落到实处。但通过回溯到亚里士多德德性伦理传统，回溯到康德的实践，是否能够理解马克思那种影响当代人类实践活动的实践观，显然又是成问题的。

道德批判维度被重视的一个关键原因在于，金融危机以来马克思主义传统对全球贫困以及社会平等问题的高度关注。在这方面，以南茜·弗雷泽为代表的非常规正义理论在社会批判传统中的崛起值得关注。十多年来，社会批判传统一直由哈贝马斯的交往行动理论以及霍耐特的承认理论所主导。交往行动理论的构建使得哈贝马斯告别了第一代法兰克福学派以文化工业为核心的社会批判传统，使政治伦理及现代性社会规范基础成为法兰克福学派的主题。但哈贝马斯的努力依然只是积极地回应了从意识哲学向语言哲学的转向，其沟通伦理及话语政治其实是把政治问题看成了语言问题，因而也不可能真正超越系统合理化与生活世界殖民化这一二难困境，而其后形而上学思想则具有更强的话语乌托邦色彩。霍耐特则将哈贝马斯的话语行动模式转变为社会行动模式，将文化多元主义引入社会行动理论，重视身份政治。霍耐特的承认理论被认为是哈贝马斯之后法兰克福学派第三代的代表。

　　但弗雷泽十多年来一直在与霍耐特展开批判性的对话。弗雷泽认为，对于霍耐特的承认理论存在着"再分配—承认的难题"，存在着群体身份代替阶级利益的不平等以及用文化统治代替经济剥削的非正义情形。而在她看来，应当把承认与再分配结合起来，建立一种同时容纳再分配和承认两种诉求的框架，以应对各种群体所遭遇的经济和文化的不平等和非正义，由此她先后出版了《正义的中断》（1996）以及《再分配，还是承认？———个政治哲学对话》（与霍耐特合著，2003）。近年来，针对 20 世纪 90 年代以来从西方福利国家向全球化大发展的转变、作为社会斗争的特殊轴心的阶级的去中心化、社会正义特殊维度的分配的去中心化、"威斯特伐利亚"正义观的去中心化以及进而导致的左翼愿景构想难题，弗雷泽认为应当抛弃先前常规的正义理论，建立面向新世纪全球时代的反常规正义理论。这一理论在内容上要求通过多元社会本体论及规范一元论加以表述，在主体上要求既有反思性也有实质性，在实践环节上要求既是对话式也是制度式的正义程序观。弗雷泽近年来连续推出了《承认，社会不平等和社会正义》（与布迪厄合著，2007）、《正义的尺度———全球化世界中政治空间的再认识》（2008）以及《伤害＋侮辱———争论中的再分配、承认和代表权》（2008），全面阐述其反常规正义理论。显然，多年来，与罗蒂、布迪厄、霍耐特、巴特雷等人的不断对话，也大大扩展了弗雷泽的影响。目前，弗雷泽已被看成是西方批判理论界的新的领军人物，是法兰克福学派第三代在北美的代表人物。弗雷泽显然希望在一个更为复杂的全球背景下直面并重建左翼理论，但其努力是否真正优越于当前各种左翼重建理论，人们将拭目以待。

（二）20 世纪 70 年代兴起的空间理论研究，成为近年来西方左翼理论界关注的重点方向，全方位地带动了马克思主义地理学、城市化、区域化、资本积累、历史唯物主义、社会空间以及时间哲学等等领域的研究。

20 世纪 70 年代以后，西方学界兴起空间研究。这一研究，从更宽的视野看，乃是以福柯为代表的后结构主义及谱系学兴起的直接产物。通过挑战和解构传统的时间—历史、意识、男权、西方化，空间，连同环境、身体、欲望、女性、全球化、后殖民等主题一起，构成了所谓后现代转向的新的理论与学术领域，也是马克思主义空间理论兴起的背景。

马克思有关空间的思想，如《德意志意识形态》有关城乡区别的描述、《共产党宣言》中资本主义全球化及空间转移思想以及《资本论》中有关空间的议题，连同迪尔凯姆《宗教生活的基本形式》中有关空间作为社会结构的论述、特别是齐美尔在《空间的社会学》中的专题分析，已经初步敞开了空间的现代性视域。但马克思主义空间理论的兴起，则是 20 世纪 70 年代以后结构主义马克思主义的兴起的重大成果。这里，阿尔都塞与福柯的影响不言而喻，但正式形成西方马克思主义的空间理论研究传统的还是列斐伏尔的《空间的生产》。列斐伏尔揭示了空间的社会政治功能及其社会关系本质，提出抽象空间概念并与马克思的资本主义批判结合起来，指出空间的扩张是资本主义的积极行为，而不是马克思所说的资本主义危机，通过提出一系列空间概念，列斐伏尔初步建立了一套马克思主义空间理论，并对当代哲学、社会学、政治学、地理学、艺术、建筑学、城市学等产生了全方位的影响。

20 世纪 70 年代以后，大体说来，西方马克思主义空间理论主要在两个方向展开。一是直接受列斐伏尔影响并进一步推进的马克思主义城市化及地理学。卡斯特尔斯（Castells）建立了所谓"新结构主义马克思主义"的城市化理论，提出了集体消费及流动空间概念，认为集体消费不当是城市新社会运动乃至于通过同工人阶级斗争相结合从而带来整个资本主义社会变革的直接原因。虽然后来卡斯特尔斯弱化乃至于放弃了马克思主义立场，但城市化中空间与社会关系一直是他研究的主题。哈维则坚持不懈地贯彻其马克思主义左翼主张，包括通过对马克思《共产党宣言》以及《资本论》的创造性解读，建构马克思主义地理学及其空间政治学理论，研究资本主义城市化、资本积累与社会正义问题，探讨时空压缩问题，提出了历史—地理唯物主义新构想。近些年来他尤其关注全球资本主义时代的领土扩张问题，其新帝国主义论则是目前国外激进左翼理论的大热门。苏贾（Soja）则进一步解构在他看来已是封闭的历史决定论，并发展出一套所谓空间——历史辩证唯物论，分析社会性、时间性与空间性的辩证关系，并就自然、社会生产、社会行动以及社会关系各个层面展开对空间的论述，由此形成了一套后现代马克思主义的空间理论。至于马克·戈德纳（Gottdiener），则在批判马克思主义与结构功能主义对空间的忽视时，提出了社会—空间概念，根据这一概念，戈德纳富于启发性地揭示出房地产的政治性质，对于今日金融危机中新自由主义经济学家有关房地产仅仅属于市场的论调颇具批判意义。

马克思主义空间理论的另一个方向是更为宽泛的现代性批判视域。代表人物有布迪厄、吉登斯、詹姆逊等。布迪厄基于"社会空间"，从地方性及文化资本观展开对空间的研究，对地理空间与社会空间的关联性以及对空间与阶级之间复杂关系作出了深入分析。吉登斯将权力引入对社会空间的存在论分析中，提出并阐释了诸如区域化、时空抽离、场所、在场、不在场等空间理论的核心概念。塞尔杜（de Certeau）则基于常识与街头社会学提出"空间实践"，将 space（空间）与 place（场所）区分开来，有益于把握空间政治的实践意义尤其是对民粹主义的意义。詹姆逊则揭示出，后现代的实质就是空间化，但晚期资本主义时代同时又形成一种后现代的"超空间"，正是凭借超空间视角，詹姆逊展开对晚期资本主义时代诸多建筑、电影及人工景观的解构。至于里兹·庞蒂与厄里（John Urry）则在空间理论中展开了女性主义研究。

目前，国外左翼理论有关空间问题的探讨十分活跃，大体说来有这样一些焦点：一是围绕哈维的新帝国主义论展开的持续争论。哈维基于空间及其领土逻辑的不平衡发展理论，获得了越来越多的支持。与此同时，也受到以艾伦·M.伍德为代表的主张资本逻辑先于领土逻辑等看来更为传统的左翼理论家的激烈批判，而先前受到哈维批判的有关消费异化导致城市化问题的观点，在近年来也在一定程度上复活。哈维同样在批判全球资本主义及金融危机，如关于城市化，他在近来就指出，城市权是现代人的最宝贵的权力，但都市化过程中新自由主义的市场逻辑实际上却在不断剥夺人的城市权，哈维强调城市化过程中集体性的城市反抗运动的重要性。与此同时，针对相关批评，哈维又在努力阐述时间与空间的辩证关系，借此进一步完善其空间政治学及不平衡地理发展理论。二是对马克思经典著作有关空间理论的进一步阐发。在某种程度上，左翼理论家也不满意于后现代式的马克思主义地理学与马克思有关自由资本主义批判视域内空间理论的断裂，而是希望从马克思那里获得更多的理论资源，如寻求列斐伏尔尤其是哈维的空间思想同马克思思想的关系，而哈维有关不平衡发展及社会—空间思想同《资本论》及《大纲》的内在联系，更是受到关注。我们有理由期待，这种探讨对于更好地分析今日全球资本主义时代的诸多矛盾，将会产生更为积极的作用。三是空间理论的兴起同时也引起了对马克思时间思想的新的研究。显然，马克思主义空间理论的兴起并不意味着忽视时间，在一定意义上是更为深入地研究时间。目前左翼理论界明确提出要重视马克思时间哲学的研究，尤其是开展社会存在与时间关系的研究。在他们看来，马克思那种涵容了量的时间与质的时间以及同化时间与变异时间之对立的双态时间观，对20世纪一系列思想家如柏格森、海德格尔、本雅明、阿尔都塞以及晚近的奈格里与维尔诺等的时间思想，都产生了重大影响，值得深入研究。

（三）当代资本主义时代的精神困境，同样激起了左翼界对乌托邦问题的关注与研究，出现了众多的乌托邦构想；与此同时，近些年左翼理论界出现了一定的"宗教研究复兴"现象。

在当前左翼理论现状及其新自由主义处境下，空间理论的兴起，与有关乌托邦及宗教研究的兴起是关联在一起的。哈维的马克思主义空间及城市化理论本身就包含着乌托邦的内容。在他那里，乌托邦同时具备"城市"与"社会正义"两大特征，歹托邦的实质是缺乏社会正义的城市，借助于德里兹提出并在福柯那里进一步发挥的异托邦思想，哈维构造出"希望的空间"，并称之为"辩证的乌托邦"。进入新世纪以来，在西方左翼界，乌托邦研究复兴，1999年，罗素·雅可比出版了《乌托邦终结》，华伦斯坦出版了《乌托邦学》；2000年，哈维出版了《希望的空间》；2005年，雅可比又出版了《不完美图像》；2007年，詹姆逊出版了《未来考古学：乌托邦和其他科学幻想的欲望》。近些年来，左翼理论家提出了众多的乌托邦设想，如哈维的"辩证的乌托邦"，沃勒斯坦的"非普遍主义的乌托邦主义"赖特的"现实的乌托邦方案"，辛格的"现实主义的乌托邦"，格拉斯的"最小乌托邦"、佩特森的"批判的乌托邦主义"以及詹姆斯·劳勒的"辩证的共产主义"，等等，连同社会运动的醒目口号"另一个世界是可能的"，都显示着乌托邦研究复兴的态势。当然，对激进乌托邦实践以及对乌托邦问题的复杂性的关注，目前左翼界也将乌托邦问题纳入意识形态领域进行探讨，并形成一些研究成果。迈克尔·洛威指出，曼海姆的《意识形态与乌托邦》受到的来自于马克思主义与卢卡奇的影响，其实要远远超过他在书中所提到的那些思想家，而这部著作在很大程度上正是将马克思主义成功地嫁接在经过伪装的历史主义之上的结果，这里暗示人们注意马克思的意识形态与乌托邦批判思想对于知识社会学的作用。一些左翼人士仍然坚持在政治与伦理学中拒斥乌托邦及上帝意识。比岱注意区分了两种现代意识形态类型，即基于民族国家及公民社会之上的意识形态的"乌托邦"式的批判，以及基于资本主义世界体系之上的"系统"的意识形态，依照这一分析，后一种意识形态正是当代左翼面临的新课题。随着对乌托邦越来越复杂多变的理解以及怀疑主义氛围，一些研究开始注意重新清理乌托邦的内涵及其在历史演进中的变化情况。西班牙左翼理论家弗朗西斯科·费尔南德兹·布恩伊（Francisco Fernández Buey）在其近著《乌托邦和自然幻想》（2007）中，历史地考察了乌托邦在政治制度、文化想象以及自我否定等方面的变化情况，强调要重视乌托邦的自然主义层面。

与此同时，左翼理论界出现宗教研究复兴的态势。近年来，西方左翼界出现了一定程度的"宗教回归"，如哈贝马斯、齐泽克、巴迪欧、伊格尔顿、奈格里、阿·甘本等，他们的立场或视野各不相同，有马克思主义激进政治立场，有社会批判传统，也有后马克思主义视野，但都强调宗教的政治及道德伦理内容，并强调从宗教方面把握激进政治。这一问题基于如下几个背景：第一，世纪之交前后浓厚但又高度商业化的千禧年及后宗教—历史情结，包括诸如德里达、鲍德里亚、哈贝马斯、罗蒂等人的宗教研究，对左翼界产生了很大影响，激进左翼理论界也感到有必要并有可能发掘马克思主义传统对西方宗教传统之当代转化的意义。第二，在苏俄社会主义遭受失败、共产主义遭遇解释性难题以及激进运动处于低谷的状况下，激进思想家在一定意义上诉诸于基督教或犹太教的弥赛亚主义，寻求宗教主体与政治主体的关联性，并重新理解并重构解放政治观。第三，道德伦理维度的强化以及乌托邦重建问题的探讨，直接引导左翼重视不同宗教资源，包括发掘马克思主义与西方基督教传统之间可能的关联。马克思早期的宗教批判思想、布洛赫及本雅明对宗教的创造性解读、早期阿尔都塞的天主教马克思主义、麦金泰尔对基督教与马克思主义关系的论述以及解放神学，必然成为目前左翼界反复讨论的理论资源。第四，左翼理论家较为注重于从宗教传统的当代转化背景中理解马克思主义传统的当代流变，对于拉美左翼及其 21 世纪社会主义，左翼也希望阐释这一新模式与解放神学的历史性关联。此外，中美洲的天主教左翼运动以及其他一些地区的宗教复兴运动，也在不同程度上进入了左翼关注的视野。

如何看待左翼理论界的宗教复兴现象，是需要深入研究的理论问题，而其实践意义从客观上说也有待于观察。就思想性质而言，马克思主义与宗教的异质性是需要注意的，宗教批判是马克思全部批判活动的起点，并且宗教批判活动必须要求转化为政治批判及其他一些实践批判，因而，从宗教性上把握马克思主义，即使在理论本身而言也未必是讲得通的。但问题的关键还在于，马克思主义产生之后并未进入宗教消亡阶段而至多只是后宗教历史时期，因而宗教及其现代转化中出现的诸多问题，同时也是当代马克思主义必须回答的问题，就此意义而言，马克思主义又必然要求对当代宗教现象做出有说服力和影响力的研究、解释与引导。

（四）近年来，国外马克思主义哲学研究出现"斯宾诺莎转向"，这一转向的学理实质及思想史意义在于，为阿尔都塞晚年的"理论实践"及"偶遇唯物主义"寻找一种与黑格尔主义完全不同的哲学基础，进而为当前政治实践中的激进左翼寻找区分于马克思主义传统并能回应现时代政治实践问题的理论基础。

近年来，西方一些马克思主义理论家如巴迪欧、巴利巴尔、马齐芮、奈格里等人进一步退回斯宾诺莎的"Conatus"概念，寻求斯宾诺莎的唯物主义思想与自己所提出的左翼理论的关系。这一转向，直接地看，乃是当代左翼理论家们试图在新的并且更为复杂的政治条件下对激进政治理论的新探索。

斯宾诺莎转向的理论起点，其实是对阿尔都塞晚年提出的"理论实践"概念以及"偶遇唯物主义"（aleatory materialism）的理解与把握。

在西方马克思主义传统中，柯尔施区分了马克思主义与哲学，阿尔都塞区分了人道主义的意识形态与科学的意识形态，西方马克思主义形成了一种通过马克思主义及其科学的意识形态理解左翼实践的思路。在这里，黑格尔主义在实践中被撇开，并在激进政治乃至于阶级解放意义上强调理论与实践的统一性。实际上是理论的激进性服从于实践的统一性。但是，首先是 1968 年"五月风暴"之后，西方左翼发现，先前所依赖的激进主义陷入了困境；接下来，对苏俄马克思主义实践及其问题的反思，进一步加重了对激进主义的怀疑。在更大程度上说，马克思哲学理论应有的从历史唯物主义方面进行的阐释，因为历史唯物主义本身所受到的指责（乌托邦主义），反倒被认为是不可靠的。但无论如何，马克思哲学本身的激进性与革命性，却需要得到阐释。在这种情况下，阿尔都塞的"理论实践"与"偶遇唯物主义"成为左翼关注和阐释的焦点。

阿尔都塞的"理论实践"与"偶遇唯物主义"，明确反对目的论和黑格尔主义。"理论实践"强调哲学思辨依然对政治及意识形态具有实在的作用，而且具有极端的他治性，即受制于经济、政治等，换句话说，是思维的物质性；偶遇唯物主义则是理论实践的理论表达方式，这一唯物主义的特征即强调偶然性和反目的论，其源头即伊壁鸠鲁的原子论——在此，马克思的博士论文在这一视域内受到关注。阿尔都塞赋予偶遇唯物主义以社会政治伦理内涵。原因在于，偶遇唯物主义的提出本身就是阿尔都塞晚年对马克思主义危机进行直接反思的结果。阿尔都塞认为，即使成熟期的马克思主义，如《资本论》，依然受到唯心主义的困扰，如从抽象到具体的思维方式，而且马克思没有意识到国家的复杂性，马克思主义理论中缺乏上层建筑、国家理论以及意识形态理论。阿尔都塞认为偶遇唯物主义是新的思维方法，并且是历史唯物主义的基础。依照偶遇唯物主义，资本主义本身就不是必然的，而基于偶遇唯物主义的理论实践，哲学归根到底是对理论活动的阶级斗争的介入形式。

阿尔都塞的理论实践及偶遇唯物主义，为当代资本主义的左翼理论提供了一个基本框架。但理论实践与偶遇唯物主义是否属于马克思本人的遗产？其实是值得追问的。比如恩格斯在创立自然辩证法时，就借鉴了斯宾诺莎的自因论以及黑格尔的相互作用思想，即坚持从世界自身、而不是各种超越者或目的因来解释世界。但是，第一，恩格斯把斯宾诺莎的自因论与黑格尔的相互联系放到一起。其实，二者在强调偶然性与必然性、实体论与辩证法等本质的区分方面，完全是两个概念。有人甚至于会质疑：如果恩格斯未必真正懂得斯宾诺莎的自因论，那么，其自然辩证法就很难说同后者有什么联系。第二，由于恩格斯与马克思的思想存在一定差异，在多大意义上断定从上述角度理解的唯物主义与马克思的唯物史观是相通的？第三，如果上述两方面的问题都成立，那么，对马克思主义进行这种理解究竟意味着什么？最后一个问题也许是全部问题的关键：这种研究实际上是在寻找今日处境下激进左翼的理论基础。

我们知道，在马克思的"消灭哲学"或"扬弃哲学"中，其实就包含着一定的理论实践，但它实际上还是通过"实践把自己直接变成理论家"的方式实现的。而在黑格尔主义已必然地作为保守主义而不是激进政治运动的理论资源的前提下，激进左翼便试图绕过黑格尔——当然并不容易。因为目前西方自由主义方面正在努力从自由主义传统揭示黑格尔的法哲学理论——而回到黑格尔之前的激进哲学活动中。但为什么是斯宾诺莎而不是别人，还需要做更深入的研究。

（五）马克思主义阶级理论研究传统在近年来呈复兴之势，为激进左翼理论研究注入新的活力。

20世纪中期以来，尤其是经历了1968年运动之后，客观上也是因为科技与工业化的发展，以及凯恩斯主义、国家资本主义以及各种福利制度的推行，较大程度地缓解了社会阶级矛盾，包括对苏俄社会主义以及中国历次阶级斗争扩大化的历史反思，使得马克思主义阶级分析以及阶级斗争的观点在很大程度上淡出欧洲左翼理论界。欧洲的阶级政治逐渐式微，美国更是在几十年来一直强化所谓"无阶级社会"的传统。就左翼理论而言，自20世纪80年代以来，在新社会运动的方向上，在浓厚的后共产主义氛围下，社会批判传统越来越多地受到后政治或多元文化观的影响，而以拉克劳和墨菲为代表的后马克思主义，则主张左翼放弃政治主体及工人阶级霸权论，转向话语政治。

但是，近年来，随着对新自由主义的批判的深入，很大程度上出现了阶级研究的复兴。通过对现阶段美国贫困现象的分析，美国左翼理论界对美国所谓"无阶级社会"的传统展开了激烈批判；英国20世纪60年代形成的阶级理论研究传统，新世纪以来特别是在"9·11"之后开始复兴；德国的阶级理论研究近年来尤为兴盛，马克思—恩格斯基金会近年来的研究重点即"阶级社会"尤其是"德国阶级研究"；法国左翼理论界则在异化问题的研究中不断深化对阶级问题的理论研究，并提出"新阶级斗争"概念；近年来，诸如激进政治经济学、分析的马克思主义、生态学马克思主义、拉美社会主义、帝国研究以及新帝国主义纷纷将研究的焦点投向阶级理论。

2007年以来，金融危机的全面爆发，更是进一步推进了马克思主义阶级研究传统的兴起。一些左翼理论家认为，发达资本主义体系内部也许不再大规模地存在那种经典的工人阶级，但全球资本主义条件下后发展国家所输出的劳工队伍，却在基本的方面符合马克思所规定的工人阶级，因而理应成为解放主体，对阶级状况特别是工人阶级现状的判断，显然激起了左翼理论家对激进政治的要求。齐泽克特别区分了当今资本主义的四个主要矛盾：生态系统危机、知识财产的私有化、科技尤其是生物技术的伦理缺失以及新型的隔离与贫民窟问题。齐泽克非常重视最后一种矛盾，他认为今日的贫民窟与马克思主义有关无产阶级革命主体的规定是相当吻合的，由此齐泽克坚持无产阶级立场及其激进政治主张，反对拉克劳式的民粹主义，也反对近年来流行的强调文化解放与多元性的所谓"彩虹联盟"。弗雷泽则注意到"阶级的去中心化"现象及其对左翼的重大影响。罗伯维茨认为，《资本论》的一个重要缺陷是只考虑资本与劳动的技术构成对工人报酬的影响，而没有考虑到工人阶级的组织化和政治斗争对收入分配的影响，因而存在着片面性。胡安·曼纽尔·福特（Juan Manuel Forte）则认为马克思的资本主义批判缺乏韦伯那种组织化以及社会结构的分析。本·芬恩则认为，必须综合性地考察生产率、工人的团结程度以及相关的政治、历史、文化及其地理因素。一些观点则针对后马克思主义缺乏阶级政治学的批评，为后马克思主义进行辩护，认为后马克思主义不仅为资本主义及其危机状况提供了一套逻辑和系统的阶级分析方法，而且，其多元决定的阶级正义观，也为当代资本主义时代的政策策略，提供了理论上的指导与激发作用。当然，研究中发现，一些老资格的马克思主义理论家，如俄罗斯的奥伊泽尔曼、科索拉波夫、谢苗诺夫、巴加图利亚、赵哈泽等，依然在坚持不懈地从事马克思主义阶级理论传统研究，并不断形成新的成果。

以上是对 2008 年度国外马克思主义研究的综合性分析报告。研究表明，金融危机及其新自由主义批判，激活了激进左翼思潮，因而在很大程度上改变了此前激进左翼理论界及马克思主义研究相对沉闷的局面，但显然不能草率地做出世界社会主义运动由此走出低谷的结论。目前，国外马克思主义理论研究十分活跃，在新自由主义及当代金融资本主义批判、马克思主义原著研究、马克思主义政治哲学传统的复兴、马克思主义地理学及空间理论研究、乌托邦及宗教研究的复兴、后马克思主义及阿尔都塞研究的复兴、阶级理论研究传统的复兴等方面，形成了很多研究成果，这些成果，包括国外左翼理论界在全球资本主义处境下提出的诸多现实问题，都值得中国学界以积极开放的态度去关注、研究和批判，进而转化为中国马克思主义理论研究与建设的实力及能力。

各主要国家及地区年度报告

英 国

汪行福

2008 年是进入新世纪以来最惊心动魄的一年，2007 年爆发的美国次贷危机，逐渐恶化为全面的经济危机，西方国家金融体系陷入瓦解，世界各国实体经济也受到很大影响。在这种情况下，马克思主义研究和反资本主义运动都日趋活跃。本报告将从七个方面反映一年来英国左翼政治运动和马克思主义研究的最新发展。

一、"马克思主义节"和"《历史唯物主义》年会"

2008 年英国"马克思主义节"，约有 4100 名来自英国和世界各地的代表参加，这次活动的主题是"为争取更好的世界而斗争"。开幕式以"战争、衰退和抵抗"开始，闭幕式以"形成一个新世界"结束，充分地反映了这次活动的主题。会议安排了四个议程，分别是"初学者的马克思主义方法"、"马克思主义经济学导论"、"国际社会主义运动"和"帝国主义理论"，共举办了170 场报告会和讨论会，内容涉及困扰全球的战争和资本主义危机等问题。会议给许多人留下了深刻的印象，来自巴西圣保罗的社会活动家说："这是我成为马克思主义者以来第一次参加这样的活动，我对这里的年轻的国际活动家印象很深。""节日把许多问题带到一起，从环境问题到工会问题。它提出了我们如何组织起来反对这个压迫和剥削的社会，以及如何为我们的解放进行有效地斗争。"①

从活动的内容来看，有几个热点：1）各国政治斗争局势和国际政治，来自发达国家和发展中国家的马克思主义者和政治活动家对当前社会矛盾和政治斗争形势进行分析，涉及英、法、德、意、美、阿富汗、巴基斯坦、津巴布韦、南非和加纳等国家和地区。2）当前的信贷萎缩和金融危机，来自马克思主义传统和凯恩斯主义传统的经济学家对这场危机及其政治意义进行了讨论。3）全球气候变暖和环境危机及其对策。4）女权主义和妇女解放问题。5）马克思主义理论问题，如马克思主义与宗教，马克思主义与伦理，马克思主义与文化、列宁主义、历史唯物主义以及葛兰西、本雅明、卢卡奇、奈格里等人思想的讨论。在某种意义上，可以说，英国的马克思主义节已经成为全球马克思主义者的盛大聚会。

一年一度的"《历史唯物主义》年会"是国际马克思主义研究者的盛会。"第五届《历史唯物主义》年会"2008 年 11 月 7—9 日在伦敦东方和非洲研究学院召开，会议的主题是"多种马克思主义（Many Marxisms）"。年会主办方"杜切尔纪念基金会"、《历史唯物主义》和《社会主义纪实》杂志社分别举办了三次全体会议。"杜切尔讲座"（Deutscher Lecture）的演讲者是澳大利亚国立大学的里奇·库恩教授②，他演讲的题目是"经济危机、亨利克·克罗斯曼和社会主义者的责任"。《历史唯物主义》杂志的全体会议的演讲者是罗伯特·布罗纳（Robert Brenner）、杜梅尼尔（Gerard Dumenil）和麦克奈利（David Mcnally），主题是"全球金融危机：原因和后果"。《社会主义纪实》杂志的全体会议主题是"马克思主义与暴力：性别与种族"。专题讨论会共有 61 场，几乎涉及马克思主义理论的所有方面。从全体大会与专题讨论涉及的问题来看，可以得出以下几个特点：第一，马克思主义在西方国家仍然具有强大的生命力，仍然是分析当代现实的重要工具；第二，马克思主义与当代激进主义政治有着内在的联系，马克思主义仍然是反资本主义全球化的主要语言；第三，当前资本主义危机和帝国主义战争成为讨论的主要内容，不仅马克思主义经济

---

① Marxism 2008; a festival that will draw all the issues together, http: //www.socialistworker. co.uk/art.php? id=14863，Tuesday 13 May 2008.

② Rick Huhn，澳大利亚国立大学教授，出版 *Henryk Grossman and Recovery of Marxism*, University of Illinois Press, 2006。

学在复兴，凯恩斯主义也在新自由主义破产中恢复了活力；第四，马克思主义的多样性已经合法化，不仅存在着不同的思想流派，而且不同地域也产生了不同的具有民族特征的马克思主义。

二、新近出版的主要著作

英国出版业有较好的马克思主义和左翼传统，具有丰富的出版和媒体资源，2008 年前后出版了许多马克思主义和左翼思想论著，这里仅就其中一部分做一介绍。

乔纳森·利尔的著作《阻止全球变暖》[①] 试图为社会主义和环境保护主义提供一种现实和乐观地阻止全球变暖的方案。他指出，改变全球变暖的趋势需要集体的行动，特别是工会的行动，要从生活的方方面面入手，改变现有的能源生产、交通、住房和工业。作者提出了十项具体提议，如每年增加 500万太阳能屋顶、增加 20% 的风能，建造 1000 万个完全绝缘的住房等。如果这些目标得以实现，不仅能阻止气候变暖，而且能给我们带来更高质量的生活。

B. 戴和 D. 卡多编辑和翻译的著作《见证永恒革命》[②] 对不断革命论的历史文献做了系统的收集和整理。该书收集了 1903—1907 年前后俄国和欧洲有关不断革命论的文献资料，范围包括考茨基、普列汉诺夫、托洛茨基、亚历山大·巴伏斯（Alexander Parvus）、梅林、卢森堡等人的文章，具有较高的文献价值。

《当代马克思主义批判指南》[③] 由雅克·比岱和科文拉科斯主编，该著作全方位地透视马克思主义理论在美国、欧洲、亚洲和其他地区的最新进展，立足于近 30 位权威作者的著作，介绍了马克思主义在哲学和社会科学各个领域的发展。著作分三个部分：一般趋势、20 个马克思主义流派和 15 个思想人物，如阿多诺、阿尔都塞、巴迪欧、本雅明、巴斯卡、布迪厄、德勒兹、德里达、福柯、葛兰西、哈贝马斯、詹姆逊、列斐伏尔、乌诺和威廉斯。该著

---

① Jonathan Neale, *Stop Global Warming – Change the World.* London: Bookmarks Publications, 2008.

② *Witnesses to Permanent Revolution: The Documentary Record,* Edited and Translated by B.Day and Daniel Caido, University Press of Mississippi, 2009.

③ *Critical Companion to Contemporary Marxism* (Historical Materialism Book Series), edited by Jacques Bidet and Stathis Kouvelakis, 2007.

作具有跨学科和国际性特点，较好地反映了马克思主义的当代发展。

《重读马克思：历史考订版之后的新视角》①2009年1月出版，编者在前言中指出，新的历史考订版为彻底重新理解马克思整体思想打开了空间。长期以来我们基本上是通过恩格斯来阅读马克思的，现在有可能按照马克思本人的思想来阅读马克思了。该著作分两个部分，第一部分是MEGA版的最新信息以及围绕着马克思手稿的各种争论，第二部分介绍了历史考订版出版后，马克思思想解释的新视角和新观点。

《马克思的价值》②2007年出版，作者认为它既是对马克思思想价值的阐述，也是对马克思价值论的阐述。马克思的著作对资本主义的内在运行提供了独一无二的解释，其中最重要的是他的价值理论。马克思的价值论着眼于在自愿的市场交换主导的条件下剥削如何产生，证明了资本主义的生产和分配必然包含着冲突。它指出，竞争是资本主义的本质特征，也是资本主义内在不稳定和危机的根源。资本主义制度具有双重性，既是最具生产力的制度，也是最具破坏性的生产模式。与此相关，美国迪尤肯大学荣休教授巴伯的著作《马克思和资本主义的意义》③的研究重心是马克思经济学的本质，并对马克思的经济学与斯大林版本的马克思主义经济学之间的区别做了系统的分析。

《西方马克思主义与苏联：1917年以来的批判理论和辩论概述》④属于专题史研究。该书强调"俄罗斯问题"绝对是20世纪马克思主义的核心问题。从十月革命以来，西方马克思主义对苏联社会的性质做了大量研究，该著对这些观点进行系统梳理和评价。该书对我们理解苏联问题在西方马克思主义自身发展中的地位和作用具有重要的价值。

《天国的批判：论马克思主义与神学》⑤研究了近年来西方马克思主义中出现的宗教转向。该书认为，马克思主义对基督教传统的批判开始于晚年的

---

① *Re-reading Marx: New Perspectives after the Critical Edition,* edited by Richardo Bellofiprore and Roberto Fineschi, Palgrave Macmillan, 2009.

② Afredo Saad Filho,*The Value of Marx, Political economy for contemporary capitalism,* Routledge, 2007.

③ Stanley Bober, *Marx and the Meaning of Capitalism,* Palgrave Macmillan, 2008.

④ Marcel van der Linden,*Western Marxism and the Soviet Union: A Survey of Critical Theories and Debates since 1917,* Leiden: Brill, 2007.

⑤ Roland Boer, *Criticism of Heaven: On Marxism and Theology,* published by Brill Academic Pub, 2007.

恩格斯，在整个 20 世纪，基督教遗产在西方马克思主义者的思想上打下深刻的烙印，如葛兰西、本雅明、布洛赫就是明显的例子。近年来这一遗产在马克思主义传统中日益被激活，特别是在齐泽克、巴迪欧、阿甘本等人那里。该书不仅是对马克思主义圣经批判史的研究，也是对欧洲新马克思主义的圣经解释学和神学思想的研究。

《马克思主义与刑法理论：一个批判和工具箱》[①] 是一部系统研究马克思刑法理论的专著。它认为，马克思的刑法和刑法正义理论有自己的独特特征，但长期以来却被混同于其他理论。

《追随马克思：方法、批判和危机》[②] 是加拿大著名马克思主义者罗伯维茨的新作，作者指出，理解马克思的方法，必须坚持特殊的总体性概念，"在竞争中一切都是颠倒的"是马克思的方法论指南，马克思的经济学就是要揭示被资本遮蔽的对立面。该书不仅对马克思经济理论做了系统的解释，而且批判地考察了新李嘉图主义、分析的马克思主义、布罗纳马克思主义经济史理论等。

《卡尔·马克思的〈大纲〉：150 年后政治经济学批判的基础》[③] 一书集中了对马克思《大纲》研究的最新成果，作者包括霍布斯鲍姆、阿瑟、福斯特、卡弗、伍德等名家。《大纲》（Grundrisse）本来是马克思为《资本论》准备的材料，但是，它包含着许多正式著作中没有的观点，这些观点对理解马克思思想十分重要。该文集在马克思《大纲》写作 150 周年出版，具有特殊的意义。它强调《大纲》不仅对理解马克思的《资本论》和整个思想来说是不可缺少的，而且它的研究方法和提出的范畴对我们理解当代资本主义矛盾也具有强大的解释力和批判力。

三、对金融危机的分析

2007 年爆发的美国次级债危机，已经酿成全球性的经济危机。德国一家

---

① Mark Cowling, *Marxism and Criminological Theory. A Critique and a Toolkit,* Macmillan, 2008.

② Michael A. Lebowitz , *Following Marx: Method, Critique And Crisis,* Published by Brill Academic Pub, 2009.

③ *One Hundred and Fifty Years of Marx's Grundrisse: Incomplete, Complex and Prophetic,* edited by Marcello Musto, Routlge, 2008.

出版社经理说：金融危机使马克思的著作畅销，"我们有了新一代读者，他们被金融危机惊醒，认识到新自由主义已经变成了一场虚假的梦。"[1] 金融危机的根源和性质是什么，后果如何，这些都是 2008 年讨论的热点。

英国马克思主义历史学家罗宾·布莱克伯恩在《新左翼评论》上撰文认为，由于非管制化，美国从 20 世纪 90 年代始，在商业银行之外出现了影子银行体系，它被允许承担银行的功能。虽然每个国家的中央银行都有一套管理商业信贷的措施，如存款准备金和存贷比等。但是，这些影子银行没有受到有效监管。在资产完全金融化的环境下，不仅存在着一级资产，而且存在着二级、三级资产，它们交易的对象不是实物，而是交易资产的指数，甚至是完全没有交易对象的信心和愿望。这样就会形成幻想的估值，这种被无限放大的估值在全球化时代极易相互感染，华尔街打个喷嚏，世界就会患流感。作者认为，这次金融危机的爆发除了金融市场监管失灵外，更深的根源是整个资本主义制度已经成了不负责任的链条。布什政府 2004 年鼓吹"财产权的社会"（society of ownership）计划，鼓励穷人借贷买房，是次贷危机的源头，金融机构的投机和欺诈起到推波助澜的作用。作者认为，虽然当前信贷崩溃的实际和潜在影响非常大，但这只是资本主义金融化瘟疫的代价的一部分，其他的代价还包括不平等的扩大，工资的冻结和社会保护网的失去。"资本主义的荣耀已经遭受了毁灭性一击，而且还会遭受伤害实体经济的危机。"[2] 但是，解决当前的危机并不意味着要完全抛弃货币和金融体系，而是应该把它嵌入到一个恰当管制的体系之中，按照所有权和功能性两个方面积极地整改公司和银行，建立全球社会基金网，限制影子银行体系和金融衍生品。

艾瑞克·霍布斯鲍姆认为，当前危机是 1973 年以来全球资本主义经济发展时代的终结，资本主义超级自由的市场（ultra-free market）处在危机之中，这是 1929—1933 年以来西方资本主义世界最严重的危机。虽然在非工业化的西方国家中，我们看不到 1929—1933 年大危机那样的萧条场面，但是，在这次危机中失业、低收入和高物价结合在一起，工人的生活更加痛苦。[3] 自撒

[1] Roger Boyes, Banking Crisis gives added capital to Karl Marx's Writings, *Times*, October 20, 2008.

[2] Robin Blackburn, The Subprime Crisis, *New Left Review*, No. 50, MAR APR, 2008. p. 106.

[3] Will the bail-out work? Eric Hosbawm, Gayn Davis and Howard Davis offer their analysis of current economic situation, guardian .co.uk, Thursday 9, 2008.

切尔和里根以来，非管制的自由市场全球化一直处在脆弱性和不稳定性状态，这次在发达国家达到灾难的顶点，而最先受影响的是边缘地区，如东南亚和俄罗斯。关于未来，他预测将会出现混合经济。"很长一段时间我们将生活在两极的对立之中：或者是资本主义或者是社会主义。未来的经济，除非在短暂的总体战争阶段，都将是公共经济与私人经济的混合。虽然这种混合的性质是有待辩论的。如果其目标是社会主义的传统目标，即为所有人平等地过上好的生活创造条件，使利润从属于人类价值，这种混合经济应该为社会主义者所接受。"[1]

著名政治学家、环境保护者苏姗·乔治对金融危机有更尖锐的分析。她明确认为，这次危机绝不仅仅是金融危机，而是与社会贫困化、不平等和环境危机紧紧地联系在一起的社会危机，"这些危机的每个——社会的、金融的——环境都与其他危机负面地结合在一起，以负反馈的形式相互加强。"因此，在采取措施克服危机时，首先要认识到这些危机的关联性。"为了拯救这个星球，我们必须迅速和深刻地改变大多数人的思考、感情和行为的方式。"由战争凯恩斯主义转向环境凯恩斯主义。[2]

英国马克思主义思想家梅扎罗斯 2008 年 10 月在伦敦一次讲演中对经济危机也做了系统的分析。[3] 首先，他认为，与此前的"组织化的资本主义"相比，我们今天处在"危机资本主义"时代，与这场危机相比，1929—1933年危机是小巫见大巫。其次，虽然危机是在金融领域中首先爆发的，但其内在根源仍然是工业领域的危机。正是产业资本积累的滞后和失败，资本主义才转向金融领域的冒险，事实证明这不过是饮鸩止渴。再次，这场危机是资本主义的结构危机，"作为资本逻辑的结构危机的历史结果，我们的时代已经到了我们社会的立法框架、物质生产以及社会再生产的金融系统危机的共生（symbiosis）状态。"他提到，虽然美国财政部长期以来靠中国为它的巨额赤字埋单，但是，随着救市规模的扩大，这一黑洞越来越难以填补。最后，结构危机需要彻底的结构性变革。"资本主义全球化在现实中是不可行的，也不

---

① Alastair Bruce, Global financial crisis is the "end of the era" for capitalism, November 07 2008, http://moneycentral.msn.com/.

② Susan George, Transformative the Global Economy: Solutions for a Sustainable World, http://www.tni.org/detail_page.phtml? &act_id=18736&menu=13e.

③ István Mészáros, The Unfolding Crisis and the Relevance of Marx, http://www.month-lyreview.org/mrzine/meszaros041108.html, 2008.11.4.

可能可行。因为它不能克服全球系统危机包含的矛盾和对抗。资本主义全球化本身不过是这种危机的表现,任何企图倒因为果,一厢情愿地治愈其副作用,都是徒劳无益的。因为它不可能触及真正的原因。"在文章的结尾,作者指出:"这就是为什么马克思在今天比以往任何时候都与我们息息相关的原因。因为只有彻底的系统改变才能提供历史地可行的希望和未来的解决办法。"

J.琼斯在英国《卫报》网站上发表的文章:《从厄运和忧伤中得到什么安慰? 转向马克思主义》① 也涉及危机时代马克思主义的价值和意义问题。作者认为,当今世界陷入的困境早在 20 世纪 20 年代就被俄国马克思主义经济学康德拉捷夫预言到了。因此,"我们应该记住康德拉捷夫,忘记诺查丹马斯"。康德拉捷夫在资本主义生产模式的增长和矛盾中发现了"长波",资本主义经济每 50—60 年一个周期。我们所处的是二战以来的经济周期之中,这一周期的特点是增长期较长,但下降曲线很陡。当前的危机印证了长波理论。当今知识分子未能在大危机面前给我们提供理智的安慰,原因在于他们忘掉了马克思的思想及其他的发展成果,康德拉捷夫的贡献就属于被遗忘的思想之一。

恰克拉波蒂在一篇名为《资本主义成了屠宰场,左翼却无动于衷》的文章 ② 中,也对左翼知识分子在危机面前无所作为提出了尖锐的批判。他指出,面对信用崩溃(credit crunch),传统的进步左翼思想库似乎已经消逝了,如英国工党在危机面前毫无作为。但是,D.索维则认为,西方左翼并没有完全沉寂,仍然有大量的人在抵抗,其中包括那些反对工资冻结的工人,那些参加英国一年一度马克思主义节的知识分子和青年,他们代表的既不是第三条道路,也不是自由民主党的路线。"资本主义的最终崩溃让英国新工党无所适从,但是马克思主义的分析对信用崩溃来说是有用的。"③ 只有摆脱新自由主义意识形态的束缚,恢复强大的工人阶级运动,摆脱金融危机才有可能。

总之,资本主义的危机在一定程度上印证了马克思主义理论的生命力,使社会主义和激进政治部分地恢复了元气,但是,马克思主义要想建构一个系统完备的危机理论并把它与政治运动结合起来,还有一段距离。

---

① Jonathan Jones, Want solace from the doom and gloom? Turn to Marxism, http: //www. guardian.co.uk/artanddesign/jonathanjonesblog/2008/oct/10/marxism-economy.

② Aditya Chakrabortty, Capitalism lies in shambles, and the left has gone awol, *The Guardian,* 7 August 2008.

③ Dave Sewell, The left does have solutions to the credit crunch, The Guardian, Saturday 9 August 2008.

四、中国的崛起及其争论

2007 年美国约翰·霍普金斯大学教授、著名的世界体系论思想家阿瑞吉出版了畅销书：《亚当·斯密在北京》。该书是他的《漫长的 20 世纪》和《现代世界体系中的混乱与统治》的续篇。《亚当·斯密在北京》的观点既不同于西方盛行的中国威胁论，又有别于西方左翼的中国变质论。它把中国的崛起放在霸权兴衰和世界体系转变的宏大历史背景下，从积极意义上去发掘中国发展模式的世界意义。在阿瑞吉看来，中国的崛起标志着一个新的时代的来临，即新亚洲时代的到来。中国正在取代美国，成为新的霸权，这一世界霸权可能会带来三个方面的积极后果。第一，重组当今由西方主导的国家等级体系，东亚领先的时代或许将带来国际间更大的平等。第二，中国霸权或许比欧美更少军事色彩，更多和平倾向。第三，中国的崛起可能会开创更加平等和人道的市场经济发展道路。阿瑞吉的研究在西方中国问题专家和左翼思想家中引起激烈争论。

澳大利亚国立大学荣休教授、中国史专家马克·阿尔文在《作为占卜者的历史学家》一文中对阿瑞吉的观点提出质疑。第一，阿瑞吉的理论基本假设不成立。阿尔文认为，东亚经济是沿着"以市场为基础的斯密式动力学"（a market-based Smithian dynamic）发展的，形成了依赖于劳动密集和能量储存的东亚斯密主义（Sino-Smithianism）发展模式，它区别于资本密集和能量密集型的西方斯密主义发展模式。东亚模式对劳动与环境具有更大的亲和性。但阿尔文认为，这一假设缺少经验的支持。虽然现代经济给环境造成的危害是严重的，但这并非是西方独有的现象。从理论上说，阿瑞吉把斯密与东亚模式联系起来是成问题的。现代西方所特有的模式恰恰是从斯密写作《国富论》时代才真正开始的，斯密思想中包含着许多西方特有的观念，如他强调看不见的手的作用，赋予机械以相当的经济重要性。阿瑞吉把斯密与东亚模式联系起来，并象征性地与北京联系起来，只是取斯密主义的第二个方面，即广泛的商业化和货币化，大量小生产者和销售者构成的市场以及国家对经济的协调。但是，中国的市场经济也依赖斯密主义的第一个方面，即对市场竞争和工业化的依赖。如果是这样，把中国乃至东亚的模式作为有别于西方的特殊模式是成问题的。

第二，世界国家概念并非解释世界经济的恰当分析工具。从世界体系论出发，美国霸权的命运是理解世界秩序的核心问题，也是理解中国崛起的可能性和未来前景的关键问题。与西方许多左翼思想家，如华伦斯坦、哈维等人一样，阿瑞吉也认为，美国的霸权正在衰落，虽然美国是世界军事最强大的国家，但是也是最大的债务国，"美国从它的东亚盟国抽取保护费的能力由于它日益依赖于东亚的金钱而受到扼制"，亚洲国家的债权国地位构成它们力量的主要来源。① 但是，阿尔文认为，世界国家这个概念对全球历史的理解并不具有核心意义，美国在海外的行动也没有特别之处，就如任何国家一样，它也必须扼制敌对国家以便保护自己的国家利益。从西方中心论和自由主义前提出发，阿尔文强调，从西方观点看，西方确实有一些有价值的东西需要保护，甚至 20 世纪 50 年代的共产主义威胁也不是一个假问题。

第三，反对阿瑞吉把西方模式称为"工业（industrial）模式"，把东亚模式称为"勤劳（industrious）模式"，并对东亚的发展和中国的崛起做浪漫化的叙事。阿瑞吉认为，东西方发展模式的分化开始于 18 世纪，我们不能"把勤劳革命理解为工业革命的序曲，而应理解为一种以市场为基础的发展，这种发展不具有英美开启的资本和能源密集的内在倾向。"② 阿尔文认为，虽然用勤劳解释中国的成就是正确的，但是，中国的崛起同样也依赖西方工业机器的使用，不能把中国的发展与西方的发展简化为人力资源和非人力资源、勤劳与工业之间的对立。

第四，质疑阿瑞吉把东亚的发展道路理解为非战争化的发展。阿瑞吉认为，西方工业革命的驱动力有两个，一是资本家获得政治权力，二是依靠战争机器。但是，阿尔文始终强调技术的作用。他认为，通常所说的工业革命并不是指短时期内事物发生的质的变化，而是持续两百年、直到今天仍在继续的过程，"工业革命的动力来自生产技艺的不断改进，以及由现代科学所激发的精神态度和分析性思维；一旦这一过程被认识到，并把金钱用于研发，就会被知识的生产和利润之间的循环所强化。"③ 阿瑞吉认为，中国近代的落后

① Giovanni Arrighi, *Adam Smith in Beijing: Lineages of the Twenty-first Century,* London and New York 2007, p. 22.

② Giovanni Arrighi, *Adam Smith in Beijing: Lineages of the Twenty-first Century,* London and New York 2007, p. 33.

③ Mark Elven, The Historian as Haruspex, *New Left Review,* No. 52, JULY/AUG 2008, p. 101.

是由于被迫依附资本主义世界体系造成的，而阿尔文认为，中国的落后主要是由文化能力造成的。晚清帝国之所以衰落主要原因是中国的科学思维已经陷入了瓶颈，不可能继续发展。当代中国的发展主要是通过学习现代技术实现的，中国人从一开始就是杰出的学习者。如果要表达外国对中国产生的经济、政治和文化影响的话，最好的词是"负面刺激"（negative acupuncture），而不是世界体系的消极影响。

总之，在阿尔文看来，中国的发展模式并没有特殊性，它不过是后发国家对西方的模仿和赶超的效果。这一分析拔除了阿瑞吉著作的马克思主义和反资本主义之刺，把它完全结合到自由主义正统叙事框架之中。

乔·安德斯的《中国颜色的变化》①一文，与阿尔文的观点具有相似之处。他认为，阿瑞吉对中国崛起的三个可能后果的预测都是成问题的，特别是最后一个预测，即中国或许将开创一个非资本主义市场体系的发展道路。阿瑞吉的分析框架是布罗代尔的理论。经济分为三个层次，底层的经济活动由基本生活必需品生产组成，很少有市场交换；中层以由竞争的企业家组织起来的市场为中心结构；上层是由垄断资本家组成的，他们与国家权力联系起来，通过垄断地位获得高额利润。阿瑞吉运用了布罗代尔的理论，他认为，西方发展模式的特征是资本家控制国家，把强大的经济力量和军事扩张结合起来，通过武力征服世界。但是，东亚发展模式与西方模式不一样，强大的国家控制着市场交换，既鼓励又限制大规模的资本。这种模式曾经在中华帝国霸权时代流行，它支配了该地区相对和平的国际关系体系，使这里成为19世纪以前世界上最富裕的地方。今天中国又重新找回了曾经使亚洲走向繁荣的道路，这一道路就是通过贸易而不是军事侵略、以福利而不是以资本为中心来组织经济。

安德斯对阿瑞吉的分析表示怀疑，他认为在改革初期（1978—1992年），社会主义经济在中国仍然占主导地位，但是，现在正在改变颜色。第一，他认为，在中国，私有化和利润已经取代了公有制和福利成为经济改革的主导方向。随着90年代初期限制私有企业规模和外国投资的政策被取消，各级官员被鼓励要推动两者的发展，到2000年中国制造业的三分之一产品由外资公司生产，与此同时，国内资本主义经济也迅速增长，国有财产变成了私

---

① Joel Andreas, Chnaging Colours in China, *New Left Review*, No. 52, NOV/DEC, 2008.

有财产，经理变成了财产所有者，职工变成了被剥夺了权利的无产阶级。由于劳动力和生产资料的分离，中国的改革最终被私有化和资本逻辑支配。第二，与布罗代尔所说的通过对国家权力的垄断获取超额利润的上层资产阶级集团一样，中国国家控制的国有企业也改变了性质。国家把国有大企业改制成符合现代公司制的企业，其资产被转变成在证券交易所上市的股票。改制后，企业的经理服务于股东最大化利益，甚至政府控股公司被指示把国有资产的回报率作为首要内容，这样国有企业的社会主义性质和特征已经丧失了。第三，中国的改革也出现了阶级的两极化。中国的改革基本上是沿着资本主义路线进行的，与其他国家一样，中国的收入差距和社会的两极化也越来越大。今天，中国的富豪从任何标准看都是非常有钱的，而社会光谱的另一端是千百万工人下岗，一些人拿着微薄的退休金或生活补贴等，不仅在农村而且在城市形成了一个底层群体。总之，安德斯认为，中国的发展并未开启一条非资本主义的发展道路，这一观点属于典型的西方左翼的中国变质论，它与自由主义一样是片面的。

J. 克拉劳斯卡斯也在《未来的现在》一文中对阿瑞吉的著作做了评论。他认为，阿瑞吉的著作属于布罗代尔、弗兰克、华伦斯坦等人的激进思想传统。该著作涉及两个重要问题：第一，在何种程度上中国的当代发展不属于资本主义的逻辑？第二，在何种程度上中国主导的政治选择预示着真正尊重文化差异的世界联合？阿瑞吉对这两个问题做了谨慎乐观的回答，但克拉劳斯卡斯对这个问题持完全否定的答案。他认为，中国发展并未显示出非资本主义的前景，也未在世界经济中表现出非好战的霸权前景。中国的资本积累形式及其在世界范围内的扩散，仍然是资本冷漠的化身。①

从上述讨论中可以看出，中国的崛起虽然引起了西方马克思主义者和左翼的浓厚兴趣，但是，总体来说，他们对中国还有许多误解、偏见和担心。

五、世界政治

中国的崛起是当代世界政治的最重要事件，但是，在左翼政治学中，中国发展模式的意义是模棱两可的，西方更多地把目光投向拉美国家，希望拉

---

① John Kraniauskas, Future Present, *Radical Philosophy*, No.150, 2008, p. 55.

美的反自由主义和社会主义试验能够为社会主义提供刺激。

2008 年，卡利尼柯斯继续活跃在左翼学术界，他在《国际社会主义》杂志发表《激进左翼走向何处?》[①] 一文对左翼政治进行分析。卡利尼柯斯一如既往地坚持社会主义的立场，反对左翼的文化多元主义和后现代主义。他指出，过去十年在欧洲似乎已经形成了新左翼，它们试图提出一种有别于新自由主义、战争和资本主义的进步方案。但是，这一运动已经出现了分歧。这一分歧是由意大利"重建共产党"(Partito della Rifondazione Comunista) 引起的。该党从 2004 年开始向右转，放弃了对美国伊拉克战争的抑制，并投票支持普罗蒂的新自由主义纲领。其他地方的左翼也陷入分裂或退却，如英国、丹麦和韩国等。为什么会出现这样的逆转? 卡利尼柯斯认为，激进左翼是反新自由主义和战争的群众性抵抗运动的产物。不同于布莱尔和施罗德等改良主义社会民主党，它力图恢复真正的民主，更加坚持原则。作者认为，激进左翼的出现标志着一种积极的有价值的发展，标志着一种策略的改变，它更加重视群众性政治斗争和参与。但是，这种抵抗运动再向前发展就会产生出自己的问题。首先，政治有其自身的逻辑，它存在着风险和偶然性，这最显著地表现在选举之中。在西方国家，即使最民主的选举制度也是不利于激进左翼的。第二个原因是对激进左翼有利的社会环境已经发生了改变。如何改变这种情况? 卡利尼柯斯提出必须恢复革命的社会主义在左翼中的地位和作用。作者推荐苏格兰社会主义党的模式，在现有的激进左翼组织中建立社会主义党，在党内各派通过制度性的平台表达自己的观点，同时在选举中采取一致的行动。总之，作者既反对把政党变成选举的机器，放弃社会主义的原则，也不主张激进左翼停留在群众性的社会运动形态上，他要求围绕着革命的社会主义政党建立统一战线。

《社会主义纪实》第 44 期 [②] 的主题是《今天的暴力：现实存在的野蛮主义》，主要关注中东和伊拉克等地的帝国主义战争和反抗运动。编者在前言中说:《社会主义纪实》自 1964 年创刊到现在已经出版了 44 期，不同的时代有不同的任务和批判的对象。当前的局势是由新帝国主义和新自由主义积累的矛盾定义的，不仅资本主义全球化的潮水已经无法托起所有的船只，而且美

---

① Alex Callinicos, Where is the Radical Left Going? *International Socialist,* No. 120, 2008.

② *Violence Today: Socialist Register 2009,* edited by Leo Panitch and Colin Leys, Monthly Review Press, 2008.

国也无法随心所欲地把军事力量强加于其他国家。美国世纪的新自由主义方案和新帝国主义方案已经耗尽了它的能量和自信，它的经济和政治大厦已经出现了裂缝。虽然新自由主义和新帝国主义还很强大，但是，它们已经面临着越来越多的挑战和抵抗。当代政治生活也不是没有亮点（flashpoints），当代反帝国主义和反自由主义有两个亮点，一是中东地区出现的反帝国主义运动，二是拉美国家出现的反新自由主义运动。自从小布什提出反恐战争以来，西方一直混淆事物的本质，把中东抵抗运动歪曲为伊斯兰和西方的文明冲突。但是，他们认为，并不存在亨廷顿所说的文明冲突，中东问题产生的根源是西方国家为了自己的利益创造了伊斯兰激进主义，用这种激进主义去瓦解和打击这个地区的进步的世俗化力量。"宗教的政治角色从来不是中立的，而是内在和外在的历史力量的结果。"如果说中东战争暴露了帝国主义界限的话，那么拉丁美洲过去十年的政治斗争已经暴露了新自由主义的界限。拉美国家新的政治力量走上政治舞台，表明底层阶级也能创造历史，他们可以把他们对一个更好世界的需求和渴望转变成政治议程，并通过他们的领导人带到国家权力之中。拉美的粉红色浪潮（pink wave），构成了新一轮的社会政治斗争，它将改变左翼、国家和全球资本主义的关系。

　　E.萨德尔也把拉美当作西方左翼的希望绿洲，他在《最脆弱的一环：在拉丁美洲的新自由主义》中指出，拉美曾经是新自由主义最青睐的地域，新自由主义政策最先在智利和玻利维亚实行，但是这一地区就很快成了抵抗新自由主义并构建有别于新自由主义体制的希望之都。拉美之所以成为新自由主义最脆弱的一环，是因为一方面这里曾是新自由主义的试验场，另一方面拉美也是美国的后院。因此，拉美的反抗对动摇美国的新自由主义霸权具有特殊的意义。但是，作者也指出，拉美的政治格局是复杂的，那些反新自由主义的力量并非一定是反资本主义的，要使反新自由主义成为反资本主义的力量，需要社会和政治领导人对斗争的引导。在这里他特别强调，近年来在拉美出现的"21世纪社会主义方案"的重要性。"查韦斯的21世纪社会主义方案是前所未有的构想，它试图把反对新自由主义与反对资本主义结合起来。"[1] 这一方案可以称为"后—新自由"（post-neoliberal）方案，它恢复了国家的某些功能，如采取措施保护国家对自然资源的主权，实行普遍包容的社

---

[1] Emir Sader, The Weakest Link? *New Left Review*, No. 52, JUNE/AUG 2008, p. 22.

会政策，创造新的政治参与机制重建政治与社会的积极联系。在经济中，它实行多种形式的财产权，如合作制、家庭制的财产权形式，形成国家主导的新的社会化形式。21世纪社会主义方案的后—新自由主义意义在于，它恢复了公共领域、权利的普遍化和彻底的非市场化等社会主义要求，使社会不再单纯受市场和资本的逻辑支配。但是，拉美的反自由主义和反资本主义运动也面临着新的挑战。经济结构单一、政治上存在着反对派、民族结构复杂等，都给拉美进步主义运动投下了未来不确定性的阴影。

大卫·哈维的文章《城市的权利》是他对空间政治理论的最新思考。在他看来，"我们生活在人权的理想已经成为政治和伦理中心舞台的时代。"但是，人权概念的流行并没有挑战霸权式自由主义或新自由主义的市场逻辑，没有挑战占统治地位的国家和法律模式。罗伯特·帕克说：城市是人类最成功地改造自己生活的世界的尝试。哈维认为，我们想要什么样的城市问题，是不能同我们想要什么样的社会纽带、什么样的与自然的关系、什么样的生活方式、什么样的技术和审美价值等问题分开的。"城市的权利远不仅仅是个人拥有获得城市资源的自由：它是通过改变城市来改变我们自身的权利。"[1]这种权利不是个人的，因为对城市的改变不可避免地要依赖重新塑造都市化过程的集体力量。城市的权利是人类宝贵的，却又是最被忽视的人权。

城市化一开始就是剩余产品的地理和社会的集中化过程，城市化总是一种阶级现象，"为剩余价值的生产和消化寻找有利可图领域的永恒需求形成了资本主义政治学。"同时，为了剩余产品的生产，资产阶级不仅需要对工人进行纪律化，对有组织的劳工运动和组织进行压制，"资本家也必须不断地去寻找一般的新的生产工具和特殊的自然资源，它将日益对自然环境产生压力，以生产出必要的原材料和排出不可避免的废料——它们需要打开抽取原材料的领域——通常这就是帝国主义和新殖民主义努力的目标。"[2]都市化在资本主义发展中起到重要作用。当美国在90年代高技术神话破灭后，房地产被当作经济的稳定器，大量的剩余资本进入房地产领域，造成房地产泡沫，这是今天美国经济危机爆发的重要根源。哈维强调，通过都市转型来消化剩余资本总是带有黑暗面的。每一场都市化都是一个"创造的破坏"，总是有其阶

---

① David Havey, The Right of City, *New Left Review,* SEP/OCT 2008, p. 23.
② David Havey, The Right of City, *New Left Review,* SEP/OCT 2008, p. 24.

级维度，因为穷人、弱势群体和边缘人总是都市化过程中首当其冲的受害者。资本主义的城市化过程不会自动结束，只会因人民的反抗而终止。都市化今天已经全球化了，反抗的信号到处都有，但这些反抗是分散的，相互之间没有联系。虽然城市反抗运动取得一些成果，如巴西在宪法中加入了城市条款，但是，城市的权利还没有真正地政治化，这也是今天左翼政治软弱无力的因素之一。

六、马克思主义经济学研究

当前世界经济的动荡把人们从新自由主义的美梦中惊醒，马克思主义政治经济学理论开始受到更多人的关注。近年来不论是世界经济的走向，还是马克思主义经济学理论本身，都成为讨论的热点问题。著名马克思主义经济史学家、美国加州大学洛杉矶分校教授罗伯特·布罗纳（Robert Brenner）的新著《全球动荡的经济学：发达资本主义经济从繁荣到停滞，1950—1998》在左翼知识界引起很大争论，2008年《新左翼评论》发表三篇论文讨论布罗纳的著作。

布罗纳教授对战后世界经济有三个基本判断，即：发达资本主义国家长期经济效绩处在下降之中，每个商业周期的产出、生产率、股票价格和真实工资水平都在不断恶化。第二，制造业的利润率是决定经济增长效绩的因素，它的赢利水平的降低是长期衰退的根本原因。第三，美国的制造业仍然是世界经济的主导力量，由技术进步带动的增长和其他国家的发展不会改变世界经济的趋势和格局。[①]

英国华威大学经济史教授尼古拉·克拉夫特认为，《全球动荡的经济学》这本书虽然很有趣，但不能令人信服。首先，布罗纳对经济效绩的描绘不能令人信服：1）战后资本主义国家的资本回报率变化是无趋势的，并不存在一个向下的倾向；2）商业投资在GDP中所占的份额自战后繁荣以来是逐渐上升的；3）ICT（信息技术）革命对美国生产力的增长有实质性的贡献。其次，布罗纳绘制的生产力增长年表存在着严重的缺陷，主要是它没有解释追赶型增长的重要性，没有关注OECD国家的服务业快速增长，没有意识到利润下降

---

① Nicolas Crafts, Profits of Doom? *New Left Review*, No. 54, NOV/DEC 2008, p. 50-51.

也会刺激技术的发展，这些都会部分抵消布罗纳所说的下降趋势。再次，布罗纳强调的是制造业的利润率以及它面临国际竞争加剧时的弱势，但是，制造业在发达国家经济体中只占很小的部分，它的利润下降趋势不足以扭转服务业中技术进步带来的增长。这并不是说，发达经济体已经渡过了困难时期，石油冲击、信贷收缩和全球不平衡仍然对宏观经济决策者提出严峻的挑战。布罗纳的悲观主义分析也许可以视为先知先觉，但不是对过去有说服力的经济史分析。①

　　如果说克拉夫特的文章质疑的是布罗纳对利润率下降趋势的判断，法国调节学派创始人、巴黎第十大学教授阿格里塔的论文质疑的则是布罗纳对美国在世界经济秩序中未来地位的判断。布罗纳认为，美国不仅现在处在霸权地位，将来也是如此。阿格里塔认为，这个观点是错误的，在当前危机重创美国金融体系时更是如此。阿格里塔认为，中国2006年已经超过德国成为世界第三大经济体，而如果按购买力平价计算，它已经当之无愧地成为世界第二大经济体了。对这样一个20年来经济增长率一直保持两位数的大国来说，认为它的经济增长不会对世界经济产生重大影响是不合情理的。也许人们会说，中国的经济增长依赖于出口，特别是对美国的出口，实际上中国对美国的出口约占总出口的40%，并且中国与新兴经济体之间的贸易额也不断扩大。再从增长率看，从2000年以来，新兴市场经济国家的年平均增长率是6%，而发达国家是2.5%，按这个趋势，25年后新兴市场经济国家在世界总产值中所占的比例将达到66%，这将带来世界经济格局的根本变化。阿格里塔认为，世界经济体系的转折点是20世纪90年代，一是东亚经济危机，二是中国加入WTO。虽然一些人把柏林墙的倒塌视为自由主义秩序在全球的胜利，被视为历史的终结。但是，这一表面上的胜利已经在一连串经济危机中触礁，并在伊拉克战争中严重受挫。在具体论述中，阿格里塔特别强调中国崛起的意义。中国和印度的崛起，它们对世界权力一极地位的追求，将成为全球增长体制重构的长期力量。

　　在谈到当前的经济危机时，他指出美国的次贷危机已经转变成系统危机。危机已经使大西洋两岸实体经济陷入了衰退，这次危机的影响还将持续好几年，结果将是亚洲国家，特别是中国的后来居上。相对于西方的危机，东亚

---

① Nicolas Crafts, Profits of Doom? *New Left Review*, No. 54, NOV/DEC 2008, p. 59-60.

的增长是可持续的。主要的增长来源有二：第一，技术的扩散和管理的改善，将增加中国或印度的劳动生产率。第二，大量人口从农村到城市的都市化过程，可以创造大量的需要。与布罗纳对世界经济的悲观主义看法不同，阿格里塔认为，新兴经济体可以推动世界经济下一个50年的经济增长。"总之，存在着世界增长体制的空间，在这里先发国家和发达地区把资本转移到后发国家和快速发展地区。但是，为资本和收入在全球安全流动提供渠道所需的金融体系需要加强管制，过去25年的金融过度扩张需要被压缩。"① 他认为，由七国集团协调世界经济的时代已经过时，世界经济需要新的全球领导体系，这一体系应该反映世界经济政治力量的变化，特别是中国和印度等国的兴起。

英国伦敦经济学教授罗伯特·沃德的论文《金融体制改变了吗》也涉及世界经济问题。他指出，1930年和1975年在国际经济规范和规则上经历了实质性的变化，这种变化可以称为"体制改变"(regime changes)，就金融领域来说，这种体制变化发生在1945年和1975年。前一体制是布林顿体系，后一体制是新自由主义体系。新自由主义体制的核心是政府让权，实行自由化、非管制化、私有化。这两种体制之间的区别在于政府职能不同。布林顿体制实行的是"嵌入式自由主义"(embedded liberalism) ②，受约束的资本主义。新自由主义回到了自由放任主义，收回了国家对市场的干预权力，并扩大了市场配置的范围。但是，新自由主义又不同于传统的自由主义，"新"(neo) 意味着国家不仅提供公共物品，而且制定竞争规则并通过这些规则影响世界经济。新自由主义判断经营成功的标准是投资人、股票持有人的价值。因此，新自由主义与经济的金融化是联系在一起的。

新自由主义处方的核心是"有效市场假说"(efficient markets hypothesis)。它强调市场必须反映所有相关信息，处于连续出清状态，否则不是存在着金融泡沫，就是存在着金融压抑。沃德认为，当前的经济危机预示着一次新的体制转变时代的到来。这场经济危机使人们对英美资本主义模式丧失了信心，意味着没有国家管制的市场是不完整的市场。作者运用布兰尼的"双重运动"概念来解释国家管制的必要性。他说："政府对危机采取的措施进一步暗示我们已经进入波兰尼的'双重运动'的第二程，由自由市场和不断增长的商品

① Michel Aglietta, Into A New Growth Regime? *New Left Review,* No. 54, NOV/ DEC 2008, p. 74.

② Robert Wade, Financial Regime Change? *New Left Review,* No. 53, SEPT/OCT 2008, p. 5.

化而形成的资本主义现行模式，产生了灾难和错位，它**激发了对市场更严密监管和非商品化的要求**（因此进入'嵌入的资本主义)。"① 虽然这一新的体制还在酝酿之中，还没有一个恰当的名称，但它**能够克服新自由主义模式的困难和消极影响**。作者提出以下**设想**：第一，金融领域应该实行混合所有制，从强调私人利润的最大化转向强调金融的服务效能；第二，对全球化模式本身必须**重新思考**，改变以前过于强调资本积累和供给而损害需求和劳动的模式；第三，全球经济体制需要重新思考规则和标准，不能用一刀切的标准规范世界经济，在宏观与微观之间应该形成许多中间体，允许经济发展战略上采取非中心化的方案。在他看来，当前的经济危机既是**困难**，也是机遇。"如果'双重运动'的第二程成了一个没有共识的时期，它也许为更多的各种标准和制度安排提供空间，并出现有别于自由主义处方的**经济和金融选择**。"② 它也许能为更公平的**世界提供一个基础**。

除世界经济这一热点外，马克思的政治经济学理论本身也是关注的热点。雅克·比岱 1985 年出版的著作《探索〈资本论〉：哲学、经济学和政治学维度》，2007 年被翻译成英文出版，《激进哲学》发表约翰·米约斯的评论文章。比岱的著作主要涉及三个问题，米约斯主要讨论其中的一个问题，即《资本论》第三卷涉及的价值向生产价格转变的问题。他认为，马克思在其经济学著作中存在着两个话语，即马克思式的话语和古典经济学话语："当涉及价值向生产价格转变时，马克思放弃了他自己的货币价值论（即价值与价格的不可比性），提出价值与价格的量的比较学说，以这种方式，他退回到古典的观点，即价值在量上是同一的，因而与价格在量上是可以比较的。两个话语之间存在着明显的空白。它们之间是不相通的。"③ 也就是说，《资本论》第三卷的马克思否认了《资本论》第一卷的马克思。

资本主义意识形态的核心是自由主义，即相信本质上**资本主义是唯一真正地与自由一致的制度**，如何**解除这一理解**意识形态的理智魔咒，加州大学伯克利分校的邦德瑞的《工资—劳动的掩盖物：司法幻觉、非自由的条件和新奇的扩展》一文提供了有价值的分析。作者认为，如果我们对工资—劳动内涵的理解，从否定的所有权和契约自由的司法属性转向资本—配置劳动的

---

① Robert Wade, Financial Regime Change? *New Left Review*, No. 53, SEPT/OCT 2008, p. 6-7.
② Robert Wade, Financial Regime Change? *New Left Review*, No. 53, SEPT/OCT 2008, p. 21.
③ John Milios, Mind the Gap, *Radical Philosophy*, No.148, 2008, p. 48.

实际运作，工资—劳动的外延就会相应地改变，它的历史和地理空间也需要重新加以理解。把资本配置的劳动理解为工资劳动，具有重要意义，它不仅意味着资本主义与自由劳动没有关系，而且意味着资本主义的动力总是与无产阶级典型的非自由联系在一起的。

在传统马克思主义中，剥削是根据财产权来理解的。工资劳动者被认为是自我所有的（self-owned），但没有生产资料所有权，由于工人拥有否定的所有权（negative ownership），即与生产工具相异化。他发现自己处于悖论之中，一方面他可以自由地让渡自己的劳动力，另一方面他又不能一劳永逸地让渡自己的自由，否则就与劳动者的自我所有权概念相矛盾。这种理论的困境是由对工资劳动的司法定义所产生的，与人的真实自由无关。作者指出："真实的自由不是产生于法律概念，而是通过现实的斗争获得的。"① 本文的核心观点可概述如下：第一，超越对剥削的司法理解。工资劳动本质上不是一个法律或市场状态，而是一种由资本支配劳动产生的不自由状态，是资本家与工人的现实的人与人的关系。因此，我们不能把形式上自由的劳动与非自由的劳动的区分作为界定工资劳动的标准。第二，工资劳动外延的重新界定。所谓外延是指一个概念的经验的覆盖面，如果把工资劳动理解为资本配置的劳动，工资—劳动的外延相应地也会发生变化。从亚当·斯密开始，经济学家就区分了两种劳动，一种是生产性的劳动，二是非生产性的劳动。马克思也区分服务于资本增殖的生产性劳动，即工资劳动者，另一种被雇佣的非生产性劳动，如公共部门和服务业的被雇佣者。但是，这只是分析上的区分，而不是政治上的区分，工人阶级应该既包括工资劳动者也包括被雇佣的依附者。作者说："工资—劳动仅仅指这样的状态，在那里工人被迫从事资本安排的劳动，以便获得他们自己直接生产的或间接地以其他形式提供的生活基金。工资劳动应该正当地理解为与各种剥削形式相容的——奴隶制、租佃制、名义上独立的简单商品生产以及形式上自由的工资劳动。"② 总之，资本主义与形式自由没有必然关系，雇佣劳动的具体强制形式是与资本的需要相联系，而不是与法律幻想相联系。

---

① The Disguises of Wage-Labour: Juridical Illusions, Unfree Conditions and Novel Extensions, *Historical Materialism*, 16.1(2008), p. 72.

② The Disguises of Wage-Labour: Juridical Illusions, Unfree Conditions and Novel Extensions, *Historical Materialism*, 16.1(2008), p. 84.

与后现代马克思主义的哲学、政治和文化理论的繁荣相比，后现代马克思主义经济学理论是一个尚未展开的领域。美国巴克内尔大学教授古拉认为，许多对后现代马克思主义的批评是没有根据的。他从马克思主义关于价值理论、家庭和国家的阶级分析以及阶级正义三个领域大量文献的分析出发，认为后现代马克思主义为马克思主义者所关心的许多问题提供了新的见解，特别是它为阶级政治学提供了规范基础，为阶级斗争参与过程中的阶级联合和新策略打开了新的空间。第一，它为资本主义提供了一种逻辑的系统的阶级分析方法，把社会总体中的阶级因素与非阶级因素链接起来，并为以阶级正义为目的的社会转变提供了道德基础。第二，在价值分析和危机分析中，它提供了一种系统的关系分析方法，既赋予阶级分析以核心地位，同时又避免赋予它以本体论上的优先性。第三，在阶级正义的问题上，它通过多元决定的概念激发人们去探索改变社会的政治斗争空间和不同的策略。[①] 因此，后马克思主义经济学是马克思主义经济学的一部分。

罗伯维茨 2003 年出版的《超越〈资本论〉》在西方学术界引起了很大反响，2007 年本报告做过这方面的介绍。这一讨论仍在继续，《历史唯物主义》2008年第 3 期发表了本·芬恩的文章《与罗伯维茨辩论：阶级冲突是劳动力价值的道德和历史因素吗?》罗伯维茨认为，《资本论》的一个重要缺陷是只考虑资本与劳动的技术构成对工人报酬的影响，没有考虑工人阶级的组织化和政治斗争对收入分配的影响，因而存在着片面性。他认为，工人劳动力的价值不是完全由资本有机构成和劳动市场的竞争决定的，它同时与工人的分离程度相关联，换言之，工人的分散（不团结）程度越高，工资在收入分配中的份额就越少，反之，则越多。这就是他的"分散度假设"。芬恩的文章没有完全否定罗伯维茨的观点，但他认为这一理论仍然不够全面。劳动市场是结构化的，虽然工人阶级的斗争是理解劳动市场的重要因素，但是，这种影响应该根据相应社会和历史发展阶段的劳动和资本关系的结构特征区别对待，不能笼统地把工人的分散度作为决定劳动报酬的唯一因素。这里涉及马克思主义政治经济学的方法是结构决定理论还是历史决定理论的问题。作者反对罗伯维茨把劳动力价值还原为无产阶级和资产阶级之间的斗争问题。这是因为：第

---

① David Kristjanson-Gural, Postmodern Contributions to Marxian Economics: Theoretical Innovations and their Implications for Class Politics, *Historical Materialism* 16.2(2008), p. 80.

一，阶级斗争是劳动力价值的重要因素，但是，工资水平也与生产率相关联，因而不能将其作为唯一重要的因素；第二，决定工资水平的道德和历史因素不局限于阶级斗争，因为不论是劳动市场还是消费品市场都是高度分化的，不同市场受制于不同的历史、文化、政治因素；第三，影响工资水平的规范因素所涉及的阶级和社会运动的经济和社会干预，并不能完全还原为资本和劳动的斗争。总之，作者认为，马克思主义的工资理论不仅需要考虑政治经济的结构因素，而且需要根据地域、文化、社会诸复杂因素来考虑。[1] 显然，芬恩的观点不是要否认罗伯维茨，而是认为他的理论还不彻底，只考虑到工人阶级的团结和斗争水平对收入分配以及工资所占份额的影响，没有考虑到其他方面。但是，这种试图扩大马克思主义理论的分析范围，使之成为无所不包的理论，最后只能牺牲马克思主义理论的本质。

七、哲学新视野

马克思主义与伦理学的关系是一个争论已久的问题。保罗·布莱克莱奇在英国《国际社会主义》杂志撰文讨论这一问题[2]。首先他批评一个流传甚广的神话，即马克思完全拒绝伦理学，甚至他在伦理和道德问题上的观点是混乱不堪的。作者认为，马克思在道德问题上确实继承了黑格尔对康德的道德抽象主义和形式主义的批判，并与同时代的道德社会主义者不同，马克思反对从道德观点出发反对资本主义，但这不并意味着他公然拒绝伦理学。"他对道德的批判应该理解为对现代自由设定的有限度的拒绝"。马克思的伦理学是另一种伦理学，它的出发点是工人反对剥削的斗争，这种斗争既揭露了资本主义社会自由的局限性，同时又开启了超越自由主义道德观的集体团结的德性。文章分三个方面，即马克思之前的道德观、马克思与道德立场、无产阶级斗争和集体团结，系统阐述了马克思对传统道德理论的改造以及他自己道德观的本质。在文章的结尾，作者引用了伊格尔顿的观点："马克思确实拥有一种'绝对的'的道德标准：即无可质疑的每个人能力的丰富和全面发展的德性。"这种道德观点超越了自由主义对资本主义秩序的辩护，内在地与社会主

① Debating Lebowitz: Is Class Conflict the Moral and Historical Element in the Value of Labour-Power? *Historical Materialism* 16.3(2008), p. 110.

② Paul Blackledge, Marxism and Ethics, *International Socialist,* No. 120, 2008.

义和共产主义的解放理想联系在一起。

随着知识经济、数字化生活时代的到来，抽象的概念、数据、模型、影像等等，成了我们生活的一部分，在这种情况下，如何理解马克思的物化理论成了现实的问题。吕梯肯在《新左翼评论》上发表《关注抽象物》一文，对这个问题进行了探讨。文章指出，现代性构想在一定意义上就是把人从对客体的依赖中解放出来。在马克思主义传统中，商品拜物教被当作"坏的客体"的典型。在商品拜物教中人与人的具体关系被商品交换的抽象关系所取代，人与人的主体间关系被物与物的关系所取代，从商品拜物教批判出发，再进一步就是资本拜物教的批判，它把资本对劳动的统治理解为死劳动对活劳动、抽象劳动对具体劳动的统治。在这里，不仅主体与客体的关系表现为异化的关系，而且资本主义秩序就是抽象物（商品、货币）对人的劳动和具体实践活动的统治。作者认为，马克思主义的理论需要进一步发展，辩证唯物主义既要关注具体的东西，也要关注抽象的东西。因为"关注不可见物"不仅是理解现代社会生活的必要条件，也是我们重新设想解放理想的必要条件。

历史唯物主义不能简单地把抽象与具体对立起来，必须理解抽象与具体关系的历史性。作者认为，随着信息经济和资本主义的非工业化，商品日益变得非物质化和抽象化了。纵观历史，抽象就是从物体向着信息的运动。如果说客体和对象的抽象化不仅是资本主义的经济体系的特征，而且是现代经济的特征，就需要对唯物主义研究方法进行重新定义。不是去简单地谴责抽象造成的异化，并要求把人类创造的一切抽象物中体现的力量都还原为具体的人的生命活动，而是正视抽象物是现代人类生活的一部分。具体来说，作者认为对抽象物的关注有两重意义。第一，我们处在一个商标资本主义之中，资本主义已经从一个生产实物产品的公司变成了一个制造货币的组织，今天的资本主义是抽象的资本主义。马克思曾在《大纲》中批判黑格尔用概念创造客体，但是，"在一个客体是由数码设计并在模拟中检验的时代，难道现实不就是思想的产物吗？"① 因此，关照抽象物是资本主义批判的不可或缺的方面。第二，如果在当代社会中，相互交织的抽象物是与具体事务不可分割地

---

① Sven Lütticken, Attending to Abstract Things, *New Left Review*, No.54, NOV/DEC 2008, p. 116.

缠绕在一起的，那么任何新的政治和社会要求也必须注意抽象物。"唯物主义从来不意味着对 Brossean 贝壳，对某种原始的'真实'的怀旧心理……当不可见的 logos 变成一个渗透到物质文化的每一个毛孔的目的合理性时，'关注不可见物'在这个背景中具有了新的意义。如果有任何未来的话，它也将是抽象的。"①

时间问题是哲学的永恒问题，但是，马克思的时间哲学一直未被系统地讨论。《激进哲学》发表皮特·奥斯伯恩的论文《马克思与时间哲学》② 讨论了这个问题。什么是马克思对时间哲学的贡献？作者认为，这个问题需要运用构建和批判的方法加以研究。在马克思那里，社会范畴与时间范畴之间存在着内在关系。在社会范畴上存在着资本主义对共产主义、工资劳动对自由活动、异化对占有、价值对财富的范畴区分，对应于时间范畴就是量的时间对质的时间、同化时间对变异时间之间的对立。马克思的双态时间观 (dual time) 预示着 20 世纪一系列思想家的思想，如柏格森、海德格尔、本雅明和阿尔都塞等人的时间思想。马克思的时间理论具有重要意义，它启示我们时间不是抽象的空洞范畴，而是与人类的实践活动及其社会结构联系在一起的，这不仅对时间问题的思考有重大意义，而且为马克思思想的理解提供了时间性阅读（temporary reading）视角，这种阅读在奈格里和维尔诺等人那里已经取得了重要成果。

在西方马克思主义和左翼思想家中斯宾诺莎主义的复兴是近年来出现的重要现象，这一现象可以追溯到阿尔都塞，并影响到德勒兹、奈格里、巴迪欧等一大批思想家。斯宾诺莎的自因论、实体哲学、总体性等思想为左翼思想家摆脱主流政治哲学的规范主义偏见，重建本体论政治学提供了哲学基础。莫菲诺在《自因或相互作用：恩格斯在斯宾诺莎与黑格尔之间》一文中涉及这个问题。他指出，恩格斯在阐述唯物主义辩证法时明显地借鉴了斯宾诺莎哲学，在《自然辩证法》导言中，恩格斯认为，从斯宾诺莎到法国伟大的唯物主义者都坚持从世界本身来解释世界，而把具体的证明留给未来的自然科学。斯宾诺莎理论的优点在于他从世界本身来解释世界，而不像笛卡尔和牛顿那样，仍然求助于一个超越的存在者上帝。但是，莫菲诺认为，恩格斯把斯宾

---

① Sven Lütticken, Attending to Abstract Things, NOV/DEC 2008, 54, p. 122.

② Peter Osborne, Marx and Philosophy of Time, *Radical Philosophy*, 147, 2008.

诺莎的自因概念等同于黑格尔《逻辑学》中的相互作用概念，并没有真正把握斯宾诺莎哲学的意义。实际上，斯宾诺莎的自因概念与黑格尔的相互作用概念是有深刻差别的。相互作用概念指向的是共时性的总体性和一种线性的、同质的、空洞的时间概念，而自因概念意味着一种非封闭的总体性，这种总体性的永恒性在于它既具有必然性又在自我演变中改变其形态。"这意味着自由不能像恩格斯那样理解为对必然性的有意识地反思，理解为在思想中获得自然和历史的透明性，而是一种在联结的偶遇的空间中必然性力量的一种量级。"① 只有从实体的自因出发，才能重新理解必然性和自由的关系，把自由理解为实体性力量在必然性和偶然性的相互关联中最大限度的自我提升。斯宾诺莎的自因和实体概念已经成为奈格里等人的"多众"概念和激进民主思想的哲学基础。

阿尔都塞思想是近年来长盛不衰的一个研究热点，随着他的遗作的整理出版，我们对他的思想发展的复杂变化有了更多的理解。2006 年英国维尔索(Verso) 出版社出版的《相遇的唯物主义：晚期思想，1978—1987》是了解阿尔都塞晚期思想的重要文献。最近《历史唯物主义》发表索梯瑞斯的长文《与唯物主义的困难相遇》，系统考察了阿尔都塞晚期思想的变化。该文分三个部分，第一部分考察了阿尔都塞在《自我限制中的马克思》(Marx in his limits) 一文中对马克思主义危机的全面思考，作者称这篇文章是阿尔都塞与马克思主义关系的最后账单；第二部分的标题为《寻找新的唯物主义》，系统考察了阿尔都塞晚期的偶遇唯物主义 (aleatory materialism) 理论。第三部分是《偶然相遇还是唯物主义辩证法？》作者对阿尔都塞思想做了深入的评析和批判。

索梯瑞斯认为，"在某种意义上，我们可以把阿尔都塞的整个努力描述为与共产主义策略的矛盾进行的理论斗争。"② 如果说早期阿尔都塞主要批判经济主义和人道主义对马克思主义的曲解，以拯救马克思主义的科学内容和政治意义的话，从 20 世纪 70 年代后期开始，阿尔都塞认为，共产主义策略的矛盾不仅在于党的纲领之中，而且存在于马克思主义理论核心之中，甚至存在于马克思本人的理论表述之中。晚年的阿尔都塞对马克思主义危机的理论

---

① Vittorio Morfino, *Causa sui or Wechselwirkung:* Engels between Spinoza and Hegel, *Historical Materialism*, 16.1(2008), p. 33.

② Panagiotis Sotiris, The Difficult Encounter with Materialism, *Historical Materialism*, 16.3(2008), p. 149.

反思主要集中在以下方面：第一，他认为，马克思即使在其成熟时期的理论著作中也仍然存在着浓厚的唯心主义色彩。不论在哲学上还是政治经济学上，马克思都没有完全摆脱黑格尔和李嘉图思想的影响。阿尔都塞曾经认为马克思从抽象到具体的方法是反经验主义的，知识的对象不是现成的，而是一些复杂的理论改造过程的结果。但是，他现在认为，《资本论》中的从抽象到具体的叙述方法很大程度上仍然是黑格尔主义的，在剩余价值的运算中，也没有考虑构成资本主义剥削的政治和社会实践过程，因而唯心主义因素就处在马克思的《资本论》的核心之中。第二，他认为马克思主义理论史中存在一个核心的缺陷，这就是缺少上层建筑、国家理论、意识形态理论等，这一缺陷成了马克思主义自身的"绝对限制"[①]。马克思在《资本论》第三卷中把榨取剩余价值的特殊形式作为国家形式的潜在基础，但在阿尔都塞看来，从生产关系直接推论出国家的解释，并没有充分意识到国家的复杂性，也没有解释国家在再生产中的作用。

第二部分是《寻找新的唯物主义》。这里涉及阿尔都塞杀害其妻子的悲剧性事件之后写的一系列文章。阿尔都塞在《偶遇唯物主义的潜流》中指出，在哲学史上存在着一个几乎不为人知的偶遇的唯物主义传统，这一系谱从古代哲学家伊壁鸠鲁到近代哲学家马基雅弗利、霍布斯、卢梭、斯宾诺莎，一直到现代哲学家海德格尔、维特根斯坦和德里达，它的核心是反对目的论。偶遇的唯物主义已经包含在伊壁鸠鲁的原子论中，在这里即使构成现实的所有因素都存在，如果没有倾斜和脱轨，就不会形成世界，也没有原因和意义。"脱轨（swerve）是原初的。"[②] 在这个系谱中没有黑格尔，也没有明确提到马克思，表明他对马克思主义的唯物主义理论越来越持批评态度。在阐述偶遇的唯物主义概念时，他指出偶遇是唯物主义历史和社会现实概念的基础。偶遇不是因果关系，也不是恩格斯所说的相互作用，而是两种独立的因果系列的相遇，每一次偶遇都具有因缘性，都是事先无法预测的，唯物主义的思维要求我们"不是把偶然性理解为必然性的一种状态，或它的例外，我们必须

---

① Louis Altrusser, *Philosophy of encounter: later Writings,* 1978-1987, London: Verso, 2006, p. 54.

② Louis Altrusser, *Philosophy of encounter: later Writings,* 1978-1987, London: Verso, 2006, p. 159.

把必然性理解为偶然的东西相遇的必然。"① 阿尔都塞拒绝一切目的论解释模式，他强调，我们能够发现因果关系或决定论，但这只是在偶遇的过程完成之后，而不是在此之前。历史的常项是偶遇，而不是规律，真正存在的只有单个事物。从这一立场出发，他拒绝辩证法概念。他认为辩证法不仅是可疑的，而且是有害的，"应该以偶遇的唯物主义取代辩证法"。② 阿尔都塞认为偶遇的唯物主义不仅是新的思维方法，而且是历史唯物主义的基础。他认为，马克思、恩格斯在解释封建社会向资本主义的转变时，实际上摇摆于本质主义和偶遇的唯物主义之间。他认为，资本主义生产方式的产生不是内在于封建社会的衰落之中，相反，构成资本主义历史条件的东西都有其独立的历史，没有预先规定一定要成为资本主义生产方式的一部分，它们的结合只是偶然相遇。

关于如何理解偶遇唯物主义的意义，索梯瑞斯认为，"努力重新思考共产主义政治的理论前提，寻求非目的论的唯物主义解释，是80年代前后阿尔都塞思考的核心问题。"③ "第一，有必要强调这些文本的政治特征，把它理解为一种共产主义政治的恢复的哲学条件的思考。"第二，他努力"提供一种关于唯物主义新的哲学实践的定义"。早期他把哲学理解为特殊的文本实践，即理论实践，后期他把哲学与意识形态和阶级斗争联系起来，认为哲学归根到底是对理论领域的阶级斗争的介入形式。第三，偶遇唯物主义之所以对不同生产方式的转变采取一种非本质主义和非目的论的立场，是要在马克思主义危机的时代拯救革命和政治的可能性。

作者认为，偶遇唯物主义理论包含着许多矛盾和无法解决的难题，不论在理论上还是政治上都是前期思想的一种倒退。如果把阿尔都塞的理论轨迹解读为关于革命实践的非历史主义和非唯心主义的话，"那么，阿尔都塞最终的运动似乎是退到前马克思主义的实践概念。"④ 阿尔都塞晚期思想的最大

---

① Louis Altrusser, *Philosophy of encounter: later Writings*,1978-1987,London: Verso, 2006, p. 193-194.

② Louis Altrusser, *Philosophy of encounter: later Writings*,1978-1987,London: Verso, 2006, p. 242.

③ Panagiotis Sotiris, The Difficult Encounter with Materialism, *Historical Materialism*, 16.3(2008), p. 169.

④ Panagiotis Sotiris, The Difficult Encounter with Materialism, *Historical Materialism*, 16.3(2008), p. 170.

问题是拒绝任何辩证法概念。阿尔都塞的相遇概念拒绝了社会矛盾的辩证特征，否定了辩证法总是包含着对事物的否定理解，也就否认了社会整体的非封闭性和革命改造的可能性。"这一对辩证法的拒绝也可以理解为是低估了社会的复杂和不均衡发展特征以及它们的联结和多元决定的方式。"① 应该承认，阿尔都塞反对机械决定论是正确的，但是，否定人类能够在一定程度上通过对历史运动内在趋势的把握以决定自己发展的方向，这是完全片面的。人类需要把握自己的方向，不可能把自己的命运寄托给历史因素的偶然相遇。虽然如此，但作者也指出："虽然阿尔都塞认为主要的理论危险来自共产主义历史可能性的形而上学概念，但今天关键的危险来自新自由主义意识形态预先对历史的可理解性的排除，除了把社会现实作为个人社会交换的集合。今天，返回到辩证法成了迫切的必要，即使阿尔都塞的理论冒险存在着矛盾和失败，但仍然是一个不可缺少的理论参照系。"②

近年来西方左翼中出现了宗教转向，一些著名左翼思想家纷纷转向基督教或其他传统宗教以寻找思想资源，如哈贝马斯、齐泽克、巴迪欧和伊格尔顿等。约翰·罗伯兹的长文《"回归宗教"：弥赛亚主义、基督教和革命传统》系统讨论了这个问题。他认为，黑格尔辩证法传统的核心优势在于，它强调理性总是受到意识形态的中介和限制，因此只有通过自我批判和扬弃，才能达到知识的透明性。虽然黑格尔认为，哲学与宗教的对象是一样的，都是上帝和绝对，但是，黑格尔的哲学本质上是思辨哲学，而不是启示哲学。黑格尔的辩证法影响到整个西方马克思主义传统，这一传统最终走向世俗化的人道主义。但是，近年来，西方左翼思想界出现了"宗教的回归"。罗伯兹的文章指出，在激进思想家，如德里达、阿甘本、巴迪欧、奈格里和齐泽克等人那里，宗教成了激进主义政治理论的重要内容。虽然回归宗教有各种形式，既有从马克思主义传统出发的，也有从所谓的后马克思主义立场出发的，但是，它们都依赖宗教的政治和伦理内容，以便建立政治主体和信仰主体之间积极的联系。作者认为，在激进政治学中宗教的回归不能理解为向非理性主义或反动的宗教原旨主义的投降，而是要理解为用唯物主义方案拯救宗教的

---

① Panagiotis Sotiris, The Difficult Encounter with Materialism, *Historical Materialism,* 16.3(2008), p. 172.

② Panagiotis Sotiris, The Difficult Encounter with Materialism, *Historical Materialism,* 16.3(2008), p. 174.

革命内涵。"宗教，在犹太—基督教遗产中，体现的是一种普遍解放的政治记忆或前景。"① 在西方激进思想家中，对基督教遗产的理解可分为耶稣传统和保罗传统（Pauline Christianity）。保罗基督教传统通过基督的牺牲和复活表达与现行秩序的彻底的整体决裂，而耶稣传统则以慈爱、牺牲和社会团结吸引着人们。罗伯兹的文章主要讨论巴迪欧、齐泽克和阿甘本等人对保罗基督教的激进解释和革命改造。

在作者看来，激进思想家之所以转向宗教是出于现实的政治原因。由于西方工人运动和苏联式的国家社会主义方案的失败，对历史唯物主义的进步主义解释遭遇到现实障碍，因此，一些激进思想家转向基督教或犹太教的弥赛亚主义。"马克思主义的遗产在这里被广义地等同于恢复实践作为革命的虔诚理论。"阿甘本、巴迪欧和齐泽克从本雅明的非线性历史观出发阅读圣·保罗，"正是本雅明的犹太教式对'此时此地'中的绝对的重新构型，成了反对一切自我封闭的进步的共产主义实践和景象的逻辑。"② 按照他们的理解：第一，弥赛亚虽然是超验的、无法表象的，但是，正因为如此，它才能动摇现存的政治秩序。把政治学置于对弥赛亚事件或"真理—事件"的忠诚上，才能把解放的普遍视域带出来。第二，只有放弃本雅明批判的历史主义马克思主义，才能形成革命行动和革命意识。"这不是说马克思和马克思主义没有为超越资本主义的政治经济体制提供坐标，而是说作为失败的国家实践，马克思主义仍然过分地沉溺于进步的历史主义观念，对革命理论来说已经变得无效了。"③ 把弥赛亚恢复到革命理论之中，意味着赋予革命行动以其非历史主义的立场。按照齐泽克的理解，在弥赛亚的赌注之外，不存在自明性的政治行动的空间和时间，今天的革命行为要么是弥赛亚式的，要么什么也不是。

罗伯兹运用恩格斯对早期基督教共产主义的批判来分析当代左翼思想家的困境。正如马克思和恩格斯批判巴枯宁主义时所指出的，求助于宗教，来鼓吹超越历史的永恒不变的共产主义，虽然在无产阶级力量还很弱小时是可以理解的，但是，基督教千禧年的宗教幻想在共产主义运动出现后就成了共

---

① John Roberts, The "Returns to Religion": Messianism, Christiality and Revolutionary Tradition. Part I: "Wakefulness to the Future", *Historical Materialism*, 16.2(2008), p. 59.

② John Roberts, The "Returns to Religion": Messianism, Christiality and Revolutionary Tradition. Part I: "Wakefulness to the Future", *Historical Materialism*, 16.2(2008), p. 80.

③ John Roberts, The "Returns to Religion": Messianism, Christiality and Revolutionary Tradition. Part II: "The Pauline Tradition", *Historical Materialism*, 16.3(2008), p. 96.

产主义的障碍。而巴迪欧、齐泽克和阿甘本等人试图通过圣保罗回到这个永恒的共产主义，最终只能牺牲掉作为现实政治的马克思主义。虽然这些马克思主义的"神学家"并非要回到宗教基础主义，鼓吹蒙昧主义和非理性主义，但是，他们的启示录式的革命语言从理论上说不过是马克思、恩格斯已经超越的过时的理论形式，同时，这一理论如何与现实政治建立关系也是模糊不清的。

（作者单位：复旦大学哲学学院、复旦大学当代国外马克思主义研究中心）

美 国

王金林

2008 年美国马克思主义研究表现出强烈的世纪意识。最近三十年来，面对新自由主义咄咄逼人的攻势，左翼激进思潮尤其是社会主义思潮日益处于被动防守局面。整个 20 世纪 90 年代成为右翼思想的所谓"欢欣时代"，苏联解体与东欧西倾似乎确实标志着"历史的终结"。更糟糕的是，正如齐泽克所言，虽然福山的历史终结论屡遭左翼嘲笑，但当今大部分人仍然是不折不扣的"福山派"，深信自由—民主资本主义乃是最好的可能社会，人们所需要做的无非是使它变得更加公正和宽容，等等。面对这种状况，左翼能否转守为攻，能否清楚地设想出一种适合于新时代的社会主义前景，并通过切实可行的政治组织来实现自己的激进目标？这些乃是当下亟待解决的理论问题。

2008 年美国《每月评论》出版社推出了两本重要著作，梅扎罗斯的《历史时间的挑战与负担：21 世纪的社会主义》[①] 和萨米尔·阿明的《我们希望看到的世界：21 世纪的革命目标》[②]，分别论述了社会主义问题与革命目标问题。梅扎罗斯在其新著中驳斥了新自由主义秩序无可替代的流行观点，认为在向

---

① István Mészáros, *The Challenge and Burden of Historical Time: Socialism in the Twenty-First Century,* Monthly Review Press, 2008.

② Samir Amin, *The World We Wish To See: Revolutionary Objectives in the Twenty First Century,* translated by James Membrez, Monthly Review Press, 2008.

社会主义迈进的世界运动中，左翼必须"采取攻势"，改变长期以来被动挨打的态势，而这就要求从理论上为社会主义的可能性与现实性作出新的强有力的论证。梅扎罗斯证明，资本积累的根深蒂固的问题在于资本主义的"结构命令"（structural imperatives），这种结构命令不可能通过局部的改良来改变，因此只有设想一种不同性质的"结构框架"。阿明也指出，要想实现激进左翼目标，就需要组织一种新"国际"，把世界上被压迫者与被剥削者联合起来，即在工人、学生、农民与其他反对新自由主义秩序的人之间实现"多样性的联合"。阿明强调，新"国际"区别于旧"国际"的一个重要特征在于必须具有开放性与可变性，以便有效地协调全球反抗运动。

上述两部著作的世纪意识从书名中即可一目了然。其言下之意无外乎：在 20 世纪末期遭受重创之后，马克思主义正在新时代重获新生。这种世纪意识既表现出部分左翼思想家对马克思主义的理论忠诚，又包含着应对新时代新问题的理论焦虑。在 21 世纪错综复杂的政治格局中，左翼应当如何确立自己的立场？我们不妨带着这一问题来考察 2008 年度美国马克思主义研究。

在诸多论题中，本报告特别关注下述问题：

第一，体系的对抗性与左翼的立场。在资本主义体系中是否存在着体系本身不能克服的对抗性？这些对抗性之间存在着什么样的关系？左翼在当代复杂的政治谱系中如何确立自己的立场？对此，齐泽克撰文指出，当今资本主义世界存在着四种足以阻碍资本主义再生产的对抗性：生态危机、知识财产的私有化、科技发展的伦理性和贫民窟问题。他认为，在这四种强烈的对抗性中，前三种对抗性必须放在最后一种对抗性即"被排斥者"与"被容纳者"之间的对抗性中来理解。齐泽克强调了坚持无产阶级立场的重要性。

第二，批判理论的伦理学转向。在批判理论的概念框架中整合道德，并由此确立道德在资本主义社会分析中的地位，这种批判理论的伦理学转向近年来由于柄谷行人与伊格尔顿的努力而得到了进一步的推动。但 2008 年有人撰文指出，柄谷行人的"超批判"与伊格尔顿的"大爱伦理学"都试图恢复道德在马克思资本主义社会分析中的中心地位，但却陷入了"应当"与"是"的二难困境，并丧失了应有的批判力量。对此，柄谷行人与伊格尔顿作出了积极回应。

第三，新世纪的辩证法。非马克思主义者一直批评马克思主义辩证法受制于黑格尔封闭的辩证法体系，沉湎于对社会历史运动的思辨，失足于历史决定论与自然辩证法。与此同时，马克思主义者内部对辩证法也是聚讼纷纭，甚至存在着辩证法研究边缘化的情形。在这种背景之下，美国著名马克思主义学者伯特尔·奥尔曼与托尼·史密斯合编的论文集《新世纪的辩证法》从诸多角度对辩证法问题进行了深入探讨。

第四，马克思与韦伯的思想差异。马克思与韦伯的思想关系无疑是学界长期争论的问题之一。有人认为韦伯同历史唯物主义进行了富有成果的战斗，也有人认为韦伯的观点同马克思的体系十分吻合。有意思的是，这些相互矛盾的解读似乎都能在两位被解读者那里找到必要的根据，毕竟马克思与韦伯的思想具有异乎寻常的丰富性与复杂性。2008年，胡安·曼纽尔·福特对这一问题进行了深入探讨。

第五，《博士论文》同德国唯心论的关系。《博士论文》乃青年马克思最困难与最晦涩的作品之一。它的主题究竟是什么？它同德国唯心论尤其是康德之后的德国唯心论之间存在着什么样的学术与思想关联？这种关联是如何成为马克思早期哲学发展的动力的？这些无疑是马克思主义哲学史上的重要问题。2008年，马丁·迈克福特别探讨了马克思同后康德争论的关系，值得重视。

第六，《大纲》对批判地理学的重要意义。2008年是马克思撰写《政治经济学批判大纲（草稿）》（简称《大纲》）150周年。北美一些批判地理学学者重新考察了《大纲》同《资本论》的关系问题，重释黑格尔对马克思的思想影响，力图证明《大纲》中的反目的论的马克思，揭示《大纲》对批判地理学形成的意义。

一、四种对抗性下的左翼立场

面对新自由主义的理论与政治攻势，齐泽克的"自然及其不满者"① 明确强调左翼必须坚持无产阶级的立场。他深入分析了当代资本主义体系中存在

---

① Slavov Zizek, *Nature and its Discontents*, SubStance #117, Vol. 37, No. 3, 2008. 齐泽克在此戏拟了弗洛依德的 "Unbehagen in der Kultur"（"文化中的不满者"，在英文中通译为 *Civilization and its Discontents*），言下之意是，随着最新发展，不满从文化转向自然本身：自然不再是"自然的"，不再是我们生活可靠的"深厚"背景；它现在变成了一个随时会发生灾难性爆炸的脆弱机制。因此，自然同文化一样，没有其不满者，就不可能。

的四种对抗性，并在此基础上阐明了解放政治中的左翼立场。

左翼的困境

第二次世界大战后，西方工人阶级的政治惰性似乎证伪了马克思主义的无产阶级革命学说。柯亨在《如果你是平等主义者，你怎么如此富有?》[1]一书中曾经列举了经典马克思主义工人阶级概念的六大特征：(1) 它构成社会的大多数；(2) 它生产社会的财富；(3) 它由社会的被剥削成员组成；(4) 其成员是社会上的贫困人员；(5) 它在革命中无可丧失；(6) 它能够并将从事社会的革命改造。然而，当代工人阶级并不具有前四种特征，后两种特征也无从形成。

那么应当如何来重新定义革命视角呢? 齐泽克指出，潜在的问题在于："我们如何把解放主体的独特普遍性思考为不是纯粹形式的，而是虽无工人阶级作为其实体基础，却是客观地—物质地被规定的 (objectively-materially determined)?"[2] 经典意义上的工人阶级既然不复存在，那么解放主体的客观性与物质性从何而来呢? 齐泽克的回答是，来自资本主义本身。全球资本主义制度是产生过剩 (excesses) (贫民窟、生态威胁等等) 的实体性"基础"，这些过剩开辟了抵抗资本主义的场所。因此，今天的左翼必须坚决抵制对资本主义的"自然化"，清楚地阐明当今全球资本主义所包含的对抗性足以阻止它的无限再生产。

四类对抗性

齐泽克指出，当今资本主义世界存在着四种对抗性。(1) 生态系统 (ecology)；(2) 私有财产对所谓"知识财产" (intellectual property) 的不适当性；(3) 新的技术—科学发展 (尤其是在生物遗传学方面) 的社会—伦理含义；(4) 新式隔离、新墙与贫民窟。

就第一种对抗性即生态系统而言，齐泽克指出，虽然资本主义具有无限的适应性，在面对剧烈的生态灾难或危机时，能够把生态系统转变为资本主义投资与竞争的一个新领域，但是，生态风险的性质从根本上排除了市场解决方案。原因在于，资本主义要发挥作用，必须充分信任市场这只"看不见的手"的物化机制。然而，问题在于看不见的手或理性的狡计所预设的前

---

① Gerald A.Cohen, *If You're an Egalitarian, How Come You're So Rich?* Cambridge, MA: Harvard University Press, 2001.

② Slavov Zizek, *Nature and its Discontents,* SubStance #117, Vol. 37, No. 3, 2008, p. 37.

提——历史实体对行动主体的首要性——已经岌岌可危。迄今为止，历史实体扮演了一切主体干预的中介与基础的角色：无论社会与政治的主体干了什么，它都受到历史实体的中介并最终受到历史实体的控制或多元决定。然而，这种情况现在发生了彻底的变化，出现了一种闻所未闻的可能性：由于主体干预已经或者可能引发诸多灾难，如生态灾难、致命性的生物物种突变、核灾难等等，所以主体干预将直接干预到历史实体，并毁灭性地打乱历史实体的趋向。因此，以前由于活动范围受限而产生的安全作用，如今不再可能。那种"无论我们干什么，历史都将继续"的情况不复存在。人类历史中第一次出现这种情况，即单个社会—政治行动者的活动（如某个政治团体想用核武器或生物武器攻击敌人）能够有效地改变甚至打断全球历史进程。齐泽克认为，这就是为什么当我们面对这种独特的灾难前景时，不再能够依靠"理性的狡计"的原因。让历史理性自行发挥作用的代价太大，我们也许会同敌人同归于尽。因此，人类必须有所行动，必须做出大胆的集体决断以应对可能的生态灾难，而不能依靠资本主义的自发逻辑。

第二种对抗性涉及"私有财产对所谓'知识财产'的不适当性"。齐泽克指出，所谓新（数据）工业的关键对抗性在于：如何保持私有财产的形式，从而坚持利益逻辑？生物遗传学上的法律纠纷，在他看来，正好体现了这种对抗性。新的国际贸易协定的关键要素正是"知识财产的保护"。齐泽克把赛博空间历史上至关紧要的日期定在1976年2月3日，因为那一天比尔·盖茨发表了一封公开信，在软件领域中主张私有财产概念，认为知识应当被当作仿佛是有形的财产来对待。这封决定性的公开信，引发了公共软件领域的战斗。这在齐泽克看来，乃是对人类"公共体"（语言的与知识的）的侵占。

第三种对抗性关乎"新技术—科学发展（尤其是在生物遗传学方面）的社会—伦理含义"。齐泽克指出，当今有关"生物遗传学伦理后果"讨论的症结在于很快就转变成所谓"带连字符的伦理学"（the ethics of the hyphen），如技术—伦理学、环境—伦理学等等，而在这种"××—伦理学"中，伦理学本身却丧失了。问题不在于普遍伦理学被肢解为特殊论题，而是恰恰相反，特殊的科学突破直接挑战到古老的人道主义"价值"（如生物遗传学如何影响我们的尊严感与自主感）。因为随着生物遗传学的最新发展，我们今天正在进入一个自然本身将化为乌有的新阶段：生物遗传学突破的主要后果是自然的终结。一旦我们懂得了自然结构的规则，自然机制就被改造成服从操纵的客体了；自然（人的自然和非人的自然）因而就被"祛实体化"了，被剥夺了它不可穿透的密度，即海德格尔所谓的"大地"。这里的悖论在于，只有存在不可穿透的非人的自然，才会有"人"。而生物遗传学的干预前景却可以让人自由地改变或重新规定自己的种类及其坐标。这种前景确实使人类从有限种类的限制下解放出来，然而，这种解放的代价在于，它会改变我们种属—伦理的（generic-ethical）自我理解，并对我们的自主观念与自由观念形成威胁。

齐泽克认为，面对这种状况，我们既不能采取典型的后现代沉默立场，即对科学事物保持恰当距离以免毁灭我们所有道德的与人的观念，也不能充分接受科学现代性的后果。保持沉默无济于事，而充分接受则会使我们的心灵被视为"一个基因组"。主张限制科学的哈贝马斯式的解决方案也不可取，因为其代价是科学与伦理学之间出现拜物教式的分裂。齐泽克认为，关键在于我们要面对真正的问题，重新阐明"自由"、"自主"与"伦理责任"这些观念。

第四种对抗性被称为"新式隔离、新墙与贫民窟"。齐泽克指出，如果说柏林墙的倒塌曾经使福山"历史终结论"大行其道的话，那么相反，"9·11"则标志着"欢欣 90 年代"的结束，它象征着新的隔离墙在世界各地（如以色列与约旦河西岸之间，欧盟周围，美国与墨西哥边境）重现的时代正在到来。

齐泽克认为，过去几十年世界各地贫民窟的增长，也许是当代至关紧要的地缘政治事件。因为很快地球上城市人口将多于农村人口，并且贫民窟居住者将构成城市人口的大多数，所以贫民窟问题绝不是一个边缘的现象。贫民窟居住者外在于国家控制，没有适当的医疗与社会保障，生活在近乎无法无天的状况中，极其需要最起码的自我组织。他们不是不幸的意外，而是"发展"、"现代化"与"世界市场"这类口号的真正"症状"，是全球资本主义内在逻辑的必然产物。虽然人们应当抵制诱惑，以免把贫民窟居民提升为新的革命阶级，但是人们还是应当把贫民窟视为当今社会少数几个本真的"事件场所"（eventual sites）之一。贫民窟居民的许多特征同马克思主义有关无产阶级革命主体的规定相当吻合[1]。他们是一个庞大的集体，被强制性地抛置在一起，丧失了传统生活方式的任何援助，不得不发明某种共同存在的方式。贫民窟居民不止是难民，更是人类牺牲品（homo sacer），体系性产生的全球资

---

[1] 不过，齐泽克也承认贫民窟居民同经典工人阶级之间存在着关键性的断裂：无产阶级是根据经济"剥削"来规定的（涉及剩余价值的占有），而贫民窟居民的规定性特征则是社会—政治性的，他们未被整合到公民权的法律空间中。

本主义的"活死人"或"动物"。与福柯规训的微观实践不同，权力并不打算对贫民窟居民施加全面的控制与规训，而是让其在贫民窟模糊地带自生自灭。倘若把经理人、新闻人员、公关人员、学者、艺术家等等称为"象征阶级"（symbolic class），那么，在齐泽克看来，贫民窟居民就可视为象征阶级的"相反—阶级"（counter-class）。他追问是否可能把当代"阶级斗争的新轴线"或"解放赌注"放在贫民窟居民同象征阶级中"进步"分子的联合上。他认为，未来的细胞、新的社会意识形式将从贫民窟集体中产生。

无产阶级立场

齐泽克指出，不能把上述四种对抗性的重叠理解为拉克劳式的基于"人民"这一空洞能指的霸权斗争，也不能把这种重叠理解为被压迫的性欲实践、种族、宗教等等的"彩虹联盟"（rainbow coalitions）。在齐泽克看来，"我们仍然需要一种无产阶级立场"，一种"不是组成部分的部分"（part of no-part）的立场[①]。也就是说，不能把当今的四种对抗性等量齐观，而必须以其中的被排斥者（the Excluded）（全球资本眼中的"动物"）与被容纳者（the Included）（严格意义上的"政治动物"，那些参与资本主义的人）之间的对抗性，作为全部斗争领域的主导。只有这种对抗性才是所谓的"起点级对抗性"（the zero-level antagonism），因而是其他三种对抗性的参照点。没有这种对抗性，其他一切对抗性都会丧失其颠覆性锋芒：生态系统会转变为"可持续发展问题"，知识财产会转变为"复杂的法律挑战"，生物遗传学会转变为一个"伦理性"问题。没有这种对抗性，人们可以一方面真诚地为环境而战，捍卫一种广义的知识财产观念，反对把基因版权化（the copyrighting of genes）；另一方面对被容纳者与被排斥者之间的对抗性无动于衷，甚至会根据被容纳者的立场来表述这些斗争。结果，人们会吊诡地发现，在这个世界上，比尔·盖茨居然是同贫穷与疾病作斗争的最大的人道主义者，而默多克（Rupert Murdoch）竟然是通过其媒体帝国动员亿万人的最大的环保主义者。这在齐泽克看来，实在是莫大的讽刺。

因此，必须严格区分这四种对抗性，尤其是被排斥者与被容纳者之间的鸿沟同其他三种对抗性的质的差异。齐泽克指出，作为被排斥者的贫民窟成员，由于在社会体系中缺乏一个确定的位置，而直接代表着普遍性。其他三

---

① Slavov Zizek, *Nature and its Discontents,* SubStance #117, Vol. 37, No. 3, 2008, p. 43.

种对抗性指示着哈特与奈格里所称的"公共体"(commons)① 的三个领域，它们是社会存在的共享实体，剥夺这种实体无异于一种暴力行为，理应遭到抵抗，甚至是暴力手段的抵抗。这四种对抗性所引发的一切斗争的共同点在于，它们都反对资本主义封闭或霸占这些公共体的企图，都意识到这种企图中存在着一种破坏性潜力。譬如，如果允许比尔·盖茨进行垄断，我们将处于这样一种荒唐境地：一个私人个体真真切切地拥有我们基本交流网络的软件结构。齐泽克认为，正是因为涉及这种"公共体"问题，共产主义观念的复兴才有合法性。

然而，齐泽克指出，今天的"悲剧"在于，随着国家社会主义(state socialism)与社会民主党政治实践的全面失败，那种通过集体决断改变人类历史的观念本身丧失了信誉，被斥之为"意识形态"或"极权主义"。于是，人们宁愿再次相信，一种超越社会控制的匿名命运统治着社会过程，在它面前，人类的一切努力都是徒劳的。全球资本主义的兴起就被当成这样一种不能反抗的命运。人们唯一能做的事情似乎只是力争使全球资本主义带上"一张人道的脸庞"。

对此，齐泽克显然不以为然。他强调，面对全球资本主义的诸多"剩余"(生态危机、贫民窟等等)，左翼必须有所作为，必须打破这种消极无为的"声障"，从政治上把非结构化的贫民窟居民组织起来，在坚持无产阶级立场的基础上，做出大胆的"集体决断"，来应对当前的各种危机与可能的灾难。这显示出齐泽克左翼立场的某种彻底性。但是他开出的药方不时有落回到现行体系之中的危险，譬如，在有关如何应对生态灾难的问题上，他所提出的四条锦囊妙计在多大程度上奠基于无产阶级立场，就无疑是一个问题② 。

---

① 齐泽克指认这些"公共体"包括文化的公共体、"认知"资本（"cognitive"capital）（主要是语言）的直接社会化形式以及我们交流与教育的手段。公共体也包括公共交通、电力、邮政等等基础设施，和被污染与剥削威胁的外在自然的公共体（从石油到森林与自然环境），以及内在自然的公共体（人类的生物遗传学的遗产）。

② 这四条锦囊妙计是所谓严格平等主义的"正义"（即在全世界严格按人分配能量消费量与二氧化碳排放量等等），"恐怖"（即对违反保护措施者严惩不贷），"意志主义"（即通过大规模的集体决断而不是依赖资本主义的自发逻辑来应对生态灾难）和"信任人民"（即相信大多数人民会支持诸如此类的措施）。

二、批判理论的伦理学转向

柄谷行人（Kojin Karatani）与伊格尔顿近年来致力于恢复道德在马克思资本主义社会分析中的中心地位[①]，这种伦理学转向遭到了 Giuseppe Tassone 的批评。在"超批判与德性伦理学的二律背反：一种阿多尔诺式批判"[②]中，Tassone 把柄谷行人的超批判（transcritique）观点当作"理性道德"的标本，把伊格尔顿对古典道德的恢复与大爱（agape）观点当作"德性伦理学"的变体，认为这两种理论由于放弃了辩证法而难逃"应当"与"是"的传统困境，从而在相当的程度上丧失了批判理论的批判力量。

Tassone 指出，虽然柄谷行人与伊格尔顿完全明白马克思本人一向不愿用道德或不道德来描述资本主义，但他们却企图恢复道德话语对于马克思资本主义社会分析的核心性，因为他们相信对人的剥削与社会不公正的批判不能独立于道德基础，而马克思主义传统中存在着一种道德赤字，必须予以纠正。他们认为道德抽象拥有一种特殊的批判力量，可使批判理论不至于落入实在论的陷阱。对柄谷行人而言，康德的道德是一种概念性的解毒剂，既解理性主义与目的论的历史宏大叙事之毒，同时又不向怀疑的相对主义与经验的历史主义投降。伊格尔顿虽然拒斥康德的道德律，而倾向于一种唯物主义的伦理普遍主义，但却把马克思本质主义的人性模型同亚里士多德幸福（eudemonia）观念联系起来，并以此为哲学基础来反驳后现代文化主义和建构一种非目的论的历史理论。

Tassone 指出，柄谷行人的超批判与伊格尔顿的大爱伦理学（ethics of agape）试图在批判理论中重新整合道德，这种努力虽然不无优点，却难以避免道德分析的基本缺陷。就两者的优点而言，他们都试图提出这样一种政治伦理学：它在避免"进步主义的历史主义"（progressivist historicism）陷阱的

[①] Kojin Karatani, *Transcritique: On Kant and Marx* (Cambridge, MA: MIT Press, 2005); Terry Eagleton, *After Theory* (London: Penguin, 2004). Tassone 认为，卡利尼柯斯在这方面也不甘落后，试图在调和说明性社会理论与规范性政治哲学的观点中发现批判资源，参见 Alex Callinicos, *The Resources of Critique* (Cambridge: Polity Press, 2006), p. 9–10. 但 Tassone 并没有集中讨论卡氏的观点。

[②] Giuseppe Tassone, *Antinomies of transcritique and virtue ethics, An Adornian critique, Philosophy & Social Criticism,* Vol. 34, No. 6, p. 665–684.

同时，指认那些能够建立物质条件从而废除剥削与不正义的社会力量。用马克思主义的行话来说，就是他们把道德问题从上层建筑转入到基础中。对他们而言，道德并非关于权利、指令与禁令，而是指从理论上与实践上采取一种反对立场，反对世界资本主义经济的非人机制。就两者的缺陷而言，柄谷行人的"超批判"在恢复康德的道德律时，提出了一系列要求，它们的满足离不开社会总体的激进改变，而这是其超越论所不能解释的。伊格尔顿的德性伦理学则复制了一个阿多尔诺早就揭示过的矛盾，即道德行为同对其社会前提的反思之间的矛盾，这个矛盾意味着在当前社会条件下德性生活的不可能性，用阿多尔诺的说法，就是"不当生活不能被正当地活"（wrong life cannot be lived rightly）。

柄谷行人的超批判

Tassone 指出，柄谷行人所谓的超批判是指，当一个人被从一个论述体系换位到另一个论述体系时会造成明显的视差（parallax），从这种视差中产生的反思，就是超批判。譬如康德的先验反思就是超批判的，因为它并不局限于主体的自我检查，而是从他者的立场来反思。在对马克思作康德式解读时，柄谷行人的出发点是拒绝把激进批判理解为黑格尔式对立立场的综合，强调矛盾的对立面之间存在一种不可还原的鸿沟。

在柄谷行人看来，马克思用《资本论》中的价值理论实施了一种从生产环节到流通环节的换位（transposition）。经典经济学家曾认为商品的价值在于它们所合并的劳动，马克思反对这一观点，证明只有产品在市场上被出售才变得有价值。出售商品的环节是资本主义的关键环节，如果价值不能被实现，就会发生危机。柄谷行人在这一环节中指认出一个资本循环的阶段，在这个阶段中，资本依赖于工人的购买力与他们作为消费者的意志。柄谷行人指出，人们之所以认为马克思似乎没有为主体干预留下空间，是因为《资本论》是从一种纯粹理论观点来探讨资本主义经济的，这就把经济形态与社会形态的发展视为一种自然历史过程。因此，《资本论》只是显现了危机的必然性，并非革命的必然性。相反，在柄谷行人看来，克服资本主义是一个实践的问题，但这里的"实践"要在康德意义上来理解。这意味着行动主体存在于道德与经济之间的换位运动之中。虽然，马克思在《资本论》中不考虑道德因素，但是柄谷行人相信，马克思暗示了任何反抗资本主义的行动都受到道德的刺激。然而，马克思从不假定道德可以独自限制或消除资本主义最具破坏性的方面（如剥削、异化与不平等）。道德因素要有效力，就必须同经济范畴的分析与价值形式理论结合起来。

柄谷行人指出，马克思之所以批判经典价值理论，是因为后者假定剩余价值只是在生产过程内部被生产的；马克思则指认消费领域是一个主体能够进行自由干预的社会生活领域，是工人作为购买者能使资本从属于他们自己意志的场所。事实上，资本之所以能够再生产它自己，是因为工人买回了他们所生产的东西。剩余价值之获得，资本积累之实现，正是在此流通过程中，而不仅仅是在生产过程中。换言之，工人存在于生产环节与流通环节之间的换位之中。在生产环节中，工人处于从属于资本的位置，而在流通环节中，工人则占了上风。对他们来说，要超越资本主义必须在生产与流通两个层次上有所行动：在生产过程中，按照黑格尔主奴辩证法来勇敢地抵抗他们的对抗阶级，而在流通过程中则联合抵制消费前沿的资本主义产品。反对资本主义必须既不是由孤立的工人运动也不是由孤立的消费者运动来进行，而必须由作为消费者的工人与作为工人的消费者的跨国运动来进行。只有把消费者运动置于马克思价值理论的语境之中，从阶级斗争到消费者联合抵制的理论转换才能获得一种彻底的政治意义。

柄谷行人认为，包括消费者运动在内的反对资本主义的公众行动能够赋予传统的工人阶级斗争以一种道德转向。然而，这种道德主义的成功不能仅仅依赖道德力量，而且必须依赖它的政治效力与经济效力。因而，对马克思而言，共产主义作为实践既不单纯是经济的，也不单纯是道德的，用康德式术语来说，共产主义无经济则空，无道德基础则盲。

伊格尔顿的德性伦理学

Tassone 指出，伊格尔顿对理性道德深表怀疑，极为关注道德行为所处的物质与认识的环境。对他而言，康德的道德律对个别活动者提出无条件要求，这没有任何理性基础。它脱离世界所是的方式，并使我们应当做什么的问题脱离我们所是的方式，因而使得道德判断悬在空中。然而，在伊格尔顿看来，解放政治无可逃避地涉及价值。要确立压迫与剥削是否是坏事，这不是一项科学事务，而是要求规范判断。这并不意味着价值问题是主观的。如果道德评价的客观有效性显得含糊，这是因为道德尤其是康德式道德把道德规范放在崇高领域，忽视了伦理同日常的平凡性有更多关联。伊格尔顿指出，伦理学是一种生理物质事务，它关乎"让饥者饮食，让裸者着衣和探视病人"。物质肉体是道德的基础，正是由于这个事实，道德才是普遍的。肉体是我们同我们种类的其他成员分享的东西，我们相互的物质依赖性使我们可能对同类存在者产生同情之感。

Tassone 指出，伊格尔顿唯物主义的普遍性观念同奠基在共同观点与价值之上的唯心主义的普遍性概念大相径庭。伊格尔顿声称，在当今社会中，普遍性在某种意义上是一个物质事实。社会主义的目标就是要"把事实变成价值"。既然资本主义的发展创造了允许每个个体茁壮成长、兴旺发达的物质资源，那么要求每个人都应当有东西食用就不再是一个抽象的道德规定。这里，"应当"暗示着"能够"：普遍的相互依赖与交流所带来的"全球存在"能够最终变成"一种新形式的政治存在"。在伊格尔顿看来，最能表达人类在相互交往中繁荣所需要的团结的术语是"爱"。他使这个术语摆脱了狭隘的浪漫之义，把它理解为 agape。爱是不管他人是谁与他人回馈什么都满足他们的需要的能力。爱是非人的、匿名的、无条件的与抽象的。这种爱清楚地说明了这样一种政治伦理学，它赋予个体以实现自己本性的自由。

但是自然事实如何能够变成价值来源？道德如何能够起源于肉体？对伊格尔顿而言，人的肉体被引向社会合作，并且当共同生活被经验为目的本身而不是达到目的的手段时，肉体就变成了价值的来源。在社会主义中，合作与人的团结是完满的物质活动，这些物质活动像亚里士多德的德性一样，只关乎它们的存在本身，而并不涉及任何其他的事情。Tassone 指出，如果说自由主义的社会模型关注的是确保个体不受外界干预地完成自己的否定自由，那么伊格尔顿所提倡的社会主义的正义社会模型，则确保让社会相互作用本身成为人的自我实现的中介。伊格尔顿的目标是把亚里士多德经典的伦理生活概念同马克思社会理论联结起来。

在经典思想中，伦理学与政治并不区分。对亚里士多德而言，伦理学关乎在做人方面达到卓越，并且这不可能由孤立的个体来完成，而只能在适当的政治状况中来进行。现代思想分离了伦理学与政治学，把道德问题转换到形而上学领域，但是道德问题并不独立于社会力量，道德上应受谴责的行为要求恰当的政治解释。伊格尔顿认为，马克思也是"一位在道德主义者（moralist）这个词经典意义上的道德主义者"。马克思相信，道德问题不能同涉及构成一种特殊生活方式的众多因素的更广泛问题分离开来。然而，伊格尔顿承认马克思从未将其理论假设的深层道德含义概念化。因此，马克思是一位不自觉的道德主义者。马克思从未对其道德立场进行哲学反思，因为他混淆了道德（morality）与道德主义（moralism）[①]，并把道德贬低到意识形态领域。相反，在伊格尔顿看来，"'道德'（moral）意味着尽可能丰富地与敏感地探讨人的行为的结构与性质"，并且这不能脱离个体的社会环境。在此，伊格尔顿寻求把道德同对道德存在的社会条件进行的反思联系起来。

应当与是的难题

Tassone 指出，柄谷行人与伊格尔顿的伦理转向，旨在使批判理论摆脱历史目的论的束缚。他们重申道德处于资本主义社会批判的中心，拒斥辩证法，认为辩证法不可能提供有关历史变革的科学论述。在他们看来，迄今为止批判理论之所以在很大程度上对道德因素视而不见，是因为它坚持了一种错误的历史概念，相信新的社会体系已经出现在当前体系的子宫之中，并将作为其矛盾展开的一种结果而到来。他们认为，这种辩证观点是纯粹形而上学的，没有任何理性基础。他们在社会批判中诉诸规范的普遍化从而恢复了历史的基本偶然性，同时使批判理论离开内在性而转向现存秩序的超越性。在他们看来，马克思的政治经济学对资本主义动力的描述本质上毫无缺点，但它需要以道德理论来补充。

Tassone 指出，问题是柄谷行人与伊格尔顿依据道德的核心性来重述批判理论规划，就会再次面临"应当"与"是"的鸿沟这个经典问题。富有讽刺意味的是，辩证法当初要解决的正是这个问题。黑格尔与马克思对康德的批评所针对的正是绝对命令不能解释道德行为，不能调解主体自由和客观秩序必然性之间的矛盾。在他们看来，只有辩证法才能克服理性的自发性同自然与历史的决定论之间的分裂，因为辩证法表明理性并不是从外部强加于世界的，而是作为世界发展的内在原则而发挥作用。就道德而言，黑格尔赋予道德一个有限角色，把它作为一种不完全的自由概念，整合在伦理生活的体系中，从而保证了它的理性含义。在马克思看来，道德乃社会必然的幻觉，在一个异化世界中，道德的制度性存在只是提供一种幻想形式的自主性，并不对应于自我立法的理性的要求。

Tassone 认为，当今批判理论向康德道德律或德性伦理学的倒退事实上是一种对革命问题的取代。柄谷行人与伊格尔顿的理论反思虽然把马克思政治

---

① 道德主义认为规则与义务的有效性可以脱离政治问题与社会问题。

经济学批判重置于社会理论与政治哲学的核心，但他们的道德转向却强化了批判理论中的一种普遍趋势，即从黑格尔派—马克思主义传统转向康德或转向亚里士多德。结果只能是批判力量的丧失，这非常明显地表现在对组织化社会运动的放弃，和对彻底社会变革的理论与实践纲领的放弃。

三、新世纪的辩证法

在辩证法日益被边缘化的情况下，伯特尔·奥尔曼与托尼·史密斯却对辩证法依然情有独钟，2008 年两人合编了文集《新世纪的辩证法》[①]，收入了哈维、詹姆逊、梅扎罗斯、莱文、福斯特等重要人物的文稿。

在 1858 年致恩格斯的一封信中，马克思曾说如果时间允许，他想要写点东西来澄清他对黑格尔辩证方法的理性重建。但后来由于忙于革命活动与政治经济学研究，这一任务实际上被延搁了。而如何从其广泛分散的相关言论和他对辩证法的使用中把握其辩证法就成了其追随者的任务。然而其完成情况并不令人满意，一个多世纪以来，人们对此问题争论不断，以至于阿尔都塞派以及分析的马克思主义均要求完全抛弃辩证法。但是，奥尔曼与史密斯指出，任何观点离开其形式都无法被掌握，而马克思一切理论的形式就是辩证法。因此，要加深对马克思主义的理解，就必须研究辩证法，而不能像阿尔都塞派与分析的马克思主义那样弃之如敝屣。

奥尔曼与史密斯既无意于让这部文集作为"辩证法导论"，也无意于体系性重述或运用辩证法，甚至也不打算概述这个领域中的主要争论，更谈不上恰当总结辩证法研究的当前状况。毋宁说，该书只是试图展现一些重要的马克思主义思想者当下所从事的辩证法工作。这显然是一个较为务实且克制的编辑意图。虽然如此，这本书作为一个整体来看，仍然可以视为一个不同寻常的当代"辩证法导论"，因为其中的文章涉及辩证法领域的主要争论，从而在相当程度上反映了辩证法的当前状况。

奥尔曼与史密斯指出，有关辩证法的主要论题如下：马克思的辩证法是世界真实所是的反映，还是一种认识世界的方式，抑或两者都是呢？换言之，

---

① Bertell Ollman and Tony Smith, *Dialectics for the New Century,* Palgrave Macmillan (April 29, 2008).

它究竟是本体论，还是认识论，抑或既是本体论又是认识论？它是适用于自然与社会，还是仅仅适用于社会？它是仅仅局限于资本主义生产方式内部的有机的相互作用，还是可用以处理一般的历史变化？它主要是一种阐述方法并主要适用于马克思的《资本论》，还是也涉及另一种研究方法？此外，在矛盾、内在关系、总体性、同一／差异、量／质、否定之否定等等同辩证法相联系的范畴中，哪一个或哪一组范畴对马克思的阐述更为核心呢？最后，如果两者之间毕竟有所不同的话，那么马克思的辩证法如何不同于恩格斯的辩证法？这些问题虽然并不是该书的组织线索，但同该书所收文章的讨论却不无关联。

概而言之，此书视野宏大，涉猎广泛。其中，奥尔曼把辩证法当作当今认识论问题与政治问题的某种解决方案；莱文把辩证法同系统理论相比较，辨别其间概念之异同；哈维探讨了"空间时间"（spacetime）的经验，分析包括从曼哈顿的"零地"（Ground Zone）到马克思价值与阶级意识的理论在内的复杂现象，由此阐明保持空间与时间相互处于辩证张力之中的重要性；詹姆逊把辩证法视为一种适应于未来的思维方式（现在只能不完满地实现这种思维方式），寻找一种以矛盾为中心的完全开放的辩证法；梅扎罗斯在重申基础／上层建筑隐喻的同时寻求一种总体性观念扮演关键角色的辩证分析，指出政治改造的任务离不开总体化意识；马特沙（Savas Michael-Matsas）诉诸本雅明的同线性时间决裂的"现在"（Now）观念，发展一种否定性辩证法，揭示全球化资本主义的矛盾与过程性质；史密斯认为在四种全球化模式——社会国家（socialstate）的、新自由主义的、接触反应式国家（catalytic-state）的和民主—世界主义的——之间存在一种辩证关联，资本主义全球秩序不可解决的矛盾与对抗性只能通过社会主义形式的全球化才能得到克服；阿瑟认为马克思的辩证法是系统性的而不是历史性的，其所表达的概念之间的逻辑关联，反映了整体（对马克思言即资本，对黑格尔言即思想）的相互依赖的条件；哈特少克（Nancy Hartsock）试图建构一种特别吸引女性主义者的辩证方法，因而主要关注辩证的真理理论、主体性与能动性在历史中的位置以及知识与权力之间的关系；福斯特则力图证明，坚持"自然辩证法"立场的生态马克思主义强调社会与自然之间的内在关系，不仅更加接近于马克思自己的辩证本体论，而且最适合用来理解并应对社会同自然的异化。

奥尔曼与史密斯指出，一方面即使是辩证法传统内部的理论家也很难在一切相关问题上达成一致，另一方面几乎所有重要领域都离不开辩证法的运用。然而，问题在于，虽然频繁剧变的资本主义社会比其他任何社会都更需要辩证法，但其物化的社会形式与不断扩张的意识工业却导致资本主义社会比其他任何社会都更严重地限制了辩证思维。而这本书则旨在帮助人们在今天学会更辩证地思维，因为这在编者看来乃是实现共产主义未来的必要前提之一。

四、马克思与韦伯

曾被誉为"资产阶级的马克思"的韦伯同无产阶级的马克思之间究竟有着怎样的思想差别？两位思想家对宗教的社会作用与资本主义的起源究竟有着怎样不同的理解？美国《哲学与社会批判》杂志 2008 年第 4 期发表了胡安·曼纽尔·福特（Juan Manuel Forte）一篇题为《宗教与资本主义：韦伯、马克思与唯物主义论战》[①] 的文章，探讨了相关问题。

宗教与意识形态

福特指出，对马克思不同文献的解读可以得出两组相互对立的假设。第一组假设包括两点：（A）宗教与意识形态的发展不能被解释为自因（causa sui）；（A1）既然宗教与意识形态不是自因（causa sui），就有理由拒绝把它们当作社会物质条件发展的解释性原因。因此，A 与 A1 指示着一种马克思文本中作为经济基础机械反映的宗教与意识形态的概念。

第二组假设也包括两点：（B）针对那种有关基础与上层建筑之间关系的机械概念，马克思提出了一种有关这种关系的"有机"概念，即宗教能够偶尔独立于诸社会条件各自的起源而同社会条件符合 [②]；（B1）马克思也似乎设定宗教能够成为社会经济现实发展的一种因果性促进因素 [③]。

[①] Juan Manuel Forte, *Religion and capitalism: Weber, Marx and the materialist Controversy, Philosophy & Social Criticism,* Vol. 34, No. 4, p. 427–448.

[②] 证据可见《大纲》序言和《资本论》第一卷第一章注释，前者似乎设定了一种有关生产与市民社会的有机概念，后者断言基础与上层建筑之间的关系似乎是随着不同时代而变化的。参见 *Philosophy & Social Criticism,* Vol. 34, No. 4, p. 430.

[③] 证据可见马克思《论犹太人问题》与《资本论》第一卷第一章，前者指出基督教与资产阶级社会之间的关联，后者概括了资本主义与基督教之间的亲和性。另外还可参见《大纲》有关政治经济学方法的章节。参见 *Philosophy & Social Criticism,* Vol. 34, No. 4, p. 430-431.

在福特看来，对马克思有关意识形态与宗教的文本的阐释，依据我们所选择的文本与所作的阐释似乎产生了不同的结果：论点 A 与 A1 是一种机械的经济路线的论证，论点 B 与 B1 则是一种更加有机的立场，它假定历史过程的原因是被共同规定的。

福特指出，马克思设想用一种模式（从生产力的发展与生产关系之间的对立）来解释历史社会中显著的变化线路。但是这种所谓的"历史规律"也可以被理解为一种单纯的"探索模式"，旨在探讨每一种特殊与具体的例子。福特认为，马克思的唯物主义只是声称人类社会生活与历史必须用经济与实践的活动来解释，这其实是亚里士多德早就说过的自明之理：即在人的大部分生活中，经济结构决定着人的日常活动和精神产品。因而，马克思断言人的经济活动不可避免地同人的大多数文化、科学与政治的形式相关，无非是说社会变化的物质环境作为一个解释工具不能被排除，这似乎并无新意可言。

福特指出，韦伯的《新教伦理与资本主义精神》中存在着两种理论倾向，一种是强命题（x），另一种是弱命题（y）。依据强命题（x），韦伯把加尔文教精神（通过天职、禁欲、预定信仰等等）当作创造资本主义精神的一种积极与规定性的力量。加尔文教精神将不单纯是在时代上先于资本主义精神，而且也是形成这种精神的一种决定性力量。这意味着从一种精神因素（加尔文教）到另一种心理因素（资本主义伦理），再到物质的与实际的领域（即作为一种经济体系的资本主义），三者之间存在着一个因果链。依据弱命题（y），韦伯仅仅把加尔文教当作一种同资本主义精神与体系密切相关的理性伦理的支持者。也就是说，加尔文教伦理并不产生资本主义精神，虽然两者的世界观相互和谐一致。

福特指出，韦伯的命题涉及特殊的历史案例，而不是像在马克思那里那样涉及一种普遍理论。作者认为韦伯的强命题（x）同马克思机械唯物主义性质的命题 A 并不一致，并且同命题 A1 矛盾。强命题（x）也同马克思辩证唯物主义性质的 B 与 B1 不相容。然而，弱命题（y）则同 B 十分相容并且几乎是 B1 的一个特例。

那么，韦伯究竟是更倾向于强命题，还是弱命题呢？福特认为韦伯在《新教伦理与资本主义精神》中的观点并不只是表述加尔文教与资本主义之间的"亲合性"，而是要阐述加尔文教、资本主义伦理与现代资本主义之间存在着一条因果关系。加尔文教伦理被视为现代资本主义出现的诸多因果性条件之一。韦伯把它呈现为一种历史的因果假设。换言之，加尔文教（同其他必然的原因一起），在韦伯看来，是产生现代资本主义的充分原因。就加尔文教在允许现代资本主义产生方面是一个单纯的条件，还是一种规定性的和有差别的原因而言，《新教伦理与资本主义精神》更加接近于强命题（x）。

但是，福特指出，在《经济与社会》中，韦伯采取了一种多元主义方法论，这种方法论虽然最终是个体主义的，但也承认结构的与集体的概念（阶级、政党与官僚），并关注到人类行动的客观方面。这乍看起来意味着在研究领域接受任何种类的因果关系（唯物主义的、唯心主义的等等）。韦伯的解释立场由一种没有先天概念等级制的多因模式组成：原因的数量与重要性必须由特定的具体情况和研究者的评价观念来决定。物质利益与观念利益从理论上讲都具有被引证为原因的相同权利。福特认为，韦伯的这种观点（W）具有这样的优点：既吸收有用的马克思假设（强调在社会与历史中物质规定的重要性，反对任何唯心主义一元论或道德主义一元论），又不包括这些假设的缺陷（设立一元论的概括，排除非唯物主义研究线路）。

福特认为，《新教伦理与资本主义精神》中的强命题（x）同韦伯的一般多元模式（W）完全一致，并同他拒斥片面的唯物主义历史阐释或唯心主义历史阐释完全一致。虽然在《经济与社会》中，韦伯从强命题（x）转向弱命题（y），但是韦伯的多元论仍然同马克思最终的机械论（A 与 A1）不相容，而同马克思潜在的辩证立场（B 与 B1）却并非不相容。

资本主义的起源

福特指出，对马克思而言，理解现代性的关键概念是资本主义，而对韦伯而言，则是理性化。他简要比较了韦伯与马克思有关资本主义起源的观点。就这个问题而言，两人有关资本主义的定义并不一样。在韦伯看来，资本主义似乎是一种社会生活的组织，在这种组织中，物质必需品通过根据现代可计算性的程序调节的获利公司得到满足。公司与商业控制尤其是会计与管理上强大的技术性与形式性的理性化是资本主义区别于其他经济组织的特殊差异。韦伯罗列了这种社会经济组织出现的必要前提：理性的资本会计与企业家占有一切生产手段、市场的自由、理性的技术与生产和运输的机械化、可计算的法律、自由劳动、经济活动商品化的复杂化（如货币价值与大众信贷的运用）。资本主义事业对韦伯而言之所以可能，是因为普遍理性化的过程尤其是因为一种新的伦理能够把禁欲的宗教天职引导为对世界的掌握。这种来自新教的伦理保证了商业荣誉与可靠性。

福特认为，马克思的资本主义定义只是围绕着韦伯所列举的一个前提。在马克思看来，资本主义与其说是管理与会计方面的经济理性化过程，不如说是一种同物质生活的生产与再生产过程密切相关的关系。资本的定义当它出现在循环领域时只是如下一个公式：货币—商品—货币（M-C-M′）。这个公式同交换价值相联并取代了商品—货币—商品（C-M-C′）的传统交换形式，后者同使用价值的交换相连。很清楚，这个过程只有当 M′ 比 M 量多时才会运作。实际上，这种资本公式能够在那些同商业或高利贷资本主义相连的时代中发现。即使商业与信用体系的扩展是资本主义必要条件之一，但只是在工业社会中，资本主义逻辑才不仅出现在循环领域（通过商业和高利贷），而且贯穿于个生产体系。这之所以可能，是因为在生产过程中资本家能够从他对自由劳动（C）的使用中获取剩余价值（绝对或相对的）M。这种新价值是资本剥削劳动力程度的表达。

福特指出，既然对韦伯而言，资本主义主要是经济与会计的理性化，所以他主要关注的是决定经济理性化过程尤其是企业家资本主义精神的文化来源或精神来源。对马克思而言，主要问题是资本主义公式（M-C-M′）如何能够在整个体系中成为支配性的。马克思的回答意味着新资本公式只是因为一种新的历史生产形式与劳动组织的存在才变得可能。所以，为了解释资本主义的起源，人们必须主要探讨使得这种新生产形式的出现成为可能的历史环境。

福特认为，韦伯看起来同意马克思有关资本主义产生的条件的思考，但韦伯还强调了其他因素的重要性，如一种理性的法律体系的巩固和一种理性的经济伦理的建构。这种新的经济伦理将能够克服传统主义（如犹太教、天主教或路德教）的障碍和魔法或礼仪的障碍（如中国与印度的教条）。相反，《资本论》只是偶尔提及克服传统主义的问题，因为马克思认为殖民体系与商业掠夺逻辑会自动解决这方面的问题。

福特的结论是，一方面，虽然马克思对资本主义的历史重构相当简单却难以反驳，而韦伯观点的内在建构以及外在证据遭到诸多质疑，然而，韦伯一般立场（W）相对于马克思立场（至少是其一元论版本）来说，具有更大弹性。另一方面，马克思有关现代资本主义起源的陈述似乎是相关历史解释的恰当的基本框架；韦伯《经济与社会》中的弱命题（y）与其说替代或改变了马克思的解释范式，不如说是对马克思所开启道路的新贡献或某种丰富，而《新教伦理与资本主义精神》的强命题（x）则可以被理解为一种富有启发性的探索假设，但它并没有令人信服地克服马克思的解释。

五、青年马克思与德国唯心论

《哲学史杂志》2008 年第 3 期发表了一篇由马丁·迈克福（Martin McIvor）撰写的题为《青年马克思与德国唯心论：重访〈博士论文〉》[①] 的论文。该文在重新评估德国唯心论的学术基础上，探讨马克思《博士论文》如何紧随后康德传统，并试图证明，在费希特、谢林与黑格尔对康德批判哲学所作的革命性推论的激发下，马克思同其他"青年黑格尔派"一样，其最初学术目标在很大程度上正是要复兴早期唯心论。当然，这种复兴并非简单地旧调重弹，而是要在新的学术与政治的环境中推动这些旧观点并重新改造它们。

迈克福指出，西方哲学史界近年来对德国唯心论时期哲学争论进行了新的阐释，认为德国唯心论并没有沉湎于建立宏大体系，而是致力于探讨"自主性"、"规范性"、"现代性"与"社会性"。其中一个核心观点是，费希特、谢林与黑格尔的激进唯心论不是要还原为某种前康德的、"前批判的"教条形而上学，而是要对康德的自发"统觉"或自我意识学说进行激进化。按照这种新阐释，后康德的德国观念论有三条内在关联的线索：（1）强调康德对"自发性"或"无条件的"自我意识性质所作论述的含义；（2）对包括康德立场在内的任何"反思"（reflective）立场进行"后认识论"批判，指出这种立场最终是不牢固的与矛盾的，因为它把所予的"现象"（appearance）或"实存"（existence）与潜在的"实在"（reality）或"本质"（essence）之间的差别绝对化；（3）把"理性"（Reason）视为贯穿我们的一切人类经验与社会生活，更加全面彻底地实现了康德所谓自我立法理念。迈克福认为，上述问题贯穿于马克思的《博士论文》。因此，《博士论文》的主题是自我意识的首要性、"反思"的矛盾和理性的内在性。

[①] Martin McIvor, *The Young Marx and German Idealism: Revisiting the Doctoral Dissertation, Journal of the History of Philosophy,* Vol. 46, No. 3 (2008), p. 395–420.

伊壁鸠鲁原子论

迈克福争辩，马克思对比德谟克利特与伊壁鸠鲁原子理论的兴趣，主要不在于唯物论或唯心论，整体论或原子论，决定论或自由，而是在于原子论对矛盾的反思结构的例证，在于原子论是反思的思维或"本质主义的"思维。这种思维认为在可感"现象"背后或超越可感"现象"存在着一个潜伏的"原则"。马克思之所以赞扬伊壁鸠鲁，是因为在马克思看来，伊壁鸠鲁清楚地意识到这类结构核心处的必然矛盾，并且他证明了这种矛盾同个体主义与后希腊世界的异化的内在关联。

迈克福指出，黑格尔曾把伊壁鸠鲁视为一位教条的、不成熟的经验论者，因为他不能把他的原子原则反思为意识的建构，从而导致原子原则与现象世界之间缺乏沟通。马克思对此不以为然。马克思认为，伊壁鸠鲁坚持原子原则与现象世界两者的客观存在，坚持两者之间存在着关联，这意味着，他认为原子的奇怪舞蹈实际上体现了必然的反思矛盾："本质"既不能同"现象"或"实存"分离，又不能同"现象"或"实存"相同。换言之，伊壁鸠鲁的重要性恰恰在于其形而上学模式中所包含的悖论。马克思指出，虽然如黑格尔所言，伊壁鸠鲁的原子论原则与感性现象领域之间缺乏沟通的"桥梁"，但是，伊壁鸠鲁的原子却把本质与实存之间或物质与形式之间的矛盾"客体化"了，或者说，把那种原子在通向感性领域的旅程中必然从"概念"异化的运动"客体化"了。因而，德谟克利特只是把原子同现象世界相互联系起来，但不清楚现象世界的认识论地位，而伊壁鸠鲁则不仅清楚地看出把原子设定为现象的本质存在着矛盾，并且让原子以下述方法把这种矛盾实现出来：原子突然偏离规定路线，不可思议地从抽象、永恒的原则转变为有性质的、时间性的实存之物质基础。

迈克福指出，在马克思看来，伊壁鸠鲁确实比早期原子论明显有所进步，也许甚至在某些方面比柏拉图与亚里士多德进步，因为他以不同的方式来对待一切"反思的"或"本质主义的"形而上学模式与认识论模式的必然矛盾。他承认而不是否定这种矛盾。马克思的观点是，只要德谟克利特不承认内在于他的原子原则中的矛盾，他就只能对那些现象的地位含糊其词。伊壁鸠鲁区别于德谟克利特之处在于他坚持两种必然性：一是原子的现象的必然性，二是"现象是矛盾的"必然性。因此，马克思认为伊壁鸠鲁第一个掌握了"作为现象的现象"，即"作为本质的异化的现象"，和"内在于原子概念中的实存与本质之间、物质与形式之间的矛盾。"

但是，伊壁鸠鲁原子理论在解释流星时遇到了难题。流星这类天体会产生迷信的占星术沉思，激起公众的恐惧并打破主体的安宁。伊壁鸠鲁虽然想要抵制这一点，但却不能用自己的原子理论来解释流星，因而不得不相信许多可能的解释，而不偏向其中的任何一种。马克思认为伊壁鸠鲁的范畴在此"失灵了"，流星威胁伊壁鸠鲁体系的原因在于：作为被赋予了个体实在性(substantiality)的物质，流星代表着内在于伊壁鸠鲁原子原则中的矛盾的解决。而矛盾的解决反而使原子理论遭遇困难，因为原子发展的条件正是形式与物质之间、概念与实存之间存在的诸多矛盾。

迈克福指出，马克思有关流星的讨论指向存在论原子论与社会原子论之间的关联，这种关联超越了评论家们通常确认的简单类似。马克思特别强调伊壁鸠鲁的形而上学理论是被他伦理学的"安宁"目标所驱动的——安宁是指个体主体的自我充足或自我满足，不依赖于它的社会的或自然的环境。正是为了保存这种独立性，伊壁鸠鲁才认为需要确认他的形而上学理论所引出的悖论。按照伊壁鸠鲁的教导，我们必须学会忍受原子原则的矛盾以便获得安宁。马克思则逆转这种逻辑，发现伊壁鸠鲁坚持一种"抽象个体性"的立场使他不得不主张一种矛盾的自然哲学。要真正克服或悬置反映的二元意识与本质世界的矛盾逻辑，就必须超越抽象个体性原则，获得"具体个体性"或"普遍性"。伊壁鸠鲁原子论的认识论矛盾乃是一种个体主义文化与一种私人退隐的伦理学的逻辑必然的伴随者。

宗教与自我意识

宗教与自我意识的关系是马克思《博士论文》涉及的另一个重要问题。迈克福援引马克思在《博士论文》中对上帝证明的两种阐释，来进一步说明马克思如何一方面紧随德国唯心论的自我意识观，另一方面又力图把它推向前进。为了表明马克思坚持德国唯心论基本原则的同时力图超越它，迈克福甚至颠倒了马克思两种阐释的实际文献顺序，首先讨论上帝作为自我意识的逻辑说明，然后再讨论上帝证明不过是同语反复。

就上帝作为自我意识的逻辑说明而言，马克思指出，上帝存在的经典理性主义证明归根到底是对人的自我意识的本质性的一种证明。迈克福认为，这个观点引用了德国唯心论运动的核心假设。康德第一《批判》对理性主义神学的批判正是要重新解释包括上帝在内的那些具有无条件总体性的理念，而后康德派则克服了康德的二元论，消除了现象界同自在之物的区别，达到了自我意识与理性（即黑格尔所谓的"概念"）同"上帝"的直接同一。因此，如果说康德先验统觉论为德国唯心论基本原则——世界是理智自由的产物——提供了基础的话，那么，后康德唯心论就把自发统觉当作世界的最基本原则，从而视其为有关那种"超越"现象或在现象"背后"的绝对所作的一切神学的与形而上学的思辨的"真理"。迈克福指出，在把理性主义神学所建构的"上帝"等同于"本质性的人的自我意识"方面，马克思清楚地站在激进唯心论的立场上。

就上帝存在证明被视为同语反复而言，马克思指出，上帝存在证明只是一种同语反复的断言，也就是说，被我当作现实的东西对我有一种现实的作用。迈克福把马克思的这种阐释看作是返回到康德处理宗教的另一面，即康德恢复了宗教原则，把它作为"实践信仰的设定"。

迈克福指出，马克思在《博士论文》的准备性笔记中争辩，宗教信仰只不过是我们自己道德感的外在化，是道德感同外在于我们的一个存在者的认同。但是，马克思强调，认识到这一点并不意味着：宗教信仰在实践的实在中不具有任何真实力量。本体论上的虚假，并不意味着伦理政治上的无力。马克思暗示上帝将保持为"一种现实的力量"，直至人类能够实践地恢复它的自由道德能动性。也就是说，即使我们认识到本体论证明是对我们自己在建构世界时理论活动的错误认识，上帝仍然继续在实践领域存在。在马克思看来，一切神，异教徒的神与基督徒的神，都具有一种实际力量。也就是说，不管概念或观念从"理论的"观点来看是幻想的或是无根据的（如上帝或货币），它们在实践力量中都具有"现实性"（actuality），当它们被集体制度化从而超越任何单一个体的挑战时更是如此。因此，仅仅认识到我们实践世界结构中的这种矛盾并不足以改变这种矛盾，只有依靠集体行动才能改变它。因此，康德对理性主义神学的批判必须被转化为实践批判。迈克福认为，这里青年马克思表明了超越德国唯心论的企图。

可见，马克思同后康德唯心论的自觉关联超过了迄今为止人们所认识到的程度。虽然马克思无意于简单重复后康德唯心论的传统，但这个传统对其世界观的形成显然具有重要意义。

六、专题讨论:"《大纲》的地理学"

为纪念马克思撰写《政治经济学批判大纲(草稿)》①150周年,2008年第5期《对极》(Antipode)杂志以"《大纲》的地理学"为题,邀请北美四位批判地理学家专题讨论《大纲》对批判地理学的意义。本次专题讨论的组织者曼恩(Geoff Mann)与温莱特(Joel Wainwright)在导言②中指出,同《资本论》相比较,《大纲》仿佛是"无遮无拦的马克思",因为它一方面相对缺乏结构与正式形式,另一方面却包含着马克思一些最重要的理论,包括货币、劳动与资本在内的概念的展开。《大纲》对这些范畴所作的更加富有弹性的开放性表述,既使得《大纲》成为通达一种更加开放的马克思主义的路径,同时也引发了马克思主义者激烈的争论,给"科学的"马克思主义或严格的马克思主义社会科学带来了挑战。其中有两个较为突出的问题,一是《大纲》与《资本论》的关系问题,二是黑格尔对马克思的影响问题。

首先就《大纲》与《资本论》的关系而言,两者从根本上是不同的著作呢?还是说《大纲》只是《资本论》的"草稿"?如果《大纲》中有些内容没有出现在《资本论》中,这是否意味着马克思否定了他较早期的分析?如果是这样,这对马克思主义思想而言又意味着什么?其次就黑格尔对马克思的影响而言,相比《资本论》,《大纲》中黑格尔的思想影响更加明显。《大纲》最近几十年之所以日益引人注目,原因在于它获得了那些认为黑格尔对马克思的影响至关重要的马克思主义者的关注,如哈维和詹姆逊就坚持黑格尔对理解马克思的相关性。

但是,曼恩与温莱特指出,除了奈格里与科莱蒂,几乎所有的非黑格尔主义或反黑格尔主义的马克思主义者一般都不太重视《大纲》。结构马克思主

---

① 此即国内所谓《政治经济学批判(1857—1858年草稿)》。国外所谓的《大纲》(*Grundrisse*)第一版于1939—1941年在莫斯科出版时,题为 *Grundrisse zur Kritik der politischen Ökonomie* (Rohentwurf)(英译为 *Outlines for a Critique of Political Economy (Rough Draft)*,汉译为《政治经济学批判大纲(草稿)》,《大纲》这个简称由此而来),其中收集了马克思于1850年至1859年期间所做的全部现存的论政治经济学笔记本。然而,1953年的德语版及其英译本仅仅包含马克思在1857年8月至1858年6月期间撰写的八个笔记本。

② Geoff Mann and Joel Wainwright, *Marx Without Guardrails: Geographies of the Grundrisse, Antipode,* Volume 40, Issue 5, 2008, pp. 848-856.

义者与分析马克思主义者虽有诸多差异，却在下面一点上意见一致：必须对马克思作反黑格尔主义的解读，从马克思主义那里清除掉黑格尔的唯心主义与神秘主义。因此，由于《大纲》同黑格尔主义关系密切，便被他们弃之一旁①。这些批判地理学家对此显然不以为然。曼恩与温莱特认为，从黑格尔对马克思的意义这条线索来阅读《大纲》，可以揭示一个反目的论的马克思，一个虽然着迷于历史过程、却对大写历史深表怀疑的马克思。就《大纲》对批判地理学的意义而言，《大纲》虽然并未提供一种地理哲学，但却打开了一条通达批判地理学的道路。

（一）资本主义的焦虑整体

美国明尼苏达大学地理系与全球研究院的维兰·哥瓦涅（Vinay Gidwani）的论文题为《资本主义的焦虑整体：〈大纲〉中的恐惧、攫取与逃避》②。哥瓦涅指出，《大纲》一方面追踪资本主义内部资本攫取劳动的路线，另一方面追踪这种攫取中断与劳动逃避资本的路线。马克思既揭示了资本的巨大权力，又阐明了资本不能成为自恰的总体性。哥瓦涅认为，《大纲》的激昂活力不仅是其时代的产物，而且是源于其分析方法。对《大纲》的马克思而言，存在着两个黑格尔：一个是要拥抱的黑格尔，他强调矛盾性与对抗性；另一个是要警惕的黑格尔，他强调同一性与封闭性。马克思把这两个黑格尔分离开来的努力构成了《大纲》的部分活力。

哥瓦涅指出，栖身于《大纲》中的这两个黑格尔，一个是常识的黑格尔，即主张通过扬弃而达到和解的哲学家；另一个是不太为人所知的黑格尔，即强调遭遇而不是扬弃的哲学家。在《大纲》中，那个主张追求总体性的黑格尔每每遭到强调遭遇而追求开放性的另一个黑格尔的颠覆。因此，《大纲》一方面为我们呈现了作为整体的资本：作为一种世界历史力量，资本为了生存与扩张，必须不断把劳动吸入它的意志，把其他形式的社会性生产纳为自己的环节，并把它们缝合在结构必然性的制度之中，从而使得劳动不得不服从于资本的要求。另一方面，《大纲》把黑格尔的"否定"当作价值的非价值（not-value）即"劳动"，揭示了劳动如何不仅超越它自己的概念，而且超越资本的控制。

---

① 譬如，著名的《读〈资本论〉》只有一次提及《大纲》，而且是巴利巴尔提的。阿尔都塞认为《大纲》同《德意志意识形态》一样充斥着许多唯心主义的段落。

② Vinay Gidwani, *Capitalism's Anxious Whole: Fear, Capture and Escape in the Grundrisse, Antipode,* Volume 40, Issue 5, 2008, pp. 857-878.

资本对劳动的统治并非牢不可破，因为劳动保存着一个资本不能理解的空间，正像在黑格尔那里奴隶对主人的关系一样。通过坚持这个过剩，马克思戳穿了资本总体化的欲望。

哥瓦涅指出，马克思操纵了一个自身差异的黑格尔，以揭示存在于资本内部的战栗，这种战栗动摇着资本追求统一性与普遍性的欲望。通过作为"非价值"的劳动这个隐蔽角色，《大纲》有力地批判了黑格尔的异化，使人们能够超越"欧洲"的认识力量与地理力量来进行思考。马克思的辩证法克服了黑格尔实质上否定差异的哲学历史主义冲动，坚持在资本同劳动之间反复与异质的空时遭遇（spatiotemporal encounters）中存在着否定性环节。哥瓦涅指出，马克思并没有天真地宣布解放即将来临，毋宁说，他把这种否定性环节，揭示为焦虑与恐惧的复发之所。一方面，马克思阐明了资本攫取"活劳动"的欲望和资本担忧劳动成为他物的永久恐惧；另一方面，马克思强调了劳动成为他物的欲望和劳动担忧没有资本它也许不能积极活动与再生产的恐惧。因而，《大纲》在直接面对资本攫取劳动所形成的封闭性的同时，却坚持着这样一种信念：渴望积累与地理的资本欲望中蕴涵着解放的可能性。

哥瓦涅相信，今天，当资本主义的运作以永久危机为特征并且左翼对自身缺乏自信之际，人们早就应该重读《大纲》了。《大纲》中"劳动"的角色，由于被彻底阐述为非—价值，而神奇地预示着后殖民主义批判中那个难以捉摸的差异主体即"庶民"：它逃避辩证整合并以某种存在论方式难以为"主人"所理解。哥瓦涅的结论是，《大纲》作为理论与政治的文献在当今晚期资本主义中保持着丰富的活力，甚至可视为后殖民马克思主义（postcolonial Marxism）的先驱。

（二）不平衡发展

在《不平衡发展：从〈大纲〉到〈资本论〉》[①] 一文中，美国俄亥俄州立大学地理系的乔尔·温莱特（Joel Wainwright）比较了《大纲》与《资本论》第一卷建构"不平衡发展"问题域的不同方式，企图为有关这两种文本关系问题的争论提供一个新的切入口。

温莱特指出，对批判地理学而言，不平衡发展概念也许比任何其他马克

---

① Joel Wainwright, *Uneven Developments: From The Grundrisse To Capital, Antipode,* Volume 40, Issue 5, 2008, pp. 879-897.

思主义概念更为核心，因为正是社会——空间的权力关系的不平衡性激发着批判地理学的研究。世界上权力与财富的巨大不平衡分配使不平衡发展作为一个批判概念至关重要，它已经成为对这种不正义所作的地理学性质的范式描述。并且当今马克思主义思想的主要任务正在于批判"资本主义发展"成果的不平衡性。温莱特指出，如果20世纪的伟大斗争，如赛义德所说，是大众努力使世界祛殖民化，那么这场斗争对马克思主义来说就是要把批判的重点从劳动资本转到殖民化帝国。而要讨论殖民化帝国，批判地理学家显然离不开"不平衡发展"概念。哈维曾经有力地证明了空间的不平衡性质是被资本主义社会关系生产出来的，并号召人们深化马克思主义有关不平衡发展的地理学陈述。

温莱特指出，不平衡发展显然是一个马克思主义的概念，也就是说，离开马克思就资本主义分析所形成的学术传统，我们就不可能理解它。然而，不平衡发展并不是马克思本人的概念。虽然自《大纲》开始，资本主义社会——空间的关系的不平衡性一直是马克思成熟经济学著作分析的一个核心问题，但是马克思自己并没有把不平衡发展作为一个概念进行阐明。因此这里存在着一条明显的鸿沟：不平衡发展在批判地理学思想中的当代核心性和它在马克思那里的缺席。温莱特试图通过探讨马克思解释我们今天所谓的"不平衡发展"的努力来处理这条鸿沟。为此，作者比较了《大纲》与《资本论》在揭示资本主义社会关系与分析价值的同时，规定了不平衡发展问题域的不同方式。

在温莱特看来，《大纲》之所以不同于马克思早期著作以及后来的《资本论》，是由于它以独特的方式把下述四条线索交织在一起：资本主义的出现、价值、资本主义的矛盾、资本的扩张倾向。虽然这些线索也在《资本论》中重现，但产生的图案却不相同。概言之，《大纲》是用资本主义产生于前资本主义关系来解释资本主义发展的内在不平衡性质，而《资本论》却并没有系统性地探讨前资本主义形态，并且只是在最后部分才涉及不平衡发展问题。马克思在这两个文本中都没有提供一个有关不平衡发展的确定解释。

温莱特指出，马克思在《大纲》与《资本论》这两种文本中之所以以不同的方式处理不平衡发展问题，是因为他自19世纪50年代以来就日益清楚地认识到英国的帝国野蛮性与资本的扩张性质之间的内在关系，他开始逐渐强调资本的帝国性质。因此，温莱特认为，虽然马克思本人没有使用相关术语，但我们仍然可以说马克思发现了不平衡发展与帝国主义。因而，包括哈维在内的批判地理学家 20 世纪 70 年代以来有关不平衡发展理论的阐述，其依据正是 150 年前马克思的发现。

（三）对地理学与人类学的影响

美国加利福尼亚大学贝克莱分校的内森·塞尔（Nathan F. Sayre）的论文题为《评估〈大纲〉对英语国家地理学与人类学的影响》[①]。该文认为《大纲》对英语国家地理学与人类学这两门学科的发展产生了重大影响，因为不仅使得哈维的工作成为可能，而且帮助终结了经济人类学中热烈的形式主义—实质主义的争论（formalist-substantivist debate），并且提高了地理学家与人类学者理解当代世界正在发生的金融化过程的能力。

塞尔指出，《大纲》的节选本在 1964 年开始译成英文，而英语全译本直至 1973 年才面世。英语国家马克思主义社会科学自那时以来发生了剧烈变化。在地理学中，《大纲》的影响效果在哈维的工作中最为明显。哈维是英语国家社会科学家中最早根据《大纲》来全面重释马克思的学者之一。早在《大纲》英文全译本尚未问世的 1972 年，哈维就在一篇书评中讨论过《大纲》对于唯物主义历史分析的意义，认为《大纲》是一部同许多随后的"马克思主义"学者"狭隘与幼稚的经济主义"大相径庭的著作。他 1982 年出版的《资本的界限》是英语世界根据《大纲》重释马克思著作的第一批尝试之一。此后二十年里，哈维的每一本书都明确地引用或讨论了《大纲》。虽然哈维曾把他有关空—时、资本主义与社会再生产的理论追溯到莱布尼兹与怀特海，但其核心观念似乎更深地扎根于列斐伏尔与他自己依据《大纲》对马克思的解读。对哈维而言，空间—时间并不是绝对的，而是相对的与关系性的：它是通过诸如货物、人员、观念、象征、资本与信息之类的人类（相互）行动的过程而社会地与物质地被生产的。社会科学界引用最多的哈维概念"空间—时间的压缩"（space–time compression）正是源于《大纲》所谓"时间消灭空间"（即资本创造交换的物质条件，从而超越空间障碍）。当然，塞尔指出，哈维对地理学的影响只是《大纲》产生影响的一个迹象。《大纲》对马克思主义地理学有着更广泛的影响。

---

① Nathan F. Sayre, *Assessing the Effects of the Grundrisse in Anglophone Geography and Anthropology, Antipode,* Volume 40, Issue 5, 2008, pp. 898-920.

塞尔认为，哈维著作和最近人文地理学其他著作中贯穿着同《大纲》密切相关的四种洞见：(1) 人与自然构成一个辩证统一体；它们的分离（实在分离与概念分离）不是先天的而是历史的，必须予以解释；(2) 范畴本身是历史的、物质的产物，马克思的范畴（如价值、资本、劳动）具有历史特定性；(3) 关系与过程不仅是实在的，而且比本质与事物更具优先性；(4) 生产与再生产必须被放在一起来理解，商品化是一场正在进行的、从未完成的过程，而非绝对的条件。这四种洞见正是《大纲》影响包括哈维在内的人文地理学工作的明证。

至于《大纲》对人类学的影响，塞尔认为这种影响更为间接与模糊。譬如 1964 年出版于伦敦的《大纲》的一个节录"前资本主义经济形态"，大大促进了英语国家尤其是美国马克思主义人类学的形成。这个节录首先介入到马克思主义历史学家有关生产方式的争论。它对某些人来说是反对阿尔都塞结构主义—决定论式马克思解读的有力证据。随后，这个节录启发了依附论理论家探讨资本主义与非资本主义社会以及农民的作用，并帮助结束了经济人类学中形式主义者与实质主义者之间的激烈争论 [1]。

塞尔并不认为 1973 年以来马克思主义地理学与人类学的变化原因仅仅在于《大纲》英文全译本的问世。他承认，最近这些年，《大纲》在很大程度上从人类学家的参考文献中消失了，但他强调《大纲》的影响仍然非常广泛，尤其是在历史人类学与最近有关价值的研究工作当中。他认为阐明《大纲》被低估的影响效果并不仅仅是一项学术工作，而且《大纲》的开放性与灵活性有助于恢复左翼实践与政治的当代意义。

（四）一种否定的必然性地理学

在《一种否定的必然性地理学》[2] 论文中，加拿大西蒙·弗雷泽大学地理系的杰夫·曼恩（Geoff Mann）依据黑格尔概念重新解读《大纲》，要求恢复马克思有关历史必然性的分析。他认为，一种非决定论的、历史化的必然性

---

① 依据塞尔，经济人类学中"形式主义者"(formalists) 与"实质主义者"(substantivists) 之间的争论主要围绕这样的问题：在现代工业社会中形成的范畴和为现代工业社会而形成的范畴是否能够被应用到非资本主义或前资本主义的环境中？争议核心是在经济人类学这个跨学科的结合中哪一方具有概念优先权，是"经济"方面，还是"人类学"方面？支持前者的被称为"形式主义者"，支持后者的被称为"实质主义者"。

② Geoff Mann, *A Negative Geography of Necessity*, Antipode, Volume 40, Issue 5, 2008, pp. 921-934.

不仅对于理解马克思著作必不可少，而且对更广泛的批判的历史—地理学的解释也是至关重要的。

曼恩指出，无论是指责马克思主义陷入了"决定论"，还是辩护马克思绝非决定论者，都是老生常谈。但是人们在此过程中却不知不觉地遗失了重要的东西，即在倾倒"决定论"洗澡水的同时把"历史必然性"这个婴儿一并倒掉了。因此有必要重新检讨必然性与规定性概念，因为它们对马克思主义地理学而言非常重要。在这方面，《大纲》意义重大。通过《大纲》来重释马克思的必然性概念，可以直接为批判地理学注入理论动力，提高其确认政治变革可能性的能力。批判地理学同必然性的关系丝毫不下于它同可能性的关系，甚至更多的是与必然性的关系；这同规定性（determination）有密切关系，而同决定论（determinism）毫无关联。

曼恩指出，马克思长期以来被人们错误地当作一位"决定论者"，这种错误认识产生了诸多不幸后果，其中之一是导致人们对马克思关于必然性与否定（negation）的观念缺乏深入探讨。在解读《大纲》有关"时间消灭空间"的著名论断的基础上，曼恩追踪这些概念的黑格尔根源，试图证明对马克思与黑格尔两人来说，否定正是批判行为本身，并且无论在思想中还是在实践中，否定都抨击"所给予者"，揭示世界多于其所是或不同于其所是，使得世界不是其所是。可见，黑格尔与马克思并不赞同确定的必然性的铁的规律，并不排除作为彻底不同的未来的可能性。共产主义在马克思那里正是这种可能性的历史呈现。

曼恩认为，我们需要"一种否定的必然性地理学"（a negative geography of necessity）。这个概念强调的是，批判地理学不可能是完全"后马克思主义的"，除非它同时是"后历史的"。我们当下正生活在一个"颠倒的世界"当中，在此世界中，空间被抽象化并被实体化为"时间数量"。因此这种否定的必然性地理学必须掌握作为一种否定过程的历史必然性，必须重申空间，必须超越资本操纵之下时间对空间的抽象消灭，并辩证地返回"真实的关系"。

曼恩指出，只有批判地解释世界如此这般的原因，并打破被给予者的一统天下状况，"可能的世界"作为不被给予者才能够从被给予者中产生。否则确认"可能的世界"就毫无意义。《大纲》基本的地理学洞见——一种后资本主义的地理学——也许就蕴涵于此。

上述六个方面，显然远远不足以概括 2008 年美国马克思主义研究的全貌。但是透过这六个方面，我们还是可以发现当下最紧要的问题在于：在当代错综复杂的政治格局与理论语境中，要从理论与实践上有效地应对新世纪的新问题，左翼不能不清楚地确立自己的立场。否则左翼就不可能真正开展针对体系本身的反抗斗争。那么左翼应当如何确立自己的立场呢？或者说，左翼应当确立什么样的立场呢？这种立场的理论基础与实践经验何在呢？这些都是左翼不得不回答的重大问题。2008年美国马克思主义研究的部分成果也许能够在这方面给我们一定的启示。

（作者单位：复旦大学哲学学院、复旦大学国外马克思主义与

国外思潮研究国家创新基地）

德 国

王凤才

　　与往年相比，2008 年德国马克思主义研究下述特点更加突出：

　　一是更加强烈的现实关怀。对于现实性问题的讨论，成为德国《马克思主义杂志》、《马克思主义创新杂志》等刊物的主题。譬如，《马克思主义杂志》（双月刊）的主题："左派与民族"（第 1 期）、"工会—方针的校正?"（第 2 期）、"作为阶级斗争空间的城市"（第 5 期）;《马克思主义创新杂志》（季刊）的主题："21 世纪的资本主义"（第 73 期）、"新自由主义教育政策"（第 74 期）、"第三世界的饥荒与粮食危机"（第 76 期）。此外，许多著述都是关于现实性或与之相关的问题。譬如，《"左翼党"说什么?》、《弱势群体：关于"穷人"的历史与现状的文化科学调查》、《金融危机与新自由主义积累模式》[①] 等。

　　二是更具针对性的历史反思。2008 年是马克思诞辰 190 周年与逝世 125 周年、《共产党宣言》发表 160 周年、《大纲》撰写 150 周年、"68—运动"40 周年。为了对这些历史事件进行有针对性的历史反思，德国学者组织了相关

---

① Vgl. Joerg Goldberg, *Die Finanzmarktkrise und das neoliberale Akkumulationsmodell.* In: *Zeitschrift Marxistische Erneuerung,* Nr. 76, Dezember 2008, S. 8ff.

活动，譬如，"阅读《资本论》活动"，多次召开纪念"68—运动"的学术会议 ①，将"1968—值得做的回忆"作为《马克思主义杂志》第 6 期主题；发表了许多著述，如《68 或新市侩：为阐释意义而斗争》、《SDS 与 1959 年以后的新左派》、《1968 年与权威问题》等。

三是更加深刻的理论探索。2008 年，德国学者不仅注重马克思著作的文献学考证，譬如，对《大纲》创作史、接受史和不同阐释版本的考证，而且注重马克思主义理论本身及其现实意义的探讨，譬如，利润率下降与转型问题之间的内在关联、马克思与当代资本主义视角等。并且注重马克思理论与其他理论的比较研究，譬如，关于马克思与凯恩斯经济学异同的讨论。此外，还讨论了在德国并不见长的女性主义问题，考察了马克思主义与妇女解放、女性主义的关系。

四是更加广阔的国际视野。《马克思主义杂志》第 3 期主要讨论了"马克思主义在国际"。德、奥、美、法、印度、阿根廷、乌克兰、南非等国作者对与马克思主义有关的问题进行了反思，譬如，《在马克思那里和在今天的生产力与生产关系之间的关系》、《奥地利马克思主义留下了什么?》、《对社会主义的反思》等。《马克思主义创新杂志》第 75 期主要讨论了"欧洲左翼政党"，不仅分析了意、法、奥、希、捷等国的左翼政党状况，而且介绍了南非左派、尼泊尔革命等问题。另外，德国学者历来关注当代中国问题，譬如，《马克思主义创新杂志》发表《转型中的中国社会主义》(2006)、《中国作为"边远地区"的动力中心》(2007)、《中国：能源、食品、大气变化》(2007) 等文章；《社会主义》杂志出版特刊：《新自由主义在中国!? 或"社会主义市场经济"?》(2007)；《马克思主义杂志》2008 年第 4 期主题："启程中的中国——走向何方?"讨论了中国 30 年的改革开放政策、社会主义市场经济的根本标志、中国的社会主义发展战略、中国的内外政策、中国的民族性和民族政策、新中国工会、和谐社会、雇佣劳动和阶级斗争等问题。

下面从七个方面加以介绍。

---

① 譬如，"68 事件：'世界革命'的长期影响"(4 月 18—19 日，柏林)；"'68—运动' 40 周年：我们赢得了最后的胜利"(5 月 2—4 日，柏林)；"1968—来自全球视角的对抗议运动 40 周年的回顾"(9 月 11—14 日，林茨)。

一、阅读《资本论》活动

在 2008 年德国马克思主义研究中，"阅读《资本论》活动"是具有象征性意义的事件之一。在经过一年的准备之后，德国新的左翼大学生组织（Die Linke.SDS）倡议，在全德各高校中开展阅读《资本论》活动：从 2008 年 10 月冬季学期开始，在一年内阅读《资本论》第 1 卷。如果第 1 卷阅读顺利，再推动第 2 卷、第 3 卷的阅读。这就是颇有声势的阅读《资本论》规划。

第一，规划的缘起：（1）直接诱因可能是，德国马克思主义学院派本想将马克思主义归结为历史的立足点，但马尔堡大学却于 2007 年取消了最后的马克思主义教授职位，并被新自由主义讲师所占据。这样，"当批判的科学家被从公共教席中挤出来时，（阅读马克思著作的）需求就上升了"①。（2）深层原因或许是，资本主义全球化使得发达工业国家走向深层的社会分裂，资本主义抵御危机的能力却在下降。德国高校学生不能满足于幸运承诺：自由市场游戏最终为所有人带来福利。因而，为了改变今天的社会，Die Linke.SDS 想与新的一代一起共同阐发理论工具。这样，他们就试图将"阅读《资本论》"与 60/70 年代的传统联系在一起，并"希望对'阅读《资本论》活动'做出组织贡献"②。

第二，规划的准备与步骤：2007 年 10 月，Die Linke.SDS 奏响了"重新发现马克思"的活动序曲，主办了关于马克思的"导论性讨论班"，接着，为实现使各个《资本论》阅读小组相互支持、相互联网的构想，创办"阅读《资本论》"网站（www.kapital-lesen.de），并聘请几个著名的批判理论家对参与者提出的问题做出回答，对缺乏相关知识的参与者进行必要的指导和帮助。

具体步骤：（1）2008 年 10 月开始，很快组织了 30 多个《资本论》阅读小组，并实施阅读计划。（2）2009 年 3 月，在初步阅读的基础上，各小组分别召开小型学术研讨会。（3）2009 年 10 月，Die Linke.SDS 为所有参与者提供"周

---

① 从关于马克思的"导论性研究班"可以看出，2008 年 5 月份《资本论》销量是去年同期销量的 3 倍多，并且在许多城市里，从基层中萌生出了不同的阅读《资本论》小组。（Win Windisch, *Marx an Uni-Die Linke.SDS will bundesweit Das Kapital lesen,* In: *Zeitschrift Marxistische Erneuerung,* Nr. 75, September 2008, S. 183.）

② Win Windisch, *Marx an Uni-Die Linke.SDS will bundesweit Das Kapital lesen,* In: *Zeitschrift Marxistische Erneuerung,* Nr. 75, September 2008, S. 183.

末讨论班"。(4) 2009 年底,所有小组举行大型总结会议,评价"阅读《资本论》活动"的经验教训①。(5) 通过总结会议确定下一步能否继续推动第 2 卷、第 3 卷的阅读,并使阅读者从这一年的阅读中受益。

第三,规划的优点、目标、困难:Die Linke.SDS 希望通过"阅读《资本论》"网站(www.kapital-lesen.de)使得这个规划具有许多优点:(1) 没有足够知识和阅读经验的参与者能够得到小组的帮助。(2)这些小组不仅要彼此学习,而且要一起学习。当然,一个小组提出的难题,另外的小组也许根本没有觉察到。(3) 这样就会获得各小组研究哪些问题的概览,以便做出更切合实际的组织。规划的目标是:开展对过去时代的掘墓斗争。组织许多学习小组,共同讨论令人感兴趣的问题,并为《资本论》的不同阐释和"复数的马克思主义"保留位置。但规划的困难在于:正如 Die Linke.SDS 所承认的,他们不是第一个,也不想成为最后一个阅读马克思的。因此,他们吁请,"所有看到我们阅读《资本论》规划有益的人,从财政上给予支持"②。

二、《政治经济学批判大纲》文本考证

"文本考证"是德国马克思学家的强项之一。值《大纲》撰写 150 周年之际,《马克思主义创新杂志》发表《马克思内部的独白》一文,对《大纲》进行了文本考证。

第一,施蒂策勒(Ingo Stuetzle)首先回顾了《大纲》的写作背景与创作史。1857 年,在所有发达工业国家爆发了第一次世界性经济危机。货币危机几乎同时动摇了伦敦、纽约、汉堡、巴黎的金融市场。同年 12 月 8 日,马克思在给恩格斯的信中说:正在概括自己的经济学研究,为的是至少给出一个《大纲》。马克思期望,随着市场危机的到来而爆发无产阶级革命。恩格斯也为此感到兴奋,并试图结束自己的军事研究。因为他们相信"革命已经来到了门

---

① 总结会议两个目标:一是希望大学生与理论家一起共同回顾《资本论》第 1 卷,在知识重建基础上澄清其意义,在不同理论传统论争中给出一个导论;二是主办一次(包括大学生和其他青年参与者都可以相互讨论的)学术研讨会,这是他们走向独立理论研究的第一步,为其理论研究打下基础。

② Ingo Stuetzle, *Marx'innerer Monolog, vor 150 Jahren schrieb Karl Marx die " Grundrisse"*, In: *Zeitschrift Marxistische Erneuerung*, Nr. 73, Maerz 2008, S. 113.

前"①。于是，马克思撰写了"政治经济学批判（1857—1858年草稿)"，这就是后来人们所熟悉的《政治经济学批判大纲》手稿。②

如果说到《大纲》的创作史，也许可以追溯到19世纪40/50年代。1849年，马克思移居伦敦。那时的英国是典型的资本主义国家，大英博物馆有研究资本主义的丰富材料。马克思不仅研究了对他来说的新文献，而且又阅读了在法国流亡期间已经读过的文本，并从根本上进行了更新。这从根本上改变了他对经济学的理解，这些理解最后积淀在《大纲》中。从1851年起，马克思还为《纽约每日论坛》撰写文章。马克思作为经济记者，主要关注欧洲经济危机、货币金融政策、国际贸易与殖民政策。恩格斯主要关注收入来源问题。应当承认，马克思从恩格斯那里学到了很多，特别是后者对经济关系的阐释，并积累了大量统计资料。③ 正是这个记者工作，使马克思不仅认识到即将到来的危机，而且促使他深入思考经验现实与理论形式之间的概念再生产。《大纲》应该是对这个问题的阐述，不仅对马克思来说，而且对理论史来说都是这样。因而，对《大纲》的研究也开始于这个反思。在《大纲》之前，马克思曾经写过两个简短文本：一是与"最近的没落经济学"的货币理论相论争，二是"'政治经济学批判'导言"，其中最著名的是对第三段"政治经济学方法"进行了改写并详细研究了理论与现实的关系问题。④

第二，施蒂策勒描述了"大纲"的接受史，并区分了不同阐释版本：

对于《大纲》的接受来说，阿多拉斯基⑤ 的《关于〈资本论〉的形成史：

① Ingo Stuetzle, *Marx'innerer Monolog, vor150 Jahren schrieb Karl Marx die " Grundrisse"*, In: *Zeitschrift Marxistische Erneuerung*, Nr. 73, Maerz 2008, S. 113.

②《大纲》全称是"政治经济学批判（1857—1858年草稿)"，包括7个笔记本。1939年，苏共中央马克思列宁主义研究院首次用德文以《政治经济学批判大纲（草稿)》书名作为MEGA1第一部分第41卷出版；1968/69年，《马克思恩格斯全集》俄文第2版以《政治经济学批判(1857—1858年草稿)》书名出版；1976/81年，以《政治经济学批判大纲》书名作为MEGA2第二部分第1卷分两册出版。

③ 阿姆斯特丹大学经济学教授克莱特科（Michael Kraetke）说，这些资料被用在了《资本论》加工过程中。这个说法是有道理的。

④ Ingo Stuetzle, *Marx'innerer Monolog, vor150 Jahren schrieb Karl Marx die " Grundrisse"*, In: *Zeitschrift Marxistische Erneuerung*, Nr. 73, Maerz 2008, S. 115.

⑤ 阿多拉斯基（Roman Rosdolsky, 1878—1945），原苏共中央马克思列宁主义研究院第二任院长，梁赞诺夫的继任者，为《马克思恩格斯全集》俄文版、历史考证版的编辑出版做出了重要贡献。

1857—1858"资本论"的粗略构想》（3 卷本，1968）的研究是奠基性的[①]。在这部著作中，除对马克思著作的详细注释外，还将马克思的计划——将政治经济学批判与对蒲鲁东的批判从内容上区分开来——置于核心地位。众所周知，对蒲鲁东的批判，在马克思那里有很久的传统。《哲学的贫困：答蒲鲁东先生的〈贫困的哲学〉》的本质批判在于：经济学范畴不是超历史的，毋宁说，它是变化的因而是易逝的社会关系的抽象。在资本主义社会意义上，不再有资本和货币，或许在社会主义中也不再有。到了《大纲》中，马克思主要批判蒲鲁东用来代替货币的劳动货币概念。"仅仅通过货币改革或废除来变革社会"这个观念，不能被理解为各种方式的生产如资本主义商品生产，必须以货币为前提。所以，如果人们想结束货币的破坏性力量，那就必须确定资本主义生产方式本身的原因。需要注意的是，阿多拉斯基关于建构计划的讨论与方法问题紧密联系在一起，即什么能够、什么不能够在政治经济学批判的框架内被讨论。[②]

《大纲》的修正版本被广泛接受。例如，尽管意大利共产党内部坚持对正统马克思主义的决定论理解，但党的路线的反对派特隆蒂（Mario Tronti）、潘兹里（Raniero Panzieri）却阐发了《资本论》的独特版本：它是关于——根据自身逻辑而未走向历史终结的，并包含不同阶级力量的——社会关系的动力学阐释。在《马克思、劳动力、工人阶级》（1965）一文中，特隆蒂主要为《大纲》那里的政治干预服务。他认为，马克思在《大纲》中最强调的思想是，资本动力学从"阶级运动的进攻压力"出发，就意味着劳动力是进攻力量，并且是"劳动力向工人阶级政治过渡"的要素。施蒂策勒指出，特隆蒂的阐释抓住了马克思的核心概念并引入到政治之中："主体劳动作为对象性的对立面，活劳动作为死劳动的对立面，这是作为资本对立面的劳动——作为非主体的劳动"[③]。作为非主体的劳动的存在，迫使资本一再使新的劳动以及与之

[①] 事实上，早在 1948 年，阿多拉斯基就认识到《大纲》的意义。其他人，如柯尔施虽对《大纲》手稿感兴趣，但没有公开出版任何东西。大约在 20 世纪 60 年代末，出现了几个从《资本论》视角阐释《大纲》的重要研究。尽管这些研究中有许多文献缺乏原创性，但有一个重要的尝试，就是试图在《大纲》中找到《资本论》辩证结构的钥匙。即使对阿多拉斯基来说，核心问题也是马克思与黑格尔的关系。

[②] Ingo Stuetzle, *Marx'innerer Monolog, vor150 Jahren schrieb Karl Marx die "Grundrisse"*, In: *Zeitschrift Marxistische Erneuerung*, Nr. 73, Maerz 2008, S. 117.

[③] Mario Tronti, *Marx, Arbeitskraft, Arbeitklasse-Erste Thesen*, Berlin 1987, S155f.

联系的工人阶级，隶属于资本关系以及与之联系的剥削关系。可是，这从来不是完全成功的，并因此一再激起反对资本的暴乱——并非资本是资本主义动力学特征的基础，而是劳动驱逐了资本关系。

奈格里（Antonio Negri）在流亡法国之前，就揭示了《大纲》与"资本主义铁的规律"相对立。因而，奈格里强调给社会矛盾以运动形式的"趋势"概念。1979 年，奈格里出版了《马克思超越马克思：关于《大纲》的讲座》。在该书中，他站在危机理论立场上，讨论经济范畴与社会矛盾问题。在流传最广的"第 5 讲座"中，他讨论了工资的政治维度与所谓的机器碎片——马克思在手稿中讨论的日益增长的生产自动化。依靠特隆蒂在劳动力中强调的东西，（也许还受到瓜塔利、德鲁兹的影响），奈格里试图将需求的自主、无产阶级的自我出卖阐释为权力需求。在这个基础上，他深入研究了内容广泛的主体理论。在他看来，工资是与资本相对立的非独立的可变资本，并且从来不完全隶属于主体。但是，随着生产的越来越广泛的自动化以及社会隶属于主体，劳动被大量地社会化。在这个讲座中，已经出现了"一般智力"（general intellect）概念，后来它被表征为帝国决定的生产方式。因而"第 5讲座"本质上奠定了其非物质劳动构想的基础。这样说来，后期奈格里的帝国理论或生产方式理论的基石，已经存在于他关于《大纲》的阐释中。

有一种观点认为，马克思的《大纲》主要是一个自我理解的文本，它从来不是为出版而思考的。到《资本论》第 1 卷出版时，已经过去了 10 年。1873 年，马克思对《资本论》第 1 卷第 2 版进行了彻底加工。有人说，在这26 年间（1857—1883），马克思不仅在构思上而且在自我理解上都改变了某些东西，甚至几乎不能严肃地对待他的科学工作。因而，"所有这些——想在《大纲》中直接寻找《资本论》钥匙或真正的马克思，即与黑格尔联系在一起研究马克思的——想法，都会落空，并且从这个视角中失去真正的问题。"[1]

综上所述，在迄今为止的《大纲》的接受过程中，出现了许多不同的阐释：（1）《大纲》还是通过黑格尔引出的政治经济学批判，这个批判形式到《资本论》中不再看到，因为这时马克思已经"通俗化"并从辩证法中解放出来；（2）《大纲》很少是经济主义的马克思，因为在这里，他还有"火药味"；（3）在《大纲》

---

① Ingo Stuetzle, *Marx'innerer Monolog, vor150 Jahren schrieb Karl Marx die "Grundrisse"*, In: *Zeitschrift Marxistische Erneuerung*, Nr. 73, Maerz 2008, S. 120.

中找到了理解帝国生产方式与新的物质劳动生产方式的概念工具；（4）最不令人兴奋的阐释是，《大纲》被解释为自我理解的重要文本。

第三，施蒂策勒说，尽管《大纲》有不同的阐释版本，但《大纲》的历史地位是确定的：《大纲》标志着政治经济学批判的一个里程牌，并且对马克思的科学研究来说具有核心意义。《大纲》肯定有助于理解政治经济学批判，不过，或许只有从资本立场出发解释清楚——困扰着马克思一生的——难题和问题，才是这样。当然，这个事实很少被忘记，不仅《大纲》，而且《资本论》第2、3卷，直到马克思去世都没有出版。就是说，马克思留下了大量需要进一步加工的材料。"没有几代知识分子的努力，它就不能够被完成。"① 值得注意的是，施蒂策勒考察了《大纲》与《资本论》的关系。他说，从内容和结构上看，《大纲》大致研究了《资本论》第3卷的材料。在这里，马克思突出了货币的必要性及其功能，描述了从货币到资本的过渡与作为价值实现过程的劳动过程，确立了剩余价值、利润、利息，并使作为生产过程和循环过程统一的资本关系再生产成为主题。不过，马克思既没有阐发抽象劳动的核心概念，也没有澄清政治经济学批判开始于哪个范畴的问题。因为在《大纲》中，马克思不是开始于商品或商品两种价值形式的分析，而是始于价值和货币。此外，他不仅使用了不同于抽象劳动的语言，即一般劳动，而且从构想上看，也完全不同于1857年理解的内容。在《资本论》第1版中，马克思将构成价值的劳动与简单的、单调的、不熟练的劳动看作是统一的。到《资本论》第2版中，马克思彻底突破了政治经济学的"跳跃点"——劳动的双重性。这样，就像亨利希（Michael Heinrich）所理解的，抽象劳动就成为一个根本的社会范畴，它不再与具体劳动发生关系，而不过是社会抽象的结果，在市场上不同的劳动可以等量齐观。但是，无论如何，对于马克思的进一步研究来说，《大纲》应该是重要的。后来的《政治经济学批判》（第一分册）（1859），以及其他一系列手稿 ② 与《大纲》是紧密联系在一起的，它们都可以视为《资本论》的准备稿。

---

① Ingo Stuetzle, *Marx'innerer Monolog, vor150 Jahren schrieb Karl Marx die" Grundrisse",* In: *Zeitschrift Marxistische Erneuerung,* Nr. 73, Maerz 2008, S. 120.

② 即《1861—1863 年经济学手稿》、《1863—1865 年经济学手稿》。

三、奥地利马克思主义的反思

德国马克思主义研究具有广阔的国际学术视野，《马克思主义杂志》、《马克思主义创新杂志》等刊物不仅报道国际马克思主义研究状况，而且发表国际马克思主义研究的理论文章，如"马克思主义在国际"的一组文章。其中，最具代表性的是《奥地利马克思主义留下了什么?》一文。

奥地利林茨大学编外教授豪伊特曼（Hans Hautmann）说，奥地利马克思主义，当年是 SPOE 的意识形态，今天却被尽可能完全地抛弃了，只有极少数左翼和资本主义批判者还为它所控制。[①] 但在 20 世纪 60 年代末至 80 年代初，人们对它有很高的研究热情，并有激烈的争论[②]。林茨大学"L. 布尔茨曼工人运动史研究所"有富有成效的大型出版物，其中包括奥地利马克思主义研究。对于奥地利社会主义大学生联合会来说，在资本主义框架内改革政策的可能性与限度问题处于争论的中心。豪伊特曼主要谈论了以下几个问题：

第一，自从何时有了奥地利马克思主义? 他说，从自由资本主义向帝国主义过渡时期，在修正主义出现之后，具体地说，是 19 世纪 20 年代末到 1934 年。折中主义者考茨基是理论先驱，鲍威尔、伦纳、阿德勒、希法廷是主要代表人物。奥地利马克思主义的唯科学主义立场的共同特征，就是试图在伯恩施坦的右翼修正主义与列宁或卢森堡的左翼革命的马克思主义之间提供替代性选择。

第二，如果人们问：他们的著作今天是否还有现实性? 是否还值得一读? 那人们必须说：有几本或许还可以。譬如，希法廷的《金融资本》（1910）对帝国主义进行的有的放矢的分析，对当今的"全球化"时代而言，能够对垄断统治内在机制的描述本身有认识价值。再如，鲍威尔的《奥地利革命》（1923）、《为森林与狩猎而斗争》（1926）：前者是关于奥匈帝国瓦解原因、奥地利共和国建立、1918 年革命后到 1922 年的阶级斗争的"最好的描述"；后者

---

① Hans Hautmann, *Was bleibt vom Austromarxismus?* In: *Marxistische Blaetter,* 03/2008, S. 72.

② 原因在于：一是 1968 年开始的联邦德国（BRD）学生运动高潮；二是在克莱斯基（Kreisky）领导下的奥地利社会党的统一氛围。

是关于奥地利农民利润问题、奥地利农业史和农业政策的"最好的研究"。①

　　第三，就当时的理论与实践比较，以及对今天问题的分析而言，能够从奥地利马克思主义中得出哪些可能有用的结论？豪伊特曼用两个例子说明这个问题：一是阿德勒的"协商理论"，二是鲍威尔的"阶级力量平衡理论"。在1918—1922年战后年代中，奥地利共和国的性质是："这个共和国既非资产阶级共和国又非无产阶级共和国。它既非资产阶级对无产阶级进行阶级统治的工具，又非无产阶级对资产阶级进行阶级统治的工具。这个共和国是处在无产阶级国家阶段中，即不是一个阶级对另一个阶级的统治工具，而是两个阶级妥协的结果，阶级力量平衡的结果。"② 不过，鲍威尔的阶级妥协理论与当时的现实很少一致，因而受到处于领导地位的资产阶级法学家凯尔森（Hans Kelsen）的批评。豪伊特曼说，"凯尔森完全正确。因为鲍威尔的理论与政治实践的事后辩护没有什么两样。"③

　　第四，今天，奥地利马克思主义能否为左翼在理论上提供一点什么东西？对此，豪伊特曼的回答是否定的。他说，如果人们想从老的SPOE的遗产中获得什么，那肯定不是在理论方面，而是在实践领域：20世纪20年代，"红色维也纳"的社会民主管理使成千上万工人家庭的住房条件得到了改善。奥地利马克思主义作为当时合法的意识形态，总是把自己理解为"第三条道路"，即工人运动内部的新道路的代表。但是，SPOE像SPD一样，很久以来就不再是阶级改革类型的政党。因为在各种各样的改革构想中，人们事实上可以归结为两个特征：（1）改革者仅仅把改革视为根本改变剥削制度的有效方法、实现社会主义的手段；（2）改革者不是把改革当作社会主义的目标，而是解释为追求"社会受歧视者"状况的改善，因此改革被看作是反对资本主义总体伤害的"灵丹妙药"。

四、女性主义与马克思主义

　　最近十年来，在德国具有马克思主义或社会主义取向的报刊杂志④ 中，

---

① Hans Hautmann, *Was bleibt vom Austromarxismus?* In: *Marxistische Blaetter*, 03/2008, S. 73.

② Otto Bauer, *Die Oesterreichische Revolution*, Wien 1965, S. 259.

③ Hans Hautmann, *Was bleibt vom Austromarxismus?* In: *Marxistische Blaetter*, 03/2008, S. 76.

④ 如《马克思主义杂志》、《我们的时代》、《青年世界》、《新德国》、《具体》、《红狐狸》等。

女性主义问题几乎没有什么地位，甚至可以说"当代德国没有女性主义"①。然而，在世界范围内，女性主义研究有各种不同类型，譬如，"激进的女性主义"与"自由的女性主义"、"社会主义的女性主义"与"马克思主义的女性主义"、"文化主义的女性主义"与"唯物主义的女性主义"。不过，今天起范导作用的是，"关注差异、解构、去中心化的后现代主义的、后结构主义的、后殖民主义话语"②。2008年，德国出现了几篇关于马克思与妇女解放问题的文章，并集中讨论了以下几个问题：

第一，性别思维模式问题。施泰恩豪尔（Margarete Tjaden-Steinhauer）在澄清"妇女"、"男性"、"性别"概念的基础上，区分了性别思维的三种模式：（1）父权制的性别概念。自15世纪末以来，德国就有程度越来越高的"家谱学研究"，并且最终把握了广泛的、充分的文献学标准。在德国，抽象的、无对象的性别概念"在18世纪早期还处于优先地位"③。但是，弗雷费尔特（Ute Frevert）指出，至少自18世纪以来的"基本模式"就是："妇女……生孩子（并需要保护），男性……是养育者和保护者"。到19世纪20年代，妇女被赋予了新的特性："爱情的代理人"④。19世纪末，妇女获得了"有尊严的地位"，以及"广泛的影响圈"："男性的城市、妇女的家庭"。总之，在父权制的性别概念中，在性别特征方面，在生理、心理、社会组织等所有方面，妇女与男性都是有差异的。（2）自然的性别概念。那么，妇女与男性能够被置于同一公分母之下吗？施泰恩豪尔说，与父权制的性别概念不同，在自然的性别概念中，男性迸发出超父亲的功能，并将性别结果转化为性别关系。妇女像男性一样被看作是独立的性别，两者共同代表着不可消解的关系，即性别关系。（3）女性主义或社会结构主义的性别概念。20世纪60—70年代形成的女性主义理论，试图抽走"妇女社会从属性"的理论根基——从占支配地位的语言使用中接受抽象的、内容空洞的、被抬高为"核心概念"的性别概念，以及

① Marta Kokoschko, *In einer Gesellschaft ohne Ausbeutung bedarf es keines feministischen Erklarungsinnsters, Der soziale Inhalt der Frauenfrage.* In: RotFucks, Maerz 2008. S. 10.

② Maria Pachinger, *Sozialistischer und marxistischer Feminismus. Positionsentwicklungen in den 35 Jahren.* In: *Marxismus,* Nr. 27, Wien 2005, S. 15.

③ Ute Frevert, *Mann und Weib, und Weib und Mann. Geschlechterdifferrenzen in der Moderne,* Muenchen 1995, S. 51.

④ Ute Frevert, *Mann und Weib, und Weib und Mann. Geschlechterdifferrenzen in der Moderne,* Muenchen 1995, S. 46-47.

相应的性别关系概念。在美国女性主义讨论中，"性别被理解为结构"、"两性被理解为秩序系统"①。德语世界偏爱这个构想：性别被解释为社会阶层的中心参照点，并且基于"社会中不同社会地位"的原因，将两种"社会的"性别区分开来：男性群体和女性群体。与此相应，"性别被说成是结构性范畴，性别关系被说成是社会结构关系"②。总之，女性主义的性别概念使人——作为没有从传统的虚构的性别思维中突围出来的个体的"妇女"和"男性"——的现实生命力呈现出来。

第二，性别关系与性别意识形态问题。费舍尔（Christna Fischer）认为，在妇女解放问题上，工人运动理论家，如恩格斯、倍倍尔、蔡特金等人的立足点是，"妇女问题"能够通过生产资料私有制的克服而自动解决。然而，在社会主义社会中，仍然存在某种程度的妇女歧视。这样，就产生了（西方早就提出来的）——马克思主义的进一步发展是否不必特别关注妇女状况——问题。几十年来，有许多理论家研究这个问题，但得出了不同的、甚至矛盾的结论。"在这些理论中，核心概念是'性别关系'和'再生产'概念"③。费舍尔断言，在英国女性主义理论家芭蕾特看来，仅仅用资本主义再生产需求阐释妇女压迫是不够的，因为资本主义生产方式中立于性别而起作用。尽管家务劳动对当代劳动力的再生产具有重大意义，但并非必然如此。在她眼里，性别关系具有重要的意识形态功能。"对于芭蕾特来说，性别意识形态是资本主义社会实现与保持妇女压迫的主要手段。但妇女本身也再生产性别角色，并似乎自由地构建为隶属的主体。"④美国女性主义社会学家J.布伦纳（Johanns Brenner）试图将反资本主义的观念和视角带入女性主义研究中，正如把女性主义观念带入社会主义中一样。因此，她想更新马克思主义的女性主义。与芭蕾特提出的"男性是劳动者与资本家"的构想相反，J.布伦纳想论证，对于男性工人来说，意识形态要比物质原因少得多。她又说，妇女对社会贡献的

①　Margarete Tjaden-Steinhauer, *Geschlechterdenken und Ideologie,* In: *Zeitschrift Marxistische Erneuerung,* Nr. 75, September 2008, S. 127.

②　Margarete Tjaden-Steinhauer, *Geschlechterdenken und Ideologie,* In: *Zeitschrift Marxistische Erneuerung,* Nr. 75, September 2008, S. 128.

③　Christna Fischer, *Frauenbefreiung mit Marx? —sozialistischer und marxistischer Feminismus.* In: *Marxistische Blaetter*, 03/2008, S. 87.

④　Christna Fischer, *Frauenbefreiung mit Marx? —sozialistischer und marxistischer Feminismus.* In: *Marxistische Blaetter*, 03/2008, S. 90.

降低给妇女带来很大负担，因为她们必须用等额的家务劳动补偿对社会贡献的不足。不过，J. 布伦纳也意识到，市民阶层妇女与工人妇女有不同的政治兴趣：前者属于中产阶层妇女，她们为更大可能的飞黄腾达与权力地位而斗争；后者属于社会下层妇女，绝大多数为生活费用、为纯粹生存而奔波。

施泰恩豪尔特别强调性别概念的意识形态功能。她说，正如父权制的或自然的性别概念所揭示的那样，它们的解释模式建立在家庭人际关系之上，尤其是西方文明的制度关系迄今还打上了父权制的烙印。女性主义解释模式对之进行了校正，不再把社会视为（内容空洞的抽象的）总体。也许在长期的历史发展过程中，父权的暴力被打上社会关系的烙印，"孩子"及其"母亲"处在这种关系中，准确地说处在这种关系的中心。这种关系必然转变为"父亲"总是处于支配地位的关系，他对孩子和妻子具有支配权力。这个历史形成过程与父权制家庭中的父亲拥有支配权的社会特征一样，被虚构的性别和性别关系掩盖着。在这个交换中存在着意识形态的功能。女性主义性别理论——通过假定性别和性别关系的虚构是绝对不能从中逃离的、普遍存在的假象，并使性别和性别关系处在社会的"社会结构特征"中——摆脱了父权制的权力关系。"这里有一个对于现实的社会暴力关系进行意识形态掩盖的——肯定未被注意到的——特别的理论文献"[1]，不过，即使在这个研究中，"也显露出女性主义性别理论的意识形态功能"[2]。

第三，家务劳动与父权制反叛问题。费舍尔著文介绍了英、法、美等国的女性主义研究。她说，家务劳动问题所以进入研究视野，应归功于政治理论家科斯塔（Mariarosa Dalla Costa）[3]。因为她试图证明，家务劳动创造剩余价值，因而是资本主义生产方式的本质组成部分。"通过理论创造概念，她想将家庭妇女嵌入工人阶级与革命斗争中。为了推翻资本主义制度，她把家庭

① U. Vogel (Hrg.), *Was ist Weiblich-Was ist Maennlich? Aktuelles zur Geschlechterforschung in den Sozialwissenschaften,* Bielefeld 2005.

② Margarete Tjaden-Steinhauer, *Geschlechterdenken und Ideologie,* In: *Zeitschrift Marxistische Erneuerung,* Nr.75, September 2008, S. 130.

③ 据 L. 沃格尔（Lise Vogel）介绍，早在 1940 年，美共党员英曼（Mary Inman）就已经研究了家务劳动问题。不过这个问题，直到 70 年代仍然被左翼所忽视。科斯塔不仅创立了第一个女性主义组织"Lotta fiminista"，而且用《妇女与社会颠覆》（1972）一文引发了"家务劳动"讨论。

妇女的斗争，如在罢工形式中的斗争……视为决定性的事件"①。由科斯塔建议的"家务劳动去薪化"讨论直到今天还在进行着，引起了保守党如 CDU 的攻击，也引起了"左翼党"内部如米勒（Christa Mueller）等人的批评。

　　法国社会学家岱尔佩（Christine Delphy）将父权制描述为资本主义之外的独立的经济剥削系统。因而，她批评马克思主义很少从经济视角观察作为意识形态现象的妇女压迫。这样，她就与抛弃了父权制政治的法国共产党拉开了距离。"由妇女所从事的家务劳动，在资本主义经济分析中被忽略了……在劳动市场上男女之间的明显不平等，依赖对妇女家务劳动的剥削"②。尽管家务劳动平分表面上是双方个体行为的结果，但背后隐藏着父权制组织。与岱尔佩一样，美国经济学家哈特曼（Heidi Hartmann）用"一元系统理论"（Dual-System-Theorie）对父权制提出批判。在《马克思主义与女性主义：一场不幸的婚姻》一文中，她试图揭露社会主义的女性主义的缺陷，尤其怀疑马克思主义的——通过把妇女包容进工业中而实现其解放——这个命题，并对恩格斯的理论观点——妇女受压迫始于私有制形成，通过克服私有制而实现妇女解放——提出质疑。在她看来，妇女不能自由地出卖自己的劳动力，因为她们的劳动力就像她们的性一样，部分地为男性所控制。因此，"她们应该将反对主义的斗争与反对父权制的斗争联系在一起"③。但 F. 豪克（Frigga Haug）④ 指出，性别关系必须像生产关系一样被分析，即它也是生产方式。在《女性主义历史—批评辞典》中，她详细阐释了与"一元系统理论"根本适应的立场：妇女不仅是父权制的牺牲者，而且是父权制的参与者和支持者。后来

① Christna Fischer, *Frauenbefreiung mit Marx? —sozialistischer und marxistischer Feminismus.* In: *Marxistische Blaetter*, 03/2008, S. 89.

② Vgl. Christna Fischer, *Frauenbefreiung mit Marx? —sozialistischer und marxistischer Feminismus.* In: *Marxistische Blaetter*, 03/2008, S. 88.

③ Christna Fischer, *Frauenbefreiung mit Marx? —sozialistischer und marxistischer Feminismus.* In: *Marxistische Blaetter*, 03/2008, S. 89.

④ F. 豪克（Frigga Haug），德国最著名的社会主义的女性主义理论家，汉堡大学经济与政治系退休社会学教授，《论据》杂志出版人与编辑人之一，《马克思主义历史—批评辞典》编撰人之一，《女性主义历史—批评辞典》主编，"批判心理学论坛"成员，"DIE LINKE"成员，自称为"马克思主义的女性主义者"，著有《角色理论批判及其德国资产阶级社会学中的应用》(1972)、《教育与社会生产：角色理论批判》(1977)、《关于妇女形态的女性教育 I：日常视角与女性社会化理论构想》(1984)、《超越女性受虐狂：回忆、劳动和政治》(1992)、《女性的性别化》(1999)、《向卢森堡学习》(2004)等著作。

她又提出，妇女运动必须"重新思考马克思主义概念"。因为马克思主义经典作家如蔡特金，关于"妇女问题"与"妇女政策"的看法是成问题的。不过，如果注意到社会主义国家的理论家的情况，就能够明白，社会主义的女性主义者是"孤独的"，因为她们既与工人运动、又与妇女运动相争论。

第四，性别与种族、阶级问题。早在20世纪70年代末，德国社会学家密斯（Maria Mies）就描述了"家庭妇女化"（Hausfrauierung）概念。这个概念内含着资本主义社会妇女劳动的"去价值化"（Entwertung），也内含着"第三世界"的殖民主义与新殖民主义政策。女性主义学者戴维斯（Angela Dawis）的《妇女、种族和阶级》一书主要讨论种族主义与性，尤其是美国黑人妇女与阶级斗争问题。这表明，性别问题与种族问题、阶级问题联系在一起。值得一提的是，美国政治理论家哈特索克（Nancy Hartsock）试图依靠马克思、卢卡奇的支持，阐发女性主义的历史唯物主义观点，同时批评马克思对妇女状况的忽视。据她说，妇女的共同利益超越了阶级界限——她们能够争取得到近乎阶级立场的女性主义特殊认识立场。到90年代，哈特索克强调政治斗争，甚至社会主义革命的必要性。她又校正了自己的"视点女性主义"立场，并对后结构主义进行批判。她指出，没有超越阶级、超越教育程度、超越民族性、超越人种的统一的女性主义"视点"。

此外，社会学家吉门兹（Martha Gimenz）指出，资本主义生产方式本身是"性别盲"："不论资本家是男性、女人、白人、有色人种，年轻人或老年人或者总是什么，对资本主义功能方式来说，都是没有意义的"[1]。与F. 豪克不同，她认为，性别关系不能与生产关系相提并论，只要它是由生产与再生产共同决定的。性别之间的社会不平等原因"不能到男性的意向和动机中寻找"。对资本主义来说，性别歧视与种族主义并不是绝对必要的，可是作为意识形态适合于遮蔽剥削关系。因此，女性主义斗争与女工人阶级的斗争必须联系在一起。

第五，女性主义研究评价问题。费舍尔指出，首先应该承认，在马克思详尽考察殖民主义、宗教、文化、住房关系等问题时，却很少关注妇女劳动及其状况问题。不过，贝伦特（Hanna Behrend）的断言——"在马克思、

---

[1] Vgl. Christna Fischer, *Frauenbefreiung mit Marx? —sozialistischer und marxistischer Feminismus*. In: *Marxistische Blaetter*, 03/2008, S. 92.

恩格斯的理论中，妇女歧视、奴隶化、被遗忘、无尊严状况，没有任何作用"①——是夸大其词。其次，帕克·英格尔论述的全部是西欧北美的女作家，但没有解释为什么省略了社会主义国家的理论家。原因或许在于：一是那些国家没有公开的女性主义者，二是对现实社会主义的托洛茨基式厌恶，三，非常清楚的是，女性主义理论是如此复杂，非学院派几乎不能把握 ②。"这些困境表明，马克思主义复兴必须与马克思主义的女性主义复兴紧密联系在一起。但是，F. 豪克诊断的马克思主义的女性主义与社会主义的女性主义的'孤独性'最终没有预见到这一点。"③

H.P. 布伦纳（Hans-Peter Brenner）对《与马克思在一起的妇女解放？社会主义的女性主义与马克思主义的女性主义》这篇长文进行了评论。她指出，费舍尔的文章是有缺陷的，尽管她提供了众多女性主义者的立场、观点，但没有进行理论归纳和评价，而且，这篇概述性文章是带着有组织的德国马克思主义运动要求而写的。在 H.P. 布伦纳的评论中，这三个问题是重要的：(1) 马克思主义经典作家的"性别盲"问题。针对——H.P. 布伦纳指出，所谓"工人运动理论家的出发点是，妇女问题能够通过生产资料私有制的克服而自动解决"这个说法，是错误的、歪曲的阐释。鉴于费舍尔这个令人惊奇的题目，人们或许必须回忆一下倍倍尔在《妇女与社会主义》导言中的观点：妇女总体上经历了双重关系：一是对男性世界的社会依赖——尽管这可以通过法律面前的形式平等而被减弱，但并没有被克服，二是对男性世界的经济依赖——在这里，一般的妇女与无产阶级的特殊妇女，同样存在于无产阶级的男性世界……当然，在资产阶级妇女运动中出现的妇女，并没有真正理解彻底变革的必要性。(2) 德国马克思主义女性研究问题。像费舍尔一样，H.P. 布伦纳也基本认同这个看法，即："当代德国没有女性主义，尤其是没有马克思主义的女性主义"。H.P. 布伦纳说，可以肯定，在 1989 年之后的德国，"马克

---

① Hanna Behrend, *Marxisismus und Feminismus-inkompatibel oder verwandt?* In: UTOPIE kreativ, 11. 109/110, S. 162.

② 帕克·英格尔的《社会主义的女性主义与马克思主义的女性主义》，自出版以来就几乎未引起媒体注意。F. 豪克的《女性主义历史—批评辞典》在德国几乎未引起实质性的预告或批评性书讯，但却受到国外女性主义者的欢迎。当然，资产阶级将它攻击为不完善的和错误的。

③ Christna Fischer, *Frauenbefreiung mit Marx? —sozialistischer und marxistischer Feminismus.* In: *Marxistische Blaetter*, 03/2008, S. 93.

思主义取向的女性主义研究几乎不存在"①。不过，在1989年之前的BRD，已经有由马克思主义影响的女性主义研究萌芽和教材。在那时的DDR，有国家支持的马克思主义研究与教学活动。DDR的妇女政策和女性研究的有影响的成果之一，就是妇女就业促进计划，几乎90%的妇女参加了职业生活。(3)"马克思主义复兴"与"马克思主义的女性主义复兴"的关系问题。费舍尔要求，"马克思主义复兴"必须与"马克思主义的女性主义复兴"联系在一起。H.P. 布伦纳说，这个要求是"缺乏实质内容的"②。因为"复兴"要求的前提是，人们应该知道，应该"复兴"的东西是什么？但事实上，人们并不能够做到这一点。

五、"68—运动"的历史评价

为了纪念"68—运动"40周年，德国（包括瑞士）主办了许多学术会议，发表了许多著作和论文，集中讨论了"68—运动"历史评价问题。

（1）基本否定态度。譬如，德国社会科学家彼得(Lothar Peter)以 A/R-G③为例批判了"68—运动"，声称"人们能够从意识形态上以各种不同方式清除'68—运动'"④。在 A/R-G 看来，"68—运动"的真正敌人不是统治阶级的组织和行动者，而是后68左翼。因此，他们将矛头对准社会党（PS）、共产党（PCF）这两个最大的左翼政党于1972年提出的共同治理规划，并对准了密特朗时代（1981—1995）。那么，"对当代哲学的功能来说，A/R-G 从中能够得出什么结论呢？"⑤一方面，他们将后现代思维视为马克思主义的必然继续；另一方面，他们就处在后现代与"新哲学"之间的严格分界线上。"尽管从哲学上看，在后现代与'新哲学'之间完全有接触点（大约涉及对启蒙理性概

---

① Hans-Peter Brenner, *Natuerlich mit Marx! –Diskussion des Beitrages von Christna Fischer. „Frauenbefreiung mit Marx?* "In: Marxistische Blaetter, 05/2008, S. 102.

② Hans-Peter Brenner, *Natuerlich mit Marx! –Diskussion des Beitrages von Christna Fischer. „Frauenbefreiung mit Marx?* "In: Marxistische Blaetter, 05/2008, S. 100.

③ 即：André Glucksmann 和 Raphaeel Glucksmann，前者作为奥地利犹太流亡者的儿子生于1937年，法国哲学家；后者生于1979年，法国记者，以下简称A/R-G.

④ Lothar Peter, *Die Geburt des Neoliberalismus aus dem Geist von 1968,* In: *Zeitschrift Marxistische Erneuerung,* Nr. 74, Juni 2008, S. 93.

⑤ Lothar Peter, *Die Geburt des Neoliberalismus aus dem Geist von 1968,* In: *Zeitschrift Marxistische Erneuerung,* Nr. 74, Juni 2008, S. 100.

念或历史目的论的批判），但 A/R-G 坚持它们的非一致性。"① A/R-G 认识到，
"后现代马克思主义"与左翼的"68—精神"已经转变为道德相对主义和消极
的意识形态。彼得指出，如果将《N. 萨尔克茨基阐释的 1968 年 5 月》(A/R-G)②
与法国历史学家的《我们的 1968 年的斗争》（阿吕）相比较，那就可以得出
一种印象，似乎这两本书对"68—运动"的评价是非常不同的，即使不是对
立的话——但这是"骗人的假象"，毋宁说，这两本书"在意识形态上是根本
相同的"③。尽管他们也承认"68—运动"对社会进步和改革的创造性意义。

　　根据彼得的看法，在 BRD，"68—运动"直接或间接地阻碍了改革的多
样化和民主化过程。妇女运动的兴起、刑法与家庭权利改革、对专制教育风
格的批评、工人阶级的政治化、共同决定和参与的新讨论、科学理解的变化
和资本主义批判的复兴、高等教育系统对下层阶级的开放等，都被视为与纳
粹历史的强烈论争，但也被视为外交政策的动能。相反，恐怖主义只是"68—
运动"的衰变的产物。当时的 BRD 正是通过"68—运动"的结束才开始了民
主现代化过程。

　　（2）基本肯定态度。德国政治科学家施佩克曼（Guido Speckman）与阿
吕（Goetz Aly）的命题相论争并试图表明，阿吕的命题离清算"68—运动"
的历史还差得很远。因此，为了用 20 世纪的历史证明下述命题——每个对左
翼观念的坚持都必然进入暴力和恐怖之中——"68 符码"是可用的。这样，
人们就能把阿吕的命题表述为："68—代"清算自己的历史。不过，以下两点
没被注意到：一是被阿吕夸大后的事实，只能作为**霸权**阐释模式——用极权主
义理论来阐释 20 世纪的历史，二是政治文化霸权对社会文化冲突的意义。在
这一点上，盖斯拉（Heiner Geissler）的说法是中肯的："今天的革命不再是通
过占领电报大楼与火车站引起的，而是通过占有概念引起的。但问题是，用
什么样的内容占有 '68—符码'"④。

　　后来，尽管阿吕对自己的命题——"68—运动"与纳粹运动具有相似

---

① Lothar Peter, *Die Geburt des Neoliberalismus aus dem Geist von 1968,* In: *Zeitschrift Marxistische Erneuerung,* Nr. 74, Juni 2008, S. 101.

② 在这本书中，A/R-G 抓住了 Sarkozy 的这个判决："68—运动"遗产必须被清除。

③ Lothar Peter, *Die Geburt des Neoliberalismus aus dem Geist von 1968,* In: *Zeitschrift Marxistische Erneuerung,* Nr. 74, Juni 2008, S. 103.

④ Guido Speckman, *Ketzerischer Konformismus. Goetz Aly und der Kampf um ‚68',* In: *Zeitschrift Marxistische Erneuerung,* Nr. 74, Juni 2008, S. 81.

性——进行了补充，它出现在对克劳斯哈尔的《犹太同志之家的炸弹》一书的评注中：德国"68—代"是以贫乏方式接近的精英——主要是在反犹主义中。但是，阿吕仍然揭示了"68—运动"与纳粹运动的下列相似性：两者都把共和制度视为历史上过时的，并因此想掌握国家权力。两者的差别只在于：共和国是通过反犹主义、征服战争与大屠杀逼近的统治，还是想通过协商民主来代替？再就是，阿吕熄灭了那一代人特有的反资产阶级行为，这不仅适合于"33—代"人的大多数，也适合于"68—代"的大学生。"无论如何，对阿吕来说，'68—运动'与纳粹运动之间的差别也是引人注目的：'纳粹暴乱突然获得权力，可怕的令人激动的飞黄腾达与始终如一；'68—运动'突然失败，至少是分裂……'68—运动'（不）作为的结果与纳粹时代相比无关紧要'"①。从总体上看，阿吕的命题涉及极权主义理论的典型论证方式。

施佩克曼不仅批评阿吕对"68—运动"的否定，而且对克劳斯哈尔（Wolfgang Kraushaar）② 等人的"68—运动"研究也进行了评论。在克劳斯哈尔看来，左和右之间不可避免同一。施佩克曼说，"这个构思的核心很少是从法西斯主义者转向激进社会主义者，而是对议会外反对派的法西斯主义根源进行议会主义批判，并从政治上改变它的内容。因此，在与极权主义理论论据的一致性中，克劳斯哈尔把对自由主义和议会主义的批评视为不可避免的'健康'中心的总体偏离"③。

（3）具体分析态度。如果说，施佩克曼通过对阿吕的批评，肯定了"68—运动"的意义，那么，在柏林召开的纪念"68—运动"学术会议，则对"68—运动"进行了具体分析。譬如，在"'68—运动'40周年：我们赢得了最后的胜利"学术讨论会上，德国学者讨论了"胜利—失败：'68—运动'留下了什么？"等问题 ④。在该论坛上，有两种不同视角交织在一起：柯恩（Gerd Koenen）在

① Guido Speckman, *Ketzerischer Konformismus. Goetz Aly und der Kampf um ,68'*, In: *Zeitschrift Marxistische Erneuerung*, Nr. 74, Juni 2008, S. 83.
② 克劳斯哈尔（Wolfgang Kraushaar），汉堡社会研究所研究员，"'68运动'编年史作者"。
③ Guido Speckman, *Ketzerischer Konformismus. Goetz Aly und der Kampf um ,68'*, In: *Zeitschrift Marxistische Erneuerung*, Nr. 74, Juni 2008, S. 83.
④ 该学术讨论会 2008 年 5 月 2—4 日在柏林召开，会议议题主要有："SDS 的历史与高校政策"、"1968 年—今天的资本主义变化"、"反紧急状态法与工会政策取向"、"艺术有政治的任务吗？"、"用（布莱希特的）喜剧改变历史？"、"阿本德罗特的现实意义"、"胜利—失败：'68运动'留下了什么？"等问题。

越来越严重的斯大林化运动中定位失败的要素。他常常引证他在BRD的共产主义联盟以及毛主义语境中的个人体验。相反，德佩（Frank Deppe）则对"68—运动"进行历史分析。他强调，这并不涉及对"68—运动"立场的捍卫，而只涉及具体的激情和目标。他在这个立场中确定那时学生运动的最大错误。德佩认为，"68—运动"揭示了资本主义社会矛盾；柯恩则抛弃了"68—代"——他们不能被视为"黄金时代的最激进的孩子"。

又如，在柏林召开的"68事件：'世界革命'的长期影响"学术讨论会上，与会代表集中关注："68—代"矛盾的活动史、反对美国越战、拒绝斯大林主义暴政、制度民主化与反对个体化的红色军团（恐怖组织）、民族社会主义及其罪责问题。他们认为，为了抵抗以任何形式出现在世界上的极权行为和意识形态，必须将各种不同的要素联合在一起，发展新的力量。在全球社会进化过程中，个体化与异化概念的差异不能传播开来。除劳动者和生产资料所有制的异化，劳动产品、其他劳动者的异化之外，必须关注人与自身的异化——"它对于科学技术和世界社会进步来说是基础性的"[1]。应该引起注意的是，这里涉及对"68—代"及其他社会力量、运动、政党或民族在社会进化中的历史作用，被尽可能客观评价的标准问题。正如恩格尔斯泰德(Heinz Engelstaedter)所说，"68—运动"不能够是政治上暂时胜利的革命或反革命，决定性的总是，社会力量在多大程度上释放出在它那个时代保障经济再生产或社会再生产的社会能量。但无论如何，"对于整个世界的人道主义的进步来说，'68—代'做出了巨大的贡献"[2]。当然，应该进一步讨论的，是各种政治力量、政治运动与社会结构的结盟问题。

此外，德国学者还讨论了"68—运动"的前史与原因，以及与"68—运动"相关的其他问题，譬如，极权主义理论重新表述，新"公民性"（Buergerlich-keit），"68—运动"与权威，阿登纳时代的左翼社会主义，东欧社会改革等问题。

六、德国左翼与民族关系、德国特殊道路问题论争

德国左翼与民族关系、德国特殊道路问题的讨论，是2008年德国马克思

---

[1] In: *Zeitschrift Marxistische Erneuerung*, Nr. 74, Juni 2008, S. 162.

[2] In: *Zeitschrift Marxistische Erneuerung*, Nr. 74, Juni 2008, S. 163.

主义研究的热点问题之一。

关于德国左翼与民族关系的讨论，核心问题是如何能够正确处理德国民族、历史与民族利益问题——一个似乎超越了阶级对抗的问题。"在拒绝民族虚无主义这个根本方面上，他们是一致的，但在具体观点上，他们的差别是巨大的。"①

什么是民族？斯查迈泰德（Manfred Szameitat）说，民族是市民阶层、农民阶级、无产阶级在资产阶级领导下的广泛的阶级团结。民族不是人头脑中的观念，而是在历史上起作用的。"不仅民族国家，而且民族本身都是资产阶级的创造物，资产阶级是第一个显示出民族的社会阶级。封建社会还没有认识到民族。随着资本主义出现而形成的民族在地缘、语言、文化或特殊历史给出的统一性基础上得以发展。"② 那么，为什么德国左翼难以处理民族问题？斯查迈泰德指出，这不仅是，而且也是因为德意志民族在德国资产阶级领导下犯下了最严重的罪行——战争罪。在他看来，德国左翼与德意志民族的关系是"断裂的"。这种断裂关系不仅依赖于德国资产阶级建构民族的特殊方式，也依赖于这个事实：为了达到统治世界的目的，德国大资产阶级将德意志民族带入了侵略战争。"这种与德意志民族的'断裂'关系是可以理解的甚或是必然的，因为在'二战'之后的历史上，德意志民族有一个困难的生存状态。"③

霍夫曼（Juergen Hofmann）指出，"在这里必须说明，过去常常发誓为相对封闭的思想大厦的马克思—列宁主义民族理论根本不存在。不论马克思、恩格斯、列宁，或者其他著名的马克思主义理论家最终都没有给我们留下关于民族的定义。"④ 与霍夫曼不同，埃尔姆（Ludwig Elm）强调"马克思主义民族理论是绝对必要的"⑤。尼曼（Heinz Niemann）认为，1989/90 转型后，从"我们是这个民族"到"我们是一个民族"的变化中，可以看出隐藏着社会问题。

---

① Vgl. *Marxistische Blaetter,* 01/2008, S. 18.

② Manfred Szameitat, *Globalisierung und Nationalstaat,* In: *Marxistische Blaetter,* 01/2008, S. 84.

③ Manfred Szameitat, *Globalisierung und Nationalstaat,* In: *Marxistische Blaetter,* 01/2008, S. 85.

④ Juergen Hofmann, *Die Crux mit der Nation. Anmerkungen zu einer widerspruelichen Beziehung. In: Marxistische Blaetter,* 01/2008, S. 26.

⑤ Ludwig Elm, *Die Rechte und das Nationale. Falsche Antworten auf wirkliche Probleme. In: Marxistische Blaetter,* 01/2008, S. 35.

这样，马克思主义关于社会对民族的优先性命题就不仅不能被驳倒，反而是全新的证明。因而，"每个为了获得社会霸权的左翼政策，都必须严格观察社会问题与民族问题的辩证法，它们的关联与矛盾"①。

W. 施密特（Walter Schmidt）指出，左翼与民族联系在一起的困难像一条红线贯穿德国历史。为什么德国左翼对于民族问题有如此大的困难而且是公开的？为什么总是出现强烈的民族虚无主义的声音，至少比其他民族那里要多，并且左翼对民族的内部关系如此之脆弱？显然，这也许只有从德国历史出发才能解释，如果人们将它与其他国家的左翼历史进行比较的话。他说，下面两个复杂的问题是本质的：（1）因为德国历史中的深层断裂。1871 年，德意志民族通过自上而下的保守的普鲁士霸权（而不是通过自由的民主的力量）的革命而统一。因此，德意志民族为右翼所支配。（2）德国左翼没有获得对左翼形成产生影响的时间点，这对于困难的德国左翼来说或许更重要一些。那么，21 世纪是否形成了与 19、20 世纪相同的前提？或者说，是否对民族提出根本质疑？"民族过时了或者没有过时？"针对这个尖锐的问题，W. 施密特说，"自从 150 年以来，'民族终结'一再被预言，马克思主义方面也是这样，但这是完全错误的诊断。事实正好相反。"② W. 施密特从历史视角对民族思考的结论是：（1）自资本主义形成与社会阶级转变以来，在很长的历史过程中，民族一般是由人种内涵与社会内涵交融形成的。（2）20 世纪的体验反对这个期望：民族在历史上是流行模式。（3）最终形成了这个问题：如果民族继续以民族国家形态存在，那么从政治上看，它是否能够成为反对资本主义全球化万能权力的重要抵抗中心？

萨洛蒙（David Salomon）讨论了以下四个方面问题：（1）德国左翼对民族概念的怀疑。他说，无偏见地使用"民族"概念，在德国尤其是不可能的。（2）"开放的边界"或自由的无政府主义。毋庸讳言，左翼对于国家和民族的关系问题，迄今也没有最终解释清楚。可是，马克思主义思想史表明，这里并不缺乏国家和民族进步概念的表述的联结点。（3）民族国家、文化与霸权。他说，在葛兰西那里——也以其他方式在布莱希特、本雅明、卢卡奇那

---

① Heinz Niemann, *Zur Rolle des Nationalbewusstschen im wendeprozess 1989/90.* In: *Marxistische Blaetter*, 01/2008, S. 80.

② Walter Schmidt, *Die Deutsche Linke und das Nationale. Historische und Aktuelles.* In: *Marxistische Blaetter*, 01/2008, S. 47.

里——根本没有逃离经济政治问题，而是注意到文化实践的政治经济内涵。因而，葛兰西的构想远离了"观念主义"论证模式。（4）作为公开创伤的"德国问题"。在德国艺术，尤其是德国文学中，"德国问题"总是转向整体矛盾、癫狂、反常性行为等，这也许不是偶然的。如果文学试图在历史中阐释自己的时代，那它就不需要惧怕失败。这个绝对命令又接近葛兰西关于文化与艺术关联的论述。"但是，文化变革意味着什么？这个变化必须引入一个什么样的方向？这个文化变革必须对民族问题做出怎样的回答？在变革过程中必须出现变革的艺术吗？"[①] 这些问题都需要回答。

2008 年，意大利历史哲学家洛苏尔多（Domenico Losurdo）在德国《马克思主义杂志》发表《民族问题——为霸权和德国特殊道路的神话而斗争》（以下简称《民族问题》）一文[②] 引发了关于德国特殊道路的论争。他问道，集中于民族问题会不会有为沙文主义开辟道路的危险？换言之，捍卫民族尊严和民族独立，与进攻性的民族主义有什么区别？他回答说，尽管二者表面上相似，但可以把它们当作两种完全不同的观点来对待：一种是普遍的，另一种不是。况且，"民族主义、沙文主义或霸权主义的拒绝，根本不是匿名的民族虚无主义。根据黑格尔的提示，我们能够说，民族是个体。在民主的世界秩序中，捍卫一个个体的尊严并不与尊重归属于那个个体的尊严相对立。"[③] 那么是否可以说，笼罩着德国的，是永远反革命的特殊道路？他指出，永远反革命的德国特殊道路的说法，适应于协约国的战争意识形态。它是历史上完全未论证的、右翼政治的骗人的神话。

针对《民族问题》一文中提出的观点，兰德菲尔特（Beate Landfeld）对之进行了评论。（1）洛苏尔多写道：承认和捍卫一个民族的尊严，与承认和捍卫其他民族的尊严是完全相容的。但兰德菲尔特说，通过把最坏的几个特征描述为不是德国民族原来就有的，而是从英裔美国人那里产生出来的捍卫德

① David Salomon, *Hegemonie, Staat und Kultur.Gramsci, die Deutsche Linke und das Prob-lem derNation* . In: *Marxistische Blaetter*, 01/2008, S. 69.

② 在这篇长文中，洛苏尔多讨论了九个问题，即：革命与民族问题的辩证法；民族个性与狂妄自大的沙文主义；永远反革命的德国？德国种族主义与德国的种族化；法西斯主义与纳粹主义的国际起源；德国特殊道路与美国的扩张主义；意大利：自我剖析与民族认同的重新定义？德国及其革命传统；无差别的自我剖析有利于现实沙文主义。

③ Domenico Losurdo, *Nationale Frage, Kampf um Hegemonie und der Mythos vom deutschen Sonderweg*. In: *Marxistische Blaetter*, 01/2008, S. 51.

国民族尊严的尝试，歪曲了有利于德国为其他民族免责的现实。（2）洛苏尔多比较了世界大战期间，德、美两国的反犹主义，并引用了哲学家柯恩"德意志民族与犹太民族内在地连在一起"的看法。兰德菲尔特说，有许多德国犹太人，由于他们对德国文化的高度评价而将已经发生的大屠杀看作是不可思议的；有些人甚至幻想，当威胁到生存时，有及时逃离的可能。这根本没有想到，非理性的反犹主义将美国人、唯物主义、达尔文主义、马克思主义、布尔什维主义、犹太人看作是同样粗俗的、"非德国的"。然而，"与美国相比，德国有较弱的反犹主义"①——这应该得到证明。（3）在战前和战争期间，种族主义、反犹主义、民族主义、沙文主义，在所有帝国主义国家中都是剧毒的思潮。兰德菲尔特指出，德国资产阶级的特殊性在于，它与其他国家不同，没有进行民主革命，德国民族国家形成走的是反革命的道路，民主历程是未完成的或失败的。（4）兰德菲尔特的结论是，资本主义德国的实际历史进程并没有打上人道主义民主德国的渴望和追求的烙印，因为在现实政治的意义上，它很罕见地从没有成为霸权的。对这种情况的痛苦反思，是民主精神遗产的一部分——这不仅是德国左翼而且也是资产阶级的遗产。但是，洛苏尔多没有指明，进步的民族遗产如何反对占支配地位的、反启蒙的、非理性的趋向。

瓦格纳（Klaus Wagener）也对洛苏尔多进行了评论。他说，就中国或俄国而言，马克思主义者也许与洛苏尔多的描述并不冲突，但就"德意志民族"来说，几乎没有一个左翼不拒绝他的描述。因为德意志帝国主义野蛮的扩张战略与作为德国民族生存利益的法西斯主义突击队相一致。现在，洛苏尔多提供的是，放弃永远反革命的德国特殊道路的"神话结构"。因而，即使对民族问题进行革命回答的尝试有成功的前景，却没有对全球战略的回顾，也几乎不能做出实际评判。在瓦格纳看来，这是洛苏尔多分析的真正盲点。②

与此同时，克诺尔（Lorenz Knorr）也对洛苏尔多提出了批评。他指出，洛苏尔多试图清除1789—1945年德国特殊道路的做法是错误的。从《民族问题》一文中可以看出以下几个本质要素：（1）法国资产阶级在"长裤党"（Sansculotten）帮助下取得了对封建制度的革命胜利；德国贵族在普鲁士国王与弗兰茨二世皇帝统领下开始反对法国的长征。法国资产阶级强调"人民主

① Beate Landfeld,*Historischer Realismus ist kein nationaler Nihilismus.* In: *Marxistische Blaetter,* 01/2008, S. 101.

② Klaus Wagener,*Idee und Interesse.* In: *Marxistische Blaetter,* 01/2008, S. 102.

权"要求的自由、平等、博爱；德国资产阶级更多地拒绝这些要求。(2) 19世纪德国工人运动与反对资本主义剥削、极权主义影响的"去尊严"(Entwuerdigung)，以及为解放、社会进步、正义和平、社会主义共和国而斗争的法国革命联系在一起。(3) 人们把尼采视为希特勒的意识形态先驱，是极其错误的。(4) 没有一个欧洲国家有工人运动的统治秩序。(5)"30 年战争"之后，德国语言的分化，使得统治者构造了民族。

接着，洛苏尔多进行了回应。他说，"德国特殊道路理论已经很少令人信服，如果它想给出对第三帝国的解释，那它就完全不能理解当代：自 60 年代以来，BRD 开始拥有了与其他西方国家相似的，并在世界上实施的政治—社会政体。"[1] 现在的问题是，德国特殊道路理论在经典的或共产主义运动作者那里有什么作用？"对恩格斯来说，如果有这么一个国家，有革命的、煽动性的特殊道路，那它是俄罗斯而非德国。"[2] 不过，洛苏尔多并不相信，在共产主义运动的经典与相关作家那里，有利于发现德国特殊道路的论题。

针对洛苏尔多的回应，克诺尔又一次著文评论。洛苏尔多将美国殖民者几乎灭绝印第安人的行径与德国对犹太人的大屠杀进行比较，并以此反对所谓的"德国特殊道路"。克诺尔说，"可是在这个比较中，他完全没有注意到生产力的不同发展阶段以及与之相联系的社会特殊性！马克思主义者不能忽视这一点！"[3] 人们不能随意地将法西斯德国的大屠杀等同于"野蛮的回归"，因为它出现在高度发达的生产力以及与之适应的文明发展基础上。在这种情况下，人们应该与洛苏尔多一起共同遵循卢卡奇的《理性的毁灭》中的洞见：美国是法西斯主义德国的后继者！在欧洲，大屠杀属于德国的特殊道路：它不能与欧洲其他国家相提并论！但是，"如果洛苏尔多从认识'双重标准'出发来谈论德国特殊道路，那他就使之普遍化。这存在许多有差异的视角，而没有德国发展的特殊性"[4]。

① Domenico Losurdo, *Deutscher Sonderweg und andere Sonderwege*. In: *Marxistische Blaetter,* 03/2008, S. 100.

② Domenico Losurdo, *Deutscher Sonderweg und andere Sonderwege*. In: *Marxistische Blaetter,* 03/2008, S. 102-103.

③ Lorenz Knorr, *Domenico Losurdo-Deutscher Sonderweg*. In: *Marxistische Blaetter,* 05/2008, S. 110.

④ Lorenz Knorr, *Domenico Losurdo-Deutscher Sonderweg*. In: *Marxistische Blaetter,* 05/2008, S. 111.

七、21 世纪的资本主义

像在所有西方资本主义国家一样，对资本主义进行批判也是德国学者研究热点问题之一。资本主义打算完善它在全球胜利的计划几乎过去了 20 年，当时的社会主义国家瓦解使得资本主义成为无限制造利润的实验田。即使在中国这个世界人口最多的国家，也出现了国际资本、后来是民族资本的膨胀。与此同时，在工业资本与金融资本的母国也引发了"一个新的资本主义积累类型，不过，它是否涉及一个持续的、全球的发展，是完全可疑的，而且首先不清楚的是，这个资本主义新变种是如何稳定的。"[1] 在《21 世纪的资本主义》（《马克思主义创新杂志》第 73 期主题文章）中，作者们分析了 21 世纪资本主义的新变化。

譬如：齐恩（Karl Georg Zinn）指出，新自由主义"改革"尽管表面上取得了世界范围内的胜利，尽管在资本主义核心领域有某种全球化结构，但在分析分配关系上有重大差别：美国资本主义与斯堪的纳维亚资本主义是两个不同的世界。对于资本主义生产方式、资本积累类型来说，历史上固有的立场与文化似乎比最近的政治取向更重要。萨普洛维斯基（Thomas Sablowski）从调节理论构想出发，概述了后福特主义积累模型的最重要特征。他认为，在资本主义核心国家中，基本积累弱化终止于工业要素中，在虚拟资本领域，资本积累财政化处于中心地位；在崛起的边缘国家市场中，资本也寻找并找到了新的"安置领域"。"这是金融支配与全球化的资本积累管理，它比福特主义阶段更加稳固。"[2] 比朔夫强调，金融资本的支配是当今资本主义的核心特征。

那么，21 世纪的资本主义是否还打上美国的烙印？或者说，我们是否还站在第二个"美国世纪"的面前？德国法学家派西（Norman Paech）在《帝国或（新）帝国主义?》中指出，鉴于所谓的"新战争"，至迟在"9·11"之后仍属于资本主义核心权力的"常态"（Normalitaet）。派西研究了全球经济地缘战略的利益结构——这在许多现实主义的帝国主义理论中被解释为与《帝

---

① *Editoria.*In: *Zeitschrift Marxistische Erneuerung,* Nr. 73, Maerz 2008, S. 5.
② *Editoria.*In: *Zeitschrift Marxistische Erneuerung,* Nr. 73, Maerz 2008, S. 5.

国》联系在一起的"萌芽"。尽管美国是帝国主义政治权力中心，但是，当代资本主义也采用了这种国际逃离形式。在世界的"再殖民化"中，美国不能够放弃对"联合国"的压制。萨洛蒙的《新立宪主义：新帝国主义的右翼形态》一文，关注的是帝国主义统治特征的最重要变化。在这里，民族国家之间的竞争的论述要比某些后民族的资本主义支配方式的合法化论述少得多。"同一性思维"不仅超越单个国家的霸权关系，而且也超越新的、后帝国主义的权力关系。"今天资本主义变种的不稳定性也通过对大多数居民政治参与的侵蚀表现出来。即使在资本主义核心国家——近20年资本主义取得了成功——所有大的政治思潮却都谴责新自由主义模型，确定了'同一性思维'的侵蚀过程。"①

政治科学家弗勒贝尔特（Georg Fuelberth）指出，在德国可以看到，"解中心化的"左翼政党在政治光谱中被建立，对整个政治结构具有巨大的潜在压力。利贝拉姆（Ekkehard Lieberam）文章的主题是，"在当代资本主义变化条件下，马克思主义左翼政党的行动能力"问题。利贝拉姆分析了资本主义发展趋向，以及由此成长起来的社会政治力量关系的冲突。"对他来说，为了不使体制转型的目标从其视野中消失，所有制问题是枢纽。"② 如何克服资本主义私有制的固有矛盾，依然是当下德国马克思主义理论界关注的焦点。

主要参考文献

1. *Zeitschrift Marxistische Erneuerung* Nr.73 ～ 76, 2008, Herausgegeben von Forum Marxistische Erneuerung e.V.(Frankfurt/M)und dem IMSF e.V.

2. *Marxistische Blaetter Heft* 1-6, 2008, Neue Impuls Verlag GmbH.

3. *Sozialismus,* Redaktion Sozialismus, Hamburg 2008.

4. *WestEnd. Neue Zeitschrift fuer Sozialforschung,*Stroemfeld Verlag, Frankfurt/M 2008.

---

① *Editoria.*In: *Zeitschrift Marxistische Erneuerung,* Nr. 73, Maerz 2008, S. 7.
② *Editoria.*In: *Zeitschrift Marxistische Erneuerung,* Nr. 73, Maerz 2008, S. 7.

5. Albrecht von Luke, *68 oder neues Biedermeier. Der Kampf um die Deutungsmacht.*Berlin 2008.

6. *Goetz Aly, Unser Kampf 1968—ein irritierter Blick zurueck.* Frankfurt am Main 2008.

7. Gregor Kritidis, *Linkssozialistische Opposition in der Aera Adenauer. Ein Beitrag zur Fruehgeschichte der Bundesrepublik Deutschland.* Hannover 2008.

8. Erika Hebeisen/Elisabeth Joris/Angela Zimmermann, *Zuerich 68. Kollektive Aufbrueche ins Ungewisse.* Baden/Schweiz 2008.

9. Stefan Bollinger, 1968-die unverstandene Weichenstellung. Berlin 2008.

10. Daniel Kuechenmeister/Detlef Nakath/Geld-Ruediger Stephan, *Mit Vernunft und Anstand. Hans Modrow zum Achtzigsten.* Berlin 2008.

11. Horst Bethge/Gerrit Grosse/Nele Hirsch/Ulrike Zerhau, „ *PISA-Schok.Was sagt DIE LINKE?"* Hamburg 2008.

12. Rolf Lindner/Lutz Musner, *Unterschicht. Kulturwissenschaftliche Erkundungen der „Armen"in Geschichte und Gegenwart.* Berlin/Wein 2008.

13. Matthias Steinbach, *Oekonomisten, Philanthropen, Humanitare. Professorensozialismus in der akademischen Provinz.* Berlin 2008.

14. W.Hedeler/K.Kinner, „ *Die Wache ist Muede",* Neue Sichten auf die russische Revolution von 1917 und Wirkungen. Berlin 2008.

15. Richard Heigl, *Oppositionspolitik. Wolfgang Abendroth und die Entstehung der Neuen Linken (1950-1968).* Hamburg 2008.

16. Brios Schoeppner, *Nachbeben. Chile zwischen Pinochet und Zukunft, Reportagen und Interviews.* Aschaffenburg 2008.

17. Wolfgang Foerster, *Klassische deutsche Philosophie. Grundlinien ihrer Entwicklung.* Frankfurt am Main 2008.

18. Dietmar Dath, *Maschinenwinter.Wissen, Technik, Sozialismus. Ein Streitschrift.* Frankfurt am Main 2008.

19. Joachim Hirsch/John Kannankulam/Jens Wissel, *Der Staat der Buergerlichen Gesellschaft. Zum Staatsverstanendnis von Karl Marx.* Baden- Baden 2008.

20. Joerg Roesler, *Die wiederaufbauluege der Bundesrepublik, oder: Wie sich die Neoliberalen ihre „Argumente "produzieren,* Berlin 2008.

21. Georg Fuelberth, „ *Doch Wenn sich die Dinge aendern*". *DIE LINKE.* Köln 2008.

22. Frank Deppe, *Politisches Denken im Kalten Krieg, Teil II: Systemkonfrontation, Golden Age, antiimperialistische Befreiungsbewegung.* Hamburg 2008.

23. Ursula Degner/Beate Rosenzweig, *Die Neuverhandlung sozialer Gerechtigkeit. Feministische Analysen und Perspektiven.* Wiesbaden 2006.

（作者单位：复旦大学哲学学院、复旦大学当代国外马克思主义研究中心）

法 国 *

吴　猛

　　2008 年对于法国左翼思想界是不同寻常的一年：在这一年中，人们纪念了 40 年前红旗漫卷、抗议如潮的"五月风暴"，同时又见证了席卷全球的"金融海啸"如何演绎当代资本主义的危机。因此"批判"和"反思"这两个本来就内在于左翼思想界的特点更加突出地成为其几乎所有研究的主旋律。

　　在纪念 1968 年"五月风暴" 40 周年的日子里，铺天盖地的评论、回忆、调查、论文和著作，将那场撼人心魄的社会运动再现在人们面前。当年摇旗呐喊的斗士，许多已成为今日法国左翼思想界的领袖人物，如雅克·比岱（Jacques Bidet）和达尼埃尔·本萨义德（Daniel Bensaïd）等。这些思想家坚持"五月风暴"的彻底批判精神，以毫不妥协的独立姿态赢得了世人的敬重。难能可贵的是，年轻一代法国左翼思想家秉承了这种批判传统，也积极参与到广泛的社会和思想批判之中，并对"五月风暴"进行了认真的反思。综观整个"五月风暴" 40 周年纪念活动，法国左翼思想界实际上不仅是对一个历史事件进行回顾，也不仅是讨论该事件蕴涵的意义和价值，更是对自身的历史使命和合法性进行了一次反思。达尼埃尔·本萨义德和阿兰·克里弗纳（Alain Krivine）的《1968：终结与延续》、安图瓦纳·阿图（Antoine Artous）《1968

---

* 本报告使用了梁田协助提供的部分材料，谨致谢忱。

年的法兰西》、雅克·吉古（Jacques Guigou）和雅克·瓦涅斯泽坦（Jacques Wajnsztejn）的《1968 年 5 月运动和意大利的"平庸 5 月"》都是这方面非常出色的著作，而《精神》（*Esprit*）、《争鸣》（*Le débat*）、《反潮流》（*Contre Temps*）等杂志都在"五月风暴"40 周年纪念日到来之际推出特刊，推动了思想界的讨论和反思。

以"五月风暴"作为自己精神象征的法国左翼思想界，把批判当代资本主义视作自己的天职。2008 年在资本主义和自由主义批判方面，涌现出许多重要作品，不论这些作品持何种立场和视角，基本都是围绕"超越当下的资本主义形式"这一主题展开的。雅恩·穆里耶·布堂（Yann Moulier Boutang）和菲利普·艾格汉（Philippe Aigrain）的《认识的资本主义：一场新的伟大转折》、梯也伊·让特（Thierry Jeantet）的《社会经济：一个对资本主义的替代》、萨米尔·阿明（Samir Amin）的《从资本主义到文明》等都是值得重视的著作。《今日马克思》（*Actuel Marx*）44 卷也以"不同的全球化，反资本主义"为主题，组织了一批学者进行专题讨论，形成很大的声势。

对于现实问题的关注当然不是法国马克思主义研究的全部内容，尤其是，对于现实的反思和批判离不开深入的理论批判和反思，因此 2008 年在传统的研究领域中比如马克思主义经典作家思想研究、西方马克思主义研究等方面，也有不少力作出现。皮埃尔·马谢里（Pierre Macherey）的《1845 年的马克思：关于费尔巴哈的"提纲"》、埃玛纽埃尔·雷诺（Emmanuel Renault）的《读〈1844 年手稿〉》等著作以及雷蒙德·华德（Raymond Huard）的《马克思和即时历史：关于〈雾月 18 日〉》等文章对马克思的原典进行了富有新意的反思。值得一提的是，《今日马克思》杂志第 43 卷以"意识形态批判"为主题，围绕马克思的意识形态概念进行了深入的讨论，以此为切入点推动思想界进一步关注马克思哲学的当代意义问题。斯塔蒂斯·库弗拉基斯（Stathis Kouvélakis）的《列宁对于黑格尔的阅读：对〈黑格尔《逻辑学》笔记〉的阐释》以及达尼埃尔·本萨义德的《关于列宁及其政治》等文章都是列宁研究的重要成果。让-克劳德·布尔丹（Jean-Claude Bourdin）的著作《阿尔都塞对马克思的解读》、吕克·文森蒂（Luc Vincenti）的文章《费希特，卢卡奇和物化》、樊尚·夏尔波尼耶（Vincent Charbonnier）的文章《认识和物化》等都旨在对西方马克思主义的代表人物进行批判性考察。

具体说来，下述六个方面的研究值得我们重视：

一、马克思主义经典作家再阐释

法国思想界近年来对马克思《1844 年经济学—哲学手稿》重新重视起来，埃玛纽埃尔·雷诺[①]的著作《读〈1844 年手稿〉》[②]就是其中的代表作。在他看来，在过去几十年中，人们对这一部马克思最著名的文献的阅读虽取得诸多成果，但由于该手稿既涉及哲学批判又涉及政治经济学批判，且参与讨论者思想背景各异，因此对该著的研究往往掩盖了该著本身的时代性。雷诺认为，对《手稿》的理解不能忽视其自然主义的哲学立场和异化分析的政治意义，而这不仅需要梳理《手稿》本身所涉及的概念和内容，更要还原和把握马克思创作时所面对的哲学和政治背景，理解马克思在参与当时各种论战时所使用的各种术语。

关于马克思的阶级理论，思想界的讨论往往围绕其无产阶级理论展开。而伊萨克·乔舒亚《卡尔·马克思眼中的革命：多余的阶级》[③]一文则将目光投向了一个人们容易忽视的角落：农民阶级。乔舒亚认为，在马克思的思想尤其是其革命理论中，农民阶级总是处于非常尴尬的境地，因为一方面这个阶级人口数目庞大，而另一方面在现代历史舞台中并没有它的位置，只有无产阶级和资产阶级才是历史的主角。农民和工人一样生产使用价值，但前者对使用价值却有着一种顽强的保守主义情绪，正是这一点使作为这个群体核心的小农受到来自两个方面的限制：经常生产和出售剩余产品并雇佣劳力的富农，以及被迫出卖自己劳动力的的无产阶级。农民似乎真的成为了一个多余的阶级。但乔舒亚指出，现实历史本身已经显示出，农民阶级并非真的是多余的，我们对于农民阶级的偏见很大程度上是由于我们的思想陷入了僵局。他同时否认马克思主义在农民阶级问题上已丧失了解释能力。在从多角度对马克思主义的农民阶级理论进行考察后，乔舒亚认为，我们应当恰当地面对马克思主义留下的遗产：或许马克思主义经典作家在许多场合对未来生活的预测都是不确切的甚至是错误的，但马克思和恩格斯所断言的两件事已成为现

[①] 雷诺是著名的马克思和德国古典哲学的专家，而且是"异化"问题讨论的重要发起者。

[②] Emmanuel Renault, *Lire les Manuscrits de 1844*. Presses Universitaires de France – PUF, 2008.

[③] Isaac Johsua, *« La révolution selon Karl Marx: la classe en trop».*

实；一是生产已逐渐超越了原有的社会占有的基础而变得越来越社会化，二是社会生活逐渐向马克思所断言的二元化方向发展，复杂的社会阶级关系被逐渐划归为劳动与资本的关系，而当代关于农民阶级的任何考察都无法回避这两个基本问题。

在当前席卷全球的金融危机面前，西方世界普遍对马克思的《资本论》重新产生了浓厚的兴趣。人们往往希望在该著作中寻找到解释甚至解决当前问题的良策。但在《〈资本论〉的理论缺陷》[1]一文中，米夏埃尔·海因里希却给人们泼了一头冷水。在海因里希看来，《资本论》第一卷完成之后，马克思蹉跎了很长时间也未能完成第二卷和第三卷的写作，这并非由于写作计划不成熟，而是因为马克思中途改变了自己的写作计划，在原先的计划即对于资本的生产和流通以及资本主义生产的总过程的研究中加入了信用和危机理论，而正是信用和危机理论的不成功导致《资本论》后两卷最终无法定稿。海因里希认为，马克思的信用和危机理论不仅在量上即结构上是不完整的，而且在质上即内容上也有着无法克服的缺陷。不过他也指出，这并不表明马克思的信用和危机理论在今天已失去了意义，恰好相反，《资本论》做出了迄今为止人类所能做出的对于资本主义的最深刻、最完整的分析，它为我们的思考提供了一个不可忽视的起点，它完全称得上马克思自己所说的："这无疑是向资产者（包括土地所有者在内）脑袋发射的最厉害的炮弹。"[2]但我们应当意识到，马克思所提供的只是资本主义生产方式的"理想平均值"，因此他提供的起点并不能现成拿来就用的，只有清醒地意识到它的局限性和不足，并对之不断加以完善和修正，才能确保这一"批判武器"本身转化为"具有战斗力的批判"。

在马克思的诸多文本中，《路易·波拿巴的雾月十八日》具有独特地位，同时也是受争议最多的著作之一。雷蒙德·华德的《马克思和即时历史：关于〈雾月18日〉》[3]一文便是对该著作的一个解读。华德的解读侧重于方法论层面。他认为，马克思之所以只研究法国的即时历史（*histoire immédiate*），并

---

① Michael Heinrich,*« L'incomplétude théorique du Capital »*.

② 马克思1867年4月17日致约翰·菲力浦·贝克尔的信，见《马克思、恩格斯〈资本论〉通信集》，中共中央马克思恩格斯列宁斯大林著作编译局编，人民出版社，1976年，第209页。

③ Raymond Huard,*« Marx et l'histoire immédiate: à propos du 18 Brumaire Michael Heinrich »*.

非仅仅出于单纯的历史兴趣，而是具有非常强烈的政治意味，这与马克思对于无产阶级革命的关注密不可分。因此，尽管马克思并非在路易·波拿巴政变之后立即对该事件进行反思的唯一的思想家，但他的反思和诸如雨果和舒埃尔歇（V. Schoelcher）这样的作家的反思有着根本区别，同时也正是由于这种强烈的对于政治本身的兴趣，使《路易·波拿巴的雾月十八日》表现得不那么"马克思主义"，从而与马克思的其他著作区别开来。与这种政治兴趣相关的是"预见的决心"，尽管这将使犯错的可能性增大。马克思在这里显示出一个革命者的诉求。不仅如此，马克思在该著作的写作中还尤为突出地重视阶级斗争的复杂性问题，没有把政治斗争简化为资产阶级和无产阶级的冲突。按照马克思最初的计划，《路易·波拿巴的雾月十八日》并不是一本著作，而是一个文丛，因此在历时数月的写作中，马克思一边阅读新材料一边创作，同时也不断修正自己的叙事方式甚至分析框架。但按照华德的看法，我们可以将马克思这种不断修正所带来的持续怀疑和概念调整，视为使该著作富有魅力的重要原因，甚至视为马克思独特的工作方法。华德认为，正是上述这些综合在一起的因素，使得《路易·波拿巴的雾月十八日》获得了丰富的内涵，成为马克思的代表性著作。

斯塔弗罗斯·通巴佐斯则在《拜物教和全球化》[1] 一文中对马克思的拜物教理论做出了富有时代特色的解读。通巴佐斯的问题意识源自新自由主义的现实影响。自从 20 世纪 80 年代和 90 年代新自由主义兴起以来，发达国家的工人阶级所受到的巨大冲击、第三世界所遭遇到的严重挑战，尤其是国际金融危机给全世界带来的损害以及金融危机所产生的经济、社会和生态灾难，都表明新自由主义全球化不是一个单纯的神话或意识形态。但人们在面对上述与新自由主义相关的问题时，又不由自主地总是倾向于将新自由主义仅仅当作一种观念来对待，即寄希望于有别于新自由主义的另一种思想和政策，或者支持反对全球化的政府。通巴佐斯指出，不能把新自由主义全球化所享有的社会合法性理解为媒体的意识形态化灌输，而应寻找其更深刻的基础，这就是资本主义的内在机制。关于这个基础，在马克思的文本中已经得到非常深入的研究。通巴佐斯认为，马克思的拜物教理论正是关于资本主义内在机制的核心理论，通过这一理论，资本全球化的宗教面得以展示出来，它实

---

① Stavros Tombazos, *« Fetichisme & mondialisation »*.

质上是商品基础主义的一个变形，是一种退化形式的进步，一种后现代主义的时代错误。正是以拜物教为起点，全球化方才获得演进的空间；而全球化也在此进程中推进并深化着拜物教。

在《关于列宁及其政治》[1]一文中，达尼埃尔·本萨义德分析了列宁关于政治的思想。他认为，列宁思想中非常重要的一个原则就是政治高于历史。在此原则的指引下，列宁将政治斗争视为比工人阶级反抗雇主和政府更为广泛和更为复杂的斗争，为了达成工人阶级的联合，应当利用一切不满的表现，酝酿最微小的，即使处于萌芽阶段的抗争因素。因此列宁批评那些贬低经济斗争的政治目的的做法，认为它降低了无产阶级多重政治活动的水平。在列宁看来，所谓"纯粹的工人运动"没有前途，不仅不可能产生独立的意识形态，反倒会被纳入其反面即资产阶级意识形态的范围内，因为后者正是商品崇拜的结果。而要摆脱资产阶级意识形态的奴役，除了借助无产阶级政党的形式开展政治斗争之外，别无出路。本萨义德分析了列宁这种政治观的影响，指出卢卡奇之坚持只有无产阶级信仰才能指引人们走出资本主义危机，以及认为无产阶级在资本主义最深刻的危机中将不再是单纯的危机承受者，而是可以向资本主义生产公开表达他的反抗的观点的行动者，这在很大程度上正是对列宁的回应。

斯塔蒂斯·库弗拉基斯则在题为《列宁对于黑格尔的阅读：对〈黑格尔《逻辑学》笔记〉的阐释》[2]的文章中，试图从一个新角度分析列宁对黑格尔《逻辑学》的阅读。他指出，必须把列宁的这一工作和当时的政治氛围联系在一起：当时整个第二国际及其在俄国的代表普列汉诺夫都对黑格尔及其辩证法采取排斥态度，列宁对黑格尔的阅读实际上是对这一状况的回应。库弗拉基斯认为，就列宁的思想状况而言，他当时的基本哲学立场虽然仍然是恩格斯—考茨基式的以"标准的"唯物主义的方式界定的"正统马克思主义"，但由于他同时必须面对重新构建"与民族革命传统的关系"的要求，因此他的黑格尔解读就不可能完全是恩格斯式的。这表现在，列宁不再将辩证法理解为通向对象的外在"方法"，或是可与"系统"分隔开来的"方法"，而是居于内在性的位置，是被自身的运动所贯穿并回到自身的思想所把握的事物的自主

① Daniel Bensaïd,《 Les sauts ! Les sauts ! Les sauts !: Sur Lénine et la politique》.
② Stathis Kouvélakis, 《 Lénine, lecteur de Hegel : hypothèses pour une lecture des Cahiers sur la Science de la Logique de Hegel 》.

运动。这种自主运动不应从一般的"流动"意义上去理解，就是说，不应被理解为事物的过程，而应被理解为对立面的统一，即内在于事物本身并在最严格的内在性中展现出来的矛盾的统一。而自我运动是一个不断变化的过程，只能在其进程中被运动自身所把握，而革命实践正是这种自主运动。在这里，列宁的黑格尔解读的政治内涵就显现出来了。

米夏埃尔·洛威的文章《列宁与斯大林：民族问题》①对比了列宁和斯大林的民族思想。洛威认为，列宁和他的战友们的理想是建立一个由独立共和国组成的自由的社会主义联邦。这个理想在我们今天生活的世界中依然熠熠生辉，不仅有助于世人反思形形色色的民族矛盾和民族冲突，也为反思全球化条件下出现的各种资源争夺和市场争夺提供了直接的参照系。在洛威看来，斯大林与列宁在国家问题上很早就存在冲突，如 1913 年斯大林受列宁委托所写的论国家问题的小册子就体现出这一点，而这些差异在日后愈益凸显出来。斯大林与列宁的思想冲突主要体现在两个方面：第一，斯大林只将那些拥有语言、土地、经济生活、尤其是"精神构成"的共同体的人民视为民族，从而将民族概念狭隘化；第二，斯大林没有区分压迫者的民族主义和被压迫者的民族主义，就是说，他混淆了沙俄帝国的大俄罗斯民族主义和诸如波兰人、犹太人、鞑靼人以及格鲁吉亚人等被压迫民族的民族主义，二者是共生共存的，这样，民族主义在斯大林那里就完全成了一个应被排斥的概念。而这些思想恰好是坚持十月革命理想的列宁所反对的。

二、意识形态批判

《今日马克思》杂志社组织的关于意识形态问题的讨论，所涉及的问题范围远远超出了马克思在《德意志意识形态》中的讨论。论者们或从现实与历史出发、或从思想与文本出发，对意识形态问题进行了令人耳目一新的研究。

雅克·比岱在其文章《意识形态小议》②中，在其关于现代社会元结构的理论框架下对意识形态问题进行了一般性分析。他界定了两种与"传统"意

---

① Michael Löwy, « *Lénine contre Staline: la question nationale* ».

② J. Bidet, « *Court Traité des Idéologies* ».

识形态相对的"现代"意识形态类型。第一种类型出现在以内在于阶级结构中的无法消除的冲突和差异为特征的"元结构领域"的特定范围之内,出现在民族国家的公民社会的形成之中,与之相应的是对于这种意识形态的"乌托邦"式的批判。第二种类型是"系统"的意识形态,这种意识形态是资本主义世界体系的特征,是现代性的另一个(即国际的、帝国主义的、殖民的和后殖民的以及野蛮的)维度。比岱认为,现代社会斗争与传统形式的意识形态、元结构的意识形态和系统的意识形态都有着内在关联,因此现代意识形态研究的一个重要课题就是解决它们之间的关系。

尼古拉·泰尔图连在文章《社会存在本体论中的意识形态概念》[①] 中指出,在卢卡奇的著作中,关于意识形态问题的研究,确切地说是关于思想史、文学史或艺术史与社会发展之间的关系的研究,占据了非常重要的位置。在泰尔图连看来,卢卡奇构想了一种意识形态解释学,这是一种将对于意识形态的内在批判和对于它们的社会历史根源的批判结合在一起的方法,这一方法的关键之处是对意识形态和认识进行区分,对能够产生当下实践结果的意识形态和诸如哲学与艺术的"纯粹意识形态"进行区分,而这种区分的前提是卢卡奇对马克思意义上的"人的具体性"的重新思考。

在题为《意识形态概念的日常用法与学术用法》[②] 的文章中,奈斯托·卡普德维拉认为,意识形态概念的日常用法(如萨科奇谈论"1968 年五月风暴的意识形态"时的用法)反映出这一概念在学术运用中的困境:后者设定了意识形态具有"消极的"和"积极的"意义,设定了在"意识形态的"和"现实的"视角之间的对立,而在卡普德维拉看来,其实意识形态本身就包含了现实的维度。

弗兰克·费舍巴赫在文章《马克思的意识形态概念:从狭隘的生活到想象的表象》[③] 中,试图以恰当的方式把握马克思"意识形态"概念的含义。费舍巴赫不仅重视《德意志意识形态》,而且更向前上溯至《1844 年经济学哲学手稿》,指出在后者中蕴藏着马克思意识形态概念由以建立起来的主要要素。费舍巴赫认为,马克思的意识形态概念中隐含的前提是社会生活和意识生活

---

① N. Tertulian, « *Le concept d'idéologie dans l'Ontologie de l'être social* ».

② Nestor Capdevila,« *Idéologie: usages ordinaires et usages savants*».

③ Franck Fischbach, « *L'idéologie chez Marx: de la « vie étriquée » aux représentations « imaginaires » »*.

的"对应"，以及生活的物质条件的生产过程与观念形式和被认为是意识的虚幻的和不充分的意识形态表象的生产过程的"对应"：对于被统治阶级来说，这种意识形式必定伴随着狭隘的和有局限性的社会生活而出现；而对于统治阶级来说，他们的意识形式复制与生产的物质条件相分离的社会生活形式。

雅克·吉劳莫在题为《意识形态的缄默：物与词的创造》[1] 一文中试图联系"意识形态"一词的产生背景来理解这一术语。他指出，该术语的创造主要应归功于德·特拉西（Destutt de Tracy）。尽管特拉西最初主要是在"关于人的科学"的意义上使用这个词的，但特拉西和那种在18世纪70年代到80年代逐渐形成、并在1789年至1794年在合法性问题的讨论中占据主导地位的政治形而上学并没有关系。吉劳莫认为，特拉西的概念之所以在当时被边缘化，主要是督政府时期浓厚的"意识形态"氛围本身所造成的。

哈埃尔·亚埃吉的文章《何谓意识形态批判》[2] 分析了意识形态批判的两个自相矛盾之处，其一（如阿多尔诺所说）是意识形态"既是真实的又是虚假的"，其二是意识形态既有规范性维度、又有描述性维度。亚埃吉认为，如果以黑格尔的内在批判方式进行意识形态批判，这两对矛盾都能消除。

米夏埃尔·洛威在《曼海姆和马克思主义：意识形态与乌托邦》[3] 一文中认为，就其概念和方法论而言，曼海姆（Mannheim）的《意识形态与乌托邦》从马克思主义和卢卡奇那里受到的影响，远比他受到书中所提到的那些思想家的影响要大。比如关于立场制约性（standortgebundenheit）的问题以及关于思想和社会存在的复杂关系的问题，就是将马克思主义成功地嫁接在经过伪装的历史主义之上所产生的结果，而在洛威看来，这也是曼海姆的思想中最有趣的部分。同时洛威也指出，《意识形态与乌托邦》中的核心社会学问题是一个典型的卢卡奇式的问题：最有利于把握真理的"社会位置"或"空间"问题。但洛威承认，曼海姆最终获得的结果并不是马克思主义的：他将认识合法性优先赋予一个无法触摸得到的"知识分子阶层"，因为只有这个群体才能将各种不同视角加以"动态综合"。

在题为《作为描述的意识形态和作为合法化的意识形态》[4] 的文章中，埃

① Jacques Guilhaumou, « Le non-dit de l'idéologie: l'invention de la chose et du mot » .

② Rahel Jaeggi, « Qu'est-ce que la critique de l'idéologie ?».

③ Michael Löwy, « Mannheim et le marxisme: idéologie et utopie ».

④ Emmanuel Renault, « L'idéologie comme légitimation et comme description ».

玛纽埃尔·雷诺指出，对于马克思主义的意识形态概念，历来有许多批评，其中一些批评涉及这一概念的内在困难，而另一些批评涉及意识形态形式的历史演进。雷诺分析了一种被认为是超越了马克思主义的意识形态概念的观点，即从描述的角度理解意识形态以取代从合法化的角度理解的意识形态。在雷诺看来，与其说这种观点克服了意识形态，还不如说它改变了意识形态概念的内涵，尽管很难说马克思主义的意识形态概念已被颠覆，但这一概念的确应当得到相应修正。

欧里维耶·瓦奥尔在《意识形态：一个文化主义的概念和一个批判性的概念》[①] 一文中认为，近年来关于意识形态"终结"还是"回归"的争论未能触及这一概念在社会理论中的用法的转变：从文化主义视角对该概念的界定。瓦奥尔分析了马克思意识形态概念内在包含的三个观念：现实的扭曲、统治的合法化以及经由"意识形态批判"而实现的"松绑"。瓦奥尔认为，在当代社会理论中这种意识形态概念逐渐被文化主义的意识形态概念所取代了，而后者是建立在当代认识理论基础之上的。在瓦奥尔看来，这意味着意识形态批判必须首先面对一种针对自身的内在批判。

三、卢卡奇思想研究

卢卡奇思想历来是法国马克思主义研究界感兴趣的焦点，最近对于卢卡奇思想的研究逐渐集中在两个问题上，一个是如何理解卢卡奇的"物化"理论的意义，另一个是如何理解卢卡奇晚期思想的意义。

在《费希特，卢卡奇和物化》[②] 一文中，作者吕克·文森蒂围绕卢卡奇的物化思想进行了考察。他指出，卢卡奇关于物化的思想是在对费希特哲学的解释和批判的基础上得到的。如果将费希特哲学看作是由康德哲学所开启的批判哲学的终点的话，那么按照卢卡奇的思路，这种彻底的批判哲学是有可能表达出物化思想的。但正如文森蒂所指出的，要实现这一目标，批判哲学本身就必须实现多重转变：因为在这种哲学中已成为主体之必然性的认识仍然把客体排斥在自身之外，而对于这种根本性的排斥，发生学的解释是无法

---

① Olivier Voirol, « *Idéologie: concept culturaliste et concept critique* ».
② Luc Vincenti, « *Fichte, Lukács et la réification* ».

理解的，只能通过非理性的间断予以承认。在卢卡奇那里，上述间断将在与朝向实践的世界相遇后被取而代之，而这个被改造的世界只有在无限的过程终结后才能真的成为主体的世界。卢卡奇将批判哲学的"思辨"认定为与面对实践理想的责任伦理相当的东西，由此他将上述转变集中表述为："思辨只是从方法论角度思考纯粹的形式的总和，思考运作的规律……而没有主体的干预。"他认为这种批判哲学代表着当代理性主义的雄心，但其结果却是走向了自己所期望的目标的反面。文森蒂认为，对于马克思主义的唯物主义而言，这种产品与生产者的对立并不难解释：产品只是一种映像，是"对现代社会的逻辑的和方法论的构建"。因为在现代社会中，人类所生产的产品如同"第二自然"般和人相对。要理解自身创造的产品被剥夺这一现象，就要借助"物化"概念，这个概念在资本主义剥削和与这种状况相应的意识形态生产之间体现出中介性概念的全部意义：我们将某些东西带到这个世界的同时，我们也远离了这个世界，我们自己生产出与这个世界的分离。在文森蒂看来，我们不应当从简单的经济交换出发思考物化问题，那样的话我们就误解了物化的真正本质。在这一点上，卢卡奇和霍奈特（A. Honneth）的观点是一致的。由于给物化提供空间的是资本主义剥削，而不是单纯的商品交换，因此物化之被超越的条件是这种剥削的终结。这种对于资本主义剥削的超越自身将立即颠覆其客观形式，因为它只创造它自己的世界、只实现一种以发生实际变化为取向的实践的原则：形式与内容的统一，主体与客体的统一。文森蒂不赞同霍奈特，认为我们对于卢卡奇物化理论的理解不应从那些实际上是其不足之处的地方（即无法在认识之光中把握物化）开始。文森蒂强调，我们要更好地理解卢卡奇，就得牢牢记住一点，那就是卢卡奇是一个马克思主义者，因此对于他的物化理论，我们的理解应当从那个从拜物教到异化及其超越的运动过程出发。

在《认识和物化》①一文中，樊尚·夏尔波尼耶试图讨论霍奈特对卢卡奇的批判。在《论物化：一个批判理论的考察》的序言中，霍奈特明确表达了自己的诉求：第一，要为这个时代重新建构一种西方马克思主义的重要主题，鉴于大众已在很大程度上受到分析哲学的影响，这一建构应当在西方马克思主义的理论框架和历史感中以清晰的方式进行；第二，要展示出"认识"概念

---

① Vincent Charbonnier, « *Reconnaissance et réification* ».

的丰富内涵，而这在批判理论尚未被超越的遗产中体现出来。霍奈特通过批判卢卡奇的物化概念来实现这一诉求。夏尔波尼耶分析了霍奈特的考察思路。对于霍奈特来说，卢卡奇在两种解释策略之间犹豫不决：一个是"功能主义的论证"，即认为资本主义的扩张使得生活的所有领域都被内在于商品交换的行为模式所控制；另一个是马克斯·韦伯对理性化进程的解释，即该进程导致理性目的论的诉求扩张至此前一直由传统方式占统治地位的社会领域。在霍奈特看来，这两个方面的矛盾是互补还是互相矛盾是不清楚的。霍奈特批评卢卡奇从客观物化"推论"出主观物化或主体的物化，这就是说，源自资本主义生产和交换机制中形成的商品形式的统治和扩张、将主体或每个个体都置于其下的作为客观现象的物化，被卢卡奇推广开来了。这里的"推论"应当在黑格尔所谓"逻辑"的意义上来理解，即概念的必然性。事实上，《历史与阶级意识》中的许多分析都将物化视为一个无法逃脱的"铁笼"，而这正是卢卡奇所受到的诸多批判之一。更确切地说，对于卢卡奇的分析，霍奈特所提供的最严厉的批评之一是，卢卡奇将物化的含义界定为：主体被束缚于机器或任何生产工具之上，被形而上学地割裂从而成为诸多碎片中的一片，以不定型（或非实体化）的方式展示人性。霍奈特认为，卢卡奇将物化等同于非人化，但实际上在交换领域中人并不会失去自己作为权利主体的性质，也不会失去人的本体论的尊严。霍奈特将物化概念收缩至主体领域，将物化视为主体自身的事情，即"先在之认识的遗忘"：物化意味着在理论、方法论和实践层面的整体性的遗忘，意味着在"死去的内在性的枯骨堆中"由历史性的概念所界定的整体性（比如人类全体）的构成要素的被孤立。夏尔波尼耶指出，霍奈特的这一思路和葛兰西在《狱中札记》中关于不能忽视直接面对资本主义生产的生产"主体—生产者"的相对自主性的思想是一致的。夏尔波尼耶进一步认为，葛兰西所说的这种相对自主性既包含在资本的物化的规训（福柯的意义上）面前个人保持真正的创造能力的可能性，也包含在此境况下大众反抗的可能性，而这也正可以解释霍奈特何以能够将物化视为主体自身的产物。

尼古拉·泰尔图连在题为《海德格尔和卢卡奇的本体论：现象学与辩证法》①

---

① Nicolas Tertulian, « *L'ontologie chez Heidegger et chez Lukács: phénoménologie et dialectique* ».

的文章中，从本体论的角度对海德格尔的存在论和卢卡奇晚期思想进行了比较研究。泰尔图连指出，近年来大量关于海德格尔及其重要地位的讨论文献，都将目光投向他的"基础本体论"和关于存在的思想，迄今为止人们尚未将之与卢卡奇的同样重要的工作进行比较：后者将本体论置于其哲学问题意识的核心，从马克思思想出发、以存在及其范畴为基础，建立起一个社会存在理论。不仅海德格尔派思想家忽视了卢卡奇晚年的伟大著作《美学》和《社会存在本体论》，连对海德格尔的著作持批评态度的解释者也对晚期卢卡奇保持缄默。在泰尔图连看来，对海德格尔和卢卡奇进行对比可以获得许多丰富的结果。比如，可以将海德格尔的"在世存在"思想和卢卡奇的本体论的实在主义进行比较，也可以将卢卡奇的主客辩证法的卓越概念和海德格尔对主客体二元对立的颠覆以及他对于"主体的主体性"的全新理解进行比较。由此我们可以看到卢卡奇的本体论分析的意义，以及他对海德格尔思想加以解构所造成的结果。我们在对卢卡奇和海德格尔或恩斯特·布洛赫或尼古拉·哈特曼进行对比阅读的时候，如果不只是注意到他们的不同或对立之处，就会发现这些思想家有着不容置疑的相似之处，那就是，每个人都试图在20世纪的特殊条件下建立一种本体论。对我们来说非常明显的是，界定人之人性的特殊性，以及在某种本体论水平上、在和其他类型的存在者的关系中确定人之存在，像中轴线一般贯穿于卢卡奇和海德格尔的反思。我们能从卢卡奇在《美学》中提出的"世界"概念或在《社会存在本体论》中关于意识形态问题的一章中提出的"日常世界"概念和海德格尔的世界概念（它呼唤着与此在不可分离的"生存"）找到某种相似性吗？在各种本体论差异中，我们能找到的比较基础就是主客体关系和"世界"概念。众所周知，海德格尔拒绝承认外部世界在本体论上的自主性问题有任何哲学意义，他明确指认世界之涌现只有在此在之呈现或人类实在之呈现中方有可能，自在存在物以去世界化或非世界化的方式存在。按照萨特的解释，海德格尔的术语"世界世界化"意味着一个作为在外在性的惰性中被其"去－主体性"凝固为持存的存在者的主体的共在。而卢卡奇则相反，外部世界在本体论上的自主性是其反思的重要支柱，他强调如果不能把握自在存在，不能把握实在事物的自主性和客观确实性以及主体性的被干预性，我们就无法理解人类实践的发生。在泰尔图连看来，如果我们还记得海德格尔对"普遍逻辑理性"的批评以及他对"今日所显露的启蒙精神和共济会的领地"的不屑，我们就能理解，由卢卡奇以及克罗齐在浪漫主义传统和某种现代德国非理性主义的反普遍主义之间建立的联系是有根据的。从这一点来看，卢卡奇的思想和海德格尔的思想之间的对立就鲜明地体现出来了。通过这一对比，卢卡奇的晚期思想就将自身展示为人的具体性的一首赞歌。

四、阿尔都塞思想研究

阿尔都塞由于早年对马克思的著名解读而蜚声学界，但他 20 世纪 60 年代末期的"政治主义转向"又令人费解。对于今天的我们而言，哪一个阿尔都塞更有价值？

在《阿尔都塞对马克思的解读》[①] 一书中，让-克洛德·布尔丹呼吁人们重新重视早期阿尔都塞对于马克思的解读，指出阿尔都塞是 20 世纪 60 年代兴起的重新解读马克思的思想潮流的发起者。在那个时代，马克思成为大众热切追逐的阅读对象，对于整整一代人来说，这种阅读所带来的是思想上的巨大启发、从理论和实践角度对我们的社会生活本身进行的讨论和反思。让-克洛德·布尔丹认为，阿尔都塞对马克思的解读之所以令包括列斐伏尔、德桑迪 (Jean-Toussaint Desanti) 在内的一大批试图复兴马克思主义的思想家的工作黯然失色，并在当代思想界引起持久而深刻的影响，关键就在于阿尔都塞决心从哲学角度阅读马克思著作，并将常常被当成教条或意识形态工具的马克思主义重新引入哲学史，而阿尔都塞在此背景中所提出的问题至今仍有生命力。

科尔加·林德纳的《读〈资本论〉：阿尔都塞和政治主义转变的僵局》[②] 一文讨论了阿尔都塞在 20 世纪 60 年代末的思想转折。对于林德纳而言，我们应当回到阿尔都塞后来在"自我批判"中否定了其存在权利的早期理论。阿尔都塞早期的著作是有哲学价值的，在这些著作中，阿尔都塞拒斥经验主义和历史主义的观点。这些观点有待于继续深化，比如雅克·朗西埃 (Jacques Rancière) 和德里克·塞尔 (Derek Sayer) 就将阿尔都塞早期关于认识论的反思与价值理论和拜物教理论结合在一起。马克思正确地放弃了古典政治经济

---

① Jean-Claude Bourdin, *Althusser: une lecture de Marx.* Presses Universitaires de France – PUF, 2008.

② Kolja Lindner, *«Lire le Capital: Althusser et l'impasse du tournant politiciste»*.

学的与人类学、个人主义和反历史主义有关意识形态的问题意识，在"另一种要素"中，在新的、科学的问题意识的领域中建立起新型理论活动。早期阿尔都塞对马克思的评论是结构主义的、社会中心论点和历史性（而非历史主义）的。当阿尔都塞在《读〈资本论〉》中确认意识形态和科学的认识结果决定于"其机制的智慧"时，他表达出了他的基本方法。然而《自我批评材料》取消了这些引人注目的理论冒险，下降到了一种带有立场（即"革命阶级的理论处境"）的理论。此时政治成了区分科学和意识形态的标准。林德纳认为，如果把一切都归于政治，那么决定各种知识模式的具体差别的理论就不再是必需的了，而这样的话阿尔都塞对于政治经济学批判的解释的使用价值就是自相矛盾的和奇怪的。在林德纳看来，阿尔都塞在《保卫马克思》和《读〈资本论〉》中尽管并非完全在复原马克思的思想，但却展示出一种非凡的哲学力量，而从 1966 年开始，阿尔都塞的马克思解读开始变得平庸起来。今天人们一般都将阿尔都塞那时的著作和他的政治处境联系在一起，但林德纳提出了不同看法：阿尔都塞对于马克思的解读之所以发生倒退，与 20 世纪 60 年代末法国马克思主义者中政治问题的重要性不断提高有关。尽管林德纳赞同这样一种观点，即政治问题日趋重要势必损害理论问题，但鉴于对马克思的阅读常常混合了对某些观点的激情和对于文本的忽视、对于所作回答的意义的明白和对于所提问题的盲目性，即便阿尔都塞晚期的著作也应当具有其独特理论地位。

  萨尔瓦多·洛佩兹·阿尔纳尔与埃尔·维埃约·托普以西班牙语写作的文章《颠覆：曼努埃尔·萨利科斯坦对路易·阿尔都塞的批判》[1] 从一个独特的视角讨论了阿尔都塞的思想，这篇文章被译为法语，在法国思想界产生了较大反响。萨利科斯坦 [2] 把马克思主义首先理解为一种革命政治传统，其次才是关于自然和社会的深刻认识。以此为前提，萨利科斯坦对阿尔都塞早期思想进行了批判。在前者看来，阿尔都塞的错误就在于将马克思哲学理解为一种纯粹以科学性作为追求目标的理论，而忽略了这一哲学作为一种解放政治传统的主要方面。但阿尔纳尔和托普并不因此认为萨利科斯坦与早期阿尔

---

[1] Salvador Lopez Arnal & El Viejo Topo, « Le renversement: Manuel Sacristán critique de Louis Althusser ».

[2] 萨利科斯坦（Manuel Sacristán Luzon, 1925-1985），西班牙哲学家、逻辑学家和政治家。他是哲学界的传奇人物，既是一位著名的胡塞尔专家，又是生态社会主义的先驱，曾是加泰罗尼亚共产党（PSUV）的领袖。

都塞的思想是完全对立的，相反，在他们看来，尽管二者的确有某些对立之处，但我们却能在其中找到根本性的一致之处：首先，他们都表达了修正"正统马克思主义"的决心，这种修正不能仅仅沉浸于空泛的人道主义说辞，而应触及更为深刻的原则和层面；其次，无论是萨利科斯坦还是阿尔都塞，都非常重视讨论马克思思想本身的变化或"断裂"，认为这一探讨是富有意义的。但阿尔纳尔和托普认为，在某种意义上萨利科斯坦对上述问题的思考要比阿尔都塞更加深入，因为较之于后者，前者更熟悉当代形式逻辑的发展，并受过科学和认识论的系统训练，因而在对概念的讨论中持有更严谨的态度。另外，阿尔纳尔和托普还比较了政治活动对二人思想发展的影响，指出在这方面我们也能看到他们的相似之处：阿尔都塞认为可以在严格的理论和政治基础上实现在党的内部树立对立面的工作，他相信至少从长远的角度对党的改造是可能的；而与此相似，萨利科斯坦也一直企图和自己政党的狭隘的宗派主义情绪进行斗争，即便经历了1981年西班牙军事政变，他也坚信加泰罗尼亚共产党应当在一个更宽广的视野中进行活动，即在由西班牙共产党所领导的工人运动内扮演重要角色①。阿尔纳尔和托普强调，阿尔都塞和萨利科斯坦是马克思主义知识分子中的大师，他们都是真正的哲学家，二者最重要的共同点在于，他们都相信葛兰西和切·格瓦拉信奉的格言：真理永远是革命的。

五、"五月风暴"40周年纪念

在法国左翼思想界对"五月风暴"的纪念文字中，我们很少看到歌功颂德之词，不论是亲身经历甚至直接参与这一运动的老一辈思想家，还是年轻一代思想家，都在努力进行诚恳的反思。

在《1968：终结与延续》②一书中，达尼埃尔·本萨义德、阿兰·克里弗纳认为，从1968年到新一代革命者之间的距离要长于20世纪30年代中期人民阵线的建立到1968年的距离，即便如此，也不能说"五月风暴"已是"陈旧的历史"。本萨义德和克里弗纳反对将这场运动淡化为"道德革命"的倾向，认为这一事件应被视为一次社会和文化事件或一次史无前例的政治争论，人

---

① 加泰罗尼亚虽然是西班牙的一个地区，但由于该地区长期存在的分离主义倾向，加泰罗尼亚共产党在组织上并不是西班牙共产党的一个分支。

② Daniel Bensaïd & Alain Krivine, *1968: Fins et suites*. Nouvelles Editions Lignes, 2008.

们不应忽视这场运动的"人民革命"的性质。他们强调，法国总统尼古拉·萨科奇将"五月风暴"称为我们这个时代"理应背负的原罪"是无法接受的，因为解放不是遗产，它与现时相联。

在《1968年5月运动和意大利的"平庸5月"》[1]一书中，雅克·吉古和雅克·瓦涅斯泽坦认为，1968年5月运动并非对过去革命的重复，也不是对将来革命的预兆，而首先是一次有独立意义的事件，这一运动的意义在于将迄今为止仍然分裂的两种运动即对国家机器和个体责任的批判以及对劳动的批判合二为一。这体现在，并不存在"学生的五月风暴"和"工人的五月风暴"两个"五月风暴"，二者从一开始就是互为表里的，因此，不论今天人们在纪念这场运动时持赞扬还是诋毁态度，它的两个方面总能为我们当下的判断形成"共识基础"。而与"五月风暴"形成鲜明对比的是发生在1968至1978年的意大利反抗运动，今天在意大利不可能为之举行纪念活动，因为它始终未能形成法国"五月风暴"所具有的那种统一性。但吉古和瓦涅斯泽坦认为，即便如此，这两场反抗运动仍然可以由历史的双重维度内在地联系在一起，那就是"无产阶级革命之循环的终结"与"以人类名义进行的革命的开始"。

在《社会学家们与1968年——研究记录》[2]一文中，皮埃尔·格里米庸分析了社会学家们在"五月风暴"中的作用以及这一运动对社会学家乃至整个社会科学界的影响。格里米庸指出，"五月风暴"对于社会学家们自身也有着重要影响：在这场运动中，"揭发者"的社会学家们不自觉地揭发出自身的脆弱性，即对于国家机构的依附性和社会学的方法、理论的抽象化，以及批判性维度的缺失。但格里米庸同时也指出，不能忽视社会学家们在"五月风暴"中的作用，这主要体现在，一方面，他们是作为参与现代化进程的新一代知识分子中的重要部分而介入"五月风暴"中的，以"揭发者"的形象出现在整个运动的核心，另一方面，以"五月风暴"社会学家为代表的知识精英所塑造的社会文化氛围培育了米歇尔·罗卡尔（Michel Rocard）或者雅克·德洛尔（Jacques Delors）这样的政治家，直接影响了法国乃至欧洲的现实政治。

在题为《知识分子：争论的时代》[3]的文章中，贝尔纳·布里朗分析了在

---

[1] Jacques Guigou & Jacques Wajnsztejn, *Mai 1968 et le Mai rampant italien*. L'Harmattan, 2008.

[2] Pierre Grémion, « *Les sociologues et 68. Notes de recherche* ».

[3] Bernard Brillant, « *Intellectuels: l'ère de la contestation* ».

"五月风暴"中知识分子所遭遇的合法性危机。本来知识分子的天然职责就是守护其话语权利，但在"五月风暴"中，这一权利本身成为受到挑战的对象，因为不仅话语权被要求按照平等和民主的原则分配给每个人，甚至分工本身都成为被质疑的对象。于是，作为一门知识的专家或作为文学界、科学界和艺术界中知识的创作者和传播媒介的知识分子的身份认同受到了空前挑战。这不仅仅是针对知识分子本身的挑战，更是针对那种建立在等级制度和知识、个人、责任分类基础上的冷冰冰的社会理性的挑战。在这场危机中，知识分子对自身的尴尬处境有着足够清醒的认识，比如萨特就公开呼吁知识分子为自己寻求新的合法性。在"五月风暴"之后，知识分子为自己重新奠定合法性基础的工作进行得并不顺利，在此过程中，一些知识分子走向了左翼，进而走向极端主义，但最终发现他们不过是左翼政治人物为自己树立威信或对抗镇压的工具。因此对知识分子来说，关键的问题就在于追问：如何能通过新的道路找回知识分子的独立性。而这也正是福柯所认同的知识分子的"介入"活动的意义之所在。

在《一代人的坟墓——四十年来对五月风暴的评论》[①] 一文中，贝内迪克特·万尔日-塞尼翁讨论了 40 年来围绕"五月风暴"所造成的当代后果所进行的批判。"五月风暴"作为一场左翼运动，不断受到来自右翼的攻击，但在马尔罗的"文明危机"观点发表之后，右翼认识到参与这场运动的革命者不仅反对右翼，其实也对共产党人抱有敌视态度，于是右翼便转而参与到"五月风暴"思想的修复中。然而从 20 世纪 80 年代以来，由吕克·费里（Luc Ferry）等人开启了对该运动的另一种反思，即"五月风暴"所造成的一个重要社会后果，这就是越来越严重地蔓延开来的个人主义。在万尔日-塞尼翁看来，"五月风暴"的许多参与者及其思想继承人的思想都被新自由主义利用甚至直接就成为新自由主义者，不自觉地或自觉地为资本主义现代化、全球化及其可持续发展摇旗呐喊。

《五月风暴：介于两个世界之间的法兰西》[②] 一文的作者让-皮埃尔·勒高夫试图公允地评价"五月风暴"的历史地位。他指出，在反思"五月风暴"时，人们总会游走于两个极端之间，要么怀念和迷恋，要么憎恨和厌恶。而对于

---

① Bénédicte Vergez-Chaignon, « *Le tombeau d'une génération. Quarante ans de critique de mai 68* ».

② Jean-Pierre Le Goff, « *Mai 68: la France entre deux mondes* ».

该运动的纪念之所以得以持续，主要依靠的不是社会和国家对它的积极影响的认可，而是媒体借助于照片和标语进行的公开表演。勒高夫认为，要公允评价这个运动，就不能将它限制在抗议风暴发生的那段时间内，而应将该运动分为四个阶段：第一个阶段是导致该事件的社会历史背景，而这一背景最根本的一点就是现代化本身及其在 20 世纪 60 年代的影响；第二个阶段是五月事件的发生，在短短数周内学生抗议和大罢工便演变为一场政治危机；第三个阶段是事件过后的五年间，社会不满情绪增多，左翼崛起；第四个阶段是 70 年代中期的转折，以女权主义取得胜利、环保主义兴起和"辉煌 30 年"终结为标志。勒高夫认为，对于这四个阶段的分析可以得出结论："五月风暴"并非如某些意见所认为的那样是"现代化"的，也并非如另一些意见所认为的那样是"反现代化"的，其实这场运动和现代化的关系是双重的，它徘徊在二者之间：一方面，它断然拒绝一个正步入自己历史新时期的现代民主社会；另一方面，它又决心告别落伍的过去。在勒高夫看来，"五月风暴"是伟大的，但对于法兰西民族的现代历史进程而言却并不是最关键的。70 年代后半期才是真正关键的承前启后的时期，它将"五月风暴"的文化后果和"辉煌 30 年"的结束联系在一起，最终导致民主社会进入其历史的新的重要阶段。

在《对一代人的总结》①一文中，马塞尔·高歇为"68 年人"即参与 68 年"五月风暴"或受其影响的那一代人进行了总结。他认为，尽管在 40 年后，太多的咒骂和庆祝已将"五月风暴"的真实面目遮蔽了，连那些亲身经历者也很少能以陈述历史事实的方式回顾这一运动，但不可回避的是，事实上"五月风暴"一直隐蔽在现实的背后被充任现实的参照系，这在"首次雇佣劳动法案"(CPE) 所引起的社会骚乱中可以看出。在高歇看来，要理解"五月风暴"就必须理解"68 年人"。高歇从政治作用、思想成果、与媒体社会革命的关系以及在人类转变中所占据的位置等四个方面对"68 年人"进行了讨论。他认为，这一代人是政治上统治而思想上被统治的一代，他们对自己的身份无所适从，同时，由于在揭露和创造两者之间"68 年人"更倾向于前者，这就注定了他们是"媒体的一代"，见证了媒体在社会运行的中心地位的确立过程；"68 年人"自身享受着上一代人为他们所做的工作，但他们却瓦解了"接班"的社会机制，从而使自己成为"最后一代人"，他们的下一代不得不利用自己的方式获得自

---

① Marcel Gauchet, « *Bilan d'une génération* ».

己的社会身份和地位。

六、当代资本主义与新自由主义批判

对于法国思想界来说，对资本主义和新自由主义的批判当然不是新鲜玩意，但关于该问题的研究，最近的讨论却有着一个不可忽视的背景，这就是"不同的全球化"(altermondialisme)运动的兴起。

多美尼克·列维和吉拉德·杜梅尼在题为《管理人员和大众阶级：在传统左派、"不同的全球化"运动和反资本主义之间》[①]的文章中认为，理解当代法国激进左翼（"不同的全球化"运动和"革命"左翼）的社会本质的关键之处，是理解其存在的社会基础和社会构成。列维和杜梅尼认为，法国激进左翼的社会基础是一部分反对右翼的新自由主义主张、在行动上坚持左翼主张的公共机构和私营机构的管理人员，以及一些具有强烈政治动机的办公室人员和产业工人。这些左翼人士超越了"反资本主义"立场，同情战后头十年的社会民主改革，那场改革强化了国家介入，从而动摇了传统资本主义生产方式。不过现在的问题显然与数十年前有着根本区别，与后者更多关注社会民主问题不同，前者更关注生态问题和促进社会团结问题：前者反对后者所具有的帝国主义特征和对环境的漠视。

在题为《生态危机、资本主义和"全球正义"运动：一个生态社会主义的视角》[②]的文章中，米夏埃尔·洛威指出，生态危机尤其是全球变暖已经成为人类面临的主要威胁，资本主义的方式（如《京都议定书》）是无法从根本上解决这一问题的，而以"全球正义"运动为代表的生态社会主义提供了一个不同的选择，即要求改变文明的模式，消除资本主义积累的毁灭性逻辑并改变现有的生产和消费的方式；这种为改变而进行的斗争随时随地都可以进行，它朝向生态上可持续的未来。

多美尼克·普利庸在文章《"不同的全球化"：资本主义的现代形式?》[③]中，

---

① G. D. Lévy & G. Duménil, « *Cadres et classes populaires: entre gauche traditionnelle, altermondialisme et anticapitalisme* ».

② M. Löwy, « *Crise écologique, capitalisme, et altermondialisme. Un point de vue éco-socialiste* ».

③ D. Plihon, « *L'altermondialisme, version moderne de l'anticapitalisme ?* ».

分析了"不同的全球化"运动的两个方面："不同的全球化"首先是指一种智识和政治立场，它建立在对新自由主义全球化的批判的基础上；另外它还宽泛地指反对新自由主义全球化的斗争和运动的总和。普利庸讨论了在这一运动中出现的各种政治和思想倾向，如马克思主义的资本主义批判、哈特和奈格里的后马克思主义、鲍德里亚对全球化的批判以及波拉尼（Polanyi）对社会商品化的独特分析，认为将"不同的全球化"运动统一在一起的并不是"反资本主义"，而是一种"反全球化"。

在《资本主义的新奴隶》[①] 一书中，帕特里克·赫曼讨论了当代资本主义在法国南部及摩洛哥等地的密集型农业领域的发展现状，指出在这个领域中我们能看到内在于资本主义的悖谬：一方面是工业生产中越来越先进的现代技术的运用，以及基于社会化生产生产出的丰富生活资料的消费和移民，另一方面是在某些领域存在的对于季节性工人和非法移民的盘剥、由专制的生产过程所生产的"新奴隶"。

2006 年诺贝尔经济学奖获得者穆罕默德·尤努斯在其《迈向新资本主义》[②] 一书中，讨论了"社会企业"的问题，该书在法国出版后引起了热烈反响。所谓社会企业，就是不以利润最大化为最终目标、不给股东支付红利而是拿出利润用于降低成本并产生社会效益的企业。尤努斯相信这样的企业设想并不是乌托邦式的虚构：从理论上说，这种新型经济活动形式并不反对自由市场，因而不是当前资本主义生产模式的直接对立面；而从实践上来讲，以格拉米集团（Grameen）为代表的首批社会企业已经出现。

在《社会经济：一个对资本主义的替代》[③] 一书中，蒂埃里·让代和依格纳斯·萨克也研究了尤努斯所讨论的问题。让代和萨克认为，在一个日趋多元化的世界中，"社会经济"是对资本主义和新自由主义所带来的诸多问题的一个解决方案。这里的"社会经济"和前述尤努斯所讲的"社会企业"的内涵类似，是指在市场经济前提下以不同于传统资本主义的方式从事管理和生产活动，实现了符合公共利益的财产管理的机构。他们指出，这些机构虽然目前影响力有限，但可以作为解决当代资本主义所带来的各种问题的一种方

---

① Patrick Herman, *Les nouveaux esclaves du capitalisme*. Au diable Vauvert, 2008.

② Muhammad Yunus, *Vers un nouveau capitalisme*. Lattès, 2008.

③ Thierry Jeantet & Ignacy Sachs, *L'économie sociale: Une alternative au capitalisme/*. Economica，2008.

式。

在《我们能够批判资本主义吗?》[①] 一书中，作者肯扎·阿古齐、吉尔·康帕尼奥洛等认为，资本主义发展到今天，我们在对它提出批判时遇到了前所未有的困难，这表现在：一方面，资本主义作为特定的生产和财富分配方式，其统治已渗透至整个世界和大部分人类活动，这种统治地位使我们在生活中很难想象或论证人类社会还有可能存在其他类型的经济关系；另一方面，资本主义社会的信息和思想的制造机制与发布机制越来越集中在某些人手中，他们越来越无所顾忌地断然拒绝认为人们能够自由地设想、讨论、研究和支持另一种社会组织形式。

（作者单位：复旦大学哲学学院、复旦大学国外马克思主义

与国外思潮研究国家创新基地）

---

① Kenza Aghouchy, Gilles Campagnolo , Philippe Chanial , Bernard Doray, *Peut-on critiquer le capitalisme?* La Dispute，2008.

俄罗斯

李尚德 尸晓坤

苏联解体后，俄罗斯马克思主义研究经历了三个阶段：全盘否定的极端化阶段；恢复研究阶段，开始于 20 世纪 90 年代中期，其特点是研究人数少、规模小、成果弱；当代俄罗斯马克思主义研究阶段，其特点是稳定、正规、影响力日渐扩大。当代俄罗斯马克思主义研究又明显地分为正统马克思主义、反思马克思主义、创新马克思主义三大学派，其立场分别是：坚决捍卫马克思主义、重新解读马克思主义以及寻求与西方哲学的契合点。以此为基础，2008 年俄罗斯出版了近二十本马克思主义研究专著和相关学术论文，同时，以莫斯科大学为主的一批著名高校扩大了马克思主义教学基地，增设了马克思主义史，马克思主义与当代俄罗斯经济，西方马克思主义，马克思主义与当代科学，马克思主义与政党实践，马克思主义伦理学，马克思《资本论》研究，马克思与列宁、普列汉诺夫、波格丹诺夫、托洛茨基等研究主题。下面具体介绍与分析俄罗斯马克思主义研究在 2008 年的新进展。

一、研究成果综述

2008 年俄罗斯马克思主义研究的标志性成果，是召开了三次重要的马克思主义研究学术会议，出版、发表了一批马克思主义研究的专著和论文。

为了纪念马克思诞辰 190 周年和逝世 125 周年，俄罗斯科学院哲学研究所于 2008 年 4 月 22 日组织召开了"马克思与 21 世纪——纪念马克思诞辰 190 周年"学术研讨会，学术界的主要代表以及高校教师出席了这次会议。

俄罗斯科学院 В．С．斯焦宾院士作了题为"卡尔·马克思的哲学人类学及其对社会现实的当代批评"的报告。报告指出，哲学人类学是历史唯物主义的出发点，马克思对社会现实的阐释在当代仍然是有效的；马克思"社会—自然观"的科学性在于——从根本上说明了"自然—科学"这一世界图景及其形成过程；世界变革正是人类依靠人为创造的"第二自然"适应世界的独特方式来实现的。

科学院 Т．И．奥伊则尔曼院士则探讨了马克思的社会理论，分析了在转向后资本主义社会后，马克思和恩格斯理论观点上的矛盾。奥伊则尔曼指出，由于马克思坚信促进生产力发展的资本主义私有制已经失去了进步意义，因而必然转向生产资料社会公有制，而消除私有制的条件则是在《德意志意识形态》中所提出的个人全面发展。但是，由于劳动分工的加剧和深化，这个前提在原则上是不能实现的。因此，在奥伊则尔曼看来，这不能够得出资本主义生产关系必然灭亡的历史依据，资本主义生产关系保证了劳动生产率的持续增长，并没有成为生产力发展的束缚。所以，"工人阶级的悲惨状况决定革命的必然性"这个观点也没有充分的根据。事实上，马克思、恩格斯后来也更正了自己的观点，他们在 1850 年末宣布社会主义革命至少需要五十年，恩格斯在生命的最后时刻仍然坚持这个观点。

科学院 В．А．列克托尔斯基院士在报告"卡尔·马克思和'哲学终结'的思想"中指出，马克思早期著作中提出了"哲学终结"的必然性，这一观点建立在理论与实践的内在本质联系的基础上，并没有降低哲学理论的意义，相反揭示出了思维与存在的本真关联。人们在改变这个世界之前首先试图理解自身，新的哲学形式是在与旧思辨形而上学的对立和冲突中产生的。列克托尔斯基认为，马克思的主要功绩在于创建了以辩证法为基础的科学历史观。从这个观点看，解释世界是改变现实的最重要的条件。当前，要真正继承马克思的思想遗产就一定要去研究现代社会的矛盾。

科学院通讯院士 Н．И．拉宾以"青年马克思著作的价值：现代解读"为题作了发言。拉宾具体分析了马克思不同时期的价值取向，但万变不离其宗，其价值导向突出地表现为解放全人类的革命理想。显而易见，马克思的革命理想在短时间内是很难实现的。

科学通讯院院士、人学研究所所长 Б.Г.尤金在"自由与必然是21世纪的绝对命令"的发言中认为，马克思所使用的"个人全面发展"这一概念具有十分广泛的意义，马克思曾预见——在保持劳动时间不变的情况下，增加自由时间。尽管当代的科技进步对人的影响日益增大，人的自由选择实际上面临着许多问题，但是这种选择至少客观地存在并且"作为人存在的重要特征"被提出来。如果这种选择指的是人克服某种界限所固有的能力，那么，在科学技术无限发展的时代，人的这一本性不仅处在变化之中，而且具有马克思主义所提出的价值观意义。

2008年5月5—6日，由莫斯科大学、俄罗斯科学院、《抉择》杂志社等联合举办了"马克思主义：21世纪经济和社会政治的抉择"国际学术研讨会，会议组织了三场主题报告会。

第一场主题报告会是"资本主义的限度：经济必然王国与自由王国"。

苏联马克思主义史家、莫斯科大学教授 Г.А.巴加图里亚做了题为"马克思理论及其向新社会思想体系转变的展望"的发言。俄罗斯科学院哲学研究所教授 В.М.梅茹耶夫，从文化逻辑的阐释角度，做了题为"文化空间的未来"的报告。莫斯科大学教授 А.В.布兹加林探讨了政治经济与社会文化斗争之间的辩证关系。俄罗斯文化学院教授 А.布拉夫卡的报告题为"社会创作与文化：马克思主义模式与21世纪现实"。

第二场主题报告会是"社会解放的潜力：社会政治力量"。

俄罗斯国立语言大学教授 Г.Г.沃多拉佐夫指出，马克思主义理论的核心思想就是现实的人道主义，这一理论在当今仍然具有重要意义。莫斯科大学经济系—政治经济学教研室教授 А.И.科尔加诺夫认为，资本主义发展存在着自身无法超越的物质限度，并且指出了超越资本主义的社会力量。国立莫斯科师范大学教授 Б.Ф.斯拉温做了题为"谁能在生活中注入马克思的社会理想?"的学术报告。俄罗斯科学院哲学研究所教授 В.Н.舍甫琴科探讨了马克思主义与社会民主的命运问题，他认为，社会不接受没有社会主义的民主，尽管在"社会—民主"运动中远远不是一帆风顺的；社会变革实践的新历史类型，关键取决于如何把社会主义的现代认识与马克思主义的经典遗产联系起来。俄罗斯科学院世界经济与国际关系研究所教授 Л.Г.伊斯佳金探讨了资本主义的限度问题，并对现今国际形势中所存在的和平主义潜能进行了预测。

第三场报告会是"资本主义社会经济缺陷：理论与俄罗斯的现实"。

俄罗斯科学院院士 В.А.梅德韦杰夫探讨了马克思经济学理论的现实性问题。俄罗斯科学院经济研究所教授 М.И.沃耶伊科夫重申了马克思《资本论》和商品拜物教思想的当代意义，并对当前俄罗斯所出现的市场拜物教进行了批判。俄罗斯科学院经济研究所教授 С.С.扎拉佐夫、莫斯科大学教授 К.А.胡比耶夫立足于俄罗斯经济发展，对资本和剩余价值理论及其当代意义进行了深入探讨。高等经济学院教授 О.И.阿纳宁探讨了马克思主义与当代经济学理论的关系问题。

2008 年 4 月 22 日，舍甫琴科教授主持了"卡尔·马克思和 21 世纪社会主义的前景"圆桌讨论会。哲学博士梅茹耶夫教授在报告中阐述了文化逻辑的方法。他说，马克思使用文化逻辑的范畴来描写社会历史，因此，要对社会发展阶段更替的传统解释逻辑予以修正："马克思研究的不是五个，而是一个社会结构，他命名为经济结构，奴隶占有制、封建主义、资本主义不是独立的结构。这只是一些特殊的生产方式，它们仅在全部综合起来时才构成了社会经济结构。马克思是社会经济结构的批判者"。从这种观点看，社会主义尤其不具有独立社会经济结构的地位，因为它"不是自由的经济"。马克思在不受经济束缚的自由中看到了通往"必然王国"的实质。如果根据这一点，人就成为主要的社会财富，那么，按照文化规则生存的未来社会，实际上是与马克思的预见相符合的，已经不是物质和思想的历史，而是人本身的历史。

"圆桌会议"参加人员在发言中提出了与以上不同的观点。哲学博士 А.М.科瓦廖夫教授认为，社会主义是与共产主义相同的、独立的社会结构。Д.Д.叶比斯科波索夫也援引了苏联社会主义建设的经验，强调社会主义的政治经济结构在科学知识领域所起到的决定作用。但是他认为，苏联社会的悲剧在于，与自然科学和技术科学相比较，政治经济发展总是处于不佳状态。普列特尼科夫在发言中指出，当代资本主义不再依赖私人资源来维持其自身的存在，指令性计划被提高到国家政策层面这一事实就是最好的证明。在资本主义内核中形成的新生产方式对于资本主义自身的原则产生了剧烈冲击。马克思在《资本论》第三卷中分析了这个过程，与此相联系出现了"工人合作工厂"。根据马克思的定义，劳动合作——这不仅是"转折点"，而且是资本主义生产方式的"第一个缺口"。它的实质是在合作中"积极地消除"资本和劳动之间的对立，创造了克服雇佣劳动的前提条件。今天在世界上许多国家都存在着劳动合作制，这使得生产社会化从形式转向了现实。А.А.卡拉—木勒扎教授高度评价了马克思，认为他是标志性的人物，是百科全书式的思想家。他说，完全可以把马克思归于后自由主义理论家，原因在于最好的自由主义者是那些对自由主义进行自我批判的人。

我们从俄罗斯 2008 年召开的有关马克思主义研究学术会议的规模、主题及大会发言的内容看，这一年俄罗斯马克思主义研究在深度和广度上都有了很大的进展。

近年来，俄罗斯出版界，尤其是俄罗斯共产党的出版机关出版了一批从不同角度探讨马克思主义历史与理论的专著。这些专著反映了当代俄罗斯马克思主义研究的新动向，它们是：俄共中央编撰的《斯大林全集》第十七、十八卷，В.М.缅如耶夫的《马克思反对马克思主义》，С.Г.卡拉—木尔扎的《马克思反对俄国革命》，А.В.科洛金的《非马克思主义》，Ю.К.普列特尼科夫的《唯物史观和社会主义理论问题》，А.П.科伦塔耶夫的《马克思主义理论中人的劳动：通往共产主义乌托邦的道路》，В.А.阿茨尤科夫斯基的《列宁的著作〈国家与革命——马克思主义关于国家学说和无产阶级在革命中的作用学说〉及其当代性》，В.Ф.吉托夫的《国家社会主义》等。

二、研究特点

正如俄罗斯科学院哲学所所长 А.А.古谢依诺夫所言，今日俄罗斯的马克思主义已经走下神坛，从占统治地位的意识形态教条转变为在哲学和科学思想中具有重要影响的流派之一。就俄罗斯马克思主义的总体特征而言，呈现出了自由开放的研究氛围，当代学者展开了深入的自我反思和批判，促成了马克思主义当代价值的回归。

（一）开放自由的研究氛围

当代俄罗斯学术界发生的主要变化是，学者们有了一个自由开放的研究空间。因而，现在的俄罗斯学者已经放弃了对马克思主义过于情绪化、偏激化的态度，以科学的、理性的、独立的精神，站在俄罗斯民族国家的立场上，对马克思主义理论本身，以及关于马克思主义后来的发展学说进行客观的、公正的研究和评价。

从 2008 年出版的几本专著——《马克思反对马克思主义》、《马克思反对俄国革命》、《非马克思主义》等——不难看出，学者们把马克思同作为苏联政治意识形态的马克思主义进行了划界，要求重新回到真正的马克思那里。在表达自己的学术观点时，学者们引入了解释学的方法，改变了传统意识形态的教育姿态，以探讨、追问的方式同读者共同挖掘马克思主义的时代性和真理性。

有学者指出，在关于马克思主义的所有概念当中，列宁的解释是最好的，即"马克思主义不是死的教条，不是什么一成不变的学说，而是活的行动指南"。但是，苏联时期的马克思主义却被神圣化、教条化，因此，有必要对马克思主义做真理性的阐释，其中包括"政治经济学"在内的一些基本概念。他们站在民族国家的立场上，提出了作为"政治经济民族主义"的"非马克思主义"立场。他们认为，马克思的政治经济学被当成了反对资产阶级的政治武器，而丧失了科学性；应该站在民族主义、国家观念的宏观立场上对马克思政治经济学相关概念进行重新阐释，将马克思的政治经济学同作为现代科学的经济学划清界限。

在《马克思反对俄国革命》一书当中，作者客观地指出："任何一种社会理论在转变为意识形态时都会遭到清洗、破坏和篡改，马克思主义就是如此，它成为俄罗斯官方意识形态的理论基础，马克思主义被篡改为俄罗斯文化的意识形态和标准，被篡改为苏联多民族国家巩固和发展的需求。"[1]

这样，马克思主义就自然失去了它的真实性。俄罗斯学者这种大胆的分析不无道理，而这些话在苏联时期是不敢讲的。

（二）强调马克思主义的自我反思与批判

俄罗斯学者放弃了对马克思主义宏观的体系化、概念化研究，进入到具体问题领域的微观研究，并且表现出较强的自我反思和自我批判精神。学者们指出，传统的苏联教科书式研究模式最大弊病在于，将马克思主义最大限度地抽象化、体系化；马克思主义成为经典理论和放之四海而皆准的教条，试图构造出永恒不变的体系框架。这一方法论本身就是形而上学的，阉割了马克思主义的时代性和真理性，忘却了马克思所指出的——发展是方法的实质。批判精神是保持马克思主义生命力之所在。

---

[1] Кара-Мурза С.Г. Маркс против русской революции. М.: Эксмо, Яуза, 2008. c302.

在《唯物史观和社会主义的理论》一书当中，作者普列特尼科夫反思了当前马克思主义研究方法中所存在的问题：马克思主义理论发展要求的不只是挖掘其对现代世界的现实意义，而且要批判地掌握非马克思主义研究对象的成果。比如，在解决哲学基本问题的争论中，在现代非马克思主义的研究成果中可以找到很好的答案。然而，当时的苏联马克思主义哲学"权威"教条主义地否定了类似的研究成果，将其改造成"为我"形式引入马克思主义的哲学体系中，对非马克思主义思想成果的这种态度是实实在在的学术霸道。

俄罗斯学者在批判传统研究方式的同时，以自身的理论建树和不同的研究视角标示出，马克思主义没有过时，它仍然具有高度的原则性，保持着对现实生活及其具体问题领域的理论关照。

（三）马克思主义当代价值的回归

学者们改变了过去对马克思主义过于简单化、概念化的态度；这种态度其实是对一些重大问题的回避。现在，他们能直接面对那些马克思主义遭遇历史质疑的尖锐问题，坚持理论内在的合理性、合逻辑性，承认马克思主义理论与时代发展之间的内在关联。在专著《马克思反对马克思主义》中，作者缅如耶夫指出，"回归马克思是不可避免的，资本主义市场经济的转型同样是不可避免的，正是这一转型迫使我们严肃地面对马克思。应当在他的著作中发现原本的马克思，而不是苏联政权之下被冒充的马克思。这场转型最终将使马克思的名字摆脱苏联时代虚伪的理想主义和绝对崇拜。而马克思本人也反对把自己变成全知的预言家，掌握人类历史发展的神奇钥匙。他认为自己不是一个马克思主义者。"[1]

当代俄罗斯学者对马克思主义的研究，就理论视角而言，更加广阔而开放。学者们不再仅仅局限于经典理论本身，而是用社会学、政治学、经济学等现代理论成果丰富马克思主义，在多学科的交叉、比较研究中，马克思主义的研究视域和问题域更加开阔。正是在这样一种广泛而深入的比较中，马克思主义理论的独特价值被凸现出来了。

---

[1] Межуев В.М. Маркс против марксизма. Статьи на непопулярную тему. М.: Культуная революция, 2007. с 7.

三、研究的问题域

俄罗斯学者在对马克思主义具体问题的研究方面，坚持了一贯的理论观照现实、反映现实、指导现实的原则。在庆祝"十月革命"胜利90周年、卫国战争胜利63周年的背景下，俄国革命和社会主义问题仍然是学者们探讨的重点。而在所有问题的研究中，马克思政治经济学批判的意义和作用凸显了出来，一方面源自对资本主义的批判，另一方面则是由于全球政治经济形势的发展。

（一）什么是真正的马克思主义

究竟什么是真正的马克思主义？对于当代的俄罗斯学者而言，这是一个不可回避的问题，也是学者们阐述各自理论观点的前提和基础。

首先可以肯定的是，学者们继续剔除马克思主义的意识形态化的影响，反对将马克思的思想神圣化。他们认为，马克思主义不是僵死的教条和纲领，而是社会实践，包含着与时俱进的真理性；马克思也并不是空想家，其思想的核心价值在于批判性和革命性，具体体现在其社会历史理论当中。

同时，学者们以严谨的态度区分了研究对象，将马克思与恩格斯、马克思与俄国的马克思主义（布尔什维克）、马克思主义与非马克思主义、后马克思主义之间的界限作了澄清和划定。尤其是将马克思与恩格斯的思想进行区分比较，坚持了研究本身的科学立场。《非马克思主义》一书对苏联体系的马克思主义政治经济学提出了质疑，作者指出，在五十卷《马克思恩格斯全集》中，马克思本人的文字屈指可数；《资本论》也是由恩格斯和考茨基整理出版问世的，而马克思本人不但推迟出版《资本论》第一卷，而且甚至准备不再出版第二卷、第三卷和第四卷。究其原因，马克思的真实意图在于进行"政治经济学批判"。继而作者探讨了马克思进入政治经济学批判领域的原因，"在马克思看来，'不是意识决定他们的存在，相反是社会存在决定他们的意识'，存在就是人的生活过程，决定了他们的意识，而存在又是人们的经济、日常活动，它是终极基础。"[1]而恩格斯以及列宁等人，完全忽略了政治经济学批

---

[1] Колодин А.В. Немарксизм. М.: Издательское содружество А.Богатых и Э.ракитской, 2008, с 5.

判的科学根据在于触动社会现实，反而单纯地把《资本论》作为攻击资产阶级的理论武器。马克思在生命的最后时刻还在致力于《资本论》第二卷的创作，而第二、三、四卷是在他去世后恩格斯等人继续完成的，这就给反对马克思剩余价值学说的一些人，提供了反对《资本论》第一卷的口实。

在《马克思主义与布尔什维克：苏联马克思主义的问题》一文中，В.М.缅如耶夫分析了马克思的学说在苏联的传播、发展，并最终形成苏联马克思主义（布尔什维克）的过程。他指出，马克思作为一个欧洲思想家，他所面对的仅仅是欧洲文明历史发展的兴盛和衰亡，而并不能完全理解俄罗斯。布尔什维克只是在特定的历史时期借用了马克思的语言来表达自己的政治诉求，即使没有马克思，布尔什维克也同样能够总结斗争经验，为俄罗斯寻求自己的发展道路，就此而言布尔什维克不等于马克思。俄罗斯学者引用了马克思的经典表述："我只知道，我不是一个马克思主义者"。这就是说，必定存在一个非布尔什维克宣传的真正的马克思，俄罗斯学者力图摆脱把马克思主义与苏联革命相提并论而造成的对马克思主义的误解，以期揭示出马克思主义被遮蔽的真理性。

（二）政治经济学批判是马克思主义理论的枢纽

在马克思主义的所有问题当中，政治经济学批判成为当代俄罗斯学者研究的理论生长点和突破口。"如果社会存在决定意识这一规律具有决定性作用，那么马克思主义的基础就是政治经济学，有人认为马克思揭示了很多经济规律。但所有经济理论最根本的基础是剩余价值理论，它是劳动价值论的基础。"[①]

有学者将马克思的政治经济学作为一门科学，与现代经济学理论进行比较研究，从民族国家主义的宏观立场来阐释马克思政治经济学批判的当代意义。科洛金的《非马克思主义》以萨缪尔森对经济学的定义，以及列宁关于马克思主义的诠释——"马克思主义不是死的教条，不是什么一成不变的学说，而是活的行动指南"作为理论前提，划定了作为现代科学的经济学与政治经济学批判的界限，专门对《资本论》第四卷"剩余价值理论"中，马克思关于重农主义学派和魁奈"经济学表"的分析进行了深入研究。

---

① Колодин А.В. Немарксизм. М.: Издательскоесодружество А. Богатых и Э. ракитской, 2008, с 387.

科洛金指出，马克思给予了重农学派及其代表人魁奈以很高评价。重农学派认为，生产阶级只是农业劳动者；相对而言，工业劳动者、无产阶级是不创造价值的阶级。马克思并没有对重农学派以及魁奈的经济学表做任何批评，他的学术旨趣并非证明劳动产品、资本等在计算结果上的等量，而只是对魁奈的"经济学表"进行了简单的分析和描述，并以另外一种方式来阐释国家年产品的整个再生产过程。

在专著的第二部分，科洛金借助于马克思资本周转和资本循环理论，通过大量的公式计算表明，资本主义扩大再生产是在第一部类和第二部类中实现的前提条件和现实基础。这样，科洛金得出的结论是："政治经济学力图回答这样一个问题：剩余产品和剩余利润是如何并且怎样产生的？谁创造了它？谁占有了它？价值是什么？是怎样产生的？但是，生产和需求的时间要素进入了不存在价值要素的实践中，即每日的交换活动中。对于具体生产，具体的企业家个人而言，借助于价值理论计算不出利润。在这种情况之下，是不需要政治经济学的，它不是实际应用的科学。对于日常活动而言，需要的是计量经济学或者说是经济学数学。"[①] 就此而言，科洛金认为，政治经济学在现代已经不存在了，马克思是政治经济学的最后一位代表，现在有的只是计量经济学或者经济学数学，它只解决现实生活中的实际问题，无论是宏观经济学还是微观经济学都属于计量经济学。而《非马克思主义》的旨趣在于回归政治经济学，回归马克思。由此，科洛金肯定了马克思政治经济学的功绩，并指出，那些认为剩余价值学说不是真理的理论是毫无根据的。

俄罗斯学者认为，政治经济学在马克思整个理论体系当中的枢纽地位必须得到重新确认，关键在于首先澄清马克思并非实证主义地研究现代经济学，而是用德国古典哲学的批判传统来定向马克思的政治经济学批判。"涉及到对马克思主义的批判，那么应当指出的是：批判就是批判，批判作为一种简单否定的态度，只是摧毁、抛弃。而批判作为德国古典哲学传统的精神核心，目的在于清除掉某种事物之上的一切外在性和偶然性。例如康德的《纯粹理性批判》，意思不是拒绝'纯粹理性'，而是力图使纯粹理性更加地纯粹。应该从这一关键之处来理解马克思《资本论》的副标题'政治经济学批判'，它的

① Колодин А. В. Немарксизм. М.: Издательское содружество А. Богатых и Э. ракитской, 2008, с 384.

根本内容在于，澄清以斯密和李嘉图为主要代表的英国古典政治经济学派的资产阶级本质立场，这一立场是他们未能发现资本的秘密，即资本是对剩余价值的无偿占有的根本原因。对马克思主义采取现代批判的态度，如果希望获得科学性，首先应当使马克思从所有形式上的结论和评价中解脱出来，后马克思主义试图将马克思主义理论简单化，将其转变为独特的信仰科学、教条主义纲领，并把所有多种形态的人类历史安排在上述前提下。"①

在《马克思理论中的人类劳动：通往共产主义乌托邦的道路》一书中，作者科伦塔耶夫则从唯物史观，即马克思的社会哲学角度阐述了政治经济学批判的作用和意义，即对现存资本主义制度的颠覆。如果说马克思的政治经济学开启了共产主义道路，那么，只有站在批判的高度上才能理解其意义。"在马克思主义中，共产主义思想的产生当然不是简单的，作为对未来社会的乌托邦构想，它应该满足人们的一切愿望。就理论联系而言，共产主义的科学理论开始于科学地批判资本主义。在这里，马克思的政治经济学批判在其中具有明确的作用。除了历史唯物主义和理论体系之外，在后来对资本主义的批判当中，剩余价值生产理论具有根本的作用。马克思分析批判资本主义的所有论据，对于研究如何向共产主义发展阶段过渡而言是必要的，如果没有马克思的政治经济学概念分析是不可能的，其中对资本主义的批判是毋庸置疑的科学依据。我们力图表明，这一批判是不可动摇的。"②

"在这种情形下，试图将剩余价值生产理论建立在全部劳动价值理论的科学基础之上，由此来分析研究马克思主义政治经济学问题具有重要意义。继而，马克思力图对政治经济过程作出新的解释。对劳动和资本内在关系的触及，使他能够阐述这一论证体系的科学性，这一体系否定了资本主义，并且确切地指出了过渡到共产主义的必然性。如果就此来研究共产主义理论在时间上的连续性，那么在其科学理论中，研究马克思主义政治经济学概念是通往共产主义乌托邦的必经之路。正是在马克思劳动概念的范围内，在资本主义剥削的条件下，人的劳动活动被否定了，而共产主义社会的劳动思想作为

① Плетников Ю.К.Материалистическое понимание истории и проблемы теории социализма.М:Альфа-М, 2008. с 9.

② Плетников Ю.К.Материалистическое понимание истории и проблемы теории социализма.М:Альфа-М, 2008. с 10.

与之相对应的一种抉择，被确立起来。"[①] 作者继而对政治经济学批判的核心概念——"劳动"进行了诠释，具体分析了劳动与生产关系、劳动成为商品、绝对剩余价值和相对剩余价值的生产、社会劳动的特点等问题。

（三）唯物史观的核心价值及其当代意义

俄罗斯学者对于唯物史观问题的研究，具有独特性。关于马克思主义经典理论的体系，即辩证唯物主义和历史唯物主义的划分和概括，应该说是由苏联时期的马克思主义者完成的，这一体系的划分也是当今教科书所沿用的经典表述。然而当代俄罗斯学者首先就否定了这一传统的教科书模式对人们的误导，同时要求作为实证科学研究的社会学成为一门独立的学科（苏联时期历史唯物主义统摄社会学）。

在《唯物史观和社会主义的理论问题》一书当中，作者普列特尼科夫首先探讨了马克思历史唯物主义的理论体系，指出辩证唯物主义和历史唯物主义的两分法在马克思主义哲学体系的阐释中遇到了巨大的困难。尤其是列宁时期对待历史唯物主义的态度，不过是把自然辩证法附加到社会历史当中，最终导致了历史唯物主义脱离社会学而从属于辩证唯物主义的地位。他在此基础上批判了对历史唯物主义的形而上学态度，即将唯物史观作为经济的一元决定论，在经济基础与上层建筑的关系问题上，划清了唯物史观与经济决定论之间的本质差别，这同时也是对什么是真正的马克思主义的正面回答。在他看来，历史唯物主义的世界观、方法论与马克思的社会学理论在基础上是同一的，社会发展的共同规律是全部社会和整个历史所具有的。相应的历史唯物主义和社会学理论的划分，根据在于引入哲学体系或社会学体系中社会—历史活动共同规律的前后关联不同。但就其本质而言，历史唯物主义首先与社会学紧密相连，而不是从属于哲学体系。他认为，一般的专业社会学包括两个部分，一是理论部分，它完成于经验主义社会学理论研究的直接方法；二是方法部分，包括方法、技术和程序的组织和开展，经验性研究成果的提出和总结。而马克思的社会学理论作为整个马克思主义的核心，突破了专业社会学研究的经验局限性，指向社会—历史发展的共同规律。"马克思社会学理论中的类似问题在某种程度上属于历史唯物主义、政治经济学、艺术学、

---

① Колюнтаев А.П. Трутчеловека в теории марксизма.Путь к коммунистической утопии. М:Компанания Спутник, 2008. с 4.

考古学和历史科学。"①

(四）关于社会主义道路的反思

全面批判、诋毁马克思主义的浪潮已经平息，反思马克思主义与苏联社会主义道路的关联，是大多数学者理论研究的情感诉求和价值关怀，学者们更希望通过对马克思主义的重新阐释，寻找社会主义失败的经验教训，认清俄罗斯未来发展的历史道路。庆祝"十月革命"胜利90周年、卫国战争胜利63周年这一背景，更加推进了关于社会主义道路问题的研究。这方面的代表著作有《列宁的著作〈国家与革命——马克思主义关于国家学说和无产阶级在革命中的作用学说〉及其当代性》、《马克思反对俄国革命》、《唯物史观和社会主义理论问题》、《马克思主义理论中人的劳动：通往共产主义乌托邦的道路》、《国家社会主义》等专著。

《列宁的著作〈国家与革命——马克思主义关于国家学说和无产阶级在革命中的作用学说〉及其当代性》是为了纪念列宁这一著作出版90周年和十月社会主义革命胜利90周年，由俄罗斯联邦共产党出版的小册子。全书分为两部分，第一部分介绍了列宁《国家与革命》这一著作的主要内容及其在当代的积极性意义。第二部分"社会主义：错误与前景"则从俄罗斯联邦共产党的立场，反思并总结了苏联社会主义失败的历史原因和经验教训。作者指出，俄罗斯联邦共产党所面临的危机，使其真正地理解了，什么是社会主义，什么是资本主义；如果共产党人以夺取政权和重建社会主义为目标，那么成功的希望在于自我反思，即重新剖析那些在共产党执政时期所犯下的错误。

作者首先试图重新回到经典理论，对科学在社会发展各个阶段上的作用，以及马克思主义理论的当代意义进行阐释。在此基础上，他指出，社会主义在发展过程中所犯的三个历史错误，即马克思主义经典理论上的教条主义错误、政治和经济政策上的错误、左倾主义立场的错误。在当前俄罗斯，有一部分经济学家提出了摆脱危机的出路在于更大程度地实行市场化和全球化。对此作者指出，俄罗斯是一个自给自足的国家，不需要西方国家在经济上的参与和帮助。在文章的最后"重建社会主义中共产党所面临的任务"中，作者指出，虽然目前共产党不具有代替资本主义掌握政权的可能性，但这并不

---

① Плетников Ю. К. Материалистическое понимание истории и проблемы теории социализма. М:Альфа-М, 2008. с 15.

意味着在将来是不可能的。

在《马克思反对俄国革命》一书当中，作者首先肯定了马克思主义在俄罗斯社会发展过程中的积极作用，阐述了马克思的人民理论、革命理论及其革命价值判断的标准等问题，进而指出了马克思的无产阶级革命理论与俄罗斯民族革命在某种程度上是冲突和对立的。马克思作为俄国村社制度的捍卫者，是反对俄国革命的，而进步的革命理论在模式上具有狭隘性，布尔什维克在民族革命的实践当中，没有尊重俄罗斯的民族自觉意识和民族自决权。

在《唯物史观和社会主义理论问题》一书的最后两章，作者对唯物史观与社会主义前景、资本主义与社会主义道路的抉择等问题进行了研究，将马克思主义的社会—历史本体论导向了社会实践层面，深入挖掘了唯物史观的当代意义。第九章"从资本主义到社会主义"阐述了如下问题：理论和社会实践的统一、社会主义制度下的商品生产和市场、过渡阶段的经济政策、列宁关于完全社会主义的理论。第十章"社会主义与资本主义的抉择"讨论了如下问题：资本主义的自我调节、全球化和反全球化、经济冲突的威胁。最后，作者指出，"国家生产潜力的开发意味着俄罗斯工人阶级的诞生，并形成了一股政治力量，农民阶级作为反对国家发展资本主义的政治武器登上了历史舞台，请不要忽略最重要的——在资本主义之内，生产和再生产关系的统治与压迫在本质上是不可避免的，俄罗斯究竟是否要走这样一条道路？在我看来，答案是否定的。俄罗斯经历了许多苦难才达到了社会主义，最后的发言权应该归劳动人民所有。"[①]

俄罗斯坚定的马克思主义者、莫斯科大学教授吉托夫 2008 年出版了新著《国家社会主义》。作者强调写作该书，第一是为了给社会主义正名，第二是为了指明俄罗斯未来的发展方向。他认为，国家社会主义作为一种社会政治制度的建构，与马克思主义经典作家们对社会主义的论述相一致。他特别指出，列宁曾多次使用这个概念，在列宁看来，垄断资本主义高度发展的生产力水平，加上国家政权由工人阶级掌握，就可以建成国家社会主义。吉托夫教授坚信，在理论指导下的社会主义实践过程中，国家社会主义一定会在未来俄罗斯科学研究社会主义及其前景时，成为最重要的思想理论依据。

---

① Плетников Ю. К. Материалистическое понимание истории и проблемы теории социализма. М:Альфа-М, 2008. с 363.

俄罗斯著名的马克思主义学者 Т.И.奥伊则尔曼在《哲学问题》2008 年第 11 期上发表了文章"马克思主义社会主义（共产主义）理论的双重性"。奥伊则尔曼分析阐述了马克思恩格斯社会主义理论的科学性，即从《神圣家族》、《德意志意识形态》到《共产党宣言》中社会主义理论的提出和发展的内在逻辑。与此同时，奥伊则尔曼也指出了理论向现实转化的曲折性，尤其是列宁领导下苏联社会主义实践的失败。

（作者单位：中山大学哲学系，中山大学教育学院）

中东欧

赵司空

经历了苏东剧变，中东欧的马克思主义至少发生了两个重大变化：第一，前"人道主义的马克思主义者"纷纷走向了"后马克思主义"；第二，新社会运动、法团主义、民粹主义、民主社会主义等左翼运动崛起，民族主义复苏。本文拟从上述两方面作一简要介绍与分析。

一、中东欧的"后马克思主义"

最早提出中东欧"后马克思主义"概念的是阿拉托（Andrew Arato[①]），他在 1983 年就提出了东欧"后马克思主义"的概念，他当时所理解的"后"马克思主义的含义是，"从哲学上而言，后马克思主义是基于对黑格尔和青年马克思首先提出的国家与市民社会关系的再思考。"[②] 其结果就是放弃对马克思主义的"重构"，并力主"超越"马克思主义。剧变后的中东欧马克思主义应该说延续了"超越"马克思主义的路径，本文特别关注赫勒与科拉科夫斯基。

[①] Andrew Arato(1944—)，新学院大学 （New School University） 教授。

[②] Tom Bottomore, Laurence Harris, V.G.Kiernan, Ralph Miliband (ed.), *A Dictionary of Marxist Thought,* Oxford: Basil Blackwell Publisher, 1983, p.319.

（一）赫勒 (Agnes Heller[①])

赫勒的后马克思主义努力在苏东剧变之前就已经开始了，其代表作是《历史理论》；以此为转折，赫勒的后马克思主义越来越具有后现代的特征。

要理解赫勒在"人道主义马克思主义"阶段之后的理论变化，首先需要弄清她所理解的后马克思主义与后现代的关系。在赫勒那里，后现代理论构成了其后马克思主义的理论基础，后现代理论总是以后现代的乌托邦形式出现，后现代的乌托邦将马克思主义与后现代性联系起来。赫勒的后现代乌托邦体现在一系列的著作中，例如《超越正义》、《道德哲学》、《碎片中的历史哲学》、《现代性理论》等等。其中，《超越正义》可以看作是其乌托邦理念的集中阐述，而《现代性理论》则是其后现代理论的集中阐述。

赫勒在 2000 年发表了《正义的复杂性——21 世纪的挑战》。该文从后现代的视角对正义问题进行了更为深入的反思，并再次重申了她对正义和后现代性的理解，实际上是其后现代乌托邦思想的深化。赫勒指出，1989 年之后我们就生活在了 21 世纪。这是一个后现代的阶段，即对现代性进行反思的阶段，其中包括对现代性的政治的反思。她认为，"现代政治学最伟大的创造就是自由主义和民主的结合。"[②] 个人的自由是自由主义的核心价值，而政治平等则是民主的核心价值。她所要考察的重点正是二者的冲突与平衡。

她指出，民主与自由主义的冲突发生在现代社会的三个领域：私密关系、个人隐私和政治领域。宏大叙事的乌托邦图景预言：未来社会中，伦理将取代法律，例如卢卡奇就持此观点；而后宏大叙事的思想家，例如，哈贝马斯则预言相反的未来图景。赫勒反对卢卡奇的做法，或者说反对宏大叙事的未来预言，因为，在她看来，伦理取代法律突出了本质主义的绝对胜利和多元性的消失，或者至少是不同文化之间交流的最终崩溃。同样，她也反对相反的做法，即用法律规范取代伦理规范。在她看来，如果这一趋势发展下去，其结果仍将是，"通过生活的同质化而导致现代人的自由的终结。"[③] 法律规范的过度强化，例如，法律闯入家庭关系、私密关系等，将会导致传统美德、风俗，

---

① Agnes Heller(1929—)，卢卡奇的学生；前"布达佩斯学派"的核心成员。

② Agnes Heller, *The Complexity of Justice- A Challenge of the 21st Century*, in *Ethical Theory and Moral Practice* 3, 2000, p. 252.

③ Agnes Heller, *The Complexity of Justice- A Challenge of the 21st Century*, in *Ethical Theory and Moral Practice* 3, 2000, p. 259.

例如优雅、谦恭等也将逐渐消失……或者说，人类所具有的细微差别都被法律同质化。

在法律和伦理权力之外，赫勒承认道德权威(moral authority)的力量。道德权威使人成为"正派的好人"，而所谓正派的好人是指，"他或她宁愿遭受不公正（错误的）也不会行使不公正（错误的）。"① 具有道德的人"为世界负责"②，因此，他们建议伦理权力的多元化，而不是被某种权力所决定。"道德既不为自由主义精神或民主精神所决定，也不为伦理或法律所决定。它可以将它们作为拐杖，但是它也可以质疑它们的内容、形式及其有效性。"③ 由此可见，道德有利于恢复民主精神和自由主义精神之间的平衡，而"法律的伦理权力是借来的权力。"④

赫勒认为，从后现代的视角来看，即使道德具有平衡的作用，但是，它也不再具有总体性意义上的决定作用，一切都是人们自己的选择，根据具体的时间、地点、事件……人们可以做出不同的选择，民主精神和自由主义精神只是拐杖。二者的冲突达成了平局，"没有损失就没有收获(There are no gains without losses)。但是，可能有更富有吸引力的收获和更糟糕的损失。"⑤

法律能在多大程度上进入人们的生活，道德的权力应该大或者小……这都是一些无法回答的问题。"最重要的是，对于上面的问题没有一个统一的答案。这是道德的反讽，即一定没有一个定论(last word)。在此事件中，没有真理，也没有预言。"⑥

由此可见，在关于自由主义与民主的讨论中，赫勒仍然贯彻着她的后现代理论框架；多元性、非同质性、个人的道德选择等等，都是她所强调的价值

---

① Agnes Heller, *The Complexity of Justice- A Challenge of the 21st Century, in Ethical Theory and Moral Practice 3,* 2000, p. 261.

② Agnes Heller, *The Complexity of Justice- A Challenge of the 21st Century, in Ethical Theory and Moral Practice 3,* 2000, p. 261.

③ Agnes Heller, *The Complexity of Justice- A Challenge of the 21st Century, in Ethical Theory and Moral Practice 3,* 2000, p. 261.

④ Agnes Heller, *The Complexity of Justice- A Challenge of the 21st Century, in Ethical Theory and Moral Practice 3,* 2000, p. 262.

⑤ Agnes Heller, *The Complexity of Justice- A Challenge of the 21st Century, in Ethical Theory and Moral Practice 3,* 2000, p. 263.

⑥ Agnes Heller, *The Complexity of Justice- A Challenge of the 21st Century, in Ethical Theory and Moral Practice 3,* 2000, p. 263.

理念。这一思想并不是新创，而是 20 世纪 80 年代左右以来其思想的一个具体应用。不难发现，赫勒的后现代"乌托邦"理念仍在建构中，而其核心仍然是成为一个"好人"，而且是自我选择的"好人"，这是她早在《超越正义》中就已经强调的。

总体而言，赫勒对后现代性持赞成的态度，同时，她并不主张后现代的极端消极性和解构性，而是渴望构建一个后现代的乌托邦，这个乌托邦正是一个真、善、美的结合体。或者说，真、善、美本身为赫勒的后现代理论构建了一个总体性的框架，但这个框架却是松散的，没有清晰的边界，却有着模糊的边界的光影；赫勒也不想使这一思想体系化，这也正符合她自己所宣称的后现代式的理论态度。

（二）科拉科夫斯基（Leszek Kolakowski[①]）

科拉科夫斯基同样也在苏东剧变前就走向了后马克思主义。2003 年 11 月 5 日，科拉科夫斯基在获得第一届"克鲁奇人文与社会科学终身成就奖"(Kluge Prize) 时的发言，可以看作是他最近公开做出的关于其一生最有价值的学术思想的重申与概括。

科拉科夫斯基的发言题目为"过去意味着什么？"("What the Past Is For"[②]) 其中包含着他对待马克思主义和后现代主义的态度。

1. 反对"历史规律"

科拉科夫斯基认为，历史知识与我们的生活从来都不是不相干的。至少，我们是过去时代的文化继承者。为了意识到我们的身份，我们需要了解过去人的历史；在同样的意义上，我自己的记忆建构了我个人的身份，使我成为一个人类主体。

尽管历史对于我们而言不是"无"，但并不是意味着存在着一般的历史规律，相反，历史只是关心特殊的、独一无二的、不可重复的事件。"相信历史规律是黑格尔主义和马克思主义的妄想。"[③] 科拉科夫斯基认为，人类历史是不可预见的事件的集合，人们能够很容易地指出，很多决定人类几十年或几百年命运的决定性因素完全可能以不同的方式发挥作用，而这些决定性因素并没有多大必然性。

---

① Leszek Kolakowski（1927— ），波兰"人道主义的马克思主义"的核心人物之一。

② http://www.loc.gov/loc/lcib/0312/kluge3.html.

③ http://www.loc.gov/loc/lcib/0312/kluge3.html.

在科拉科夫斯基看来，即便将"历史规律""软化"为一种"趋势"也是错误的。他认为，这种将"规律"转变为"趋势"的做法经常用在马克思主义的理论中，其意识形态意义就是：未来的事件据说可以根据"科学的"基础来预测。但是，科拉科夫斯基却认为，证据表明，马克思或者后来的马克思主义者所做的预言都是错误的，因为社会在完全不同的方向上发展：中产阶级并没有如同马克思主义所预言的那样逐渐减少或消失，而是越来越多；市场远不是技术发展的障碍，相反，却是最有力的刺激因素；工人阶级相对的和绝对的贫困化并没有出现；被认为是导致资本主义崩溃的原因的利润率的下降被证明是无效的希望；工人和资本家的冲突所导致的无产阶级的革命从没有发生。在科拉科夫斯基看来，俄国革命无论如何都不是这样的革命；至少在概念上最接近这种革命的是 20 世纪 80 年代早期发生在波兰的工人运动，这一运动旨在反对国家社会主义，在伴随教皇祝福的十字符下执行。

2. 反对后现代主义

科拉科夫斯基不仅反对"历史规律"，反对马克思主义关于未来的预测，同时也反对后现代的虚无主义观念。

他指出，现今还有一种虚无主义的历史方法。这是后—尼采哲学的信仰，也就是后现代主义。这种理论认为，"没有事实，只有解释。"

科拉科夫斯基认为，在一种意义上，这显然是正确的，但在另一种意义上，这又是荒谬而且危险的。显然正确是指：任何关于事实的描述，即使是最简单的，也包含着整个人类文化史，例如，"今天早上，即 2003 年 10 月 29 日的早上，我早餐吃了酸奶。"这句话包含着：欧洲的日历；包含着早餐和酸奶的概念，这都是人类的发明。我所使用的语言是人类历史的结果，在这一意义上，无论我何时使用它，我都是在解释世界；因为世界从未直接地、赤裸裸地、纯粹地向我们显示它自己；我们总是通过我们的文化、我们的历史和我们的语言间接地感知它。而荒谬且危险的意思是指，既然历史知识被认为包含对事实和已经发生的事情的描述，那么，没有事实的观念在通常意义上就是指：解释不是依赖事实，而是相反；事实是由解释创造的。科拉科夫斯基举例，如果"我"从商店偷了一瓶酒，却说，"K 先生偷了一瓶酒"将是创造事实的解释；事实本身并不存在。因此，如下表述，"K 先生犯了偷一瓶酒的罪"或"K 先生应该为他的罪行受到惩罚"就与事实无关；它们仅仅是解释的一部分。换句话说，道德判断的概念，因此也包括善与恶的概念都是空洞的；它们并不指称任何经验的事实，而仅仅根据先验的概念框架来判断事实，但是此概念框架又是我们自己建构起来的。由此，"没有事实，只有解释"的理论取消了人类责任和道德判断的理念。从知识方面而言，它将所有的神话、传说或预言看作是如同我们根据历史调查而确证的事实一样具有有效性；从认识论方面而言，任何神话故事如同任何历史地建立起来的事实一样是善的。这样一来，就没有了建立真理的有效准则；因此，也就没有了真理。在科拉科夫斯基看来，这样一种理论显然具有灾难性的文化后果。

因此，科拉科夫斯基认为，"没有事实，只有解释"的理论应该作为反启蒙运动的东西而加以拒绝。我们必须保持传统的信念，即由无数独特事情交织在一起的人类历史、真实发生的事情的历史是我们每个人，即人类主体的历史；然而，关于历史规律的信念则是臆造之物。历史知识对我们每个人都是重要的。我们必须将历史作为我们自己的东西吸收进来，包括所有的恐怖和畸形，以及它的美丽和光彩，它的残忍和迫害以及人类身心的杰作；如果我们想要了解我们在宇宙中的恰当位置，想要知道我们是谁以及应该如何行动，那么，我们必须如此做。

在这篇发言中，从否定的意义上，我们看到了科拉科夫斯基对"历史规律"，对马克思主义关于未来预言，以及对后现代主义的反对，同时，从肯定的意义上，我们也看到了科拉科夫斯基对历史的客观态度，以及对道德责任的强调。

由此可见，作为经历了苏东剧变，并且跨进了 21 世纪的前"人道主义的马克思主义者"，直面后现代思潮是他们不可回避的理论问题，同时，早年的"人道主义"传统在他们选择自己的立场时仍然具有决定性的作用，那就是强调道德责任。不仅如此，他们都拒斥同质化的卷土重来，表现在赫勒处是肯定后现代性，表现在科拉科夫斯基处是否定"历史规律"，这无疑延续了批判苏联模式社会主义的传统。

赫勒与科拉科夫斯基是当时最具代表性的"东欧马克思主义"理论家，如今依然活跃。其实，国内熟悉的波兰社会主义斗士、人道主义马克思主义理论家沙夫 (1913—2006)，也吸收了后马克思主义。沙夫在苏东剧变后的主要理论，国内已经有了不少研究，此处不再赘述。苏东剧变后，与赫勒和科拉科夫斯基一样，沙夫同样地对马克思主义产生了质疑，认为马克思主义本身并不包含对新出现的社会问题的解释和答案，但沙夫对社会主义本身仍然充满希望，寄希望于建立新型的社会主义。

二、左翼活动及相关思潮情况

今日中东欧特别是东欧，左翼活动及相关思潮方面出现一些新情况，诸如法团主义、新社会运动、民族主义、民粹主义等等，都卷入左翼活动。

（一）法团主义

作为一种新的市民社会理论，法团主义在中东欧引起了广泛的关注。法团主义主张劳动（工会）、资本（雇主协会）和政府三方的利益协调与共谋，主张政府的积极介入。不过，在三方的利益协商过程中，劳动与资本是作为市民社会方与政府发生关系的，市民社会的作用应该被强调，以至于在与政府的利益协商过程中可以形成相当的支配作用，而不是附属于政府。

正如戴维·奥斯特所指出的，作为与新自由主义、民粹主义相并列的法团主义，其有关中东欧未来社会的预想，是值得期待的。

奥斯特区分了关于中东欧未来社会的三种预想：资产阶级—自由主义的，也称为新自由主义的；民粹主义的；社会—民主法团主义的 (social-democratic corporatist)。其中，新自由主义的观点是：国家社会主义的经济必须尽快地转变为资本主义的市场经济，实现私人所有权和资本的自由流通。新自由主义者主张削减开支，例如削减对食品、住房、医疗和亏损国有企业的补贴，要改变人们习惯于向政府寻求援助的习惯，要对私人投资者，尤其是国外投资者实行减免税，以促使国有企业的快速私有化……他们认为，即使这些措施造成极大的社会代价，但是如果不这样做，其最终代价将会更大。民粹主义批判新自由主义的观点，认为：东欧是作为乞丐而不是作为领导者融入世界经济的，自由主义的方案将会带来危险的经济衰退，带来大量的失业、农业危机等，它将毁坏已有的社会联系并由此威胁到整个国家结构。"民粹主义不反对强硬的政府，只要它服务于民族国家 (nation-state)。'民族国家'和'人民'，而不是国民生产总值或国外投资或自我管理，是民粹主义者的首要价值。"[①]社会—民主法团主义则对新自由主义和民粹主义采取了批判与兼收并包的态

---

① David Ost, *The Politics of Interest in Post-Communist East Europe,* in *Theory and Society,* Vol. 22, No. 4(Aug., 1993), p. 476.

度。"社会民主法团主义的方法共享自由主义者的以下观点，即大规模的工业化仍然最为重要，同时，他们也赞同民粹主义的观点，即要致力于社会代价的最小化。"[1] 同时，法团主义者还从伦理和经济两方面批判了新自由主义的观点，认为，在转型过程中工人不应该被忽略：从伦理角度而言，工人不应该为了一个未来的阶级做出牺牲；从经济的角度而言，工人的参与能够促进经济的增长，相反，如果没有工人的参与，劳动生产力和出口领域都无法得到提高。因此，他们主张提高工人的福利。

法团主义在中东欧的出场并不仅仅限于转型初期，即使在最近几年，它仍然受到学术界的关注。例如，有学者对波罗的海三国、斯洛文尼亚、维斯格拉德集团进行考察等等[2]。随着金融危机波及全球，中东欧的法团主义将引起更大的反响。

（二）新社会运动

与法团主义一样，新社会运动同样植根于市民社会。

根据阿拉托的分析，在转型前后的中东欧，新社会运动已经如同雨后春笋般地涌现出来了。这些新社会运动包括生态运动、青年运动、以及和平主义运动等，其中，生态运动作为新社会运动而获得了成功，因为，它不仅将青年，而且将民主反对派和民粹派都包含进来。

21世纪对中东欧新社会运动的分析仍然集中于生态运动，其中一个新的特征就是转向了对乡村生态运动的关注[3]。

根据格拉奇（Krzysztof Gorlach[4]）等人的分析，中东欧乡村的新社会运动追求动物福利、乡村的可持续发展，这些主要团体包括：其一，由追求生态

---

[1] David Ost, *The Politics of Interest in Post-Communist East Europe,* in *Theory and Society,* Vol. 22, No. 4(Aug., 1993), p. 476.

[2] 参阅 Terry Cox, *Democratization and State-Society Relations in East Central Europe: The Case of Hungary,* in *Communist Studies and Transition Politics,* Vol.23, No.2, June 2007, p.276-295；Igor Lukšič, *Corporatism packaged in pluralist ideology: the case of Slovenia,* in *Communist and Post-Communist Studies,* Volume 36, Number 4, December 2003；Dorothee Bohle & Bela Greskovits, *Neoliberalism, embedded neoliberalism and neocorporatism: Towards transnational capitalism in Central-Eastern Europe,* in *West European Politics,* Vol. 30, No. 3, 443-466, May 2007。

[3] 参阅 Krzysztof Gorlach, Michal Lošták, Patrick H. Mooney, *Agriculture, communities, and new social movements: East European ruralities in the process of restructuring,* in *Journal of Rural Studies* 24 (2008)。

[4] 波兰雅盖隆大学（Jagiellonian University）社会学研究所教授。

平衡、景观恢复、支持社区生活和生物—有机农业的成员所构成的团体。他们寻求能使社区保持独立的生产和消费体系，努力通过大众媒体来影响决策者。其二，乡村政治化背后的这一团体包括两类乡村居民。第一类是抵制城市化压力的传统的乡村人和较老的人。这不是一个大的团体，但他们提供合法性、符号资本和鼓舞。第二类包括中等规模的农民，他们保留着一些传统乡村人和乡村文化的痕迹。为了沟通传统与现代农业模式，他们强调多元性和多功能的乡村发展。其三，非—农业的乡村居民。他们也可能是最具有自我意识的行为者：有意识地为"新—乡村主义复兴"(neo-ruralist renaissance) 做出贡献。这些乡村居民更年轻，接受过较高的教育，往往出生在城市。他们选择乡村，认为这是一种城市中没有的生活方式，他们到小型的农场从事文化和艺术活动，或者经营餐馆，等等。他们创建了乡村和城市文化的新融合。在捷克，他们比传统的乡村人较少宗教性，但他们对哲学、艺术和诸如动物福利这种看不见的价值更加感兴趣。他们谦虚地生活，带有强烈的生态和社区倾向。他们好客、乐于助人、创造了友好的社区关系，并为社区利益而工作。有时候他们也意识到乡村社会缺乏自由，就这一点来说，他们不是浪漫主义者，但也乐意利用现代交流方式来宣传他们的兴趣。

不过，具有讽刺意味的是，匈牙利乡村新社会运动最有意思的要素之一植根于对 20 世纪早期的民间文化的再发现。而对民间文化的再发现，一方面体现了对一种传统生活方式的怀念，另一方面也成为"文化经济"的一部分，成为经济资本以及社会和文化资本积累的来源。

尽管中东欧的新社会运动没有核心的领导，没有统一的意识形态或哲学，但却反映了一种全异的"乡村保护"。中东欧所出现的动物福利保护，反映了"后—物质主义"在中东欧的出现，这说明，中东欧相对落后的经济状况并没有阻碍与新社会运动相适应的新的价值观念的形成。

中东欧的乡村新社会运动至少具有两个值得注意的特征：第一，文化或意识形态的悖论，即一方面对传统的乡村生活方式怀有强烈的乡愁情结；另一方面却又将这种乡愁文化资本化。这说明了乡村新社会运动在资本主义化的中东欧乡村的尴尬与困窘。第二，一定的"后—物质主义"倾向，这也许可以帮助被复兴的传统文化克服其变成资本文化的困境，但是，在资本主义建设过程中，"后—物质主义"的意识形态不可能成为主流，但也许能够像"共产主义的幽灵"一般地发挥其批判资本主义的作用和功能。

（三）民族主义 [1]

民族主义问题是中东欧长期以来存在的敏感问题。在这一地区，被压迫的民族主义的一点火花就可能很容易地蔓延成种族冲突的大火。比如，以往对中欧民族主义的研究往往将"民族主义"看作为"种族排他主义"、"种族中心主义"、"沙文主义"，或者甚至"暴力冲突"的同义词。但是，斯蒂凡·奥尔（Stefan Auer[2]）在其 2004 年出版的《中欧的自由民族主义》（*Liberal Nationalism in Central Europe* ）一书中指出，将民族主义看作是有害于民主的力量，这一观点是错的，相反，民族主义不仅可以在稳定的、自由的民主体制下起重要作用，而且还可以在不稳定的民主体制下起重要作用，后共产主义的中欧就是一个例子。他将研究范围集中在波兰、捷克共和国和斯洛文尼亚。

奥尔的分析指出，民族主义的政策随着时间的演变，已经发生了很大的变化，甚至在本质上是不宽容的和恐惧外国人的国家——波兰和斯洛伐克，以及在经常被描述为具有攻击性的国家——捷克共和国。他还指出，共产主义的力量，尽管名义上只对国际主义感兴趣，但是有时候也会应用民族主义的演讲以论证其合法性。换句话说，民族主义被用来论证左翼和右翼独裁的合法性，也被用作论证民族解放的工具。

奥尔分析了 19 世纪和 20 世纪的政治家、理论家和批评家：波兰的米奇尼克（Adam Michnik）和库容（Jacek Kuron），捷克人马萨克（Tomas G. Masaryk）、哈维尼塞克（Karel Havlicek）、哈维尔（Vaclav Havel）和帕托卡（Jan Patocka），以及斯洛伐克人斯图尔（Ludovit Stur）和斯麦卡（Martin Simecka），并认为，米奇尼克和哈维尔这种具有自由主义思想的知识分子和社会批评家并不缺乏自由民族主义的政治和道德敏感性。不过，米奇尼克和哈维尔远不是传统的民族主义者，他们都是批判的知识分子，都将道德的普遍主义置于政治地方观念和道德地方主义的自私的和自我中心的关怀之上。但是，米奇尼克和哈维尔又成功地调和了他们的自由主义、国际主义与怀疑的爱国主义，在后者的指导下，他们特别关注各自国家的历史创伤和痛苦。

---

① 参阅 Leonidas Donskis, Peter Vermeersch 和 Russell F. Farnen 为 *Liberal Nationalism in Central Europe* 所写的书评，来源分别是 *Stud East Eur Thought* (2007) 59, *Europe-Asia Studies,* Vol. 57, No. 3(May, 2005), *Slavic Review*, Vol. 64, No. 3 (Autumn, 2005)。

② Stefan Auer，澳大利亚墨尔本拉筹伯大学 (La Trobe University) 讲师。

（四）民粹主义

极端的民族主义往往被看作是民粹主义，但民粹主义又有自身的特征。中东欧的民粹主义在近年再次引起学术界的关注。2008年，《后共产主义问题》和《共产主义与后共产主义研究》都设置了民粹主义专栏，研究前苏联社会主义国家和中东欧国家的民粹主义问题。这些文章普遍认为，民粹主义正在转型后的中东欧国家抬头，并且将会威胁中东欧的民主化进程。

伯格里克（Bojan Bugaric①）分析指出，作为一种意识形态，民粹主义认为，社会最终将被分裂为两个同质的、但却敌对的集团，即"纯粹的人民"与"腐败的精英"；政治应该是"公意"(volonte generale)的表达，所以，民粹主义主张平民民主的绝对优先性，并强烈地反对精英主义。然而，民粹主义的意识形态同时又是模糊的和道德说教的，因此很容易被任何形式的意识形态制度化，不论这种意识形态是左的还是右的。因此，他认为，民粹主义最让人不安的地方在于，它持续地攻击自由民主的法律制度。"民粹主义对民主制度的蔑视不仅限于宪法法院和法官。同样令人不安的是它们对待专业的市民服务、独立的大众媒体和独立的反—腐败委员会的态度。"② 只有强大的、独立的，并且是专业的法律制度以及对法律的尊重才会战胜民粹主义，并促进这一地区的民主化进程。

除此之外，还有一个有趣的现象是，很多学者都对欧盟寄予厚望，希望欧盟能够帮助中东欧国家战胜民粹主义对中东欧自由—民主制度的威胁。

当然，法团主义、新社会运动和民族主义、民粹主义还不足以全面概括转型后中东欧的左翼运动，但这四个方面无疑是非常重要的，它们一方面体现了中东欧特殊的历史经历，另一方面也体现了在追求民主的道路上，中东欧正在经历的新的现实历程，中东欧正在经历向西方发达资本主义靠拢。这一新的现实背景使得市民社会、法团主义以及后—物质主义等盛行。虽然由于特殊的历史背景，马克思主义在转型后的中东欧仍然处于被"回避"或者说被"遗忘"的状态，但种种情形表明，马克思主义传统在中东欧依然在发挥作用。

（作者单位：上海市社会科学院哲学所）

---

① Bojan Bugaric（1965— ），斯洛文尼亚卢布尔雅那大学 (University of Ljubljana) 法学院副教授。

② Bojan Bugaric, *Populism, liberal democracy, and the rule of law in Central and Eastern Europe,* in *Communist and Post-Communist Studies* 41 (2008), p. 195.

意大利

李凯旋

意大利马克思主义研究较多地依赖左翼联盟或新左翼政党，成果大多呈现在左翼政党的党刊中；一些高校和研究机构也为马克思主义的相关研究提供了一定空间。2008年，由意大利重建共产党、共产党人党和绿党组成的"彩虹左翼"联盟在大选中惨败，意大利的左翼活动受挫。但在金融海啸的影响下，意大利兴起了一场通过怀念马克思而强烈批判自由放任资本主义制度的风潮；葛兰西研究所以及其他一些左翼研究机构和协会组织了不少介绍左翼运动的讲座或专题研讨会；著名的马克思主义研究学者在2008年的著述较为丰富。以下从学术活动、学术著作和代表论文三个方面来介绍2008年意大利马克思主义的研究情况。

一、学术活动

葛兰西研究所在2008年主办或参与组织了多场关于马克思主义的研讨会或相关书籍推介会。其中影响比较大的有：2月15日举办的《意大利共产党和斯大林主义：1961年的辩论》一书的推介活动；2月26日与国际政治研究中心、国家发展协会合作组织的以"危机背景下的欧洲：可能扮演的角色"为议题的研讨会；3月13日—14日与欧洲意大利协会合作推出的"欧洲社会的民主：根基与未来"讨论会；12月4日—5日与那不勒斯东方大学合作组织的"马克思与葛兰西：反思哲学与政治学"研讨会等。

利维奥·马伊坦研究中心（Centro Livio Maitan）和左翼批评协会（Sinistra Critica）[①] 联合推出了"革命是一所学校：九大工人运动史"的系列讲座。其中2008年的讲座是"第一国际和第二国际"以及"苏俄革命"；而"反官僚主义"、"中国革命"、"民族解放斗争"、"古巴和拉美革命"以及"1968年"则被安排在2009年的上半年。

菲利普·博纳罗迪中心（Centro Filippo Buonarroti）[②] 在2008年也举办了多场讲座，如"科索沃问题的政治与历史根源"、"从斯大林到列宁：反革命的国际因素与民族因素"和"国际政治局势与大国关系"等。

2008年3月11日，为纪念马克思逝世125周年，该中心联合米兰比可卡大学哲学系和资本主义研究所（Istituto di studi sul Capitalismo）[③] 在米兰举办了"马克思和历史（Marx e la Storia）"学术研讨会。米歇尔·伏维尔（Michel Vovelle）[④]、吉安圭多·曼茨里（Gianguido Manzelli）[⑤]、马里奥·琴格里（Mario Cingoli）[⑥]、焦尔焦·加利（Giorgio Galli）[⑦] 和卡尔罗·安东尼奥·巴尔贝里尼（Carlo Antonio Barberini）[⑧] 等与会专家就"卡尔·马克思与法国大革命（Karl Marx e la Rivoluzione francese）"、"马克思、恩格斯和历史唯物主义思想——从《德意志意识形态》到《共产党宣言》（Marx，Engels e la concezione materialistica della storia, dall' Ideologia tedesca al Manifesto）"、"《1844年经济学哲学

[①] 该协会所在地为罗马，原意大利重建共产党（Partito della Rifondazione Comunista）内部的一支，即艾莱（Erre）。在意大利重建共产党的第六次大会后以协会形式独立，在2007年12月成为一股自主的政治运动流派，并以共产主义、马克思主义、女权主义生态主义和反资本主义为指导思想。

[②] 左翼研究机构，在意大利米兰，主要研究方向为马克思主义、国际政治、工人运动史等。

[③] 该研究所在意大利的热那亚，主要研究经济史和经济学理论，政治流派、哲学和科学的历史，国际关系史，世界主要国家的政治、社会和文化史以及国际工会和工人运动史。

[④] 巴黎第一大学教授。

[⑤] 意大利帕维亚大学教授，主要研究方向为匈牙利文学、哲学

[⑥] 米兰比可卡大学哲学系教授，研究专题有：黑格尔和黑格尔派，马克思、恩格斯和马克思主义，唯物主义传统等。

[⑦] 米兰大学政治学教授，意大利最重要的政治学家之一。主要著作有《欧洲政党的历史》（1990年），《意大利的政党》（1991）等，多篇评论发表于意大利著名期刊《展望》。

[⑧] 菲利普·博纳罗迪研究中心。

手稿》中的历史唯物主义起源（Genesi del materialismo storico nei Manoscritti del '44）"、"马克思和20世纪的历史（Marx e la storia del XX secolo）"、"作为自然历史进程的社会经济的形成发展（Lo sviluppo della formazione economica sociale come processo di storia naturale）"等议题进行了专题发言。下面特别介绍一下巴尔贝里尼和琴格里的发言。

　　巴尔贝里尼发言的题目是"作为自然历史进程的社会经济的形成发展"。他首先根据马克思《资本论》中的一些重要观点和关键性论断，提出"社会经济的形成发展如同自然历史的进程"的观点。这个论断事实上包含了历史唯物主义的思想和政治经济学的决定性因素。巴尔贝里尼认为，马克思、恩格斯还有列宁的马克思主义理论注重的是资本主义发展和扩张的理论特色，而并非像马克思主义的众多追随者们所执拗地理解的那样——即把马克思主义看成是资本主义的危机理论。巴尔贝里尼赞同马克思在《资本论》第一章中对资本主义为何可以在欧洲实现的论述：封建统治体系的瓦解和大量自由可支配的"无产者"被由商人、银行家和大土地所有者所构成的资产阶级雇佣——这就是被马克思称为"原始积累"的历史进程。其次，他认为马克思主义的影响是极为深远的，因为它颠覆了世界历史的进程，使西方走向衰落，使亚洲——像中国和印度——开始崛起。马克思主义认为过去欧洲的优势不过是资本主义相对于前资本主义关系的优势，但随着亚洲走向资本主义，其人口优势便开始凸显。而中国的发展也不是难解之谜，这是改革之中农民阶层瓦解的结果：中国每年有1000万农民——他们之前自给自足——成为制造无穷无尽的剩余价值的无产阶级，这和二战以后意大利、德国、日本"经济奇迹"的原因如出一辙。

　　琴格里发言的题目是"《1844年经济学哲学手稿》中的历史唯物主义起源"。文章一开始便指出，在《1844年经济学哲学手稿》完成的前一年，马克思受费尔巴哈影响写过一篇关于黑格尔的批评文章，认为黑格尔颠倒了主客体位置，即把实在的个体而不是普遍规律视为基础。而在《手稿》的最后一部分（按照编辑的顺序，即《对黑格尔辩证法和一般哲学的批判》），马克思重申了对黑格尔的批判，但也指出费尔巴哈不应该全盘否定黑格尔的辩证法。马克思融合了费尔巴哈和黑格尔的观点：首先肯定了费尔巴哈的"人是一种客观存在，是自然的一部分"，同时，通过黑格尔的辩证法，认识到人是一种有能动性的自然存在，能够进行劳动。而劳动这个概念恰恰是连接自然与历史的关键点：通过劳动与不断的实践，具有能动性的人一边改造自然，一边建立和他人之间的社会关系，构建自己的历史。从这里可以看到自然存在的客观主义和主观主义的统一，这预示了《费尔巴哈提纲》和后来的《德意志意识形态》中的思想。琴格里最后总结，经济在决定社会运行中的作用是显著的，因此，了解社会必须研究经济，必须研究异化的劳动和私有财产之间的正确关系，即前者决定后者。

二、学术著作

2008 年，著名学者姜弗朗科·拉·格拉撒（Gianfranco La Grassa）出版了《金融与权力》(Finanza e Poteri) 一书。该书指出，如今人们经常谈论资本的金融化以及它过大的权力，也许是因为从这一过程中看到了一场迫近的灾难性危机。但是，金融只是导致统治集团之间霸权冲突的一个因子，而且它也无法独立存在。金融资本标志着不同政治战略和政治力量之间正在以金钱为武器进行的较量。如果我们想要理解那些打上资本主义烙印的不平衡和危机，就得走进金融与政治错综复杂的关系网中，就得深入那些预示着整齐划一的权力的战略理性和以经济的短暂利益为目标的工具理性之间的矛盾中。

《佛罗伦萨的社会主义：从解放到政党危机（1944—1994）》（Socialismo fiorentino. Dalla Liberazione alla crisi dei partiti〈1944-1994〉）再现了佛罗伦萨从解放开始一直到 20 世纪末的社会主义历史，但此书并不是一部地方志，因为佛罗伦萨的政治生活一直交织在意大利的国家和地区的重大事件中，这些事件又催生了意大利更广阔更具有意义的斗争。在这些斗争中，社会主义党发挥了决定性的作用。在共和国的前五十年，社会主义党与全国最老练的政治、文化力量和思想流派进行交锋。本书展现了社会主义党的自我反思，展现了一个微观的核心世界，以及意大利的社会主义运动史。

多梅尼克·洛苏尔多（Losurdo Domenico）的新著《斯大林，历史和一段黑色传奇的批判》在大量历史素材的基础上，展开了对斯大林神话的分析，向我们展示了斯大林一生的起伏。洛苏尔多认为，斯大林是血腥的独裁者，也是一个广袤无际的帝国的统帅、古拉格的创立者和拉吉尔纳粹的帮凶，是社会革新理想者们的愤世嫉俗的操纵者，是史无前例的个人崇拜对象。

卢奇亚诺·坎弗拉（Luciano Canfora）在其新著《民主：一种意识形态的

历史》中指出，民主是一种延展性很强的观念，它塑造了欧洲的历史。通过回顾从英国革命到法国大革命，从第一次世界大战到冷战，再到柏林墙倒掉的这些年来西方形成并一度坚持的意识形态，坎弗拉提出了自己的论点：竞选机制远远不能代表民主，因为，在如今这个日益奢华的世界，选举机制凭借其巨大的影响而赢得了自由，但民主却由此被推延至了未来的时代。

安东尼奥·奈格里（Antonio Negri）在其政论文集《从工厂到大都市》(Dalla Fabbrica alla Metropoli) 中认为，大都市就是某种持续运动的资本，它疯狂地对劳动力进行剥削。但同时，人民群众在大都市里再次占据了劳动生产的智能资本和创造的城镇；无论在理想中还是在现实中，非物质劳动和生产过程中有识的人民群众之霸权，都在这里被重新确立，就像共产主义运动曾一度在工厂中建立了工人的霸权一样。其中包含着热爱自由的人们的政治决定。如今每场对于城市的批判，都是对一连串斗争的概括与定义：大都市就是人民群众，人民群众就是大都市。

三、代表性论文

阿尔多·托尔托雷拉在意大利大选期间刊出专文《民主主义者的卫士》[①]。该文认为美国经济危机的蔓延正是自由主义政治实验的最现实、最严重的失败。自由主义始于20世纪80年代，它取代保守主义成为人们新的信仰，但它却"看不到"资本主义机制内部的不公正和本质上的畸变。自由主义赋予"市场"以人性，使之成为被膜拜的对象。但市场的"自发才智"若不加以留意便会走向愚昧，甚至走向欺骗和诡诈，例如，美国次贷危机中的"金融产品"、"基金"都是骗局。美国（和很多其他发达国家）大部分陷入贫困的中产阶级和劳动者，都涉入了抵押领域，并承受了它灾难性的后果。自由主义政治建立在（对富人）减税和放宽调控以有利于投资的基础之上——从前是为了支撑在军费上的庞大开支，如今是为了维持经济运行以避免国有资金大量流向

---

① Aldo Tortorella(1926-),La retroguardia dei democratici: Critica Marxista 1-2008. 他 20 世纪 40 年代参加过意大利抵抗运动，后来加入意大利共产党；曾任意共杂志《马克思主义批评》主编，现任意大利左翼革新协会（Associazione per il Rinnovamento della Sinistra）主席。

银行，从而堵住银行的缺口。

托尔托雷拉指出，自由主义政治根本不是所谓的超越公共干涉。恰恰相反，它是要通过对国家和社会积累的财富的使用来维护现有的社会秩序和等级：即少数人愈来愈富有，多数人愈来愈贫困。托尔托雷拉认为，不能取消国家调控，以向自由主义投降，因为自由主义以虚伪开端，以失败告终。他认为，减税、削减公共支出——私人的投资增加——就业率升高——再提高税收是一个恶性循环。这个恶性循环在美国已经形成一个无底洞。对富人减税，不仅助长了不公正，而且也并未像弗里德曼及其追随者们所预言的那样增加了投资。为了刺激经济，美国实行了军事凯恩斯主义，然而却导致赤字激增、债台高筑。中国、日本、印度等国大量流入美国信贷市场的资金都不足以挽救其颓势。因此，美国国内物价上涨，劳动者和中产阶级陷入贫困，进而致使其国内市场萎靡，这些问题不仅仅是日益棘手的国际问题导致的。

由此，托尔托雷拉坚称意大利不应重复过去以效法美国。然而，美国的"恶性循环"状态却得到了意大利民主党的捍卫，并激发了他们去模仿的灵感。托尔托雷拉进而指出，在意大利大选中所谓的两党制（自由人民党和民主党），只是穿着新衣犯旧错，并没有超越过去。

艾奈内斯托·斯克雷潘蒂的《马克思和劳动合同：从自然的抽象概念到本质的归纳》[①]一文主要归纳了马克思的两种劳动合同理论。在马克思的著作里，有两种关于劳动合同的理论。在第一种理论中，马克思把劳动合同看作是商品买卖的合约；在第二种理论中，马克思把它视为对某种社会联系和关系契约的建立。

在第一种理论中，马克思认为，劳动者为换取工资而让渡了一种商品，这种商品源于产生劳动力的劳动活动中。在这里，尽管把劳动视为商品让人觉得很抽象，但是它却带有"自然的"抽象特征和生产力的特征。而剥削的出现，则有可能源于这样的事实：劳动力的价值低于抽象劳动的价值。这一理论明显来源于黑格尔：一方面，它陷于循环论证之中，因而在普遍意义上产生了表象化的前定条件；另一方面因为受黑格尔的影响而倾向于简化所有契约，包括像买卖商品那样的劳动合同。在第二种理论中，劳动合同不是存在于商

---

① Ernesto Screpanti, *Marx e il contratto di lavoro: Dall'astrazione naturale alla sussunzione formale* Working Paper, N. 546. October, 2008.

品交换的契约中，而是存在于一种妥协之中，这种妥协为资本家雇佣劳动者以及把劳动者的劳动力纳入资本主义体系中创造了条件。这个理论并不是由马克思系统地创立的，但却能够作为一种可以揭示出现代劳动合同概念的深刻洞见。它之所以意义重大，是因为它不受本质主义、自然主义和实证化倾向的左右。最重要的是，它能够论证一个严谨而现实的剥削过程和价值理论。这种剥削基于在生产过程中资本家通过对劳动者的利用来进行管理的那种权力关系，抽象劳动在此不被视为一种劳动力而是一种社会关系，被视为一种抽象的概念，它只有在社会历史的意义上才是真实的。

（作者单位：中国社会科学院研究生院外文系）

西班牙

贺钦

2008 年，西班牙共产党旗下的马克思主义研究会（FIM，以下简称"研究会"，该组织成立于 1978 年 11 月，时值西班牙民主过渡时期和 20 世纪 80 年代初西班牙共产党危机时期）为西班牙左翼知识分子提供了重要的学术平台。这一年，资本主义经济危机席卷全球，西班牙成为此次危机的重灾区，又正逢"研究会"成立 30 周年，在此背景下"研究会"举办了一系列活动，深刻总结和回顾了西班牙共产党及"研究会"三十年来的成长历程和斗争经验，批判性地分析了欧洲各派左翼力量的分化与重组现象，译介了欧洲多语种左翼杂志《变革》，同时展开了对当前金融危机及全球资本主义的深入批判。

一、主要活动

以下从工人运动、发展经济学、经济危机等方面介绍相关情况。

（一）工人运动研讨会

2008 年 2 月 11 日，穆尔西亚地区共产党（El PCRM）、卡塔赫纳工人委员会以及西班牙工会联合会（CCOO）共同举办了"西班牙工人运动现状"研讨会，西班牙共产党成员、历史学家、社会学家等各领域的专家学者出席了会议。会上，专家们总结了西班牙工人运动的现状。以穆尔西亚地区为例，该地区只有 10% 的工人签有劳动合同,传统意义上的产业工人已不被承认,工人运动一片混乱。穆尔西亚地区共产党书记艾尔法罗·罗西约·瓦尔(Elfaro Rocío Val)指出,穆尔西亚地区因劳工事故频发而备受争议,资本主义对劳动力的剥削现象可以说是熟视无睹。马德里共产党书记何塞·拉蒙·桑兹(José Ramón Sanz)谈到,在社会投入方面,西班牙明显落后于欧洲其他国家,西班牙工人阶级的处境十分艰难。

(二)发展经济学大会

2008 年 2 月 12 日,为纪念西班牙当代著名马克思主义经济学家何塞·玛利亚·维达尔·维亚(José María Vidal Villa)逝世五周年,"研究会"在西班牙马拉加大学经济系召开了首届发展经济学大会。此次大会以"全球化、不平衡的发展与依附——拉丁美洲的发展战略与替代选择"为主题,分别从"发展、不发达和依附的概念特征"、"经济全球化的经济与社会意义"、"发展政策及克服不发达和依附的经济替代选择"三个部分进行了深入的探讨。在第一部分的讨论中,学者们对西方经济学构建的发展经济学理论前提提出了质疑。巴斯克大学经济学教授科尔多·乌塞塔(Koldo Unceta)反对以经济增长为目标的发展模式,并指出当前经济衰退导致的混乱并不是偶然的,要想实现我们自身生存条件的再生产,就必须另辟蹊径。巴塞罗那大学应用经济学教授哈维·马丁内斯·贝依纳多(Javier Martínez Peinado)在谈到发展范式和资本循环时,主张用马克思主义的方法和观点去解读资本主义的体系危机、资本主义体系和世界经济格局的重构。哈维指出,要想避免资本主义积累模式(即经济增长的模式)所带来的不幸,就必须抓住两个根本性问题——一是在人类和自然可持续发展过程中处理好个人与集体之间的矛盾,二是如何抓住全球资本主义发展的单向度性,在全球资本主义停滞时期实现非中间路线的发展诉求。在会议的第三部分中,马德里大学教授安赫尔·马丁内斯(Ángel Martínez)认为,帝国主义理论在解读当代资本主义现象时,仍然具有十分强大的生命力。尽管今天的资本主义出现了许多截然不同的新现象,但由于剥削依然存在,帝国主义理论在一个多世纪后依然有效。安赫尔还提出,新的发展模式需要新的发展理念,既要保证人类的基本生存,又要力求实现生态系统的平衡和生物的多样性,尤其是给予被剥削、被排斥、被忽视、被资本主义体系和主流价值观所否定的群体以发展的尊严和条件。巴斯克大学教授华金·阿里约拉(Joaquín Arriola)分析了国际化、全球化和不平等发展的相互关系，并呼吁建立新的权力结构以替代全球资本权力，正如《共产党宣言》中提到的让经济从属于政治，资本从属于劳动，生产从属于人类。在会议的第三部分，布宜诺斯艾利斯大学经济学家克劳迪奥·卡茨（Claudio Katz）集中阐述了当前社会与政治变革下的拉美一体化进程，并就未来的自然资源、碳氢化合物能源及其他电信、电力部门的国有化和拉美左翼政府执政经验等发表了看法。此外，马德里大学校长卡洛斯·贝尔索萨（Carlos Berzosa）、墨西哥教授哈伊梅·埃斯塔（Jaime Estay）、法国经济学家皮埃尔·萨拉玛（Pierre Salama）、雷米·艾莱拉（Remy Herrera）和西班牙安达卢西亚省经济与社会委员会委员弗朗西斯科·法哈多教授（Francisco Fajardo）还就世界经济的现状与主要问题发表了看法。

（三）经济危机

2008 年 11 月 21 日，"研究会"经济与社会部在其总部邀请著名左翼理论家、马德里大学教授哈比尔·阿里萨巴拉·蒙多罗（Xabier Arrizabalo Montoro）做了一场关于"马克思资本主义经济危机理论"的报告，反响强烈。在 2009 年 2 月，又举行了一场题为"经济危机下的工会运动"的研讨会，诸如爱德华多·桑切斯·伊格莱西亚斯（Eduardo Sánchez Iglesias）、安东尼·费雷（Antonio Ferré）、拉蒙·格里兹（Ramón Gorriz）和马尔卡·费雷（Marga Ferré）均出席了研讨会。

2009 年 1 月至 5 月，该部还将在"研究会"总部举办"经济危机与西班牙资本主义的局限性"系列研讨会。会上，西班牙及拉美的一些马克思主义经济学家集体给全球经济危机背景下的西班牙资本主义经济把脉，巴西艾斯比利多·桑多联邦大学经济系教授、巴西政治经济学会主席、危机国际观察委员会成员保罗·那卡塔尼(Paulo Nakatani)、马德里大学教授胡安·马努艾尔·拉米雷斯（Juan Manuel Ramírez Cendrero）、科米亚斯大学教授胡安·巴布罗（Juan Pablo Mateo Tomé）、哈维·马丁内斯·贝依纳多、瓦伦西亚理工大学首席教授华金·阿里约拉（Joaquín Arriola Palomares）、马德里大学经济学教授马里奥（Mario del Rosal Crespo）、哈维（Javier Murillo）以及"研究会"经济与社会部负责人达尼尔·拉卡耶（Daniel Lacalle）等，就"国际经济危机的原因"、"当今资本主义的欠发达和依附"、"国际经济危机下的中心—外围关系"、"西班牙资本主义的局限性"、"瑞典改良社会主义的局限性"、"资本积累与西班牙社会阶级的分化"发表了意见。会议提出的主要观点如下：(1) 工人出卖劳动力的大部分收入所得无法让工人占有生产资料，更无法让工人支配生产资料；（2）为避免从占统治地位的生产和分配系统中产生矛盾和不平等，马克思主义不赞同传统经济学把经济现象从社会环境中剥离出来的做法，而是主张将经济现象放在产生它的社会历史背景中来考察。作为"研究会"成立 30 周年的庆祝活动之一，该系列研讨会旨在为自由的学术讨论提供科学的研究方法和充分的研讨机会，以便更加全面地解读当前的经济现象。

二、论著情况

2007 年至 2008 年间，"研究会"重点推荐了《走近马克思》①、《切·格瓦拉——对自由和国家平等的承诺》②、《加泰罗尼亚社会主义联合党——社会主义七十年斗争史》③ 等著作。《走近马克思》一书分为马克思的生平和思想渊源、历史唯物主义、资本论以及手稿研究四个部分。《切·格瓦拉——对自由和国家平等的承诺》是对格瓦拉的国家与政治思想的研究。《加泰罗尼亚社会主义联合党——社会主义七十年斗争史》收录了加泰罗尼亚社会主义联合党第一届全会的相关文件和演讲稿。

此外，西班牙著名马克思主义哲学家弗朗西斯科·费尔南德兹·布恩伊 (Francisco Fernández Buey)④ 近年来出版的几部马克思主义力作也引起了学界不小的关注，以下简要介绍这几部著作的相关内容：

---

① Coordinación material didáctico: Charo Caraballo. De los textos de los bloques 1,2,3: Joaquín Recio Martínez, Alfonso Rodríguez de Austria, Iban Díaz Parra. De los textos de las actividades: Charo Caraballo Román, Alfonso Rodríguez de Austria, Joaquín Recio. Revisión y colaboración: Manuel del Pino, Javier Navascues. De las ilustraciones: Iban Díaz Parra. : Acercarse a Carlos Marx, Atrapasueños, 2007.

② Félix Martín Carro y Gloria Aguilar Reina, Selección de textos y cuidado de la edición: Ernesto Ché Guevara. Un compromiso con la libertad y la igualdad de los pueblos, FIM, 2007.

③ Edició de Giaime Pala. Presentació de José L. Martín Ramos : El PSU de Catalunya. 70 anys de lluita pel Socialisme, Associació Catalana d'Investigacions Marxistes / Fundación de Investigaciones Marxistes, 2008.

④ 弗朗西斯科·费尔南德兹·布恩伊 (Francisco Fernández Buey, 1943—)，西班牙庞培法布拉大学道德与政治哲学教授，左翼理论家。

（一）《没有主义的马克思》（1998）①

该书试图通过辨析各种马克思主义和反马克思主义的学说，还原真实的马克思及马克思主义。弗朗西斯科认为，马克思不是一位经济决定论者，他主张人类必须从经济决定论中解放出来，因此马克思是一位真正反对经济决定论的批判大家。该书的主要观点包括：（1）作者从柯尔施（Korsch）、吕贝尔（Rubel）和萨格里斯坦（Sacristán）等人对经典的解读中汲取了灵感。作者认为，"主义"不单是对经典著作观点上的解读，而且是对经典著作的精要作出系统的、流派式的总结。（2）马克思是跨学科研究的典范，他对经济学、社会学、历史学、政治学等领域的研究影响深远。（3）所谓的"马克思—列宁主义"，实质上和原教旨主义一样是反马克思的。弗朗西斯科将马克思和马克思主义同耶稣和基督教的历史做了饶有趣味的比较，认为许多把"马克思—列宁主义"当作国家意识形态的人并未认真地研读过马克思的著作，正如许多天主教徒没有认真学习过《圣经》一样。弗朗西斯科主张不要对所有的马克思主义进行攻击，而是建议马克思主义世俗化，并进行与时俱进的自我变革。（4）马克思是运用宏观方法研究宏观领域的大家，他在宏观经济学、宏观社会学和历史进程一般规律等方面的研究堪称经典。（5）马克思开启了哲学推理的新范式。（6）传统马克思主义的发展没有必要回到康德、斯宾诺莎和罗素，也没有必要过分强调黑格尔对马克思主义的影响。马克思主义能否对现实问题进行强有力的历史唯物主义解释，是马克思主义理论能否创新的关键，而不是从理论回到理论。

（二）《从布拉格之春到生态马克思主义——同马努埃尔·萨格里斯坦②的对话》（2004）③

该书收录了对西班牙20世纪下半叶最著名的思想家萨格里斯坦的相关访谈，话题涉及萨格里斯坦一生经历的主要历史事件及其最突出的研究兴趣与成果，包括"华沙条约"时期苏军入侵布拉格的政治与文化影响、1982年西

① Francisco Fernández Buey：*Marx (Sin Ismos)*,Barcelona, Los Libros del Viejo Topo, 1998, 2ª edición corregida, 1999.

② 马努埃尔·萨格里斯坦（Manuel Sacristán，1925—1985），西班牙著名左翼理论家、巴塞罗那大学哲学系、经济学系教授，西班牙左翼杂志《同时》（Mientras tanto）创始人，翻译了多部马克思主义经典著作。

③ Francisco Fernández Buey：*De La Primavera De Praga Al Marxismo Ecologista Entrevistas Con Manuel Sacristan Luzun*，Catarata Libros，2004.

班牙工人社会主义党（PSOE）获胜后西班牙面临的政治机遇、20世纪70年代初的大学危机、安东尼·葛兰西对马克思主义传统的贡献及意义、各种解放力量团结趋同的必要性、生态危机导致的反资本主义社会运动等。作为葛兰西、卢卡奇、阿多尔诺、海涅、恩格斯和马克思著作多年的翻译者和研究者，萨格里斯坦先后在1979年和1983年，接受西班牙左翼杂志《老鼹鼠》和墨西哥出版物《辩证法》的采访时，总结了自己一贯的学术思想和政治道德准则。在访谈中，萨格里斯坦甚至谈到，"如果所谓的平等主义运动、无政府共产主义运动(anarcomunismo)、改变世界主义运动（altermundismo）和社会主义运动试图做到的只是和资本主义一样，或即便是好一点，多一些效率，少一些浪费，多一些秩序，少一些灾难，那么他宁愿选择资本主义，除非左翼运动能彻底消灭排斥和歧视，创造一个平等包容所有人的生活方式，使所有的生命物种都能尊重自然、和谐相处"。

（三）《乌托邦和自然幻想》(2007) [1]

21世纪初，有关乌托邦的社会与政治反思不断升温。在经历了20世纪的灾难与失望后，哲学界普遍认同了乌托邦的终结。尽管如此，对乌托邦的自然幻想，逐渐开始在那些对世界和未来满怀希望的人们心中复苏。或许乌托邦的梦想已失去了欧洲现代历史起源时的纯真，但却仍然保有效力。该书回顾了乌托邦思想史，从15世纪画中的乌尔宾诺理想城到20世纪下半叶的蛾斯拉·勒瑰恩(Ursula K. Le Guin)的自由乌托邦，从托马斯·摩尔的《乌托邦》到各种社会主义乌托邦流派等。为重构欧洲文化的重要部分——乌托邦思想史，弗朗西斯科针对当代的乌托邦思想，总结了三点思考：首先，人类乌托邦思想的理想归宿就是在另一个地方建立起一个与过去想象的乌托邦不同的殿堂、制度和社会政治结构；其次，即便在20世纪非乌托邦的重大历史事件中，也能听到在莱奥帕尔迪式 [2] (leopardiano) 的回忆中自然幻想的跳动；最后，这些非乌托邦的历史阻止人类走向恶的地方，嘲弄、讽刺、戏谑应该伴随着成熟和具体的乌托邦之旅，这样的乌托邦尽管失去了单纯，但却通过否定的方式同人类的自然幻想联系在了一起。

---

[1] Francisco Fernández Buey：*Utopías e ilusiones naturales,*el viejo topo, Barcelona, 2007.

[2] G.Leopardi（1798—1837），意大利文学史上著名的浪漫主义诗人，他的田园诗是浪漫主义抒情诗创作的巅峰，其诗风衰婉沉痛。

三、有关代表性论文的情况

2008 年，经济危机成为西班牙左翼知识分子热议的话题，下面介绍几篇揭示资本主义结构性矛盾以及工人阶级困境的代表性文章：

（一）《生态唯物主义》①

2008 年 4 月，"研究会"旗下的生态马克思主义研究团队撰文《生态唯物主义》，介绍了其近期的相关成果。文章指出，资本主义体系的掠夺性不是经济增长的副作用，而是它的本质。资本主义试图通过经济增长来维系生存，资本主义的动力在于通过掠夺自然资源以实现积累与增长，因此资本主义与生态是一个反命题。资本主义试图在体系内克服这个悖论，其最成功的尝试是在 20 世纪 90 年代提出了可持续发展的概念，旨在协调经济与社会发展同环境保护的关系。尽管可持续发展的理念在理论上取得了深远的影响，但在实践中却和新自由主义一样遭到了失败。该文认为，尽管可持续发展理念仍不失为解决经济危机的可行办法，但资本主义经济体系的特征绝不会随着相关缓和对策的出台而根本改变。或许，新自由主义政治与文化霸权最大的成就之一在于，发达国家无法体会到人与自然、经济与自然的依附关系。所有的政治与经济体系都是建立在一定物质基础之上的，一旦倾其所有，该体系将不得不寻求新的生存法则，而这一过程大部分都是以暴力的方式进行的，如领土、资源、水和殖民化战争等。正如贝拉米·福斯特（Bellamy Foster）所说，"存在与发展，从广义上说决定于自然与物质，物质世界是独立于和先于思想意识的"，这就是生态唯物主义的要义。新自由主义经济模式之所以不能同环境协调发展，就在于它的无限增长同其赖以生存的物质基础终将发生不可避免的冲突。因此，现在有必要运用马克思主义的生态唯物主义观点来应对现有经济模式的不合理，这样不仅有利于消除劳动异化，还将有益于人类基本生存条件的满足。罗莎·卢森堡的"社会主义还是野蛮状态"对当下生态危机的解读可谓经典，在现有的资源冲突下，创建一个社会主义的发展

---

① Sira Abed, Marga Ferré y Arián García：*Materialismo ecológico. Artículo de presentación del Grupo de trabajo de Medio Ambiente de la FIM,* Grupo de trabajo sobre Medio Ambiente de la Fundación de Investigaciones Marxistas，17-04-2008，http: //www.fim.org.es/datos_noticia.php?id_noticia=59.

模式显得极为迫切，尤其是运用生态唯物主义的观点，将资源的有限性同人类的发展协调起来。经济发达国家及其跨国公司为实现自身利益，不断使贫穷国家陷入社会和环境危机，然而落后国家偏偏又是最大的原材料生产者和劳动力剥削最为严重的地区。目前，全球范围内的能源危机应当引起人们的高度警觉。石油资源的枯竭意味着资本主义为维持机器运转必须寻找新能源。生化燃料、核能和热能都将成为帝国主义新的战略目标。因此，必须动员一切社会批判力量，为重新定义发展而斗争。发展的内涵远不止经济增长，它需要从社会发展程度、人类需求的满足程度和生存环境的保护程度等更广泛的意义上去完善。由此而产生的替代模式涉及经济减速、生产和消费模式的改变、教育的进步、环境财税体系的完善及环境成本的国际化核算等。总之，生态唯物主义将成为 21 世纪社会主义的理论基础。

（二）《当前的失业问题》与《谁将为经济危机买单？》

2008 年，"研究会"经济与社会部负责人、《西班牙工人阶级：延续、变革与改变》的作者达尼尔·拉卡耶（Daniel Lacalle）就当前经济危机的现象、原因、后果及工人阶级的处境发表了系列文章，下面就其中的《当前的失业问题》作简要介绍：

目前，西班牙经济危机最显著的特征是失业人数的激增。截至 2008 年年末，西班牙的失业人群已超过 300 万人，预计 2009 年这一数字将高达 400 万人，约合 17% 的失业率。舆论普遍认为，此次西班牙经济危机将至少持续两年，而这很有可能是目前西方国家中持续时间最长、最为严重的经济危机。尽管政府一再表态将维持失业救济金的足额发放，两大工会组织态度也很积极，但各方在失业人群的划定标准等关键问题上却争执不下。一方认为，有工作意愿但没有工作就是失业。然而，官方的统计标准却相当挑剔，救济金申领人除年满 16 周岁外，还需同时满足以下三个条件才能被定义为失业者：一是在统计期间因主客观原因没有工作的人；二是正在努力寻找工作的人；三是在短期内有望开始工作的人。若按照这样的定义，将有 30%—40% 的失业者被排除在救济之外。总之，政府及工会的种种承诺在事实上，已将 65% 的失业者排除在了社会保障体系之外，而西班牙的矛盾绝不仅限于失业问题。由政府、企业家和工会倡导的劳工改革旷日持久，但经济危机的周期性决定了这样的劳工改革已无法从根本上改变工人阶级的劳动条件和权利不断恶化的事实。目前，西班牙每 10 位工人中，就有 7 人面临着不稳定的工作环境和失业压力，失业时有发生，临时工的人数不断增加，长期劳动合同早已消失，越来越多的工薪阶层陷入了贫困，移民经济犯罪化愈演愈烈。在薪酬方面，妇女比同年龄、同教育程度和同工种的男性低30%，30岁以下的年轻人收入比平均工资低30%，另外约有800万工薪阶层常年游离于工会组织之外。新保守主义者为劳动力市场开出的药方加剧了经济与社会的两极分化，这显然与其促进社会和谐及公平的初衷背道而驰。由此可见，政府和工会组织在失业救济方面所做的努力是远远不够的，只有工人阶级及其组织团结起来，不断争取，才能改变现有的不合理政策。

达尼尔·拉卡耶在《谁将为经济危机买单?》[①]一文中指出，在现有的资本主义体系内，为经济危机买单的只会是工人阶级。经济危机是资本主义体系的内在矛盾和周期性特征，危机或加剧或缓和，但不可能被消除。经济危机的始作俑者从来都不是工人阶级，危机的责任在于政府和经济体系的掌控者，现有资本主义的生产模式在政府的庇护下直接加剧了危机的严重性。西班牙的经济发展模式是建立在建筑业和旅游业的基础之上，而这两个部门又是榨取劳动价值最多、劳动条件最恶劣的部门，因此西班牙将不可避免地遭受比周边国家更为严重的危机。尽管为经济危机买单的依然是工人阶级，但并不是所有的工人都要为此付出代价，工人阶级内部不同阶层买单的程度也不尽相同。工人阶级当中最为分散和脆弱的群体将成为危机的主要牺牲品，那些拥有最少的经济、政治、社会和劳动资源的人群，尤其是移民、穷人、失业者、妇女、青年将面临雪上加霜的局面。

（三）《西班牙工人阶级的处境》[②]

美国最重要的经济与社会研究中心之一——经济政策研究所（EPI）每两年将会制定一份有关美国工人阶级现状的报告，该报告将美国工人阶级的状况和包括西班牙在内的其他经合组织国家工人阶级进行了对比。报告对西班牙主流政治和经济自由派关于西班牙高工资的说法提出了质疑，甚至有自由派人士指出，高工资是导致西班牙经济危机加剧的原因之一。然而根据美国经济政策研究所的数据，西班牙工人（包括薪酬较高的制造业工人在内）的

---

① D. Lacalle, *"¿Quién va a pagar la crisis económica?"*, Noticias Obreras" nº 1459, Madrid, Julio 2008.

② Vicenc Navarro：La situación de la clase trabajadora，Público，2009.2.6. http://www.rebelion.org/noticia.php? id=80364.

小时工资是欧盟十五国和经济合作与发展组织国家中最低的国家之一。如果以美国制造业工人的工资为参照，西班牙薪酬最高的制造业工人工资也只达到了美国的79%。通常人们普遍认为，西班牙薪酬低是由于劳动生产率低，而研究表明，劳动生产率高低同工资多少并不存在必然的联系。欧盟十五国制造业工人的生产率之间差别不大，但收入水平却相差甚远。这说明生产率并不是工人工资的决定因素。而工会和左翼力量在该国力量的强弱才是决定工人工资的决定因素，比如北欧国家的工会和左翼力量强大，工人工资也就相应高，而南欧国家却正好相反。

不断加剧的贫富差距也是西班牙社会目前的突出矛盾。在西班牙，最穷的10%家庭，其收入只占家庭平均收入的61%（是欧盟十五国中最低的国家之一），而最富的10%家庭，却占西班牙家庭平均收入的214%（是欧盟十五国和经济合作与发展组织国家中最高的，仅次于美国）。这种严重的收入不公主要是由于西班牙公共政策的不力所造成的。与此同时，西班牙高收入群体严重的偷税漏税行为甚至使西班牙损失了占国内生产总值近10%的税收。税收上的巨亏足以使西班牙的国家财政和社会福利陷入困境。在欧盟十五国中，西班牙在公共教育、卫生和社会服务部门工作的成年人口比例分别为5.5%和6%，均低于欧盟国家7%和10.6%的比例。而西班牙妇女参与劳动力市场的比例仅为54%，远远低于欧盟十五国的平均水平和瑞典的72%。西班牙的幼儿园教育和家政服务也是欧盟十五国中最落后的，由此直接增加了西班牙妇女加入劳动力市场的难度。这些数据表明，西班牙近几届政府对公共服务方面的关注远没有对财税基础建设关注的多。西班牙妇女的低就业率是西班牙国家财富不足的重要原因，进一步推动妇女就业将成为西班牙未来经济发展的重要战略方向。

（作者单位：中国社会科学院马克思主义研究院）

拉 美

袁东振

本报告主要分析 2008 年度拉丁美洲地区马克思主义研究的主要动向和基本特点。报告共分 4 个部分：第一部分分析 2008 年度拉美地区马克思主义研究的基本特征与主要热点问题；第二至四部分重点介绍 2008 年度拉美地区马克思主义研究的主要动向，其中第二部分介绍古巴第四届"马克思著作与 21世纪的挑战"国际研讨会；第三部分介绍委内瑞拉举办的第一届马克思主义研究研讨会，第四部分介绍在智利首都圣地亚哥举办的"纪念《共产党宣言》发表 160 周年：重温马克思的思想"国际研讨会。

一、2008 年度拉美地区马克思主义研究的基本特征与主要热点问题

2008 年拉美地区的马克思主义研究呈现出以下几个基本特征，马克思主义研究中的重点和热点问题也与这些特征有着密切的关联性。

1. 2008 年拉美地区马克思主义研究具有标志性意义的主要学术活动

2008 年拉美地区的马克思主义研究，与马克思主义发展史上的若干重大问题联系较紧密，许多大规模学术活动围绕着这些重大历史问题和事件展开。

2008 年是马克思和恩格斯的《共产党宣言》发表 160 周年，是马克思诞

生 190 周年和逝世 125 周年，是拉美革命家切·格瓦拉诞生 80 周年，古巴革命胜利也即将满 50 周年。为缅怀国际共产主义运动和马克思主义发展史上这些具有标志性意义的事件，拉美地区的马克思主义研究界举办了一系列重要学术研讨活动。其中最值得关注的活动有三次：2008 年 5 月 5—8 日，第四届"马克思著作与 21 世纪的挑战"国际研讨会在古巴首都哈瓦那举行；2008 年 11 月 26—28 日，"纪念《共产党宣言》发表 160 周年：重温马克思的思想"国际研讨会在智利首都圣地亚哥举行；2008 年 12 月 6—12 日，委内瑞拉举办第一届马克思主义研究研讨会（报告将对这三次活动作详细介绍）。上述这些学术活动，在 2008 年拉美地区马克思主义研究中具有标志性的意义。

2．注重研究当前资本主义发展的现实问题，如特别关注当前国际金融危机的后果和影响

2007 年源于美国的金融危机愈演愈烈，造成了严重的后果，这场危机引起了拉美地区马克思主义研究学界的重视。阿根廷的《工具：马克思主义批评和辩论杂志》[①] 2008 年第 1 期发表了题为《一个周期的结束：金融危机的影响与方向》（作者 François Chesnais）的文章，对金融危机的后果作了详细分析；2008 年第 2 期又发表《与 1929 年的危机类似或更严重：新的世界环境》一文，对当前的金融危机进行了更深入的分析。文章认为，2007 年开始的危机产生了真正的断裂，这场断裂结束了世界资本主义经济长期扩张的阶段，标志着危机的开始。这场危机的特点和 1929 年的经济危机相类似，尽管这两场危机发生的条件和背景不同。这场金融危机表现出了资本主义制度的局限，以及资本主义生产的历史局限性。

3．关注经典马克思主义和西方马克思主义理论问题的研究

关注经典马克思主义和西方马克思主义理论问题的研究，是拉美地区马克思主义研究的一个重要传统。2008 年，拉美地区马克思主义研究的主要刊物刊登了大量关于经典马克思主义和西方马克思主义研究的文章和资料，特别注重马克思主义理论问题的研究和探讨，这从拉美地区两份最重要的马克思主义研究杂志（阿根廷的《工具：马克思主义批评和辩论杂志》和巴西的《马克思主义批评》）所刊载的学术文章中可以看出来。例如《工具》杂志 2008

①《工具：马克思主义批评和辩论杂志》是拉美地区马克思主义研究的最主要刊物之一，于 1996 年创刊，每年出版 3 期，主要刊登马克思主义研究人员的著作、以及不同学科和领域的研究成果。

年第 2 期刊登的主要文章有：《现阶段资本主义进程中的若干基本概念》（作者 Karina Moreno），《对〈德意志意识形态〉的新研究》（作者 Marcello Musto），《马克思与剥夺问题：认清时代变革的基本理论问题》（作者 Rhina Roux），《国家和公民社会之间的领导权和民主问题》（作者 Giuseppe Prestipino），《普兰查斯的国家理论：对 21 世纪资本主义社会中左派战略的再思考》（作者 Rodolfo Gómez），《现代性与社会变革：两个革命的假说及其影响》（作者 Martín Cortés）等。

巴西的《马克思主义批评》[①] 杂志 2008 年共出版了两期（即总第 26 和第 27 期）。第 26 期刊登的主要文章有：《马克思、征收和货币资本：关于晚期帝国主义研究的笔记》（作者 Virgínia Fontes），《汉娜·阿伦特与革命的暴力》（作者 Maria Ribeiro do Valle），《卢卡斯与马克思主义辩证唯物主义的困境》（作者 Guido Oldrini），《国家、社会阶级与列夫·托洛茨基的不断革命主张》（作者 Andriei Gutierrez）。第 27 期的文章主要有：《普兰查斯、国家与革命》（作者 Adriano Codato）；《对米利班德与普兰查斯争论的分析》（作者 Danilo Enrico Martuscelli 等），《葛兰西与拉布里奥拉：历史理论与政治哲学》（作者 Marco Vanzulli）；《普兰查斯与资本主义国家》（作者 Ralph Miliband）；《资本主义国家：答米利班德和拉克劳》（作者 Nicos Poulantzas）等 [②]。

4. 关注拉美地区社会主义建设的实践

关注社会主义的理论和现实问题，一直是拉美地区马克思主义研究的一个特色。2008 年，在继续关注美洲团结、反新自由主义、反帝国主义、反全球化、反美洲自由贸易区、反恐怖主义等以往重大问题研究的同时，拉美马克思主义研究学界对拉美地区社会主义建设，特别是古巴社会主义建设的实践问题给予了极大关注。

最近几年，古巴国内形势发生重大变化。2008 年 2 月古巴召开全国人民政权代表大会，劳尔·卡斯特罗（接替其兄长菲德尔·卡斯特罗）当选为国务委员会主席和部长会议主席，古巴最高领导层顺利实现了最高权力交接。

---

① 《马克思主义批评》杂志是巴西马克思主义研究的重要刊物，于 1994 年创刊，每年出版 2 期，由巴西坎皮纳斯大学（Unicamp）马克思主义研究中心编辑，Editora Revan 出版社出版，2008 年出版了第 26 和第 27 期。

② 米利班德（Ralph Miliband）和拉克劳（E.Laclau）都是英国后马克思主义学派的领军人物。他们从后阿尔都塞主义出发，以"话语理论"解构马克思主义的阶级理论，加深了 20 世纪 70 年代末以后马克思主义的阶级理论和阶级政治在西方的"危机"。

最高领导层更迭后，古巴在政治、经济、社会领域陆续推出一些新的改革措施，强调加强集体领导，主张扩大各级人民政权代表大会代表的作用，放松一些限制，强调要实行制度化，并宣布2009年下半年召开古共第六次代表大会（古共五大于1997年举行，六大应于2002年举行）。在上述背景下，古巴的社会主义建设的实践以及古巴社会主义的发展方向问题，引起拉美地区马克思主义研究学者的极大关注。

第四届"马克思著作与21世纪的挑战"国际研讨会专门讨论了古巴社会主义建设问题。会议认为古巴在社会主义建设过程中有许多挑战，特别是需要跨越经济方面的困难，为此需要保持批判的精神，需要保持革命的意识；会议强调尊重古巴革命，认为它是未来拉美社会鲜活的实验室。大会还给古巴领导人卡菲德尔·卡斯特罗发去致敬电，表示会继续支持建设社会主义的事业。

阿根廷的《工具》杂志在2008年第3期刊登了一组3篇关于古巴问题的文章：《持续的斗争》（作者Saul Landau），《菲德尔·卡斯特罗后的古巴》（作者Samuel Farber），《关于古巴现在与未来的争论》，三篇文章对古巴社会主义建设所面临的挑战进行了详尽的分析。

5. 继续关注拉美国家反对资本主义的经验和选择

在古巴召开的第四届"马克思著作与21世纪的挑战"国际研讨会上，与会者对玻利维亚、委内瑞拉、巴西、墨西哥、萨尔瓦多、哥伦比亚等拉美国家反资本主义的经验进行了辩论和讨论。会议还安排了关于委内瑞拉玻利瓦尔革命的专场讨论，除了分析这一革命进程的特点和成就以外，还号召世界所有进步力量，宣传委内瑞拉的真相，宣传委内瑞拉不断被美帝国主义最保守的力量和委国内寡头力量围困的现实，揭露这些力量如何通过对媒体的控制，来诋毁委内瑞拉革命的真相。

二、古巴第四届"马克思著作与21世纪的挑战"国际研讨会

2008年5月5—8日，古巴哲学研究所主办的第四届"马克思著作与21世纪的挑战"国际研讨会在哈瓦那召开，来自22个国家的310名代表应邀参加了研讨会。古巴哲学研究所所长涅韦斯（Concepción NievesAyús）在研讨会的开幕词中说，马克思的思想和格瓦拉的思想对于研究当前的进程依然是适用的，卡斯特罗思想的力量对研讨会具有启迪作用。她强调指

出，研讨会的目的是为争取国家主权、社会解放和人类尊严的斗争提供思想上的支持。

本届国际研讨会的三个主题是：第一，资本主义与帝国主义的本质，及其当前的矛盾；第二，对革命主体的阐释：具有战斗精神的新国际主义的建构，超越资本"多重统治体系"的社会运动、阶级及当前阶级斗争的新形式；第三，社会主义的选择：超越对资本主义的改良，分析社会主义以往经验和现实条件下的实践对策，在当前革命进程发展中构建共产主义社会，实现人类的全面发展。围绕上述三大主题，组成了三个工作委员会，进行了 21 次专题讨论。本次研讨会讨论的主要问题有以下几个：

1．对资本主义和帝国主义本质及其现实矛盾的分析

研讨会重新讨论了马克思主义理论视域中的资本主义制度所引起的异化问题，认为这一现象在当前历史条件下更加强烈和更加明显，也更加细微。会议认为，要针对这一现象对主观性及日常生活所造成的影响进行思考；战胜异化也是一个革命性的行动；社会主义不把劳动作为异化的形式，也不把市场作为社会生活的调节者。

2．对资本主义的批评

会议认为，要有效地开展反对资本主义控制人类生活、歧视和压迫的逻辑；伊拉克、哥伦比亚和墨西哥的经验表明，恐怖主义是资本主义巩固自己统治的新战略、控制自然资源的手段；当前资本主义用更加复杂的方式，通过大的跨国公司，使用信息手段，从事颠倒黑白的行径。

3．对革命主体的阐述

会议认为，在拉美地区要重视主观能动性的建立，建立具有应付本大陆各种挑战能力的民众组织。会议还就委内瑞拉、玻利维亚、厄瓜多尔、埃及、土耳其、西班牙、美国、巴西、墨西哥、萨尔瓦多、哥伦比亚等国家民众组织的具体实践进行了讨论。会议认为，对革命主体的社会和政治内容的阐述，应该成为"解放"（emancipación）的必要手段；应该从资本统治的新形式、劳动不稳定的后果、移民、资本主义"中心"与"外围"之间的差异出发，对工人阶级意识的多样性和意识的巩固等问题进行探讨。会议指出，解放斗争中的各种社会主体与拉美新政治现实联系的加强，对马克思主义理论提出了新要求，即需要对工会—政党—国家之间的关系从根本上进行重新思考，并促进其间的关系发生转变。

4. 建构具有战斗精神的新国际主义

会议对新政治条件下拉美地区社会运动的地位和作用进行了讨论，认为在资本主义当前秩序和新现实条件下，批判思潮面临着新的挑战，必须建立富有战斗精神的新国际主义，并将其作为新的价值应用到新形式的阶级斗争当中，要超越资本的"多重统治体系"。

5. 关于社会主义的选择以及当前革命进程条件下的挑战

会议提出要超越对资本主义的改良。强调要使社会主义成为可能和行之有效，就必须从其自身的矛盾和现实的实践主张出发，研究迄今为止的社会主义的经验。会议对 21 世纪社会主义的理论基础、认识论，以及它与拉美地区实践经验的关系问题进行了讨论，强调了马克思主义经典著作、马里亚特吉[①]、格瓦拉、卡斯特罗的思想，以及这些思想中革命的、人道的乐观主义精神。会议认为，为了建设积极的和革命的社会主义主体，对民众进行培训和教育是必要的；在对官僚主义、拜金主义、形式主义进行批判的基础上，要建立起行之有效的民众参与形式；要进一步深化参与程度，加强民众参与和政治决策之间的联系，为建立完整的政治文化创造条件。会议建议就民众参与的经验加强交流，将民众参与作为地区革命整体新战略中社会主义民主发展的核心。

6. 对社会主义的思考

会议认为，古巴革命、世界进步和革命运动在理论和实践方面面临的挑战是巨大的；对社会主义的思考、实践和追求不但是一个规划，而且是文明文化的变革；为了实现建立尊严、人道和正义的生活，需要所有人的英雄创造。会议认为，社会主义是人道的、团结互助的和友爱的制度；团结互助是革命的本体价值，追求的是正义和尊严，与唯利是图的观念格格不入。

7. 关于格瓦拉思想的意义

为纪念格瓦拉诞生 80 周年，会议有一个格瓦拉思想的专题讨论，认为格瓦拉的政治、道德和哲学思想依然具有生命力。格瓦拉对资本主义的批判、把社会主义作为真正人道主义的思想具有深刻的内涵。他的马克思主义观根植于拉美革命思想的创造性传统之中，他的著作依然是抵御资本主义文化结构的坚固长城。

---

① 拉美著名的马克思主义思想家，秘鲁共产党的主要创始人。

三、委内瑞拉第一届马克思主义研究研讨会

2004 年以来，委内瑞拉总统查韦斯明确提出要建设 21 世纪的社会主义，号召在公民中开展社会主义教育和宣传运动，要求所有职工学习马克思主义理论。在上述背景下，委内瑞拉的马克思主义研究也取得了一定进展。

2008 年 12 月 6—12 日，委内瑞拉举办第一届马克思主义研究研讨会。研讨会具有培训班的特色，由委内瑞拉安第斯大学拉美社会与政治研究中心（CEPSAL）的教师们组成。举办研讨会的倡议最初是由委内瑞拉安第斯大学特邀教授、委内瑞拉执政的统一社会主义党（PSUV）[①] 成员、委内瑞拉政府劳动部政治培训学校的莫利纳教授（Eduardo Molina Campano）提出的。尽管研讨会（培训班）在组织过程中遇到许多阻力和障碍，但经过组织者和各位主讲人的努力，研讨会（培训班）如期举行 [②]。

活动的组织者认为，举办研讨会（培训班）的目的是为了提高青年人及公众的马克思主义意识和修养，通过民主和相互尊重的讨论，对当前世界危机的真正原因进行辩论；认为当前这场危机不是金融危机，而是结构性危机，是生产过剩的危机，是生产过剩导致全世界的经济危机。

研讨会（培训班）的主要形式是讲座和讨论，共举办了 6 场。第一场讲座的题目是"资本主义和阶级斗争"，主讲人是贡萨雷斯（Gustavo González）教授。讲座和讨论主要围绕资本主义制度展开，具体讨论了资本主义运转的动力、剩余价值、使用价值和交换价值、商品、生产劳动和非生产劳动、阶级斗争、委内瑞拉经济制度和国家的特征等问题。

第二场讲座的题目是"对古典革命的再思考"，主讲人是莫利纳（Eduardo Molina）教授。讲座和讨论主要分析和探讨了法国革命和俄国革命及其意义。关于法国革命，讲座和讨论揭示了法国革命的主要阶段，以及革命的主体问题，认为巴黎的平民（los Sans Culottes）是革命的主力，他们通过不断的起

---

① 2008 年 1 月查韦斯在整合执政联盟各党基础上，建立了"统一社会主义党"。查韦斯建立新党的目的是把委内瑞拉左翼政治力量整合为一个坚强有力的团体，他把建党视为在委内瑞拉建设"21 世纪社会主义"的关键手段。

② 资料来源：Eduardo Molina, Franz J. T. Lee, Primer diplomado en estudios marxistas de Venezuela, http://www.aporrea.org/educacion/a68871.html, *Fecha de publicación: 16/12/08*。

义导致政府的持续垮台，促使革命进程向左的方向发展，最终导致小资产阶级激进民主派雅各宾人的专政。关于俄国革命，探讨了从俄国民主社会工党（Partido Obrero Socialdemócrata de Rusia）建立到布尔什维克掌权的过程，认为俄国革命是继英勇的1871年巴黎公社后，工人和农民在历史上第一次掌握了政权。

第三场讨论和讲座的是"革命政党"，主讲人是古铁雷斯（Róger Gutiérrez）教授。该讲座讨论和探讨了所有革命政党应具有的组织和原则、战略策略问题、民主集中制问题、先锋队和群众、阶级和革命的主体问题。

第四场讲座的题目是"恩斯特·布洛赫的思想"，主讲人是弗兰斯·列（Franz Lee）和施密特（Jutta Schmitt）教授。讲座的组织者认为，德国哲学家布洛赫（Ernst Bloch）虽然对许多人来说不很熟悉，但他的下列思想却具有重要的现实意义：历史是一个开放的和无尽的过程，在这个进程中，人们像艺术家加工雕像那样，不断建设着这个世界，这一过程永远达不到完善，但处于不断完善的过程中；要消灭资本主义，就要放弃所有教条，但不要陷入改良的机会修正主义，捍卫阶级斗争和主观因素具有重要意义；如果不发挥主观因素的作用，理想就难以实现甚至遭到失败，主观因素具有指引革命沿健康道路发展、摒弃煽动诱惑、摒弃机会主义、摒弃谎言的能力。

第五场讲座的题目是"安东尼奥·葛兰西"的思想，主讲人是马拉维尔（Bernardo Malaver）教授。该单元对葛兰西（Antonio Gramsci）思想的价值和现实意义进行了讨论，认为，作为一位战斗的知识分子，葛兰西把许多政治科学中的术语，赋予了革命的精神和现实的意义；对他所处时代的自由主义的概念，作出了马克思主义的解释，赋予其马克思主义的含义，这些概念包括霸权、历史集团、公民社会、政治国家与社会等。

第六场也是最后一场讲座的题目是"辩证唯物主义问题"，主讲人是阿吉雷（Edwin Aguirre）。他通过日常生活中的具体事例，以及听众的讨论和参与，讨论了辩证唯物主义的基本思想。

参加本次研讨会（培训班）的有60多人，其中包括委内瑞拉执政党（PSUV）的青年成员、社区委员会的成员、左翼学生，以及一些革命组织的成员和劳动者（如委内瑞拉共产党、革命马克思主义潮流党、大家的祖国党的党员，左翼社会主义联盟的成员以及独立人士）。

研讨会（培训班）的组织者和负责人莫利纳指出，为了使玻利瓦尔革命不发生丝毫的蜕化变质，避免出现"真正的"社会主义那样的蜕变，除了加强马克思主义的修养外，没有别的更好的办法。他表示，应参加者的要求，正在考虑举办第二次研讨会（培训班）的可能性，以达到加强成员修养的目的。

四、智利"纪念《共产党宣言》160周年：重温马克思思想"国际研讨会

为纪念《共产党宣言》发表160周年，智利Arcis大学（Universidad Arcis）和Diego Portales大学人文研究所，于2008年11月26—28日在首都圣地亚哥举办了题为"纪念《共产党宣言》发表160周年：重温马克思思想"的国际研讨会。

会议的组织者认为，仅仅在《共产党宣言》发表后几十年，马克思和恩格斯的思想就不仅被俄国的农民变成了现实，而且极大地改变了20世纪的历史。马克思主义思潮实际上曾产生了政治、社会、文化和理论的革命浪潮，成为最具标志性的现代性力量。在柏林墙倒塌后，所谓"真正的"社会主义也倒塌了，但马克思、科学社会主义和共产主义思想，依然受到重视，仍具有很大影响。当前出现了从新的角度解读马克思的潮流，包括从以前被传统马克思主义所谴责的角度，如分析哲学（la Filosofía Analítica）、女权主义、重读斯宾诺莎或康德的著作、文化研究，或所谓的"赛博马克思主义"，以及自称为后马克思主义的各种流派。会议的举办者认为，在上述背景下，在马克思、恩格斯《共产党宣言》发表160周年之际，在柏林墙倒塌近20年之后，有必要对现代最重要的思潮之一的马克思主义的影响进行分析，对马克思的思想及其知名的《共产党宣言》进行重新解读。

会议的举办者称，会议的主要目的是分析马克思主义的现状，重读马克思的思想，探讨马克思主义在分析当前新社会斗争方面的现实意义，从多领域对这一理论予以解读，为现代思想中最经典的论著之一的新解读提供讨论和批评的空间。本次研讨会的活动分为四场圆桌会议和分组会议。各个分组会议讨论的核心问题有：马克思思想中的民主问题，马克思和主权、马克思与现代性、生态政治、女权主义、意识形态多样性和多元化现象、暴力、差异、正义、民主、乌托邦与革命等。

会议共三天，在每天会议的最后，都各安排一场讲座，主讲人分别是法

国学者阿兰·巴迪欧（Alain Badiou）、埃蒂安·巴利巴尔（Etienne Balibar）及美国学者马丁·杰伊（Martin Jay）。出席本次研讨会的有来自欧洲、美国和拉美地区的知名学者，这些学者涵盖了政治哲学、历史、政治学，以及文化研究等多个学科领域。智利各大学的学生，以及对现代思想领域感兴趣的研究人员和专家学者也参加了研讨会。按照规划，本次研讨会的论文、发言和评论，将汇集成册并正式出版。

（作者单位：中国社会科学院拉美研究所）

日 本

张利军

回溯过去的一年，国际金融危机促使日本的马克思主义学者再次掀起了探讨新自由主义和金融资本主义的热情。他们出版了一系列的著作和论文，并再度反思了当今世界，同时，他们也对始于20世纪80年代的社会贫困现象进行了一如既往地批判和分析。下面将从日本马克思主义学者的学术活动、关注焦点和学术出版等方面对2008年度日本的马克思主义研究进行分析和归纳。

一、学术活动

1. 经济理论学会年会

经济理论学会第56届年会于2008年10月25、26日在九州大学举行，本年度大会的主题为"次贷危机与世界资本主义的未来"。自2007年6月到8月间，在美国日益恶化的次贷危机开始席卷欧洲，进而引发了全球性的金融危机。这引起了日本马克思主义经济学学者的极大关注，他们以这次国际金融危机为焦点，并与1987年的黑色星期一、1997年的亚洲金融危机联系起来，欲对其原因以及对业已全球化的资本主义的影响进行深入的探讨，因而能从更多角度地把握当前世界资本主义的结构和存在的问题。本年会在上述主题下又提出了两个具体议题：一是次贷危机对欧美和日本的恶劣影响以及美元危机和世界危机，二是次贷危机对新兴经济体独立发展的影响。与会学者针对这些议题，还探讨了投机基金的动向、欧元升值与美元危机的关系等问题。学会筹备机构设置了若干分组讨论议题，设立了环境和性别两个特别会组，还设立了普通讨论组和英语讨论组，为与主题关系并不密切的研究提供了交流的机会。

2. 唯物论研究会年会

与此同时，唯物论研究会第 31 届年会也于 2008 年 10 月 25、26 日在东京举行。第一天首先进行的是马克思分会、性别分会和环境思想分会的分组讨论，并召开了年会总会，主题为"愤怒与批判的获得——现代社会的感情与正义"。在这一主题下，与会学者针对新自由主义对日本下层社会组织的冲击、当前命运论的社会观、日本社会的闭塞结构等问题进行了讨论。大会第二天为个人研究提供了一个发表的机会，区域的终结、思想史的再审视、贫困问题等成为了讨论的重点。

3. 社会主义理论学会研究会

社会主义理论学会分别于 2008 年 2 月 2 日和 7 月 21 日召开了其成立以来的第 49、50 次研究会，分别讨论了"日本式社会民主主义"、"21 世纪社会主义与委内瑞拉"这两个议题。此外，社会主义理论学会还于 4 月 29 日举行了一次特别研究会，主题为"社会主义的原貌"，立教大学教授小松善雄和法政大学教授舶谷信次分别作了"参与式社会主义的原貌"和"合营经济的可能性"的报告。社会主义理论学会积极对外展开学术互动，于 9 月 27 日与武汉大学、中山大学、南京师范大学的学者举行了中日社会主义论坛，主题为"马克思与东方社会"，双方就马克思主义的中国化和中国特色社会主义进行了讨论。

除了上述学术团体每年例行的学术活动外，2008 年度日本马克思主义学者举行的其他学术活动如下：

2008 年 12 月 5、6 日，由日本神奈川大学经济贸易研究所和 MEGA2 编辑委员会共同主办，题为"马克思的遗产"的国际学术讨论会在神奈川大学横滨校区举办。会议共包括三项内容：(1) 国际 MEGA 编辑委员会委员就各国马克思恩格斯著作最新编辑情况进行交流；(2) 参加神奈川大学创立 80 周年演讲会；(3) 参加"马克思的遗产"国际学术研讨会。与会学者除日本马克思主义研究者外，还包括美国哈佛大学名誉教授、匈牙利科学院终身研究员、世界经济学会会长、经济学家雅诺什·科尔奈（Kornai, János），法国著名哲学家、"马克思主义批评学派"代表人物、国际马克思主义大会组织者、《今日马克思》主编雅克·比岱（Jacque Bidet）以及中国、德国、韩国、荷兰、英国的专家学者。雅诺什·科尔奈的《我对马克思主义的体验与现代》、雅克·比岱的《〈资本论〉的遗产》、阿姆斯特丹大学马科尔·克拉特克（Michael R. Kratke）教授的《马克思的资本主义认识》、韩国圣公会大学金秀行（Soo Haeng Kin）教授的《金融危机与马克思主义》、中国马克思主义研究院的宇文利副研究员《诗化的哲学——马克思早年诗歌的哲学意蕴和精神旨趣》、大谷祯之介的《马克思的〈资本论〉完成的艰苦过程——寄语 MEGA2 第二部分第 11 卷的刊行》等报告引起了与会学者的关注。

2008 年 5 月 10、11 日，由罗莎·卢森堡基金会与社会主义协会、全国自治体政策研究会共同举办的题为"德国与日本的自治体政策"的日德学术研讨会在东京举行。出席本次会议的日本学者有早川钲二、金子丰贵男、山崎耕一郎、杉田宪道等，德国学者有卢茨·勃勒、托马斯·迈尔、亚历山大·格拉姆克、里凯·特勒等。卢茨·勃勒先作了主题报告，题为"德国的地方政治——现状与问题"。与会的两国学者围绕地方自治体与联邦政府和州议会的关系、左翼党员对州政府的要求、地方自治体的财政状况与行政改革、地方议会的作用等方面问题进行了讨论。大会第二天会场由全水道会馆转至总评会馆，德国学者与日本学者围绕德国与日本的左翼运动，对日本的社会主义、社会民主主义、民主主义、和平主义、社会福利、环境和护宪等进行了探讨。

2008 年 3 月，应日本社会主义协会的邀请，中国社会科学院马克思主义研究院党委书记吴恩远研究员率团访问日本，就苏联解体等问题作了 4 场专题学术报告，并与社会主义理论学会的研究者进行了座谈。此外，还会晤了日本共产党中央委员会副委员长兼国际部部长绪方靖夫、社会民主党副党首又市征治等政界名人。

除了本年度在日本举办的学术会议以外，日本马克思主义学者还积极参加国际学术活动，如大西广、南有哲、佐中忠司、濑户冈纮、山下裕步、增田和夫、大畑智史、竹永进等学者参加了在中国廊坊举行的世界政治经济学会第三届论坛。其中伊藤诚的《资本主义社会〈人口自然法则〉的重新审视》、大西广的《社会主义领导下的委内瑞拉民主革命》、山下裕步的《马克思主义新古典主义增长模型的几个扩展》等报告引起了与会学者的关注。

二、关注焦点

1. 新自由主义、金融资本主义批判

对全球化、新自由主义的批判曾是 20 世纪 90 年代日本马克思主义学者的研究热点。在过去的一年中，国际金融危机这一导火索再次点燃了马克思主义学者对新自由主义、金融资本主义的批判。

在大门实纪史看来，"新自由主义主张小政府、国家放宽管制和扩大市场自由。但与古典自由主义相比，自由的主体不同，古典自由主义的主体是个体，强调个人的经济自由，而新自由主义的主体却是大企业，尤其是跨国企业，它是对个人自由的侵犯"[①]。在率先进行新自由主义经济改革的日美英三国，社会贫富差距不断扩大，大企业为追求低劳动成本，纷纷投资国外，国内就业机会减少，非正式工人增加，薪金减少，而企业高层管理者的收入却大幅度上升。因而，新自由主义是社会贫困的罪魁祸首。原《经济》杂志主编友寄英隆在《何为新自由主义》一书中指出，新自由主义是 20 世纪 70 年代末以来资本主义最主要的意识形态，充斥了政治、经济、社会、文化各领域。以日本为例，在新自由主义的影响下，在社会福利、社会保障和教育这些曾经完全是公共领域的地方引入了市场原则，并由于民间企业的参与而加重了盈利性的成分。此外，国立大学的法人化使学术和高等教育功利化、利益化色彩浓厚，给基础科学研究带来了恶劣的影响。伊藤诚指出，当代资本主义社会以 1973 年石油危机为转折点，石油危机标志着主导资本主义高速增长的凯恩斯主义的终结和新自由主义的登场，资本主义再次回到了恶性竞争的海洋；弱肉强食、环境破坏、资源浪费、收入与资本的差距扩大等都是新自由主义思想影响的结果。久留间键针对资本主义国家的新自由主义政策，提出"资本利益代表说"。他指出，新自由主义出现的原因不外乎是 20 世纪 70 年代以来，资本主义竞争的桎梏日益严重，国内市场相对狭小，大企业纷纷扩大海外市场，以求资本利益最大化的结果。经过 30 多年的历程，如今跨国

---

① 大门实纪史：『新自由主義の犯罪』，新日本出版社，2008 年 02 月，19 ページ。

企业的垄断地位得到加强，市场原则和人类伦理间的裂痕不断扩大。

新自由主义被人们认为是金融资本主义不断膨胀而最终导致国际金融危机的元凶。佐伯启思在《美国资本主义破产的原因》一文中论述说："新自由主义的错误在于将市场经济普遍化，夸大其作用，市场竞争理论无处不适用，一切都商品化、市场化、效率化。这种错误的根本是将市场经济和'社会'隔断起来，社会是人们交往、生活，并蕴涵一定价值观的场所。每一个人成为经济个体的基础是相应的教育、文化、家族、组织、医疗和福利，这些基础都是必要的，但过度的市场竞争必然危及'社会'，势必引发市场经济的动荡，此次金融危机就是缩影"[1]。本次金融危机被许多学者认为是美国式金融资本主义和新自由主义的终结，同时迎来了凯恩斯主义的复兴。

2. 时代反思 —— 渐进式社会主义论、社会主义黎明说、后资本主义论

对传统马克思主义观点进行批判地继承，并结合时代的变化和日本的特点努力地进行创新是日本马克思主义研究的重要特点之一。苏东剧变前，宇野弘藏就针对当时的资本主义提出"阶段论"，苏东剧变后，其理论的现实基础破灭。面对国际金融危机，人们在对新自由主义和金融资本主义批判的同时，又重提"认识时代"这一古老的问题。其中具有代表性的观点当推柴垣和夫的"渐进式社会主义论"、大西广的"社会主义黎明说"和大内秀明的"后资本主义论"。

柴垣和夫指出，当前的社会主义研究，不应着眼于资本主义外部世界的原苏联和东欧以及现今的社会主义国家，而应立足于业已实现福利国家目标的发达资本主义国家内部。他一改传统观点认为社会主义的根本问题是实现生产手段的社会化，而主张社会主义的标志是实现对资本主义基本矛盾中的"劳动力商品化"的扬弃。当今发达资本主义国家内部，劳动力商品化的松动已渐露曙光，具体有三层表现：(1) 工人自主决定薪金；(2) 雇佣劳动的保障；(3) 工人对劳动过程的自主管理。从日美欧等发达资本主义国家的情况可以发现，(1) 与 (2) 已经部分得到实现，工人可以通过工会和其他工人团体与资本家进行交涉，协商工人的薪金和待遇，其中工人的意愿得到一定的表达。此外，各国不同形式的劳动法认可了工人的劳动权利，并通过社会福利和各种保障实现了对工人生存权的保护。对于 (3)，在资本主义国家的大公司、

---

① 佐伯啓思：「米国の資本主義が破綻する理由」，『エコノミスト』，2008 年 9 月 9 日。

大集团中，工人可以通过升迁成为公司的低中高不同层次的管理者。① 因而，当今的资本主义发达国家内部已经逐渐出现社会主义因素，并将逐步得到发展。因此，可以认为当前是社会主义渐进发展的阶段。

与柴垣和夫的视角不同，大西广则立足于当前发达资本主义国家内部出现的新的生产力和生产关系的视角，提出"社会主义黎明说"。他认为，马克思主义最主要的理论有两部分：第一是剩余价值理论，剩余价值理论的中心是指资本由资本家强制榨取工人剩余劳动时间部分的剩余价值构成，资本对劳动具有强制性；第二是历史唯物主义，即生产力决定生产关系、生产关系决定上层建筑的法则，在这一历史规律的作用下，人类社会的发展轨迹从原始社会、奴隶社会、封建社会、资本主义社会到社会主义社会。传统观点认为苏东剧变是历史的逆转，但在大西广看来，苏联和东欧的社会主义国家并不是真正的社会主义，而是"国家资本主义"。他指出，公有制和计划经济被人们认为是社会主义的标志，其实私有制和市场经济只能看作是资本主义的因素之一，并不能视为决定性依据。在苏联也出现了对劳动的强制，只是在工业化尚未完成之前，对劳动的强制角色很大程度上由国家来承担，因而苏东国家是国家资本主义。另外，资本主义生产力是指机械大工业，苏东国家致力于工业化的目标来推动经济的发展不外乎是获得国家资本主义化的生产力基础。

大西广认为，当前在发达资本主义国家内部出现的"软生产力"才是构成社会主义生产力的基础。资本、市场、国家将逐步走向灭亡，其中最为重要的是资本的灭亡，而灭亡的过程亦是社会主义生产关系形成的过程。资本的灭亡过程体现在资本对劳动的强制性弱化中。当前发达国家的"雅皮士"等脱离公司模式的职业令人瞩目，脱离公司意味着可以摆脱资本对劳动的强制性束缚，但资本却不能无视这种劳动的存在。软生产力意味着产品价值中的设计、舒适感等附加值的比率增加，这种附加值将不得不考虑人的个性和感性。软生产力兼有"人的生产力"和"个性生产力"的性质。随着软生产力的发展，公司将不得不进行资本的权限委让，分权化将更加明显，对资本的垄断将出现缓和，资本在自己扮演掘墓人的角色中逐渐走向灭亡。与机械

---

① 榎本正敏：『21 世紀社会主義化の時代 過渡期としての現代』，社会評論社，2006 年 02 月，317、318 ページ。

大工业是资本主义特有的生产力一样，社会主义也有特定的生产力，随着软生产力的发展和扩大，相应的社会主义生产关系也将同时形成和确立。

大内秀明则致力于构建新的经济学理论，他从分析当前资本主义国家的经济主体、劳资关系、生产关系入手，指出20世纪70年代以来新的生产力获得了长足发展，进一步软式化、服务化。其中知识劳动占据主导地位，产业结构出现了转变，在工业社会中形成的经济学已滞后于时代。作为新经济主体，SOHO、NGO、NPO令人瞩目，它们之间的关系构成新的生产关系。

大内在此提出了一个大胆的想法，"一直以来，人们区别社会体制的依据是重视生产力的生产力史观、或者重视生产关系的所有制史观、或者重视阶级关系的革命史观，但对生产与消费的方式重视不足。社会体制的区分标准应是由生产与消费的方式构成的经济循环模式"① 。大内的具体解读是，生产与消费是经济的基本功能，而生产与消费的持续性反复即是经济循环，这是任何时代都不可欠缺的经济原则。生产与消费的方式因时代的不同而变化，伴随两者存在方式和关系的变化，经济循环的模式也处在变化之中。在前近代，生产与消费的方式是经济主体一体化的"自我循环型"，近代则是两者脱离的"分离循环型"。经济循环结构由产业结构的变化引起，而产业结构的变化由生产力的发展推动。产业结构变化带来了经济资源的变化，随之而来的是生产与消费的基本机能和担负其基本机能的经济主体的变化。

大内分析了当今资本主义社会中支持其理论的三个变化：(1) 第三产业居主导地位，在第三产业中，生产与消费在空间和时间上具有一致性，消费者的个性化、多样化的要求随之出现。代替公司的新经济主体登上历史舞台，第三产业的资本取代工业资本成为主导社会的资本，它具有重视人们作为消费者权利和"生活者"权利的性质，与重视生产的合理和效率、追求利润率的工业资本不同。同时，非营利性的资本和组织NGO、NPO不断扩大。(2) 知识劳动成为主要的经济资源。各领域专家型人才的出现，使人们由消费者变为"生活者"。所谓生活者，即不仅是消费者，而且是兼顾劳动与生活、生产与消费的经济主体，这时的经济主体以知识劳动为背景，追求更加人性化的劳动。(3) 工人劳动的主要手段由机械转变为多媒体技术，近代生产与

---

① 冈田清：『資本制生産様式の展開　資本制生産様式の衰退とグローバリゼーション』，八朔社，2008年01月，26ページ。

消费场所分离的状态由于家庭办公的出现而终止。

大内进一步指出，上述资本主义的变化进而引起了生产与消费的性质出现变化。机械带来的物质生产与消费形态转变为由知识劳动提供的知识的生产、并通过多媒体技术，直接或间接地提供给人们的消费形态。知识劳动的主体是独立的个人或者团体，他们通过多媒体技术单向或者双向地交换知识。因而，工业社会中因生产与消费的对立而对立的阶级关系如今已不复存在。所以，当今的资本主义社会生产与消费的对立关系出现缓和，新的经济主体的登场决定了其不同于以往的资本主义社会，可谓之后资本主义社会。

3. 贫困问题研究

据英国《每日电讯报》2008 年 10 月 19 日报道，日本青年正在以每月1000 人左右的速度投向该国第四大政党 —— 共产党的怀抱。此外，这种"革命热情"还表现在首都街头工人示威游行的频率越来越高。这次"向左拐"运动的先锋部队是 20 多岁和 30 多岁的年轻工薪层，他们对《就业法》带来的越来越多的不安定社会因素感到大失所望。左翼党派吸引力增加的另一表现是一部经典无产阶级的小说人气飙升。《日经新闻》(2008 年 5 月 14 日) 报道，著名作家小林多喜二创作于 1929 年的小说《蟹工船》从今年 5 月以来一直稳居日本畅销书榜单的前列，并一度攀至榜首。今年的印刷量已经达到 57 000册，且读者多为年轻人,《产经新闻》、《每日新闻》等媒体也都对此进行了报道。这部小说于爆发世界经济大危机的 1929 年刊行，当前的世界金融危机使人们自然而然地将两者进行对照。这些分析普遍认为，其突然畅销的深层原因在于它唤起了社会底层"新贫人口"的共鸣，他们找到了折射自己受穷的一面镜子。

始于 20 世纪 80 年代的贫困，在当今日本越来越严重，也是日本马克思主义学者近年来较为关注的焦点之一。他们提出应建立全社会的反贫困战略：(1) 树立正确的贫困观，不回避、大胆面对。当前日本贫富差距日益扩大，且已严重化，这不仅是令人关注的社会问题，而且上升为政治问题，亟待解决。但执政的自公联盟和经团联等经济团体却着眼于社会保障资金的全面削减，对于社会贫困层并没有认真对待。究其原因是经济高速增长形成的"一亿中流"的意识根深蒂固，中流意识归属感强烈，中产阶级的形象被美化。社会上层与底层的差距被忽视，其实两者的龟裂在经济高速增长的后期已渐露端倪，进入 20 世纪 90 年代更加速扩大，乃至出现今天的局面。在一亿中流的社会氛围中人们也极力掩饰自己的贫困而不言说。（2）作为政策的前提，政府、学界和民间组织应参考欧美对贫困量化的经验，并结合日本的实际制定详尽可行的标准和细化数据，而且对于将来可能造成贫困的情况逐一调查，诸如工伤、丧偶等对于家庭的影响。（3）修改社会保障、社会福利和劳动就业等方面的相关内容。倾斜社会再分配，整体考虑薪金、生活保障制度、雇用保险和最低工资制。改变经济高速增长过程中形成的"贫困阶层福利"到"普通国民福利"的社会福利观，重新确立重视贫困者的福利观。（4）全社会树立长期的反贫困观，反对贫困自我论、命运论和刻意回避的社会氛围。

4．《资本论》研究

自从 1920 年《资本论》日文版问世以来，日本的马克思主义学者就从各个角度对其进行了不懈的研究。日本学界的关注点在于：恩格斯在编辑马克思手稿的过程中，究竟多大程度上继承了马克思的写作思想。随着《马克思恩格斯全集》（MEGA2）第 II 部分中的"《资本论》及其手稿"的出版，人们的疑问将有望得到解答，在这方面做出突出贡献的是日本的 MEGA2 编辑委员会仙台小组。

清华大学哲学系教授韩立新认为，负责《资本论》及其手稿编辑的仙台小组通过在该卷的《附属材料》卷中增加三个特殊的附录来解决这个疑问。即针对（1）增加了"构成比较"；针对（2）增加了"出处一览"；针对（3）增加了"出入一览"。"构成比较"列举了恩格斯编辑原稿的构成与马克思原始手稿章节的区别；"出处一览"标明了恩格斯采用马克思原始手稿的出处；"出入一览"则揭示了恩格斯对马克思原始手稿的改动、补充和删除等具体状况。恩格斯对马克思原始手稿的变更，主要指删减和增补、定式和术语以及序列变更等，一共有 5 000 多处。这些变更显然要比恩格斯本人在《资本论》第二卷序言中所承认的变更多得多，而且有些变更未必"只是形式上的改动"，实际上涉及对《资本论》内容的理解①。仙台小组在这方面付出了艰辛的努力，据仙台小组成员、东北大学经济学部教授大村泉讲，附录部分篇幅巨大，是克服了重重困难之后才得以完成的。

---

① 韩立新：《〈资本论〉编辑中的"马克思恩格斯问题"》，《光明日报》2007 年 4 月 10 日，11 版。

三、学术出版

1. 著作与论文

本年度的马克思主义研究著作共 44 部，内容涉及金融危机、资本主义的结构与矛盾的达到 22 部，马克思主义经典理论 9 部，其他为社会贫困、马克思主义经济学等方面。在国立国会图书馆的粗略检索中，可以发现本年度的马克思主义研究论文有 591 篇，这较前一年度的 502 篇有了明显的增加，约增加了 20%。由于金融危机的爆发，关于金融危机和资本主义的研究约占45%。此外，内容多为社会保障、社会贫困、马克思主义经典理论、社会主义国家建设等方面。

2. 主要杂志

（1）《前卫》，作为日本共产党的机关杂志之一，政策性和学术性结合是其特点。本年度共刊载文章 187 篇，主要关注点为海外派兵法、劳动雇佣、医疗改革、反对修宪、地球温室化、社会贫困、反对美军基地和选举对策等。除此之外，杂志社还组织了三次座谈会，关注点为"南京大屠杀"、"反对增加消费税"和"福田内阁中政党的状况与日本共产党的作用"。此外，还举行了一次特别讨论会，探讨了就业难和待遇差这两个日本年轻人的关注点。今年《前卫》值得关注的是组织了六次讲座，主讲人为日本共产党元老不破哲三。除第一次的主题为"小林多喜二对于时代的挑战"之外，其他的关注点都是"马克思恩格斯革命论"（从《共产党宣言》的发表到第一国际的成立）。

（2）《经济》，作为日本马克思主义学者发表研究成果的重要平台，本年度主要议题为世界经济结构的变化、如何看待 2008 年日本的经济、大学改革与知识的世纪、美国观察、马克思主义经济学劝言、日本的军事产业、投机金融的对抗、企业的社会责任、年轻人的就业状况、医疗保障危机与世界中的欧盟经济等。

（3）《社会主义》是日本左翼力量发表其观点和评判时局的另一重要平台。2008 年度共刊载论文 156 篇，主要关注点是劳动与工人运动、反对新自由主义的呼声、日本的社会保障、邮政民营化与工人、德国与日本的自治体政策、工会的春季斗争、反对修改宪法与和平运动。主要的撰稿人来自工会领导人、学者、社民党和共产党的党员。

此外，经济理论学会的《经济理论》（季刊）本年度实现了从理论性到现实性的转变，比较关注贫富分化、货币与信用危机、日本资本主义的变化等问题。

过去的一年对日本来说是不平静的一年。首先政府再易首相，9月麻生太郎取代辞职的福田康夫成为日本第92届首相；反对党民主党依然控制着参议院，对自民党施政造成掣肘，使自民党面临63年来第二次被赶下台的危机；实体经济受到全球金融危机的严重冲击，形势不断恶化；大型制造业企业经济形势判断指数急剧下跌，中小企业破产数量持续增加，股市下跌，日元升值，失业增加，就业形势恶化。不安的社会现实使马克思主义学者的声音较前一年有了一定程度的提高。但苏东剧变后，马克思主义、社会主义思想在日本的学术界已经日渐式微，关心社会主义理论的人并不多。难能可贵的是在日本高度发展的资本主义社会中，马克思主义学者一直坚持批判的态度，对日本资本主义发展中不断产生的矛盾提出质疑，分析过去社会主义国家的经验和教训，力图构建更具有说服力的社会主义理论。

参考文献：

1.『グローバル資本主義と景気循環』；SGCIME／編；御茶の水書房；2008 年 03 月。

2.『資本主義のパラドックス』；大沢真幸／著；筑摩書房；2008 年 03 月。

3.『資本主義経済の動態 原理的展開と日本経済の現状分析』；栗田康之／著；御茶の水書房；2008 年 04 月。

4.『カジノ資本主義の克服』；相沢幸悦／監修、日米金融比較研究会／著；新日本出版社；2008 年 05 月。

5.『グローバル金融資本主義』；鈴木芳徳／著；白桃書房；2008 年 05 月。

6.『暴走する資本主義』；ロバート・B．ライシュ／著、雨宮寛、今井章子／訳；東洋経済新報社；2008 年 06 月。

7.『資本主義はどこまで暴走するのか』；森永卓郎、吉田司／著；青灯社；2008 年 11 月。

8.『世界金融危機はなぜ起こったか－サブプライム問題から金融資本主義の崩壊へ』；小林正宏、大類雄司／著；東洋経済新報社；2008 年 11 月。

9.『資本主義はなぜ自壊したのか』；中谷巌／著；集英社；2008 年 12 月。

（作者単位：中央编译局信息部、北京大学历史系）

专题：金融危机与新自由主义批判

新自由主义的终结和
金融体系破产之后的世界秩序 ①

────[德]哈贝马斯／文   邓安庆／译────

[内容提要] 对金融危机的最大不安，是冲天呼喊的社会不公。私有化的幻想已经走到了尽头，其恶劣影响与一个社会的和民主的法治国家的平等原则不相称。不是市场，而是政治应为公共福利负责。新自由主义的政纲不应再被当作现成的硬币，而要被废置于退役之列。畅通无阻地使生活世界服从于市场之命令的整个纲领必须放到审核台上去。只有当欧盟学会了对外用一种声音说话时，一个创造性意义上的"双极的"西方才能存在。由于单边主义冒险的失败，新自由主义的自我破坏和对其例外意识的误用，今日的美国率先受到削弱，但它在一个时期内依然保持自由主义的超级强力，并处于一种接近于从根本上修正其家长式的世界造福者的新保守主义的自我理解中。

[关键词] 金融危机　新自由主义的终结　世界秩序　美国

托马斯·阿斯绍伊尔 (下简称托)：哈贝马斯先生，世界金融体系已经虚脱，

---

① 本文系德国《时代周报》记者托马斯·阿斯绍伊尔 (Thomas Assscheuer) 对哈贝马斯做的一个访谈，刊于《时代周报》2008 年 11 月 6 日。

它危及着世界经济。您感到最大的不安是什么?

哈贝马斯（下简称哈）：我最感不安的，是冲天呼喊的社会不公。这种不公在于，最易受到伤害的社会群体却遭遇了最冷酷无情的体系失灵的社会化成本。现在那群绝不属于全球化赢家的人们，再次被请到收银台前为原本可以预见的金融体系的功能紊乱所导致的现实经济后果买单。况且，这又不像股票持有者那样是以币值来交付，而是以他们日常生存的硬通货来交付。在全球化的尺度内，这种惩罚性的命运也发生在那些经济最弱的国家身上。现在用手指指摘替罪羊，我当然视此为伪善。即便是投机者，他们也是在法律框架内按照社会承认的利益最大化的逻辑来运作的。如果政治实施道德教化，而自身却不依赖民主立法者的强制法权，它就会让自身变得可笑。是政治，而不是资本主义，要为公共福利的定向负责。

托：您刚刚在耶鲁大学作过讲演，这场危机对您留下的最深刻印象是什么?

哈：电视屏幕上闪烁着忐忑不安的忧伤，对没有尽头的 [经济] 下滑致使不计其数的人们被迫离开他们在佛罗里达和其他地方的小屋的忧伤，门前牌子上写着"取消抵押品赎回权"(Foreclosure)，接着就是原本带着好奇心从欧洲而来的买家和来自拉丁美洲的富人的懊悔，随后是地产经纪商。回来之后令我惊讶的是，在美国激动起来的情绪与在本地像往常一样冷静地做生意是多么地不同呀! 在那里，对实体经济的最大忧惧同最后阶段选举斗争的最富成果的热情连在了一起。危机也让广大的选举人阶层更加敏锐地意识到了他们个人的利益状态。危机并不必然地迫使人们理性化，但必然迫使人们去做一些合理的决断。无论如何，同上一次相比，这是一次被 9·11 在意识形态上冲刷过的总统选举。如同我直接在选举前大胆假设的那样，美国人将感激这次偶然的机遇，选出第一位黑人总统，并因此在其政治文化的历史中开凿出一条深刻的历史渠道。但超出这点之外，这次危机也可能预示着欧洲政治大气候的一种变换。

托：您这是指什么?

哈：这样的时节变换改变了公共讨论的参数，因此推迟了选择另一种政治谱系的可能性。随着朝鲜战争，新政阶段终结了，随着里根和撒切尔夫人以及冷战的退却，那些社会国家的纲领终结了。而当今，随着布什时代的结束和新自由主义气泡的破裂，克林顿和新工党的政纲也接近终点了。现在什么东西正在到来？我希望，新自由主义的纲领不再被当作现成的硬币，而要被废置于退役之列（zur Disposition）。畅通无阻地使生活世界服从于市场之命令的整个纲领必须放到审核台上去。

托：对于新自由主义者而言，国家对经济领域只是一个共同参与游戏者的角色。它应该使自身变小。现在这种思想失去信誉了吗？

哈：这取决于危机的进程，取决于各政治党派的感知能力，取决于公共领域的议题。在德意志联邦共和国确实还是一种独特的风平浪静占统治地位。已经丢脸的是那些将投资者的利益肆无忌惮地放在主宰地位的政纲，这些政纲不触及日益增长的社会不平等，棘手问题（Prekariats）的形成，儿童贫困，低工资并进而以其私有化的幻想掏空国家的核心功能，从而容忍了把政治公共领域残存的一点协商性成分贱价变卖给利润率节节高升的金融投资商，使得文化和教育依附于对经济气候敏感的出资人的兴趣和心情。

托：而现在，在财经危机中，私有化幻想的后果变得可见了吗？

哈：在美国，危机现在已经造成了对财物和道德、社会和文化的明显损害，这种损害在布什所推动的去国家化政治中恶化。养老金和健康保险、公共交通、能源供应、惩罚执行、军事安全职责的私有化，其他领域诸如大中小学教育的私有化和由城市与公共部门提供给私人捐助者履行义务并体现高尚的文化基础设施的私有化，都属于一种有风险的社会布局（Gesellschaftsde-sign），其恶劣影响与一个社会的和民主的法治国家的平等原则不相称。

托：国家的官僚机构不能单纯地经营有利可图的事。

哈：但是，有一些易受伤害的生活领域，我们不可使其遭受交易所投机的风险，把养老金转向持股就是抵御这种风险。在民主的法治国家中也有一些公共的财富，如未被扭曲的政治交往，它不可为金融投机商的利润期望所裁剪。国家公民的信息需要不能通过某一收视率高的私人电视台的消费成熟的美味小零食文化（Häppchenkultur）来满足。

托：为了援引您的一本引起热议的书，我们涉及"资本主义的合法性危机"了吗？

哈：自 1989/90 年以来，没有什么爆炸性的事件能再从资本主义世界而来，只能从内部对资本主义的动力进行文明化和驯化。即便在战后时期，苏联对于西欧的左派群众而言，也并非是一种另外选择。所以我才在 1973 年谈论资本主义"内部"的合法性问题。而这些问题越是按照民族的语境来谈，或多或少地就越紧迫地再次被提上议事日程。一个征兆就是要求限制管理者的薪水，或者取消"黄金天降"（golden parachutes）这种多得无法言说的补偿和额外津贴补助。

托：这不过是陈列橱窗的政治，明年就要选举了。

哈：确实如此，这自然是象征性的政治，只是为了避开政治家们和他们的经济学顾问的反对声。他们很早以来就意识到并告知要规范金融市场的要求。我刚好就读到赫尔穆特·施密特（Helmut Schmidt）清晰透彻的文章《警惕新的大投机！》（*Beaufsichtigt die neuen Großspekulanten!*）（《时代》2007 年第 6 号），那还是在 2007 年的 2 月。所有人都意识到了。但在美国和大不列颠，政治精英们都有不受拘束的投机心态，只要运行得还不错，就以为是有用的。而在欧洲大陆，人们对华盛顿共识心悦诚服。也是在这些国家有个甘愿为此效劳的广大联盟，拉莫斯菲尔德（Rumsfeld）先生不用为此做广告。

托：华盛顿共识是国际货币基金组织和世界银行在 1990 年作出的著名——臭名昭著的经济构想，根据这个构想，首先是拉丁美洲，然后是半个世界应该得到改革。它的中心信息是：Trickle down（渗漏效应），让富人更富，然后福利就已然渗漏到穷人了。

哈：多年积累起来的经验证据证明，这种预后是错误的。福利增长的效应在国际上普遍地分配得如此不对称，让我们眼睁睁地看着贫穷地区在我们所有人面前扩展开来。

托：为了增强一点对过去的把握：为什么福利如此不平等地分配？是共产主义威胁的终结给西方资本主义扫除了障碍吗？

哈：以民族国家实施统治的、业经凯恩斯主义经济政策筑起围墙的资本主义，确实给经合组织国家（OECD-Ländern）带来了一种从历史视野看来不平等的福利状况，这种资本主义在放弃固定汇率和有了石油震荡（Ölschock）之后早已终结。芝加哥学派的经济学说已经在里根和撒切尔夫人手下拥有了强大的实践势力，在克林顿和新工党的手下，在我们新近的英雄布朗（Gordon Brown）任首相时期内，也只是继续了它。诚然，苏联的解体在西方确实引起了一种致命的胜利狂欢。这种感觉——只能从世界历史的角度得到权力——起到了一种诱导效果。在此情况下，有一种经济政治学说把这种感觉夸大为一种贯穿所有生活领域的世界观。

托：新自由主义是一种生活形式，所有公民都应该变成企业家和顾客……

哈：……而且变成竞争者。在竞争社会的野生猎区中横冲直撞的强者，可以让自己把这种成功算作是个人的功劳。经济管理者们——其实还不止这些人——是如何上了我们访谈节目的圈套，到台上作为精英人物夸夸其谈，一本正经地让人把自己作为榜样来庆贺，并在内心把社会上其余的人置于自己之下，这真是掉进深渊的笑剧。他们仿佛不再能够在功能化的和沽名钓誉的等级社会的精英之间作出分别。请问，什么是示范性的？以这些处于领导地位的人物的性格，据说他们做事就是勉强有条理的。另一个警报信号是布什2002年秋天为入侵伊拉克准备的教义。从此之后，市场原教旨主义的社会达尔文主义潜能不仅在社会政治中，而且也在外交政策上扩展开来。

哈：在伊拉克灾难之后，诸如罗伯特·卡根（Robert Kagan）① 这样的前沿思想者还比较清晰地把卡尔·施密特（Carl Schmidt）的狼群—范畴（Wolfs-Kategorien）突出了出来。他评论世界政治开倒车，坠落到一个用核武器武装起来的高爆炸性的权力争斗（Machtgerangel）中，用了今天这样一句话："世界应该再次变得正常"。

托：但我们还要再回头看看。1989年之后什么被耽搁了？ 是资本相对于政治赤裸裸地变得更有权力了吗？

哈：在我看来，90年代以来的历程已经清楚地表明，政治行动的包容力必须把市场放在超越国家的平面上来培育。因此的确也是在90年代早期最先看出了这一点。乔治·布什这位老者曾纲领性地说起一种新的世界秩序，想利用联合国，也老早就显得卡壳了，并且弄得遭人鄙视！采纳安理会所决定的人道主义干预首先跳跃上升。政治上所期望的经济全球化要是真能达到一种全世界的政治联合并导致国际关系的进一步合法化就好了，但第一个矛盾重重的开头就已经在克林顿手下受阻了。这种亏空让目前的危机再次意识到，

---

① Robert Kagan，1958年生于希腊雅典，1984-1988年曾任职于美国国务院，是美国卡内基和平基金会高级研究员，现担任"美国全球领导地位"项目的负责人，同时是保守思想库"美国新世纪计划"的创建者和现任成员，《华盛顿邮报》的专栏作家，《新共和周刊》的撰稿人。卡根被认为是美国新保守派的代表，在2002年6-7月号《政策评论》上发表论文"强者与弱者"，引起了大西洋两岸的广泛注意。卡根的其他著作还有《黄昏的挣扎：美国力量与尼加拉瓜，1977-1990》、《当前的危险：美国外交和国防政策中的危机与时机》、《历史的复归与梦想的终结》（*The Return of History and The End of Dreams*）等。——译者

自现代开始以来，市场和政治一再地被如此摆平，以至政治共同体成员之间的团结关系网没被撕破。资本主义和民主之间的张力总是保持着，因为市场和政治建立在相互对立的原则之上。按照上一个全球化动力，也要求在一个已经变得错综复杂的网络系统中，按照规则产生的去中心化的选举决定的洪流，而如果没有一个与之相应的利益最大化的政治程序的扩大化，这种规则也就不能存在。

托：看联合国的状况就行了。

哈：对联合国的一些核心机构做彻底的改革，本身似乎是不够的。确实，安理会、秘书处、法院，这些机构的整个权限和程序，为了在全球范围内实施禁止暴力和保障人权，都迫切需要良好运作，高效有力。这本身看来就已经是一个巨大的课题。不过，即使联合国宪章能使自身发展成为国际共同体的一种宪法类型，但在这个框架内还一直缺乏一个论坛，使由世界强国武装起来的强权政治能就世界经济、气候和环境政策、激烈争夺的能源资源、短缺的饮用水储量以及其他等等需要调解的问题，在这个论坛上进行谈判。在这个跨国平台上出现的分配问题，不能用针对违反人权或损害国际安全那样的方式——最终作为惩罚犯罪行为——来判决，而必须从政治上来商谈。

托：在这方面终归已经有了一个证明是合适的机制：八国峰会（G8）。

哈：这是一个排外性的俱乐部，在此俱乐部内部，这些问题中的有些会得到谈论，[却]没有约束力。另外，在与这种台面上的表演相联系的超负荷期待与没有结果的媒体轰动带来的微薄收益之间，存在着一种奸诈的不相称。这种不现实的期待压力表明，居民对未来的世界内政不可解决的疑难有很好的觉察，也许比对他们的政府有更强烈的感受。

托："世界内政"这个说法听起来倒像一位视灵者的梦 ① 。

哈：就是在昨天大多数人可能还认为是不现实的事情，今天就发生了：欧洲和亚洲的一些政府鉴于金融市场缺乏[监管的]机制化而竟相提出了调控建议。连社会民主党（SPD）和基督教民主联盟（CDU）也在对平衡结算义务与自有资本的构成，对管理者的个人责任，对改善透明度和交易所监管以及其他一些问题，提出了建议。至于股票交易的营业税，似乎已经是全球税政

---

① 这个说法来源于康德 1766 年的《以形而上学的梦来阐释一位视灵者的梦》。视灵者简而言之即宣称自己能看见灵神或灵魂者。——译者

的一部分，不过只是偶尔说起的。被追求的完全成熟的新"金融体系建筑学"（Architektur des Finanzsystems）反正不单纯是因为来自美国的反对而不能实施。但鉴于这些市场的复合性和一些最重要的功能系统在世界范围内相互从属，它是否一般地会令人满意呢？各政党今天所想到的居民契约，随时都能被解除。由此还不能组成防风避雨的政体。

托：哪怕真能让渡给世界货币基金组织新的权能，这恐怕也还不是世界内政。

哈：我不想做预言。鉴于这些难题我们顶多能够提供建设性的思考。尽管有自身的利益，但民族国家必须日益把自身理解为国际共同体的成员。这是最厚实的墙板，在后几十年内恐怕也不会被凿穿。当我们以投向这个舞台的视野来谈论"政治"时，我们常常还是指一些政府的行为，这些政府从以主权角度做决定的集体行为者那里继承了自我理解的遗产，不过这种自17世纪以来随同欧洲国家体制一起发展的利维坦的自我理解，今天已经不再能够被中断了。直到昨天我们称作"政治"的东西，每天都在改变它的聚集状态。

托：但这如何相当于社会达尔文主义，如您所说，自从9·11以来社会达尔文主义在世界政治中再次蔓延开来了？

哈：也许我们应该后退一步，看到一个更大的关系。自18世纪晚期以来，权利和法律渗透到了从政治上撰写的政府强权中，使它在内部交往中去掉了一个单纯"暴力"的实体性格。对外它诚然还是足以经受这种实体的考验——尽管有种种国际组织蔓生的罗网和国际法的日益增长的约束力。由民族国家所烙印出来的"政治的"概念依然还是流行开来了。在欧盟内部，例如，成员国还是一如既往地具有其内在的单极强权，而在超民族的平台上被决定的法律，依然或多或少地被落实而没有抱怨。法权与政治的这种形式演变也同一种资本主义的动力相关，这种动力——作为功能上强求开放和社会整合上的封闭之间的某种相互影响——每次都被书写到更高的水平上。

托：市场使社会崩裂了，社会国家却再次把它弥合起来？

哈：社会国家是一种晚来的，而且正如我们所经验到的那样，脆弱的成就。扩张化的市场和交往网络一直就有一种爆破性的力量，对于单一的公民而言，同时是个体化和解放性的力量。但传统的团结关系在一个扩大化了的制度性框架内的再组织，一直也是为了达到上述成就。这一过程在现代早期就已经开始了，那时中世纪盛期的统治等级在新的领土国家（Territorialstaaten）

内被逐步议会化，例如英国或者法国，就通过专制国王宣布退出帝国直辖而变成附属邦郡。这一进程延续了18、19世纪的宪政革命和20世纪社会国家立法的成果而得到推进。对利维坦和阶级对抗论的这种法治驯化不是简单的事情。但出于同样的功能性理由，国家和社会的宪政化在今天证明是取得了成功。在经济全球化进一步推动之后，国际法和被撕裂开来的世界社会也处在一种宪政化的方向上。

托：欧洲在这种乐观主义的脚本中扮演何种角色呢？

哈：一种不同于在这次危机中实际所扮演的角色。我们不完全理解，欧盟的危机管理为什么如此受到赞扬。戈登·布朗（Gordon Brown）以他的值得纪念的决定说服美国财长保尔森（Paulson）转向对费尽心机决定的"救助计划"（bailout）进行解释，是因为他越过了法国总统而把默克尔（Merkel）和施泰因布吕克（Steinbrück）拉上了船，这些欧盟区最重要的活动家起初是反对[援助计划的]。大家只有自己去看清这一协商过程及其成果。不过，三个最强的欧盟联合国国家，作为主权行动的行为者联合起来，去协调他们每次都有分歧，但指向相同的措施。尽管有容克尔和巴罗佐（Juncker und Barroso）先生在位，这种古典风格的国际联合几乎不能涉及到欧盟共同的政治意志之形成。《纽约时报》注意到欧洲在达成一种共同的经济政治时的无能为力感时，毕竟不是没有某种幸灾乐祸的。

托：而您把这种无能为力归诸于什么呢？

哈：危机的进一步扩大的确使欧洲建制上的缺陷显露出来：每个国家都以独自的经济政治措施做出反应。因为欧盟内的权限，简单地说，就是这样分配的：布鲁塞尔和欧洲法院贯彻经济自由，而由此形成的外部成本被摊派给各成员国，所以至今没有什么共同的经济政治的意志形成。最重要的成员国就要多少个国家、多少市场这些基本原则上争吵不休，而每个国家实施它独自的外交政策，跑在大家前头的是德意志联邦共和国。柏林共和国在所有柔性外交中遗忘了老联邦共和国从历史中汲取的教训。政府虽然在其自1989/90年以来扩大了的外交政治的行动空间中称心如意地伸展拳脚，但却退回到在早已萎缩为小诸侯国形式的国家之间进行民族的权力游戏这一熟知的模式上了。

托：而这些小国诸侯应该做什么呢？

哈：您是在询问我的意愿吗？由于我把按照实际情况分阶段的整合视为一个有行动能力的欧盟之唯一可能的道路，萨科齐（Sarkozy）有关趋向一个欧盟区的经济政府的建议提供了一个出发点。这的确不意味着，大家因此就真的已经赞同了这一倡议者的强化中央集权的（etatistischen）背景假设和贸易保护主义的意图。程序和政治结果是两回事，而在经济政治领域上的"更紧密的合作"是必须在外交政策中达到的目标之一。而且经济和政治两者不能长期绕过居民们的头脑而使之相互脱节。

托：这确实是社会民主党不曾支持过的。

哈：社会民主党的领导把这留给了基督教民主党的于尔根·吕特格斯（Jürgen Rüttgers），让这位莱茵地区和鲁尔地区的工人领导在这个方向上来思考。在整个欧洲，社会民主党都退到了墙根，因为它们必须在投资萎缩的情况下驱动零增长的游戏。为什么他们不抓住机会，从他们的民族国家的鸟笼中挣脱出来并在欧洲平面上开辟出新的行为活动空间？即便是面对左翼的竞争退化（regressiven），他们自己也要能够清楚地描绘出自己的轮廓才对。不管当今"左"和"右"究竟能够意味着什么，欧盟国家恐怕只有共同面对才能达到一种允许他们对世界经济议程施加一种合理影响的世界政治分量。否则的话，他们只能把自己作为山姆大叔（Onkel Sam）的卷毛狗，听凭一种危险而又混乱的世界局势的摆布。

托：您使用了山姆大叔这个词，一定是对美国深感失望了。对您而言，美国曾是新的世界秩序的牵引马。

哈：除了把宝压在这匹牵引马上，留给我们的还有别的选择吗？从现在的双重危机中，美国将率先受到削弱。但它在一个时期内依然保持自由主义的超级强力，并处于一种接近从根本上修正其家长式的世界造福者的新保守主义的自我理解中。向全世界输出自己的生活方式发源于老帝国之错误的、中心化的普遍主义。现代性与此相反，它是从平等地尊重每个个体的去中心化的普遍主义中吸取养料。合乎美国自身利益的，不仅在于放弃对联合国合同产品的态度，而且要把自身置于改革运动的浪尖上。从历史上看，四个因素——超强力量，地球上最老的民主，如我所希望的一个自由主义的和有想象力的总统在位以及某种政治文明在正常的定位中找到一种值得注意的共鸣土壤——的交汇提供了一种极不可能的格局。由于单边主义冒险的失败，由于新自由主义的自我破坏和对其例外意识的误用，今日的美国已经深陷不安之中。但这个国家为什么不像它往常那样，再次使自己振作起来，并尝试把今天处在竞争中的强大国家——明日的世界列强——适时地维系在一个不再必须要有超级大国的国际秩序中？为什么一个从命运选举中走向前台的总统———一定还只是在内心深处发现了一个最小限度的行为活动空间，他不想至少在外交政治上抓住这个合理的时机，这个理性的时机呢？

托：所谓现实主义者，您以这些说法哪怕只是引出一个疲倦的微笑也好。

哈：我知道，许多东西与所说的相反。这位美国新总统必须战胜自己党内那些依附于华尔街的精英们才能实施自己的意图。当然他也必须能够抵御新保护主义的显而易见的反应。而且美国为这类极端的转折回头需要一个正派的、但自我意识到的联盟伙伴的友好推动。不过，只有当欧盟学会了对外用一种声音说话时，一个创造性意义上的"双极的"（bipolaren）西方才能存在，而且，为了自身能够有远见地行动，使用国际上储存下来的可靠资本，那又怎样。"是的，但是……"就握在手上。在危机时期内，人们也许更加需要比主流的建议和单纯勒紧裤腰带过小日子（Klein-Klein des bloßen Durch-wurschtelns）追溯得更远，视野更为宽广。

（译者单位：复旦大学哲学学院、复旦大学国外马克思主义
与国外思潮研究国家创新基地）

新自由主义时代经济增长的矛盾：
当代美国经济的积累和危机①

〔美〕大卫·M. 科茨／文　朱奎／译

[内容提要] 在资本主义新自由主义体制中，经济扩张的趋势是与利润增长和工资停滞相伴而行的，这就形成了潜在生产过剩问题。在新自由主义时代，这一障碍通过不断增加的家庭债务和资产泡沫而得到克服。然而，美国经济的某种动向却表明，新自由主义时代促进经济扩张和避免严重危机的方法，正逐渐变得行不通了。

[关键词] 新自由主义　债务　泡沫　积累　危机

1. 引言②

资本主义自诞生起，每个发展阶段都因其特殊的制度结构而具有不同的

---

① Contradictions of Economic Growth in the Neoliberal Era: Accumulation and Crisis in the Contemporary U.S. Economy, *Review of Radical Political Economics;* Vol. 40, No. 2, 2008。作者大卫·科茨，美国著名左翼学者，马克思主义经济学家，美国阿默斯特麻省大学汤普森学院经济学系教授。
② 杰奎琳·莫尔斯和海伦·莎博为研究提供了援助，非常感谢三位评审在 RRPE 中关于手稿的评论。

特征。在二战后的四分之一个世纪中，工业化的资本主义世界兴起了一种高度规制的体制。这种资本主义体制，具有国家对经济的高度调节、福利国家、强大的工会以及在某些国家存在的重要的国有企业部门等特点。1980 年前后，新自由主义制度结构开始在资本主义世界的许多地方占统治地位。[①] 它的内容包括限制国家对经济的调节、私有化、大幅缩减福利和削弱工会等。

资本主义资本积累过程具有一种特殊的主要矛盾。马克思及其后继者已经指出了资本积累过程中的各种矛盾。资本主义的每一种制度安排，在弱化某些潜在矛盾的同时，又强化了另外一些矛盾。[②]

在规制资本主义阶段，强大的工会和广泛的国家福利项目使得生产过剩已不太可能成为积累中的问题。但是，这一制度却促成另一倾向，即利润挤压问题，而它又是利用快速扩张来吸纳产业后备军所引起的实际工资提高和生产率降低的结果。[③] 利润挤压引起了经济危机的爆发；当危机引发的高失业率削弱工人的谈判力时，这一危机反过来又被用来解决形成危机的矛盾。

然而，在规制资本主义时代，由于国家福利变得越来越"慷慨"，所以，它在一定程度上保护了工人的谈判力使之免受失业的影响。不仅如此，当国家通过有效的干预来缓和、缩短危机时，也限制了危机对工人谈判力的影响。一些分析家认为，正是这些因素，导致了美国经济在 20 世纪 60 年代中期以后利润率的持续下降，以及发生在 70 年代不断恶化的螺旋式通货膨胀。最终瓦解了规制主义的制度结构，代之以新自由主义的制度结构。[④]

在新自由主义时期，通过工资不断增长实现利润挤压似乎已不存在，随之而来的却是工人地位降低，国家计划受限，政府主要以提高资本税后利润为导向等；其结果造成了一种以高利润和工资停滞为特征的资本扩张，而它又

---

① 新自由主义在美国影响深远，英国开始于 1980 年前后，尽管关于新自由主义的机构在这两个国家完全设立的日期有一些争论。在其他一些国家，新自由主义出现较晚，如前共产党统治的东欧和中欧国家。在一些欧洲的社会民主国家，其中部分转向新自由主义，而中国始终遵循大不相同于新自由主义的一种模式。

② 赖特（1979 年：第 3 章）很早就主张这一观点。

③ 马克思(1867)在资本论第 1 卷第 25 章介绍了经济危机的来源。韦斯科普夫（1979 年）发现，来自劳动力的讨价还价能力的利润挤压是美国经济在二战后几十年里利润率下降的主要的原因。

④ 这种分析出现在 20 世纪 60 年代和 70 年代关于美国经济的一些著作中，如鲍尔斯，戈登和韦斯科普夫（1984）。正如注释 2 所述，在所有发达资本主义国家中规制结构并没有被废弃。

面临着剩余价值的创造条件与实现条件之间的矛盾。也就是说，高利润率与工资停滞相结合，产生了一个与需求相对的潜在生产过剩问题。①

但是，这并不意味着在新自由主义框架下，资本无法实现经济扩张。相反，它意味着在停滞的工资之外必须有某些力量，提供不断增加的需求。历史表明，新自由主义的扩张，是与资本家的乐观情绪、资产泡沫及各种形式债务的快速增加联系在一起的。这些变化可以在工资停滞的情况下，在短期内推动投资需求和消费需求的增长；但它同时也会不断加剧经济失衡，最终导致经济崩溃。②

科茨（2002，2003）曾对发生在20世纪90年代的美国经济扩张作过考察，并论证了暂时阻止经济活动中生产过剩问题的方法。本文则要考察自2001年经济衰退以来的美国经济扩张，以进一步揭示在新自由主义制度框架下产生经济扩张的依据。作者发现，存在着某些与20世纪90年代经济扩张相类似的因素，例如由于削弱工人而造成的利润率提高，增长速度快于消费支出，不断增加的家庭债务等，这些都暂时掩盖了生产过剩；同时，资产泡沫在经济扩张中也发挥了重要作用。

虽然本文聚焦于2001年之后四年的经济增长问题，但它却发现在新自由主义时期，存在着一个更长的、超越个别经济周期的扩张形态。它表现为，延缓生产过剩危机的手段会导致不断增长的债务，只要政府行为能够缓和危机，这一债务就会不断支撑一轮又一轮的扩张。这表明，在新自由主义制度框架内，赖以实现经济扩张的必要手段很快就将要失效，因为，进一步扩张债务恐怕已不可能。这将导致一场严重的经济危机，就像20世纪70年代的那场经济危机一样，为向一种新的制度结构转换创造条件。

本文第二部分简要评论了20世纪90年代美国经济扩张中的一些关键特征；第三部分考察了2001年的经济衰退，为分析美国当前经济扩张提供了背

---

① 在这篇文章中提到的两个危机趋势的规范模型，生产过剩和由于后备军减少产生的利润挤压，可参见斯威齐（1942：5—6章，8—9章），怀特（1979），和韦斯科普夫（1979）。

② 全球因素在这一进程中发挥着各种作用。本文重点论述的美国经济，由于愿意持有外国资产和美国债务的中央银行，特别是日本、中国和俄罗斯的中央银行，促进了美国债务的增加，延长了经济扩张。伴随原料和其他投入进口的快速增长，中国提升了一些国家的经济增长。然而，在目前的新自由主义时代，美国贸易赤字不断加大表明，外部需求并没有直接帮助解决需求问题。

景资料；第四部分分析了 2002 年至 2005 年的经济扩张 ①；第五部分总结了新自由主义制度结构中积累和危机产生的教训。②

2. 20 世纪 90 年代的美国经济扩张 ③

在美国经济 1991—2000 年的持续扩张中，后半期的扩张显然要比前半期来得更迅猛。从 1991 年到 1995 年，实际 GDP 的增长相对较慢，每年只有3.1%；但从 1995 年到 2000 年，则增长迅速加快，达到每年 4.1% 的水平。在前半段较慢的经济扩张期，增长主要是由迅速增加的非居民固定投资驱动的，而这是税后利润率急剧上升的结果。1995 年以后经济的加速增长，首先得益于非居民固定投资高达两位数的增长率，因为这一时期的利润率继续走高，达到了 60 年代以来前所未有的水平。④ 1997 年以后，这股投资热潮又被加速增长的消费支出所补充。后者的增速远大于个人可支配收入的增速，尽管收入与消费增长之间一直存在缺口，但还是从整体上推动了经济扩张。在 1995 年以后的经济快速扩张期，无论是投资支出还是消费支出，都受到了股市泡沫的驱动；至于消费支出的增长，不断增加的家庭债务也为其提供了资金支持。⑤

在 90 年代的经济扩张中，政府相关部门 GDP 的增速明显低于整个 GDP 的增速。众所周知，到 20 世纪末，缓慢增长的联邦政府支出与迅速增加的税收收入，使联邦预算有了盈余。在整个扩张期，短期和长期利率都保持在相对较高的水平上，尽管没有像 80 年代时达到那么高。⑥ 这次扩张是美国历史上持续时间最长的一次。在其结束时，失业率达到了相对较低的 4% 的水平，

---

① 在撰写本文时，可以得到 2005 年美国经济的宏观经济数据。

② 本文分析了最近美国经济周期中的关键变量。相关经济周期理论与实证研究参见谢尔曼（1991）。

③ 进一步的理论支撑见科茨（2002，2003）关于 20 世纪 90 年代美国经济扩张一文相关部分。

④ 非金融企业部门的税后利润率是个百分比净值，相比于 1948 年至 1973 年期间，1974年至 1991 年相对较低。自 1992 年起，它迅速上升到 1997 年，直至最后已达到1967 年以来最高水平。见科茨（2002：图 1，第 35 页）。

⑤ 即使在 1997 年利润率达到高峰后大幅下跌的情况下，投资仍继续以两位数的速度增长。股市泡沫引起的兴奋可能是一个主要的解释变量。虽然当利润率在下降时，其他条件也可能有助于高投资率，如竞争压力和获得新的技术。

⑥ 在 1999 年，联邦基金利率为 5%，5 年期国债利率为 5.6%，而 GDP 平均物价指数仅上升 1.6%。

同时保持了低通胀。①

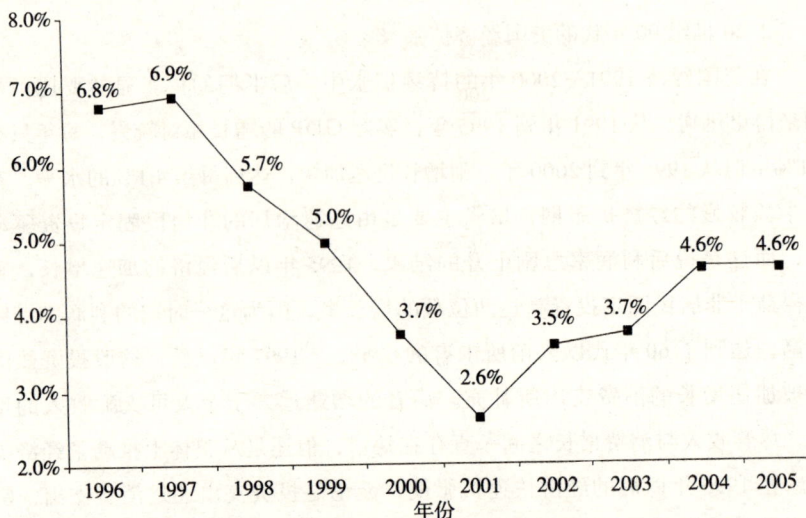

图 1 美国非金融企业税后利润率，1996—2005

3. 2001 年的经济衰退

在 2001 年的经济衰退中，GDP 与其说是显著下降，还不如说是出现停滞。从 2000 年第三季度开始，GDP 延续了一系列季度性的下降和复苏，这种状况一直持续到 2001 年第三季度；之后，又出现了持续反弹。经济衰退在非金融企业产出中表现得更为明显，形成了 2000 年第三季度的波峰和 2001 年第四季度的波谷；但这种下降是温和的，在前后共五个季度中仅下降了 2.7%。

图 1 显示了非金融企业税后利润率从 1996 年到 2005 年的变化情况。②从 1997 年的波峰开始到 2000 年，利润率已下降了将近一半（46%）。而同期的非居民固定投资却保持着增长态势，年均增速达 9.7%；这是因为，不断膨胀的股市泡沫继续影响着收益预期。促使经济滑坡的原因是 2000 年夏末的股市泡沫破裂，泡沫的崩溃打击了公司投资者的信心。③由于持续数年的投资热潮所形成的生产能力已超过实际需要，所以，工业能力利用率逐年下降，

---

① 20 世纪 90 年代经济扩张中存在严重的不平衡，如持续增长的美国贸易和经常项目赤字。然而，我们这里不关注这种失衡。

② 见附录中关于利润率的讨论及相关数据。

③ 标准普尔 500 指数 2000 年 8 月达到了高峰，高科技股票在数个月前达到高峰。

从 1997 年的 83.9% 降到 2000 年的 81.8%。① 一旦由泡沫引发的投资热情突然烟消云散，公司的决策者才会意识到实际上做了无用功。②

表 1　美国 GDP 实际增长率及其构成　　2000—2005

	2000	2001	2002	2003	2004	2005
国内生产总值	3.7	0.8	1.6	2.7	4.2	3.5
消费	4.7	2.5	2.7	2.9	3.9	3.5
非居民固定投资	8.7	-4.2	-9.2	1.3	9.4	8.6
居民投资	0.8	0.4	4.8	8.4	10.3	7.1
出口	8.7	-5.4	-2.3	1.8	8.4	6.9
进口	13.1	-2.7	3.4	4.6	10.7	6.3
政府采购	2.1	3.4	4.4	2.8	2.2	1.8
联邦政府	0.9	3.9	7.0	6.9	5.2	2.3
国防部门	-0.5	3.9	7.4	8.8	7.0	2.6
非国防部门	3.5	3.9	6.3	3.4	1.8	1.8
州和地方政府	2.7	3.2	3.1	0.6	0.4	1.5

资料来源：美国经济分析局（2006：国民收入与产出账户，表 1.1.1）

注：未包括库存变化。

　　紧接着就是非居民固定投资的下降，以及库存积累由正值大幅向负值的变动（表明库存已不再有积累）。正如表 1 所示，非居民固定投资在 2001 年下降 4.2%，2002 年又下降 9.2%，说明投资激励已急剧减弱。表 2 则表明，停止积累的库存在 2001 年对 GDP 的贡献率是 - 0.88 个百分点，比同年非居民固定投资的 - 0.52 个百分点的冲击更大。③

　　由于消费支出异常持续的增长，一场严重的经济衰退在 2001 年被避免了。在美国经济中，消费支出几乎占到 GDP 的 2/3，所以，其变化对 GDP 有着重大影响。经济学家们习惯将消费支出描绘成经济增长中的被动因素：GDP 增长，消费支出增加；GDP 下降，则消费支出减少或近乎停滞。如表 3 所示，

① 总体来说，虽然非金融企业没有衡量现有产能利用率指标，部门产出与有形资产的比率在 1997 年至 2000 年间下降了 4.1 个百分点。（美国经济分析局 2006 年：全国收入和产出账户表 1.14，美联储 2006 年：基金账目流向，表 B.102）。

② 信息技术投资相比于增加产能来说，可以降低成本。因此，上世纪 90 年代相当一部分进入信息技术的投资，对于产能利用率的变化不是非常敏感。

③ 表 2 把每年的 GDP 增长率分解为 GDP 不同组成部分的贡献。每个组成部分的贡献可正可负，这取决于它是否增加或减少。任何组成部分贡献大小取决于其变化及在 GDP 中的相对份额。

在以前出现过的四个衰退期中，消费支出在其中两个都随之下降，另一个上升了 0.2%，还有一个上升了 1.4%。耐用消费品的支出被认为是在经济困难时最容易被削减的部分，在前述四个衰退期中都下降了。与之相反，在 2001 年的经济衰退中，消费支出却增长了 2.5%，耐用消费品支出更是增长了 4.3%，尽管同年个人可支配收入实际上仅增长 1.9%。

表2　有关变量对美国实际 GDP 增长率的贡献　2000—2005

	2000	2001	2002	2003	2004	2005
国内生产总值	3.7	0.8	1.6	2.7	4.2	3.5
消费	3.17	1.74	1.90	2.05	2.71	2.48
非居民固定投资	1.06	-0.52	-1.06	0.13	0.92	0.88
居民投资	0.03	0.02	0.22	0.41	0.55	0.41
私人库存变化	-0.10	-0.88	0.43	0.05	0.35	-0.29
净出口	-0.86	-0.20	-0.69	-0.46	-0.73	-0.29
政府采购	0.36	0.60	0.80	0.53	0.41	0.34
联邦政府	0.05	0.23	0.43	0.45	0.36	0.16
国防部门	-0.02	0.15	0.29	0.37	0.32	0.12
非国防部门	0.07	0.08	0.14	0.08	0.04	0.04
州和地方政府	0.31	0.37	0.37	0.08	0.05	0.17

资料来源：美国经济分析局（2006：国民收入与产出账户，表 1.1.2）

注：对 GDP 增长的贡献来自于 GDP 各组成部分的变化（见附录）。GDP 各组成部分的贡献总额等于 GDP 的整体增长率，应扣除由四舍五入引起的误差。

表3　美国经济衰退中的消费支出　1974—2001

每年变动百分比（年份）	1974	1980	1982	1991	2001
国内生产总值	-0.7	-0.2	-1.9	-0.2	0.8
消费	-0.8	-0.3	1.4	0.2	2.5
耐用品消费	-6.9	-7.8	-0.1	-5.6	4.3

资料来源：美国经济分析局（2006：国民收入与产出账户，表 1.1.1）

通过家庭负债消费，消费支出可以实现远比家庭收入高得多的增速。图 2 提供了对家庭债务的三种不同维度的衡量指标：（1）家庭债务占个人可支配收入的百分比；（2）家庭债务占家庭财产的百分比；（3）家庭债务实际支付率，即实际支付的家庭债务占可支配收入的百分比。第三个指标显示了债务给家庭造成的负担程度。而第一个指标则说明债务给家庭造成的潜在负担，并未考虑变动活跃的现行利率及偿付条款的变动。第二个指标表明由增加债务所带动的家庭财产增长程度。

从表2可以看到，在1980—1982年长达三年的萧条阶段，家庭债务的三项指标都下降了。[①] 在接下来的1991年衰退中，这三项指标在当年或其后一年也陆续下降。也就是说，在新自由主义时代，前两个衰退期都导致了家庭债务三方面指标的下降。这样的下降有利于为下一轮经济扩张准备必要的债务增长空间。但是，在2001年，家庭债务的三项指标都显著升高了，达到了迄今为止新自由主义时代的最高水平。

为什么美国家庭会在经济衰退的2001年不惜以承担沉重的债务为代价去扩大他们的消费支出？原因在于联邦政府在那一年启动了快速降息政策。正如图3所示，2001年，短期联邦基金利率从6.24%降至3.88%，银行最优惠利率（它影响信用卡利率）由9.23%降为6.91%，30年传统抵押贷款利率由8.06%降到6.97%。尽管降息并未能阻止商业投资的不断下降，但它却明显刺激了各个家庭增加负债消费。降息的结果是，家庭债务的实际支付率在2001年要比另两项指标提升的慢得多（见图2），也就是说，降息并未明显增加家庭的偿债负担。

A

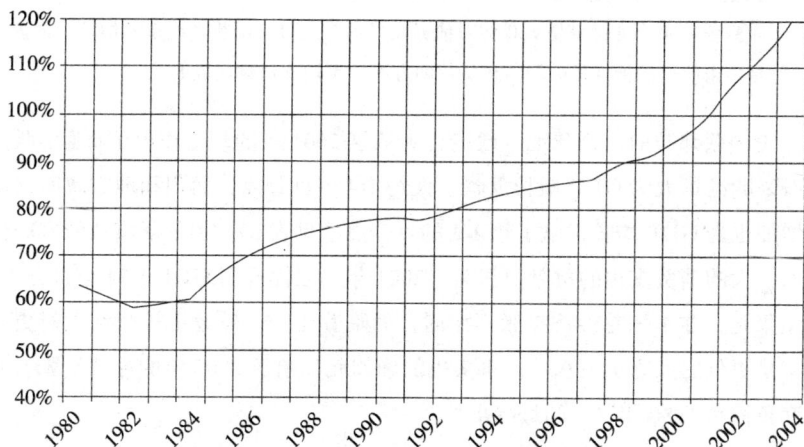

图2(a)　美国家庭债务占个人可支配收入比率，1980—2005

---

① 官方的经济周期记录显示1980年出现衰退，然后是1981年的微弱恢复，而后又在1982年衰退。1980年至1982年这三年期间，有时被视为一个长期衰退。

B

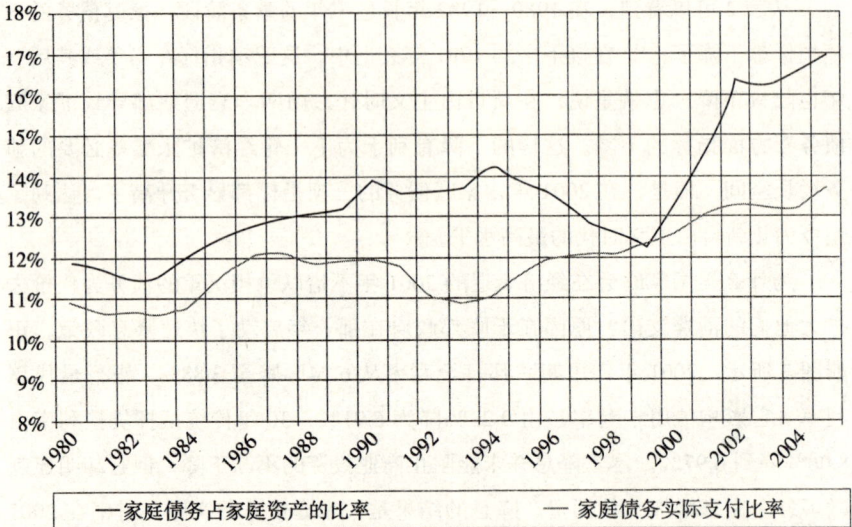

——家庭债务占家庭资产的比率　　　　　　—— 家庭债务实际支付比率

图 2(b)　衡量美国家庭债务的两个指标，1980—2005

资料来源：联邦储备系统（2006：资金流动账户，表 B.100 和家庭债务数据）；美国经济
　　　　　分析局（2006：国民收入和产出账户，表 2.1）

注：a. 家庭债务是家产抵押和消费信用贷款的总额。

　　b. 家庭债务实际支付率是美联储对债务支付占个人可支配收入比率的估计。债务支
　　付是由未偿付的抵押贷款和消费贷款两方面的预期支付额构成的。

　　美国联邦政府、州和地方政府也为减缓 2001 年的衰退作出了贡献：联邦
政府采购的扩大为 GDP 增长贡献了大约 1/4 个百分点，而州和地方政府支出
的增加也为 GDP 增长贡献了约 1/3 的百分点（见表 2）。但依靠增加的家庭债
务而扩大的消费支出的贡献更显著。2001 年，它提升了 GDP 1.74 个百分点。
其结果是，在下一轮经济扩张开始时，面临着比前一轮经济扩张结束时更高
而不是更低的家庭负债水平。事实也的确如此，始于 2002 年的经济扩张，其
家庭负债是 1980 年以来的最高水平。

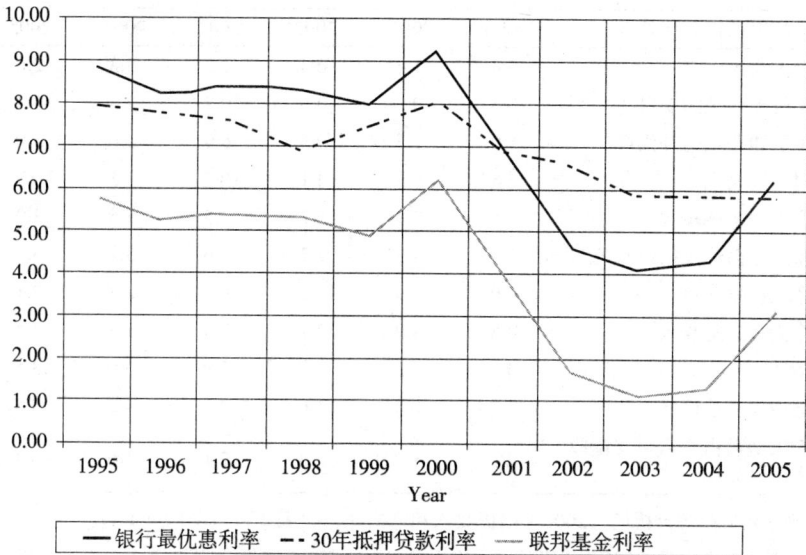

图 3 美国利息率变动情况，1995—2005

资料来源：联邦储备系统（2006：统计发布 H.15）。

注：利率截止到每年 11 月。

4.2002—2005 年的经济扩张

如表 1 所示，美国经济在此轮扩张中的头两年增长缓慢，2002 年为 1.6%，2003 年为 2.7%。但 2004 年和 2005 年的增速要快很多，分别达到 4.2% 和 3.5%。另外，在这两个时期，推动经济增长的因素也是不同的。为了探究经济增长率的差异及其背后的推动力量，可以把当前的经济扩张分成两个阶段，第一阶段包括 2002—2003 年，第二阶段包括 2004—2005 年。

1962 年之后发生的每一次经济扩张都是以非居民固定投资的快速增长开始的，但这一次不同。如表 1 所示，第一阶段的非居民固定投资不是下降就是徘徊不前：2002 年下降了 9.2%，2003 年仅增长 1.3%；这说明，在此前经济扩张中所产生的过剩生产能力还需要一段时间来消化。工业产能利用从 2000 年 81.8% 的顶峰回落到 2002 年的 75.1% 和 2003 年的 75.7%，达到了自 1980 年代初那次严重经济衰退以来的最低点；同时，失业率也攀升了大约 10%。（联邦储备系统 2006：表 G.17）

表 4　个人收入、支出和储蓄　2000—2005

增长率以百分比计算	2000	2001	2002	2003	2004	2005
个人收入	5.4	1.4	0.4	1.3	3.3	2.6
工资和薪金的支付额	5.5	0.3	-0.6	0.7	2.8	3.3
工资和薪金的补偿额	5.0	2.7	9.6	6.9	4.6	5.0
财产性收入	5.8	0.3	-4.1	-0.7	3.5	-0.8
个人捐赠移转收入	3.5	7.9	6.2	2.5	3.5	3.9
政府社会保险捐赠减免	3.7	1.9	1.2	1.6	3.2	3.0
个人税收减免	8.9	-1.9	-16.2	-6.7	2.3	12.1
个人可支配收入	4.8	1.9	3.1	2.4	3.4	1.4
消费	4.7	2.5	2.7	2.9	3.9	3.5
国内生产总值	3.7	0.8	1.6	2.7	4.2	3.5
个人储蓄占个人可支配收入的百分比	2.3	1.8	2.4	2.1	1.6	-0.4

资料来源：经济分析局（2006：国民收入和产出账户，表 2.1，1.1.1，1.1.4）。

注：消费者支出的 GDP 价格指数在本表中是用来降低除国内生产总值外收入变量的影响。

　　a. 包括租金、利息、分红和经营者所得。

　　b. 这个变量不是一个增长率。

　　在第一阶段，经济扩张源于消费支出的增加。2002 年，消费支出增长了 2.7%，比 GDP1.6% 的增速快许多。仅消费支出本身就为当年的产出增长贡献了 1.9 个百分点，高于产出实际增长率（见表 2）。2003 年消费支出继续增加至 2.9%，略高于 2.7% 的产出增速，它为产出增长贡献了 2.05 个百分点，占全部产出增长的 76%。

　　如何解释消费支出在第一阶段发挥主导作用的现象？ 2002 年，美国居民的个人所得，包括一个家庭的全部税前收入，仅增长了 0.4%。正如表 4 所示，无论是工资和薪金还是财产收入都下降了。但布什政府实施了减税政策，当年个人税率下降了 16.2%。大规模的减税使得 2002 年的个人可支配收入增长率攀升到 3.1%，比消费支出 2.7% 的增幅还多 0.4 个百分点，导致了 2002 年个人储蓄率的提高，这是 1998 年以来该项指标唯一上升的一年。(见表 4)

　　布什减税政策的主要受益者是那些巨富们，他们对该政策的反应就是将大部分收入储蓄起来，根本不用于增加消费。然而，减税政策却影响了某些中上等甚至是中等收入家庭，这或许就是消费支出增加的原因。当我们用减税来部分说明消费支出增加原因时，家庭债务数据却表明消费支出扩大的相当部分资金是靠增加消费信贷获得的。2002年，家庭债务的前两项指标大幅升高了，但第三项指标——债务实际支付率只略为上扬，这得益于2002年的降息减轻了债务的负担。所有这些表明，快速下降的利率再一次刺激了消费支出的增长。（见表3）

2003年，个人收入增长缓慢，只有1.3%，好在个人税率再次下调到6.7%，结果导致个人可支配收入上升2.4%，但当年的消费支出却提升了2.9%，债务融资再次成为家庭继续维持其消费支出扩大的手段。

政府采购对第一阶段的经济扩张作用有限。如表2所示，政府采购对产出增长的贡献，2002年是0.8个百分点，2003年是0.53个百分点，与每一年不断上升的净出口赤字的增长率基本相抵。2003年，由于州和地方政府采购以及联邦政府非军事采购对经济增长几乎没有什么贡献，联邦军费支出就成了政府推动产出增长的主要因素。最后，作为对极低利率的反应，居民投资在2003年开始快速增加，当年产出增长的0.41个百分点即来自于此。

在经济扩张的第二阶段，产出增长明显加快了，2004年和2005年分别达到了4.2%和3.5%。尽管消费支出在该阶段仍不断扩大，但它已不再是GDP增长的主导因素，这一角色已被非居民固定投资以及位居第二的居民投资所取代。非居民固定投资终于开始飙升，其增幅在2004年和2005年分别高达9.4%和8.6%，居民投资的增幅在这两年也分别达到了10.3%和7.1%。全部固定投资分别使这两年的经济增长提高了1.47和1.29个百分点。（表2)[①]

为什么非居民固定投资会在2004年迅猛增长？虽然工业产能利用率有所提高，在当年达到78.6%，但仍低于20世纪90年代经济扩张时80%—84%的历史记录，那么，可能的原因只能是2001年以后税后利润率的明显复苏。它从2001年2.6%的低点一下子升到2004年和2005年的4.6%，升幅高达77%。利润率的提高主要源于工人实际工资涨幅和工人人均产出增幅之间的严重不对等。从2001年到2005年，非金融企业工人人均实际报酬每年仅增长0.6%，而该部门人均产出却每年增长3.1%。[②] 因此，正是这种抑制实际工

[①] 对于促进GDP增长的主要因素，它的增长速度须快于国内生产总值。虽然在第二阶段，非住宅和住宅固定投资有类似的高增长率，但前者大得多，因此对GDP增长应有更大的影响。

[②] 见附录1结尾处对于实际工资变量的讨论。在此期间，利率下降对于增加利润率做出了次要的贡献（美国经济分析局2006年：国民收入和产品账户，表1.14）。

资增长的新自由主义模式的实施，造成了 2001—2005 年利润率的飞涨。①

尽管工资涨幅受到了抑制，但经济扩张的第二阶段，消费支出依然迅速扩大。虽然消费支出在 2004 年只有微弱增长，远低于 GDP 涨幅，在 2005 年也只是与 GDP 增长同比变动，但大规模的消费支出仍在推动产出增长，在 2004 年和 2005 年对 GDP 增长的贡献分别占到 65% 和 71%。在此，我们已触及新自由主义制度结构下资本积累矛盾的核心。在实际工资被抑制的情况下，如何使消费支出持续迅速增长？相关数据表明，个人可支配收入在 2004 年和 2005 年的增幅明显小于 GDP 的增幅，但消费支出并未减少。2004 年，消费支出增幅达 3.9%，而个人可支配收入却只增长了 3.4%。2005 年，这一缺口进一步显著拉大，消费支出增幅高居 3.5%，而个人可支配收入的增长却仅为 1.4%。2005 年，个人储蓄率也转为负值，是个人可支配收入的 -0.4%。

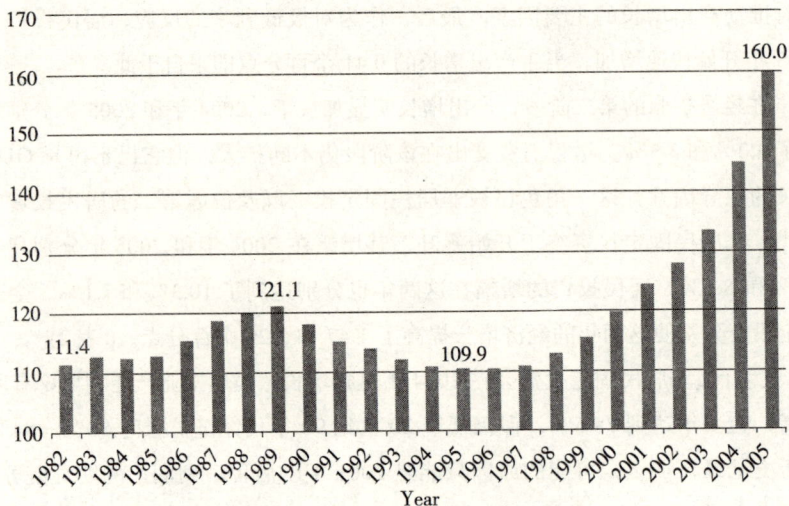

图 4 房屋价格指数 (HPI) 与房屋租金 (OER) 之比

资料来源：联邦住房企业监管办公室（2006）；美国劳工统计局（2006）。

注：房屋价格指数统计于联邦住房企业监管办公室,1980=100. 房屋租金以 1982=100 来计算。

---

① 许多新自由主义体制导致工人讨价还价能力较低，在经济扩张期间实际工资增长停滞。这些包括政府和企业打击工会、削减社会福利、对强势工会放松部门管制、从低工资国家进口廉价制成品以降低美国工人工资。

对消费支出不断扩大而实际工资停滞不前这一矛盾的解释，只能到家庭债务的不断增加中去寻找。①2002—2005 年的经济扩张，是在近年从未有过的高水平家庭负债支撑下形成的。从 2000 年上一轮经济周期顶峰开始，家庭债务与可支配收入比率从 91.0%上升到 120.0%，家庭负债与家庭资产比率从 13.3%升至 16.9%，债务实际支付比率从 12.6%升至 13.7%。在整个阶段，家庭债务第一项指标始终稳步攀升；第二项指标在经过了从 2000 年到 2002 年的上升后，直到 2004 年都较为稳定，2005 年又开始了新一轮攀升；第三项指标在 2001 年衰退时曾明显上升，之后一直稳定到 2004 年，2005 年再一次升高。家庭债务的这三项指标增长的不同类型，显示了债务上升的原因。

家庭债务的第三项指标即债务实际支付率的走势，可以用利率变动加以解释。2004 年以前利率的持续下降和还款条件的放宽，使得许多家庭得以迅速扩大它们的借贷和债务与可支配收入比率，而不增加偿债负担。这样，美联储非常宽松的货币政策就允许美国家庭在没有即期成本的情况下扩大它们的债务。但是，利息在 2005 年的上升，再次抬升了债务实际支付率；如果利率继续提高，债务负担无疑会进一步加重。

家庭如何能借到如此多的贷款？第二个指标即债务与家庭资产比率，在 2002 年之后持续两年之久的稳定，提供了这一问题的答案：住宅行业的泡沫膨胀使得家庭资产迅速升值，家庭正是凭借增值了的家庭资产去获得贷款。

还应注意住房价格指数与房租二者比值的变动情况。这一比值是一项权威指标，它直接反映了住房价格是否存在住房资产泡沫。资产泡沫意味着资产价格的上升不是源于其经济价值而是其自我强化的投机性购买，目的在于从可预期资产价格的进一步提高中获取购销利润。OER 被用来表示拥有某一住房的经济价值，所以 HPI 与 OER 比率的大幅上升，可以说明住房价格已超出了由其经济价值变化决定的合理价格。

HPI 与 OER 的比值在 1985—1989 年的经济扩张中处于上升状态，尽管在这四年时间里仅仅增长了 5.1%。这个比值在 1991 年的衰退和 1992—1995

---

① 除了增加消费者债务，还有其他手段，其中消费开支尽管工资停滞而可能继续上升。这些措施包括提高劳动力参与率或增加来自利润而不是工资开支的那些收入。然而，家庭债务数据表明，债务增长已经成为美国新自由主义时代解决这一矛盾的主要手段。

年的经济小幅扩张中一直下降，然后又缓慢上升，在2000年时接近1989年的水平。然而，在2001年的经济衰退中，HPI/OER值不降反升，而且在随后的四年中继续上扬，在2000—2005年共增长34%。到2005年时，它已高出1980—1999年历史最高水平（1989年的数值）的32%。这表明，不断增大的房产泡沫已在此轮经济扩张中出现，自2003年后表现得尤为明显。

房产泡沫有助于家庭获得更多的贷款，它解释了为什么在债务与居民可支配收入的比率继续增长情况下，家庭债务占家庭资产的比率却在2002年后的两年里停止了增长。然而，由于2005年家庭贷款的增速甚至超出了住房价格的涨幅，家庭债务占资产的比率再次上扬。

5. 经济扩张的启示

现在，我们可以对2002—2005年经济扩张进行评价，从中可以抽象出新自由主义制度结构下有关积累矛盾的某些内涵。下面，把推动经济扩张的关键因素依其重要性排列如下：

（1）消费支出增长受债务增加所驱动，也是放松银根政策和房产泡沫的结果；（2）由利润率升高引发的非居民固定投资的增长，也是工人人均实际工资增长明显低于人均产出增长的结果；（3）放松银根政策，或许还包括房产泡沫所导致的居民投资的增长；（4）主要由不断增加的军事采购构成的联邦支出的增长，直接推动了GDP增长，削减税收间接推动了GDP的增长，急剧扩大的联邦财政赤字为其提供了资金保证。它导致从2000年的1890亿美元的财政盈余，发展到2004年的4280亿美元的巨额赤字，2005年，这一数字有所降低，达到3610亿美元。

可见，新自由主义结构下经济增长的矛盾在于：一方面，是有利的剩余价值生产条件，表现为通过抑制实际工资而形成的利润率的不断提高；另一方面，是剩余价值实现条件困难。这一矛盾，在2002—2005年，通过增加家庭和政府负债、大幅降低利率以及制造房产泡沫等办法得到了暂时解决。这与20世纪90年代的经济扩张有某些类似之处，当时，由股市泡沫支撑或引发的投资和消费热潮阻止了生产过剩。资产泡沫之所以易于在新自由主义结构中产生，是因为收入向利润和富有家庭的转移会形成大量的、急剧增加的投资基金，而最终需求潜在增长却被同一过程限制了。于是，过剩资金就会寻找机会去进行某些资产的投机，从而形成了泡沫。新自由主义结构下的经济扩张似乎就有赖于这种泡沫，还有债务的增长。①

当2001年随着股市泡沫破裂而发生经济危机时，在新自由主义制度结构内，还是具备限制这场危机严重性和持续性的有利条件的。这是基于两点原因：(1)利率相对较高，为降息留下了足够的空间；(2)联邦财政处在盈余状态，为实施扩张性财政政策留有余地。但是，用来缓解2001年经济衰退并刺激经济扩张的手段将家庭债务推到了前所未有的高度，政府负债也达到了很高水平，同时使利率降到了历史的低点。这些变化，预示了新自由主义结构下美国经济的未来走势。

房产泡沫已在2006年停止了膨胀，并且有可能在当年夏末前后破裂。②当房产泡沫像所有资产泡沫一样不可避免地萎缩时，每个家庭就会发现凭借家庭资产价值获得更多的贷款将是很困难的。③利率在2004年降到很低水平后开始攀升，这使得家庭债务负担达到了前所未有的水平。这表明，用超过个人可支配收入增速的消费支出增长来推动经济发展，已达到极限。如果这是事实，一场生产过剩的危机将难以避免。

基于上述趋势，当下一个危机爆发时，政府将很难采取有效步骤去缓和它。受众多因素约束，美联储在近期不太可能再降低利率。这些因素包括：持续高位的能源价格，以及由巨大的美国贸易和经常项目赤字引起的对美元贬值压力等。由于存在大量的联邦赤字，联邦政府几乎没有余地去进一步运用扩张性的财政政策。其结果是，由于消费支出停滞或下降以及商业固定投资的下降，当下一轮生产过剩危机来临时，可能会演变为一场严重的危机。在这种情况下，滞胀很有可能发生：消费和投资需求下降会抑制GDP增长；与此同时，巨额的经常项目赤字要求更高的利率并引起美元贬值，进而引发通货膨胀。

---

① 20世纪20年代美国经济是一个自由体制结构，而且这十年产生了扩张，以后的十年是一个资产泡沫期。

② 2006年第四季度，美国家庭住宅的中位价格下降了2.7%，曾在火暴的房地产市场，跌幅高达18%，如佛罗里达州萨拉索塔—布雷登顿（根据全国房地产经纪人协会的报告，在五巴贾吉，一半以上国家最大的市场中房屋价格下降，纽约时报，2007年2月16日：C1）。

③ 过去的一些住房泡沫已经缓慢破灭，伴随的是房地产价格稳定，而不是通常会发生股市泡沫破灭时的急剧下降，即使稳定的住房价格会阻碍消费者借贷信心的持续提升。

人们不可能准确预见美国经济的进展。但是，前面的分析表明，新自由主义结构下的美国经济在推进经济扩张和防范严重经济危机方面已力不从心。如果在这种结构下解决资本积累主要矛盾的权宜之计已开始失效，那么，我们或许正在进入一个新自由主义模式自身的危机时期，它类似在20世纪70年代初发生的调节资本主义的危机。如果这一切发生了，新自由主义制度结构将会在这一危机中归于毁灭。

附　录

1. 利润率

图1中的利润率是非金融企业年初净资产（市场价值）百分比的税后利润率。其他的研究曾用非居民固定投资作为利润率的分母，在某些情况下把投资预期也加入在内。[①] 为了分析企业的积累行为，不得不用净资产，即总资产减负债。净资产是那些企业拥有者的部分资本总额。关于利润率作为积累的奖励，并假设企业主直接或间接作出积累决策，那么他们将考虑有关预付资本获得的利润。借给企业资本的资本所有者收取利息，而利润是返还给用净资产衡量的预付股本者。当然，还有其他影响积累的因素，包括借入资金到位的条款。

利润率是用来衡量非金融企业，主要是因为衡量投资资本和利润时，把金融和非金融企业合并考虑存在概念性问题。此外，非金融企业是唯一宽泛的私营部门分类，从美国联邦储备委员会可查到其净资产的数据。另一方面，相对于非金融部门，金融部门一直在增长。到2005年，金融部门总增加值是企业总增加值的13%。相当一部分非居民固定资产投资是由金融部门完成的。因此，用利润率来衡量非金融部门导致了利润率和投资变量的脱节，因为后者是针对整个私营部门的。此外，在利润率的计算中没有包括非企业商业部门，从而导致利润率和企业投资之间的进一步脱节。

非金融商业部门包括批发贸易和零售，在马克思主义的理论中，它们不被认为能够生产价值和剩余价值。然而，这不可能将它们与其他的非金融商

[①] 参考李民骐、萧丰和朱安东：2005.《世界利润率长波与资本主义历史局限：源于19世纪中期以来美、英和日本利润率的长期运动》未发表手稿。韦斯科普夫：2001.《近年来美国利润率的上升》，载于《激进政治经济学评论》33(3)（夏季），第314—324页。

业部门分开，在任何情况下，我都不打算在利润率定义式中把剩余价值放入分子中，而是放入资本主义公司用于投资的利润中。

净资产数据不包括非金融企业中的农场部分，因为美联储数据没有包括农业部门，而利润是对整个非金融商业部门而言。这里介绍一个非常小的错误：在2000年，农业附加值是非金融商业部门产出的2%。（2003年总统经济报告：表B-12：292）。

文中所提到的实际工资是指对雇员的全部补偿，包括对非金融商业部门中所有雇员工资和薪金的补偿。因此，企业管理人员也包括在内。在新自由主义时代，后者的增速超过了生产工人工资。最好能分清对生产工人和其他员工的补偿，但目前还没有这一数据的细目。

2.GDP增速的贡献

表1的实际国内生产总值增长率显示了所有国内生产总值的组成部分，除库存和净出口变化外。在经济分析局的增长率表上，这两个量被忽略了，因为一个变量的增长率可以是负数或零这个概念问题。然而，表2中这两个组成部分包括在内。原因是，任何国内生产总值的组成部分对国内生产总值的贡献，是国内生产总值组成部分的增长速度乘以其在GDP组成中份额的结果。因此，其价值的一个组成部分，如库存变化，是在第一要素的分母中的和第二要素的分子中的，所以取消了。因此，任何组成部分的贡献等于其在前一年度除以本地生产总值的绝对变化，在计算其对GDP的增长贡献中，一个组成部分是负数或零值并不重要。

3. 数据来源

对于每个表和数据来源。所有数据下载于2006年5月至9月期间。净资产值来自美联储网站：http://www.federalreserve ，发布日期为2006年6月8日。住房价格指数的数据来自于美国联邦住房企业监督网站：http://www.ofheo.gov。居民消费价格指数和房租指数来自美国劳工统计局网站：http://www.bls.gov/。所有其他数据均来自美国国民收入和产品账户，版本更新于2006年7月28日，可在美国经济分析局网站上找到：http://www.bea.gov/。

参考文献：

萨缪尔·鲍尔斯、M.戈登和托马斯·E.韦斯科普夫.《1984.超越荒地：一个经济衰退的民主替代品》.花园城，美国纽约：Anchor/Doubleday。

《总统经济报告》.2003.华盛顿特区：美国政府印刷局。

美国联邦储备系统.2006.数据来自网站 http://www.federalreserve.gov/（发布于2006年6月8日）。

大卫·M.科茨，2003.《20世纪90年代新自由主义和美国经济扩张》，载于《每月评论》54(11)(4月)，第15—33页。

大卫·M.科茨，2002.《20世纪90年代的美国经济：一个新自由主义的成功故事?》.科茨未发表的较长版本(2003)，经许可可从作者 dmkotz@econs.umass.edu 或 http://www.people.umass.edu/dmkotz/ 得到。

李民骐、萧丰和朱安东.2005.《世界利润率长波与资本主义历史局限：源于19世纪中期以来美、英和日本利润率的长期运动》.未发表手稿。

马克思.1967.《资本论》，第1卷.纽约：国际出版社。

J.麦卡锡、R.皮切.2004.《房价是下一个泡沫?》，载于《经济政策评论》10(3)(12月)，第1—17页。

联邦住房企业监管办公室.2006.数据来自网站 http://www.ofheo.gov/（2006年5—9月）。

霍华德·J.谢尔曼.1991.《经济周期——资本主义条件下的增长和危机》.普林斯顿：普林斯顿大学出版社。

保罗·斯威齐.1942.《资本主义发展论》.纽约：每月评论出版社。

美国经济分析局.2006.数据来自网站 http://www.bea.gov/（2006年7月28日更新版）。

美国劳工统计局.2006.数据来自网站 http://www.bls.gov/（2006年5—9月）。

普夫，韦斯柯夫1979.《马克思主义的危机理论和战后美国经济利润率》，载于《剑桥经济学杂志》3(4)（12月），第341—378页。

韦斯科普夫.2001.《近年来美国利润率的上升》.载于《激进政治经济学评

论》33(3)（夏季），第 314—324 页。

E.O. 赖特 .1979.《阶级、危机和国家》. 伦敦：Verso。

（译者单位：上海财经大学马克思主义研究院）

全球贫困：一种替代的分析和方案 ①

[内容提要] 近年来，全球贫困成为哲学家们关注的主要问题。彼得·辛格和托马斯·博格分别从功利主义和人权的角度分析了全球贫困的根源，并提出了解决的方案。然而，由于他们没有分析资本主义与全球贫困之间的内在联系，因此他们提出的方案并不能真正解决全球贫困问题。只有为资本主义寻找一种社会主义的替代方案，才能彻底解决全球贫困问题。作为一种可行的社会主义替代方案，"经济民主"由于消除了生产竞争和工资竞争，因此能够并且可以消除全球贫困。

[关键词] 全球贫困 辛格 博格 资本主义 经济民主

查尔斯·贝茨 (Charles Beitz) 最近评论说："在近来的记忆中，哲学对全球正义问题的关注从来没有像现在这样丰富活跃。"他将这种现象归结为两个原因："我们面临着一系列紧迫的现实问题，即使这些问题可以解决，但是没

---

① 本文原题为 "Global Poverty: Alternative Perspectives on What We Should Do—and Why"，载 *Journal of Social Philosophy*, Volume 39, Issue 4, 2008。作者戴维·施韦卡特 (David Schweickart)，芝加哥罗约拉大学哲学教授，著名的马克思主义者，著有《反对资本主义》(1993) 和《资本主义之后》(2002) 等。

有一致的国际行动，它们不大可能得到解决……"而且"全球行动的能力……才正在形成"[①]。

上述评论让人想起马克思的一句名言："人类始终只提出自己能够解决的任务……任务本身，只有在解决它的物质条件已经存在或至少是在生成过程中的时候，才会产生"[②]。这句名言非常切合我们在此讨论的问题。全球贫困这个"迫切的现实问题"之所以成为"问题"——不同于人类自身不可避免的其他问题，正是因为现在已经存在消除贫困的物质条件。

本文将分析两位主要哲学家在对待全球贫困问题上的异同。他们都将全球贫困视为一个艰巨但可以消除的问题，但他们的规范框架和应对策略并不相同。我在下文中指出，他们都没有注意到全球贫困的罪魁祸首：全球资本主义的结构性压迫。本文的最后指出了导致这种漠视的四个原因，并简要地讨论了其中的每一个原因。

一、两位哲学家

就全球贫困研究而言，最著名的两位哲学家是彼得·辛格（Peter Singer）和托马斯·博格（Thomas Pogge）。他们之间有相当多的共识，都认为全球贫困程度很广。博格指出，世界46%的人——接近全球人口的一半——生活在世界银行设定的每天2美元的贫困线以下；12亿人生活在这个标准的一半以下，即低于每天1美元[③]。

贫困的统计数字可以用更形象的方式呈现出来。辛格指出，2001年9月11日，3000人死于世贸中心袭击；2天后，即2001年9月13日，联合国儿童基金会公布的报告表明，当天有3万名5岁以下的儿童死于可防治的疾病，并且去年每隔一天就有3万名5岁以下儿童死亡，总计约1000万[④]。博格指出："在冷战结束后的15年里，每年约有1800万未成年人死于与贫困相关的因素，这占到世界死亡人数的三分之一。15年里共有2.7亿未成年人死亡，远远高

① Charles Beitz, "Cosmopolitan and Global Justice," The *Journal of Ethic* 9(2005): 11.

②《〈政治经济学批判〉序言》，《马克思恩格斯选集》第2卷，人民出版社，1995年，第33页。

③ Thomas Pogge, *World Poverty and Human Rights*(Cambridge, UK: Polity Press, 2002), 2.

④ Peter Singer, *One World: The Ethics of Globalization* (New Haven, CT: Yale University Press, 2002), 150-51.

于整个 20 世纪所有战争、内战、大屠杀和其他政府压迫所造成的 2 亿死亡人数①。对于那些认为这个论断不可信的人来说（我最初也是这样），博格的注释打消了大家的疑虑，注释里提供了刚刚过去的 20 世纪里 284 个导致重大死亡的暴力和压迫事件以及其他 281 个灾难性事件，20 世纪的死亡人数比冷战以后死于贫困的人数少四分之一。

辛格和博格也都同意，消除贫困在技术上是可行的。博格计算出每年 3120 亿美元就可以消除贫困，即把每个人的生活标准提高到每天 2 美元的标准线以上，这仅仅是全球年收入的百分之一②。

最近，辛格考察了联合国千年目标，这是 2000 年全球各国领导人在有史以来规模最大的一次会议上设定的目标。189 个国家共同签署的目标包括：

1. 将饥饿人口减少一半；

2. 确保任何地方的儿童都能接受完整的小学教育；

3. 将 5 岁以下儿童死亡率减少三分之二；

4. 将无法获得安全饮用水的人口减少一半；

5. 遏制并减少爱滋病、疟疾和其他重大疾病的传播。

然后，辛格考察了实现这些目标的成本估算，这一估算由杰佛里·萨克斯（Jeffrey Sachs）领导的联合国特别行动小组做出。行动小组估算出从 2006 年至 2015 年，花费将从 1210 亿美元上升到 1890 亿美元。

随后，他又做了一件很有意思的事情：他研究美国 0.01% 最富有的纳税人。他的结论十分惊人：如果 0.01% 的最富有人口捐献出他们年收入的三分之一（给每个家庭留下平均 800 万美元的可支配收入），同时总人口 0.1% 中的其他富人贡献出年收入的四分之一（留给他们平均 150 万美元），我们就会获得 1260 亿美元，比 2006 年摆脱贫困需要的钱数多 50 亿美元。这就是说，不需要任何政府、任何非美国公民和任何美国人口 99.9% 的普通公民付出额外费用，我们就可以实现千年目标。

辛格本人也很吃惊：

> 30 多年来，我一直在阅读、写作并讲授由于我们这个星球上所存在的一个悖论所带来的伦理问题，这个悖论就是极大富足与威胁

---

① Thomas Pogge, "Real Wold Justice", *Journal of Ethic* 9 (2005): 31.

② Pogge, *World Poverty*, 2.

生命的贫困并存。但直到我准备这篇论文，计算出美国 1% 最富有人口实际的捐助额时，我才完全明白消除或基本消除贫困对于全球富人来说是多么轻松……我发现这个结论令人吃惊。我仔细核查数据并请研究助理进行核查，它们的确是真实的。就我们能力而言，千年发展目标具有不恰当的、令人震惊的保守性。①

最后，辛格和博格达成了一个基本共识：我们必须采取某种行动。在1972 年经典的论文《饥荒、富足和道德》（*Famine, Affluence and Morality*）中，辛格在结尾发出了一个道德呼吁：

> 讨论是不够的。如果我们不认真对待我们的结论，将哲学与公共（和个人）事务联系起来还有什么意义？在这个问题上，认为对待我们的结论就是要采取行动。改变我们在做应当做的一切事情时所奉行的生活态度和方式——如果我是正确的话，哲学家像其他人一样都会发现这并不是那么容易。②

博格本人对我们的领导人很愤怒，但他并不认为其他人能摆脱干系："这些'尊贵的'同时也是不值一提的人们（例如我们的政治家和谈判家）明知故犯地做出了一些最大规模的、史无前例的侵犯人权行为。但是他们的罪行可以洗脱普通民众的责任吗？"绝对不能，他说：

> 我们选择漠视，任由那些不知名的官僚在秘密谈判中确定世界经济的重要的结构性特征。这没有消除我们对本国政府给无辜者带来的伤害所负有的责任。

这句话引自在他在《伦理和国际事务》（*Ethic and International Affairs, 2005*）上发表的一篇文章③。在同年发表在《伦理学杂志》（*Journal of Ethics*）上的文章中，他更严厉地斥责我们的政治领导人："阿道夫·希特勒和约瑟夫·斯大林比我们的政治领导人更加邪恶，但就对人民的伤害和屠杀而言，他们从未造成每年将近 1800 万人的死亡"④。

---

① Peter Singer, "What Should A Billionaire Give-and What Should You?" *New York Times*, December17, 2006.

② Peter Singer, "Famine, Affluence and Morality," *Philosophy and Public Affairs* 1, No.3(1972): 242.

③ Thomas Pogge, "Reply to Critics: Severe Poverty as a Violation of Negative Duties," *Ethics and International Affairs* 19, No. 1(2005): 79.

④ Pogge, "Real World Justice," 33.

辛格和博格认为：必须有所作为。但从何着手？现在事情变得更加复杂。应当做什么取决于对问题的分析，可是他们对问题的分析并不相同。

二、怎么办？——辛格

众所周知，辛格是一个功利主义者。从功利主义者的角度来看，杀人和见死不救在道德上没有重要的区别，至少当我们的行为可以轻易地阻止死亡时是如此。他提供了一个例子：走过一个水塘，看到一个儿童溺水。"我应该下水将他拉出来。这意味着我的衣服会弄脏，但这是微不足道的，而那个儿童的死亡才是十分严重的事情"①。这里的原则很清楚："如果我们有能力阻止坏事发生，并不因此牺牲具有同等道德重要性的东西，那么我们从道德上来讲就应该去做"②。

在《一个世界》中，他引用了彼得·昂格尔（Peter Unger）《高调生活与任由死亡》（*Living High and Letting Die*）中一个的不同例子：

> 鲍勃快退休了。他用大部分积蓄购买了一辆十分罕见、珍贵的布加蒂牌老式轿车，但却未能为其上保险。布加蒂是他的骄傲和快乐……一天，当鲍勃驾车外出时，他把车停在一条废弃的铁路岔道末端附近，并沿着铁道线上行散步。正走着，他发现一节无人驾驶的失控列车正迎面驶来。朝铁轨远处望去，他看到一个正在隧道玩耍的小孩的身影，小孩很可能被失控列车轧死。他无法让列车停下来，小孩又离得太远，听不到危险的警告。但是，他可以扳一下道岔扳子，让列车沿着停着布加蒂轿车的铁道岔道开去。那样就不轧死人了，但因为铁道岔道末端的围栏已经年久失修，列车将会撞坏他的布加蒂。想到这辆车给他带来的快乐和所代表的经济保障，鲍勃决定不去扳道岔扳子。③

我想，我们都会同意鲍勃做了一件非常错误的事情。但是，辛格问道，就世界贫困问题而言，我们不正处在与此相同的境况中吗？据估计，向联合

---

① Singer, "Famine, Affluence and Morality", 231.

② Ibid.

③ Singer, *One World,* 18. 中译文参见彼得·辛格：《一个世界：全球化伦理》，应奇、杨立峰译，东方出版社，2005年，第186—187页。

国儿童基金组织或美国牛津饥荒救济委员会捐出 200 美元，就可以拯救一个儿童的生命。我们中的哪个人不能拿出 200 美元——远远小于我们认为鲍勃应该作出的牺牲——呢？

辛格总结道，每一个拥有可支配收入的人都应该拿出至少 1% 的收入用于减少贫困①。他认为，这是最低额度，并不是最理想的数额。在他的畅销教科书《实践伦理学》（*Practical Ethics*）中，他主张 10%②。在他早年的论文《饥荒、富足和道德》中，他赞许地引用阿奎那那句更严厉的名言：

> 无论一个人多么富足，按照自然正当，他都有维持穷人生计负的义务。所以安普罗修斯说，并且在《教会法汇要》中也可以找到："你拿的面包属于饥饿的人；你柜子里的衣服属于衣不蔽体的人……"③

辛格还认为，我们还应该说服我们的政府提高对外援助的水平——目前的水平非常可怜，仅占到 GDP 的 0.1%，远远低于联合国提出的 0.7% 的目标，同时要保证这些援助确实用于帮助贫困而不是仅仅用于提高我们自己的"战略或文化利益"（暗指以色列和埃及得到最多援助这个事实的礼貌说法）④。

三、慈善的谬误

毫不奇怪，辛格令人困扰的论点遭到了许多批评。在我的印象中，保罗·刚博格（Paul Gomberg）是最有力的批评者之一。刚博格反驳说，我们关于溺水儿童的道德直觉并不能证明功利主义—后果主义的原则，即杀人和见死不救没有重大的区别。确实，刚博格主张，我们关于"救人责任"的道德直觉绝对不是后果主义的。为了说明他的观点，他提出了一个类似于辛格例子的例子：

> 在伦理课上，辛格的讨论强烈地打动了利比，使她决定把一件

---

① Kuper Andrew, ed., *Global Responsibilities: Who Must Deliver on Human Rights* (New York: Routledge, 2000), 180.

② Peter Singer, Practical Ethics, 2nd ed.(Cambridge: Cambridge University Press, 1993), 216.

③ *Summa Theologica,* II-II, Question 66, Article 7, cited in Singer, " Famine, Affluence and Morality", 239.

④ Singer, *One World,* 191.

贵重的私人物品——由著名艺术家制作的一双靴子——卖给一名愿出5000美元的收藏家。由于还读过昂格尔的文章，利比相信，按照最保守估计，捐给联合国世界儿童基金的5000美元将绝对可以让20个本来要死去的儿童健康活到成年，并过上富足的生活。利比最后一次穿上靴子（从穿上到脱下靴子花了好几分钟），然后扛着靴子朝收藏家的家走去，将靴子卖掉。

你可以预见什么会发生，不是吗？

路上她遇见了水塘中正在溺水的儿童。如果利比下水救人，靴子就会坏掉，变得一文不值。①

利比应该怎么办呢？刚博格认为答案显而易见。"利比肯定会下水将儿童托出。任由那名儿童溺死是对伦理的扭曲。"刚博格在一个注释中告诉我们，辛格（在通信中）忍受着功利主义的痛苦，并且说："虽然我们会谴责对溺水儿童袖手旁观的人，但是他（这样做）是对的"②。

在此我赞同刚博格，我想大多数读者也会这样。因此，辛格的观点存在着问题。是什么问题呢？刚博格作出了一个令人信服的评论，我们关于全球贫困持续存在的伦理不安可能正是贫困持续存在本身。这关注的并不是具体的个体，我们的拯救义务也是如此。由此可以得出，我们关心的是因果关系，而在溺水儿童的例子里却不是这样。当我们评价那些例子中的伦理责任时，我们不会问为什么儿童在水中挣扎或者在铁道隧道中游荡。但是，在决定我们应该怎么解决全球贫困时，知道在物质富足情况下为什么会出现持续的贫困就变得十分重要。我们需要知道因果关系，以便评价他们行动的效果——不是对被援助的具体个体（虽然不知道名字）而言，而是对我们关注的问题本身即全球贫困而言的效果③。确实，可能正如加勒特·哈丁（Garrett Hardin）30多年前著名的（很多人会说"不著名"）的论断那样，慈善行为使问题变得更糟④。

---

① Paul Gomberg, "The Fallacy of Philanthropy", *Canadian Journal of Philosophy*(March 2002): 44.

② Gomberg, "Fallacy", 45.

③ Gomberg, "Fallacy", 33ff.

④ See Garrett Hardin, "Carrying Capacity as an Ethical Concept"(1976), reprinted in Christine Koggel, ed., *Moral Issues in Global Perspective* (Peterborough, Ontario: Broadview Press, 1999), 462-68.

四、怎么办？——博格

博格没有直接挑战辛格的方法。事实上，他很同情辛格：

> 辛格、亨利·舒 (Henry Shue)、彼得·昂格尔和其他人都呼吁积极责任。如果富国的公民有一丝正直和人道，他们就会响应这些呼吁，并为消除贫困作出自己的一份贡献。如果他们这样做了，我的论断就不这么重要和有意义了。①

博格借助了一个似乎可以避开刚博格批评的规范框架。博格的基本道德框架是基于人权，而非功利主义。他没有诉诸于辛格所采用的原则，即当对自己牺牲很小时，我们有责任去消除苦难。博格认为，正义仅仅要求消极义务：一个人不应该侵犯他人的人权，也不应该支持这样做的机构。杀人和见死不救在道德上就存在着重大的区别，杀人是更恶的行为，但这恰恰是我们正在做的事情。他问："我们是自愿地谋杀饥饿者吗"②，他的回答是肯定的。

博格的人权清单中包括"社会经济权利"。他赞成联合国《世界人权宣言》，其中明确规定"享受为维持他本人和家属的健康和福利所需的生活水准，包括食物、衣着、住房、医疗和必要的社会服务"的权利（《世界人权宣言》第二十五条）。他进一步指出，就富国的公民没有挑战本国政府的某些政策而言，他们确实是在侵犯穷国公民的人权。

基于此，博格反对所谓的"解释性国家主义"（explanatory nationalism），即认为穷国之所以贫穷，主要是因为自身的失误，例如不良的文化、腐败的领导人、错误的经济政策，等等。他承认许多穷国的政府腐败无能，但这并不能开脱我们的责任。因为：

第一，我们的一些政策本身导致了对穷国的伤害。

第二，我们的一些政策实际上鼓励了我们所痛恨的腐败和非民主统治（特别是当我们企图摆脱责任的时候）。博格列举出我们给予这些政权的、造成这种结果的两种"特权"：资源特权和借债特权。无论一个政府如何获得政权和多么腐败，我们都承认它在公开市场上出卖本国资源的权利。我们不是将这

---

① Pogge, "Real World Justice", 51.

② Pogge, *World Poverty*, 24.

种行为视为销赃，反而是贪婪地购买赃物。我们还允许这些政府在国际金融市场上自由地借贷，并且还让继任政府负责偿还上届政府的所有债务。（或许最臭名昭著的新例子就是卢旺达。哈比亚利马纳政府欠下了债务，其中大部分是用来买武器杀害最终结束种族屠杀的反抗武装，这些债务被转嫁给了新成立的政府。博格引述了国际"名人小组"报告《卢旺达：可防止的大屠杀》，报告尖刻指出："卢旺达不仅没有从那些不制止灾难的强大富国那里收到大笔赔偿金，事实上反而还欠那些肇事者大笔的巨额债务"[1]。）

无须多说，这些特权使得不择手段夺取政权的行为变得极具吸引力，可以卖资源、借钱，将巨额的金钱藏匿在瑞士银行的账户上。

除了政策上激励非民主政府夺取政权和那些由不负责的政府所带来的腐败外，博格指出了富国伤害穷国的其他两类行为。这种伤害是直接的。

　　　1. 富国坚持穷国应该消除保护本国工业的贸易壁垒，但又维护它们自身的保护主义政策。

　　　2. 富国为本国的许多生产商提供补贴，而穷国却被迫取消对本国生产商的补贴。

这些政策上的不对称源于富国在贸易谈判中压倒性的谈判权力。

博格主张，富国应当消除这样一些关税壁垒和补贴。他引用《经济学家》的估计：如果取消保护主义手段，穷国每年将能向富国多出口 7000 亿美元的商品。他指出，富国每年的农业补贴高达 2450 亿美元。他说："我对世贸组织体制的抱怨并不是它开放市场太大了，而是开放我们的市场太小了"[2]。

如果这些措施证明还不够的话，他还提出了一项额外的政策。他建议，我们应该成立一个"全球资源红利"。博格还建议，对自然资源应当征收销售税。当然，这种税会以价格上涨的方式转嫁给消费者，因此这是一种合理的消费税（消费资源越多，付税就越多）。然后，这些税收应当分配给最贫困的人。博格指出，我们仅需筹集 3000 亿美元，所以这个税收并不会过重。

虽然博格的分析让人热血沸腾（我是认真的——我决不想打击他所做的出色研究），但似乎存在一个问题。我们这些富国的公民据说由这样一些领导人统治着：他们的政策造成了数百万人的死亡。因此，我们必须采取行动，因

---

[1] Pogge, "Real World Justice", 51.

[2] Pogge, *World Poverty*, 19.

为他们以我们的名义行动，并且得到了我们的同意。但是，究竟是哪些政策造成了伤害呢？正如我已指出的，博格指出了四项政策，其中两项与对独裁者的奖励有关，另外两项直接伤害了穷国。我们来关注后两项政策，因为政治民主显然不是消除全球贫困的充分条件（我们只要想想印度和菲律宾）。

现在的问题是，即使我们改变那些博格认为直接伤害穷国的政策，即消除贸易壁垒和取消农业补贴，全球贫困能否被消除仍然不得而知。事实上，显然不会如此，看一看数字吧。博格说，消除全球贫困我们每年需要3000亿美元。如果《经济学家》的估计是正确的话，减少贸易壁垒将使穷国向我们每年多出口7000亿美元。但是，这7000亿美元是出口商品的总值，而不是可以用于削减贫困的数额，其中还必须扣除机械、农药、种子和其他从富国进口的原材料以及用来建立这些产业的外国贷款的费用，我们还必须扣除本地的劳动力和原材料支出。然后，我们才能估算剩下的部分能有多少真正用于最贫困的阶层，使大多数人能够迈过每天2美元的门槛。无论我们怎么计算这些因素，余额的数字都会远远低于博格所说的将每人提高到贫困线以上所需的3000亿美元。

对农业补贴的类似估算得出了同样的结论。富国每年对农业的补贴高达2450亿美元，这个事实绝不意味着取消这些补贴就会大大增加对真正贫困者的补助，取消补贴大概会使穷国向富国出口更多的农产品。但是，转而出口农产品，带来了两个严重后果。首先，生产出口农产品的新增土地很可能是以前用来生产国内食品的土地，或者来自于砍伐森林和其他破坏环境的行为；其次，这种转变通常排斥了那些没有资本进行这种转变的农民，因而获益的是富人，牺牲的是穷人①。

因此，要阻止那些博格所说的杀人的事情，除了"仅仅"向政府施压外，我们似乎还必须做更多的事情。

看一下全球资源红利（GRD）——博格建议对自然资源征收销售税，并把所得分配给穷人。这是他的备用方案。但应该注意的是，现在在要求我们做一些积极的事情。我们现在被要求制定一项方案，让我们为购买的东西付出更高的价格，从而使全球的穷人获益。这样一来，我们又回到我们赞同辛格

---

① 关于问题的详细分析，参见 David Barkin, Rosemary Batt and Billie DeWalt, *Food Crops vs. Feed Crops: Global Substitution of Grains in Production* (Boulder, CO: Lynne Rienner, 1990)。

的地方，即因果关系问题①。毫无疑问，把 GRD 所积累的巨额资金分配给穷人，会拯救一些穷人。但是这能否消除全球贫困呢？我们已经看到，博格所阐述的"原因"，即我们对自由贸易基本原则的破坏，并不是故事的全部。它们甚至与故事本身没有多大的关系。但是，如果我们连真正的原因都不知道，我们如何能够相信 GRD 会奏效？如果像许多著名学者和实践者所断言的那样缺钱本身并不是问题的话，事情会怎么样？如果托马斯·迪希特尔 (Thomas Dichter) 是正确的，又会怎么样呢？由于在这一领域中从事了 35 年的研究，迪希特尔响应哈丁的观点，认为需要的不是钱，而是与此相反，需要"大力削减发展援助"②。大卫·艾勒曼 (David Ellerman)（数学家、哲学家、经济学家和世界银行前首席经济学家约瑟夫·斯蒂格利茨的顾问）认为金钱不是发展援助的关键，事实上"金钱正是扰乱罗盘的磁石"③，如果他是正确的，事情又会怎么样？显然，马歇尔·马伦 (Michael Maren) 的《通向地狱之路：对外援助和国际救济的破坏效应》(*The Road to Hell: The Ravaging Effects of Foreign Aid and International Charity*) 应该让我们停下来进行思考④。

我们的同胞未曾响应过辛格鼓吹的号角，也没有响应过博格鼓吹的号角。或许这一事实并不是因为我们的公民缺乏博格所说的"最起码的正直和同情"，而是因为他们怀有一种深深的怀疑，即哲学家们简单提出的拯救措施不会实现我们的期望。事情不可能那么简单，否则早就做成了⑤。我们还必须继续前行。

---

① 在伦理根据上博格的积极主张不同于辛格的主张。博格认为我们必须为我们侵犯人权的行为作出补偿，但辛格主张在我们有能力而又不付出严重代价的情况下我们有帮助的积极义务。但是，无论在哪一种情况下，援助穷人的律令必定会如下反对意见：这会使问题变得更糟糕。

② Thomas Dichter, *Despite Good Intentions: Why Development Assistance to the Third World Has Failed* (Amherst, MA: University of Massachusetts Press, 2003).

③ David Ellerman, *Helping People Help Themselves* (Ann Arbor: University of Michigan Press, 2006), 244.

④ Michael Maren, *The Road to Hell: The Ravaging Effects of Foreign Aid and International Charity* (New York: The Free Press, 1997).

⑤ Carol Gould 持有类似的观点，参见 Carol Gould, "Coercion, Care and Corporation: Omissions and Commissions in Thomas Pogge' Political Philosophy," *Journal of Global Ethics,* 3 (December 2007).

五、显而易见的事实

在全球贫困问题的辩论中，主要的辩手并不是完全没有注意到显而易见的事实。在评论托马斯·弗里德曼（Thomas Friedman）关于全球化迫使一些国家穿上"金色紧身衣"的观点时，辛格评论说，这种观点可能是对的，"至少只要没有政治党派准备挑战如下假设：**全球资本主义是最好的经济体系**"①。在《以自由看发展》(*Development as Freedom*) 一书中，诺贝尔经济学奖获得者阿马蒂亚·森（Amartya Sen）断言，要解决全球不平等、令人困扰的贫困和环境退化，"必然需要那些能让我们超越资本主义市场经济的制度"②。但是，这些都是孤立的看法。资本主义和全球贫困之间的联系是辛格、森和博格从未系统讨论过的一个问题。

这看起来似乎很奇怪，因为与富足并存的贫困是资本主义一开始就存在的根本问题。正如卡尔·波兰尼（Karl Polanyi）在其伟大的著作《大转型》(*The Great Transformation*)（几年前再版，并由诺贝尔经济学奖获得主约瑟夫·斯蒂格利茨作序）中所指出的，18、19 世纪的英格兰与当时令人困惑的新现象进行斗争：伴随经济日益繁荣而不断增加的贫困③。过去，贫穷的增加通常是因为战争或恶劣的气候，穷人和富人都受影响，不过穷人当然比富人受到的影响更严重。现在却发生了不同的事情。人们做出很多努力来来解决这个问题，其中最著名的当属"斯宾汉姆兰法案"（Speenhamland Law），规定公共基金对低工资进行补贴，以确保家庭的"生存权利"。但是，这些努力最终带来了灾难性的后果。因为正如波兰尼所指出的那样，由于低工资得到了慷慨的补贴，"工人对满足雇主的要求没有任何经济上的兴趣"，因而劳动生产率下降。尽管引进时极受欢迎，但是"从长期来看结果却极为可怕"④。

从未有过的怪事出现了。解释这种矛盾的事态并为之辩护的必要性，既需要一门新科学，也需要一种新的伦理理论。这门业已产生的新科学就是政

---

① Singer，*One World,* 11. Emphasis added.

② Amartya Sen, *Development as Freedom* (New York: Knopf, 1999), 167. Emphasis added.

③ Karl Polanyi, *The Great Transformation: The Political and Economic Origins of Our Time* (Boston: Beacon, 2001).

④ Ibid., 84.

治经济学；新伦理理论就是功利主义。用波兰尼的话说：

> 基督教社会正在让位于一个富裕者拒绝为他们同胞的生活状况承担责任的社会。"两个国度的世界"（Two Nations）正在形成。令思想家困惑的是，前所未闻的财富最终证明与前所未闻的贫困密不可分。[不久]学者们一致宣称已经发现了一门科学，它不容置疑地颁布了统治人类世界的法则。正是在这些法则的命令下，人们的心灵抛弃了同情心，一个以最大多数人的最大幸福为名而拒斥人类团结的斯多葛式决定论自此获得了世俗宗教的崇高地位①。

非常有趣的是，两个世纪以后，粗略看一下新自由主义双雄米尔顿·弗里德曼和托马斯·弗里德曼的著作就会发现，博格的问题，即"尽管经济和技术取得了巨大的进步，但是世界一半的人口为何继续陷入极端的贫困呢"②。仍然以相同的方式，即经济学理论和功利主义来解释和辩护③。

毫无疑问，核心的思想略有变化。它如今不再是我们思想前辈的那个残酷的主张，即贫困是富裕的必要条件，而是变得更为温和优雅：要是我们不再善意但又错误地去尝试干预市场，贫困即使不会完全消失，也会减少到微不足道的程度。政府或许能够有所帮助，但是不会有太多的帮助，否则后果将会很可怕。

非常富庶的国家存在着令人心痛的贫困。我们不仅没有解决这个悖论，而且随着资本主义变成了真正全球性的，国家的模式也变成了全球性的模式（非常有趣的是，两个世纪以前，大多数经济学家都认为贫困在富国比在穷国更为普遍。正如有人所评论的那样，"穷人最多的国家并不是那些贫瘠或未开化的国家，而是那些最肥沃、最文明的国家"④）。就这样的历史而言，有人可能认为对全球贫困的任何严肃分析都必然要面对最明显的事实，即资本主义与全球贫困之间存在着因果关系。不幸的是，我们的"贫困哲学家"大师没有这样做。

事实上问题远不止于表面。我们可以提出一个并不是非常复杂的论证。

---

① Ibid., 106-107. 中译文参见卡尔·波兰尼：《大转型：我们时代的政治与经济起源》，冯刚、刘阳译，浙江人民出版社，2007年，第88页。——译者注

② Pogge, *World Poverty*, 3.

③ 这并不是说功利主义必然证明了资本主义的正当性，参见我的博士论文，"*Capitalism: A Utilititarian Analysis*"（1977）得出相反的结论。

④ John M'Farlane, in 1782, as quote by Polanyi, *The Great Transformation*, 108.

我们首先从一个基本的经济学真理开始：一种健康的资本主义需要一定的失业。所有的经济学家都知道这一点，不过他们不愿如此直接地说出来。[①] 相反，他们谈论的是最低可持续失业率（LSUR）（以前"自然失业率"一词失宠了，因为很明显失业一点都不自然）。如果失业率变得太低，工人就会变得傲慢并要求提高工资，从而造成物价上涨，提高工资的压力增加，最终导致失控的通货膨胀。这一切对我们所有人来说没有任何好处。

更少提及的事实是失业是令人不快的事情。因为企业的雇员与所有者之间的区分是资本主义的定义特征，所以必须有一种规训工人的机制。因为与奴隶或农奴不同，资本主义制度下的工人是"自由"的，所以体罚已经消除。雇主不被允许鞭打雇佣者，也不能派遣军队洗劫村庄。因此，被解雇的威胁必须成为规训的机制。但是，要成为一种有效的规训机制，失业必须产生严重的后果。这是斯宾汉姆兰和其他试图在资本主义下提供充分就业或高失业补贴的尝试所提供的教训。如果失业不是一种耻辱和挫败的话，劳资的纪律就会瓦解，因而我们全都会受到伤害。为了增加许多人的幸福，必须牺牲一些人的幸福[②]。

有人可能反对说，这个"基本的经济学真理"可以解释富国所存在的贫困，但是解释不了全球贫困。事实上，全球贫困似乎对资本主义不利。当然，国外的廉价劳动力可能成为并且通常是一种控制国内劳动力的威胁手段。但是，这种好处似乎比不上另一个更为迫切的考虑：卖出自己的产品。如果世界其他国家更富有，更有能力购买它们的产品，富国的资本主义公司就会过得更好一些。

问题是我们在此面临着一个在博弈论中常见的集体行动难题。

从单个资本家的角度来看，在所有可能的世界中，最好的世界莫过于自己支付给工人极低的工资（从而使成本最小化）而其他资本家支付得非常高（从而使销售最大化）。但是，单个的资本家只能控制他付给自己工人的工资，对其他资本家付多少无权过问，这就是人们熟悉的"囚徒困境"。因为所有资本家都面临相同的境遇，所以他们只能作出一个次优选择。于是，如果资本家

---

① 最重要的例外是伟大的波兰经济学家 Michael Kalecki，他说得非常直白。参见 Michael Kalecki, "Political Aspects of Full Employment," *Political Quarterly* 64, 1943。

② 有人可能反对说，斯堪的纳维亚国家的社会民主主义是一种反例。但是，我认为社会民主主义本质上并不稳定。

能够保证他们的竞争对手不通过降低工人工资进行竞争，工资就能够保持在更低的水平上①。

这样一来，我们能够理解那种认为当代资本主义同全球失业和全球贫困有关的基本论证。让我来勾画一下我认为是今天所展示出的基本场景。这个基本场景分为四个层面：

1. 资本主义是一种生产率非常高的经济制度。每一家企业都处在尽可能地提高生产效率和利用最先进技术的压力之下，这些生产率优势可以削弱竞争者，扩大市场份额，即生产和销售更多的产品。因此，国内永远存在着生产过剩的危险（与有效需求相关）。

2. 于是，资本主义国家总是迫使其他国家降低贸易壁垒。它们还极力要求消除资本流动的壁垒，因为像其他人一样资本家也想扩大他们的预期收益②。当与穷国打交道时，富裕的资本主义国家通常会得到它们想要的东西。它们拥有可以支配的"对外援助"，有效地控制着国际货币基金组织和世界银行这两家向穷国提供援助和贷款的主要国际机构。

3. 但是，穷国的农业和工业竞争不过富国的技术，所以本地的农业和工业遭到破坏，造成数以百万计的失业。（这既是现在正在发生的过程，也像资本主义一样古老。马克思援引英国皇冠－宝石殖民地总督1834－1835年关于进口英国纺织品的报告："悲惨的情况在商业史上是无与伦比的。棉织工人的白骨使印度平原都白成一片了"③。）

4. 这些失业的人移居城市，成为通常由富国资本（有时）建在那里的资本主义工业的廉价劳动力的来源。但是，由于这些低工资工人——实际上找到工作的人非常少——取代了富国的高工资工人，有效需求的问题（和生产过剩）进一步恶化。

结果就是：尽管经济和技术取得了巨大的进步，但是世界一半的人口仍然处于严重的贫困中。国外严重的贫困和国内日益增加的经济不安全——这

---

① 二战后资本主义的"黄金时代"出现过这种保险，但是全球化却将其完全破坏了。
② 在近几十年里，随着第三次世界革命和没收的威胁消退，这些机会变得更具有吸引力。
③ Karl Marx, *Capital,* v.1（New York: International Publishers, 1992, 406.

并非一件吉利的事情。

这种分析得出了一个令人困扰的结论。只要资本主义仍然是占主导地位的经济制度，情况丝毫不会改善，甚至变得更糟糕。即使博格的全球资源红利（GRD）得到实施，有效地将红利分给那些需要的人，大规模的贫困依然存在。因为转移财富的数额是如此之小（相对于全球GDP），所以它们对全球的有效需求产生不了多大影响，触及不到深层的生产过剩和失业问题。想一想，即使GRD收益使每人收入提高到每天2美元以上——这个基本不可能，谁会真的相信全球贫困的社会病就会消失？5岁以下儿童的死亡可能会减少一些，但这不正是让更多的贫困儿童生活在肮脏的环境中，使更多的吸毒青年生活在贫民窟中吗？一个像今天这样一半人口收入不到每天3美元的世界会走向一种正义的全球秩序吗[①]？

六、为什么我们不讨论显而易见的事实呢？

全球资本主义与全球贫困之间存在密切的关系。就这样一个显而易见的事实来说，我们不禁要问：为什么那些讨论这一问题的一流哲学家没有提到这一点呢？或者即使提及也不是以系统的方式呢？我们首先不诉诸马克思的解释：主流媒体和学术界都不会支持那些与占统治地位的意识形态直接相违背的思想（马克思说："统治阶级的思想在每一时代都是占统治地位的思想"）。我恰巧想到一些事情与这种解释相关，事实上并不少，但是我想指出另外四个原因。这四个原因源自这样的事实，即如果我们认为资本主义是中心问题，但仍然愿意相信全球贫困能够消除，那么我们必须相信资本主义存在一种可行的替代方案。但是，认真考虑这样一种可能性至少遇到四个认知上的障碍。

（1）认为社会主义作为一种替代的经济模式已经得到试验并失败了；

（2）认为我们对于一种可行的社会主义究竟是什么样一无所知；

（3）认为即使资本主义存在一种可行的社会主义替代方案，它

[①] 主流的"消除全球贫困"观点的基石是，计算出将全球穷人提到贫困线以上需要付出多少少。但是，很少有人思考如果这一目标神奇般实现的话，世界会是什么样子。

也不比资本主义更可能解决全球贫困问题；

（4）认为从资本主义过渡到社会主义的改造任务是如此艰巨，以至于连想一想它都是浪费脑力。

接下来让我来（简短地）讨论其中的每一个认知障碍。

无论多么能够打动人的情感，障碍（1）当然都是一种思想上的愚蠢。某种社会主义形式的失败并不意味着所有形式的社会主义都必定会失败。所有失败都是因为苏联非市场的、集权化的计划模式，还有其他的模式（古希腊民主的失败并不能证明民主是行不通的）。

障碍（2）更为严肃。这是理查德·罗蒂（Richard Rorty）的观点："我们西方左翼知识分子度过了漫长的调整时期后，才明白'社会主义'一词已经耗尽了力量。[我们]打算不再使用'资本主义经济'这个术语，就好像我们知道了非资本主义经济是如何运作的"[1]。这是一个严肃的问题，但罗蒂却错了。我们的确知道非资本主义经济是如何运作的。在过去几十年里，有一些严肃的研究倡导各种形式的社会主义，它们并不具有苏联模式所存在的结构性缺陷[2]。

思考一下"经济民主"。像那些年里所阐述的各种社会主义替代方案一样，它是一种"市场社会主义"形式。竞争性的市场得以保留，但是民主扩大到工作场所和金融部门。如果我是正确的话[3]，我们可以在国内为资本主义创造一种可行的民主替代方案：

1. 对公开交易的企业进行民主化改造，雇员在一人一票的基础上选举董事会，让企业管理层对雇员而不是对股东负责；

2. 启动社会投资基金，资金不是来自富有个体的私人储蓄，而是来自向所有企业征收的平准税率的资本财产税；把这些基金分配给各个地区；公共投

---

[1] Richard Rorty, "For a More Banal Politics", *Harper's* 284(May 1992), 16.

[2] 请参阅 Michael Howard, *Self-Management and the Crisis of Socialism: The Rose in the Fist of the Present* (Lanham, MD: Rowman and Littlefield, 2000); Bruno Jossa and Gaetano Cuomo, *The Economic Theory of Socialism and the Labour-Managed Firm* (Cheltenham, UK: Edward Elgar, 1997); John Roemer, *A Future for Socialism* (Cambridge, MA: Harvard University Press, 1994); and Frank Roosevelt and David Belkin, eds., *Why Market Socialism?* (Armonk, NY: M.E. Sharpe, 1994). See also Bertell Ollman, ed., *Market Socialism: The Debate Among Socialists* (New York: Routledge, 1998).

[3] 参见拙著 *Against Capticalism*。

资银行的贷款对象是那些希望扩大生产或进行技术升级的现有企业，或者是那些希望创办新企业的创业者或创业集体。

这就是说，"经济民主"以更民主的机制取代了资本家阶级的两个关键职能即监督公司管理和提供投资资本，因而使该阶级完全失去了作用。应当注意的是，经济民主仍然是一种竞争性的市场经济。它也允许小企业像现在这样存在，甚至保留了创新性资本主义部门存在的空间①。但是，经济的"制高点"已经被民主化了。

这样一种模式在理论上是正确的，并且它的可行性得到了经验证据的充分支持。我在《反对资本主义》（Against Capitalism）和《后资本主义》(After Capitalism)中对此作出了详细的论证②。我认为，这样一种制度的民主性远远高于任何合理的资本主义形式，而且它的成长过程更为平等，也更合乎理性。同时，它更有能力解决全球贫困问题——这就把我们带到了障碍（3）的面前。

经济民主的两个特征使它能够与一个没有贫困的世界相容（也能与生态可持续性相容，资本主义无法解决的另一个问题③）。首先，民主的企业没有它们在资本主义制度下所承受的增长压力，也没有增加股东价值的压力。确实，成功企业并不情愿增长，因为雇佣更多的员工意味着与更多的工人分享利润，同时又冲淡了现有工人的民主影响力。（关于工人自我管理的文献早就指出了使人均利润而不是总利润最大化的趋势。这一特征带来了一些消极的后果，但基本上具有积极的作用④。）这个问题造成了一个重要的影响：公司绝不会被迫渗透穷国的市场，使不如自己先进的竞争对手停业关门。

总之，经济民主不会产生资本主义所存在的生产过剩问题，因为工人当需求不旺时可以自由减少产量，使自己获得更多的闲暇时间作为补偿。确实，利用技术进步来增加闲暇而不是消费，这可能成为这种社会主义形式的核心特征。

经济民主对消除全球贫困很关键的第二个特征是它反对工资竞争。在一个经济民主的体制中，企业彼此仍然为争夺市场份额进行竞争。这是一种健

---

① 当企业家退出活跃的企业经营后，他必须把企业卖给国家，然后国家把企业交给工人进行民主的管理。

② 关于更详细的分析，参见 Chapter Three of *After Capitalism* or Chapters Three and Four of *Against Capitalism*。

③ 参见 *After Capitalism*, 113ff。

④ 参见 *Against Capitalism*, 91ff。

康的竞争，迫使企业生产消费者想要的产品，进行创新，高效地利用资源。但是，民主企业对工资竞争没有兴趣，因为这显然是一种把工资一降到底的竞赛。

对工资竞争的反对也出现在国际贸易关系中，体现在"社会主义保护主义"政策中。经济民主对来自低工资国家的产品征收关税，抵消低工资带来的成本优势（这是保护主义的部分），但是它然后将一部分关税收入返还给贫穷国家，由这些国家用来解决它们面临的急迫问题（这是社会主义的部分）。这些关税收入并不交给贫穷国家的政府，倘若这些关税收入交给那些致力于改善当地工人生活条件的非政府组织，它们就可能得到更有效的利用。

经济民主为工人提供了就业保障，对于解决全球贫困问题会产生积极的重要影响。因为在经济民主制度中企业摆脱了低工资的竞争，所以国家没有必要保护自己的知识产权，因而使穷国可以免费地加以利用。工人不需担心海外会建立低成本的工厂，利用新技术或生产出新产品，从而导致自己的失业。确实，由于本国公民得到了更大的就业保障，这些国家可能比资本主义国家更慷慨地满足穷国的需要。它们会拿出更多的公共研究预算来解决穷国关心的问题，并为希望在其研究中心和高等学术机构深造的穷国学生提供财政支持。简言之，在经济民主制度中的公民能为穷人提供自我帮助的办法，尊重他们的自主性，承认穷人自己才是根本的改变主体[1]。资本主义国家的公民不可能这样做。

然而，我们不应该抱有任何幻想。如果我们想要拥有一个没有贫困的世界，而不是一个少些贫困的世界，我们就必须为超越资本主义而奋斗。"我们知道成功的希望渺茫甚至不可能，但我们知道我们必须尝试一下。"

（编译者单位：中国驻瓦努阿图大使馆）

---

[1] Ellerman 建议的正是这种类型的援助，参见 David Ellerman, *Helping People Help Themselves*。

能否再次改革金融化的资本主义？ ①

—— [法]托尼·安德烈阿尼／文 赵超／译 ——

[内容提要] 资本主义被金融化，也就是说资本主义受到了大的金融活动者的控制，并顺从股票价值最大化的短期主义逻辑及其推论，即全面自由贸易化、信贷扩张以及金融衍生品市场的飞速发展。金融化的资本主义似乎已经到达了极限，这次金融经济危机就是很好的证明。面对危机，新的调整方案只能解决表面问题，并不能触及深层原因：金融市场的无能性及其引发的不稳定性、过高的社会成本、利益冲突的结构性特征。因此，资本主义只有进行彻底的革命才有可能拯救自己。但与此同时，21 世纪的社会主义也具有真实可信的前景：适应社会需求的公共事业、国有商业部门、"普世主义的"新保守主义、全球金融货币新秩序的基石。

[关键词] 金融危机 金融化的资本主义 新社会主义

这个原本局限在小范围内的问题，如今却成了公众关注的问题。当前经济危机波及范围之广，迫使各国领导人以及一些自由主义经济学家都开始尝

---

① 2008 年 11 月 13—14 日，以"市场、社会、历史和人类的变化"为主题的国际研讨会在联合国教科文组织驻巴黎总部会议厅召开。研讨会上，法国政治学家、国际马克思大会社会主义学科主席托尼·安德烈阿尼教授作了主题发言。本文译自安德烈阿尼教授向大会提交的论文。

试各种改革措施，其中一些措施甚至质疑现行的发展体制是否能够维持下去，是否应该重新审视该体制的基础本身。本文旨在揭示，资本主义只有进行彻底的改革才有可能拯救自己，危机为社会主义展示了新的前景。

金融化资本主义的主要特征

首先回顾一下金融化的资本主义——也就是由金融活动者控制的资本主义——的主要特征。

第一，企业的所有者不再是大股东，即与企业关系极为密切的银行，或者其他企业，而是大的金融活动者，即所谓的投资机构（养老基金、医疗互助基金、保险公司、大型国际银行）或私募基金。这些巨大的活动者往往只占有少部分资本，但却掌握着相当大的权力。

第二，这些金融活动者都是些极不稳定、波动很大的股东。原因很简单：它们必须随时准备将收入交付给不计其数的储户。正因为如此，它们更倾向于短期投资，并且要求企业提供季度总结报告。

第三，他们追求所持股票价值的最大化，这是以股息和转卖增值的形式表现出来的。众所周知，标准是至少收回投资的 15%，也就是说要比风险溢价的红利更高一点，而在最好的情况下，全球经济增长率曾经达到 5%。这也就意味着，高利润只能建立在工资的停滞或者下降的基础之上，生产力的增益全部归金融业所有，增加值中工资部分的降低就是很好的证明。这也意味着大企业的管理模式彻底发生了改变：重新确定"行业重心"，发展子公司、外包、外迁，对劳动者的工资以及工作环境、工作时间都施加压力。由此而获得的利润是从中小企业的利润中抽取出来的，也是对劳动者过度剥削的结果。

第四，金融化资本主义飞速发展的前提，是以能够在全球各地进行投资和商贸活动的方式以及能够在全世界的劳动者之间开展竞争的方式而推动的自由贸易。

信贷与纯投机的扩张

随着信贷的扩张，这种新的所有制体制以及随之发展起来的全球化都得以加强。这种信贷的扩张几乎用不到多少资本，却能做成大买卖。这其实是种悖论，因为我们往往会得到如下解释：这种发展模式的优势就在于能够通过证券市场或者双方协议成交合同，直接从存款中筹措资金，无须多费银行贷款的周折，换言之，金融市场经济比起债务经济更高效。此外，从投资银行到基金公司，从大型企业到小户家庭，当然还包括国家，这些经济活动者并不用担负许多债务。可以发现，证券市场只有很小一部分用于企业融资，只有在引入和增加资本时才会只用于融资，而大企业大量回购证券市场的股票又使得净融资额为零（大量的证券交易仅涉及已经发行的证券，所以可以说是一个二手市场）。

为振兴经济，利率变得相对较低，特别是在美国，信贷于是成为了一剂神奇的药方。热钱由此翻了近百倍。从放贷者到借贷者，这是一个真正的空套空的体系。最终的借贷者，无论是家庭还是企业，都不具有偿还能力（危机就是从这一点，在美国的次级贷款领域内爆发出来的）。

在这种汇率、利率、股价不断变化的调整型经济中，金融活动者们努力寻求庇护，由此导致大量衍生品交易的出现，这是一种纯投机行为（不再对企业利润而是对贸易风险进行投机）的表现。该行为是普通银行的各个部门、所谓的投资银行（事实上做的是贸易）以及对冲基金都具有的特性，也是获得最多收益的源泉。此外，再加上一些金融创新，如银行债权证券化、卖空、按照资产市值确定计算标准、信贷本身的风险保险等，金融领域已经发展过度，这个巨大的金融泡沫最终必然会破裂。

因此，金融化的资本主义及其附带品——因信贷而膨胀起来的纯投机——似乎已经达到了极限。可以想见，这次经济衰退颇为严重，很可能会持续几年的时间，波及到全世界各个国家，只是影响的程度会有所不同而已。

改革措施只是对体制的修补

随着危机的加重，改革措施不断增加，笔者在此不再深究所有措施的细节，仅试举其中几例。这些措施只不过是权宜之计，整个体制还是被原封不动地保留下来了。例如，对于滥用信贷的问题，没有禁止银行债权证券化，而只是对其进行了一番调整。同样，对于金融资本主义投机性最强的领域也是如此，没有禁止对冲基金或者限制其活动范围，而只是要求对冲基金更加透明，也没有禁止与避税天堂（大部分对冲基金囤积于此）进行贸易往来，只是敦促这些国家采取更为合作的态度而已。

除此之外，为使这些措施更具可操作性，它们都必须以达成国际协议为前提，因为不实施这些措施的国家会从其他国家的损失中攫取资本。然而，在诸如即将召开的二十国集团峰会这样的国际峰会中，这些措施很有可能会无疾而终。另外，金融活动者肯定会千方百计地绕过这些措施，这一点是显而易见的。因此，一旦通过重新注资并在万不得已的情况下采取部分国有化的方式拯救了这些大银行，整个体制会以一种更美好的形式重新焕发生机，而这也就为下一次更加严重的金融危机埋下伏笔。

事实上，所有的措施充其量只能解决表面问题，都没有触及万恶之源。

资本主义危机的深层原因

第一个原因是金融市场本身的运作问题。企业在股市上的资产价值是否能够升高取决于金融分析师：然而，他们只是按照领导的意愿作秀而已，他们的分析不过是给出些数据，而不是一些有价值的补充信息，除此之外他们还会做些什么呢？事实上，他们必定是所谓"信息不对等"的牺牲品。这便可以解释他们"固有的无能性"，其中的道理等同于审计部门无法对雇佣劳动者进行客观如实的调查，因为他们的薪酬是由企业负责人支付的。由此可见，在众所周知的丑闻面前，金融分析师毫不犹豫地掩盖了事实的真相。

第二个原因是利益的冲突破坏了信息系统，当然这是比较隐晦的说法，其实更直白地说就是腐败问题所致。所有的金融市场普遍存在"知情投机罪"的情况，因为所有的咨询机构和评级机构都是由企业本身资助的。银行真的会将对企业的咨询业务和对储户的投资业务区分开来吗？再举个评级机构的例子：真的可以相信这些机构在靠一些私人基金会缴纳税费而获得资金支持的同时，还会提供非常可靠的评估结果吗？按理说，应该用国有机构取代这些评级机构，因为国有机构可以提供公共资源，然而当局根本没把这列入自己的考虑范围之内，只是一味地依靠市场自动调节。

三是金融市场从结构上来看就是不稳定的，这一点其实我们早已了解。而且凯恩斯也曾明确指出：模仿性或盲从性的行为以及自我实现预测是金融市场的运作所固有的。当前的危机以及令人恐慌的日日夜夜、一点点重拾信心、将来仍会复发的过程，更是证明了这一点。让一些健康的、有盈利能力的企业损失 70% 至 90% 的增值额去拯救前景一片黯淡的经济，实在是太荒谬了。

四是由于金融市场的运作具有持续性、市场本身具有多样性、与货币浮动相关的信贷准备金业务的扩大，使得金融市场在生产财富中占据了很大的比例（例如在英国，金融业占国内生产总值的 14%），这些都远远超出了普通服务业。

由此可见，应当受到质疑的是金融资本主义体制本身。

资本主义的彻底改革

多种改革措施已经出台，但迄今为止得到的只是反手一击。笔者在此仅对其中几条进行一番阐释。如果有人认为资本主义还没有走上穷途末路，资本主义经济体制还可以继续用于挑战其他经济体制，那么这几条措施似乎是会令人寄予厚望的。

从所有制关系的层面上看，这样的做法是比较合理的：较为稳定的股东能够长期参与企业的管理工作（流动性较强的股东丧失投票权）——通过相对简单的立法手段和税收手段就可以取得这一结果。这些股东具有长期目标，他们消息灵通，能够将企业纳入他们的投资计划以及变革研究之中。此外，这也有利于国家（或者国有机构）参与到企业的资本投入与管理建议之中，即使只是很小一部分参与。这种稳定的股东（持股时间平均达到六个月的股东）深信，通过公开出价买进和公开交换证券的方式集中资本的操作是真正的规模经济的源泉，而不是沉溺于公关战的企业领导者疯狂地追求势力壮大的结果。可以看出，企业的管理模式发生了些许改变：这些股东更加关切企业的其他有关方面，特别是对作为企业成败关键因素的雇佣劳动者。

资本主义股东制的稳定性使得股票交易所丧失了很大一部分"货源"。次级债券市场也会缩水，因为风险评估受到偶然因素的制约减小。

顺应相同的思路，重新将储蓄银行与投资银行分开或者重新将金融市场的活动纳入银行资产负债情况考量范围的做法，似乎都是合理的。

至于外汇市场，可以在地区框架内围绕一个参照货币，在几种货币之间重建一个固定但可调整的汇率制度，就有可能减少外汇市场的波动。

最后，一种不是纯防御的而是目标确定且可协商的保护主义，能够避免长期的投机行为，并减少可能会引发这些投机行为的保护性操作。

以上是几条能够将资本主义变得更加理性、更加圆滑的措施，同时，这些措施有助于挤出金融领域的泡沫。不过，这些措施是对新自由主义信条的修复，并不会触及很大一部分能够招致政治上和意识形态上顽强抵抗的金融利益。基于此，笔者认为现在是时候对未来进行一番新的展望，寻找一条更有利于雇佣劳动者、更有可能调动群众积极性的道路。

重建社会主义经济空间

公共事业部门必须重新由国家接管，因为这些部门应该被定位为公民的支柱，并对国家负责。国有化应达到百分之百，但可以用一种新形式表现出来，特别是国家参与对公务人员、代理人员（商业性公共事业的情况）和公共事业使用者的管理，我们可以将这种新形式称为"社会占有"。即使是商业性的公共事业部门也不应该追逐金融赢利，仅仅关注经济赢利即可。

在此还要特别提一下银行的问题。由于银行对于经济的整体运行起到至关重要的作用，并且提供的服务几乎也可以算是公共性的，所以应该建立一个银行公共机构，与地方和国家级公共权力机构进行协作（如果欧盟各国能够达成共识，也可以是国家间的公共权力机构），发行由这些公共权力机构提供担保的有所改进的信贷，用以支持一些公共政策的实施。

至于央行，应该中止其独立地位，因为央行的货币政策应该顺应政府制定的目标，当然同时央行还应当保持其自主权。

然而，新社会主义所涉及的范围远不止公共事业：还包括生产普通销售物资的国有企业或半国有企业，在是否符合高金融赢利的标准以及雇佣劳动者能否广泛参与企业管理等方面，这些企业与私有企业有着明显的区别。在这里，国企应避免两个障碍：一个是与行政权糅合在一起，另一个是沿用资本主义的管理模式。关于这一点，我们可以认为，国企的所有者或主要所有者是一些公共投资机构，它们利用的资金主要源自民众的存款，而不参与股市的活动。

另外，新社会主义还包括一种集体形式的社会化部门，该部门以集体管理为基础，完全隔离于金融市场之外。

在这个展望未来的替代方案中，自由贸易规则将得以彻底修改：国家应该制定相关条款，在社会、经济和环境方面进行自我保护（这种做法的前提是重新控制汇率，并对资金的流动征收税款）。然而这并不意味着一种贸易保护主义，即那种很有可能会在资本主义经济中再次出现的保护主义。新一轮的贸易保护主义是从1948年《哈瓦那宪章》中得到的启发：为了能够有利于各方合作者而进行谈判。此外，税款应转给发展中国家，以帮助它们提高社会水平。

最后还要谈一谈建立国际金融货币新秩序的问题。关于这个问题，我们可以从凯恩斯提出的建立世界货币和国际央行的想法中找到方案。但这是个非常遥远的设想，无疑只有在具备了所有必要条件的时候才会实现。近期看来，比较可行的做法是推出一些相互之间多少能够进行协调的区域性货币。

可以看到，前方的道路并没有被阻塞，我们也并非被迫只能眼睁睁地等着比现在的危机更加严重的新一轮金融资本主义危机的出现。一些替代方案无论是现在还是将来，无论是对单个国家还是对全球而言，都具有可能性。借助于这次威胁到全球各国经济的危机、一次严重的经济衰退以及一些更大范围内的民主倒退，现在就应该迅速进行思考并付诸行动。

（译者单位：中央编译局信息部）

研究前沿

世界社会论坛：反全球化运动的
"电阻继电器"①

————[美] 彼特·芬克/文　陈伟/译————

　　[内容摘要] 本文考察了世界社会论坛和全球性社会论坛的进程，意图是鼓励从地方到全球各层次自主社会论坛的创造性。社会论坛为反对新自由主义的团体、运动和网络提供了"开放性空间"，这些"开放性空间"开始起到"电阻继电器"的作用。在共同反对资本主义的基础上，社会论坛为促成交流、连接、融合和动员提供了一个催化性的平台。因此，它们是反全球化运动的战略性手段。社会论坛寻求形成关于社会变化的新实践和远景，并指向一种基于抵抗的社会运动的新逻辑，同时也充满着压力和挑战。

　　[关键词] 世界社会论坛　反全球化运动　"电阻继电器"

---

① 原文标题是 " The World Social Forum: *Social Forums as Resistance Relays*",*New Political science;* Vol. 30, No. 4, 2008，作者 Peter N. Funke 系美国系宾夕法尼亚大学教授。继电器（relay）指一种电子控制器件，它具有控制系统和被控制系统，通常应用于自动控制电路中，实际上是用较小的电流去控制较大电流的一种"自动开关"。所以，它在电路中起着自动调节、安全保护和转换电路等作用。作者在这里使用"电阻继电器"（resistance relay）来比喻世界社会论坛在反全球化运动中所发挥的功用。根据文章的中心意思，我们对标题进行了适当调整。另外，考虑到篇幅等方面的原因，本文对原文注释采取有选择性的附加并加以重新编序。——译者注

2001 年 1 月第一届世界社会论坛（WSF）举办时，与会者对活动的规模和形式尚无明确的预期。巴西的阿雷格里港举行了由社会运动、网络、非政府组织和其他反对新自由资本主义的民间社会组织参加的空前的全球会议，与瑞士达沃斯世界经济论坛相对立。正如第一届世界社会论坛的共同创办者惠特克（Francisco Whitaker）在 2000 年所写的那样，论坛最初的计划是：

安排另一种类型的全球规模的会议——世界社会论坛——关注社会所关心的问题。为了给这个新时代的开始一个象征性的标志，这次会议将与世界掌权者的达沃斯会议在同一天举行。[1]

另外一些活动家和组织者对世界社会论坛有更明确的期望：在 1999 年西雅图反世界贸易组织（WTO）的抗议之后，他们想要超越已出现的示威和群众抗议，而转向提供方案和主动权，以便建立为了"另一个世界"的联盟。帮助组织了第一届世界社会论坛的 AATAC[2] 的阿奎特恩 (Christophe Aquiton) 对北美运动和西雅图抗议两者之间的聚焦点的不连贯性表示沮丧，他甚至有这样的感概："西雅图的失败在于未能拿出一个共同的议程、一个世界性的全球联盟来与全球化作战"[3]。

第一届世界社会论坛的参加者远比预想的多，这表明激进分子社团渴望有创新的战略来巩固和推进联盟。对于许多反全球化的活动家[4] 而言，世界社会论坛的理念意味着一种新方法——有助于不同的解放社团和运动开展协同、合作和融合。一位来自柏林的社会论坛活动家表达了这样的观点："社会论坛的理念是一种把不同的政治和社会团体聚集在一起的新尝试，这就是

---

[1] Francisco Whitaker," *World Social Forum: Origins and Aims",* June 22, 2002, available online at: ⟨www.tni-archives.org/detail_page.phtml? page.socforumdocs_origins⟩.

[2] ATTAC (Association pour la taxation des transactions pour l'aide aux citoyens [Association for the taxation of financial transactions for the aid of citizens]) is an activist organization that started out to establish a tax on foreign exchange transactions. Today, ATTAC works on a wide range of issues related to globalization and has autonomous associations in more than 40 countries.

[3] Cited in Naomi Klein," *A Fete for the End of the End of History",* The Nation, March 1, 2001, available online at: ⟨http://www.thenation.com/doc/20010319/klein/single⟩.

[4] I use the term alter-globalization to indicate that the vast majority of movements and groups I refer to are not against global integration but against the neoliberal form of globalization.

希望"①。

对许多人而言，WSF标志着开始跨越各种不同运动与团体精心打造的新自由资本主义全球化的代替品——自称无权者的人从底层打造出一个全球化。根据已有50年资历的政策分析家安布罗斯（Soren Ambrose）的说法，如果西雅图事件是抵抗运动的初次聚会，那么"阿雷格里港就是认真思考另一种选择之存在性的初次聚会"②。

从2001年起，每年的世界社会论坛开始以几乎无法控制的规模成长，从20000个参与者和大约500个事件到155000个参与者和将近7000个事件，增长了近8倍。随着第一届世界社会论坛的召开，并且在《WSF原则宪章》的基础上，无数自主性的区域的、国家的、地方的和主题性的社会论坛涌现了出来，生成一个"全球性的社会论坛进程"。按照惠特克（Chico Whitaker）的说法，社会论坛理念，这个"第一步，但是全新的一步"正日益"得到全世界的回声"，正如这个WSF共同创立者所希望的那样，将"确保反对人类屈服于资本利益的斗争进入到一个新阶段"③。

WSF很快有了反响。例如，来自柏林的活动家们从参加2002年在佛罗伦萨举办的第一届欧洲社会论坛（ESF）回来时，就雄心勃勃地要在柏林创建类似的组织，并把他们的ESF经验进行一定的转化或调整，从而适应柏林的当地情况。正如其中一位活动家指出的那样：

> 有一个普遍的倾向：佛罗伦萨对于柏林社会论坛的创建具有决定性作用……在佛罗伦萨，我们认识到，只有联合起来，左翼的全球化批判才有希望④。

另一位BSF的活动家做了类似的论证：

> 以往社会论坛的经验是重要的，我们必须走出我们的"小圈子"。倘若左翼政见应当产生影响，那么我们就必须停止互相攻讦。没有社会活动家能够独自应对新自由主义的冲击，教堂不能，联盟

---

① Cited in Evelyn Bahn and Marius Haberland,*" Projektbericht: Initiative für ein Berliner Sozial Forum",* Projektkurs *Soziale Bewegungen und ausserinstitutionelle Initiativen in Berlin,* Freie Universität Berlin, Otto Suhr Institut, Sommersemester, 2003, p. 31. (Author's translation from German.)

② Cited in Klein, *op. cit.*

③ Whitaker, *op. cit.*

④ Cited in Bahn and Haberland, *op. cit.,* p. 31.

不能，ATTAC 也不能——谁都不能独力承担 ①。
这个声明阐明了活动家们的信念和论坛的希望——放弃歧见走到一起来工作，形成一个多层面交叉的联合并且以新的方式去做。

本文分析的对象——基于社会论坛而聚集和连结各种各样反全球化运动的尝试。本文有两个目标和贡献。首先，比较宽泛的理论目标是：当我们试图理解反全球化运动和全球性的社会论坛进程时，要再次关注隐藏在资本主义物质条件下的结构性权力。我认为，其实正是资本和阶级关系，使得一般的反全球化运动和特殊的社会论坛之间的融合成为可能。其次，本文通过把社会论坛分析成"电阻继电器"，来探讨作为反全球化运动之战略性手段的社会论坛。在共同反对资本主义的基础上，作为"继电器"的社会论坛为多中心的"运动之运动"（movement of movements）的生成、联系、动员和融合，提供平台并发挥催化剂作用。

对社会论坛进程所面临的一些核心压力的讨论将贯穿全文，彻底讨论其所面临的矛盾和挑战则不在本文的范围之内。

本文的其余部分构思如下。第一部分把抵抗性的社会运动置于一个比较宏大的资本主义全球化的变动之中，简要地与文学相联系，并提出理解一般的当代运动和特殊的社会论坛进程的新方式。第二部分也是本文的主要部分，考察了作为"电阻继电器"的社会论坛的中心内容，包括它的组织平台、产生连接以及关于社会变化的远景与实践。

一、新自由主义，社会运动和世界社会论坛

社会论坛现象是随着嵌入自由主义的福特主义的"妥协性"转化和所谓的新自由主义优势而出现的。用哈维（David Harvey）的话说，新自由主义表现为："反常化，私有化，以及把国家从众多的社会供给领域中撤回以达至阶级力量的归位"②。

当二战后经济精英在谈判中胜出并最终拉拢工会进入相对稳定的"劳资关系"时，福特主义的"妥协"才在 20 世纪 60 年代中期开始得到解决。那

---

① *Ibid.*

② David Harvey, *A Brief History of Neoliberalism* (New York: Oxford University Press, 2005/2007), p. 3.

场 60 年代和 70 年代的运动——由妇女、学生、少数派和移民社区参加，反抗他们在社会中被指派的角色，反抗"生活的标准化"——对"社会管理"的攻击具有关键的影响。这使很多学者认为，社会正在从物质的转向以自我实现为目标的后物质的价值和关注 [1]。

脱胎于较宏大的西方马克思主义传统的社会运动学者们，主张社会运动现在主要关注"生命政治"，反对"解放政治"；资本与阶级关系不再享有特权，以阶级为基础的社会运动正随着"后工业社会"、"信息"和"网络社会"的兴起而渐弱。例如，拉克劳（Ernesto Laclau）和墨菲（Chantal Mouffe）就将资本和阶级关系看作众多结构散漫的本体之一。他们认为，在各种斗争（阶级、性别、种族等）中，哪一个都不拥有优先权，它们之间也不存在任何必然联系。这一趋势的必然结果是，似乎出现了一种分裂性的抵抗，并且它扩散成了一种多种团体和运动的"创造性杂音"，因为这些团体和运动显然都只是狭隘地关注他们的特殊斗争。

WSF 宪章明确指出，WSF"反对一切的极权主义和关于经济、发展和历史的还原主义观点"（原则 10），它是"一个多元、多样、非宗教、非政府和非党派的场景"（原则 8）。总之，通过社会论坛的联合尝试，其特点就是避免同质性，消除个人运动和团体的党派性。

然而，不同运动和团体之间令人费解的亲和力也正逐渐在社会论坛中聚集起来，这促使我们去研究多样的团体和运动之间的关联并且把各种压迫结构之间的联系通过"一个工作当量假设"来理论化。虽然本文只能勾勒这一思想的轮廓，但是我认为，我们应对资本的结构矩阵和阶级关系之间的关联产生新的兴趣，以便更好地理解基于抵抗和反对的当代社会运动。

今天的抵抗运动并非只是一种不和谐的杂音，在事实中我们必须看到一个潜在的共性：所有的其他压迫结构（父权制、种族主义等）都和资本与阶级关系有关。构成更广泛反全球化运动和那些参加社会论坛的团体，都在资本主义的生产方式下运作，因为正是资本主义的生产方式确立了其可能的物质条件。各种形式的压迫的存在也是由资本主义的生产方式所形成，并且处于产生它的资本主义生产力与生产关系的环境之中。移民、妇女或种族的压迫

---

[1] Ronald Inglehart, *Culture Shift in Advanced Industrial Society* (Princeton, NJ: Princeton University Press, 1990).

在一定程度上被限制在它们各自特定的归属层次中。另一方面，阶级关系对所有资本主义的社会结构和社会团体是共同的，它通过如妇女或移民的形式来运行，从而为特别的压迫如父权制和种族主义提供了一个共同结构。于是，这允许我们把资本和阶级关系看作成一个横轴，为其他的统治结构提供一个统一的经验。正如戴尔-维瑟福特（Dyer-Witherford）的论证，资本主义之所以区别于其他诸如种族主义或父权制的统治形式，是因为在如下方面获得了成功：

> 借助于新技术［国际分布图］把地球编织整合成一个相互依赖的综合协调系统，把女性劳工、移民潮、人类基因工程和整个动植物物种利用到它的价值坐标上，［这样就］把每一个其他形式的压迫归并入它的逻辑之中。的确，现在可能比马克思在他的那个年代更能清楚地看到，劳动力的资本主义国际分工经常是怎样整合的，并且如何在很大程度上取决于靠性别或种族歧视建立起来的支配等级制度①。

重新强调资本和阶级关系既不是主张性别或种族压迫能还原为从前的那样，也不意味统治结构不应该在其根源处遭到反抗。然而，它的确表明如果不研究资本主义的话，那么争取妇女权利或种族平等的反对和抵抗运动就到了极限。如果不研究隐藏的资本和阶级关系，这些团体将最多只成为资本主义运作良好的构成部分。我开始要提出的是，不同的斗争不应该被看作——如许多社会运动理论家所认为的那样——是不相关的。正是如性别或种族这些围绕商品和利润原则的等级循环使资本和阶级关系具备了关键性的地位。

我对当代反抗和资本关系之间关系的理解接近于哈特（Michael Hardt）和奈格里（Antonio Negri）的"多众"（multitude）②概念。他们提出，多众是"所有那些在资本统治下工作并因此成为拒绝资本统治的潜在阶级成员"③。多众是一个"阶级概念"，以"非物质劳动"（创造非物质产品如知识、信息、通讯、一种关系或者一种情感反应的劳动）的出现为特征，后者"已经成为质量方

① Nick Dyer-Witheford, *Cyber-Marx: Cycles and Circuits of Struggle in High-Technology Capitalism* (Chicago: University of Illinois Press, 1999), p. 15.
② Michael Hardt and Antonio Negri, Multitude: *War and Democracy in the Age of Empire* (New York: The Penguin Press, 2004).
③ *Ibid.*, p. 106.

面的霸权，并且对劳动和社会本身的其他形式施加一种趋势性的影响"①。

但那些进行非物质劳动的人如何与马克思意义上的工人相区别呢？马克思通过工人在生产关系中的地位而不是其生产的东西来考虑。"非物质劳动"的优先性似乎没必要限制——非物质劳动对我们理解当代对抗政治、及哈特和奈格里依据施加质量而不是数量的趋势性影响，无疑是至关重要的。然而，我们也很容易被此误导，因为它遮蔽了绝大多数从事物质劳动的人（从可可种植者和工厂血汗工人到看门人、出租车司机和保安人员，加上全球的蓝领工业劳动力）的重要性。非物质劳动者和低技能的物质劳动者之间的鸿沟是巨大的。前者往往认为自己与后者处于不同的结构位置，并且有向上发展的趋势，因此很难看到后者具有某种形式的"先锋作用"。所以非物质劳动力也并非是"革命"的。例如，关于被命名为"网络自由工作者"（cybercariat）②的非物质劳动者，坎德亚斯（Mario Candeias）指出，他们"摆脱了旧工人阶级的习性，他们对工会主义产生怀疑或者拒绝。[网络自由工作者和临时雇佣者]（cybercariat and precariat）在生产过程中占有非常不同的地位……比如，同一企业中的清洁女工和计算机程序员之间的边界是非常的强烈，以至于不同的工作不再被视为合作关系……他们之间的沟通几乎无法进行"③。就此而言，在非物质劳动者这里，给予某一特定阶级部分特权可能就是误入歧途了。相反，我们应该严肃地对待一个缺失历史动因的推论：没有特权团体。所有人都是同样重要，并且这依赖于在其中发生关系的特定物质环境，并且它的形式——如果有的话——是"质量上的霸权"。然后，这不再是一个观念问题，而成为一个实践问题。最后，由非物质劳动者（质量地）引导的多众的概念化同样显示了隐藏的欧洲中心主义。虽然北半球的产业工人和农民在减少，但是他们依然支配着南半球。当从一个全球的视角来看时，非物质劳动者的霸权看起来就不太令人信服。戴尔-维瑟福特对此给了很好的总结，他说："新

---

① *Ibid.*, p. 109, italics in original.

② "Cybercariat" in relation to "precariat" denotes a "group of highly qualified, flexible individuals, working in short-term projects" whereas the precariat denotes the increasing group "under the pressure of growing unemployment a sub-proletariat in insecure labour relations and with low income"; see Mario Candeias, "Double precarisation of labour and reproduction—perspectives of expanded (re)appropriation", available online at: ⟨www.wem-gehoert-die-welt.de⟩.

③ *Ibid.*

的资本循环……对于女性劳工和南方工人而言并非那么"非物质性"和'知识化'"①。

资本和阶级关系是"房间里的大象"的这个比喻也可以凭经验来说明。关于社会论坛，拉美成为 WSF 的诞生地并非偶然，我们首先可以指出许多有关拉美社会运动的人种学说明的发现，这些说明已正在挑战资本与基于阶级的关系而正在慢慢消退的观念。例如，黑尔（Charles Hale）总结说："这个两极化的争论——在后现代理论创新和唯物主义的重申之间——已在不太重要地稳定成长……最有趣的是，展望性的研究已经拥有了自己的前景，正好超越了这种分裂"②。

同样，世界社会论坛的宪章也强调反资本主义的定位，"反对新自由主义和依靠资本控制世界以及任何形式的帝国主义"（第一原则），从而表达了资本主义矩阵之潜在重要性的信念。

社会论坛活动家们强调反资本主义的前景，虽然也与其他斗争和统治结构建立联系。根舍尔（Corinna Genschel）举例说明了这个观点，她指出："柏林社会论坛尽管没有这样说，但在反资本主义上起了作用……我们说阶级比种族和性别都更重要，在这个意义上，并没有先后顺序，但作为一个女权主义者，这对于我来说再清楚不过——资本主义价值观逻辑是关键。这种空洞的反自由主义的演讲没有涉及资本主义，这真的让我紧张。新自由主义是资本主义，并且这是关键所在"③。

根舍尔的陈述既表明了对资本主义这把"钥匙"的真正认识，也显示了在资本主义结构和多样化的斗争之间实现平衡的难度。在地球的另一面，从布宜诺斯艾利斯（阿根廷）来的一位社会论坛活动家路易斯（Luis）有类似的主张："我们不想使 WSF 上的所有这些团体和运动有效率，对我和对许多人……几乎我谈过话的所有人而言，罪恶的根源是资本主义。我们为土著人的权利而斗争，可我知道我们必须与资本主义斗争"④。

---

① Dyer-Witheford, *op. cit.*, p. 504.

② Charles Hale, "Cultural Politics of Identity in Latin America", *Annual Review of Anthropology* 26 (1997), p. 570, cited in Wolfson, op. cit., Intro.

③ Interview with Corinna Genschel (Berliner Social Forum/Kontaktstelle Soziale Bewegungen), Berlin, September 8, 2007. (Author's translation from German.)

④ Interview "Luis," Buenos Aires (Argentina), November 5, 2006. (Translation from original Spanish.)

当代社会运动使参加者被认为是没有阶级利益的，他们把资本主义看作是分析的外因或者只是作为众多统治结构中的一个。然而，社会并没有能实现无阶级。因此，当他们考察社会运动时，认为阶级——似乎是社会裂缝——不存在，这就是一个欺骗。

许多当代社会运动方法在考察当代社会运动与其特殊的斗争以及新自由资本主义之间的关联时，仅仅将其看成是一个"创造性的杂音"。这些方法无法抓住的是，表面上往往表现为排他主义者的要求和同一性主张，实际上是对威胁或否认它们存在的新自由资本主义的一种反应。正如一位观察家恰当表述的那样，这些连接和新兴的"多元一体"，"在连接地区、国家和全球斗争的基础上，通常社会运动和无政府组织实施，但社会运动和无政府组织却正是靠从排斥、剥削、压迫、歧视和环境破坏等形式中解放出来的新社会信念而团结起来，资本主义大体上具有排斥、剥削、压迫、歧视和环境破坏等特征，而新自由主义的全球化更是加剧了这种情况"[①]。

虽然正在显现中的形态和实例尚不明晰，但是我们仍能够确定新兴的基于抵抗的社会运动逻辑的三项原则：第一，在 21 世纪的斗争中，没有核心的参加者或政治领导者——本地的、环境的、女权主义的或者劳工运动都是不可少的；由此，第二，没有社会参加者能够单独与当代的全球化相竞争，所有运动和团体必须克服他们各自为战的状态，通过新的组织结构和运作战略，在某种程度上以新媒体和通信技术为基础，创建一个有众多支持者的"多元一体"；第三，这些自主运动的基本共性是他们对新自由资本主义的共同抵抗。

如此一来，追求解放的团体和运动所面临的关键问题是如何"沟通和共同行动"[②]。如何在繁多的关系产物中发现他们所谓的"共同"，这符合哈特和奈格里的观点。在前面的论证中曾经提出，多众或者我命名的"多元一体"根植于连接他们各种斗争的潜在的资本和阶级关系。

我们继续分析，在所有的反全球化尝试中有一个核心战略手段：社会论坛。

---

① Boaventura de Sousa Santos, *The Rise of the Global Left: The World Social Forum and Beyond* (London: Zed Books, 2006), p. x.

② Hardt and Negri, *op. cit.*, p. xv.

二、发挥"电阻继电器"功用的社会论坛

当前，许多运动都寻求连接和联合以克服碎片化并勾勒集体斗争的航向。联合和生产性财产有关，但也总会引出文化和政治方面的问题。社会论坛是这些斗争在联合、连接和融合方面的的中心场所，许多社会论坛活动家把促进连接作为社会论坛的关键和中心目标之一。如德国社会论坛的核心组织者之一利茨（Heiko Lietz）所强调的那样："互相连接是产生影响的必要条件，并且对于根本性的社会变化及其过程而言，社会论坛矩阵都是理想的"①。来自金属制造工会（IG-Metall）的文策尔（Lothar Wentzel）指出："社会论坛必须在产生联盟方面更加活跃，[并且]必须发现能够结构性反对资本主义的新形式"②。两位活动家不但在社会论坛上对反对资本主义的一致目标非常清楚，称之为"根本性的社会变化"和"结构性反对资本主义的形式"；而且他们也指出社会论坛的本质或者存在理由——社会论坛不是一个新运动或者运动替代品，而必须被理解为反全球化运动的一个战略手段。

社会论坛——用利茨的话说，就是"社会论坛矩阵"——预期实现的战略功能——可被理解为提供传递或者继电器功能。社会论坛努力"打开"一个比自身能量更强的循环，并希望融合成为一种催化剂或者扩大器。而且，"继电器"也寻求发挥"错误"的探测器和隔离器的作用。在这个意义上，"错误"将是达成政治中的共识、增加合作以及在运动和团体间形成多元一体的藩篱。

在对20世纪80年代抗议西德军用飞机低空飞行的团体的研究基础上，奥勒玛赫（Ohlemacher）对社会继电器的概念化，是对网络工作领域所谓"经纪人"的另一种描述。对奥勒玛赫来说，社会继电器就是："扩散抗议的网络平台……在抗议动员过程中，充当抗议种子发芽的肥沃土壤，且之后成为活

---

① Interview with Heiko Lietz (Kirche von Unten [Church from below], co-organizer of the Social Forum in Germany), Schwerin, June 24, 2005. (Author's translation from German.)

② Interview with Lothar Wentzel (Industrie Gewerkschaft Metall, WSF participant and workshop organizer), telephone interview, September 6, 2006. (Author's translation from German.) IG Metall is the major metalworkers' union in Germany, representing blue and white collar workers.

跃在网络以外的一种动员催化剂"①。

为了更充分地理解社会论坛的（潜在的）继电器功能，我改编和扩展了奥勒玛赫关于社会继电器的原始概念——或者在社会论坛的背景中，称之为"电阻继电器"。社会论坛为不同的团体和运动提供组织平台，发挥连接网络和团体的功能，并寻求在社会论坛的直接领域之外展开动员。奥勒玛赫提供的是一个关于社会继电器的中性理解，而"电阻继电器"则指出了它产生作用的方向。"电阻继电器"被上面所说的新逻辑的三个原则所规约，即没有核心参加者，需要相互连接，反对新自由资本主义。这些要素在社会论坛的设计中极其彻底，规范了它的继电器特征。

进一步指出奥勒玛赫的概念没有谈到的另一个维度——"电阻继电器"作为社会变化之实践和远景，它强调社会论坛为了影响并克服合作与共性（自我）证明的障碍而作为团体和运动（自身）的自反性中介，以便使团体和运动能够确定它们共同反对的利益。这里，继电器的功能是预示性的，是刚刚出现在地平线上的，是一种关于民主的激进的参与式理解。

同样地，社会论坛正在为社会变迁中富有创新性的实践和远景探路并造势。许多活动家和参与者相信，能够预示到的超越新自由资本主义政治和世界的方式，是团体和运动正在从事的、学习的并改变彼此的方式。正如直接行动团体"秘密起义的叛逆小丑军"（Clandestine Insurgent Rebel Clown Army）成员所指出的那样，它是："[一种]手段和目标合一的政治。为了理解甘地，我们想要看到世界有怎样的变化，我们就成为那样的变化"②。

接下来讨论社会论坛继电器的四个维度。

1. 作为组织平台的社会论坛

在实际的社会论坛活动期间，社会论坛成为与会团体、运动和网络的直接组织平台。很明显，它们中只有小部分能够参加诸如世界社会论坛这样的活动；而大部分则是在区域的、国家的或者地方的论坛中走到一起。与为期数天的世界社会论坛活动相比，地区水平的社会论坛经常有规律地在"开放的

---

① Thomas Ohlemacher, "Bridging People and Protest: Social Relays of Protest Groups against Low-Flying Military Jets in West Germany", *Social Problems* 43: 2 (May 1996), p. 201.

② Kolonel Klepto and Major Up Evil, "The Clandestine Insurgent Rebel Clown Army Goes To Scotland Via a Few Other Places," in Harvie *et al., op. cit.,* Ch. 21, p. 247.

全会空间"中举办。例如，德国的柏林社会论坛（BSF）就每月开一次会。积极活动者、参与者和支持者以及他们所属团体在会议之间用电子邮件和因特网来发布消息或声明。这样，BSF 就为活跃在柏林地区的各种团体和运动提供了一个组织平台。

社会论坛作为组织平台在世界社会论坛原则宪章 ① 中有规定，后者是由组成第一届 WSF 组织委员会的 8 个团体在会后起草的。它的基础是公开而包容的政治以及有助于与会团体和运动之间的对话和讨论、宽容和开放。参与论坛的唯一前提条件是遵守宪章中宣布的、经过慎重审议的模糊原则，它这样定义社会论坛："开放的会议场所，是反对新自由主义和资本统治世界以及任何形式帝国主义的公民社会之团体和运动用来反思、观念的民主式辩论、建议的表达、经验的自由交流以及联合采取有效行动的地方"② 。

宪章并没有指定 WSF 是一个代表机构（原则 5），同样地 WSF 没有把自己看作是一个"有争议的权力核心"（原则 6）。社会论坛寻求在不同的运动和参加者中"为建立另一个世界而在从地方到国际的水平上"产生接触和连接（原则 8）。

今天，全球范围内的社会论坛明确地表示，它们依赖 WSF 原则宪章，并以此在更广范的社会论坛进程中产生自我认同。例如，柏林社会论坛："借鉴阿雷格里港 WSF"原则宪章"的中心要素，我们阐明如下方针作为我们政治合作的基础"③ 。五项方针（"建立一个网络"，"彼此关联"，"相互学习"，"切实实现团结"和"反对右翼的全球化批判：为了社会的平等和安全，所有人平等地享有多元化和团结的权利"）更直接地结合了柏林当地以及德国的实际情况，表达了阿雷格里港的宪章原则。BSF 强调来自于非等级式合作和(BSF 理解为)公共开放政治空间的积极经验，给团体的各种积极性提供了协调和支持，同时又吸引了更多的团体和个人。

总的来说，组织平台是立足于体现宪章中共同基础的一个"薄的"表达。关键要素是社会论坛的"开放空间方式"，旨在允许"作为生产过程"的讨论，

---

① Charter of the World Social Forum, available online at: ⟨http://www. forumsocialmundial. org.br/main.php? id_menu.4&cd_language.2⟩.

② Principle 1 of the World Social Forum Charter of Principles, available online at: ⟨http:// www.forumsocialmundial.org.br/dinamic/main.php? id_menu.4&cd_language.2⟩.

③ Available online at: ⟨http://www.sozialforum-berlin.de⟩. (Author's translation from German.)

通过民主而彻底的参与手段为行动创建联合，并且在团体和运动中间产生和加强全国性和国际性的连接（原则 13）。最后，它号召团体和运动"使他们的行动从地方水平上升到国家水平，并寻求国际背景下的参与"（第 14 原则）。

2. 连接、充电和扩散作用的社会论坛

把彼此并不了解的团体和运动集合起来，生成连接、推进网络成长和在直接的社会论坛空间之外展开动员，这作为社会论坛存在的（最）真实的理由是备受争议的。WSF 宪章强调社会论坛的作用是作为一个"团体和运动相互联合以有效行动 [……] 的场所"（原则 1），抓住了它作为继电器的功用。这个简短的两页纸的文件频繁使用诸如"内部联系"、"相互连接"、"创建联系"、"交流"、"会面"、"循环"和"集合"之类的词汇 ①。

宪章的第 6 条原则写道，社会论坛会议"不商议代表 WSF 本身的利益。因此，没有人被授权代表任何版本的论坛来表达声明代表所有那些与会者的立场。论坛的参与者将不会被要求作为一个整体来做出决定"②。通过社会论坛无决定权的特征，保证了其所具有的继电器性质。

然而，宪章确实号召与会的组织和团体："商议声明和行动，以便 [WSF]通过自由支配的手段更加广泛地传播这样的决议，其间没有命令、等级、责备或约束，但是要作为下决议的商议组织或者组织团体"③。

社会论坛无决定权特征的目标是坚持论坛的开放性质并鼓励坦诚的争辩。运动和团体多众将不用担心他们的自主权而能聚集在一起，防止闭关自守及重蹈覆辙。社会论坛模式无决定权特征的新颖性和力量之处就在于以下的可能："我们第一次不用常常处于最后要达成一致的压力之下展开彼此的探讨。可是，我们提炼出共性所在，并且以一种诚实的方式去那样做"④。

在无决定权这一特征的基础上，社会论坛旨在主要通过两种社会力量连接网络和团体。首先，通过特别的社会论坛连接和深化网络、运动和团体的动力；其次，在全球的各层次上通过不断增长的社会论坛数量扩展社会论坛理念的动力。两种力量也都促进并迈向在直接的社会论坛之外的领域扩散了解、

---

① World Social Forum Charter of Principles, *op. cit.*

② Principle 6 of *Ibid.*

③ Principle 7 of *Ibid.*

④ Interview with Philip Hersel (Blue 21), Berlin, August 25, 2006. (Author's translation from German.)

动员和联系。

2.1. 连接先前未连的并为已存在的社会论坛团体充电

通过社会论坛，在彼此缺乏了解的团体和运动之间就生成并促进了连接和交流。在 2006 年雅典欧洲社会论坛上一位参与者指出，社会论坛鼓励你去"参加你通常不参加的活动"[①] ——由吸引人们注意力的问题引起的活动，这些问题与任一个别运动或团体的迫切需要并没有必然且能欣然接受的联系。这样，各种新的和具有创新性的连接和可能性就展开了。例如，联盟活动家和资深的世界社会论坛参与者文策尔解释说："如果我提供一个活动，比如是关于联盟成员的教育工作的，那么在阿雷格里港的世界社会论坛上人们就走到了一起，否则，我将永远无法与我不认识的人走到一起。一个联合主义者来自尼日利亚，一个来自泰国，另一个来自你通过官方渠道无法联系到的印度尼西亚……这种可能性创造出我们以其他方式无法得到的人际网。"[②]

几乎所有的社会论坛参与者和活动家都强调超越以往界限创建连接的必要性。然而，正如文策尔参与实践后所显示的，顺着问题或者组织路线——在他的例子中是工会——建立联系还是相当容易的；虽然这确实提供了新的联系，但它也限制了横向的交互作用。例如，2005 年 WSF 的一位参与者强调需要跨部门的人际网，他说道："国际人际网的问题具有如此实际的重要性以至于我认为这些社会论坛有机会成为一个长期的设制；尤其是因为在即将出现的事物中没有比它更好的。个人兴趣总是把特定的问题归类并联系起来，而考虑到问题的范围，我们毕竟有超越个人兴趣的无所不包的人际网——而那儿正是合乎实际的需要所在"[③]。

2006 年雅典欧洲社会论坛（ESF）的诺伊曼（Achinm Neumann）的经验表明，连接"相近"但先前没有联系的团体的实际必要性；尽管这仍按区域被限制着，但社会论坛为先前没有联系的团体之间展开交流提供了基础。诺伊曼是服务业工会（Ver.di）的一个工会管事，他关注工作的不稳定性。在我会见诺伊曼的前不久，服务业工会发行了不同语言版本的《欧洲利德尔超市黑皮书：黑色零售商——以工薪阶层的消费廉价销售》(The Black Book on Lidl

---

① Interviewee asked to remain anonymous, Athens (Greece), May 5, 2006. (Author's translation.)

② Wentzel, *op. cit.*

③ Interview, Porto Alegre, Brazil, January 29, 2005. (Author's translation from French.)

in Europe: Schwarz Retail Company—Selling Cheap at the Employees' Expense）。
诺伊曼回忆：

> 在所有人都在的会议中心入口大厅里，我们有一个信息摊。数百计、数千计的人走过我们的摊位并注意到了我们，许多人还走近我们并询问发生了什么。尤其是我以前从来没有接触过也不了解的土耳其人，他们听说过"利德尔黑皮书"吗？再者，他们观察过在土耳其运营的德国公司吗？——德国的"麦德龙集团"（Metro Group）就在土耳其——他们认识到这情况和利德尔没有区别吗？尽管土耳其还没有利德尔超市。对十分关心时事的人们来说，这些非常有意思，因为我们确信，在不久的将来，利德尔也将登陆土耳其，并且到那时我们将已为之做好准备。因此，我认为，正在发生的已经很伟大；一旦合办他们就必须作出反应，而在这之前他们就行动起来了，并且他们通常是同时开 15、20 或 25 家分店①。

在这个案例中，ESF 发挥了继电器作用，将德国反利德尔运动参加者的斗争和经验传递给土耳其的活动家。他和服务业工会（Ver.di）的关系由于他们在 ESF 上的相遇而开始建立，ESF 可能开创了新网络并且在它们之外的土耳其扩散网络。

亨泽尔（Philip Hersel）强调了另一个中心要素，即：作为继电器的社会论坛如何为原先存在的网络充电。亨泽尔致力于第三世界债务免除问题，他描述了从事这一问题研究的不同团体之间为何会存在如此之多的差异——根据规模、组织能力和战略。例如，在要求是对所有的国家免除债务还是仅对高债务的贫穷国家免除债务的问题上，活动家们没有取得一致意见。关于社会论坛理念与更大规模的靠债务运转组织起来的普通工厂，亨泽尔揭示了社会论坛的创新成分："它首先是一个交流的平台，明确地不需要达成一项协议或者有一个胜利方……第一是政治共存的观念，然后第二步，合作的确有助于降低冲突……我们起初只是在没有最终必须达成一致意见的压力下彼此交谈。但是，更好的是你们提炼出你们在何处达成了共识，以及在哪些方面你们能建设性地一起工作"②。

---

① Interview with Achim Neumann (Ver.di; ESF participant and workshop organizer), Berlin, June 27, 2006. (Author's translation from German.)

② Hersel, *op. cit.*

然而，尽管许多人强调不受拘束地营造新网络的环境，但是也有失望的。一些活动家强调，论坛应该组织得更加有效。正如文策尔所指出的："尽管同一时间要把不同领域的团体和运动集合在一起，但我们仍必须使他们符合更多的具体接触需求。有一种趋势，就是你们只会和与自己所从事的问题相近的那些团体偶遇"①。

文策尔的引文举例说明了在"开放的空间方式"基础上架接和互连不同的团体和问题域所存在的困难。在一次改进这一状况的尝试中，WSF2005的组织者提出了五个"横向的主题"，期望起到"辩论的共同'视野'与关注"的功用。但是，一些活动家仍然相信，缓和剂的作用可能是有帮助的，尤其是在那些没有网络或者运动议题范围被分离的案例中。如亨泽尔解释说："在国际网络缺失的地方，在张力存在的地方，或者他们被分离的地方，一个中立的缓和将是需要的"②。

虽然"开放空间方式"的辩论在世界社会论坛上显得卓越突出，但地方论坛还是经常采用更加务实和具体的背景，下面我将讨论这一点。

2.2. 社会论坛的全球性扩散

不间断的在全球范围内社会论坛的扩散、调适和转化是在团体和运动中间助长连接和联系的另一个核心动力。这个"论坛理念全球化"的主要特征是对原则宪章的一个公开支持，在宪章基础上，自主的社会论坛在从欧洲大陆到地方的各个层次上出现了，它们被看作"世界社会论坛架构及普遍化进程的组成部分"。

许多活动家和社会论坛参与者认为地方社会论坛是关键的，他们强调世界社会论坛"本地化"以及社会论坛理念地方化的必要性。如柏林反法西斯主义左翼成员、柏林社会论坛参与者的菲利普（Philipp）强调："地方社会论坛必须从国际社会论坛运动中凸显出来。怀有另一个世界理想的世界和欧洲的社会论坛必须依靠地方社会论坛，它们［社会论坛］在持续的讨论进程中必须容纳一个基础，我们必须避免在大事件讨论上的集中性。但是，国际的参考仍是重要的。"③

① Wentzel, *op. cit.*

② Hersel, *op. cit.*

③ Interview with "Philipp" (activist in the Berlin Social Forum and member of Antifa), Berlin, December 10, 2007. (Author's translation from German.)

许多活动家相信，地方水平对全球社会论坛进程的未来有本质性的影响。2006 年雅典 ESF 是由一群来自全欧洲的地方社会论坛活动家举办的，在论坛上一家网络工厂所做的综述声明："我们想要强调，如果目标是扩展欧洲和世界社会论坛作为原动力的影响，那么这也依赖于许多地方社会论坛的存在及其质量。我们深信，社会论坛进程的未来只能由从基层着手、由下而上推动的措施来回答"①。

作为对此观点的回应，根舍尔在不同的地方社会论坛之间进行比较并指出宏观水平和那些微观水平上的论坛之间的关系。她论证说："在类似地方工作和更高水平的——或者说，实际上并不是更高水平的——工作之间有一个断裂 [……] 地方论坛是由具体的参加者在非常具体的政治格局中行动，反之，在这些更大规模的集会上，在一个更抽象的水平上遇到其他的参加者，于是，也关心不同的主题和议题以及联系……尝试去连接地方和全球是极其困难的……它 [全球和地方之间的连接] 是明显的，但如何做到这一点呢"②。

根舍尔的解释也指出社会论坛的理念和逻辑要有（必要）调整和转变，WSF 的地方化要根据组织的环境、战略和路径进行调整。许多城市或地铁圈层次的地方社会论坛使其个别社会论坛制度化成一个集会、辩论、人际联络、制定战略和行动的固定场所，每月召集一次。环境不同，步调和节奏也不同。

依据成功吸引不同运动和团体（大体上范围是 8 到 80 个正式参与者）或者各论坛对 WSF 方法和精神的诠释和坚持来看，社会论坛在实质上是不同的。例如，许多地方社会论坛以各自地方社会论坛的名字来作出决定和议题的表述，这样一来，地方社会论坛就经常是空间（例如，不来梅社会论坛，伊夫里社会论坛）和参加者（例如，多特蒙德社会论坛，柏林社会论坛）的混合物。根舍尔指出，"由于对决定和行动有不间断的需求，支持'纯粹的'开放空间教义常常是困难的"③。在一些社会论坛上，这会导致或者参与量的实际减少，许多地方社会论坛完全解散，或者被一特别潮流所主导。虽然许多社会论坛活动家列举证据证明开放空间理念"总是支持领袖阻止向旧联盟政治的回归"，但其他的活动家对他们的特定社会论坛及其组织逻辑的未来缺乏信

---

① "Statement from Participants in Local Social Forums Gathered in Athens ESF May 2006", presented and retrieved at the European Social Forum, Athens (Greece), May 7, 2006.

② Genschel, *op. cit.*

③ *Ibid.*

心。在柏林地方社会论坛上，一些活动家表达了他们对微弱进步的失望。正如斯特劳斯（Axel Strasser）在2007年说明的那样："从政治上来说，没有什么再在BSF上发生……BSF的当代结构没有起作用，并且我不知道在这一点上去做什么。前两年，社会论坛理念起了作用。我们能够采取行动，如联合反对柏林银行丑闻，反对高校收费，反对柏林水公司的私有化。但是，这些种类的联合后来就没有再发生过"①。斯特劳斯在对柏林社会论坛的批判上是一个十足的失败主义者，其他的BSF活动家建议在参加者数量减少的条件下重新思考BSF的定位。例如，瓦尔斯（Rainer Wahls）指出，问题在于，"那些左派并非均质得足以组成一个团体，但同时它们又太过均质而组不成一个不同团体的联盟。如此一来，我们必须决定，社会论坛是只是想把团体集合在一起，还是想作为一个团体起作用"②。

同样地，位居第二的共同创办者并于近期从BSF撤出的根舍尔指出，"BSF没有足够的积极人士，因此，它并不是所设想的那样。我们不能在相同的时期内把不同的政治和社会方案聚集在一起。他们自己的工作是忙于联系每一个方案的倡议，以至于对于社会论坛中的许多人来说有太多的工作需要去做"③。

有限数量的积极参与者中的许多人过度曝光，加上柏林社会论坛作为参加者（和）空间的双重属性，在那里这些活动家身兼两职——一个是他们"自己"团体或运动的，另一个是BSF的——以至于他们中的许多人筋疲力尽。此外，如瓦尔斯提出的，BSF已经不能维持一个不断有参与者的临界量。BSF参与者既没有在他们内部紧密地连接成一个自身的团体，也没有在柏林尽可能广泛地连接足够的团体和运动并成功地起到"电阻继电器"的作用。然而，大多数的参与者无疑是赞同、支持柏林社会论坛。在2008年BSF全体会议初期，参与者同意把BSF的工作集中在城市的问题上，因此使团体和运动围绕某一组议题集合起来。另外，参与者同意更有力地强调柏林社会论坛作为反对"全球资本主义的新自由主义现代化"的抵抗运动组成部分的一种姿态，并且强调社会论坛理念是一种"对政党代表权政治危机的反应"④。

---

① See ⟨http://www.sozialforum-berlin.de⟩. (Author's translation form German.)

② *Ibid.*

③ Email exchange, November 16, 2007. (Author's translation form German.)

④ SFB Email, "Einige Thesen für heute Abend", March 19, 2008.

在宪章中规定的全新社会论坛逻辑的基础上，社会论坛的全球性扩散已经产生了一个多层次的社会论坛进程。这个进程显示出空间和特定背景的实践问题。康威（Janet Conway）很好地总结了这一推论，她写道："无论世界性的活动在哪里组织，都会制定出扎根于它自己特殊文化及地理位置的社会运动进程。这导致了世界社会论坛显著的不同，而且对于加深全球进程的国际化、多元文化和跨文明的特征并且在运动之间展开真正对话以跨越差异的可能性是关键的。世界社会论坛的每一版本都是'属地的'，但又是跨国界的。世界范围的进程由无数个属地的进程和无可争议的地方化两部分所组成，但这两部分既作为整体又是在许多构成部分之中，具有一种扩张的全球性"[1]。

3. 在网络之外展开网络动员

继电器的另一个中心维度是在社会论坛的直接界限之外进行传播理念、联系和动员团体与支持者的能力。这一维度也可这样提问，如阿明（Samir Amin）所说，"世界社会论坛对群众斗争有益处吗"[2]。

这方面一个相当成功并在社会论坛上被不断讨论的领域是协作经济新举措，诸如"共同体支持的农业"、"共同体货币和易货贸易制度"、"合作所有制"、"公平贸易程序"和"重塑法人组织结构"等。例如，史密斯（Jackie Smith）和他的合作者强调扩散社会论坛的功能，他们在第一届世界社会论坛上重点关注协作社会经济的全球性网络的构建。

此外，许多活动家强调，作为多日集会——如世界社会论坛活动——之先导的计划阶段，对于在不同运动之间促进连接并建立信任的持续努力也是至关重要的。正如一位活动家所提出的："论坛之间的进程实际上是决定性的条件。可以说，要不是超出论坛活动的一种持续的网络和畅通的通讯渠道，活动本身就是重要的。一起做事情并在论坛活动之前做好相应准备是至关重要的，然后同时跟进，在其他场合会面，这样就产生了持久的进程"[3]。

如此一来，来自德国的与会团体、运动和联盟就从第二届 WSF 起开始相互协调他们的活动，这种相互协调包括了分享活动和进取精神的安排。如布

---

[1] Janet Conway, "Reading Nairobi: Place, Space, and Difference at the 2007 World Social Forum," *Societies Without Borders* 3 (2008), pp. 48-71.

[2] Cited in Alex Callinicos and Chris Nineham, "At an Impasse? Anti-capitalism and the Social Forums Today," *International Socialism: A Quarterly Journal of Socialist Theory* 115 (July 2, 2007), available online at: 〈http://isj.org.uk/index.php4? id.337&issue.115〉.

[3] Hersel, *op. cit.*

林克曼（Manfred Brinkmann）对我指出的："我相信，我们在德国实践的是某种独特的东西；我们努力准备并提出在世界社会论坛上对各式各样团体的参与者进行一个全国性的相互协调"①。布林克曼解释说，来自这个社会论坛的是"公共活动的兴起、联盟和独个的非政府组织或几个非政府组织之间的双边关系"②。

此外，至今社会论坛的一个中心内容仍是"社会运动的集会"，这超出了单个社会论坛的范围。为建立和加强多层次的国际网络以开展反对新自由主义的斗争，"社会运动的集会"为所有的与会社会运动展示它们的斗争、选择和文化提供了一个平台。在他们的最后会议上，200多个运动和运动网络达成一个《行动纲领》的协议，详述了即将到来的斗争、反对和抵抗战略。例如，《行动纲领》呼吁反对国际金融机构会议和国家首脑会议，支持各式运动所开展的活动、报告和呼吁，诸如巴勒斯坦民权社会代表所号召的"第四周反对种族隔离墙的全国性及国际行动"（2006年9月9日至16日），或者"世界妇女三月"（World Women's March）和"妇女对战争说不"（Women say No to War）运动，后者是由女权主义者在2007年3月8日组织起来反对自由市场专制和战争的数天行动。最著名的事件应该是2003年2月15日反对伊拉克战争的大型示威活动，当时共有60个国家约300个城市大概1500万人走上街头示威反对即将到来的战争。进一步的动员发生在接下来的2003年阿雷格里港WSF上，在大约5000个组织的参加下，号召很快传遍了全球，其中利用多层次的社会论坛是组织这场大规模全球抗议活动的关键点。

然而，对许多活动家而言，社会论坛未能（足够）超越他们的直接界限。如一个活动家指出的那样："[一项]大众运动的动员，是许多人梦想的，但是，直到现在为止它还没有真的发生"③。

同时，另外一些活动家以及欧洲的那些左翼认为最近拉美的选举胜利在某种程度上是即将到来的社会运动和团体集会推动的结果。对他们而言，"继电器"也是他们成功的一部分。然而，许多活动家强调社会论坛的"新鲜"

---

① Manfred Brinkmann (Political and Educational Coordinator of the DGB and WSF participant and organizer), telephone interview, September 12, 2006. (Author's translation from German.)

② *Ibid.*

③ Interviewee requested to remain anonymous.

(newness) 以及时间太早而无法达成一个最终的判断。正如 WSF 国际委员会成员赖西尔（Jürgen Reichel）指出的那样："它需要一个难以置信的时间长度。如果你认为在单一民族国家产生某种类似公民社会的东西和具有相似意向的社区需要多长时间，那么这 [社会论坛融合] 也就需要多长时间并且这需要某种形式的连贯性和制度化。凭借什么样的需求才能让人真的相信，世界社会论坛在成立仅仅五六年后的今天，我们在全球规模上竟能迈出如此重要的一步……说正经的，凭什么相信世界社会论坛会为了 10 年后的毫无成效而轻易地停止，你可以说，那也许要 30 年或 50 年以后……没有其他的可供选择，并且我认为参加和参与社会论坛的人也一直是带着充足的能量和新观念回去的。这个特征，论坛必须保留"①。

此外，许多活动家认为社会论坛本身在本质上既是手段又是目的。这个预示性的政治理解是我即要谈到的社会论坛继电器之最后维度的一个核心部分。

4. 作为社会变化之实践与远景的社会论坛

"电阻继电器"的最后维度与社会论坛被用来克服原本存在的人际网络藩篱有关，这与社会论坛的预示性及对民主的激进参与式理解紧密相连。世界社会论坛原则宪章清楚地说明了社会论坛对民主的理解，声明 WSF 支持"真民主的实践、参与式民主……民众间的种族划分、性别和民族等方面的平等和团结，并谴责各种形式的统治和所有的人对人的屈从"②。对民主的这种理解与一种"预示性政治"的理解相连，预示的不是一种未来的理想社会，而是一种政治实践的参与方式——把不同运动的能力整合起来就能够一起斗争，而不需要一个占统治地位的组织和意识形态。虽然目的不再为手段辩护，但手段在一定意义上就是目的。

宪章把社会论坛的预示性质奉为神圣，表明社会论坛寻求"把变化导向的实践引进全球议程，这些实践正在实验建立一个新的团结世界"③。格鲁巴

---

① Interview with Jürgen Reichel, representative on the International Council for APROVED and CIDSE, Berlin, September 18, 2006. (Author's translation from German.) APRODEV (Association of World Council of Churches Related Development Organizations in Europe, Brussels), is the umbrella organization of the protestant aid organizations in Europe as well as its catholic pendant CIDSE.

② Principle 9 of the World Social Forum Charter of Principles, *op. cit.*

③ Principle 14 of the World Social Forum Charter of Principles, *op. cit.*

契奇（Grubacic）则抓住了社会论坛对预示性政治的理解，把社会论坛描述为"慎重论证你所想要创建之世界的组织模式……努力考虑的不仅是理念而且有未来实际本身"①。

与社会论坛进程中可分享的远景相比，社会论坛政治缺少某些明确的成果或最终产品，社会论坛政治强调自治、自愿联合、自我组织、相互帮助和直接民主，然后考虑承诺的开放性过程，后者是由在地方、国家、区域和全球连接上茁壮成长的 WSF 所提倡。正如威廉森（Williamson）关于 2004 年孟买世界社会论坛的人种学研究报告，论坛"本质上就是目的，所谓的'另外世界'及通往之路是通过论坛本身的动力创建的……世界社会论坛是参与者所寻找的解决方案的本身部分——把完全不同的团体聚集起来进行交流、成长并形成大型的团结网络"②。

资深社会论坛活动家戴尔海姆（Judith Delheim）强调这个探测、孤立和着手消解社团和联盟的不足之处的自为（self-making）功能。她强调"社会论坛应该成为参加者能够自我转变并寻求与他人有更多合作的空间……真实而令人兴奋的问题是，他们［社会运动和团体］是否——通过它［社会论坛］——为了明白哪些是可能以及哪些是不可能［一起做］的而学会彼此交谈。那将是非常大的一步。雅典［2006 年欧洲社会论坛］证实了这个教学法任务已在进行中"③。

这个"自为"进程的很大一部分是关于社会论坛性质和身份的讨论与反思。例如，在柏林社会论坛上，寻找社会论坛的存在根据是显然的。在其全体会议的辩论中，在许多工作小组、研讨会、座谈会上，在活动家、社会论坛组织者和参与者的刊物里，寻找社会论坛为何应该存在的理由，什么是社会论坛的自我理解和特性，这些一直是中心问题。同样地，在全球的另一边，加拉加斯 WSF 合作组织了具有全球水平的致力于社会论坛性质及其未来的活动，其目标是："使展开辩论的方法和主题的处理明晰可见，其可见性源于世界社会论坛政治积累的历史进程"④。

———————————

① Andrej Grubacic, "Towards Another Anarchism", in Jai Sen *et al. (eds), op. cit.*, p. 37.

② *Ibid.*, p. 27.

③ Interview with Judith Delheim (co-founder Berlin Social Forum, European Social Forum participant, Rosa Luxemburg Foundation, Berlin), Berlin, July 6, 2006. (Author's translation from German.)

④ Report of the Hemispheric Council meeting, August 14-17, 2006 in Caracas (Venezuela).

曼彻斯特社会论坛每月一次的聚会是地方层次的又一个例子。2006年2月25日该论坛通过电子邮件发送了一个会议的会谈备忘录，其中问道："你认为在曼彻斯特社会论坛空间的聚会是一种以开放和包容方式组织集体行动的有用方式吗？"该论坛的参与者和活动家看到的主要风险是，"只是成为一种其他的团体，而不是一个个体和团体一起开会和工作的空间"①。这一例证不仅是对变化的自反式理解，也是他们为团体提供的一个空间性的理解。

总之，在多样性的基础上和在与过去相反的社会论坛之"开放空间政治"立场上，新融合模式的实验尝试促进了融合和集体性，它是在先验的基础上或多或少详述了可选择的"蓝图"。另一方面，社会论坛是基于预示性的政治，即社会论坛渴望以没有等级、完全参与和结构民主的方式来从事政治。

四、结论

本文认为，为了通过社会论坛理解正在到来的运动与团体的汇聚，我们应当在当代的具体实例中认真地对待资本和阶级关系。本文论证社会论坛为达成合作、联合和融合开始起到"电阻继电器"的作用。虽然社会论坛充满压力和挑战，但仍以一种媒介和不同运动结晶点的方式起作用，在共同反对新自由资本主义的基础上产生和促进运动的联系。

一般的当代社会运动和特殊的社会论坛愈来愈按照三个原则起作用，这描绘出一种新兴的基于抵抗社会运动的新逻辑，即缺少核心参加者、需要多种形式的关系和共同反对新自由资本主义。在更大规模的"运动之运动"的范围内，社会论坛可以被理解为产生连接和融合的战略手段。社会论坛继电器的连接尝试建立在三个核心特征的基础之上：一个开放的政治空间、其会议无决定权的特征和其对政治的预示性及激进民主式的理解。这三个原则使社会论坛得以对一致性和多样性的结合进行基地性实验，从而为实现团结政治提供充足的共同基础②。然后，这也使得社会论坛通过时空形成可变性和适应性。因此，社会论坛是不断由其多重性、贡献及战略构造和扩张的空间与进

---

① 附加着重号的文字在原文中是大写字母拼写，以示强调。——译者注

② Paul Routledge, "Grassrooting the Imaginary: Acting within the Convergence," *Ephemera: Theory & Politics in Organization* 5:4 (2005), pp. 615–628.

程——那自然是一个困难重重、蜿蜒曲折的进程[1]。尽管还有本文中只提及而需进一步研究的压力和挑战，但是，作为"曙光"（emancipatory horizons）的社会论坛仍是 21 世纪团体和运动发现新自由资本主义的抵抗道路和另样选择的动力。

（译者单位：复旦大学哲学学院）

---

[1] Gina Vargas, "WSF 3 and Tensions in the Construction of Global Alternative Thinking," in Jai Sen *et al.* (eds), op. cit., pp. 228–232.

马克思思想的德国古典哲学来源

——近年来英语世界马克思学研究的新动向

鲁克俭

[摘要] 自 20 世纪 90 年代分析马克思主义在英语世界退潮以后，英语世界的马克思主义研究出现了对德国唯心主义哲学兴趣的复兴，探讨马克思思想的德国古典哲学来源，成为近年来马克思学研究的新动向。本文粗略介绍了目前非常活跃的三位英国学者塞耶斯、阿瑟和奇蒂的相关研究成果，以期读者对英语世界当前的马克思学研究现状有一个大体了解。

[关键词] 英语世界 德国古典哲学 马克思 思想来源

20 世纪 70、80 年代，英语世界涌起了分析马克思主义的潮流，在这一潮的挟裹下，一些并非分析马克思主义的马克思学者也难以置身事外。比英国布里斯托大学政治学系的特雷尔·卡弗教授在 20 世纪 80 年代相继出版了《马克思的社会理论》、《马克思与恩格斯：学术思想关系》、《恩格斯传》等代表作，并在 20 世纪 90 年代主编了一本论文集《理性选择的马克思主义》[①]。与卡弗

---

① Terrell Carver and Paul Thomas(eds), *Rational Choice Marxism*, Pennsylvania State University Press,1995.

同属一代人的英国肯特大学哲学系肖恩·塞耶斯教授 ① 所写的论文《分析马克思主义与道德》被收入由罗伯特·韦尔和开·尼尔森主编的《对马克思的分析：分析马克思主义新论》②。但是，分析马克思主义的"发烧"并没有持续多久，正如卡弗在《英语世界的马克思主义现状》③ 一文中所说的那样，分析马克思主义在 20 世纪 90 年代以后就逐渐衰落了。分析马克思主义退潮之后英语世界马克思研究的走向，用塞耶斯在《英国马克思主义哲学概况》一文中的话说，就是出现了"对马克思早期著作，对异化、人道主义问题，以及对马克思思想的黑格尔和德国唯心主义哲学根源问题的兴趣的复兴"④。

目前英国的三家马克思主义类杂志和一个"马克思与哲学学会"值得关注。这三家杂志分别是：① 《马克思主义研究》（*Studies in Marxism*），是英国政治学学会下属的马克思主义专业小组召集人马克·考林主编的年刊 ⑤，创刊于 1983 年，刊载的文章既包括对马克思理论进行纯学术研究（属马克思学范畴），也包括运用马克思主义思想资源对资本主义现实进行分析和批判（属西方马克思主义范畴）。② 《历史唯物主义》（*Historical Materialism*），是在苏东演变后的国际大背景下于 1995 年创办的季刊，倡导批判性的马克思主义研究（包括对马克思主义本身的批判）和跨学科的整体研究。③《印记》（*Imprints*），是一本"分析社会主义"杂志，倡导平等社会主义理念。该刊创办于 1996 年，明确打出了继承分析马克思主义传统的旗号。"马克思与哲学学会"是由克里斯托弗·阿瑟、肖恩·塞耶斯和安德鲁·奇蒂于 2004 年发起成立的，"目前在英国非常活跃，它通常每年召开 1 次年会和 2 次小型报告会（seminar）。在三名发起人中，阿瑟和塞耶斯是已近退休之年的老年马克思学者，而奇蒂则是英国马克思研究专家中的少壮派。与卡弗的政治学学科背景不同，他们三人都在哲学系任教，教授德国哲学和马克思理论，近年来致力于探讨马克思思想与黑格尔的关系，代表着近年来英语世界马克思学研究的新走向。本文

---

① 麦克莱伦在肯特大学哲学系退休后，塞耶斯接替他的教授职位，教授德国哲学和马克思理论。

② 参见罗伯特·韦尔，凯·尼尔森编：《分析马克思主义新论》，鲁克俭 等译，中国人民大学出版社，2002 年。

③ 参见《国外马克思主义研究报告 2008》，人民出版社，2008 年。

④ 参见《英国马克思主义哲学概况》，中译文见《现代哲学》2008 年第 2 期。其中译文有一个误译，笔者按原文译出。

⑤ 参见《国外马克思主义研究报告 2008》的相关介绍。

主要介绍他们三人近年来的研究成果，以期国内同仁对近年来英语世界马克思学研究的走势有一个整体把握。

一、塞耶斯论黑格尔思想对马克思的影响

塞耶斯发表在《历史唯物主义》第 11 卷（2003 年）第 1 期的论文《黑格尔和马克思思想中的创造性活动和异化》主要考察了黑格尔《美学》对马克思"工作"思想的影响。塞耶斯指出，马克思有一个隐含地贯穿于其全部著作的思想："工作"是人类生活最根本、最核心的活动，是（至少潜在地是）自我实现和解放的活动。而"工作"也是黑格尔哲学的主要论题。人们通常把黑格尔对马克思"工作"思想的影响归结为《精神现象学》的"主人—奴隶"那一节，这一"神话"已受到阿瑟的批驳[①]。塞耶斯指出，从黑格尔耶拿早期关于精神哲学的演讲一直到晚年关于宗教哲学和美学的系列演讲的主要著述中，都可以看到黑格尔"工作"思想的踪迹。特别是关于美学的演讲，最能体现黑格尔对"工作"的理解及其对马克思的影响，而这一点尚未引起人们的关注。黑格尔的《美学》出版于 1835 年，有证据表明马克思确实研究了这一著作（大概是 1837 年夏在柏林），并且受到该书的强烈影响（至少起初是这样）。

塞耶斯从三个方面考察了黑格尔《美学》对马克思"工作"思想的影响。首先，马克思和黑格尔一样，都把工作看作是最根本的人类活动。黑格尔认为工作在使人类与其他动物区分开来的过程中起着关键的作用。在黑格尔看来，动物对自然（包括在自然环境中它周围的客体以及它本身的自然、它的口味和本能）只有纯粹的直接的关系，即"欲望"。人类则不是纯粹的自然存在，而是具有意识和自我意识的存在、自为的存在；"人是一种能思考的意识，……自然界事物只是直接的，一次的，而人作为精神却复现他自己，因为他首先作为自然物而存在，其次他还为自己而存在，观照自己，认识自己，思考自己。"[②] 塞耶斯指出，黑格尔所谓人"复现他自己"和"认识自己"最明显地表现在思想和意识中，但也以实践的形式表现出来，工作就是"自为

① 参见阿瑟《黑格尔的主奴辩证法与马克思学的神话》，载于《马克思主义与现实》2009 年第 2 期。

② 参见黑格尔：《美学》第一卷，朱光潜译，商务印书馆，1984 年，第 38—39 页。

的存在"的实践形式。工作包含着与动物对自然的直接和纯粹关系的断裂。在工作中，客体不是被直接消费和消灭了，满足被延期了，客体得到了保存，被施以工作，被构型和改造。而以这种方式，一种独特的人与自然的关系被建立起来。这些思想也被马克思所采用，在《1844年经济学哲学手稿》中马克思把工作描绘成"人最根本的活动"、"人的类活动"、"人的本质"；"动物和它的生命活动是直接同一的。动物不把自己同自己的生命活动区别开来。它就是这种生命活动。人则使自己的生命活动本身变成自己的意志和意识的对象。他的生命活动是有意识的。这不是人与之直接融为一体的那种规定性。有意识的生命活动把人同动物的生命活动直接区别开来。正是由于这一点，人才是类存在物"①。在《德意志意识形态》中马克思把人开始"生产自己的生活资料"作为区分人与动物的标志。

塞耶斯指出，在黑格尔那里，工作也是"自为的存在"得以发展的手段："人还通过实践的活动来达到为自己（认识自己），因为人有一种冲动，要在直接呈现于他面前的外在事物之中实现他自己，而且就在实践过程中认识他自己。人通过改变外在事物来达到这个目的，在这些外在事物上面刻下他自己内心生活的烙印，而且发见他自己的性格在这些外在事物中复现了。人这样做，目的在于要以自由人的身份，去消除外在世界的那种顽强的疏远性，在事物的形状中他欣赏的只是他自己的外在现实"②。黑格尔的这一思想也在马克思那里得到体现："正是在改造对象世界中，人才真正地证明自己是类存在物。这种生产是人的能动的类生活。通过这种生产，自然界才表现为他的作品和他的现实。因此，劳动的对象是人的类生活的对象化：人不仅象在意识中那样理智地复现自己，而且能动地、现实地复现自己，从而在他所创造的世界中直观自身"③。塞耶斯特别指出，这里马克思甚至使用了黑格尔独特的语言，即人作为精神"复现自己（Sich verdoppelt）"。

第二，马克思和黑格尔一样，都不仅把工作看作是满足物质需要的手段，而且还把它看作是人最根本的驱向自我发展和自我实现的表达方式。塞耶斯指出，有一种很流行的误解，认为马克思把"必然王国"中的工作看作是不自由的。其实，马克思明确地解释了必然王国包含着哪些自由。和黑格尔一

---

① 参见《马克思恩格斯全集》第42卷，人民出版社，1979年，第96页。
② 参见黑格尔《美学》第一卷，第39页。
③ 参见《马克思恩格斯全集》第42卷，第97页。

样，马克思只是把由直接欲望所主导的直接消费看作是不自由的。相对于由直接欲望所主导的直接消费而言，经济活动也具有一定程度的自由，尽管它并非完全的自由。塞耶斯特别批评了汉娜·阿伦特对"劳动"与"工作"的区分，以及阿伦特基于这一区分对马克思所做的责难和对现代社会作为大众"消费社会"的批判，认为阿伦特的论点是不能成立的，是一种精英主义态度。这种精英主义态度能够在古代站得住脚，因为当时的统治阶级鄙视奴隶的劳动。但黑格尔和马克思早已批判了这种观点，认为人类生活中的劳动更能与现代状况相适应。

第三，马克思和黑格尔一样，都对异化持一种历史的态度，都认为异化只有经过历史的发展过程才能得到克服。塞耶斯特别澄清了由卢卡奇所引发的一种非常流行的误解，即一方面认为马克思明确区分了异化与对象化，异化只是资本主义社会的现象；另一方面认为黑格尔没有对异化采取批判的态度。塞耶斯指出，马克思对异化概念的使用并不局限于资本主义社会，《德意志意识形态》中就有这样的例证。再一方面，黑格尔对资本主义的异化现象也有批判："需要与工作以及兴趣与满足之间的长久而复杂的联系已完全发展了，每个人都失去了他的独立自足性而对其他人物发生无数的依存关系。他自己所需要的东西或是完全不是他自己工作的产品，或是只有极小一部分是他自己工作的产品；还不仅此，他的每种活动并不是活的，不是个人有各人的方式，而是日渐采取按照一般常规的机械方式。在这种工业文化里，人与人互相利用，互相排挤，这就一方面产生最毒苦状态的贫穷，一方面就产生一批富人，不受贫困的威胁，无须为自己的需要而工作，可以致力于比较高尚的旨趣。在这种富裕境况中，当然就不再有无穷尽的对其他人物的依存性时常反映出来，人也就日渐免于经营中的一切偶然事故，用不着沾染谋利的肮脏。但是他也就因此在他的最近的环境里也不能觉得自由自在，因为身旁事物并不是他自己工作的产品。凡是他拿来摆在自己周围的东西都不是自己创造的，而是从原已存在的事物的大仓库里取来的。这些事物是由旁人生产的，而且大半是用机械的形式的方式生产的。它们经过一长串的旁人的努力和需要才到达他的手里"①。马克思在《1844年经济学哲学手稿》中也发挥了类似的思想。塞耶斯还特别指出，马克思认为"非工人"也存在异化，尽管我们

---

① 参见《美学》第一卷，第331页。

没有看到马克思对此进一步展开的论述（因为手稿到此中断）。

当然，与黑格尔把克服市民社会的异化寄希望于理性国家不同，马克思提出了共产主义的解决方案。特别是马克思对现代社会的批判对准的是资本主义，而非工业本身。对马克思来说，资本主义最伟大的成就是它导致了现代工业的发展，这就为共产主义社会的到来奠定了物质基础。

塞耶斯发表在《科学与社会》第71卷（2007年）第1期的《马克思与黑格尔思想中的个体与社会：超越共同体主义对自由主义的批判》一文中，以当前共同体主义与自由主义围绕个体与社会的论战为语境，考察了马克思关于个体与社会关系的理论及其黑格尔根源。塞耶斯同情共同体主义，但认为共同体主义者如麦金泰尔、泰勒等对自由主义的批判存在理论上的不足和片面性，认为马克思更好地解决了个体与社会的关系问题。塞耶斯指出，马克思的解决方案有其黑格尔根源，但这一点常为人们所忽略。

第一，自由主义通常从"个体是原子实体"这一假定为出发点，但黑格尔和马克思都对此加以反对。比如黑格尔在《法哲学原理》中就这样说："在考察伦理时永远只有两种观点的可能：或者从实体性出发，或者原子式地进行探讨，即以单个的人为基础而逐渐提高。后一种观点是没有精神的，因为它只能作到集合并列，但精神不是单一的东西，而是单一物和普遍物的统一"①。而众所周知，马克思的社会和经济理论是从社会总体出发的："说到生产，总是指……社会个人的生产"②。马克思还明确将自己的出发点与斯密在《国富论》中所采用的原子主义方法进行了对照。

第二，黑格尔和马克思都认为在现代自由社会（市民社会或资产阶级社会）中"原子化的个体"是与"客观化的社会关系"共存的。这是当代共同体主义对自由主义进行批判中所缺乏的维度，因为共同体主义片面地把个体与社会对立起来。但是，黑格尔相信自由社会可以为个体的实现及其自由提供条件，而马克思则把"原子化的个体"与"客观化的社会关系"都看作是异化现象。实际上，黑格尔关于特殊和普遍可以协调一致的思想主要来自于斯密、萨伊和李嘉图的著作，特别是斯密关于"看不见的手"的思想。在这个意义上，黑格尔是一个信奉自由主义政治和经济观点的人，尽管在本体论

① 参见黑格尔：《法哲学原理》，范扬、张企泰译，商务印书馆，1961年，第173页。
② 参见《马克思恩格斯全集》第46卷（上），人民出版社，1979年，第22页。

和方法论上黑格尔是反对自由主义的。而马克思则强调："活动的社会性，正如产品的社会形式以及个人对生产的参与，在这里表现为对于个人是异己的东西，表现为物的东西；不是表现为个人互相间的关系，而是表现为他们从属于这样一些关系，这些关系是不以个人为转移而存在的，并且是从毫不相干的个人互相冲突中产生出来的。活动和产品的普遍交换已成为每一单个人的生存条件，这种普遍交换，他们的互相联系，表现为对他们本身来说是异己的、无关的东西，表现为一种物"①。因此倡导一种克服了异化的真正共同体（前提是消灭市场交换制度）。

第三，马克思关于社会异化及其克服的思想具有黑格尔的来源。按照黑格尔的图式，在最早的社会形式中，个体是与共同体是直接统一的，这种统一最初是通过自然的家庭和血缘纽带。实现的社会采取了部落或氏族的形式，个体被淹没在共同体中，这种状况在古典希腊城邦达到最高点。但个体开始在共同体内部发展起来，个体与共同体的紧张与冲突最终导致两者关系的破裂。于是开始了新的历史阶段，并经历了一系列不同的历史形式。在这个历史阶段中，自由和自主的个体发展起来。随着新教改革和法国革命的到来，出现了第三个历史阶段，它为现代自由国家的最终建立创造了条件，并包含着发展了的市民社会领域，市民社会允许个体在整个国家法律和政治框架下追求自己的利益。这样，自由社会就在更大的国家整体中与市民社会的个人主义结合起来。对黑格尔来说，社会从最初的简单而直接的统一体，经过个体之间以及个体与共同体之间相异化这一特殊和分裂的时期，个体与共同体最终实现了统一。于是这第三个历史阶段就是历史发展的合题，是历史发展的最终阶段，是"历史的终结"。

塞耶斯指出，马克思对历史的叙述利用了类似于黑格尔的框架。一方面，马克思也把历史看作是发展的过程。在这一发展过程中，异化尽管最终会被克服，但它却是历史发展的必经阶段；另一方面，历史被划分为三个基本阶段：最初是直接的统一，随之是分裂和异化，最终是前两个阶段的合题，是具体的个体在共同体中得以发展的更高阶段的统一体。马克思在《大纲》中有一段著名的话："人的依赖关系（起初完全是自然发生的），是最初的社会形式，在这种形式下，人的生产能力只是在狭小的范围内和孤立的地点上发展

---

① 参见《马克思恩格斯全集》第 46 卷（上），第 103 页。

着。以物的依赖性为基础的人的独立性，是第二大形式，在这种形式下，才形成普遍的社会物质变换、全面的关系、多方面的需要以及全面的能力的体系。建立在个人全面发展和他们共同的、社会的生产能力成为从属于他们的社会财富这一基础上的自由个性，是第三个阶段"[①]。当然，马克思所说的第二阶段不同于黑格尔，是指资产阶级社会。

塞耶斯在参加 2008 年英国政治学年会"马克思主义专业小组分会"时提交的论文《作为批判概念的异化》，详细考察了马克思异化概念的黑格尔来源。其实，在前述的两篇文章中，塞耶斯已经涉及这一问题，不过此文又提出了一些新的线索。比如塞耶斯强调，在黑格尔那里，并不存在一般的不变的人性；人在改变他周围的环境及其与环境的关系的同时，也改变着自身；在历史过程中，个体的人和社会的人的人性都在发展和变化，而在这一过程中工作和异化起着关键的作用；通过工作，人使世界"人化"，并改变了自身。因此，马克思《关于费尔巴哈的提纲》第 3 条关于"环境的改变和人的活动或自我改变的一致，只能被看作是并合理地理解为革命的实践"的说法以及马克思关于"人化的自然"的思想都与此有着密切的关联。

二、阿瑟论马克思《资本论》与黑格尔《逻辑学》的关系

在英语世界（特别是在英国），20 世纪 70 年代以后流行的是阿尔都塞的结构主义马克思主义，80 年代以后随后流行的是分析马克思主义。不管是结构主义马克思主义或是分析马克思主义，对黑格尔（特别是其辩证法）都持拒斥态度。正如加拿大学者韦尔所指出的那样，"分析马克思主义者几乎没有给辩证法以任何重要地位"[②]。但随着 90 年代以后分析马克思主义的退潮，英语世界也出现了黑格尔的复兴，其中以阿瑟为代表的"新辩证法"学派独树一帜，格外引人注目。

阿瑟是"新辩证法"一词的首创者。他于 20 世纪 90 年代初就开始发表有关"新辩证法"的论文，如 1993 年的《黑格尔的辩证法与马克思的〈资本

---

① 《马克思恩格斯全集》第 2 版第 30 卷，人民出版社，1995 年，第 104 页。
② 参见《分析马克思主义新论》，第 6 页。

论》》①，1998 年的《体系辩证法》②。2004 年阿瑟出版了专著《新辩证法与马克思的〈资本论〉》③，《历史唯物主义》杂志 2005 年（第 13 号）第 2 期还专门为此发表了一组研讨论文。"新辩证法"又被称为"体系辩证法"或"新黑格尔主义马克思主义"④。除阿瑟外，"新辩证法"学派还包括美国艾奥瓦州立大学哲学教授托尼·史密斯（Tony Smith）⑤、美国克瑞顿大学哲学教授默里（Patrick Murray）、荷兰阿姆斯特丹大学经济学副教授鲁特（Geert Reuten），在更宽泛的意义上也可将加拿大约克大学的斯凯恩（Tom Sekine）和罗伯特·阿尔布里坦（Robert Albritton）、英国德蒙特福特大学的威廉姆斯（Michael Williams）、美国芝加哥大学的波斯顿（Moishe Postone）等人算进来⑥。按照阿瑟自己的说法，"新辩证法"之"新"一方面体现在它不再对黑格尔关于历史哲学的宏大叙事及与此相关的历史唯物主义感兴趣，而是对黑格尔的《逻辑学》及其与马克思《资本论》的关联感兴趣；另一方面是相对于苏联教科书体系的辩证唯物主义（即 Diamat）这一"旧辩证法"而言的。限于篇幅，下面只对阿瑟在《新辩证法与马克思的〈资本论〉》一书中对马克思《资本论》与黑格尔《逻辑学》关系的论述作一简要介绍。

---

① In Fred Moseley (ed.) *Marx's Method in Capital: A Reexamination*. Humanities Press, Atlantic Highlands N.J., 1993.

② In *Science & Society* Special Issue Vol. 62 No. 3 Fall, 1998.

③ Christopher J. Arthur, *The New Dialectic and Marx's 'Capital'*, Brill, 2004.

④ 美国学者约翰·罗森塔尔（John Rosenthal）对"新辩证法"学派进行了激烈批评，引起"新辩证法"学派的激烈反驳（参见发表在《科学与社会》1999 年秋季号上罗森塔尔的论文"逃离黑格尔"，以及发表在《科学与社会》2000 年秋季号和 2000—2001 冬季号上一组题为"黑格尔、马克思与辩证法"的研讨论文，其中包括 5 篇批评罗森塔尔的论文和罗森塔尔的回应）。罗森塔尔还给"新辩证法"学派贴上"新黑格尔主义马克思主义"标签，以让人联想起卢卡奇的"黑格尔主义马克思主义"。在《辩证法的神话：重新诠释马克思—黑格尔关系》（*The Myth of Dialectics: Reinterpreting the Marx-Hegel Relation*，Palgrave Macmillan, 1998）一书中，罗森塔尔提出了诠释马克思—黑格尔关系的"第三条道路"（介于分析马克思主义与黑格尔马克思主义之间）。

⑤ 代表作是 1990 年出版的《马克思〈资本论〉的逻辑》（*The Logic of Marx's Capital: Replies to Hegelian Criticisms*，State University of New York Press，1990）。

⑥ 伯特尔·奥尔曼（Bertell Ollman）也是近十年来英语世界黑格尔辩证法复兴大潮中的活跃分子，尽管奥尔曼对"体系辩证法"持批评态度。奥尔曼 2003 年出版了《辩证法的舞蹈：马克思方法的步骤》（Bertell Ollman, *Dance of the Dialectic: Steps in Marx's Method*，Univ. of Illinois Press, 2003），2008 年又与托尼·史密斯联合主编了《新世纪的辩证法》（*Dialectics for the New Century*，Palgrave Macmillan, 2008）。

"体系辩证法"是指马克思在《资本论》第1卷中解读资本主义经济的叙述方法，这种方法借用了黑格尔的概念逻辑。在阿瑟看来，马克思之所以能够借用黑格尔的《逻辑学》来叙述他对资本主义的理解，是因为马克思发现资本主义的商品交换关系与黑格尔《逻辑学》中关于思想自我运动的逻辑具有相关性。具体来说，交换关系本身就是一种"物质抽象"：各种各样的商品（使用价值）在交换中被"抽象"为同质的"价值"，而商品只是这种价值形式的物质承担者。但这种"抽象"不是黑格尔所谓的"精神"抽象，而是"物质"抽象。用阿瑟自己的话说，经过这样"物质抽象"的"纯形式"辩证法 ① 与黑格尔《逻辑学》的"纯思想"辩证法本质上是相通的，可以用"交换的运动"来代替"思想的运动"。

阿瑟具体对照了《资本论》体系与《逻辑学》体系的相关性，把《资本论》中对"商品"的阐述与《逻辑学》的"存在论"相对应，对"货币"的阐述与"本质论"相对应，对"资本"的阐述与"概念论"相对应。列图表如下：

I 存在论	I 商品
A. 质	A. 商品的可交换性
B. 量	B. 交换商品的数量
C. 尺度	C. 商品的交换价值

II 本质论	II 货币
A. 根据	A. 价值本身
B. 现象	B. 价值形式
C. 现实	C. 货币

III 概念论	III 资本总公式
A. 主观概念	A. 价格表
B. 客观概念	B. 货币和商品的转形
C. 理念	C. 自我增殖

以"商品"与"存在论"的对应为例，商品的"可交换性"、"数量"和"交

---

① "价值形式的辩证法"是阿瑟自己的语言，是阿瑟对马克思《资本论》叙述方法的重构。

换价值"就分别对应于黑格尔《逻辑学》的"质"、"量"和"尺度"。于是商品交易就可以用黑格尔《逻辑学》开端的"存在"与"虚无"这对范畴的对立来叙述：商品在交换的循环中有其"存在"，但仍然显现为"虚无"，仍会从交换关系领域中消失掉。于是"存在"就变成交换领域的"定在"，即特定的可交换商品。"商品"与"物品"有"可交换性"这一"质"的区别，当然商品的"可交换性"仍根植于其"有用性"。商品的"可交换性"要求有进一步的规定，即一定"数量"的商品，这样就从"质"过渡到"量"。可交换的商品只有在交易中，即在一定的数量形式中才得到实现；反过来，在交易中将商品联系起来的"数量比率"使商品的可交换性这一共同特点得以实现，从而使商品潜在地能与其他商品相交换。于是交换的"比率"就成为这种潜在性和交换价值的"尺度"。概括来说就是：进入交换循环的物品变成了特定的商品；要实现交易，商品质的特性（即可交换性）就要求附之以数量的维度；交换中的数量比率要求我们有对可交换性的尺度。

早在 20 世纪 80 年代，日本马克思主义经济学家宇野弘藏的学生斯凯恩（Thomas T. Sekine）就提出了黑格尔《逻辑学》与马克思《资本论》有以下对应关系 ① ：

I 存在论	I 流通论
A. 质	A. 商品形式
B. 量	B. 货币形式
C. 尺度	C. 资本形式
II 本质论	II 生产论
A. 根据	A. 资本的生产过程
B. 现象	B. 资本的流通过程
C. 现实	C. 资本的再生产过程
III 概念论	III 分配论
A. 主观概念	A. 利润理论
B. 客观概念	B. 地租理论

---

① Thomas T. Sekine, *Outline of the Dialectic of Capital,* Macmillan Press Ltd., 1997.

C. 理念 　　　　　　　C. 利息理论

　　显然，阿瑟认为黑格尔《逻辑学》只适用于《资本论》第一卷，而斯凯恩则将黑格尔《逻辑学》的适用范围扩展到《资本论》全部三卷。有意思的是，加拿大辛尼加学院的贝尔（John R. Bell）在《从黑格尔到马克思再到资本的辩证法》一文 ① 中明确支持斯凯恩而反对阿瑟。不过在笔者看来，两者完全可以并行不悖。马克思不仅在《资本论》第一卷使用了从抽象到具体的"叙述"方法，而且在《资本论》全部三卷甚至在"六册计划"中都是遵循从抽象到具体的"叙述"方法。

　　阿瑟还认为"体系辩证法"是"逻辑"方法而非"历史"方法，他特别反对恩格斯关于《资本论》采取了"逻辑—历史方法"的说法。"体系辩证法"是"价值形式"的逻辑，即阐述"价值形式"自我运动过程的辩证方法。它像黑格尔《逻辑学》中所阐述的"绝对"自我维持的运动一样，以抽象的范畴为开端，抽象范畴由于其不完满性，于是更具体的范畴就产生出来。这不是线性的逻辑过程，也不是自然科学中常用的假设演绎方法，而是辩证的逻辑方法。因此，"体系辩证法"很类似于马克思常说的"人体解剖是猴体解剖的钥匙"的"从后思说法"。

　　在"新辩证法学派"中，一部分学者的专业是经济，一部分学者的专业是哲学。阿瑟退休前在英国苏塞克斯大学哲学系任教，出版过两本专著，一本是 1986 年出版的《劳动辩证法：马克思及其与黑格尔的关系》，另一本是 2004 年出版的《新辩证法与马克思的〈资本论〉》。阿瑟自 20 世纪 90 年代以来从哲学角度对《资本论》的研究颇有成效，他提出并大力倡导"新辩证法"(体系辩证法)理念，并在研究中积极利用《资本论》的 MEGA2 新版本。比如在刚刚出版的论文集《重读马克思：考证版出版后的新视角》② 一书中，阿瑟就撰写了其中的第 9 章"资本的所有格精神"。在 MEGA2 第二部分"《资本论》及其手稿"即将全部出齐时，在国际学界已经迎来《资本论》研究热潮的形势下，阿瑟的研究轨迹对中国以哲学为专业的学者如何切入《资本论》的研究不无启示之处。

---

① In Robert Albritton ed., *New Dialectics and Political Economy,* Palgrave Macmillan, 2003.
② Riccardo Bellofiore and Roberto Fineschi (eds), *Re-reading Marx: New perspectives after the critical edition*, Palgrave Macmillan, 2009.

三、奇蒂论费希特和黑格尔的"承认"思想
与马克思生产关系概念的关联

安德鲁·奇蒂（Andrew Chitty）目前在英国苏塞克斯大学哲学系任教。奇蒂继承了阿瑟的治学传统，主要研究兴趣是德国哲学和马克思。奇蒂还在线维护两个书目志，其一是关于黑格尔（http://www.sussex.ac.uk/Users/sefd0/bib/hegel.htm），其二是关于马克思（http://www.sussex.ac.uk/Users/sefd0/bib/hegel.htm）。1998 年奇蒂在《历史唯物主义》第 2 卷上发表了《承认与社会生产关系》一文，该文的压缩版被收录在论文集《黑格尔—马克思关系》中①。奇蒂在这篇论文中考察了费希特和黑格尔的"承认"思想对马克思生产关系概念的影响，尽管让人感觉有些牵强，但在目前"承认理论"流行的语境下，了解一下奇蒂的论证思路，也不无启示意义。

奇蒂指出，社会生产关系是马克思历史理论的关键术语，也是区分不同社会形态的根本特征。但马克思对"生产关系"的含义言之不详，这导致马克思研究者在对生产关系的理解上歧义很大。最有代表性的是科亨在《卡尔·马克思的历史理论：一个辩护》中将社会生产关系与法的财产关系作出区分，从而将法的财产关系归入上层建筑。奇蒂则另辟蹊径，通过考察马克思生产关系概念的思想来源，提出自己对马克思生产关系含义的新理解。

首先是费希特把"法权关系"看作是自我意识的主体之间相互承认的思想。在《自然法权基础》中，费希特把"认为别人是自由的"以及"将别人作为自由人对待"描述为"承认"，也就是说承认意味着尊重别人的自由。其中第一种承认是"认知上的承认"，第二种承认是"实践上的承认"。费希特也把这种相互承认的关系叫作"法权关系"，这种法权关系首先是"相互的"，其次"人"是作为复数存在的。在奇蒂看来，费希特关于人作为复数存在的思想预示着费尔巴哈和早期马克思关于人是类存在的思想。

其次是黑格尔对费希特"承认"思想的进一步发展。首先，黑格尔明确区分了"意识"与"自我意识"。其次，黑格尔的论述是从"意识"到"自我意识"，到"欲望"（对应于费希特的"自由的实践活动"），到"特殊的或相

---

① Tony Burn and Ian Fraser（eds.），*The Hegel-Marx Connection*，MaCmillan Press Ltd, 2000.

关的自我意识"（对应于费希特的"个体性"），到"主人和奴隶"，到"普遍的自我意识"（对应于费希特的"法权关系"），到"理智"，到"意志"，最后到"法权"的递进。其中从"特殊的自我意识"到"普遍的自我意识"的过渡与黑格尔对"法权"的论述密切相关：在"特殊的自我意识"阶段，两个主体中的每一个都把自身及对方看作是自我意识和自由的客体，都把对方看作是"另一个我"。于是"另一个我"就与"我"相对立。要克服这一矛盾，就必须"承认"对方是"自由的"。在黑格尔那里，"承认"对方是自由的有别于把对方"看作"是自由的：对方"承认"我是自由的就意味着对方把我等同于作决定者，也就是认为我的决定对他的行为有部分权威性，正如我的决定对我自己的行为有权威性一样。"承认"既是"认知上的承认"，也是"实践上的承认"，而且"实践上的承认"是以"认知上的承认"为根据的。但是，在"特殊的自我意识"阶段，"承认"具有"绝对的"或"自我放弃"的特征：我要求得到对方的"绝对承认"，这意味着对方什么都不是，而只是我的决定的"执行者"；反之亦然。于是就出现"为承认而斗争"，而结果就是"主奴关系"。但这种"主奴关系"并没有真正解决"特殊的自我意识"的矛盾，因为主奴关系具有不对称性：奴隶对主人的"承认"并不能使主人把奴隶看作是和自己同样的自我意识的主体。为解决这一矛盾，"特殊的自我意识"必须过渡到"普遍的自我意识"。而要做到这一点，就必须放弃自由的个体主义概念，而代之以"和别人一起行动"的自由概念。于是单个的决定不再是武断任意的，而是体现"公意"的：集体成员的每个人都享有共同的自由，它构成个体共同的"实质"，每个人都是单个自由的作决定行动的代表，而这一"实质"就是"精神"。换句话说，"自由"是"精神"的实质。而"精神"需要客观化为实质的自由，以克服它自身的矛盾，于是就从"精神"过渡到"法权"。

奇蒂指出，黑格尔的"承认"思想与费希特的"承认"思想有一个共同点，即都强调主体之间的相互构成，而这一点得到了马克思的继承：马克思的"社会"概念就是这种主体之间的相互建构。对马克思来说，在资本主义社会，除非个体首先被承认是各自产品的所有者，否则个体是不会相互进行商品交易的。比如马克思在《评阿·瓦格纳的"政治经济学教科书"》中就这样讨论商品交换关系："在这里这个蠢汉完全本末倒置。在他看来，先有法，后有交易；而实际情况却相反：先有交易，后来才由交易发展为法制。我在分析商品流通时就指出，还在不发达的物物交换情况下，参加交换的个人就已经默认彼此是平等的个人，是他们用来交换的财物的所有者；他们还在彼此提供自己的财物，相互进行交易的时候，就已经做到这一点了。这种通过交换和在交换中才产生的实际关系，后来获得了契约这样的法的形式，等等，但是这一形式既不构成自己的内容，即交换，也不构成存在于这一形式中的人们的相互关系，而是相反。"这里马克思用了承认（anerkennen）这个动词①，而且马克思所说的"实际关系"蕴涵了"事实上的承认"这层意思。在马克思那里，"财产"首先是事实上的财产，然后才是法律上的财产，这是马克思自《德意志意识形态》以后一直坚持的观点。这样，财产关系就是由生产关系建构起来的，而非生产关系是以财产关系为前提的。具有财产优势地位的阶级成为统治阶级，于是事实上的财产关系就会被统治阶级固定化为法律上的财产关系，成为法律制度②。

对德国古典哲学③兴趣的复兴确实是自 20 世纪 90 年代以来英语世界马克思学研究的重要现象，许多已为中国读者所熟悉的著名马克思学者如汤姆·洛克莫尔、诺曼·莱文近年来也不断有这方面的著作问世。洛克莫尔在 2002 年出版的《马克思主义之后的马克思》中④就强调费希特"主体"思想对马克思关于"人类活动理论"的影响⑤，甚至还提出了"马克思是费希特主义者吗?"这样的话题⑥。莱文曾以极端的马克思恩格斯"对立论"者的姿态出现，近年来也致力于探讨马克思恩格斯与黑格尔之间的思想联系。2006 年莱文出版了《不同的道路：马克思主义和恩格斯主义中的黑格尔》⑦两卷本的第一卷"马克思方法的黑格尔主义基础"⑧，第二卷"不可见的黑格尔"即将

---

① 中译文是默认（stillschweigend anerkennen）。

② 即法制（legal system）。

③ 英语世界的学者通常称其为德国唯心主义哲学。

④ Tom Rockmor, *Marx After Marxism: An Introduction to the Philosophy of Karl Marx*, Oxford: Blackwells, 2002.

⑤ 参见洛克莫尔：《马克思主义之后的马克思》，杨学功、徐素华译，东方出版社，2008 年。

⑥ 这是洛克莫尔 2008 年在阿姆斯特丹国际研究与教育研究所所作报告的题目。

⑦ Norman Levine, Divergent paths: Hegel in Marxism and Engelsism, Lexington Books, 2006.

⑧ 该书已被收入由鲁克俭主编的"国外马克思学丛书"，中文版将于今年下半年由北京师范大学出版社出版。

出版。限于篇幅，本文就不再详细介绍洛克莫尔和莱文的相关论述。

（作者单位：中央编译局当代马克思主义研究所）

后马克思主义中的黑格尔要素研究

夏　莹

[内容提要] 后马克思主义之所以一方面放弃诸如生产、阶级、革命等经典马克思主义话语，另一方面却又能够保持马克思主义理论的建构性，实际上与后马克思主义对黑格尔辩证法的批判继承尤其是创造性的阐释有关。本文在这一视域上分析了阿尔都塞、阿多尔诺、齐泽克、拉克劳及墨菲等后马克思主义思想与黑格尔辩证法思想的批判性关联。

[关键词] 后马克思主义　黑格尔辩证法　泛逻辑主义　空洞的普遍性

1950 年，阿尔都塞针对 20 世纪 30 年代在法国涌现的黑格尔思想的回潮发出了这样的论断："今天我们可以看到，对于资产阶级来说，黑格尔的问题只不过是一个如何用来攻击马克思的问题。这场盛大的'回到黑格尔'的运动也仅仅是帝国主义在最后关头即将转向法西斯主义的特殊形式下抵抗马克思的一个绝望的企图罢了。"① 这一充满斗争意味的论断显然有一种理论上的简单化倾向，它体现的是传统马克思主义者长期以来面对黑格尔的一种尴尬处境：一方面，黑格尔作为马克思思想资源中不可或缺的一部分，不得不被马克思主义的研究者反复予以关照。马克思的劳动、辩证法以及历史观在某种

---

① 阿尔都塞：《黑格尔的幽灵》，唐正东、吴静译，南京大学出版社，2005 年，第 245 页。

意义上都可以看作是黑格尔哲学在现实社会中的显现，即把原本头足倒置的哲学翻转过来。另一方面，马克思对黑格尔哲学的这种"翻转"又不得不被强调为一种决定性变革，否则，马克思的价值将面临被全面否定的危险。

由此，如何评价黑格尔对马克思的影响问题往往被视为马克思主义与非马克思主义的分界线，于是"回到黑格尔"的口号也就带有一种否弃马克思的色彩。然而，时至今日，我们依然发现，黑格尔仍是当下马克思主义理论建构不能绕开的必要环节。在我们看来，正是借助于对黑格尔的创造性阐释，阿尔都塞、阿多尔诺、拉克劳、墨菲与齐泽克等人才走出了一条不同于传统的新道路。如果我们不局限于其表层的理论样态，而着眼于其内在的构成要素和思想脉络的话，那么我们可以发现他们对于马克思的阐释具有内在的相关性，据此我们可以将其都归入"后马克思主义思潮"的称谓之下。

"后马克思主义"的概念虽然是由迈克尔·波兰尼最早提出的，但其作为一种系统的理论主张，并逐渐演变成为一种理论思潮却肇始于拉克劳和墨菲。然而就其所界定的后马克思主义而言，存在着一种固有的矛盾：一方面，他们认定"已经不再可能坚持马克思主义所阐述的主体性和阶级概念，也不再可能维持马克思主义关于资本主义发展的历史进程的看法，也就更不可能再抱有关于共产主义是没有对抗性的透明社会的观念"[1]。另一方面，在拒斥了马克思的多种基本观念之后，拉克劳与墨菲却又强调这一理论只有立足于马克思主义之内而予以建构才是可能的。所以这一思想规划"是**后**－马克思主义的（*post*-Marxist），那么，显然它也是后－**马克思主义**的（post-*Marxist*）"[2]。这一理论的内在矛盾或者可以看作是后马克思主义思潮的一种内在张力，显现了后马克思主义对马克思主义的一种独特阐发。然而，在我们看来，如果不是借助于对黑格尔思想的创造性解读，那么这种独特的阐发是无法实现的。

一、延迟的否定

作为一种思潮的后马克思主义，它以抛弃生产、阶级与革命等经典马克

---

① Laclau and Mouffe, *Hegemony and Socialist Strategy: towards a Radical Democratic Politics*, Verso,1985, p. 4.

② Laclau and Mouffe, *Hegemony and Socialist Strategy: towards a Radical Democratic Politics*, Verso,1985, p. 4.

思主义的基本术语为切入点，以批判必然性与普遍性、彰显偶然性与特殊性为旨归。尽管他们批判以必然性的强制力量来完成一种理论建构，但并没有从根本上放弃理论建构本身。作为后马克思主义重要的思想来源之一，阿尔都塞在抽掉马克思主义中人的存在的同时，建构了一个多元决定的结构化的马克思主义；阿多尔诺在通过对否定的强调来打破概念把握客观世界的完全性的同时，也没有放弃提出星丛概念以构建一种认识论的乌托邦；拉克劳与墨菲等人则在祛除了无产阶级作为革命力量的必然性与先验性的基础上，重新构建了"霸权"（Hegemony）观念，以整合多元化的社会力量。

后马克思主义的这种理论旨归凸显了辩证法的基本原则，而这种辩证法来源于黑格尔哲学。尽管辩证法的历史可以追溯到柏拉图时代[①]，但在当时的语境中辩证法只不过是作为"自我思维在自身的活动"[②]，因此是一种纯粹概念的思辨，并在这种思辨中将感性的、客观的事物彻底排除在理念的世界之外。这种辩证法所产生的每一种悖论都不过是或者证明了客观世界的虚假性（如在芝诺那里），或者彰显了理性的界限（如在康德那里）。然而辩证法作为一种以矛盾为其基本分析方法的理论，注定不能被归结为简单的、抽象的形式，因为形式本身是不包含矛盾的。内容是辩证法自身的丰富性、具体性的保证，这是黑格尔辩证法的独特性所在。只有在黑格尔的辩证法中，矛盾才能始终作为矛盾而获得存在的合法性。正是基于对这一点的关注，引发了以"后"为前缀的诸多理论思潮对其的强调与关注，后马克思主义只是其中之一。

概而言之，辩证法在必然性与普遍性的逻辑中通过对矛盾的强调为特殊性与偶然性找到了立足之地。黑格尔称之为规定了的否定："这个否定是一个规定了的否定，它就有了一个内容。它是一个新的概念，但比先行的概念更高、更丰富；因为它由于成了先行概念的否定或对立面而变得更丰富了，所以它包含着先行的概念，但又比先行概念更多一些，并且是它和它的对立物的统一。"[③] 在这个规定了的否定当中，特殊性是作为否定性而存在的。在黑格尔那里，它就成了内容本身，那个能为概念增添新东西的内容，并且这种特殊性从来不应在所谓否定之否定的规律下被彻底的消解掉。这是黑格尔哲学中常为人所忽视的一个方面。黑格尔所强调的否定性的"内容与前此所谓

---

① 黑格尔：《小逻辑》，贺麟译，商务印书馆，1980年，第176页。
② 黑格尔：《哲学史讲演录》第2卷，贺麟、王太庆译，商务印书馆，1959年，第220页。
③ 黑格尔：《逻辑学》上卷，杨一之译，商务印书馆，1966年，第36页。

规律即不变的、长住的、自身等同的差别之规律正相反对；因为这个新规律毋宁表明了等同者之成为不等同，不等同者之成为等同"①。因此，黑格尔辩证法中所包含的否定之否定，并不能简单地等同于负负得正的同一，而是始终内含有否定性的统一。差异性与特殊性作为对立面始终存在于其中："辩证法具有肯定的结果，因为它有确定的内容，或因为它的真实结果不是空的、抽象的虚无"，"这结果是理性的东西，虽说只是思想的、抽象的东西，但同时也是具体的东西，因为它并不是简单的形式的统一，而是有差别的规定的统一"②。

看到了黑格尔的这一点，也就在普遍性中看到了不能被消解的差异性。在某种意义上，也就在古典哲学中找到了诸多"后"学理论的根基所在。阿多尔诺在否定辩证法的建构中最先对此予以了阐发。因此，他被归入到后马克思主义的脉络当中是有一定道理的③。在辩证法问题上，阿多尔诺赞扬的是为辩证法的形式带来丰富内容的否定性，即黑格尔意义上的规定了的否定性，但却从根本上拒斥由否定性向肯定性的转入，即否定之否定的否定性，并将这种转入视为是一种意识形态的构建。这种意识形态在阿多尔诺那里是批判的对象，被其称为形而上学，或者同一性哲学。与之相应，否定辩证法就是对非-同一性的一种构建。

而如果要理解阿多尔诺的非－同一性，首先需要明确的是阿多尔诺意义上的同一性所指为何？在阿多尔诺看来，同一性包含有三个方面的内涵："一个'自我'在它自身所有的经验中保持为自身"，意指康德意义上的"我思"；"其次，同一性也应是那种在所有理性地被给予的东西中作为规则的等同，也就是作为逻辑普遍性的思想"；"最后，在认识论上，同一性意味着始终被中介了的主体和客体之间的一致"。④概而言之，同一性代表的是一种逻辑上的排他性，它总是以一方来同一、概括另一方。不管是柏拉图的理念，还是笛卡尔的我思，或者黑格尔的绝对精神都充当着同一他者的主导者，而他者、客观性的现实世界，总是作为被同一者而存在着，从而构成了阿多尔诺所谓的

① 黑格尔：《精神现象学》(上卷)，贺麟、王玖兴译，商务印书馆，1979年版，第106页。
② 黑格尔：《逻辑学》上卷，第181—182页。
③ John Baldacchino, *Post-Marxist Marxism: Questioning the Answer*, Avebury, 1996, p4.
④ Theodor W.Adorno, *Negative Dialektik*, in Gesammelte Schriften, Bd,6 Suhrkamp Verlag, Frankfurt/M1997, S145. 转引自谢永康：《形而上学的批判与拯救》，凤凰出版传媒集团，2008年8月，第128页。

形而上学的基本特质。在阿多尔诺看来，这种同一是无法实现的，因为同一性所包含的逻辑的普遍性必然附带着单一性与特殊性的存在："如果没有同一性的意识，没有特殊之物的同一性，就没有普遍之物。反之亦然。这就是特殊与普遍的辩证法观念在认识论上的合法性。"① 阿多尔诺所发现的这种同一性矛盾显然经过了黑格尔辩证法的洗礼，如果没有黑格尔对康德的形式主义所作出的深刻批判，特殊性、个别性，或者说作为认识内容的现实事物本身在认识（即思维的同一性活动）中是不可能获得其自身的合法性的。事物作为一种矛盾的概念，其真实性就在于"在其中那诸多特质彼此相外地持存着，彼此互不干扰、互不取消"②。因此，科学的认识并不是"根本看不见个别的实际存在"的形式的知性，而"毋宁是把自己完全交付给认识对象的生命"③，由此在黑格尔看来，认识活动不过是"在他物里面的纯粹的自身的同一性"④。在此，黑格尔虽然坚持了同一性的基本原则，但否定性（即辩证法）的引入也为这种同一性带来了矛盾和他者。这样阿多尔诺只需将黑格尔的否定之否定的回归祛除，也就是将那纯粹的自身的同一性祛除，剩下的就是作为内容、他者、个别性的否定性。阿多尔诺将这种否定性视为辩证法的根本性力量，成为非同一性的一贯意识，从而也成了打破同一性哲学，即形而上学的基本途径。

　　这样一种改造的结果，直接导致了他者存在的合法性。逻辑的普遍性被阿多尔诺从逻辑之内打破了，他给了诸多"后"学理论以重新思考黑格尔的支点，齐泽克甚至直接宣称黑格尔是"第一个后马克思主义者"⑤。这种宣称虽然有些惊世骇俗，但却不是完全缺乏根据的独断。在齐泽克那里，正是通过对黑格尔哲学，特别是对其辩证法的独特解读，才展开了一种真正意义上的后马克思理论的构建。对于擅长以拉康思想来解读各种问题和现象的齐泽克而言，黑格尔哲学是一个从未逃离其视线的研究对象。早在1988年齐泽克就写作了《歇斯底里－黑格尔道路的过度崇高》，在其中对黑格尔做出了非正

---

① Theodor W.Adorno, *Negative Dialektik*, in Gesammelte Schriften, Bd,6 Suhrkamp Verlag, Frankfurt/M1997, S145—146. 转引自谢永康：《形而上学的批判与拯救》，第128—129页。

② 黑格尔：《精神现象学》（上卷），第81页。

③ 同上书，第36页。

④ 同上书，第37页。

⑤ 齐泽克：《意识形态的崇高客体》，季广茂译，中央编译出版社，2002年，第7—8页。

统的解读，并在随后的成名作《意识形态的崇高客体》中进一步对此加以运用和说明。而出版于1993年的《延迟的否定：康德、黑格尔和意识形态批判》则在更为详尽的意义上对黑格尔哲学进行了系统阐发 ①。就其解读路径而言，齐泽克并没有偏离阿多尔诺的道路，甚至可以看作是阿多尔诺的黑格尔研究的一种更为极端的阐发。

　　与阿多尔诺一样，齐泽克不是将黑格尔的辩证法看作是包含有否定性，但最终完成了的过程，而是看作是停留在否定性之中的一种断裂。否定性不仅成了辩证法的核心，而且成了辩证法的全部。齐泽克对于这一点的确信来自于他热衷引用的一段黑格尔的话："柔弱无力的美之所以憎恨知性，就因为知性硬要它做它所不能做的事情。但精神生活不是害怕死亡而幸免于蹂躏的生活，而是敢于担当死亡并在死亡中得以自存的生活。精神只当它在绝对的支离破碎中能保全其自身时才赢得它的真实性。……精神在否定的东西那里停留，这就是一种魔力，这种魔力就把否定的东西转化为存在。"② ③ 如果我们认定精神是真理的一种存在方式，那么获得真理的方式只有在这种"延迟的否定"（tarrying with the negative）之中才能获得表达。精神只有在死亡（即否定）之中才能显现存在本身，因为"存在本身"不是知性的抽象，它包含了生命的全部内涵，所以也只有它才是精神的显现。

　　齐泽克的这种解读路径可以从其反复讨论的一个命题中获得更为深入的理解，这就是拉康的命题："真理来自误认"。这一命题的提出显然是以黑格尔的真理观为基础的，因为其本意无非意指真理在否定性中的存在。从较为表层上看，真理来自于误认直接表达了否定性对于认知真理的有效推动。在此，齐泽克还保有着将真理视为一个过程的辩证性思维，因此在其对拉康这一命题的阐释中，时间与历史成为了例证的主要来源。历史中存在的革命（如伯恩施坦与罗莎·卢森堡对于革命的不同态度）以及在一段时间中对某个问题的认知（如《傲慢与偏见》中的主人公）都拥有一条从失败中获取真理的基本路径。齐泽克强调在对这种失败的"重复"中真理最终显现出来，而我

---

① 参见：瑞克斯·巴特勒：《齐泽克宝典》，胡大平、夏凡等译，江苏人民出版社，2007年，9—10页。

② 黑格尔：《精神现象学》（上卷），第21页。

③ 齐泽克将这一段话标注于《延迟的否定》一书的扉页之上。"否定"取自黑格尔在这段文字中所谓"精神在否定的东西那里停留"，两者的英文表述是相同的，都是 tarrying with the negative。

们认为在此绝不能忽视齐泽克的这一强调。在黑格尔那里，经由否定性所达及的真理是通过所谓的"扬弃"环节来完成的，它包含着一种有保留的放弃。而齐泽克在此却完全不采纳"扬弃"这一术语，转而强调真理的过程在于"重复"那些失败，"重复"那些偶然性、断裂性，这本身就已经彰显出了齐泽克对黑格尔的根本性改造。真理来自于误认，并非指真理是扬弃误认的结果，而是指重复误认是获得真理的唯一方式，或者更为明确地说，真理就其本身而言就是一种误认（即否定）。辩证法的否定性显现了真理本身，而过程性成了一种无限的"延宕"。

于是黑格尔的辩证法在齐泽克这里获得了新的阐发："运动的中止正是辩证过程的关键时刻：所谓的'辩证发展'，就存在于开头的频繁重复之中，存在于预先假定内容的灭绝和回溯性重构之中"。① 这种重构的途径如同阿多尔诺一样，就是滞留于黑格尔所谓的规定的否定之上，从根本上打破黑格尔依靠辩证法的同一性逻辑所构建的封闭体系，这是所谓延迟的否定所必然导致的一个后果。

二、泛逻辑主义与辩证的"矛盾"

相比于齐泽克和阿多尔诺，拉克劳与墨菲对黑格尔的背离较为有限，这种有限性体现在其霸权理论建构的基本方式之上。拉克劳宣称在对霸权理论进行精致化和激进化的分析中，"需要我们承担一个非常明确的任务：从对卷入霸权操作的具体行为者进行纯粹的社会学的和描述性的说明，转向对与霸权操作相关的逻辑学进行形式分析。"② 即"真正重要的任务是理解它们构造和解体的逻辑，以及它们在其中相互关联的空间的形式规定"③。由此可见，拉克劳的霸权理论作为一种政治理论形态，其根基并不在当下现实存在的社会运动之中，而在于逻辑学的形式规定。就此而言，黑格尔所一贯坚持的以概念、逻辑来把握现实的原则没有改变，不同的只是这种逻辑学的形式规定究竟是什么，拉克劳在此提出了与黑格尔不同的看法。

---

① 齐泽克：《意识形态的崇高客体》，季广茂译，中央编译出版社，2002年，第199页。
② 拉克劳、齐泽克、巴特勒等著：《偶然性、霸权和普遍性》，胡大平等译，江苏人民出版社，2004年，第48页。
③ 同上书，第49页。

拉克劳批判了黑格尔的理性支配原则，称之为泛逻辑主义的理论建构。在黑格尔那里，理性显现为概念，并以概念来把握社会现实。因此在黑格尔看来，现实从来都不等同于现存，只有进入概念并被概念所把握的存在才是现实的存在。谢林、费尔巴哈，以及当代的存在哲学都以现实为切入点，并提出"存在"优先于"理性"的原则。拉克劳则认为这是两个不同的理论传统，而他本人则以第三种方式来触及社会现实的问题：话语方法。这就是拉克劳所认定的逻辑学的形式规定，在他看来，话语的逻辑构建了社会现实，并且只有话语所构建的现实才是真正的社会现实。

于是接下来的问题就在于话语理论与黑格尔的逻辑主义之间究竟是一种怎样的关系。话语理论作为当代语言学转向之后的一种理论路径，经过福柯、德里达等人的发展，已经包含了极为复杂的内涵，我们不能将拉克劳的理论完全拉入到繁杂的话语理论体系之中。毋宁说，拉克劳的话语理论与语言学的关系是直接而紧密的，在行文中常常在互换的意义上被使用[①]。借助于话语理论，拉克劳拒斥了存在与意识的坚硬区分，也批判了谢林等人将前逻辑、前概念、前反思意义上的存在作为社会现实的显现。但话语理论显然不能等同于理性的逻辑学，因为语言是一种先于逻辑运动的存在。然而这种先于不是谢林意义上的那个"先于"，毋宁说，话语是现实的一种"表象"。话语赋予了现实以意义，这种意义同样可以是一种概念，只是这个概念与现实之间的关系是一种"比喻"的关联。于是黑格尔的辩证逻辑在拉克劳那里相应地变成了一种"比喻的运动，通过它一个名称作为一个隐喻而填满存在于推理之链上的鸿沟"[②]。于是"辩证逻辑是通用的修辞领域。黑格尔文本的丰富性并非在于它们从无条件的出发点严格地推导出概念的企图——这是它们在每一页上都违反的规则——而是在于精确的修辞，它控制着它们的转化"[③]。这是拉克劳与墨菲对于黑格尔哲学的一种解读。

由此可见：对于拉克劳来说，所谓的社会现实是一种话语体系，而话语体系本身与黑格尔的辩证逻辑并非异质，两者都是在一种观念的层面来"把捉"现实。只不过在黑格尔看来，概念本身就是现实；而在拉克劳看来，话语是对现实的一种隐喻。当拉克劳借此将黑格尔的辩证法解释为一种修辞的转

---

① 拉克劳、齐泽克、巴特勒等著：《偶然性、霸权和普遍性》，参见第57—59页的分析。
② 拉克劳、齐泽克、巴特勒等著：《偶然性、霸权和普遍性》，第59页。
③ 同上书，第59—60页。

化的时候，他也如齐泽克一样，隐蔽地将自身的理论输入到黑格尔哲学之中。其合理性与否并不是问题的关键，关键的问题在于这种输入一定要以黑格尔的辩证法为基础才是可能的。

黑格尔依靠辩证法，通过否定性实现了形式与内容、普遍性与特殊性的统一。这个统一的"一"是黑格尔在为同一性逻辑注入非同一性要素之后再次归顺于同一性的结果，也使黑格尔最终建构了自己的理论。正是在这种建构的意义上，黑格尔的理论仍应被视为典型的现代性理论。而后现代理论则是只破不立的，后马克思主义正是在这一点上与后现代理论截然不同。正如我们已经提到的那样，以拉克劳与墨菲为代表的后马克思主义是基于解构理论基础之上的一种建构。正是坚持着这种理论建构才使得后马克思主义有可能保留了马克思的革命理论，也才仍能将自身归入到马克思主义理论范式之中。

然而，在对否定性的凸显之后，任何一种理论的建构都不能通过辩证的扬弃来实现，因为任何一种扬弃都被批判为对本质主义的回归。因此如何在保持否定性（特殊性、个体性）的基础上来实现一种建构成为了问题的关键所在，拉克劳与墨菲的霸权理论就是这种"建构"的典型代表。作为一种普遍性的所指，霸权在本质上是葛兰西意识形态概念的一种变种。在拉克劳看来，诸多的社会运动是诸多具有差异性的话语，它们在等同逻辑（即话语形式可以相互置换，但本质意义不变）的作用下，可以被统一在霸权之下，实现一种真正的多样性的统一，产生革命的动力、革命的对象以及革命的主体。

显然，霸权理论作为一种理论建构模式与黑格尔的辩证法之间存在着诸多关联，其中最为关键的问题在于如何将霸权所实现的多样性的统一与黑格尔辩证法所实现的多样性的统一加以区别。具体而言，这里的"统一"是怎样的一个"一"。在黑格尔那里，这个"一"在否定之否定的内涵中获得了确定无疑的肯定性；而在拉克劳这里，霸权所代表的"一"却是一个空洞的存在。也就是说，它存在，但却是一个不能有任何确定性的空洞的能指（空名），它的所指（即内容）从来不能被肯定下来。多样性共同指向这个空名，却没有任何一种多样性最终能够固定不变地填充这个空名。正是这种非确定性保证了霸权理论的建构没有最终回归到本质主义之中，在一定意义上，这是对黑格尔哲学的一种背离。然而，如果我们进一步追问这种非本质主义的建构是何以可能的话，那么我们又不得不再次发现霸权理论与黑格尔辩证法之间的内在同构性。

拉克劳认为，如果要使霸权没有确定性的内容，只有保持多样性的存在。特殊性并不能因为统一性的确定而祛除自身的特殊性，特殊性的无法消除只能通过预设"对抗"这一客观关系的无法消除而获得。拉克劳将"对抗"视为霸权理论的核心概念，其原因就在于此。那么何为"对抗"？对抗是一种客观的关系，它意指着："'他者'的存在使我无法完全成为我自己，我与'他者'的这种关系并不是从完全的总体中产生出来，而是从它们构成的不可能性中产生出来。"① 也就是说，"在一种对抗的范围内，我不能成为我自己的完整存在，与我构成对抗的那一力量也不能成为如此完整的存在：它的客观存在是我的非存在的一个象征，这样看来，对抗关系就被多重意义所充溢——这些意义阻止它的存在被固定为完整的实证性。"②

由此可见，对抗概念所表达的是一种非完整性，它使得"多样性的统一"中的"一"无法实现。他者的介入是这种非完整性的前提，这个"他者"与"我"之间的关系是对抗性的关系。然而这种使我非完整的他者却又不得不始终存在着，否则这个"我"也是不存在的。正是因为这种对抗的存在，霸权才始终无法实现向本质主义的回归。对抗保证了多元存在的必要性，并且正是这些多元存在的无法消除才最终保证了社会的存在，也才可能有社会的革命与斗争。

拉克劳在论述对抗概念的时候，极力将对抗与对立、矛盾区分开来，并特别强调对抗不是黑格尔意义上的"辩证矛盾"。然而，在我们看来，拉克劳的这种区分是徒劳的。如果从对抗和矛盾作为社会发展的动力来看，两者之间确实存在着本质上的差异。对抗不能被扬弃、消解，它保证了社会的非缝合性，而黑格尔的矛盾则作为被扬弃的必要环节保证了体系最终的完整性。然而，问题在于"对抗"与黑格尔的辩证矛盾本身的意义是否相同。如果我们仔细分析黑格尔对在矛盾中得以存在的"自我意识"以及"精神"的本质规定，就会发现蕴涵于这些概念中的辩证矛盾与拉克劳的对抗并无二质。

辩证矛盾存在于每一精神阶段的自我演进之中。在黑格尔看来，自我意识或者说精神并不是一个单纯的"自我"，自我意识的产生也并不是一个在

---

① Laclau and Mouffe, *Hegemony and Socialist Strategy: towards a Radical Democratic Politics*, Verso, 1985, p. 125.

② 同上。

其内部就可以显现的意识："自我意识是从感性的和知性的世界的存在反思而来的，并且，本质上是从他物的回归。"① 这一他物对于意识的形成是必要的，并最终决定了自我意识自身的双重化："意识，作为自我意识，在这里就拥有双重的对象：一个是直接的感觉和知觉的对象，这对象从自我意识看来，带着否定的特性的标志，另一个就是意识自身，它之所以是一个真实的本质，首先就只在于有第一个对象和它相对立。"② 作为自我意识否定性的感觉和知觉的对象成为与自我意识相矛盾的他者，可是自我意识的真实性也存在于这一矛盾当中，自我意识的形成本质上需要他者的承认和确证。黑格尔辩证矛盾的这种起源说明了矛盾双方的排他性，以及矛盾自身的不可消除性。自我意识所内涵的这种矛盾在本质上是不能被扬弃的，尽管黑格尔用"精神"这一概念意指这种扬弃。在对"精神"的界定中，黑格尔再次凸显了一种二元对立的存在样态。"精神是这样的绝对的实体，它在它的对立面之充分的自由和独立中，亦即在相互差异、各个独立存在的自我意识中，作为它们的统一而存在：我就是我们，而我们就是我。"③ 精神在本质上是一种主体间性，精神的统一是一种不能消解对立的统一，我就是我们，我们就是我，只有在不能消解对立的意义上去理解才是可能的。

精神作为真理得以显现的方式本身就是一种矛盾的对立，这是辩证矛盾赖以产生和发展的理论环境。在这一意义上，矛盾对立的相互依存性（同时也就意味着一种相互的限制），矛盾对立的不可消解都与对抗的概念异曲同工，因此拉克劳在反思自身理论的时候就曾清楚地指出了黑格尔哲学为建构霸权理论"提供了部分的本体论工具"④。

三、空洞的普遍性

对抗的存在使得矛盾的扬弃成为不可能，这种不可能性在拉克劳与墨菲的理论中表现为霸权的空洞性。霸权作为统一特殊性的普遍性成为一种空洞的能指，这是理解拉克劳理论，以及各色后马克思主义理论特质的一个关键

① 黑格尔：《精神现象学》（上卷），第 116 页。
② 同上书，第 117 页。
③ 同上书，第 122 页。
④ 拉克劳、齐泽克、巴特勒等著：《偶然性、霸权和普遍性》，第 60 页。

之点。普遍性作为一种思维的特质，在齐泽克眼中拥有三种理解方式：第一个普遍概念是笛卡尔的"我思"，它具有客观的和自然的内容，第二个普遍概念来源于马克思，普遍性成为了特殊性的歪曲的表现，第三个则是拉克劳所提出的空洞的普遍性。它是霸权，是偶然性斗争的结果，同时也因为彰显特殊性对抗的无法消除，而成为一种不可能性[①]。

齐泽克的这种划分是否合理并不是问题的关键，问题的关键在于黑格尔所宣称的富有辩证性的普遍性在齐泽克的视域中应放置于何处。在一般意义上说，黑格尔作为马克思思想的重要来源，马克思的辩证法在很大意义上就是黑格尔的辩证法，因此黑格尔的普遍性观念就应属于第二种类当中。然而在后马克思主义的研究中，对黑格尔的普遍性的言说却并非如此，它总是作为一种空洞的普遍性为后马克思主义所津津乐道。

在阿尔都塞早期的长篇论文《论黑格尔思想中的内容概念》中，我们已经可以发现其抽空主体、人以及普遍性的基本倾向。因此阿尔都塞的黑格尔研究为后马克思主义铺平了理论的道路，其中黑格尔关于形式与内容的辩证法得到了系统阐发。概念被视为这一内容与形式得以统一的地方，以概念的起源、认识和误读为主线，展开了对黑格尔精神哲学的全面批判。黑格尔哲学在阿尔都塞这里再次不断地呈现出诸多"后"学色彩。

在阿尔都塞看来，通过概念与语言所构筑的第三个世界，成为黑格尔超越逻辑主义与实证主义的途径。因此，语言是黑格尔用以调节哲学史中二元对立的方式之一。拉克劳称黑格尔的哲学仍是泛逻辑主义的，而阿尔都塞则早在其之前就指出了这一批判是一种误读[②]。在阿尔都塞的视域中，语言与概念是同一的，而语言作为一种中介，已经超越了逻辑主义的基本界定。由于他眼中的黑格尔是经过了亚历山大·科耶夫所讲述的黑格尔，因此黑格尔关于语言问题的表述与当代语言学的研究并无本质的差别。阿尔都塞指出黑格尔的自我意识的提出所基于的理论前提是：在黑格尔看来，人，"他是唯一能说'我'的动物，也是唯一能在词语中反思其普遍性的动物"[③]。只是"通过词语，人便重新占有了自己；这就是说，他在一个语词中重新占有了他过去的

---

① 参见拉克劳、齐泽克、巴特勒等著：《偶然性、霸权和普遍性》，第54页。
② 参见阿尔都塞：《黑格尔的幽灵》，第145页。
③ 同上书，第144—145页。

自己，而这一语词所表达的又并非是他现在的自己，所以，他就是虚无"①。

正是依赖于对语言的凸显，以及将人与这种语言的显现对应起来，阿尔都塞眼中的黑格尔体会到了普遍的空洞性。因为如同科耶夫一样，阿尔都塞将自我意识与人本身等同起来。人作为唯一能够使用语言的动物，成为了唯一能够反思，因此能够显现精神（即普遍性）的存在。于是当黑格尔将精神描述为"'我'即'我们'，'我们'即'我'"的时候，阿尔都塞将其解读为普遍性与特殊性相结合的一种方式：个体作为特殊性可以直接体验、显现普遍性真理。例如在黑格尔的国家理论中，"同质性国家的普遍性不在人类之外，而在于其自身的经验性存在本身之中：公民直接就是普遍的。"② 在阿尔都塞看来，这里的人"并不像在所有的前黑格尔哲学中那样，只是抽象层面上的思想者，只是不属于任何特定历史时期的抽象的人，而毋宁说是一个具体的历史性的人"③。然而，被语言所界定的人及其历史活动在经过黑格尔辩证法的逻辑概括之后，变成了一个不断否定自身的虚无。阿尔都塞将人始终视为是"那个夜晚"④，它源于语言对人的空无性的揭示，以及人作为活动的主体，从其产生到发展都无法摆脱的不断被否定的命运。这一伴随着否定性的命运，在黑格尔那里是真理得以产生和丰富的途径。而在阿尔都塞这里，如同诸多"后"学者所认为的那样，在被滞留与延迟的否定中，人成为了一个空无。

于是阿尔都塞对黑格尔在《精神现象学》中将精神等同于一块头盖骨的做法提出了他的意见。这是一个有些荒谬但又被黑格尔郑重其事地加以论述的命题，它困扰了许多的研究者。黑格尔在《精神现象学》的"丙（甲）理性"中谈到了精神与头盖骨之间的关系，在这一段中，黑格尔试图考察的是理性在现实中对自己的观察。通过对自然、精神以致于自然与精神的关系等感性存在的"观察"，黑格尔所试图阐发的是思维与存在的统一性，即理性与感性事物的统一性："就观察的理性看来，所认识的仅仅是事物，但就我们看来，所认识的是意识自身"。⑤ 将精神与头盖骨联系起来被黑格尔视为是观察理性所包含的各运动环节的最后一环，即对自我意识与其直接现实的关系的观察。

---

① 阿尔都塞：《黑格尔的幽灵》，第144—145页。

② 同上书，第162页。

③ 同上书，第137页。

④ 同上书，第226页。

⑤ 黑格尔：《精神现象学》（上卷），第162—163页。

在此，我们发现，黑格尔在面向感性现实的时候，让精神这个纯粹意识的存在努力与客观存在相关联，精神被要求现实地显现。对于这种显现，黑格尔依照他所特有的逻辑三段论将其同样划分为三个不同的阶段：其一为心理学的显现。精神依靠某种外在现实被理解，因为这种外在现实是精神有意识的显现；其二为面相学的显现。精神可以在它的外在现实中被认识，因为精神的外在如同一种语言那样存在着，如人的外表或者姿态本身可以成为一种被解读的语言一样，从这种语言中，精神得以显现；其三就是头盖骨相学的呈现。黑格尔将这种呈现视为："精神的外在方面终于是一种完全固定不变的现实了，它自身不是一种传情达意的符号，它与自觉的运动完全无关，而只自为地呈现为一种赤裸的纯粹的事物。"① 按照黑格尔的逻辑，我们在此或者可以得出这样一个结论：这个处于逻辑最终环节的头盖骨的显现恰恰成为了对精神本质的一种显现，精神如果可以在现实中得到直接的显现的话，那么精神就只能在头盖骨相学中显现出来。在随后的论述中，黑格尔极为耐心地讨论着大脑、脊髓以及头盖骨等极为经验性的人体器官，指出精神在这些器官中充当着一种中介的作用，由此最终断言头盖骨是"精神的这种具体存在"②。

毫无疑问，黑格尔的这一段论述充斥着虚假的编造，但阿尔都塞却认为这是黑格尔对精神如何显现的一个最好说明：头盖骨是具体的单个人的象征，精神作为一种普遍性被这个具体的人显现出来，由此"普遍性的内容与普遍性是不相称的。或者，从相反的那个极端看这件事情，这内容不得不装作它不是的那个东西，它是一种无视其自身的普遍性。人的自我分裂的深刻理由就在于此"③。换句话说，普遍性必须被这个不具普遍性的存在所显现，它所昭示的是"一个空洞的普遍性"④。

可以说，对这一命题的这种阐释所秉承的是阿尔都塞对于诸如人、语言、历史等诸多问题所一贯持有的基本观点。他坚持的是对辩证法的否定性的凸显以及由此对黑格尔的普遍性的改造。然而他对黑格尔哲学的这种解读以及与之相关的马克思思想的建构，对后马克思主义的形成产生了巨大影响。

黑格尔的"精神现象学"所关注的是一般知识的形成过程，这一过程就

---

① 黑格尔：《精神现象学》，第 215 页。
② 同上书，第 217 页。
③ 阿尔都塞：《黑格尔的幽灵》，第 170 页。
④ 同上书，第 170 页。

是从最初没有精神的东西变成精神的东西的过程①，精神由此成为了知识的最终目的。而激发黑格尔建构这一个认知体系的哲学动因就是康德哲学以来为哲学所设定的那个不可知的"自在之物"。黑格尔试图通过精神的认知过程把"自在之物"纳入到理性可以认知的范围之内，以最终确立理性的力量。然而如同阿多尔诺以来的诸多后马克思主义一样，极为注重否定性的齐泽克，显然不认为黑格尔的努力是成功的。相反，"黑格尔的批判比这要严厉得多：与康德相反，它从未断言在理念与现象之间存在着进行某种'和解'—'调停'的可能性，存在着跨越理念和现象之间的鸿沟的可能性，存在着消除极端的'他性'的可能性，消除理念—原质与现象之间的极端否定性关系的可能性。"② 将黑格尔的辩证法终止于否定性与差异性，齐泽克也自然将那个依赖辩证法所最终达到的"自在之物"，或者说精神的自我认知推向了彼岸。因此齐泽克认为黑格尔比康德还康德，他以更为隐蔽的方式掩盖了自在之物，或者精神的不可能性。

在齐泽克看来，这种隐蔽的方式就在于命名与被命名物之间的错位。就此而言，齐泽克与阿尔都塞在分析上是一致的，精神与头盖骨的等同就是以最为直接的方式揭示了这种错位，在此的主语"精神"与宾语"头盖骨"是绝对不和谐的。然而"我们借助于失败，通过严重的不足，通过谓语在它与主语关系问题上的绝对失调，成功地传送了主体性之维"③，主体在拉康的哲学中就是那个只能通过"非我"（非主体）的存在加以填充的空洞命名。换句话说，主体通过一个完全与主体异质的存在来获得说明，就如同能动性的精神只能通过僵死的头盖骨来获得自身存在的显现。在黑格尔断言他找到了精神与具体现实的直接关联之时，齐泽克也认为黑格尔找到了说明精神的唯一方式，就是以非－精神来说明它。由此精神与拉康的主体理论具有了共同的逻辑，即都通过短缺的能指（不和谐的言说方式）来符号化能指的短缺（那个不能说的原质，在康德那里是自在之物，在黑格尔那里是精神，而在拉康那里则是主体）。

齐泽克对于精神的这种拉康化的解读，虽然以主体为表述方式，但就其共同的言说对象——精神来说，两者并无二质。黑格尔的精神在其理论中就

---

① 参见黑格尔：《精神现象学》，第17页。
② 齐泽克：《意识形态的崇高客体》，第280页。
③ 同上书，第284页。

是普遍性的一种象征，它通过感性确定性、知性以及理性等诸环节诠释了特殊性与普遍性的辩证法。并且正如我们已经指出的那样，精神的本质并不是一个独立的主体，如同笛卡尔的"我思"。它在黑格尔视域中从来都是一个中介："精神并不是自我意识中自我的主体性的基础，而是中介，在此中介中一个我与另一个我交往，作为一个绝对的中介，这两个我从它相互形成主体。意识作为中间地带存在，主体在那里彼此相遇，没有相遇它们彼此就不能作为主体存在。"① 也就是说，精神从其诞生之日起就是主体间的，并总是以一个非我的存在来证实着自身的存在。因此这种普遍性必然包含了一种内在的张力，从而使其失去了普遍性在传统哲学中无差别的同一，走向了黑格尔所提出的"我即我们，我们即我"的多样性统一。而正是在这一点上，后现代主义的诸多解读直接将统一性的外衣剥离，呈现多样性的存在方式；而后马克思主义则以最为接近黑格尔的方式完成了对黑格尔的解读：以空洞的普遍性为最终旨归，但仍保留着多元化的存在方式。阿尔都塞的多元决定论、齐泽克对精神本质的空洞化阐发都是对空洞普遍性的一种保留。上文中提出的拉克劳与墨菲的后马克思主义的霸权，也是在这样一种理论渊源与背景下提出的，正如我们已经指出的那样，霸权作为一种政治策略，不过就是这种空洞的普遍性在政治哲学中的一个变种罢了。

诸多后马克思主义者对于黑格尔哲学的研究和阐释，给我们展现了诸多不同面孔的黑格尔，但问题的关键在于为什么后马克思主义如此热衷于通过解读黑格尔来展开自身的理论？在我们看来，这并非偶然。经过结构主义与后结构主义的洗礼，当代哲学已经为我们揭示了语言对于现实世界的构造能力。如果说在黑格尔的时代，理论还面临着与现实之间的对立，那么在当下，现实本身就是理论构造的产物。话语的世界不再是逻辑的、理论的世界，它就是我们现实世界本身，就是当下社会现实的构造方式。因此，推崇以逻辑的方式来构造和言说世界的黑格尔哲学必然再次成为这个时代的哲学最有可能被利用的理论资源，这也就使得后马克思主义必然要回到黑格尔哲学中来寻找自身的理论依据。

---

① 黑格尔:《小逻辑》，第560页。

参考资料

1. 黑格尔:《小逻辑》,贺麟译,商务印书馆,1980 年。

2. 黑格尔:《哲学史讲演录》第 2 卷,贺麟、王太庆译,商务印书馆,1959 年。

3. 黑格尔:《逻辑学》上卷,杨一之译,商务印书馆,1966 年。

4. 黑格尔:《精神现象学》(上、下),贺麟、王玖兴译,商务印书馆,1979 年。

5. 阿尔都塞:《黑格尔的幽灵》,唐正东、吴静译,南京大学出版社,2005 年。

6. Laclau and Mouffe, *Hegemony and Socialist Strategy: towards a Radical Democratic Politics,* Verso,1985.

7. 齐泽克:《意识形态的崇高客体》,季广茂译,中央编译出版社,2002 年。

8. Slavoj Žižek, *Tarrying with the Negative,* Durham: Duke University Press, 1993.

9. Theodor W. Adorno, *Negative Dialektik,* in Gesammelte Schriften, Bd,6 Suhrkamp Verlag, Frankfurt/M1997.

10. 瑞克斯·巴特勒:《齐泽克宝典》,胡大平、夏凡等译,江苏人民出版社,2007 年。

11. 拉克劳、齐泽克、巴特勒等著:《偶然性、霸权和普遍性》,胡大平等译,江苏人民出版社,2004 年。

12. John Baldacchino, *Post-Marxist Marxism: Questioning the Answer,* Avebury, 1996.

13. Stuart Sim, *Post-Marxism: An intellectual History,* London: Routledge, 2000.

14. Nicos P. Mouzelis, *Post-Marxist Alternatives,* London: Macmillan, 1990.

15. 奥伊则尔曼等:《论黑格尔哲学》,宋家修等译,科学出版社,1959 年。

16. 谢永康:《形而上学的批判与拯救》,凤凰出版传媒集团,2008 年 8 月。

17.《马克思主义》,周凡、李惠斌主,中央编译出版社,2007 年。

18.《后马克思主义:批判与辩护》,周凡主编,中央编译出版社,2007 年。

(作者单位:南开大学哲学系)

美国马克思主义与实用主义的比较研究近况

[内容提要] 本文结合当代美国实践哲学的复兴、情境主义及其反基础主义的态势，介绍了目前美国本土有关马克思主义与实用主义的比较研究、特别是有关理论与实践关系研究的新趋向。通过实用主义传统来理解马克思的著作，激活并阐释马克思思想的当代性，仍然是目前美国马克思主义研究之一种。

[关键词] 马克思主义　实用主义　实践哲学

关于美国马克思主义传统，我们注意到 John B. Judis 在《美国的马克思主义：缺乏传统的理论》一文中谈到的观点："尽管在上个世纪初美国就已经有了马克思主义哲学家和政治理论家，但他们过去的努力从来没有形成一种延续到现今的持久的传统。……从某种特定的意义上说，根本就没有美国克思主义这种东西存在。"[1] Judis 对此的解释主要是从美国独特的社会和政治现实入手，认为美国缺少马克思主义发展的土壤，特别是美国新左派在 60 年代实践的失败，更是直接导致了美国马克思主义在组织上和理论上的衰败。由

---

[1] John B. Judis, American Marxism: Theory without Tradition, *New-Marxism,* June 1987, Vol: 2, P 595. 在文中，Judis 讨论了为什么他认为美国马克思主义不能持续地形成影响力，特别是美国社会主义党（20 世纪初）和美国共产党（20 世纪 30 年代）在经历短暂高潮后的迅速衰退的原因。但 Judis 的解释究其实质还是一种美国"例外论"。

此他认为美国马克思主义在理论上的贡献主要是消极性的，即对美国社会现实的批判，并且这种马克思主义式的文化批判更多地体现在文学上，而不反映在哲学思想中。与此相反，Arnold M. Rose 则认为："事实上，马克思主义在悄无声息中如此深刻地影响了美国人，以至于他们甚至没办法理性地探究和认真思考马克思主义"。[1] 就是说，美国的马克思主义虽然缺乏连贯统一的传统，但却绝不缺乏影响力，只是马克思主义在美国的影响是通过曲线实现的，即马克思主义与其他学科和理论的结合和互动。例如，在经济学中，马克思主义通过"新制度经济学"和"新凯恩斯主义"重新回到经济学当代的讨论中，特别是马克思主义政治经济学关于现实经济体系是历史不断演进的结果，主张将经济学的研究置于更大的政治和文化背景下的论述，以及对资本主义世界经济体系的分析都产生了很大的影响力。[2] 在历史学方面，马克思主义史学与美国的工运史，少数族裔史，特别是社会史研究相结合，也产生了很多有影响力的著作。[3] 在政治学研究领域，也出现了像沃勒斯坦（Wallerstein）这种有世界影响力的理论学家，而在现实政治实践中则更是直接促成黑人和少数族裔要求"公民权"的斗争，工会为工人争取更多福利的斗争等等[4]。

---

[1] Arnold M. Rose, Marx's Influence on American thinking, *American Journal of Economics and Sociology*, Vol. 10, No. 2, Jan. 1951, pp. 161-173.

[2] 关于马克思主义经济学方面的研究可以参看：Howard Sherman, *Radical Political Economy*, New York, 1972; Samuel Bowles, Richard Edwards, *Understanding Capitalism: Competition, Command, and change in the U.S. Economy*, second edition, NY: HarperCollins, 19993; Allen G. Gruchy, Neo Institutionalism, Neo-Marxism, and Neo-Keynesianism: An Evaluation, *Journal of Economic*, Vol. XVIII, No. 2 June 1984. 关于马克思主义和实用主义政治经济学比较的文章可以参看：Steve Shuklian, Marx, Dewey, and the Instrumentalist Approach to Political Economy, *Journal of Economic*, Vol. XXIX, No. 3, September 1995.

[3] 可以参看 Herbert G. Gutman, *Slavery and the Numers Game: A Critique of Time on the Cross*, University of Illinois Press, 1975; David Montgomery, *The fall of the House of Labor: the Workplace, the State, and American Labor Activism* （1865-1925）, University of Cambridge, 1987.

[4] Immanuel Wallerstein, *The Essential Wallerstein*, The New Press, NY, 2000; K.R. Christensen, *The Politics of Character Development: A Marxist Reappraisal of the Moral life*, Westport, 1994; 在实际政治事务研究中，特别值得一提的是美国共产党主办的《政治事务》（*Political affairs*）杂志，其中他们特别关注中国、俄罗斯以及拉美各国共产主义运动，在其主编今年对"密歇根东亚研究中心"的教授 Josef Gregory Mahoney 的访谈"Rise of China and Pragmatic Marxism"一文中，将中国的马克思主义定性为"实用主义的马克思主义"(Pragmatic Marxsim)。

谈到美国的马克思主义传统，必然会涉及现代美国思想中的实用主义的马克思主义思潮。目前美国仍有一种研究取向，即通过与美国本土哲学实用主义的对话和互动，特别是重视借助与古典实用主义哲学的对话和互动，来重新理解和解释马克思主义。以至于有极端的学者甚至主张马克思主义是实用主义的来源之一："我们在对一战前美国激进分子依仗实用主义为其所主张的社会议程提供一个科学基础的原因分析中看到的是一个双重的，而非单一的传统。……杜威的社会心理学与其修正的经验主义与第二国际的社会主义者通过非实用主义的方式所得到的'进化的'途径不谋而合"。①

正是因为马克思主义和实用主义在关于人的社会生活和政治实践的观点上有着很大的相似性，因此，马克思主义在美国传播的初期，就有许多学者试图研究和寻找实用主义（特别是古典实用主义）与马克思主义的共同点，希冀在他们之间找到某些理论上的综合和互补之处。因而从研究的时间段上看，现在大多数学者在讨论美国实用主义与马克思主义的关系时，也都特别把注意力集中在这个时期上，即在 20 世纪初马克思主义与实用主义的相互影响，特别是 John Dewey 著作和马克思观点的比较，以及在随后的 william E. Walling, Walter Lippmann 和 Sidney Hook 的著作中如何将实用主义的经验主义和马克思主义理论相结合，从而形成美国马克思主义哲学的独特形态：不注重纯粹概念和逻辑的推演，而强调从研究现实政治和社会经济结构中构建自己

---

① Brian Lloyd, *Left Out: Pragmatism, Exceptionalism, and the Poverty of American Marxism*, 1890-1922, The John Hopkins University Press, 1997, P54. 尽管 Lloyd 认为马克思主义是实用主义的来源之一，但 Lloyd 同时也攻击实用主义败坏了美国的马克思主义。在他看来，美国的社会主义运动之所以失败正是由于受了杜威以及和他持相似观点的实用主义者的影响。关于对 Lloyd 这一观点的反驳，可以参看 Rick Tilman 的文章：Rick Tilman, Two Recent Critics of "Instrumental Social Science", In Defense of Veblen, Dewey et alia, *International Journal of Politics, Culture and Society*, Vol, 12, No.1, 1998. 事实上，马克思主义在美国的传播与实用主义的兴衰也基本相暗合，马克思主义从 19 世纪 60 年代传入美国，正好是实用主义在美国刚刚兴起的时候，20 世纪初美国各种马克思主义政党建立的时候，也是实用主义蓬勃发展的时期，而以 50 年代麦卡锡运动为标志的马克思主义的挫折期，也与杜威过世后实用主义迅速在美国衰退相合，甚至 20 世纪 80 年代末 90 年代初新实用主义的复兴也与美国马克思主义者对东欧以及苏联、中国的研究热潮相一致。关于马克思主义在美国传播的权威著作可以参看 Paul Buhle, *Marxism in The United States: Remapping the History of the American Left, second edition*, Verso, 1991.

的理论，强调理论对实践的指导作用。[①] 从内容上看，则是注重于将马克思主义置于现代语境中进行重新理解，特别是随着当代实践哲学的复兴以及情境主义对基础主义哲学的超越，都重新激活了当代美国马克思主义的理论活力和与其他哲学学派进行对话的热情，因而许多美国学院学者尤其强调如何通过当下的具体情境来重新理解马克思的著作，保持马克思思想和当下实践的密切相关性，特别是在关于激进民主社会的讨论中重新发现马克思和古典实用主义的相似性。[②]

　　大部分从事美国马克思主义和实用主义的研究者都承认实用主义哲学和马克思主义哲学（特别是马克思本人哲学）的相似性，他们都认为马克思主义哲学和实用主义哲学（尤其是古典实用主义哲学）都是对以往哲学传统的一种反叛，因为这两种哲学都不再满足于传统哲学那种纯粹的概念推演以及企图通过单纯地运用理性在思想中把握世界的做法，他们都努力要让哲学脱

---

① 近些年关于 Hook 最权威的传记著是：Christopher Phelps, *Young Sidney Hook: Marxist and Pragmatist,* Ithaca, NY: Cornell University Press, 1997. phelps 这本书着重描述了 Hook 在 19 世纪 30 年代试图在马克思主义哲学的框架内将实用主义和马克思主义相调和，尤其突出了 Hook 在 30 年代对国际共产主义运动以及美国共产主义运动的同情，以及他试图建立一套与正统马克思主义并不完全一致的思想体系的尝试。关于 Hook 研究的论文集则有 *Sidney Hook Reconsidered,* Ed. Matthew J. Cotter, Amherst, NY: Prometheus, 2004. 在这本论文集中，Phelps 着重强调了在 30 年代胡克思想中激进的马克思主义和反权威主义，以及他试图将杜威和马克思的理论融合进而运用到工人运动中的尝试。而 Nathan Glazer, David Sidorsky Neil Jumonville 则侧重讨论胡克关于言论和辩论自由以及他和美国共产党之间的关系；而 Robert B. Talisse, Barbara Forrest 以及 Michael Eldridge 则讨论了 Hook 在自然主义，实用主义以及认识论等方面的贡献。此外，Goff Thomas 关于马克思与米德 (Mead) 社会学的研究著作也是研究马克思主义和实用主义社会学中不可忽视的一本著作：Goff Thomas, *Marx and Mead: Contributions to a Sociology of Kwoledge,* Rutledge, 1980.

② 在 20 世纪 90 年代随着东欧和前苏联的解体，在美国出现过一阵对马克思主义哲学，尤其是马克思本人哲学理论的研究热潮。比如美国现在最炙手可热的新实用主义代表之一 Cornel West，就深受马克思主义的影响，甚至还申请加入过美国共产党，他认为马克思主义有助于帮助人们认清楚现实，在文化批判以及对社会正义的追求方面有重要意义，特别对黑人以及其他少数族裔争取平等的公民权以及宗教解放有指导作用，参看：Cornel West: *Black Theology and Marxist Thought* (Ed.), Westminster John Knox Press, 1979; *The American Evasion of Philosophy: A Genealogy of Pragmatism,* The University of Wisconsin Press, 1989. 在关于情境主义 (contextualism) 和基础主义的 (foundationalism) 的论战中，很自然会牵涉到马克思主义，因为如何看待马克思的经济决定论，即经济基础和上层建筑的关系很容易被合理地理解成还原论，但同时也可以有"有机模式"(organic model) 的解释方法。

离基础主义的窠臼，即让哲学如何不再仅仅成为一种纯粹地被动的文化反思，而变成某种潜在变革的有效手段，但在具体论述方面则略有侧重不同。

在这其中，理论和实践之间的关系无疑是马克思主义哲学和实用主义哲学最具有可比性的核心观念之一。Vincent Michael Colapietro 就认为："马克思和杜威帮助我们改变了我们哲学的概念，他们超越了理论和实践的对立：这不再是一种哲学观上的理论和实践，而是哲学自身就是一种实践，更确切地说，[哲学] 是在人类实践中不可或缺的时刻"。[1]Gerald J. Galgan 则主张要将马克思本人的思想和其后的马克思主义理论家相区别，特别是要和受恩格斯影响的马克思主义者的思想相区别。在理论和实践的相互关系这一问题上，Galgan 认为马克思本人和古典实用主义者（例如杜威）都拒绝承认自古希腊起哲学家所主张的"公民盛会"（civil festival）这一比喻。[2]Galgan 认为马克思本人相信"社会生活就其本质来说是实践的，因此对世界适宜的理解就是用一种激进的方式去改变世界自身"。[3] 并且只有用这种激进的革命方法才能重新弥合理论和实践之间的鸿沟。人的物质生活的产品（马克思）或者其自己的经验（杜威）构成了最初的概念，即所谓的理论，因而对马克思或者古典实用主义者来说，概念或者理论，只是一种工具，一种用于区分的工具，而不再被认为是对永恒以及不可变 [真理] 的叙述，因为这样一种关于真理的纯粹理论是根本不存在的。在马克思看来，只有对个别事情的理解才构成了理论的内容，而这与古典实用主义者认为只有对可变的特殊事物的把握才是理论的对象如出一辙。Galgan 进一步推论道："因而对马克思和杜威来说，只有个体才是有意义的，或者才是可能有意义的。……个体性才是我们得到的东西，无论这种个体性是被看作物质实在还是某种经验"。[4] 在这里，Galgan 试图通过"个体性"概念，将马克思主义哲学和以杜威为代表的古典实用主义关联

---

① Vincent Michael Colapietro, From "Individual" to "Subject": Marx and Dewey on the Person, *Context over Foundation: Dewey and Marx,* Reidel Publishing Company, 1988, p. 12.

② 即毕达哥拉斯著名的"奥林匹克运动会"比喻，他把人生比作一个大竞技场，在那里，有些人是来争夺奖赏的；有些人带了货物来叫卖；而最好的人乃是有沉思明断能力的观众。而观众就是意指哲学家。

③ Gerald J. Galgan, Marx and Dewey on the Unity of Theory and Practice, *Context over Foundation: Dewey and Marx,* Reidel Publishing Company, 1988, p. 212.

④ *Ibid.*, p. 219.

起来。因为在完整的"个体性"中，理论不可能超出实践。除了这种强烈的"个体主义"解释之外，Galgan 的解释中最突出的一点就是将马克思和实用主义关于统一理论和实践的努力一起归入到西方"唯名论"（nominalism）的传统中，即认为观念不具备客观实在性，也不存在超越经验的存在，只有个别的感性事物才是真实存在的，也正是出于这个原因，Galgan 认为"最终，马克思主义和实用主义这种对'理论和实践的统一'是不能够在哲学上，或者说是在形而上学上证明自身的有效性的"。①

而 John Ryder 则强调在调和"理论和实践关系"中，马克思主义的"辩证唯物主义"、和"历史唯物主义"与杜威所主张的"自然主义"相通的一面。Ryder 认为我们不能通过将马克思和恩格斯相割裂来理解马克思主义，他认为马克思主义在世界观上最大的贡献之一就是"辩证唯物主义"和"历史唯物主义"。②Ryder 认为马克思主义不是一般性地反对任何理论和抽象，而是反对那种为了理论而理论，为了抽象而抽象，并且毫无任何实践后果的理论。Ryder 通过分析表明，马克思和恩格斯的"辩证唯物主义"和"历史唯物主义"一方面是反对传统观念论者用"精神"来解释世界，另一方面则进一步将这种超越的"精神"理解成一种自然的产物或者自然的功能。而这与古典实用主义者反对传统"观念论"超自然的"精神"概念，认为任何事物都必须被看作是自然过程、认知过程或关系的一个方面这种主张有异曲同工之妙。因而 Ryder 得出的结论就是马克思主义和实用主义哲学都超越了传统哲学的"二元论"，（而理论和实践的割裂正是这种二元论一种突出的表现），这两种哲学都抛弃了"基础主义者"所持有的实体的观念，（无论这种实体是精神还是什么别的），而用一种"构成性关系的本体论"（an ontology of constitutive relations）取而代之。而所谓"构成性关系本体论"就是说"要求我们能够将单个的和全部的自然现象放在一个关系体中，并按照它们的相互关联来理解它们，并且这种关系不是外在于这些现象的，而是它们的接续"。③

在具体到人类的处境，特别是涉及个体和社会关系方面，Colapietro 认为

---

① *Ibid.*, p. 223.

② John Ryder, Natturalism, Dialectical Materialism, and an Ontology of Constitutive Relations, *Context over Foundation: Dewey and Marx,* Reidel Publishing Company, 1988, p. 232

③ *Ibid.*, p. 241.

马克思和杜威都否认作为固定实体的个体观念，而这正是传统哲学之所以会对"个体—社会"的相互关系进行"非历史"和"二元论"理解的根本原因。但马克思和杜威都认为这种"二元论"不但妨碍了人们认识什么是真正的自我和主体，还进一步阻碍了由个体及其相互关系构成的社会生活。因此要克服这种"二元论"，就必须要批判旧的个人主义，而这种个人主义恰恰是在资本主义社会中占据统治地位的意识形态，因而对这种个人主义的批判也就和对资本主义社会的批判联系在一起。Colapietro 由此将资本主义社会的基本矛盾表述为："[资本主义]社会秩序下产生的是非社会的（asocial）的个体，甚至是反社会（anti-social）的个体"。① 而马克思关于实践的理论，以及杜威关于经验的理论，都可以为我们提供一种崭新的关于"主体"（subject）而非"individual"（个体）的理解。按照 Colapietro 的解读，这种"主体"和旧个人主义的"个体"最大的差别就是：这个"主体"是处在具体历史情境中的人，因而这就将某些特定的属性赋予了这个主体，同时也排除了另一些特定的属性，而这些就构成了特定主体现实的存在方式，因而也就不再有统一普遍的人性。此外，这种主体最重要的特点就是互动性，即"有机体（人）和周围环境（自然）相互作用的的功能主义式的解释"。② 在依据这种新的"理论－实践"关系以及"主体－社会"关系而形成的政治理论观点的比较上，Garry M. Brodsky 着重分析了马克思主义和杜威的国家理论的异同。他认为"杜威对科学的依仗如同对习俗（ethos）一样，都只是作为一种可以被探索和发展的资源，而不是对人类生活或者作为生命价值基础那些问题的一种现成解决的方案"。③ 而这一点也与马克思本人。Peter Manicas 在 "*Philosophy and Politics:*

---

① Vincent Michael Colapietro, From "Individual" to "Subject": Marx and Dewey on the Person, *Context over Foundation: Dewey and Marx,* Reidel Publishing Company, 1988, p. 17.

② *Ibid.*, p. 30.

③ Garry M. Brodsky, Politicas, Culture and Society in Marx and Dewey, *Context over Foundation: Dewey and Marx,* Reidel Publishing Company, 1988, pp. 84. 关于马克思主义和实用主义在政治哲学上的异同，还可以看看：Joseph Bien, *Dewey and Marx: Two Notions of Community,* Philosophy Today 24, 1980, p.318-324; Kenneth A. Megill, The community in Marx's philosophy, *Philosophy and Phenomenological Research,* Vol. 30, No. 3, Mar. 1970, pp.382-393. Alfonso J. Damico, Dewey and Marx: On Partisanship and the Reconstruction of Society, *American Political Science Review* 75, 1981, pp. 654-666.

A Historical Approach to Marx and Dewey"中则进一步认为马克思和杜威的政治理念都深刻地揭示了现代政治的弊端，即："现代政治的问题不在于缺少基础，而在于缺少真正的民主政治。…… 按此观点，我们都只是雕刻家或匠人，而缺少设计蓝图的人"。①

　　当然，也有不少学者在研究中指出虽然实用主义者在很多核心观念和价值取向方面都和马克思主义有相似的旨趣，乃至相同的主张，但在实用主义和马克思主义哲学的相互对话与互动中，双方在理解中仍然存在着有意或者无意的误读和误解。在 William L. McBride 的"*Science, Psychology, and Human Values in the Context of Dewey's Critique of Marx*"中，McBride 就直言不讳地指出杜威其实并没有真正地理解马克思的观点，因而错误地把马克思当成了一个基础主义者，他认为事实却恰恰与此相反："杜威所反对的马克思主义其实只是列宁的唯物主义和经验的批判主义"，② 而事实上马克思的哲学理论和杜威的哲学思想是完全可以兼容的，特别是在科学、心理学以及人类价值这三个方面。因为正如 William Gavin 指出的那样，杜威对科学的方法具有极大的信心，坚信他的实验主义的方法可以产生一种渐进的方式来指导人的实践，从而改造社会；马克思则相信异化的人的劳动不是人真正的实践活动，坚持只有通过一种根本性的革命才能改变这种状态，真正实现人的价值。Gavin 肯定了他们对这种人类价值的坚持，但却通过引用 James 的心理学（主要是《求信的意志》(*the will to belive*) 中的观点）对这两种看法进行了评价，认为"通过从心理学上对马克思和杜威观点的重构，会发现无论杜威和马克思对他们所选择的科学方法或者特定阶级论，都缺乏一种绝对的客观理由"。③ Colapietro 也认为如果从杜威的观点来看，马克思认为他发现了不可改变的历史规律将变成一种基础主义，而从马克思的观点来看，杜威认为暴力先验地 (a priori) 就不能作为改变现状的工具，也会是一种基础主义。因而，在对人的现实存在

---

① Peter T. Manicas, Philosophy and Politics: A Historical Approach to Marx and Dewey, *Context over Foundation: Dewey and Marx,* Reidel Publishing Company, 1988, p. 151.

② William L. McBride, Science, Psychology, and Human Values in the Context of Dewey's Critique of Marx, *Context over Foundation: Dewey and Marx,* Reidel Publishing Company, 1988, p. 42.

③ William J. Gavin, Text, Context, and the Existential Limit: A Jamesian Strain in Marx and Dewey, *Context over Foundation: Dewey and Marx,* Reidel Publishing Company, 1988, p. 61.

331

和当下处境的理解中，实用主义者就会认为马克思主义哲学中关于人的概念只是将人作为一种经济的存在，考虑的只是个人欲望的满足。因而马克思主义的理论忽略了人也是一种创造性的个体，努力创造一个更好的社会。这种更好的社会可以通过政治的手段，可以通过个人的联合，用他们的观点去教育相似的人们，并试图影响关于社会福利的当下理解。由此在政治主张上就会像 Manicas 所说的那样，实用主义者认为："从马克思主义理论中产生的最危险的概念之一就是"经济决定论"，即有意识地努力提高社会境况或者改变任何一种存在的倾向都是无用的。…… 而事实上，所有的社会团体，包括各种组织和政府，共产主义者和非共产主义者，都可以参与各种活动来促进其成员的幸福和福利。我们并不需要等到共产主义革命来促进前进和正义。并且经济决定论也阻止我们对民主的理解，即民主是在政治上的全民参与"。①

通过以上综述，我们可以发现，美国学者对马克思主义和实用主义比较研究的基本立场是：如果我们能够充分理解马克思和杜威，就会发现尽管他们的理论有很重大的差别，但它们并不是对立的，而是相互补充的。特别是在基本的哲学观方面，马克思主义者和实用主义者都认为哲学反思深深植根于它的文化背景，对他们而言，这种联系是内在的，因而哲学的首要作用就在于促进文化的发展，社会的进步。马克思主义与实用主义都反对传统的基础主义，主张弥合理论和实践的分裂，重新构建新的理论—实践关系，以及在此基础上发展出新的主体学说，构建具有内在联系的个人—社会关系。此外，在对资本主义的分析，对经济和政治制度形成的影响，以及要求激进的社会变革这些方面，马克思主义和实用主义也有诸多类似之处。在研究方法上，美国学者则更注重"回到马克思"，即强调对马克思本人著作的解读，尤其是结合美国社会的现实和各种运动的独特情况（比如左派发起的各种争权、维权社会运动），同时也能较好地结合美国自己的学术传统和最新的学术动态

---

① Peter T. Manicas, Philosophy and Politics: A Historical Approach to Marx and Dewey, *Context over Foundation: Dewey and Marx,* Reidel Publishing Company, 1988, pp. 167-168. 基于哲学理念的差异产生的杜威对马克思伦理学的批判在 70 年代曾经有过争论，具体可以参看：George G. Brenkert, Marx, Engles, and the relativity of morals, *Studies in Soviet Thought* 17, pp. 201-224; Allen Wood, The Marxian critique of justice, *Philosophy and Public Affairs* 1, pp. 245-282; Alllen Buchanan, *Marx and Justice*, Totowa, N.J.: Rowman and Littlefield, 1982; Jonathan D. Moreno, R. Scott Frey, Dewey's Critique of Marxism, *The Sociological Quarterly,* Vol. 26, 2005, pp. 21-24.

（特别是他们和美国实用主义和自由主义传统的对话和互动，对人本主义和实践哲学的重视），来解释马克思主义的思想，从而形成了与中国马克思主义以及西方马克思主义（特别是法兰克福学派）都不相同的解释面相。

（作者单位：复旦大学哲学学院）

"时间实体"：英美本雅明哲学研究的新趋势

田 明

[内容提要] 本雅明哲学是十分复杂的，而以前英语世界的研究者们主要只是在文学艺术思想领域内进行研究。近年来，本雅明的历史哲学与政治哲学开始得到了重视。萨缪尔·韦贝尔以"时间实体"概念为轴心，用"表述性"、"批判性"、"翻译性"、"复制性"、"认知性"等重构了本雅明的历史哲学。马提亚斯·弗莱切则结合马克思与德里达的相关思想，对本雅明的历史哲学和政治哲学之间的关联做了新的分析。本文以韦贝尔的研究成果为主要参考文本，并结合其他相关研究文献，围绕"翻译性"、"复制性"、"认知性"来阐述本雅明的时间实体思想，并描述其结构性时间观。"翻译性"是本雅明发现时间实体的理论原理，"复制性"是在艺术领域中实践发现过程的手段，而"认知性"则体现了时间实体与人类意识的关系，"震惊经验"是人类理解认知时间实体的产物。时间哲学是隐藏在本雅明文学表述形式背后的哲学根基，同时也是他探索先验世界与经验世界关系的一个维度。所以韦贝尔从"时间实体"角度对本雅明的思想进行探索无疑具有里程碑式的意义，这为本雅明想在哲学领域内的研究开辟了新的道路。

[关键词] 历史哲学 时间实体 翻译性 复制性 光晕

进入 21 世纪以来，西方学界关于本雅明思想的研究重心逐渐转变，其思想的文学价值和语言学价值不再是学者重点关注的对象。随着部分遗稿的整理与出版，本雅明思想中的形而上学、政治哲学、语言哲学、历史哲学、艺术哲学等方面先后进入学界研究的视野，人们的兴趣越来越倾向于整合其凌乱的哲学片段。有一些学者，如马提亚斯·弗莱切（Matthias Fritsch）[1]，极其希望摆脱过去后现代思潮的文学解读方式对读者的误导和蒙蔽，从而能够还原本雅明历史哲学与政治哲学的本来面目，在德里达与德·曼思想的影响下，解构性阅读成为他用来贯穿本雅明理论的一把钥匙[2]。而以萨缪尔·韦贝尔（Samuel Weber）[3]为代表的一批学者，主张从形而上学实体论的角度去还原本雅明的思想。韦贝尔在研读手稿时发现，本雅明在写作时大量使用德文后缀"-barkeit"，这在英文中常常被译作"-ibility"或"-ability"。经过缜密地分析，韦贝尔认为"-ibility"或"-ability"并不能按照英文传统将其理解为某一特殊主体的性质或属性，而是应该像本雅明那样从形而上学唯名论角度出发，对概念做出"实体化"处理，其原型是德文"Zeitwort"，即"时间"一词，表达出一种现时存在的、永不停歇的进程[4]。更为有趣的是，这两个思想流派虽然切入本雅明思想的角度不同，却都把主要精力投入在了"时间"和"永恒轮回"这两个概念上面。此外，那些一贯坚持从大众传媒角度来研究本雅明的学者，也都无法抵挡本雅明语言哲学的诱惑，他们对"光晕"、"翻译性"、"语言"等概念的阐释已不同于以往流于表面的做法，特别在海德格尔解释学本体论的推动下，"第二自然的自我表征"为现象学运动提出了新的课题。显然，一个哲学领域中的瓦尔特·本雅明渐渐地被剥去了神秘的面纱。

一、翻译性（Übersetzbarkeit, Translatability）与时间实体

在大多数读者眼中，本雅明的思想涉猎范围较广且思路凌乱，加之晦涩

---

[1] 弗莱切（Matthias Fritsch），哲学博士、2005年至今任加拿大肯考迪亚娅大学副教授，主要研究领域为政治哲学与社会哲学，马克思主义理论，19世纪与20世纪欧洲哲学。主要著作有《记忆的承诺——马克思、本雅明、德里达的历史与政治》。

[2] Matthias Fritsch, *The Promise of Memory: History and Politics in Marx, Benjamin and Derrida,* State University of New York Press 2005, p. 13.

[3] 韦贝尔（Samuel Weber），哲学博士，现为美国西北大学人文学科阿瓦隆基地教授，美国当代哲学、文学、心理学领域杰出人士，主要著作有《弗洛伊德的神话》、《理解力与直观》、《走进巴尔扎克》、《大众传媒——形式、技艺与媒体》等。

[4] Samuel Weber, *Benjamin's –ablilities,* Harvard University Press 2008, pp. 4-10.

的文字，往往使人摸不清头脑。韦贝尔对此持不同观点，认为，尽管不成体系的思想给研究工作造成了极大困难，但是本雅明本人的思路从始至终却都很清晰。他指出，"表述性"、"批判性"、"翻译性"、"复制性"、"认知性"是本雅明哲学的核心概念，并贯彻其思想始终，它们在逻辑上相互关联①，是其语言哲学的基本构成要素。对于本雅明而言，人类语言是普遍语言中的特殊一种，从普遍角度来说，一切心灵的表达皆为语言。语言哲学中的核心问题不是文字实体与精神实体之间的关系，而是作为介质的语言和本源的辩证关系。无论是《德国悲悼剧起源》中的"星丛"理论还是《拱廊计划》中的"意象辩证法"，都是本雅明在语言哲学领域中探索的成果。不过，在以上五个"-ability"(-ibility)中，"翻译性"是本雅明语言哲学中的核心概念，且与时间哲学息息相关，因为本雅明所使用的"翻译"一词，本质上指向历史运动，时间则是历史哲学中的重要概念。因此建立时间实体是本雅明思想所要达到的目的之一②。

"translation"一词的汉语译法不能完全穷尽西文原意。从词源学角度来讲，"translation"是对时间与空间进程的表述，它由词根"tans"和"latus"两部分构成。在11世纪时，"translation"指的是空间中一物体搭载另一物体从一点到另一点的运动，经过中世纪哲学的影响后，"translation"暗指一种未经历死亡并在现世之中即升入天堂的过程。在1340年左右，该词才具备从一种语言转化为另一种语言的含义，与中文"翻译"一词较为接近。韦贝尔认为，无论是英文还是德文，"translation"均源自同一词根，可不必细分。他在自己的著作中从先验世界与经验世界这两个维度去阐释本雅明的"翻译性"概念。在先验领域中，《圣经》是韦贝尔的主要参考对象。

"翻译"作为哲学术语主要在《论普遍的语言和人的语言》和《翻译者的任务》这两部短文之中得到了较为详细的阐释。在第一篇文章中，翻译追随着普遍语言，成为"本源"表征的载体，是向完美语言复归的媒介。根据《圣经·创世纪》中的描述，并且结合本雅明的神学思想，语言在上帝将气息呼入亚当体内的那一刻起便开始了自身的原初堕落。由于人类语言的称谓行为，使得语言在自我表征过程中分裂为精神实体与文字实体，打破了原初语言的

---

① Samuel Weber, p. 59.

② Samuel Weber, p. 7.

完满。"只有依靠本源的力量，翻译才能打破每一个单一的语言模式，不断向纯粹语言状态趋近"①。语言的原罪②导致纯粹语言的自我分裂，翻译的过程就是语言自身从特殊的、多元化语言向纯粹语言趋近的过程，即所谓的巴别塔效应。堕落的语言不仅是一种传达信息的介质，而且其自身即为信息的表征，换句话说："介质即信息自身"③。这条线索贯穿本雅明翻译思想的始终，从翻译的目的来讲，翻译是用介质所表征的信息超越个别语言所传达的信息，是用语言的普遍性超越特殊性的过程④。故本雅明认为，精神实体在语言之中自我表征，并非利用语言自我表征⑤。从这个角度出发，翻译就是从无声到有声、从无名（nameless）到有名（name）之间的转化过程，其目的是使心灵实体等同于语言实体。因此本雅明强调：普遍语言没有讲述者（Speaker）。

由于堕落的语言或人的语言本身表征的本源的信息并非空洞的媒介，在《翻译者的任务》中，本雅明以此为前提把翻译定义为"形式"。从表面上看，这是在阐释语言学理论，然而本雅明的意图却并未局限于此。翻译理论是利用时间流变的过程去丰富与充实语言，它的功效除语言之间的交流和心灵表述之外，还肩负着充实语言实体的任务⑥。时间的流变使得人类文明被抽象成一个个文化片段，翻译作为一种媒介同时蕴涵着语言普遍化的倾向，每一个文化的表象作为人类文明的碎片，在具有普遍性潜力的翻译过程的作用下，都得以相互转化。因此，在时间的进程中，本源利用翻译性或翻译能力来表征自身。换句话说，根据语言文字之间的可翻译性，每一特殊的人类语言都是在表征着本源的信息，特殊的语言本身包含着普遍语言的种子。翻译过程是特殊语言向普遍语言的还原过程，按照本雅明的神学观点，上帝创造世界

---

① Patrick Primavesi, "The Performance of Translation: Benjamin and Brecht on the Loss of Small Details", *The Drama Review* 43.4 (1999), pp. 53-69.

② Hans Ruin, "Origin in Exile: Heidegger and Benjamin on Language, Truth, and Translation", *Research in Phenomenology*(1999), Vol. 29, p. 141, p. 20.

③ Pierre Sorlin, *Mass Media,* London: Routledge, 1994, p. 3.

④ Samuel Weber, p. 77.

⑤ Marcus Bullock, Michael W. Jennings, *Walter Benjamin: Selected Writings,* Volume 1, The Belknap Press of Harvard University Press, Cambridge, Massachusetts, London, England, 1996, p. 63.

⑥ Christian Kohlross, "Walter Benjamin's 'The Task of the Translator': Theory after the End of Theory'", *Partial Answers: Journal of Literature and the History of Ideas (1936-1947),* January 2009, Vol. 7, Iss.1, pp. 97-108.

的过程保证了语言的先验维度。格罗西[①]指出，从亚当与夏娃被赶出伊甸园的那一刻起，客体的称谓便不再由上帝赋予，而是从传统和世俗中产生[②]，语言因不同的传统和思维而多样化。更深入地讲，翻译是还原上帝语言的过程，也可以解释为辨明上帝启示的能力。因此，根据韦贝尔的研究成果，若 translatability 中的 "-ability" 确为实在构建时间实体的话，那么时间实体的建构过程也可以解释为神圣力量的世俗化过程，是神圣力量在时间中的自我表征。雷恩[③]认为，本雅明历史的表征可谓是圣经历史的表征[④]。本雅明也在笔记《世界与时间》中写道："在神圣的启示中，世界（历史的舞台）陷于巨大的解体过程，而时间（作为人类生命的表征）则被不断地填充"[⑤]。显而易见，翻译已经不再是简单的媒介，时间实体因翻译而得以建立。

本雅明的时间范畴既不同于社会达尔文主义的不间断连续体，也不是康德的直观形式。在他眼中，时间近似于一种模式，人类知性在时间模式中认知实体的形成，以及实体连续体之间的真实关系。《圣经》中的时间观是本雅明时间哲学的主干，几乎在所有提及时间概念的研究笔记或文章里，都会出现"创世纪"、"世界之初"、"世纪末日"、"末日审判"等《圣经》概念。在《世界与时间》这篇笔记中，本雅明认为，填充时间的过程就是历史救赎过程。更具体地讲，历史是时间的实体。在世界末日那一刻，本源的表征宣告终结，同时一个自由的表征宣告到来，世界再次复归到上帝创造世界之前的状态，语言实体与文字实体在上帝那里先验同一。世界不是世俗化的世界，而是纯粹先验的世界，语言不再是巴别塔之后的语言，而是纯粹的语言（pure language）。故而本雅明在研究笔记中写道："世界的反义词不是时间，而是即

---

① 格罗西（Graeme Gilloch），社会与政治科学博士（剑桥大学），现任英国兰卡斯特大学社会学系副教授（Reader），主要从事文化社会学、法兰克福学派研究，主要著作有《瓦尔特·本雅明——批判星丛》、《都市与神话——瓦尔特·本雅明与城市》。

② Graeme Gilloch, *Walter Benjamin: Critical Constellations,* Polity Press in association with Blackwell Publishers Ltd, 2002. p. 62.

③ 雷恩（Richard J. Lane），现任加拿大马拉斯皮那大学英语系教授。

④ Richard J. Lane, *Reading Walter Benjamin: Writing through the Catastrophe,* Manchester University Press, 2005, p. 55.

⑤ Marcus Bullock, Michael W. Jennings, *Walter Benjamin: Selected Writings,* Volume 1, The Belknap Press of Harvard University Press, Cambridge, Massachusetts, London, England, 1996, p. 226.

将产生的世界"①。

翻译与本源密不可分，可是本雅明并未清晰总结出本源的内涵。参考具体的语境，并以各类研究文献为基础，读者可以针对本源问题建立起初步印象。在本雅明的文本中，本源一词的德文原型为"Enspringendes"，原始含义是指主动性生成。在《德国悲悼剧起源》的"认识论－批判序言"中，本雅明坚定不移地指出："本源"是一个历史范畴②，换句话说，与翻译相结合的本源和古希腊哲学自然哲学对起源所做的探讨并不处在同一维度之中。所谓的本源并非与从中迸发出来的衍生物联系在一起，而是与超越生成与消亡之外的东西相联。韦贝尔认为，从核心含义出发，本源既不是一个绝对的开端，也不是从无形到有形的流变。若将本源简单地理解为生成（Werden）或消亡（Vergehen），则是对本雅明思想的武断解读。本源的历史性体现在先前事件的复归、再现与轮回运动上③。

犹太神学背景促使本雅明时常利用《圣经》中的理论去阐释自己的思想，因此对圣经的神学阐释与他自身对本源的理解重叠在一起，在他的思想中难以用一条清晰的界限去区分彼此。从逻辑角度思考，上帝依靠自身的形象造人是本源的第一次实体化进程，模仿与再生（reproduction）是实体化进程的主体。同一性可以用来描述上帝与本源之间的关系，而人类与上帝之间只存在着相似性，本源与实体的差异依靠同一性与相似性之间的差异表征出来。按照《创世纪》中的叙述，当亚当和夏娃"触碰"（touching）悬挂在生命之树上的智慧果时，相似性与同一性的关系开始变得微妙，上帝与上帝的创造物之间的关联因为智慧以及善恶理念的产生而出现了转折点。具体说来，本源与本源的模仿物之间因对生命之树的"触碰"而出现了同一的契机。正如韦贝尔所言："'触碰'生命之树意味着对事物的占有（taking）……触碰成为了占有的形式，是将相似性复归至同一性的起点"④。

然而本雅明的思想却颇具悖论意味，在面对语言堕落的问题时，他并非简单地用历史逆向行走来还原本源，而是极力加速世俗的堕落过程，从而达到堕落的顶点，用先验世界与经验世界、永恒维度与时间维度、神圣王国与

---

① *Ibid.*

② Samuel Weber, p. 88.

③ Samuel Weber, p. 89.

④ Samuel Weber, p. 85.

世俗王国之间的差异性瓦解经验自身，激发新一轮的轮回①。他认为人类可以去触碰智慧果，但不要将其完全占有，否则时间实体就会因为永恒的降临而不复存在。神圣与世俗、本源与本源衍生物之间的距离不可磨灭也不可能磨灭，这种距离是时间产生的必要条件。永恒是对时间的否定，本源与本源衍生物的等同会消解时间实体，历史运动成为了空谈。因此，一旦人类语言如同上帝语言一样完美，那么翻译性随即丧失了存在的必要性。翻译是一种先验的跳跃，从一个现在的时刻跳到过去的一个时刻，它跨越了本源与本源衍生物之间的距离，在跳跃的一瞬间，时间处于静止（standstill）状态。在这一状态下，本源与本源衍生物的关系由相似性转变为同一性。简言之，翻译向本源还原以及辨明神圣启示的能力可以打破时间的运动，在静止的瞬间，本源与永恒得以显现。这也是本雅明静止辩证法（Dialect of Standstill）的核心部分。本雅明强调弥赛亚降临和历史救赎只能在静止状态下发生②，其中的部分奥妙就包含于此，历史救赎需要翻译作为强化剂。因此，翻译性不是事物的属性或语言的属性，不是两种事物或两种语言之间的关系。翻译表征着时间的表象，其本身就是时间的实体。

到目前为止，我们可以发现，本雅明的时间观既不是线性时间观，也不是一个简单的圆圈。他眼中的时间是一种模式，更是一种结构。在一次轮回过程中，每一时刻（moment）或每一瞬间，都包含了一次子轮回。而且轮回过程还不是一个完整的圆圈，在静止的那一刻，时间的缺失和永恒的降临会导致时间的断裂。作一个较为形象的几何学比喻，本雅明的轮回是用"虚线"勾勒的圆圈，而非"实线"，每一个线段之间的罅隙都是一次子轮回诞生的瞬间，本雅明形象地称时间是流变（passage）③。翻译是在各个时间实体之间的跳跃，使得时间不会因为静止而丧失自身的实体。韦贝尔做了一个更为形象的比喻，本雅明的时间观类似于"日历"（calendar）而非时钟（clocks），日历所表征的时间不是一种连续体，亦不是一种不可反转的同质体，它是非连续体的轮回④。日历的时间是一种结构性时间，日历以"每一天"为单位，"每

---

① Eric Jacobson, *Metaphysics of the Profane: the Political Theology of Walter Benjamin and Gershom Scholem,* Columbia University Press, 2003, p. 86-109.

② Matthias Fritsch, p. 36-42.

③ Graeme Gilloch, p. 163.

④ Samuel Weber, p. 121.

一天"都有自己的起点与终点。而本雅明认为，"每一天"之间是时间的先验真空。

二、复制性（Reproduzierbarkeit, Reproducibility）与时间实体

对本雅明的研究不可能脱离艺术领域，20世纪后期的研究者往往将本雅明的思想作为文化批评理论来研究。从一定层面上来讲，这是由于对本雅明思想认识不充分而造成的。艺术哲学思想是本雅明哲学体系中的另一主线，不过他的任何一条理论分支都不会呆板地局限于各自领域内闭门造车，而是彼此相互交叉、相互作用。如果把本雅明的时间哲学划分为理论与实践两大领域的话，那么神学维度中的翻译和本源问题则从属于前者，艺术哲学思想的构建则从属于后者。值得一提的是，本雅明的艺术哲学与马克思的经济哲学结合在一起，造就了艺术哲学的一个分支——生产美学①，它试图从中发掘世俗政治的构建思路。

本雅明涉及艺术哲学的论述文本、笔记众多，其中对后世影响较为深远的文本莫过于《机械复制时代的艺术作品》。在其短暂的一生中，《机械复制时代的艺术作品》历经多次修改，并最终形成了三个版本（1935年版，1936年版，1939年版）②，从中可见他对艺术哲学的重视程度。艺术品因其自我表征的特性成了本雅明阐述历史本源的有力工具，但是20世纪新兴的电影技术给本雅明带来了许多困惑。西方艺术自古希腊文明起源以来，历经文艺复兴与宗教改革，就某个层面而言，艺术一直是作为经验领域与先验领域沟通的媒介。而摄影艺术因为自身的复制能力侵蚀了艺术的永恒价值，其膜拜对象从先验领域降临到机械的经验领域。机械复制手段的兴起侵蚀着理解力的源头，阻隔经验的获取。从本雅明的时间哲学出发，由于艺术作品的唯一性与"即时即地"（here and now）③特征在复制性的作用下逐渐退隐，艺术作为时间载体的角色随即泯灭。用本雅明的术语来讲，就是光晕的消逝。因此，若要

---

① Howard Caygill, *Walter Benjamin: The Colour of Experience,* Routledge, London and New York, 1998. p. 98-99.

② *Ibid.*

③ Marcus Bullock, Michael W. Jennings, *Walter Benjamin: Selected Writings,* Volume 3, The Belknap Press of Harvard University Press, Cambridge, Massachusetts, London, England, 2002, p. 103.

理解艺术哲学与时间实体的关系，艺术领域中"复制"与"光晕"成为了关键词。

韦贝尔认为，"翻译"是本雅明集中构建时间实体的专门术语，而在雷恩看来，本雅明时间哲学的核心是如何建立先验与经验之间的关联。从现实角度分析，本雅明的时间思想以历史为核心，在神学政治的基础上重塑世俗政治，其建构思路可参考本雅明的研究笔记《世界与时间》[①]。从实践角度来看，本雅明巧妙地把历史本源的自我表征同艺术哲学联系在一起。故而，时间实体与艺术哲学以本源为基础结合在一起。如何将先验的"-ability"在艺术领域中用历史、政治、文化来构建经验世界的血肉之躯，是本雅明艺术哲学的最高目的。

在《机械复制时代的艺术作品》中，三个核心概念贯穿始终，即光晕（Aura）、复制（Reproduction）与意象（Image）。光晕依靠其永恒价值和即时即地属性衔接着时间，复制建立起与本源和实体的联系，而意象则是表征的载体（本雅明认为，纯粹语言的功能就是"表征"[②]）。

卡伊吉尔[③]认为，古希腊哲学对艺术的理解，就是对处于时间流变过程中的永恒之物的表象。据卡伊吉尔考证，古希腊艺术哲学以永恒的艺术作为核心思想，而永恒恰恰是时间的反义词。艺术品的唯一性与永恒有效性表明艺术作品不可能利用技术进行复制。宗教或神学是艺术诞生的土壤，那么不可复制性则成了保护先验世界的神圣力量。在本雅明看来，艺术品的永恒有效性使艺术远离世俗的理解力与经验认知。简言之，艺术观赏者所要做的就是通过艺术对先验维度顶礼膜拜。不过，本雅明敏锐的理解力并未放过膜拜价值中浓郁的政治气息，膜拜的先验力量亦可成为世俗政治运动的基石。当艺术品作为膜拜价值的载体成为宗教礼仪一部分的时候，先验力量开始受到了经验力量的侵蚀，无论是祭司还是膜拜者均渴望利用膜拜技术掌控先验的力量，从而统治自然与历史。正是在这个层面上，本雅明将宗教礼仪划入技术范畴，因为礼仪是组织与控制周围环境的有力工具[④]。换句话说，对永恒价

---

① Richard J. Lane, p. 55; p. 68.

② Samuel Weber, p. 90.

③ 卡伊吉尔（Howard Caygill），哲学博士，现任伦敦大学金史密斯学院历史系文化史专业教授，主要从事哲学史、美学、文化史研究，主要著作有《康德词典》、《判断力的艺术》、《列维纳斯与政治》等。

④ Howard Caygill, p. 105.

值的膜拜蕴藏着技术复制的萌芽。在机械复制时代，在技术从手工形式转化为机械生产后，光晕的持存面临着前所未有的危机。机械复制时代彻底打破了艺术作品的"即时即地"性，从以往艺术对技术的掌控转变为复制技术对人类的掌控，即人类受控于由自身创造的"第二自然"。永恒性与即时即地性的消失使得艺术作品不再是可以脱离时间与历史的存在：一方面，艺术在重新构建着历史；另一方面，艺术品依然承载着本源信息。不过本雅明认为，光晕的消逝可以通过时间结构性轮回而再生。

"光晕"在《摄影小史》中被定义为时间与空间的波动，是距离独一无二的表象。而在《机械复制时代的艺术作品》第二版中，本雅明将"距离"与"幽灵"结合在一起。参考德里达在《马克思的幽灵》中的解释，本雅明的幽灵与其产生了共鸣，光晕是永恒性与唯一性在道成肉身失败之后而形成的一种后生命（afterlife）的力量 ①。没有先验维度的经验世界只能导致虚无主义的超善恶，尼采将虚无主义定义为最高价值的自我贬损，但虚无主义及其后果对于本雅明来讲是先验降临在历史中的灾难。他对法西斯主义的政治审美化的批判说明神圣的先验力量与世俗的经验世界必须保持一种平衡，如果光晕成为理解力的认知对象，且毫无遮掩地裸露在观赏者面前的话，那么先验力量必然会摧毁经验力量，时间不再是间断的"虚线"，反而成为永恒的存在，实体与表象合二为一，继而所谓时间实体的构建也不复存在。因此光晕作为维持艺术作品永恒的力量被本雅明搁置在了生命之后的世界中，这与德里达对马克思承诺的阐释有着异曲同工之妙②。先验世界与经验世界之间要保持一种力量的平衡状态，正如展示价值与膜拜价值之间的互动关系一般。没有先验的经验世界（纯粹展示价值）与没有经验的先验世界（纯粹膜拜价值）均无法建立时间的实体，前者将时间视作一种连续体，如同达尔文的进化论，将多元化的人文关系纳入到单一的价值体系之中，而后者则彻底取消了时间的变迁，历史因为永恒的降临而不复存在。

先验与经验之间的平衡状态是一个棘手的难题，其主要症结体现在不间断的时间流变上。在本雅明的时间哲学中，所谓时间的实体除了包含隐藏在时间表象背后的存在以外，还指一种跳跃过程。时间实体不是如柏拉图的理

---

① Matthias Fritsch, p. 57-61; p.64-66.

② Matthias Fritsch, p. 80-82.

念那样固定不变的东西，而是利用静止辩证法对每一个孤立的时间区间（the passage of time）的衔接。摄影技术的诞生，尤其是机械复制手段的发明使得本雅明异常兴奋，"复制"是"翻译"的现实存在，历史、政治、文化等等时间表象利用复制的手段在现实中被勾勒出来。在现实生活中，电影或摄影技术的发明不是停留在记录手段的功效上，而是以一种崭新的交流方式与表述的"语言功效"出现在艺术领域之中，并最终形成了一种用技术构建的"自然"，本雅明称之为"第二自然"①。需要特别强调的是，复制（reproduction）并不是机械重复（copy），而是在原有基础上重新制作并兼有"衍生"的含义。在复制过程中，艺术品的实体并未受到动摇，而特征、属性则受到了不同程度的影响，因此本雅明强调艺术作品的本真性，一遍一遍的复制以及复制手段的不断革新，使得艺术实体被渐渐掩藏。不过无论艺术品的属性与特征如何改变，本真性总会常伴艺术左右。

摄影技术的兴起使得昔日神秘的艺术鉴赏流入民间，而且依靠大众传媒的力量将一种群体鉴赏力纳入艺术创作之中。复制打破了艺术超越时空存在的能力，在摄影镜头面前，展示价值超过了膜拜价值，曾经与先验世界紧密相联的"光晕"在日益膨胀的展示价值面前步入后生命时期，它类似于幽灵一般维持着艺术品的先验维度。正如本雅明所言："舞台上，围绕麦克白的光晕不能与缠绕在扮演着身上那个活生生的幽灵分开"②。从时间角度来讲，光晕只存在于每个时间段间的"真空"之中，这就如同两个"每一天"之间的黑夜那样。所以本雅明称光晕是一种幽灵的距离，但他不能将其定义为时间段之间的距离，因为文字表述——"时间段之间的距离"——依旧是时间问题，而非超越时间的存在。故而本雅明只是将光晕定义为距离，并未明确指出距离的参考物。

膜拜价值与先验领域相关，而展示价值与经验领域相关。在本雅明看来，展示价值的主要功能就是"娱乐"（Unterhaltung）。在德语中，Unterhaltung包含两层意思，除了"娱乐"自身之外，它还具有"谈话"、"交流"

---

① Joshua Robert Gold, "Another Nature Which Speaks tothe Camera: Film and Translationin the Writings of Walter Benjamin", *MLN* 122 (2007), pp. 602–622, The Johns Hopkins University Press.

② Marcus Bullock, Michael W. Jennings, *Walter Benjamin: Selected Writings,* Volume 3, The Belknap Press of Harvard University Press, Cambridge, Massachusetts, London, England, 2002, p. 112.

的含义。在机械复制时代，大众媒体为"交流"和思想传播创立了空前的便利条件，思想与理论以难以思量的速度在社会中繁殖。更为重要的是，人类的理解力与经验的形成途径在第二自然的作用下发生了改变，判断的标准不再是源自先验领域，而是来自于技术领域。因此，一旦光晕并入到时间之中，与时间实体的构建者联系在一起，那么光晕的世俗肌体只能是技术，但这却是对光晕不完整的理解和认知，偏见与永恒的先验力量结合必然导致灾难的降临。本雅明认为，法西斯的政治审美化就是这种灾难的经典例证。

所以，时间实体的建构不能依靠先验原理的"道成肉身"，而是依靠"复制性"在两个时间段之间跳跃。这种过程是一种媒介，但是媒介作为一种衔接的过程，表征了时间的实体。在本雅明的哲学中，过程与实体无异。复制性的作用原理是翻译性，这两个看似风马牛不相及的问题却是本雅明时间思想的核心。本雅明的写作生涯就是在实践这一"过程"，正因如此，韦贝尔在本雅明的著作中发现了大量的德文后缀"-barkeit"，但是韦贝尔并未指出复制作为一种跳跃过程就是一种实体。概言之，本雅明的文本功能不仅仅是表意，而且是在实践一种时间上"跳跃的过程"。他历经 20 余年的研究计划《拱廊计划》就是要把"跳跃过程"的实践道路系统化。

三、认知性（Erkennbarkeit, knowability）与时间实体

既然时间实体是一种过程，那么如何在时间实体的基础上构建人类的经验成为了本雅明需要解答的另一个问题。在英语世界中，研究本雅明经验问题主要有两种路径，一是从审美经验角度出发结合认识论思想去研究，选择这条路径的学者往往仅仅关注本雅明的本体论经验，以本雅明的术语"震惊经验"为核心研究对象；二是从神学政治角度出发，阐释本雅明的政治哲学和历史哲学。事实上，这两种路径都会落脚在非连续的时间实体以及经验和光晕的关系上面。翻译性、复制性、时间实体频繁出现在一系列研究经验问题的文章之中。

在本雅明的视域中，经验的建立依靠的是时间实体的表征，是海德格尔解释学本体论意义上的经验问题，而不是英国经验主义所倡导的经验建构。本雅明在经验问题上提出了一个新的术语——"震惊经验"（shock experience)。韦贝尔认为，本雅明在《历史哲学论纲》中涉及到了"认知性"①，这是本雅明历史哲学的另一个核心概念。事实上，早在1918年，《论未来哲学纲领》就提出了经验思想，同时一些研究笔记，如《论理解力》、《论绘画》等都涉及经验的获取问题。本雅明的经验首先质疑康德的经验概念，其次质疑康德经验思想的预设前提：（1）存在主体经验与个体经验之别；（2）不存在物自体的经验②。概言之，本雅明认为时间断裂处的先验运动是可以依靠自我表征能力去影响世俗的经验系统，康德封闭物自体领域的认知性实际上是把经验局限在一个时间区间之中，而不是从时间的总体出发去分析经验的构成。因此，本雅明将康德的时空经验与黑格尔的历史精神联系在一起，渴望建立一种思辨的经验（speculative experience），康德与黑格尔的思想共同铸就了本雅明的经验理论根基③，当然还有马克思主义的历史唯物主义④。

而卡伊吉尔认为"思辨经验"并不能囊括本雅明的经验思路。以本雅明的时间哲学为蓝本，在其思想中理应存在两种类型的经验，一种经验存在与时间相关，另一种经验存在与时间的断裂处相关，所以思辨经验只能是时间性的经验。本雅明结合达达主义与波德莱尔思想提出的"震惊经验"是为了渗透到物自体领域的经验之中，它利用人类的记忆作为途径，将每一段流变的时间还原为一个个意象（《拱廊计划》中表现为巴黎街头的城市意象），并将其重新组合，从而形成历史的星丛。早在"认识论－批判序言"中，本雅明就提出了知识要通过理念单子构成的星丛去理解的思想⑤。

在《机械复制时代的艺术作品》中，本雅明肯定了"触碰"作为经验诞生的途径之一。人类理解力在与客体"触碰"人类的途径中发生了改变，在机械复制时代，大众媒介是"触碰"的主要形式。在本雅明看来，记忆是发掘经验的一把钥匙，对于永恒普遍的先验世界来说，光晕的存在通过艺术作品的现实形式给人类建立了记忆。因此若要找到所谓物自体世界的经验，必

---

① Samuel Weber, p. 116.

② Howard Caygill, p. 2.

③ *Ibid.*

④ Richard ShiffHandling Shocks: "On the Representation of Experience in Walter Benjamin's Analogies", *Oxford Art Journal,* Vol. 15, No. 2 (1992), pp. 88-103, Oxford University Press.

⑤ Walter Benjamin, The Origin of German Tragic Drama, translated by John Osborne, Verso, 1963, pp. 35-51.

然要结合艺术领域向记忆探寻。时间具有三个维度，过去、现在、未来，其中现在是对过去的否定。记忆承载着历史的种子，在记忆碎片之间是遗忘，遗忘不是对记忆的否定，相反因为遗忘的出现给震惊经验的产生创立了前提。震惊所带来的不是一种遗忘，而是一种更坚实牢固的记忆，震惊将历史重新收集在一起 [1]。

"震惊"一词被达达主义广泛使用，本雅明称赞达达主义的艺术主张，但却不赞成达达主义将立体主义的空间转化称为未来主义的"速度"的做法。本雅明借用"震惊"一词，将其作为接受实体自我表征的工具 [2]。在技术复制时代，震惊是打破由第二自然所构建的判断力的有力武器。因此，本雅明认为震惊经验是都市生活的烙印 [3]。

卡伊吉尔认为，震惊经验是光晕在理解力中的显现，这是物自体在世俗领域中的"一瞥"，是时间实体可认知的途径。对此雷恩与韦贝尔亦表示认同，韦贝尔进一步指出，本雅明的认知性概念完全是实践智慧的产物。总而言之，如果没有震惊经验体系的构建，时间实体的自我表征思想只能是一种空想。

四、余论：哲学领域中的本雅明与文学领域中的本雅明

在英语世界中，针对文学领域中的本雅明的研究文献要比哲学领域中的研究文献充实丰富得多。然而这些研究文献往往针对本雅明的文学理论和艺术思想大做文章，他们对电影艺术、大众传媒与翻译理论流于表面的阐释方法避开了隐藏在文本背后的哲学问题。或许由于本雅明封闭了语言的可理解性，因此造成了哲学领域中研究文献的大量缺失。本雅明与阿多尔诺固然有相似之处，可是二人的风格差异较大，阿多尔诺毕竟著有严格意义的哲学著作，如《否定辩证法》、《美学理论》等，而本雅明留给我们的只是凌乱的哲学笔记和文章片段。不过，本雅明的研究工作在西方学术界才刚刚起步，在分析哲学主导的英美思想界，仅仅从文学批判角度对本雅明的思想进行探索显然很难在哲学领域中立足。从这个角度来讲，韦贝尔为本雅明哲学的研究工作找到了固定方向。

---

[1] Graeme Gilloch, p. 232.

[2] Howard Caygill, pp. 114-15.

[3] Graeme Gilloch, p. 199.

进入 21 世纪以来，安吉尔·本雅明（Andrew Benjamin）、韦贝尔、雷恩、卡伊吉尔等一批学者都渴望挖掘出哲学领域中的本雅明。但无奈的是，本雅明相关哲学著述不仅凌乱，而且难觅同一的路径，加之犹太神学神秘主义背景的缺失，即便是西方学术界，也对本雅明的哲学思想头痛不已。韦贝尔对"-ability"问题的发现，为本雅明的哲学研究工作增添了一丝希望。巴克莫斯①在其著作《意象辩证法》中就表达了这样的困惑：本雅明的思想究竟是不是哲学②？

可以肯定的是，从结构性时间角度阐释本雅明，将其时间哲学与时间实体结合在一起的做法，揭开了本雅明哲学领域的神秘面纱。相比他的哲学思想而言，本雅明带给我们更多的是一个又一个棘手的时代难题。

（作者单位：中山大学哲学系）

---

① 巴克莫斯（Susan Buck-Morss），现任美国康奈尔大学政府系教授，主要从事大陆哲学、政治哲学与社会理论研究，主要著作有《否定辩证法的起源》、《梦境与祸端》等。

② Susan Buck-Morss, *The Dialectics of Seeing: Walter Benjamin and the Arcades Project*, The MIT Press, 1991, p. 216.

南茜·弗雷泽的反常规正义理论

[内容提要]南茜·弗雷泽认为，适合当今这个反常规时代的正义理论应该包含三个特征。首先，这个理论在正义"实质"问题上应该有一个多元社会本体论和规范一元论的表述；其次，这个理论所持的正义"主体"观应该既有反思性也有实质性；再次，反常规时期的正义理论应该包含一个既是对话式也是制度式的正义"程序"观。同时，反常规的正义理论应该是呈开放状态的，尚有待通过社会斗争来揭示更多的维度。

[关 键 词]反常规 实质 多元社会本体论 开放性 规范一元论 主体 程序

南茜·弗雷泽（Nancy Fraser, 1947—），现为美国纽约社会研究新学院大学哲学与政治学系教授。20 世纪 90 年代初期，她的研究主题是女权主义，主要著作有《难以驾驭的实践：当代社会理论中的权力，话语和性别》（1990）、《重评法国女权主义》（1992），以及《女权主义的争论：一场哲学的对话》（与塞拉·本哈比和朱迪斯·巴特勒等合著，1995）等。1992 年，批判理论第代代表人物霍奈特出版了《为承认而斗争》一书后，她于 1995 年在《新左翼评论》的 7/8 月刊上发表《从再分配到承认？"后社会主义"时代正义的困境》

一文对其提出质疑。1996年，又出版《正义的中断》①，进一步分析了当前"后社会主义"状况下的"身份政治"和阶级政治，文化左翼和社会左翼的分裂，并号召各种左翼在斗争中联合起来，为"经济上的社会主义"和"文化上的解构"而斗争。弗雷泽与霍奈特的辩论引起美国和欧洲诸多批判理论家的关注，很多著名理论家，如理查德·罗蒂、朱迪斯·巴特勒、瑞尼尔·福斯特、尼古拉斯·孔普雷迪斯、艾利斯·马里恩·杨都参与了讨论。在这一过程中，弗雷泽的正义观逐步发展起来，相继出版《再分配，还是承认？——一个政治哲学对话》（与霍奈特合著，2003）、《（错误）承认，社会不平等和社会正义》（与布迪厄合著，2007）、《正义的尺度——全球化世界中政治空间的再认识》（2008）、《伤害＋侮辱——争论中的再分配、承认和代表权》（2008），并形成了独树一帜的"反常规正义"（abnormal justice）的理论体系，奠定了其在西方批判理论界的新领军人物地位，被看成是法兰克福学派第三代在北美的代表人物。

一、时代诊断与反常规正义理论的提出

弗雷泽的反常规正义理论来自于她对当今世界所作的"时代诊断（Zeitdiagnose）"。在她看来，当代西方乃至全世界发生的种种经济、政治、科技上的变化，正在颠覆着我们过去所熟悉的所有批判理论框架。"这将对全世界的思想家发出挑战，去重新创造适合于21世纪的批判理论工程"。② 她认为，在当今政治文化中存在四个重大挑战，它们推翻了左翼思想的既定范式。③ 第一，作为社会斗争特殊轴心阶级的去中心化。早期，批判理论家受马克思主义的影响，赋予阶级以特殊地位，称其为资本主义的"主要矛盾"和人类普遍解放的载体。然而，今天世界已经发生了重大变化，由于非阶级划分、身份和冲突的异军突起，再过度强调阶级无疑会令人质疑。今天的批判理论家必须创造对结构压迫和集体身份的新的、后形而上学的理解，必须去阐明那些不

① 本书连同《再分配，还是承认？——一个政治哲学对话》、《正义的尺度——全球化世界中政治空间的再认识》、《伤害＋侮辱——争论中的再分配、承认和代表权》，已译为中文出版（上海人民出版社2009年，周穗明主编）。
② 南茜·弗雷泽：《再分配，还是承认？——一个政治哲学对话》，周穗明译，上海人民出版社2009年版，中文版序言第3页。
③ 同上。

属于阶级运动的斗争，以及那些继续以阶级语言来表述它们的愿望的斗争。第二，政治文化中作为社会正义特殊维度的分配的去中心化。在早期批判理论家那里，正义往往首先属于政治经济学范畴，其第一位目的是可分割性物品，特别是收入和财富的公平分配。在福特主义居主导地位的时代，这种观点阻碍了对其他类型社会不平等的关注，比如身份等级制和政治无权地位。时至今日，由于非经济类的非正义大量涌现，单维度的分配主义范式不再是理所当然的。在后福特主义的资本主义中，新社会运动常常是针对基于"错误承认(misrecognition)"的身份不公正和基于"错误代表权(misrepresentation)"的政治不公正，由此关注的不再仅仅是分配。弗雷泽认为，这给批判理论带来了一个挑战：必须放弃经济主义的观点，创造新的、多维度的正义观，这种新正义观不仅是为争取再分配，同时也是为争取承认和代表权而进行的斗争。

第三，政治文化中"威斯特伐利亚"① 正义观的去中心化。长期以来，许多批判理论家都认为正义的主体是特定范围内的政治公共体，即领土国家。弗雷泽认为，这种在法国革命以来处于主导地位的正义观忽视了跨国界的非正义，如全球贫困、环境问题、种族主义等。今天，由于各种与全球化相关现象的涌现，比如全球金融和跨国化生产，美国的军国主义和单边主义，全球治理和全球变暖，威斯特伐利亚的正义观不再是不言而喻的。弗雷泽认为，在新自由主义化的资本主义时期，跨国的社会运动是对分配不公、错误承认和错误代表权问题进行跨国界的抗争。他们公然挑战威斯特伐利亚正义观。这必然给批判理论带来另一种挑战：放弃种种教条的、以一概全的概念，去创造新的、后威斯特伐利亚的正义观，以批判当代全方位、多层次的对正义的误解。

第四，今日左翼缺乏一个令人信服的，可以替代当前秩序的愿景。以前，批判理论家可以诉求于某种社会主义版本，为他们描述的"好社会"理念提供支撑。然而，在今天的后冷战时代，反资本主义的斗争扩展蔓延，但却以一种去中心化、碎片化的方式进行，因而，缺乏一个可行的共有理念。弗雷泽认为，这必然迫使我们放弃对过去模式的怀旧之情和对后现代多元主义的庸俗庆贺，而要去创造一个新的、正义社会的全面愿景——一个将分配正义、身份平等和在每一层面的治理中广泛民主参与相结合的愿景。

---

① 1648 年，《威斯特伐利亚和约》签订，奠定了以全球为参照系的国家主义。威斯特伐利亚体系是指依照这个条约各个国家应遵循处理国际关系的原则，威斯特伐利亚正义观认为主权国家是正义的主体。

这样的时代是与战后西方福利国家发展时期的常规时代不同的，它主要指向 20 世纪 90 年代以来的全球化发展时期，据此弗雷泽借用库恩和罗蒂的概念称之为反常规时代。那么，什么样的正义理论能够在反常规时代提供指导？这就需要有一种切合这个反常规时代的正义理论。在弗雷泽心目中，这样的"反常规正义理论"要体现当代全球各种正义运动的多元正义诉求。在其理论创建初期，弗雷泽反对霍奈特的"承认一元论"，为再分配和承认的二元论辩护。后来，随着理论思考的进一步深入，弗雷泽不再满足于自己原先的二元论框架。她认为，这种二元论框架虽然抓住了后冷战时期的政治诉求："从再分配到承认"的转折，但这种二元模式无法质询那种默认的假定，即正义适用的固定单位是有限的领土国家。因此，在其近期的著作《正义的尺度》及其各种讲座中，弗雷泽又提出了正义的第三个维度——政治上的代表权问题。在分析上不同于再分配和承认，政治上的代表权适合于将"错误构成（misframing）"的非正义理论化，错误构成指的是把实际上属于跨国的不平等当作一国之内的问题。弗雷泽认为，这一经过修正的、三维的正义理论，旨在阐明贯穿全球化的种种斗争，能够就新自由主义时期的非正义问题进行持续反思。

二、反常规正义"实质"观

弗雷泽反常规正义理论体系中最重要的部分是其正义"实质"观。[①] 正义的"实质"这个问题之所以出现是因为今天的社会运动对正义的实质缺乏一个共识。与大多为"再分配"而鼓噪的 20 世纪中期的先行者不同，今日

① "关于正义实质的争论：再分配，承认还是代表权" (Disputing the Substance of Justice: Redistribution, Recognition or Representation?)；"我们目前争论的方式：在全球化的世界中形成的断裂的诉求" (The Way We Argue Now: Fractured Claims-making in a Globalizing World)；"关于正义主体的争论：国家公民，全球人类，还是有风险的跨国共同体" (Disputing the Subject of Justice: National Citizenry, Global Humanity or Transnational Community of Risk?)；"关于正义方法的争论：霸权，专家政治，还是民主？" (Disputing the Methods of Justice: Hegemony, Technocracy or Democracy?) 这四个讲座是弗雷泽在特伦特大学所作的 Ryle 系列讲座，2009 年 3 月在中国北京、上海以及广州等地所作的系列讲座也是围绕这四个主题展开的，但弗雷泽在讲座时也会联系当地的一些具体情况阐述其理论，比如她在中国的讲座中联系中国的农民工、农民工子弟就学问题以及中国左翼的现状等等所做的分析，是很有启发意义的。

的正义诉求者以各种不同的方式表达他们的要求，而这些要求却导向彼此对立的目标。比如，今日阶级性的经济再分配诉求往往与少数群体要得到"承认"的要求相抵触，而女性主义者性别平等的诉求又常常与宗教或团体的传统正义形式相冲突。结果就使正义话语中出现了一种难以消解的反常规性节点。关于正义"实质"的不确定性大大降低了解决非正义问题的可能性。绝大部分的传统正义理论都是在常规话语的模式下描述正义冲突，在这种模式下，正义冲突的双方虽对抗但却可以用同一尺度来衡量。战后，主流政治派别都认同分配观，即把社会正义等同于可分割性财物的公平分配，在本质上是典型的经济意义上的正义。如果各方都是就同一个问题争论，那么冲突就可能在常规话语的模式下得到有效分析。但是今天，这种常规话语的模式已经发展到崩溃的临界点。为了说明这种状况，弗雷泽援引2005年因描画先知穆罕默德的漫画而在丹麦引发的争论作为一个典型的反常规正义案例。她认为，这场争论包含了对正义之"实质"的彼此冲突的理解。许多支持发表这些漫画的人以自由主义法则的政治话语来描述此事，而敌对者则以各种理由提出反对意见。一些人基于宗教话语指出他们的先知受到了亵渎。其他人则以不那么宗派化的"承认"式语言提出反对，指出他们没有受到同等的尊重。还有一些人把关注点放在经济问题上，谴责丹麦政府没能使移民融合，认为这体现了分配不公。总而言之，就这次漫画事件中"什么"受到了威胁这个问题，存在严重的分歧。

丹麦的漫画争端只不过是显示正义"实质"之反常规性的一个案例。在这种反常规正义的情况下，传统的正义理论不再适合，因为受争议的不仅是相冲突的诉求，还有相冲突的社会本体论，这就导致用来评估诉求的标准也是冲突的。因此，可能出现的不仅仅是大家所熟悉的旧式不公正的威胁，还有令人不安的"不可衡量性"这个魔障。面对对正义之"实质"的不同理解，理论建构不能以正常方式展开，而必须想办法解析那种包含敌对的社会本体论的冲突。

弗雷泽认为，与呼吁对新诉求提出质疑的主流理论建构不同，反常规时期的理论建构必须竭力避免扼杀新诉求。这关键在于提出一种能应对反常规正义的积极和消极两面性的方法。一方面，这种方法应该证实，分配主义者的正义"实质"观的去常规化有积极的作用，因为这样当代人才能有机会为旧法则所忽略的非正义而论争。另一方面，它应当正视去常规化的消极后果，即处理争端和纠正非正义的能力下降了。因此，弗雷泽认为，反常规时代需要的是一个综合多元社会本体论（multidimensional social ontology）和规范一元论（normative monism）的方法。

为了应对可能衍生出来的争论，反常规正义理论应该首先承认正义包含了多种维度，每种维度都对应一种截然不同的非正义且通过一种在概念上截然不同的社会斗争显示出来。弗雷泽认为，以前大部分理论家都本着一种简单的梦想，他们找寻一种能应对我们在这个世界上所看到的所有非正义的"实质"说。她指出，虽然三大正义理论派别就如何准确定义"实质"持不同看法，但这种一神论式的执著在他们身上都存在。大部分平等主义—自由主义的分析哲学家都认为只有把正义的"实质"理解为社会经济分配才是合理的，各种非正义实际上都是分配不公问题；黑格尔派的大部分欧洲哲学家则认为唯一可以捍卫的正义"实质"就是承认。因此，对他们来说，每个事实上的不平等最终都归于错误承认；而民主正义的理论家则认为正义的唯一真正实质就是政治力量和政治发言权。在他们看来，每个合法的伤害在本质上都是错误代表权，而为正义进行的每一场斗争事实上最终都是为政治发言权所作的斗争。

弗雷泽认为这几种理论立场都片面地截取了正义的"实质"。他们都仅仅抓住了其中的一部分，而没能抓住全貌，而且每一派都很快变得教条且褊狭。弗雷泽通过分析性别不平等这个非正义现象来说明上述各个立场的褊狭。从分配角度看，性别不平等实际上是一种分配不公，根源于社会的经济结构；从承认的角度来看，性别不平等则最终是错误承认的问题，根源于象征性秩序；从代表权的角度来看，性别不平等存在于权力和发言权的不对称，根源于社会的政治法律。事实上，性别不平等是一个复杂的、多方面的事情，它包含三方面的非正义，一是分配不公，二是错误承认，三是错误代表权。性别上的分配不公不是性别歧视的身份等级制或政治制度的简单副产品。同样，性别错误承认也不是以男权为中心的经济结构或政治决策制度的简单副产品。最后，性别的错误代表权也不是男权主义者的政治经济和身份等级的一个附带表现。性别歧视的每一方面都相对独立于其他方面。对性别不平等的充分阐述必须整合所有三个理论模式的观点。

弗雷泽认为问题之所以如此复杂，原因在于当代社会的结构特征。高度复杂、现代化的社会至少包括三种不同的社会排序方式：一种是经济方式，战略指令在功能上交错控制着其中的活动；一种是文化方式，文化价值的制度模式控制着其间的活动；还有一种政治方式，强制性权力的合法运用控制着其间的交互作用。事实上，所有社会都包含着这三种类型的社会排序。然而，现代社会却通过设立不同类排序主导其间的专门机构而区分开了它们。因此，经济秩序主导于市场之内；文化秩序主导着公民社会；政治秩序主导着国家机构。因此这就一方面导致控制分配的结构与控制承认的结构之间存在部分的不匹配，另一方面，它也与主导代表权的结构部分地不匹配。在这样的情况下，没有一个一元式的正义理论能满足要求。因此，弗雷泽认为，当今时代需要一个多元式的正义理论建构模式，由此建构出的正义理论必须能包容这三方面的非正义。

弗雷泽认为，除了按照现代社会结构来解释这种多元社会本体论以外，还可以参照社会斗争的三个历史浪潮来解释它。首先，从民主化斗争的角度来看，正义包括了一个政治的维度，它根源于社会的政治结构，与之关联的非正义是错误代表权或政治失语。其次，从工人斗争的角度来看，正义包含了一个经济的维度，它根源于政治经济，与之对应的非正义是分配不公。最后，从多元文化主义斗争的角度来看，正义包含了一个文化的维度，它根源于身份秩序，与之关联的非正义是错误承认或身份等级制。因此，每一种斗争都对应于一种不能约化为其他类的非正义。因此，正义应该是一个多元性的概念，它应包括再分配，承认和代表权这三个维度。只有承认基于这三个维度的诉求原则上都是可以理解的，我们才能公平地解决有关正义"实质"问题的各种观点争论。

但是弗雷泽又进一步指出，正义理论应该是呈开放状态的，尚有待通过社会斗争揭示其更多的维度。正义的维度是在历史过程中逐渐展现的。当社会运动成功地使那种超越常规正义之既定法则的诉求成为合理诉求的时候，它就展现了新的正义维度。

与多元社会本体论相对的，弗雷泽还提出了规范一元论，因为多维的社会本体论本身并不能解决问题，我们还需要一个覆盖多维度非正义的规范性原则。多元社会本体论是应对反常规正义积极的一面，即为应对不同种类的诉求打开了空间。而要应对消极的一面则需要一个单一的规范性原则，它能为那种对正义之"实质"持有对立理解的诉求提供一个衡量尺度。

弗雷泽提出以参与对等性（parity of participation）这个覆盖性的规范性原则来衡量这三种维度上的诉求。该原则要求排除那种阻碍一些人同其他人一样参与的制度性障碍，以使所有人都能作为同等人参与社会生活。这种障碍至少有三类：第一，人们可能会因经济结构受阻而不能完全参与，因为后者没能给予他们作为平等人与其他人交往所需的资源，这样他们就遭受了分配性非正义或者说分配不公。第二，人们可能因文化价值的制度等级限制而不能与人平等交往，因为这种等级没有给予他们所需的身份地位，这样他们就遭遇了身份不平等或错误承认。第三，人们可能因决策制度受阻而不能完全参与，因为这种制度没能在公开讨论和民主决策中给他们以平等的发言权，这样他们就遭受了政治上的不平等或错误代表权。

这样，正义就是参与对等性原则对所有这三种类型障碍的剔除。弗雷泽指出，我们必须注意，这几个维度相互影响，密切相关，我们要能预见并设法避免可能出现的反作用。比如，以减少经济不平等为目标的改革可能最终会恶化身份或政治发言权上的不平等。同样，以克服错误承认为目标的改革也许会使分配不平等或错误代表权更加严重。最后，欲纠正错误代表权的努力可能会以恶化经济或社会不平等而收场。这三个维度在实际中是彼此交织的，它们必须整体考虑，而不能孤立对待。

在弗雷泽看来，参与对等性原则与三维正义观的结合产生了一种支持解放的强大力量，非常适合于反常规时代。该原则提供了一个适应于再分配、承认和代表权三种维度上诉求的平台，使反常规争端能够得到解析。它清楚说明了现代平等主义的核心道德理想：人类的平等自治和道德价值，与我们时代的许多思想家和社会运动有着同样的基本目标。它主张若要尊重他人的平等自治和道德价值，就必须给他们完全参与社会交往的地位，保证所有人都享有对等性参与的制度性先决条件，其中最重要的就是获得对等性参与所需的经济资源，社会地位和政治发言权。

弗雷泽强调，她所提出的以对等性参与为中心的三维正义观的总体概念结构比它的精确细节更重要，由于其本体论上的多元性，因而分配主义常规化争论具有了有效性。它由于指出错误承认和错误代表权在原则上是真正的非正义，进而为超越以前法则的诉求提供了公平的申辩机会。同时，由于它的规范一元论，从而使三类非正义都能适应于同一种尺度。因此，这个方法展示了多种正义"实质"观共存的反常规话语条件下评价诉求的前景。

三、反常规的正义"主体"及其"程序"

然而，解决了正义的实质观，紧随其后需要解决的就是在哪些人之间实行"参与对等性"？究竟谁有权同谁一起对等参与？

对此，弗雷泽指出，在常规正义时代，威斯特伐利亚的政治构想赋予国家对其领土行使排他的、不可分割的主权，试图阻止"外部干涉"国家的"内部事务"。该构想不认为国家能够被更高的国际权力所限制，并严格区分"国际"与"国内"领域。"国内"领域被视为遵守社会契约的市民领域，服从于正义的法律和义务，而"国际"领域是其战略协商的领地，不存在任何有约束力的正义责任。因此，在威斯特伐利亚的构想中，正义的主体只能是领土化的公民成员。但是，在今天的反常规时代，政治空间的威斯特伐利亚图景正在失去其支配力。

弗雷泽认为，政治维度适用于两个层面，即"普通政治"和"元政治"层面。前者涉及在有边界的政治共同体内政治代表权的结构，后者涉及政治共同体之间的划分以及这些政治共同体所处的更大政治空间的结构。普通政治代表权规定了共同体成员行使政治发言权的标准，因而把国家外在的边界作为既定事实。元政治涉及迄今为止所考察的领土国家所处的更广阔的政治空间结构。元政治代表权涉及首先要确定谁被视为成员。它告诉我们谁被包含在范围内，谁被排除在外。在弗雷泽看来，元政治代表权同普通政治代表权一样，都是有关正义的问题。它所针对的问题是：代表权的关系是否不正义？政治成员资格的边界是否错误地把实际上有资格发言的人排除在外？政治空间被分割为独立的领土国家时是否剥夺了某些人平等地与他人一起讨论共同关注的问题的机会呢？当答案为肯定时，我们就遭遇了"元政治不正义"，她称之为错误架构。错误架构是一种反身性的概念，它定位于元政治层面，以使我们能够从正义角度来审视普通政治代表权的构成。该概念让我们能够批判第一层次的正义架构，帮助我们分析各种包含相互冲突的正义主体观的争论。但是，弗雷泽指出，反身性本身并不是一个解决方案。反常规时代的正义理论需要实质性的规范原则来批判各种架构，否则，我们就不能说明包含有关正义主体的相互冲突理解的争论。为此，她提出了使所有人受制约的实质性原则。据此，正义主体既不是民族，也不是全球人类，而是在因果关系的网络中客观地共同交错的人。该原则的关键是把正义主体界定为"因果关系的共同体"。那些彼此相互影响、互相关联的人就是正义的主体。

最后还有一个重要问题需要解决，即如何实施使所有人受制约的原则。只有找到阐明解决正义程序的适当方式，前面所提的理论建构才能发挥作用。弗雷泽认为反常规时期的正义"程序"必须既是对话式的也是制度式的。

对话式的正义理论首先必须避免冷战时期横行的"霸权式假定"，即强权国家和个体精英决定正义的法则。今天，由于社会运动开始质疑威斯特伐利亚式建构，质疑霸权式的正义"程序"，他们认为建构应是一个可以公开讨论的问题。他们要求创立非霸权式的新程序来处理反常规时期的正义建构冲突。这种要求也需要得到公平的听证。其次它必须排除"科学家式假定"。在非正义的情况下，主流思想把什么看作是社会"科学"也可能反映了特权者的观点并遮盖了他们的盲点。在这种情况下，采取科学式的假定就是冒着阻断劣势人群诉求的危险。反常规的正义理论建构必须提出一个对话式程序。但是，弗雷泽又指出，对话本身也并不能解决问题。要解决问题还需要有一种处理正义"程序"的制度式方式。作为双向交流过程的一端，这种正式的制度路径必须支持公民社会路径。但是它又不同于后者。首先，制度路径要求有公平的程序和代表性机构以确保其商讨的民主合法性。其次，代表们必须以宣传和选举的方式对公民社会负责。再次，他们通过商谈对谁在事实上受到某种管理机构的制约形成自己的观点，而且关于这个"谁"，他们必须有能力采取约束性的决定。弗雷泽认为目前所需要的就是能就正义主体所引发的争论展开民主审议和决策的新机构。这种机构应该可以听取并评估那些被排除在外的人的诉求。她强调这里所设想的机构将就第一层面的政治机构的范围和局限发挥元政治评论的功能。故而他们应被设在更高的、更有包容性的层次上。在原则上，每个人都受制于他们。而每个人都应通过这种或那种方式在元政治评论机构中被代表。而反常规的正义需要设立新的全球性民主机构从而令关于建构的争论能够公布和解决。

弗雷泽承认她所提出的这个方式并不是无懈可击的。它面临着三个概念上的质疑。其中一个是担心该方式会无限退化，因为它又提出了一个新的超元级别的问题：即，谁应该参与框架决定的民主程序？鉴于民主的方式要求在另一个级别上民主决定"谁"或元民众，它似乎导致了一个"民主的悖论"，即认为民主所要求的界线和框架本身不能得到民主地决定。另一个概念上的质疑来源于正义和民主之间关系的循环性。因为这个方式似乎假设存在一个先决条件，而这个条件也是它试图促成的，这种质疑具有相当普遍的针对性。针对这种质疑，弗雷泽认为可以先进行"够好的商讨"[1]。虽然这种商讨还远远达不到参与对等性，但是它足以使某些社会改革合法化，从而可以确保下一轮的商谈更接近于对等性参与。这样就可以逐步地使参与对等性达到螺旋上升的积极效果。第三个概念上的质疑与道德和政治上的区别相关。弗雷泽认为这种质疑是错置的。她认为民主的方式理所当然地要求为处理跨领土的正义问题建立新的政治机构，威斯特伐利亚式建构故意在政治和道德之间作了鲜明的区分，从而否定了成立跨国政治机构的可能性。当下必须按不同的方式来区别二者。在哪里以及何时区分政治和道德似乎也是一个政治问题，需要接受民主讨论。

因此，弗雷泽认为，发展民主方式的尝试无须因概念上的质疑而停顿。她认为这种范式能克服其他方式的缺点，能加深正义和民主之间的联系。而且如果在正义的"程序"上缺乏一个民主方式，就不能很好地解决正义的"实质"和"主体"问题，这样就会陷入难以解决的元争论中。她认为，这种正义"程序"观结合了对话式和制度式的特征，能应对反常规正义积极和消极的方面，使我们有望暂时解决反常规正义理论建构上存在的争议。

弗雷泽的"反常规正义理论"是在与霍奈特的论辩中形成的，它一方面继承了法兰克福学派践行现代性批判以弘扬社会正义的传统，另一方面又与法兰克福学派在德国的现代传人坚持左翼传统的理想信念不同，笃信唯有为众人所认可的正义原则才能解决现代多元社会的诸矛盾冲突。这一思想的出现反映了强硬左翼思想开始在北美理论界重又出现，而且直指后冷战时期西方社会出现的各种矛盾与冲突，具有很强的理论冲击力。至于其现实转换力，尚有待进一步论证和揭示。

（作者单位：上海社会科学院哲学研究所／国外社会主义研究中心）

---

[1] 这里弗雷泽借用了著名的英国客体关系理论大师和心理咨询家 D. W. 温尼考特 (Donald Woods Winnicott. 1896—1971) 的常用术语。

库如马的良知主义 ①

——————— [马里] 贝尔库 (Belko Ouologuem) ———————

[内容提要] 库如马作为非洲马克思主义的第一代理论家和实践者，他的哲学良知主义一方面为非洲人民研究和接受马克思主义哲学作出了历史性的理论贡献，另一方面为非洲人民摆脱殖民统治、实现民族解放与独立奠定了重要的理论基础。库如马一方面借助马克思主义哲学的基本原理，一方面结合非洲固有的历史和文化传统，试图为非洲人民的民族解放运动提供一种理论范式，教导人民如何保持独立的思想和行动，从而指导非洲人民走出历史的困境。

[关 键 词] 哲学良知主义　物质　范畴转变　唯物主义　平均主义　社会和政治实践

库如马，Francis Nwia Koffie Kwame Nkrumah(1909—1972)，在传教士的小学和 Accra 殖民中学毕业之后，于 1935 年赴美求学，直至 1945 年。在美国，他一方面研习哲学，另一方面积极参加美国黑人运动，并首次接触到马克思主义和工人的运动。在英国逗留两年以后，于 1947 年回到非洲。他首先是积极的社会活动分子，而后成为 UGCC(United Gold-Coast Convention) 的领

———————————————

① 本文中文方面的整理和加工由林青完成，谨致谢忱！

导人，并建立了 CPP(Convention People's Party)，最后库如马成为了非洲第一个独立国家政府的首任总理。1966 年 2 月，他的政权被军事政变推翻并流放于 Guinea Conakry，直至 1972 年逝世。本文特别介绍其良知主义。

库如马良知主义的基本原则是："被我称作为良知主义哲学的第一个原则有两个方面：首先，我肯定物质的绝对和独立存在；其次，我肯定物质有自发的运动能力。根据这个原则可以肯定良知主义是唯物主义的哲学"①。由此可见，库如马一开始就肯定良知主义是唯物主义的哲学，但良知主义包含的唯物主义与承认只有物质存在的唯物主义有着根本上的区别。库如马认为，承认物质具有根本现实性的唯物主义哲学，要么否定其他存在的种类，要么肯定这些存在的种类完全归结为物质。而且，意识以及自我意识都被看作物质的一个层面。具体地说，肯定只有物质是现实的和无神论的。虽然是生根于唯物主义，但是良知主义并不必然是无神论的。

在良知主义看来，具有意识特征的活动也可以是物质的直接活动，这种活动非常普遍且显示出无意识的特征。本能的反应就属于这种活动，因为在本能的反应中有无意识的反应，一个不能被任何智能或者智力所决定的反应。因此，在良知主义看来，精神与身体的相互作用是一个被承认的事实。这种"承认"所带来的哲学困难将被"范畴转变"(Categorial conversion) 的可能性证明所解决，但这种"范畴转变"并不同于平行论。在哲学良知主义中，关于肉体和精神的关系，不是简单的平行论。它保留肉体和精神两个范畴，承认二者之间关系并且接受其相互作用的事实。虽然承认两个范畴的存在，但是平行论否定相互作用的事实，而良知主义则提出"范畴转变"作为对此问题的回答。

由于肯定只有物质存在，而空间与时间并不是物质的，所以它们是不真实的。不过，良知主义并不认为只有物质才是真实的，良知主义肯定的是物质现实的第一性。如果空间是绝对和独立的，那么对它来讲，物质便不是第一性的。在肯定物质的第一性的同时，良知主义也肯定空间的真实存在，而空间通过"范畴转变"的办法把它的性能从物质的性能中吸引出来。

在谈到范畴转变的可能性时，库如马提出了这样的观点："哲学可以通过

---

① K.Nkrumah, Le Consciencisme,Présence Africaine,Paris, 1976, p. 104; in English K.Nkrumah, *Consciencism. Philosophy and ideology for de-colonization and development, with particular reference to the African Revolution,* Heinemann, London, 1964.

两种途径来实现。首先，范畴转变的可能性是借助于概念而得到证明，现代逻辑就是如此。其次，可以引证一些成功实现"范畴转变"的范例，例如现代科学就是典型。因此，良知主义认为范畴转变是现实可行的。但是，如果我们不想使一个范畴转化为另一个范畴的过程变成一个简单的现象，那么这个转变应该代表着起始物质总量的变化。转变是通过辩证法实现的，而且，如果它是从下等典型的逻辑到上等典型的逻辑转变，那么这种转变必然带来物质总量的减损。这种总量减损的事实可以从爱因斯坦的理论中得到论证，按照爱因斯坦的理论，从简单实体到复杂实体的所有化学变化，如果它带来了新性能的出现，则代表总量的丢失。从哲学良知主义的角度来看，虽然总量变化了，但是它并没有全部转变为新的性能。在真正的化学变化中，总量的一个部分散发为热量 [1]。

正是范畴转变的这个事实促使良知主义否定只有物质存在的现实，而肯定物质具有首位性的现实。如果上等的范畴只不过是影响物质的进程数量的一种表达方式，这并不等于它们不是真的，相反它们是实在的。因此，在良知主义看来，物质有辩证运动的能力，这是由于它的自然特性。因此，如果自然特性改变了，物质的数量素质也应该随之发生变化。物质作为动力的总体，已经包含着这些素质变化的开始，而这个因素变化对性质的变化是必要的。动力本身是物质粒子的存在方式，是这些粒子的数量组成。由于物质是动力的总体以及这些动力之间的张力，并且由于张力是变化的初始状态，因此，物质必须具有原发性的运动能力。没有独立的运动，辩证法的运动是不可能的。辩证法的运动是由于正反两个下等逻辑性类型因素的综合而形成了作为合题的上等逻辑性类型。物质属于一种逻辑性的类型，性能和素质属于上等的逻辑性类型。这些都引导我们联想到良知主义哲学中的认识论问题，即关于如何寻求认识的本性与类型的问题。在否认只有物质存在的同时，良知主义毫不犹豫地承认存在的诸类型的客观性。实际上，辩证法概念本身内含着我们承认存在的诸类型，即逻辑性的类型。比如，物质客体是一种逻辑性的类型；不能被用来描述由物质客体的普遍术语组成的上等的逻辑性类型；可以用来描述第一组的普遍术语是再上等逻辑性类型。这个良知主义哲学的认识论结果为研究大脑本性、作用及其功能提供了先验的哲学证明。

---

[1] K.Nkrumah, Le *Consciencisme,* Présence Africaine, Paris, 1976, p. 110.

由于理论无实践是空的，所以良知主义也展示着实践的性质。如果一开始良知主义就将肯定物质是独立和绝对的视为一种赋予客观性和原发性的规则，那么在概念意义上，良知主义就把自我创造视为物质进化的客观反映。当哲学仅限于物质客观运动的反映时，它同时也设定了知识与行动之间的直接联系。如果良知主义把知识和行动联系起来，那么我们的质疑在于，这种"联系"的机动能否接受伦理的评价和论证？显而易见的是，良知主义不会被纳入一个无论在什么社会或者什么年代都可以应用的封闭的道德规则名单中。这是因为，作为良知主义基础的物质观是属于辩证法运动的物质观。

由于社会问题，唯物主义亦逐渐与平均主义、伦理道德联系在一起。平均主义不只是政治的，也是伦理的；它包含着人们可以接受的行为的范围界限。同时，由于唯物主义把物质作为张力束引进到辩证法的运动中，因此它就不能把它的道德规则凝固在一种僵化的状态中。可见，认为良知主义许可的道德原则在任何时候都没有客观性的根据的判断是错误的。也就是说，虽然道德规则改变了，但是在新的社会状况下，道德规则总是会被同样的基础性的道德原则所指导。在此，阐明原则与规则之间的关系是必要的，这些关系可以与理想社会和现实社会制度之间的关系或者规章和章程之间的关系相对照。规章制定普遍的原则，但是并不具体地规范该如何实施，章程则是这些原则的具体实施。当实施章程的条件发生根本上的改变时，为了使原来的规章仍然有效，章程就有必要随之自行修正。规章和章程并不属于同一个层面，规章不包含任何一个具体的章程，但却可以通过任何章程来具体实施规章。理想社会和现实社会制度之间的关系也如此。这意味着，如果想在所有的生活变迁中实现理想，就有必要要么使社会制度修正，要么彻底将其替换掉。不管现实的状况怎样，都没有一个具体的社会制度是完全依赖于理想社会的，这是因为，社会制度的制定总是以实用主义为原则。规章与章程之间也存在同样的关系，而且这些关系关涉到道德。如果我们对此加以细究，就会发现道德规则不仅仅可以变而且应该要变。这说明，当两种社会共同持有同样的道德原则时，它们也可以通过不同的章程来具体实施其所奉行的道德原则。例如，在以色列（Israël）驴是非常重要的，上帝在提出一个道德命令来调整人们之间的关系时亦明确地提到了驴："你千万不要渴望邻居家的驴。"如果上帝为我们现代的人提出同样的道德命令，他显然禁止的不是千万不要渴望邻居家的驴，而是不要渴望邻居家的车。可见，虽然按照年代的不同上帝提出了不同的道德章程，但是道德原则本身是不变的，那就是"千万不要渴望邻居家的物"。

对于良知主义而言，道德规则并不是永久的，而是依赖于社会历史发展的程度；而平均主义的基本原则是永远保持不变的。在社会中简单的法律变化不会带来道德的变化。要想改变道德的话，首先要改变道德原则。比如，如果一个资本主义社会要变成社会主义社会，它应该改变它的道德原则。所有的道德原则改变就是一场革命。

良知主义的主要道德原则是："把每个人称作一个目的，而不是一个工具或者手段。"这一点，对所有的社会主义和人道主义关于人的观念而言是基本的、必要的，康德也把这个道德原则作为其伦理学的主要原则。但是，良知主义和康德的伦理学就此原则的区别在于：康德把这个道德原则视为一个显而易见的理性的事实，而良知主义则是从唯物主义观点中推论出来的。

这个推论通过平均主义是可以得到证明的，这是因为平均主义是唯物主义在社会问题上的反映，平均主义建基于一元论的唯物主义。虽然它会有不同的表现，但是物质永远是一。虽然物质有各种各样的表现，但它的根本单一性规范着平均主义的原则。从根本上讲，唯物主义认为，人是一，这是因为所有人的基础都是一样的，他们都来源于同一个的进化过程。这是平均主义的客观基础。如果在根本上是一，且行动被固定在这个基础上，那么行动应该被原则所指导。如果行动应该符合人的根本单一性的客观性，为了能够保持客观性并防止人们的行动陷入多样性的纷争，它应该被普遍原则所指导。这些原则归根结底可以阐述为一种自主原则，比如，人不应该把他人视为一个手段，而总是应该视为一个目的。

如果道德原则是以平均主义为根据，那么，它们应该是客观的。如果道德原则来源于平均主义的人性观念，那么它们应该是可以加以推广的和普及的，这是因为就平均主义的人性观念而言，人是一。这种不分差异的推广，是"把每个人称作一个目的，而不是一个手段"这个命题表达的内涵。换句话说，从原则上看，良知主义和康德的道德是一样的，但是它们的区别在于良知主义的伦理是建立在人性的哲学观念之上的，而这被康德视为是一种以人类学为根基的伦理学。在康德的视域中，人类学是关于人性的研究，而在他看来伦理学是不能建立在这种研究之上的。而哲学良知主义正好相反，它认为伦理应该基于人性，因此对人性的研究本身是很重要的。哲学良知主义在不少方面与非洲传统思想有共同点，尤其是非洲传统思想中关于物质存在的绝对性和独立性；物质具有自主能力的观念；范畴转变的观念以及道德原则应该建立在人性观念之上。

在一个社会中，如果每个成员都奉行"把每个人称作一个目的，而不是一个手段"这个原则，那么我们将可以看到伦理与政治之间存在的过渡状态。这样，政治变成真正的或者实在的事物，这是因为政治的作用和最高目的是创立社会制度：调整每个社会成员的态度和行动，确保每个个体的根本伦理原则的原始性或者原发性价值。因此，良知主义提出保证基本道德原则的政治伦理以及政治和社会实践。政治和社会实践注要定阻碍阶级的出现及其发展，因为按照马克思主义的阶级观，如果存在着压迫阶级则必然存在着另一个被压迫阶级。而阶级斗争与压迫是与良知主义哲学是相反的。建立在人性平等的基础之上，良知主义的哲学追求个体的发展，但是这里所说的个体发展是以共同发展的条件的实现为前提的。换句话说，不要把个体的充分发展视为社会成员之间不平等的差异的基础，甚至威胁全社会的平均基础。这样，在符合平均观念的前提下，社会和政治实践追求协调社会力量，实现社会的最大发展。为了实现这个理想，发展的计划是必要的。在它的政治方面，良知主义遭遇到这些现实：殖民主义、帝国主义、分裂与贫穷。它们各自或者共同阻碍着以平等思想为基础的社会公正的实现。要实现符合良知主义的政治理想以及社会公正，它必须克服上述现实，要克服这些现实就必须要通过实际行动。所谓实际的行动，即通过废除压迫，来制定公正社会的动力总数。实际行动的特性在于它的革命性，人民是实际行动的主体，而实际行动的最高目的是引导人们摆脱殖民主义统治的异化状态，从而建立起平等与人道的社会。

因为社会主义坚持辩证法，即从矛盾的双方而最终走向新的起点，坚持任何变革斗争的必然性和创造性。因此，哲学良知主义是以唯物主义为基础来解决非洲人民所面对的由殖民主义所导致的社会、政治、思想和文化的异化现象。

库如马坚定地相信意识的力量，而作为意识的哲学，良知主义建立在每个人都具有清醒的意识之上。他试图从非洲历史的深处挖掘出非洲的共同意识，从而能够使非洲人民意识到他们的共同身份 (Common Identity)，进而按照良知主义基本原则来行动。良知主义提出：一种与社会主义伦理相关的意识哲学，建立起合理、公平的世界；一种与社会和政治实践理论相关的伦理学，建立起应当的世界。

总而言之，库如马的哲学良知主义为非洲人民理解、接受和研究马克思主义哲学以及了解殖民前的非洲、殖民中的非洲和如何实现民族解放与独立提供了前提性和历史性的理论基础。良知主义有助于非洲人民认识到，在被殖民的情况下，他们如何保持独立的思想和行动，从而实现民族的解放和独立。正因为如此，非洲所有的解放运动都把良知主义作为其理论武器，它引起人们思考非洲知识分子们的行为对非洲现实状况的有效力或者客观性。同时，在解决非洲人的问题时，库如马赋予意识以优势地位并且相信思想的全能性。由此可见，他深受马克思思想的影响，马克思说："理论一经掌握群众，就会变成物质力量。"如果要达到这一点，那么理论就应该符合群众的利益从而成为他们生活的真理，他们的现实生活本身。另一方面，库如马相信调解各自对立的意识是解决非洲危机的唯一办法。但是对立意识的调解首先要调解他们之间的社会和经济环境，这是良知主义的主要不足之处，因为意识总是属于处于具体的文化、社会、经济环境的个体或者群体的意识。因此，如果要调解意识，首先应该调解人们的客观条件之间的对立。Mamadou Lamine Traoré 在批评良知主义的这种不足时说："良知主义同时是非洲危机的觉醒和迷茫：认识到危机的存在，但又不了解它的性质和可能的解决办法"[1]。由此可见，虽然良知主义对非洲人民理解、接受以及研究马克思主义哲学作出了前提性和历史性的理论贡献，但为了使它能够适应新的社会、文化以及经济条件，它应该对其自身所包含的缺点进行不断的修正。

（作者单位：马里大学社会科学学院哲学系）

---

[1] Mamadou Lamine Traoré, *Philosophie et Géomancie vers une philosophie originelle africaine*, DONNIYA, Bamako, 2007, p. 53.

唯物主义女性主义的实质是什么?

——一个马克思主义的女性主义者的批判 ①

———|美|玛莎·希门尼斯/文 方珏/译———

在妇女解放运动蓬勃发展的时代，女性主义思潮有四个主要趋势：自由的（关注于资本主义语境下经济与政治平等的实现）；激进的（聚焦于男性与父权制，它们是妇女受压迫的主要原因）；社会主义的（不满于资本主义和马克思主义，为了避免马克思主义被断言为一种还原论，它假定在资本主义与父权制之间有多种形式的交互作用，以至于造成了各种二元体制理论）；马克思主义的女性主义（为相对较少的一些美国女性主义者——包括我自己——所持有的一种理论立场，这种立场力求发展马克思主义理论的潜力，以期去理解妇女压迫的资本主义根源）。

当然，这些只是对这一丰富而复杂的文献所作的一种过于简单化的描述，但是它却反映了在妇女间一直到今天都还存在着种种重要的在理论的、政治的以及社会层面的分裂。后结构主义与后现代理论，与草根阶层一起形成了对这样一种女性主义的挑战，即它被认为仅仅表达了"第一世界"妇女即中

---

① What's Material about Materialist Feminism? A Marxist Feminist Critique，*Radical Philosophy*，May/June 2000. 作者 Martha E. Gimenez 系美国科罗拉多大学波尔得分校社会学系教授。

上层白人妇女的需要与关切。作为其结果，女性主义思潮不断分化。在这个过程中，女性主义的主题变得越来越难以确定，因为对"妇女"作为一种本质主义范畴的后现代主义批判，和植根于种族、性取向以及民族血统的差异的批判共同导致了看似永无止境的"主体立场"、"身份"和"声音"的扩散。文化和身份政治取代了资本主义以及（主要在马克思主义的女性主义者中盛行的）妇女的阶级划分那些早前的焦点。今天，阶级已经被还原为另一种"主义"，即被还原为另一种形式的压迫，这种压迫与性别、种族一起捏合成了某种咒语（mantra），某种包含在每个人的理论化与研究工作中的东西，尽管据我所知，对它的理论化仍然停留在隐喻（如，相互交织、相互作用、相互联系等）的水平。

因此，在我看来，由克丽丝·英格拉汉姆（Chrys Ingraham）和罗斯玛丽·亨尼西（Rosemary Hennessy）提出的对唯物主义女性主义 (MatFem) 的描述，与马克思主义的女性主义（MarxFem）并无二致。这似乎是一种颇有希望的对女性主义理论的发展。最初，我认为唯物主义女性主义仅仅是指向马克思主义的女性主义的另一条道路，但我错了；其实，二者是女性主义理论化的不同形式。然而，在一些女性主义作品中，它们的确有很多相似之处，因此对它们二者的某种程度的混淆也是不难想象的。

在本文，我将辨明女性主义理论内部的这两种重要趋向之间的差异性，分析在朝着唯心主义和偶然性进行的理论转向已在学界蔚然成风的这个时代，女性主义者为何又反过来呼求唯物主义。面对共存于唯物主义外衣之下的这些矛盾观点，我主张唯物主义女性主义与马克思主义的女性主义进行明确的断裂。并且我认为，由于资本主义对女性的灾难性影响，由于对其境遇进行充分论证所具有的政治重要性，我们有必要回到后者。

什么是唯物主义女性主义？

定义唯物主义女性主义并非易事。那些自称为唯物主义或马克思主义的女性主义者，对这些标签的意味有不同的理解，因此也对它们所造成的那类知识有不同的理解。基于她们的理论忠诚和自我理解，女性主义者可能对于其他的女性主义者的著作有不同看法，因此很难在这两个总括性术语之间或者之内建立起清晰的理论界限。例如，莉丝·沃格尔（Lise Vogel）的著作就是如此。我总认为沃格尔是一个马克思主义的女性主义者——不同于那些社会主义的女性主义者（为了避免使马克思被断言为还原论，她们假定了一种与历史无关的父权制理论），她严肃地对待马克思主义，并且，她认为妇女受压迫的基础在于再生产；这种分析也是牢牢地根植于马克思主义传统的。然而，她最近一本书的副标题却是"一种唯物主义女性主义"；她自称为一个社会主义的女性主义者，并声称社会主义的女性主义者"寻求以一种对妇女压迫的'唯物主义的'理解来替代社会主义的传统对妇女问题的理论解说"。社会主义的女性主义对马克思以及马克思主义的"还原论"的拒斥，导致了一种处心积虑的努力，努力将"父权制"的基础置于生产方式之外，而从马克思主义理论的立场来看，是置于历史之外。沃格尔认为，唯物主义过去总强调生产（包括家庭生产）在决定导致妇女压迫的条件中的关键作用；唯物主义也被当作"一面旗帜"，以确立社会主义的女性主义在女性主义思潮以及左派思潮中的位置；但是唯物主义女性主义不能因此被简化为一种文化研究趋势，正如某些文学批评家所希望的那样。然而，恩格斯的分析难道不是唯物主义的吗？而且，马克思主义的女性主义者（我想到了玛格丽特·本斯顿［Margaret Benston］以及佩吉·莫顿［Peggy Morton］）难道没有探索生产（公共的与家庭的）对女性进行压迫和剥削的方式吗？

我对沃格尔从唯物主义女性主义的理解得出的简短评论，强调一些问题——当一个术语试图在女性主义理论内部去概括一种特殊趋势时所面临的问题。正如在这个例子中一样，它可以令过去存在并将继续存在于社会主义的女性主义（在 20 世纪 60 年代末到 70 年代盛行于美国的女性主义思潮）与边缘化了的马克思主义的女性主义之间的那些性质差异变得模糊不清。如果无视这种社会主义的女性主义对马克思主义术语的运用以及对资本主义的参照，那么从理论上讲，它就仅是当成对马克思主义所作的一种女性主义的抽象否定而发展起来的。

其他女性主义者，出于诸种原因，也都会同意沃格尔的这种阐释。比如，就托丽尔·莫伊（Toril Moi）与詹妮丝·拉德威（Janice Radway）来说，社会主义的女性主义与唯物主义女性主义之间的关系"还远没有明确"。当《南大西洋季刊》一个特别专题的编辑们致力于这个话题的时候，他们并没有为之提供一个与这个术语相关的理论或一个清晰的定义。这个专题的内容将为读者提供一些必要的要素，从而使读者自己可以界定这个术语，因为所有的作者"共同提供了具体的历史分析与文化分析，并且提供了被理解为一种'解放叙事'的女性主义"。其中的一位作者，詹妮弗·威克（Jennifer Wicke），对唯物主义女性主义定义如下："这种女性主义，坚持对诸社会排列（包括性别等级的排列）发展起来时所处的那些物质条件进行研究……唯物主义女性主义避免将这一排列（性别等级）看成是一种单一的……父权制的后果，而代之以测度由那些虚构了一种物质的、历史性阶段的社会关系与精神关系所构成的网络"；"……唯物主义女性主义认为，所有种类的物质条件都在性别的社会生产中扮演了一种至关重要的角色，还分析了妇女在这些生产中进行合作并参与到其中的方式"；"……就妇女能够生育孩子这一事实而言，在很多方面都存有物质利益……相比较于社会构成主义（social constructionism），唯物主义女性主义很少会为由性别差异所造成的具体场合下的物质重要性感到难堪。"

然而，无论是坚称物质条件的重要性，坚称物质历史阶段就是对那些涵盖并影响了性别等级的社会关系的一种综合，还是坚称身体的物质性、它在性、再生产以及其他一些方面的生理功能，都仍然是一些抽象的声明，这些声明不可避免地导致了对于那些直接既定的东西的一种经验主义的关注。然而，对于在一个既定的"物质历史阶段"中所观察到的任何东西的意义而言，没有任何的历史理论、社会关系理论或者性别等级生产理论能够提供指导。

《唯物主义女性主义》的作者兰德里(Landry)和麦克林(Maclean)告诉我们，她们的著作是一本"关于女性主义和马克思主义"的书，在其中，她们审视了在美国和英国的女性主义和马克思主义间的争论，并考察了那些争论在文学和文化理论中的意蕴。先前的那些争论乃是为了在马克思主义与女性主义之间寻求一种可能的整合或综合；但是，随着与后殖民主义、性、种族以及民族主义等相关的身份政治学的出现，也因为后现代主义与后结构主义的影响，使那些争论的领域发生了转换。新领域在于"构建一种对文化的唯物主义的分析，这种文化不仅经由对女性、有色人种以及其他边缘人群的关注而成形，并且也回应了那些关注"。对兰德里与麦克林来说，唯物主义女性主义是一种"批判性的阅读实践……这种对文化以及社会历史中的人工制品，包括文学与艺术文本、档案文件以及理论著作的批判性研究，或者说在最强意义上的阅读，为通过批判而不是通过对一些逆耳忠言（home-truths）的不断重复而造成的政治论争提供了一个潜在的场所"。的确存在一种"解构的唯物主义女性主义的视角"。但是，这一语境中的"唯物主义的"确切含义是什么呢？什么样的历史理论以及什么样的政治学才令这种批判成形呢？虽然她们在一种哲学的和道德的意义上来界定唯物主义，并提出了机械的或"庸俗的"唯物主义与历史唯物主义之间的区分，但对与女性主义联系在一起的唯物主义，仍然没有作出任何界定。正如在雷蒙德·威廉斯的著作中所提出的，文化唯物主义，被呈现为一种对马克思历史唯物主义的补救或者补充。按照威廉斯的说法，"在物质生产，政治文化的制度与活动，以及意识之间"，存在一种"不可分割的联系"，"……语言就是一种实践的意识，一种具有物质性后果的在世之思或者在世之活动"。她们指出，威廉斯"努力将作为文化能动者的人类主体拉回到唯物主义的争论之中"。

这些陈述暗示着，"人类是文化的能动者"这一点并没有呈现在历史唯物主义之中，并且，马克思对于物质条件、语言以及意识之关系的看法也是不充分的。但是任何熟悉马克思著作的人都知道情况并非如此。事实上，正是马克思写下了"语言是实践的意识"，也正是马克思从一开始就将语言设定为承担"精神"的物质基础，因为意识总是并且从一开始就是一种社会的产物。

兰德里和麦克林提出一个解释，将从 20 世纪 60 年代末至今的女性主义思潮的发展分成三个阶段：在英美两国发生的马克思主义与女性主义之间的相遇和论战；女性主义的制度化与商品化；"解构性的唯物主义女性主义"。这就构成了"唯物主义女性主义的三个阶段"。这是一个非常有趣的陈述，它指出，唯物主义女性主义——这是一个相当有问题的且难以捉摸的概念——在我看来，它反映了对文化以及女性主义主题的种种后现代的敏感性——它从一开始就已经存在在那儿了，只是一直等待着被发现。事实果真如此吗？如果真是如此，那么，自 20 世纪 60 年代末以来，在大西洋两岸所催生的那些面目繁多的女性主义理论下所潜伏的"唯物主义"又是什么呢？大而化之地将之归于"物质条件"或者"女性压迫的物质条件"，难道这就足以作为一个基础来建构一种在本质上不同于马克思主义的女性主义的新的理论框架？如果可以，那么如何建构？这两位作者声称，女性主义既然关注性别和将性别分析与阶级分析放在一起的二元体系理论，它便面临着方法论的以及政治的难题，"解构的阅读实践能够帮助解决"这些难题。她们提出，"对于非连续性的运动、唯物主义以及女性主义应有所阐述（articulation）"，"这种阐述对于解构有着严肃的政治要求……解构就是政治批判的工具。"但是，解构与赋予其批判以利刃的马克思主义不正是紧密相联的吗？在她们的结论部分，两位作者为了证实唯物主义并不是马克思主义的一个别名，对马克思主义的女性主义与唯物主义女性主义之间的差异作了如下的概述："马克思主义的女性主义坚持以阶级矛盾和阶级分析为中心，并围绕这一中心矛盾试图以不同方式分析性别压迫。除了阶级矛盾和性别意识形态内的矛盾之外……我们认为唯物主义女性主义也应将其他矛盾当作物质方面的矛盾来认可。这些矛盾也有历史且作用于意识形态，它们植根于物质的基础和影响……它们应在自称为唯物主义的社会的和文学的分析中被赋予物质的重要性……这些范畴将包括……种族、性别、帝国主义、殖民主义和人类中心主义的意识形态以及与之相伴的激进批判"。

虽然这有助于我们去理解那些自称为唯物主义女性主义者所说的"唯物主义女性主义"到底是什么意思，然而，它却没有明示物质基础、物质性后果以及物质重要性的意指是什么。唯物主义这一主要概念仍然没有被界定出来。有时候，它似乎意味着现实的或者客观存在的（如，与阶级一样，性别与种族也是现实存在的），或者意味着主要的，即拥有因果效应的决定性的东西（如，意识形态如同阶级一样是主要的，或与阶级一样拥有"物质重要性"）。在这些观念下面，隐藏着"阶级还原论"以及"经济决定论"的幽灵，这是一种对马克思以及马克思主义的陈词滥调般的理解，它总是强辩那些在本质上被界定为它们的（马克思以及马克思主义的）抽象否定性主张是具有优先性的。同样隐藏在这些观念下面的还有阿尔都塞对于意识形态的物质性的思想，其思想如今已被扩展为分析所有形式的压迫以及对立身份，但却带有一种根本差异：对阿尔都塞而言，生产水平以及由此产生的资本与劳动之间、生产力与生产关系之间的种种矛盾起着"最终"决定性的作用，尽管具体的社会结构所具有的特点"多元决定"（overdetermined）并且导致了历史的特殊性和有效性；然而，唯物主义女性主义似乎基于一种未经证实的主张，这种主张认为不存在任何因果关系的等级：除了阶级不平等之外，所有形式的不平等以及与它们相应的意识形态也同样是"物质的"，即它们不仅是同等现实且同等重要的，而且它们也具有同等的因果效力。上述结论可能在政治上令人满意，但它所基于的却是一种功能性的因果观念，按照这种因果观念，社会体系的所有制度与要素都是相互作用相互影响的，没有哪种东西要比其他的东西"更具"因果效力，也就是说，它们中的任何一个都不能为其他那些可能性的条件以及发展提供参数。那么，唯物主义女性主义应该承认的其他一些"矛盾"究竟有着怎样的性质呢？矛盾并不等同于冲突，因为冲突能够在一个既定的由关系构成的体系中得到解决，然而矛盾的解决却只能通过社会性质的变迁。最终，意识形态、剥削、帝国主义、压迫、殖民主义等概念的指涉恰好是作者们旨在消除的东西：唯物主义似乎就是马克思主义的一个别名，一种经过了适当修正的马克思主义，无论如何，唯物主义似乎要赋予一切事物以物质性（也许指的就是客观性、现实性以及同等的因果效力）。

　　亨尼西（1993）追溯了在英法两国女性主义者的工作中出现的"唯物主义女性主义"一词的源头。那些女性主义者更愿意使用唯物主义女性主义而不是马克思主义的女性主义这个词，因为在她们的观念中，马克思主义必须要被改造，以便于能够解释劳动中的性别分工。亨尼西说，在20世纪70年代，因为马克思主义所持有的阶级偏见以及它对生产的过分关注，使得它无法完成这个任务，而女性主义由于持有一种本质主义与唯心主义的"妇女"概念，因而这也是成问题的；这就是为什么唯物主义女性主义会同时作为马克思主义与女性主义的一种积极的替代品而出现的原因。对经验自我的后现代批判，以及由一些妇女（她们并不认为自身属于作为学院派女性主义理论化的一般"妇女"主体的概念）发出的批判之音，共同造成了20世纪90年代的唯物主义女性主义分析，这种分析"为了探索'妇女'这一话语范畴是如何由不止一根'差异轴线'（defferential axis）历史性地建构并贯穿的，它将'妇女'看作一种显而易见的而且是同质的经验实体，由此而令这个词成为问题"。而且，亨尼西认为，尽管社会制度的整体性以及对它的理论分析面临着后现代的拒斥，唯物主义女性主义者也必须坚持对整体性的批判，因为这些整体性——父权制与资本主义——影响到了妇女们的生存。在任何一个角落，妇女们的生存都受到了全球资本主义和父权制的影响，如果要用局部的、碎片化的政治策略以及一种将社会现实用偶然性逻辑加以概括的做法来取代这一批判的话，那将会导致政治上的不战自败。

　　在她对拉克劳与墨菲、福柯、克里斯蒂娃以及其他一些后现代理论家的批判中，亨尼西形成了关于唯物主义女性主义特征的观点。唯物主义女性主义是一种"阅读的方式"，这种方式拒绝占统治地位的多元范式与偶然性逻辑，并试图在那些被话语地建构起来且相互区别的主体性（在女性主义的理论化中它们业已代替了"妇女"这个类概念）与那些剥削、压迫妇女的不平等制度之间建立起联系。换言之，我们不能将主体性理解为与被系统地组织起来的那些整体性相隔绝的东西。作为一种阅读实践，唯物主义女性主义也是一种解释或者重写世界并令世界有意义的方式，它还通过它所制造的主体以及与其社会语境相关的知识影响现实。话语和知识都具有物质性后果——后果之一是主体的建构，但这一主体却被基于不平等制度而产生的种种差异超越了，这种不平等不是局部的或偶然的，而是历史的和系统的，比如父权制与资本主义。因此，差异不仅仅意味着多元性，还意味着不平等性。在语言、话语与社会之间，或在话语的（女性主义理论）与非话语的（被剥削的和压迫的社会关系所分化的妇女生活）之间存在的物质性关系的问题，能够通过对意识形态话语的概念化加以解决。一种意识形态理论预设了一种社会理论，这种理论形成了亨尼西对于与主体、话语以及语言等相关的后现代理论的批判性解读，这就是她所说的"全球性分析"（"global analytic"）理论，按照她对跨国资本主义的关注，劳动的国际分工，多元的经济、政治以及文化的实践等，似乎都至少是一种后现代的马克思主义。在其论证过程中，她对历史唯物主义、阿尔都塞意识形态理论以及"症候阅读"概念的重视，让人们很奇怪，她为何会徘徊于将马克思主义或历史唯物主义命名为一种社会理论？这种理论其实正是她对后现代的偶然性逻辑进行批判时的基础，即马克思的资本主义理论，一种整体性；她如此频繁地把这种整体性与父权制一同提及，把它当成妇女剥削和压迫的根源并看作"差异轴线"的基础，从而超越了"妇女"这一话语范畴。总之，亨尼西的唯物主义女性主义混合了后马克思主义与后现代的主体理论，是"阅读"与"重写"的一个源泉。"阅读"与"重写"将一些后现代的分析范畴（主体、话语、差异）从保守派的——由偶然性、地域性和多元性构成的——牢笼中解救出来，通过与资本主义和父权制中的物质基础相关联，使它们历史化或语境化。通过将话语理解为意识形态，并在"全球性分析"中将意识形态与其物质基础联系起来，这是完全可能的。

照亨尼西的分析，历史唯物主义仿佛是一个曾经呈现但又复归静寂的阴影，蛰伏在诸如整体性、系统性以及全球性分析的术语之下。然而在《唯物主义女性主义：关于阶级、差异以及妇女生活的一个读本》的导言中，她们却明确地回到历史唯物主义，承认其对女性主义理论和政治的不可替代的重要性。以"重回反资本主义的女性主义"为题，这一导言对占据统治地位的女性主义观点（它对文化、身份以及差异的关注和思考，脱离了对影响妇女生活的那些社会力量的理解）提出了批判。同时，它也批判了学院派的女性主义，认为它们使得女性主义和马克思主义相结合而产生的知识、女性主义学以及妇女政治动员所作的贡献边缘化了并受人贬损。更重要的是，这个导言是对马克思主义的女性主义的庆祝，她们认为马克思主义的女性主义的前提与洞见一直为人"所误读、歪曲，或者被埋葬在一种日益兴盛的后现代文化政治学的重负之下"。她们指出，就那些与历史唯物主义纠缠不清的女性主义者而言，无论她们冠以怎样的名称（唯物主义女性主义、社会主义的女性主义或马克思主义的女性主义）——尽管这些名称表征了种种理论差异与重点，但它们全都表明了对历史唯物主义的重新认知，表明了历史唯物主义是女性主义事业的成功所需要的解放知识的源泉。在导言中，唯物主义女性主义成了一个可以与马克思主义的女性主义互换使用的术语，最为显著的是，它总是与后者一起使用的。两位作者在文化唯物主义与唯物主义女性主义（同时也意味着马克思主义的女性主义与社会主义的女性主义）之间作了清楚的划界，前者是对一些后马克思主义的女性主义者所做工作的概括，她们拒绝了历史唯物主义，将文化的、意识形态的以及政治的实践与它们在资本主义中的物质基础剥离开来进行分析；而马克思主义的女性主义则是牢牢地根植于历史唯物主义的。"不同于文化女性主义者，唯物主义的、社会主义的和马克思主义的女性主义者并不把文化看作社会生活的全部，而只是将它视为社会生产的一个领域，因此只是将它视为女性主义斗争的一个领域。"通过指明唯物主义女性主义是几种话语（历史唯物主义、马克思主义的和激进女性主义，以及与意义和主体性相关的后现代理论与精神分析学）的最终结果，她们认为，在这几种话语之中后现代就是界定其特征的源泉，并由此而将唯物主义女性主义与马克思主义的女性主义区分开来。然而，在导言的最后部分，她们又转而讨论马克思主义的女性主义，讨论它对后现代主义所具有的唯心主义特点的批判，以及对后现代与历史唯物主义或马克思主义就同一性表象（representations of identity）问题所做的不同分析的批判。她们指出，理论冲突并不是脱离阶级冲突而存在，而且后者也影响了职业女性主义者的划分以及她们对其阶级的忠诚。女性主义者不仅在她们对资本主义的态度上有所区别，而且在对于造成压迫的物质条件的理解上，在将女性主义斗争的胜利与反资本主义斗争的胜利相联系的程度上，她们也都有所区别。一个女性主义者并不一定就是反资本主义者，同时，一个唯物主义女性主义者并不等于应该成为社会主义者，甚至也不等于是不满于现状的。事实上，"主张标签为'唯物主义女性主义'的著作与文化女性主义有着更多的共同之处，因为它并不准备解释或改变那些将妇女压迫与阶级联系起来的物质现实"。另一方面，马克思主义的女性主义的确将妇女压迫与资本主义联系了起来，而这就是为什么她们撰写此书的目的，在于"将那些（不合时宜的）马克思主义女性主义的知识，即向后现代女性主义中的文化政治学漂移所压制的那些知识——特别是在这本论文集将被最为广泛阅读的地方——重新纳入到唯物主义女性主义之中。我们希望，如此进行这一事业将有助于女性主义第三次浪潮的兴起，并有助于它作为一种推动社会变迁的变革性的批判性力量而得到复兴。"

如上所述，鉴于唯物主义女性主义术语内在的模糊性，回到马克思主义的女性主义难道不应有更多的理论充足性和政治成效性？努力以重新纳入马克思主义的女性主义知识来重新定义唯物主义女性主义，这值得吗？扩大唯物主义女性主义的意义，以至于包括马克思主义的女性主义的内容有多重要呢？或许，马克思主义之所以如此不受信赖，甚至马克思主义的女性主义者通过把唯物主义女性主义宣告为她们的理论方向来寻求更多的专业认同与合法性，其原因之一正是美国学术界内外的政治气候。我无论如何没有将这一动机归因于英格拉汉姆和亨尼西，她们在其著作的导言中自认是公开的马克思主义者。事实上，任何熟悉历史唯物主义的人都会看到亨尼西的这本极有说服力的著作所具备的老练的马克思主义基础。

然而，这种对马克思主义的理论意义与政治意义进行积极评价的女性主义在今天是十分少见的。女性主义者更易接受兰德里和麦克林的批判，这一批判认为马克思主义是经济主义的、阶级还原论的和忽略了文化与意识形态作用的。在这类对马克思主义的想象性弱点进行批判的女性主义中，存在对马克思著作的一种经济主义的和非辩证的阅读。马克思可能没有提出的那些问题，在20世纪的女性主义者看来却很重要，而这并非是使其方法论变得无效的一个充分条件，也不是使他的资本主义理论在帮助我们理论化与分析妇女压迫的原因方面所具有的理论潜力变得无效的充分条件。无论如何，这种潜力在妇女解放运动的早期得到了广泛承认。回想起来，有趣的是阅读某些自我界定为英国的唯物主义女性主义者写于20世纪70年代的那类著作，认识到她们当时是以一种掩饰了她们对马克思主义的批判姿态的方式来实际运用、发展马克思主义理论的，也同样是一件很有趣的事情。例如，库恩

(Kuhn）与沃尔佩（Wolpe），《唯物主义与女性主义》的编者，就采用了恩格斯的唯物主义定义："根据唯物主义观点，历史中的决定性因素，归根结底是直接生活的生产和再生产。但是，生产本身又有两种。一方面是生活资料即食物、衣服、住房以及为此所必需的工具的生产；另一方面是人类自身的生产，即种的繁衍。"

那么，就一个唯物主义的问题式而言，我们有必要承认物质基础的重要性；为了分析人类历史与社会组织，我们也有必要承认物质生活的生产与再生产。这就是说，承认在不断变化的生产与再生产这一语境下，自然与人类的本性通过劳动发生了转化。对库恩与沃尔佩来说，马克思主义的分析与唯物主义的分析之间的差异，在于这一分析是否超出了"传统"马克思主义对于生产方式和矛盾等问题的的关注，转而将劳动中的性别分工所带有的历史特征与对"妇女与生产以及再生产方式之间的关系"的考察结合起来。因此，马克思主义不可能对妇女压迫有一个"正确的"分析，除非它涵括了对于劳动中的性别分工的分析以及对于直接或间接地影响了男/女两性关系的生产方式的所有其他方面的分析，并由此而被改造。她们中的很多人都试图以各种各样的方式来挽救马克思主义的"失败"，她们创造性地运用马克思主义理论去探索资本主义与那些对妇女有着具体压迫的制度——比如，父权制、家庭、国家、家庭劳动、劳动中的性别分工、妇女在劳动力中的地位等等——之间的关系。

唯物主义女性主义也与法国女性主义者的工作，尤其是克里斯蒂娜·德尔菲（Christine Delphy）的唯物主义（即马克思主义的方法）有关。她认为，将压迫视为最基本的现实乃是唯一的历史理论；这就是为什么妇女和所有被压迫群体都需要它来分析自己的处境："从压迫开始来界定一种唯物主义的解决道路……压迫是一个唯物主义概念。"对德尔菲来说，家庭的生产方式，如果从生产中分离出来进行独立分析的话，它是父权制剥削的场所和妇女压迫的物质基础。她认为，婚姻是一个给男人以权利来剥削妇女的劳动契约，以令他们在家庭环境中占有她们的劳动或控制她们的工资或其他市场收益；就所有的政治目的而言，它是为了所有的实践目的而建立起来的一种奴隶制。德尔菲在再生产方式的组织中为性别划分寻找结构上的基础；她试图确定使男人与妇女置于不平等关系中的物质条件，而不是探讨性别的社会建构或个体以何种方式取得性别身份。巴雷特（Barrett）和麦金托什（Mcintosh）批评了德尔菲：

例如，经济主义（她拒绝对意识形态的因果重要性的分析），强调妇女作为妻子所受的剥削，忽视了母亲身份的影响和单身妇女的处境，并且将生产方式的概念不恰当地运用于家庭。他们认为，德尔菲既已要求家庭自治或将家庭生产方式从生产中分离出来，她就是将它从社会变革的动力中孤立了。在他们看来，一种可以接受的唯物主义分析应该将经济层面的分析与意识形态层面的分析联系起来，去分析物质（如经济）条件是如何构建意识的。

尽管早先自我定义为唯物主义女性主义者的人们可能会把自己的工作理解为对马克思主义理论的一种"转化"，但实际上他们证明了其对于妇女压迫理论化的根本重要性。一种理论转化必将挑战马克思主义的基本假设，而不是运用那些假设对新现象进行理论化。为了证明这一点，就像他们做的那样，对马克思主义的辩证理解是保持对其基本原则的忠诚，而不是去改变它，如在对妇女压迫的分析中引入国家、意识形态、家庭和资本主义社会其他方面的因果效力。

我也写了一些关于马克思主义与女性主义的东西，但我的方法不同，我认为马克思工作的空白仅仅是他直接赋予政治以及理论以优先权的结果——因为马克思的方法表明了抽象的理论渊源所固有的问题，并揭示出我们分析的范畴的辩证性质。我的结论是，父权制概念在叙述的意义上是有用的，但理论上站不住脚，它有意地发展了一种观点，即在历史之外（即独立于生产方式）·寻求妇女压迫的起源。鉴于资本家和工人阶级的妇女之间在物质利益上的现实矛盾，我还批评了使用"妇女"和"男人"作为分析的范畴（他们忽略了阶级和种族的划分，以及社会经济状况的差异）的做法和"妇女团体"（"姐妹关系"，sisterhood）的乌托邦性质。这些理论对男性的统治地位以及女性压迫过分地普遍化，并且对于资本主义社会中的生存现实缺乏敏感。我们需要的是对种种压迫按照不同的分析层面有所区分而形成的有细微差别的理论。这就是为何我试图确定潜在于男人和妇女间、可观察的、社会的和经济的不平等之中的、具体的资本主义历史条件的原因。

然而，我从未自我定义为一个唯物主义女性主义者；在我看来，这一标签歪曲了马克思主义的辩证性质，并且使得如此标签的著作所具有的真正的马克思主义性质含糊不清。虽然我的观点和早先的唯物主义和社会主义的女性主义者们有一些重合之处——无论是在分析的主题还是马克思的资本主义理论方面，我们认为以之来分析妇女压迫是恰当的。而不同之处在于，我反对将父权制作为一个解释性概念以及运用马克思的方法来确定资本主义的进程问题，这一资本主义进程将没有财产的男人和妇女置于相似的阶级地位，然而他们又面临着不同的机会结构，并且因此不能平等取得再生产的必要条件。但是，较之于我们工作间的差异性和相似性更为重要的是：作为女性主义理论内部的一种流行趋势，唯物主义女性主义在当前复兴的问题。唯物主义女性主义为何会重现？就像反映在最近大量的以"唯物主义"为题的出版物中一样，它为何"炙手可热"？唯物主义女性主义是女性主义理论的积极发展吗？马克思主义的女性主义是否应该以斗争来重获政治和学术的合法性，并以此来区分马克思主义的女性主义和唯物主义女性主义吗？在以下几节中我将初步回答这些问题。

唯物主义女性主义为何在当代复兴？这有问题吗？

虽然很难厘清早期女性主义著作中的唯物主义女性主义与马克思主义的女性主义之间的关系，尤其是在那些欧洲的女性主义者所写的著作中；但如今唯物主义女性主义与马克思主义的女性主义的理论视角却有着质的差异性，同时伴随的还有截然不同的政治含义。它们变得有些混淆不清。这反映出，意识形态在当前的政治背景中、在学术界和出版业中的权力制衡，其中"差异"、"种族、性别与阶级"、"后学（后主义）(postisms)"，当然还有"唯物主义"都具有了合法性并被四处兜售。历史唯物主义则不然。

早期唯物主义女性主义者把马克思主义作为他们的出发点。尽管对马克思主义的缺陷有着批判，但马克思主义的女性主义者和唯物主义女性主义者都同意把妇女压迫放在资本主义生产方式的整体语境中加以研究的重要性，审视资本主义的生产组织、生产与再生产的联结、意识形态、国家和法律制度等如何在家庭内外施加影响并再生产出男女之间的不平等关系。尽管存在分歧，但他们都使用了恩格斯的历史唯物主义概念。在人类历史中，这一概念有着举足轻重的作用，不仅对于生产与再生产的组织化是如此，而且对于它们之间不断的转化也是如此，正如生产力和生产关系变化了，生产方式也相应地发生变化。

今天，唯物主义女性主义之所以完全不同，是因为它植根于后结构主义对马克思主义的拒斥。对"妇女"作为一种分析范畴的解构，对"话语地"

建构起来的性别、性行为、身体和妇女间的多元差异的关注，已经中断了女性主义理论与塑造了大多数妇女生活的那些现实条件之间的联系。今天，"女性主义理论越来越意味着女性主义的后结构主义"，而这需要采纳一些原则（如，反本质主义、偶然性、社会建构、将社会现实还原为话语以及对"元叙述"的拒斥等等），这些原则与有益于妇女和所有被压迫人民的社会分析和政治策略的发展相对立。妇女压迫这一观念预设了她们境遇的物质现实，并且预设了在理论范围之外的那些主张以及观念的合法性，对于那些理论来说，一切都是相对的、偶然的并且是话语地建构的。由于在处理对于影响现实的妇女生活的物质条件时的无能为力，艾伯特（Ebert）认为，这就产生了后现代女性主义思想的危机，因为历史过程的客观性和有力影响"不能在话语中被削弱"，这就是为何"历史唯物主义总是困扰着女性主义"。

由于妇女生存境遇日益恶化的客观现实，那种认为一切都是社会地或话语地建构的观念正变得越来越难以站得住脚。妇女压迫不是一个故事、一个文本，或解释、阅读世界的一种方式，以至于政治被还原为对世界的重写或重述，还原为一个因为对话语的物质性加以坚持而推导出的结论。因为后现代唯物主义女性主义者反对所有的"元叙述"，所以话语与资本主义的结构、进程，以及作为可能性条件的诸矛盾之间便有了一种对立关系，它们仅仅与生产方式"偶然"发生联系（从而适时地避免了"还原论"和"经济主义"的幽灵），但是，当在其效用中被认为是物质性的时候，它们就在事实上假定了它们对于自身权利的决定性，从而导致了一种不为人知的话语还原论。

亨尼西和英格拉哈姆认为，有必要保持被概念化为意识形态的话语与压迫妇女相关的"全球性分析"、父权制以及资本主义之间的联系。但她们的努力不足以把当代唯物主义女性主义从其明确的反马克思主义立场中拯救出来，并且还增加了这一概念的歧义性。此外，唯物主义女性主义远无可能去填平在话语、意识形态和生产方式之间的鸿沟；最近后结构主义的唯物主义地再生不是语言、文本或话语的问题（matter of），随着身体被我们考虑为物质（matter），它毋宁是"反对将'物质'看成非话语性的东西"。无论是关于身体的还是其他事物的物质，只有被历史地、具体地提出，才能有理论和政治意义，因为"这种物质是思想的一种纯粹创造和抽象"。反过来，这就预设了生产方式诸特性的原因，即生产方式决定了各种劳动过程和实践的其他形式，而实践辩证地改造了自然和人性、存在和意识、身体和关于身体的话语等等。然而，物质以及唯物主义理论化的这一解决方案与后马克思主义的唯物主义女性主义的设想是相矛盾的，并且后马克思主义的唯物主义女性主义因此也面临着一个无法解决的悖论："如何既不否认世界是在主体的意识之外，又不认为世界是社会实践的物质原因。"如果物质性暗示着因果关系，那么在对生产方式因果效力进行否认（如，通过生产力、阶级剥削和阶级斗争等中的变化）的同时还假定语言和话语的物质性，只会导致一种话语决定论，这种决定论破坏了话语的物质性本应起的作用，因为"如果连意义都是物质性的，那么就没有什么东西不是物质性的了，因而这个术语仅仅是取消了所有的道路。"

也许，后马克思主义的唯物主义女性主义在理论上和政治上的这些死胡同为其学术的和商业的吸引力提供了基础。它的最主要的理论假设（这些假设本质上为资本主义洗脱罪名，最小化阶级剥削的关键作用，同时强调多元性、多样性和身份政治），与发达资本主义国家中占统治地位的意识形态之间，并且与中产和中上阶级的职业人士以及那些热衷于后现代主义、后结构主义，包括以不同形式显现出来的唯物主义女性主义的学生们所持有的生活方式与世界观之间，都存在一种"选择性的姻亲关系"。

结　　论

唯物主义女性主义，这个词过去可能对那些女性主义者有些用处，尽管她们持有批判的姿态，但她们却始终站在马克思主义传统之中。它在今天指称的是一些完全不同的东西。如果这个术语同时还为那些根本上是反马克思主义的文化唯物主义者和后马克思主义的女性主义者们所主张，那么它如何能用来扩展唯物主义女性主义的意义以便包含马克思主义的女性主义呢？两本马克思主义女性主义者的文选在唯物主义女性主义之名目下出版，这刚好证实了"唯物主义"所具有的更为巨大的市场价值，也证实了出版商决定销售什么的权力，而没有证实在马克思主义的女性主义以及唯物主义女性主义之间存在一种理论的融合。如果历史唯物主义的分析在唯物主义女性主义这一标签下被钝化并被中产阶级化，那么新一代又如何来了解历史唯物主义在理论上与政治上对于妇女的重要性呢？马克思与马克思主义在学术圈内已经被边缘化了。将马克思主义的女性主义涵括在唯物主义女性主义这一庇护伞之下，只会强化在年轻一代的女性主义者中业已存在的普遍误解——正如它会唤起人们对于历史唯物主义中的"唯物的"一词的注意，它也会强化与被猜想是马克思主义所固有的"庸俗唯物主义"相关的那些占主流地位的陈词滥调。因此，对于马克思主义的女性主义者来说，是时候将她们自己同唯物主义女性主义断裂开来，也是时候宣称她们道路的合法性与政治紧迫性。

从本质上讲，这必须回到马克思的资本主义分析和方法，尽管它含混不清、有所疏漏、复杂且有着 19 世纪的局限性，但它还是为女性主义者和所有受压迫人民提供了比当代理论更多的东西。这些当代理论割裂了存在和意识、话语和其可能性的物质条件之间的本质联系，当反对作为"经济主义的"劳动和生产方式的物质性（如独立于人们意识之外的现实和因果效力）时，它们假设了话语的物质性和任何可能"外在于"话语（自然？身体？）的事物。正如艾伯特正确地指出，马克思对"费尔巴哈的唯物主义"的批判恰如其分地描述了今天的唯物主义女性主义的唯物主义："当费尔巴哈是一个唯物主义者的时候，历史在他的视野之外；当他去探讨历史的时候，他决不是一个唯物主义者。"

我认为马克思主义的女性主义必须"脱离"唯物主义女性主义的另一个原因是：从理论上说，马克思主义的女性主义者更清楚地了解马克思主义的女性主义在政治上和理论上究竟是什么。然而唯物主义女性主义仍然是一个含糊的事情，它为一些女性主义者提供了一个空间，她们对马克思以及马克思主义所谓的那些缺陷有明确的拒斥；不过对于她们代表的到底是什么，她们似乎是不那么明确的。当然，女性主义学者们的确知道她们所理论化的现代唯物主义女性主义到底是关于什么的，但是，她们的工作似乎却难以为她们的学问赢得消费者。

我的这些论断乃是基于"唯物主义女性主义"以及"马克思主义的女性主义"这两个网络论坛迥异的发展历程，其发展轨迹有力地说明了马克思主义的女性主义与唯物主义女性主义之间质的差别，尤其说明了前者在政治与理论上所具有的适切性以及后者的学院性质。现实一点说，如果美国学院里的女性主义者们公开拥护马克思主义的女性主义的话，那将冒职业的及政治的风险。那些自称马克思主义的女性主义者们很容易就会在职业上以及政治上面临艰难的时刻。她们会被看成是"正统的"马克思主义者，然后她们会发现很难找到工作。因此，从短期来看，唯物主义女性主义在学院里的统治地位可能依然不会受到挑战。从长期来看，马克思主义的合时性与合适性可能会再次变得自明，而且，马克思主义的女性主义也很可能会取代唯物主义女性主义，但这也取决于世界资本主义经济的变化是否会导致跨国的政治巨变与政治组合，是否会致使女性主义学者们对于大多数工作妇女的命运与世界资本主义的诸多矛盾紧密相关的程度有更多的觉悟。同时，正如在马克思主义的女性主义与唯物主义女性主义之间的这种令人不安且令人困惑的关系所预示的一样，在意识形态层面进行的阶级斗争仍将继续下去。

（译者单位：中南财经政法大学哲学院）

年度纪念

1968年运动：遗产及反思

周穗明

2008年是法国巴黎震惊世界的"五月风暴"、也是它所象征的西方20世纪60年代新左派运动40周年[①]。40年前，正当戴高乐总统沉浸在充当越南战争双方停战协调人的成功喜悦之中，并发出"世无英雄"的感慨之时，一场始料未及的大规模学生运动骤然而至[②]。1968年5月，巴黎的大学生发起了一场反对资本主义大学体制、越南战争以及一切权威的抗议运动。短短一个月内，这场运动从校园学生罢课，发展到工厂罢工、商店罢市，陆路和空中交通全面瘫痪，法国人口的五分之一卷入了这场狂潮。红旗、标语、街垒、石

---

① 对于1968年5月巴黎发生的这场为时一个月的轰轰烈烈的学生运动，今天法国人只用没有褒贬的"Mai 68（1968年5月）"来表述。用《法国1968年五月风暴史》的作者洛朗·若弗兰的话说，"五月逃过了一切范畴，驳斥了一切先例，在一切定义之外。因为这个原因，我们无法给这个运动命名"，"确实很难找到一个较准确的词来称呼它"。"五月革命"是许多当年运动的参加者和后来的研究学者的说法，存在很大争议；"五月风暴"则主要是"文革"时期的中国人对这一事件的表述，法国人并不认为五月是一场真正意义上的革命。当时，法国学生运动的头号学生领袖丹尼尔·科恩—本迪（Daniel Cohn-Bendit）对萨特关于"是不是革命？"的提问明确地回答，"是造反，而不是占领冬宫"。

② 戴高乐在1968年5月的一个月前曾表示："如今再没有什么棘手的事要对付了，也再没有英雄业绩可创造了，我反觉得没劲。"转引自万家星：《风暴过后，只剩虚空》，《南方都市报》，2007年8月16日。

块，大学生与军警对峙；马克思、马尔库塞、毛泽东、格瓦拉、马丁·路德·金等人的头像满目遍及；……沸腾的巴黎处处构成了一幅幅浪漫的造反景观。这场运动迅速在西方蔓延：英国，三万大学生参加的反战大游行冲向伦敦格罗芙纳广场的美国大使馆；德国，柏林大学生包围了斯普林格[①]；美国，纽约的学生们占领了哥伦比亚大学校园；……西方各国的大学生们在尽情挥洒着他们的青春能量。"反叛"成为1968年的象征，它使1968年载入史册。

40年过去了，这场运动留下了哪些遗产？1968年运动为什么会发生？今天西方人如何看待这场运动？当年反叛的一代今天怎样反思自己的青年时代？1968年运动对今天又有什么样的意义？本文依据一些最新材料，对这些问题进行了系统的梳理与分析。

一、1968 的 40 周年纪念活动

对1968年5月的纪念，西方国家每隔10年就大张旗鼓地掀起一次高潮。2008年的40周年纪念，由于受客观形势变化、左翼抬头的影响，也由于萨科齐对1968年的贬斥性评价，来得格外热烈。

在2007年5月法国总统大选投票前，萨科齐在一次集会上对选民说："我们还剩下两天，就能对68年遗产说再见！"萨科齐认为，1968年5月将"知识和道德上的相对主义"强加给了法国，令"权威、礼貌和尊敬"一去不返，"没有什么是神圣的，也没有什么是可景仰的；没有规矩，也没有标准；更没有什么是被禁止的。"他称1968年5月要为法国今日的社会病负责，他誓言要一举清算1968年遗产。

萨科齐此言一出，立即引起了左翼文化界的巨大反弹。从2008年1月始，杂志、报纸、电台、电视和网络连篇累牍地发表纪念1968年运动的书籍、论文、演讲、电影、录相和采访。不仅法国举行了各种名目繁多的纪念活动，把巴黎变成了怀旧的海洋，而且欧美各国纷纷举办研讨会、街头海报展、演唱会、电影展，等等，使1968年5月运动40周年纪念活动成了一场令人瞩目的文化盛宴。

---

① 斯普林格（Springer）是西德的大传媒集团。1968年4月11日，西德学生领袖鲁迪·杜契克（Alfred Willi Rudi Dutschke）被一个受斯普林格传媒宣传所蛊惑的青年工人袭击而受重伤，随即引发大学生包围斯普林格集团事件，导致西德学生抗议运动升级。

2008 年，针对 1968 年运动，西方举办了各种各样学术及纪念活动。

2008 年伊始，英国社会主义者联盟联合了 100 多个左翼党派以及相关媒体，以"1968 年 5 月及一切发展"为主题，发起了一系列的纪念活动。1 月 23 日，安迪·纽曼（Andy Newman）在联盟的专用纪念网页（www.1968andallthat. net）上发表了《未被归类的》、《极左派》（4 月 21 日）等文章，同时发有安德鲁·博金（Andrew Burgin）等人的评论，颂扬 1968 年"改变了政治的面貌并定义了一代人"。5 月 10 日，社会主义者联盟在伦敦 Conway Hall 举行了大型国际会议，当年巴黎学生运动的领袖之一阿兰·克瑞文（Alain Krivine）作了"今天革命的未来"演讲，巴德·梅恩霍夫集团 ① 的早期成员阿斯特利德·普鲁尔（Astrid Proll）谈了"1968 年的德国左派"，伊莫恩·麦凯恩（Eamonn McCann）主讲"爱尔兰的公民运动和'自由民谣'"；朋克绘图艺术家詹姆·李德（Jamie Reid）和尼克·赖特（Nick Wright）回忆英国学生占领的浪潮；著名新马克思主义女性主义代表人物希拉·罗博特姆（Sheila Rowbotham）则考察了 1968 年对发展妇女运动的作用。会议还把各种传统的政治人物，包括无政府主义者、托洛茨基主义者、情境主义者、女性主义者、共产主义者及其他传统的代表人物汇集在一起。同日，"纪念 1968 的希望与梦想—40 年以后"国际研讨会和书展在伦敦红狮广场举行，有 40 多家图书出版商、销售商进场，还有音乐家表演、电影放映、卡通展演、诗歌朗诵、图片展览等，形式丰富多样。

2008 年，在当年学生运动的主要发源地纽约、伦敦、旧金山等大城市，也举行了各种各样的纪念活动。

美国纽约市以"1968/2008：政治学的遗产和遗产的政治学"为主题组织了一系列纪念活动：5 月 12 日纽约市"布莱希特论坛"举办了"重温 1968：自由、想象和黑豹党"的演讲报告，人们讨论了黑豹党的影响，它鼓舞了数千人投入它们改造"制度"的运动；同日纽约市林肯中心电影协会放映了关于 1968 年的文献纪录片；4 月 29—5 月 14 日，"1968：一个国际视角"国际研讨会在纽约举行，会议海报声称，"到了纽约不要错过这些特殊的大事件的时候

---

① 巴德-梅恩霍夫集团（Baader-Meinhof Group）是西德战后最暴力、最著名的极左派军事恐怖组织"红军派"的早期阶段，自称为从事军事抵抗的马克思主义"城市游击队"。德国"红军"出现于 1968 年运动后，正式形成于 1970 年，在德国从事了 30 年的恐怖活动（1968—1998）。

了"，呼吁人们重新观察美国历史上的这个喧闹的年代，检验这场动乱大戏的过程，以理智的集中批判和富有洞见的政治文献审视这一时期的遗产；5月8日，哥伦比亚大学学生报以"68—抗议的遗产，40年以后"为题，组织了大规模的互动式的"68年学生起义在哥伦比亚大学"的播映，并播放幻灯图片、视频和发表许多论文。

旧金山州立大学种族研究院等组织了图片展，出版了纪念1968运动40周年的《旧金山编年史》；《圣约瑟信使新闻》、《旧金山检验者报》、《康特拉科斯塔时报》、《抵抗新闻》、《第一原则》，当地其他媒体也都加入了纪念活动。

芝加哥大学的"1968/2008AREA研究项目"寻求批判地介入1968年的话语。该项目的主题是关于两代之间的代际关系和批判性反思，思考1968年的制度性记忆、组织性结构、骚动年代中经济的作用和激进的可能性，以及人们对60年代的集体迷恋和60年代的遗产。该项目是一个综合性的文化项目，以芝加哥和当年其他发生骚乱的城市为节点，通过对"1968年人"及此后40年中各种相关人士的调查，对1968年进行全面的阐释，如：政治动乱、社会造反和左派的剧烈变化。该项目的调查对象包括：社会运动历史学家，60年代在校上学的自由派，仍然健在的老左派；自我定义的革命者，口述历史学家，激进分子的父母、教师和导师；拒绝老左派的新左派，接受老左派的新左派；对今天的青年失望的婴儿潮一代人，谴责婴儿潮一代人的青年，婴儿潮一代人的孩子；想发动革命和学习经验的人，想重温反文化的艺术家，使反文化比那个时代的政治思想更酷的人；SDS①、黑豹党、新SDS追随者的领袖；在1960/1970年代的政治暴力中失去所爱的人的人，生于1968年的人等等。在此基础上，"1968/2008AREA研究项目"组织了"左派将不断向跨代交往学习吗？60年代和总统的种族"研讨会。

10月20—22日，美国加利福尼亚大学圣巴巴拉学院黑人研究系举办了"1968：学生驾驭变化的全球年"纪念活动，纪念1968年10月15日黑人学生占领加州大学圣巴巴拉学院校园计算机大楼40周年。会议还组织观看当年报刊报道黑人学生占领北大厅的文章，放映巴黎1968年5月、墨西哥1968年10月的录像，展示各种当年世界各地学生运动的图片资料。1968年运动

---

① SDS是"争取民主社会学生组织"（Students for a Democratic Society）的缩写，它是美国60年代新左派运动中最重要的学生组织，以《休伦港宣言》（1962）闻名于世。

直接推动了该校黑人研究及机构的创建，并深刻地影响了学校的教育和日常生活。

5月5日，得克萨斯大学奥斯汀学院召开了题为"什么是拉美左翼的左翼?"的跨学科会议，纪念这里发生的 1968 年运动。会议综述称："1968 年春的全球反叛引发了阿根廷、巴西、危地马拉等拉丁美洲国家一个革命暴力的新时期。"10 月 10—12 日，得克萨斯大学一个比较文学项目还举办了"1968：一个全球视角"的跨学科会议。

希腊伊萨卡大学召开了纪念 1968 年运动的会议，保罗·博曼（Paul Berman）作"权力和理想主义者们"的报告；卡兹亚费卡斯作"新左派的想象：1968 的全球分析"的主题发言。此外，"存在主义和现象学的理论与文化"2009 年年会也将于 2009 年 5 月 26—29 日在加拿大渥太华举行。该会议设"反思1968"的专题，拟讨论 1968 年事件与今天世界的联系。

由英国社会学学会和伯克贝克社会研究所主办，英国莱塞斯特大学、开放大学、伯克贝克学院和瓦维克大学等 6 所院校协办的"1968 年 5 月 40 周年纪念"研讨会于 7 月 3—4 日举行。研讨会大腕云集，且大都是 1968 年运动的亲历者，他们从各个角度反思 1968 年的遗产，盘点这场运动的社会后果、政治影响及理论意义。如美国马里兰大学社会学系教授、美国社会学学会主席帕特里夏·希尔·柯林斯（Patricia Hill Collins），报告主题是"现在就自由！作为美国黑人学生激进主义转折点的 1968"；安东尼·吉登斯的报告主题是"1968 与后殖民的英格兰"；新马克思主义女性主义的主要代表人物、英国剑桥大学教授朱丽叶·米切尔（Juliet Mitchell），主题："妇女解放、女性主义、性别研究—1968 继续存在"。主要演讲者还有英国纽卡斯尔大学社会学教授威廉·奥斯维特（William Outhwaite）、艾塞克斯大学社会学教授肯·普兰默（Ken Plummer）等。

10 月 3 日，加拿大肯考迪娅大学联合谢尔布鲁克和毕索普大学的有关研究机构，召开了题为"1968，危机中的社会：一个全球视角"的国际会议。会议旨在分析 1968 年社会危机的内在关系、影响和特点，并讨论 60 年代的社会政治背景，如非洲去殖民化、冷战解冻、越南战争和魁北克平静的革命。会议认为，在 40 年后重新解读"1968 之春"，是为了理解各个不同运动的社会、经济和政治起源。1968 危机仍是参加过那些运动的人们怀旧、骄傲或愤恨的一个源头。

除了西方各国、各大学和研究机构举办的不胜枚举的 1968 年专题纪念会议之外，2008 年的许多专业会议也开辟了关于纪念 1968 年的主题讨论。笔者受邀参加了欧美地区法兰克福批判学派的"哲学与科学"2008 年布拉格年会，亲身感受了纪念"1968"的氛围，本届年会把"重温 1968"作为主题之一。与往年不同，今年年会出现了许多"1968 年人"的面孔，当代著名批判理论家南茜·弗雷泽、亚历桑德罗·费瓦雷（Alessandro Ferrara）、玛丽娅·皮娅·劳拉（María Pía Lara）、劳伦·兰格曼（Lauren Langman）等人出席了这次会议并作了主题发言。他们以当年激进一代的亲身经历，借今日视角反思 1968 年运动。会议还特邀当年运动的积极分子、今天反全球化的"世界社会论坛"的创始人奇科·维塔克（Chico Whitaker）作演讲，并放映了长达 6 小时的、反映 1968 年运动全球背景和发展全貌的历史文献纪录片。

同时，1968 年运动的 40 周年纪念涌现出数百种出版物。仅法国一地，就在 5 月来临的几个星期内，就出版了约 80 本各类图书，既有当事人的回忆，也有学者的深度分析；既有图片集、漫画书，也有大部头的理论著作。在 1968 年 5 月后的第四个 10 年中，西方各国已经出版的较有影响的相关书籍有马克·柯兰斯基（Mark Kurlansky）的《撼动世界的那一年》等 ①。另一本值得关注的是当年法国学生领袖丹尼尔·科恩—本迪的新作《忘却 68》（Daniel Cohn-Bendit, *Forget 68*, Editions de l'Aube）。本迪在 2008 年 1 月 23 日与卡弗·巴贝尔（Café Babel）的访谈中表示，"1968 是一场欧洲运动，它具有不同的动机，但是发生在欧洲的许多地方。而这些反权威的造反引发了遍及欧洲的一种新

---

① 这些主要书籍包括 Mark Kurlansky, 1968, *The Year That Rocked The World* (New York: Ballantine，2004)；Laurent Guimier and Nicolas Charbonneau, *Génération 69. Les trentenaires ne vous disent pas merci* (Paris, Michalon, 2005)；Kristin Ross, *May '68 and its afterlives* (Chicago 2002)；G. Dreyfus-Armand, R. Frank, M.-F. évy, M. Zancarini-Fournel, *Les Années 68: Le temps de la Contestation* (Paris, Complexe, 2000)；Henri Lefebvre, *Mai 68 – L'Irruption...* (Paris, Syllepse, 1998)，等等。另外，近年来中国也翻译出版了一批有关 1968 年的重要著作，如，洛朗·若弗兰：《1968 年 5 月法国的"文化大革命"》（原书名为《法国 1968 年五月风暴史》），万家星译，长江文艺出版社，2004 年；让·皮埃尔·勒·戈夫：《1968 年 5 月，无奈的遗产》，胡尧步、韦东、高璐译，中国青年出版社，2007 年；塔里克·阿里苏珊·沃特金斯：《1968：反叛的年代》，范昌龙译，山东画报出版社，2003 年；安琪楼·夸特罗其、汤姆·奈仁：《法国 1968：终结的开始》，赵刚译，三联书店，2001 年。

的社会形式，今天我们走在通往共同认同的道路上"①。

另外，关于 1968 年，近年来还出了很多纪录片，如居迪·拉瓦兹的《1968年 5 月》、克里斯·马克的《天气是红色的》、安德烈·弗罗萨尔的《五月事件》、罗曼·古皮尔的《他在 30 岁死去》、丹尼尔·科恩—本迪的《我们是多么热爱它——革命》。在以 1968 年为背景的故事片中，比较有影响的是贝纳多·贝托鲁奇导演的《戏梦巴黎》（*The Dreamers*，亦译为《梦想家》），《纽约人》对这部影片的评语是"既紧张又松弛，既粗砺又梦幻，既性感又傻气，既哀伤又深刻"。影片中青年们侃卓别林、反越战，也侃毛泽东、上山下乡，……洋溢着理想主义的热情。影片背景回荡着伍德斯托克（Woodstock）音乐节②的名曲《Hey Joe》，使人处处感受到 1968 年 5 月特有的气息。贝托鲁奇重视本片在今天的现实意义，他说，"现在的情况和当年不太一样了。1968 年，大家普遍认为世界会变得越来越好，而你会成为这个进程的一部分。但今天不是这样了，我想表达这种感受。"

此外，在 2008 年纪念活动中，广播、电视和网络也发挥了极大作用。如英国广播公司（BBC）第四台制作了一个每天一集、长达半年的专题节目，从人物、音乐、政治、经济、哲学、文化等不同角度，对 1968 年 5 月运动进行全面回顾。在"1968：哲学在大街上"（1968:Philosophy in the Streets）的专辑中，主持人遍请今天欧美最火的左翼思想家齐泽克（Slavoj Zizek）、巴迪欧（Alain Badiou）、克里奇利（Simon Critchley）、洪西耶（Jacques Rancière）等，让这些学术大腕指点江山，重评 1968 年 5 月运动的重大历史意义。这些思想家观点不同，却拥有一个共识，即：1968 年是一代人思想成长的里程碑，是社会思潮的转折点。只有通过 1968，左翼理想才在千回百转之后，在 21 世纪重新崛起。

另外，也有许多有心人专门收集了当年巴黎 5 月运动的标语海报。5 月 1日，伦敦海华德工程空间举办了一个题为"来自巴黎 1968 年 5 月的标语海报"的街头海报艺术展，其广告称："1968 年 5 月巴黎起义的海报包含了一些曾经

---

① www.opendemocracy.net

② 伍德斯托克（Woodstock）音乐节是一次自发的摇滚乐盛宴。摇滚乐是那个年代的时尚，摇滚乐手是当时青年的自由偶像。1 月 20 日摇滚乐手鲍勃·迪伦悄悄出现在卡内基音乐厅，此后他与世隔绝，全年隐居在伍德斯托克镇。各地粉丝们跟踪而来，发起了"伍德斯托克"音乐节，50 万嬉皮士一起狂欢。在这一运动的迅速崩溃后，许多失落者模仿迪伦，隐居乡村。

与一场为了改变社会和政治的运动相关联的最有才气的绘画作品。"据统计，当年 5 月的巴黎用 800 多种设计制作了 60 多万份海报标语。这些街头大字报鲜明地反映了当时的社会心理和情绪，笔者在 2007 年布拉格年会上就曾收到过一份类似标语，不妨照录于此：

> 想象力正在夺权。
>
> 当下这个革命不但质疑资本主义主义社会还要质疑工业社会。
>
> 将来再也没有任何社会异化。
>
> 我们正在发明一个原创性盎然的全新世界。
>
> 求不可能之事。
>
> 半吊子搞革命，无异自掘坟墓。
>
> 前进，同志，把旧社会甩在后头！
>
> 消费社会不得好死。
>
> 商品是鸦片。
>
> 社会是一株食人花。
>
> 我们都是德国犹太人。
>
> 托老师和考试的福，六岁就开始与人竞争。
>
> 咱们一起推倒托儿所、大学和其他牢狱的大门吧。
>
> 要做爱，不要作战。
>
> 母校，找甜蜜的母校，私通的母校，富足的母校。
>
> 吻你爱人的时候，枪不要离手。
>
> 给自己一点爱和爱的时间吧！
>
> 请与你的邻居交谈。
>
> 跳个倒霉舞吧。
>
> 美就在街头。
>
> 有多少报道，就有多少质疑。
>
> 我们不询问，我们不要求，我们把它拿下，接着就占领。
>
> 没有什么东西叫作革命思想，只有革命行动。
>
> 能意识到自己的欲望就叫自由。
>
> 你们虽富犹惧，虽生犹死。
>
> 从来就没有救世主，也没有神仙皇帝，我就是救世主。
>
> 生活在他处。

禁止说禁止！

实现梦想。

这只是一个开始，让我们继续战斗。

足够的行动，足够的词语。

铺路石下是海滩。

让大家都只凭自己的热情行事吧，不要有负罪感，以便重新获得做人的感觉。

我不愿倒下，不愿意死，别吃太饱，别变老。

让节日的感觉回来吧！

我有些事要说，但不知道是什么事！

我要发布永久幸福令！

……

　　总之，2008 年对 1968 年的纪念浪潮席卷巴黎、纽约、伦敦等西方大城市。如在华盛顿特区，反战协会等组织了各式各样关于"1968/2008"的纪念活动，既有 1968 年法国 5 月运动的回忆，也有 1871 年法国巴黎公社的评述；既有对当年哥伦比亚大学、芝加哥大学那些愤怒岁月的描述，也有对汤姆·海登（Tom Hayden）① 的采访；既有对摇滚乐的回顾，也有对反越战的缅怀。对 1968 年 5 月的缅怀，更是法国 2008 年度的中心话题，报纸、电视、剧院、画廊，纪念文字连篇累牍、铺天盖地。最有意思的是，巴黎的美食店"馥颂"居然推出了一款"Mai68"点心，声称要搞一场"味觉革命"。1968 运动 40 周年纪念的深入人心，由此可见一斑。这个纪念阵势，估计是对 1968 出言不逊的萨科齐始料未及的，一位美国学者干脆说："68 年运动 40 周年搞了那么多大规模纪念活动，真多亏了萨科齐"。

二、1968 遗产的评价

1."好得很"还是"糟得很"

_____

① 汤姆·海登是美国 60 年代学生运动的主要领袖，SDS 的负责人，《休伦港宣言》的主要起草人。

在对1968年运动的基本性质的认定上，人们每隔10年就要为"好得很"还是"糟得很"打一番口水战。在法国，从今年40周年纪念活动的规模、热度不难看出，当下主流是"好"派占压倒优势。

"好派"认为，1968运动的最大贡献在于推动了战后法国的思想进步，有积极的历史意义。青年学生反权威、反传统的冲击，使法国社会发生了彻底变化。具体来说，运动之后工会的影响力上升，劳资关系有所改善；人们的意识和观念发生了深刻变化，反权威、反传统倾向日益深入人心；个性自由和个人权利意识不断强化，妇女解放、性自由和去除种族偏见成为潮流。正是由于这场斗争，改善了当代西方的社会文明程度，提高了今日社会对公民的个性自由和个人权益的尊重，促进了社会宽容，也极大地推动了后来争取男女平等、性自由（包括同性恋）的斗争，改变了传统的边缘群体的社会地位和在当代的生存状况。

"糟派"则认为，在1968运动及其余毒的影响下，法国社会传统的伦理价值、道德观念遭到颠覆。5月运动及其思潮过度宣扬个人自由和权利，藐视一切权威，弱化了个人义务和社会责任感，使社会一味追求及时行乐，纵欲无度，产生了不负责任、自私自利的一代。诸如教育质量下降，学生目无尊长，校园暴力泛滥，社会道德沦丧、私生活脱离传统道德，家庭结构松散、社会分裂、文化虚无、民心颓败等现象和"寅吃卯粮"的"法国病"，法国昔日辉煌不再。总之，5月运动是产生当前一切社会弊病、阻碍国家发展的万恶之源。

"糟派"的声音从1968年以后就不绝于耳。运动刚过，秋后算账的右翼思想家多米尼克·韦内就出了两本书，学着戴高乐的口吻大骂学生是"社会渣滓"；另外两个有名的极右派穆里斯·巴代什和弗朗索瓦·迪普拉（后者是让—马里·勒庞的民族阵线的理论家），策划了两个选题，指斥5月运动是一场"革命的闹剧"。今天这种声音依然存在，在2008年5月8日出版的《印度时报》上，执行编辑斯维潘·达斯古普塔（Swapan Dasgupta）追随法国总统萨科齐之后，用充满右派偏见的口吻，称"1968年是一场有害的梦魇"。他在1968年运动的40年之后，将1968年形容为一个"自我放任"的时期。

但是，当年的法国学生运动领袖、现任欧洲议会绿党联合会主席的丹尼尔·科恩—本迪却拿萨科齐本人开涮，用其例子说明1968年运动的正面影响。本迪（"红头发丹尼"）站在爱丽舍宫的台阶上对记者们说，"一个两次离婚的男人现在当上了总统，这就是证据。""想想看，这事儿要是发生在 40 年前，戴高乐夫人非得给气死不可。"他称，萨科齐在总统任上离婚并第三度结婚，娶了女模特布吕尼，正是在享用着 1968 年 5 月的最大遗产，即"人生无限制，享乐无节制"(Vivre sans contrainte et jouir sans entrave)。

"好得很"还是"糟得很"，官司打了整整 40 年，估计今后还要打下去。不过，在 2008 年，已经有学者尝试突破两个极端评价框架，揭示了 1968 年运动的全球性，从历史的高度评价事件本身。纽约大学比较文学教授克里斯汀·罗斯（Kristin Ross）在其新书中提出，不能简单地评价"好得很"还是"糟得很"，关键在于洞察 1968 年运动的全球背景。她认为，在以往的纪念活动中，法国制造了"68 年运动神话"，长期遮掩着对这一重大社会事件的实质问题的研究。目前已身居各领域高位的前"68 年人"40 年来将"五月风暴"的意义定格，祭以高台，实际上是以维护"68 年人"的过去来保障自己的未来。她指出，对于"五月风暴"，不能以媒体数年重复的"要求更大程度的性自由，性解放"作为起因，或将运动范围局限于一个月里，归结成是一批衣食无忧的青年寻找自我时的"无病呻吟"和"拒绝社会"，而应该将这场风暴放在全球的政治大气候下来观察。"五月风暴"的历史框架起码应该上溯到 1962 年阿尔及利亚战争，而延续至 70 年代，具有深刻的社会性和政治性，法国工人史上规模最大的总罢工就发生在 1968 年。罗斯教授批评说，法国媒体基本不提外部社会背景，越南战争、第三世界反殖民斗争、马列主义反斯大林派等问题；而这些恰恰是了解当时社会变迁中不可忽视的因素 [1]。

2."改变世界"，还是改良主义

1968 年运动是"好得很"还是"糟得很"，归根结底取决于运动是否在实质上改变了世界，造成了时代的变化。但是在这一点上，两种评价同样针锋相对，而且人们的观点并不以意识形态划界。

一种观点认为，1968 年的学生运动改变了世界。当时的法国总理、第二年接替戴高乐担任总统的蓬皮杜曾说过，1968 年 5 月之后，"一切再也不像从前了"。1968 年 5 月改变了法国，也给西方社会带来了巨大的变革。正是因为 1968，才使西方人的日常生活不再同于以往。从此后，无论是他们的思维、感觉、谈吐、服装，或是对孩子的教育，还是夫妻生活，度假休闲，都与以

---

[1] Kristin Ross, *May '68 and its afterlives* (Chicago 2002), p. 3.

前大大不同。

霍华德·津恩（Howard Zinn）在 40 年前的经典文献《休伦港宣言》2005 年再版时，曾称该宣言作者、60 年代美国学生领袖汤姆·海登撰写的导言"是一个才华横溢的宣示，展现了 1962 年的那些文字对我们今天生活的这个世界具有怎样的批判意义"[①]；《大西洋报》（The Atlantic）国家通讯记者尼古拉斯·莱曼（Nicholas Lemann）径直说："汤姆·海登改变了美国"；《纽约时报》书评称赞海登是"1960 年代学生运动唯一伟大的人物"。曾任总统助理的理查德·戈德温（Richard Goodwin）则称，"他为'伟大社会计划'创建了蓝图"[②]。

2008 年 5 月 8 日，《新评论家》杂志聚焦 1968 年运动，集中发表了彼得·威尔比（Peter Wilby）、诺姆·乔姆斯基（Noam Chomsky）、安娜·库蒂（Anna Coote）和埃里克·霍布斯鲍姆（Eric Hobsbawm）等著名新马克思主义左派理论家的专论，这期专刊的题目即"改变一切的那一年"。

在 40 周年纪念中，论 1968 年"改变世界"的一篇颇有新意的论文，是詹姆斯·埃尔斯沃思（James Ellsworth）撰写的《婴儿潮一代学生抗议摇撼了世界的年头》，该文见于 2008 年 7 月 28 日《国际文化事务》杂志的"1968：40 周年评论"专刊。他指出，1968 年一代人的抗议浪潮，是要改变、而不是终结那个世界。首先，在 1968 年，学生们试图改变世界。当披头士唱着"我们大家知道你想改变那个世界"闪亮登场时，"改变世界"成为生于二战后、60 年代上大学的婴儿潮一代人的主旋律。1968 年运动的预示性在于，它表达了青年学生多方面的抗议。学生们喊出了体现代沟的口号，他们对抗世界各地的领导人，高呼"不要相信任何 30 岁以上的人"；他们遭遇了"体制性"失败。对于 1968 年一代人而言，这一年是一个转折点。其次，正如马克·柯兰斯基（Mark Kurlansky）在《撼动世界的那一年》[③] 一书中所指出的，1968 年是第一个"全球"年。电视把世界大事带进家里，使人们直接见证了越南春季攻势等战争场面，看到了芝加哥警察在民主党全国大会上棒打大学生，看到了罗伯特·肯尼迪和马丁·路德·金被暗杀的后果和苏军坦克开进布拉格，以及法国巴黎工人和学生在总罢工中游行，等等。1968 年是全球抗议的时代，

---

① 参见 SDS, *The Port Huron Statement,* Thunders Mouth, 2005。

② 转引自 Lauren Langman, "1968—2008：DIARY OF ACTIVIST GENERATION"，本文是他在 2008 年 5 月在布拉格召开的"哲学与科学"年会上所作压轴演讲的讲稿。

③ Mark Kurlansky, 1968, *The Year That Rocked The World,* (New York: Ballantine), 2004.

是全世界的婴儿潮一代到来的年代。1968 年要求人们参与各种争论，至少持有一种立场。再次，从国际后果看，婴儿潮一代大学生确实撼动了世界。从表面上看，建制胜利了，林登·约翰逊受学生运动影响无法连任，但是右派尼克松成为总统，越战持续到 1975 年。从全球看，法国的学生和工人运动削弱了戴高乐，但他的中右党赢得了大选；波兰警察镇压学生；苏军侵捷，杀害上百名大学生；还有在墨西哥城奥运会上黑人运动员紧握双拳抗议种族关系和革命制度党政府杀害 25 名学生；等等。然而，承认这些运动已经形成了一个历史转折点，则需要时间。而大多数人认为，1968 年干脆就是变革的催化剂。最后，在 1968 年 40 年以后，总体概括一代人和一年，仍然是困难的。美国现在已经有了两位婴儿潮总统——克林顿和小布什，法国也有了一位婴儿潮领袖萨科齐，墨西哥革命制度党已经多年不执掌墨西哥政权，苏联已不复存在。但是，人们依旧还在为 1968 运动为什么会发生而争执不休。而许多"68 年人"依然活跃在政治、新闻和教学领域，用"更明显的方式改变这个世界"。如柯兰斯基所言，1968 年最让人震惊的是，全球人口中最重要的一个年龄段不再对许多错误的东西保持沉默[1]。1968 年持续至今的遗产是有道德原则的参与。从当年的抗议到目前上街抗议"G—8峰会"[2]，到只饮用"公平贸易运动"[3]的咖啡，到过绿色生活，其道德理念一脉相承[4]。埃尔斯沃思的总体看法是，世界确实改变了，但不是在革命的意义上。

另一种观点认为，一切都没有改变。代表性观点莫过于雷蒙·阿隆和齐泽克。阿隆早在 40 年前，在最后的街垒被搬走后的几个星期后，就预言这场风潮什么都改变不了。他尖锐地指出："所有的法国革命最终都强化了政权体制，恶化了官僚的集权化。"阿隆在《费加罗报》明确地把 1968 年运动定义为"假革命的心理剧"。他说："大学生和工人们将又一次对这些日子的罢工、节庆、游行、无休止的讨论和暴动留下美好的回忆，仿佛日常生活的烦恼、技术和

---

① Mark Kurlansky, 1968, *The Year That Rocked The World,* (New York: Ballantine), 2004, p. 380.

② 指八国首脑会议。

③ 公平贸易（Fair trade）是一个有组织的社会运动，该运动倡导对发展中国家和地区的大量相关产品支付公平的价格和贯彻公平的社会和环境标准，用以市场为基础的方法鼓励发展中国家的生产者，推动可持续性的发展。

④ 全文参见 James Ellsworth,"The Year That Baby Boomer Students' Protests Rocked The World", 1968: A 40th Anniversary Review, in *International Cultural Affairs,* Jul 28, 2008.

官僚主义所造成的窒息感需要时不时地突然宣泄一下；似乎法国人只有在革命（或者假革命）的心理剧中才能使孤独感得到解脱。"

2008 年，齐泽克在罗马的一个纪念 1968 年 5 月 40 周年的研讨会上，引用了拉康当年对造反学生们的斥责："作为革命者，你们是一群疯子，你们需要个新主子。你们会得到的。"齐泽克部分支持拉康的说法，即 1968 年并没有改变政治统治的实质。但是他同时指出，即使拉康是对的，也很难把 1968 年 5 月看作是不同的政治潮流争夺意识形态支配权时发生的单一事件。在今日的意识形态记忆里，有不同的 1968 年 5 月，而当年驱使学生和工人纷纷走上街头的那些基本观念，则已被遗忘了。

齐泽克还指出：60 年代性解放的遗存，是宽容的享乐主义轻易地与权威意识形态结成了一体，成为主流文化的一部分。康德所说的"你能，因为你必须！"被颠倒了过来，变做"你必须，因为你能！"寻欢成了今天人们义不容辞的责任。然而，当 68 造就的解放穷尽一切可能时，问题就来了，到 70 年代中期的关键点，它只剩下了三种形式：对性欢愉极端方式的追求；极左的政治恐怖主义（如德国的红军和意大利的红色旅），或是转向内在体验（如东方神秘主义）。他把 1968 年的遗存称作是"暧昧的遗产"。享乐主义的主流化，导致了对 1968 年精神的偏离和政治上的极端主义 [1]。

作为格瓦拉的战友、密特朗的学术顾问，法国著名左翼学者雷吉斯·德勃雷（Regis Debray）指出，这决不是一场革命，因为它从未触及政治和社会基础。它的无政府主义以摧枯拉朽之势破除传统思想，造成的后果是，从客观上帮助大资本经济在法国获得了稳固地位，在一定意义上成为今天法国陷入困境的始作俑者。从社会观念上讲，以富家子弟为主体的大学生根本不了解真正的人间苦难，他们高呼的自由和民主与世上贫困百姓风马牛不相及，只是个人主义和自恋心态的发作，现实已证明对社会建设毫无积极影响。一些评论家也指出，学生们当年满屋悬挂毛泽东画像，完全不说明他们有革命思想，曾去中国"取革命经"的"68 人"里，现今狂热的反共意识不亚于当年的天真。德勃雷等人的观点更接近于传统观点，形式上与当年法国共产党和戴高乐政府对 5 月运动的否定看法相类似。

甚至有人认为，40 年后，反叛的一代学生们只是"改变了自己"，回归了

---

[1] 转引自 http://www.inthesetimes.com/article/3751/the_ambiguous_legacy_of_68。

他们曾激烈抗议的那个体制。从现象上看，似乎确实如此。当前欧美政坛上活跃着许多60岁上下的1968年人，如克林顿、希拉里、德国前外长费舍尔、萨科齐竞选总统的对手塞格莱娜·罗雅尔，甚至萨科齐内阁的外交部长库什内、法国前文化部长雅克·朗格，都是"1968的孩子"，即当年造反的风云人物。1968年的愤怒青年现在有了很好的职业生涯，如美国学生领袖汤姆·海登后来走上参政道路，是加利福尼亚州的议员，美国民主党多届核心会议成员；当年的法国学生领袖丹尼尔·科恩－本迪是欧洲议会绿党党团的成员；因激进活动被捕的阿兰·吉斯麦后成为法国教育部长的高级顾问；前马克思主义者艾德威·布莱内当了法国主流报《世界日报》的主编；等等。丹尼尔·科恩－本迪在他的回忆录《我们曾经如此热爱革命》中干脆说，他30年前是在干"傻事"。

当1968年人成为与旧统治者一样的权势人物时，在前30年纪念中形成了1968年人"激烈宣泄，回归建制"、1968年运动"文化成功，政治失败"的一般定论。因此有人说，1968年运动只是承载了年轻人的左倾浪漫主义情绪。1968年的孩子认为他们能改变世界，而他们只能看到自己被远远超出自身控制力的巨大力量所改变。法国《新闻周刊》在描述这些政治现象时，用了嘲讽性的标题："让我们不要改变这个世界"。

3.1968年的遗产：政治的、社会的，还是文化的

作为一场历史上从未出现过的新社会运动，1968年究竟为后人留下了哪些遗产？关于这个问题，更是众说纷纭，莫衷一是。法国毛派哲学家安德烈·格吕克斯曼 (André Glucksmann) 和他的儿子拉斐尔在不久前合出了一本书——《跟萨科齐说说1968年5月》。在荷兰电台(RNW)的访谈中主持人问到，1968年5月是否给法国留下了持久的遗产时，格吕克斯曼斩钉截铁地回答："没有"。他说，尽管1968年之后，社会发生了许多重大变化，比如权威在家庭、大学和政府里的瓦解以及性道德上的开放，但那是大的国际潮流所驱使，1968年5月不过是其表现之一。然而，1968年运动的持久遗产并不像格吕克斯曼说的那么简单。40年后，足够的历史沉淀已经使人们对遗产的丰富性有了更深入的认识。概括起来，1968年的遗产大致包括如下方面：

政治民主化。40年后，许多学者认识到，广泛的政治民主化是1968年最大的政治成果。其中，妇女、黑人和同性恋权利的实现，是政治民主化在西方发达国家得以促进的最大体现。还有学者从世界历史发展的高度看待1968年开启的政治民主化。

美国芝加哥罗约拉大学社会学系教授、著名批判社会学家劳伦·兰格曼（Lauren Langman）认为，1968年运动是争取政治民主化、公民权利普遍化和打破传统生活方式的运动。从政治上说，1968年运动是政治上进步的变革运动，继承了启蒙的民主化事业，是未来世界政治变化的先兆。像1789、1848、1917、1945等重要年头一样，1968已经成为种种转型和变革的一座重要的历史里程碑，这一解放的政治运动要求具有治理性质的进步的、民主的社会变化。尽管巴黎、伦敦、纽约的运动都是独特的，但是1968年运动体现了一个全面普遍深入的民主化目标，追求建立一个不同于资本主义现状的民主社会。尽管这些运动在短期内失败了，而且导致了国家暴力和某些保守倒退的回潮；但是，那些进步运动，是重要的社会转型的预兆，并且是今天的大规模社会运动的先驱。

今天，在1968年的40年后，政治民主化获得了极大的发展。今天，许多专制政权已经在亚洲、拉丁美洲和非洲土崩瓦解，大部分南美政府已经选上了中左派；与那些民主化运动紧密相联的是生态运动的崛起；红色人士成为今天新的绿色人士。性别角色规范已经在女性主义、同性恋权利等运动中得到根本改造。劳伦教授还以科林·鲍威尔、康迪·赖斯和贝拉克·奥巴马为例，说明美国公民权利运动在政治上已经取得的重大成就 [1]。

汤姆·海登则在2008年系统表述了1968年对美国的结构性影响，如越南战争于1969年开始结束，义务兵役法案终结，黑人研究、拉丁美洲人研究、妇女研究和环境研究被整合进高中和大学课程等体制性的政治变化。他不同意60年代是一种孤立的"文化转折"、而不是政治转折的说法，认为这将会忽略这些改革持久的法律上的、调整的和制度的意义。

美国批判理论家南茜·弗雷泽在其2008年末的最新论文中反驳了关于1968年运动"文化成功，政治失败"的定见。她分析思考了1968年后进步的60年代政治思想与"新资本主义精神"合流的矛盾现象，即第二波女性主义的某些理想和后福特主义的、"非组织化的"、跨国的资本主义新形式的诉求令人困惑的趋同性。她指出，通常认为，第二波女性主义已经打造了一场划时代的文化革命，但是这种思想上的巨大转变尚未转变为结构上、制度上的转变。然而"文化成功＋制度失败"这一论题，不能阐明第二波女性主义的

---

[1] 引自 Lauren Langman，"1968-2008：DIARY OF ACTIVIST GENERATION"。

历史意义和未来前景。在她看来，问题不在于制度变化落后于文化变化，而在于第二波女性主义启动的文化变化，已服务于将资本主义社会的结构改造合法化。这一后果与女性主义关于正义社会的想象背道而驰。第二波女性主义的真正的新东西，是把性别正义的经济、文化和政治等三个维度结合起来，与资本主义批判结合起来。女性主义批判中三个正义维度逐渐彼此分离，并与资本主义批判相分离的这种分裂化，是它被"新资本主义精神"利用的根本原因。她要求女性主义批判重新恢复其政治和经济的资本主义批判维度，而不是仅仅变成一种文化点缀[①]。

弗雷泽的观点与齐泽克在罗马的尖锐批评不谋而合，即某些60年代精神已经轻易地与权威意识形态结为一体，成为主流文化的一部分。他们两人都强调60年代遗产的反资本主义的政治锋芒。

社会解放和进步。 20世纪60年代形形色色的社会运动，作为解放的民主大动员，导致了多种世界历史性的社会变化。短期内的社会变化并不明显，但在今天显而易见。40年后，1968年的社会改造效应已经彰显。1968年改变了西方社会，不仅促进了政治民主化，而且已经在很大程度上影响了社会生活的自由化。

英国的马克思主义历史学家霍布斯鲍姆在《新政治家》杂志上的回忆文章中指出了1968年带来的巨大社会变革。40年前的那个5月，他在巴黎亲眼目睹了学生抗议活动，回到伦敦后，便投入了反越战游行。他认为，1968年的政治遗产相对较小，其文化遗产则"至为重要"。"妇女运动改变了大学的面貌，而此前他们对妇女历史毫无兴趣。"从60年代起，人们的信仰和习俗也出现了天翻地覆的变化。但是，"这种变化始于1968年之前。1965年的时候，破天荒头一次，法国女装业生产的裤子多过了裙装；1968是这一进程的一部分"。女作家琼·希顿（Jean Seaton）在《展望》杂志撰文说："1968年那会儿，我还是国家驯养出来的淑女，不谙人事，高高兴兴，不知道自己成了历史上最幸运的一代女性。"她提到女性从此得到了自杀、离婚和流产的选择权，加上避孕药的出现，使女性的人生大为改观，并使女性主义成为可能。

劳伦教授认为，1968年运动仍然是少数民族、女性主义者和同性恋斗争

---

① 参见南茜·弗雷泽提供给《世界哲学》2009年第2期的专稿"女性主义、资本主义和历史的狡计"。

的重要的里程碑。他认为，建立一个更包容的共同体和有意义的／道德的身份认同，包括公民权利运动、女性主义／同性恋权利等，是 60 年代运动的主要目标。该运动持久的遗产之一是妇女权利和妇女性自由的合法化，和像堕胎、离婚和监护权这些问题的真正自由化，这是 1968 年之后的那些文化胜利的重要方面。40 年后，虽然女性主义的标签常常被嘲弄，但女性主义和妇女权利的遗产已经被强劲地确立。虽然工作场所还远不是平等主义的，但大量的进步已经形成。半数法律、医疗和商业学校的申请人是女性；女企业家阶层在增长；对避孕可行性和堕胎权利的公众支持已经增强。以同样的方式，对种族平等、多样性和女性进入经济和政治权力高层阶梯的接受度有着更大的宽容，从来没有那么多女性掌握那么大的权力。今天，三 K 党那种古典的种族主义表述，已经一去不复返。奥巴马的当选表明，在态度层面上的种族主义和偏见已经降低。在商界、学术界、专业领域和政界，种族少数族群的人数已经有了增长，大多数大学试图在它们的系科和学生团体中具有更大的多样性。同样，同性恋权力运动，已经导致了对同性恋权利、同性恋婚姻的更大的接受度 [1]。

作为亲历者，法国巴黎政治学院前常务副院长杜明先生 (Mr.Domenach) 认为"五月风暴"带来的更大变化是社会变化。旧的传统、观念和价值被彻底打破，年轻人不再受父母亲的控制，妇女的社会地位得到了提高，从而最大限度地改变了整个现代文明异化的生活方式。"60 年代"在西方成为了一个特殊的词汇，它代表了一个特定的时代，它在时代留下的社会变革和文化变革的深深印记，直接影响着随后的时代生活 [2]。

总之，1968 年后，西方人的社会生活、思维习惯、人际交往都发生了巨大的变化，整个社会氛围变得更自由、更宽容、更人性化，以至于一位西方学者称，1968 年 5 月以后的法国变得更"性感"。从社会层面，1968 是一场争取社会—文化包容的运动，它打破了传统的社会界限，要求那些曾经被排斥、被边缘化的权利得到承认和包容，追求实现更广泛的社会平等和正义。

文化宽容度。1968 年不仅标志着政治变革和社会转型，它还是一场文化革命，一场追求打破传统生活方式的革命。1968 年运动改变了不适应战后社

---

[1] Lauren Langman,"1968—2008：DIARY OF ACTIVIST GENERATION".
[2] 转引自《法国"五月风暴"及其与"文化大革命"的比较》，《理论前沿》，2005 年第 11 期。

会迅速的现代化发展的僵化的文化气氛，冲击了传统的官僚体系和教育制度，使昔日的权威失去了光环。1968年青年人的文化挑战还促进了多元文化主义的兴起，在文化上提供了多样可能性。因此，1968年也被视为"后现代主义元年"。

劳伦教授注意到，在1968年的不朽的成果中，青年的反文化运动具有独特的价值。反文化运动追求个人自由，实行道德上解放的快乐主义生活方式。"恰恰是这一点，在40年以后，这些大事发生以来的长时间，至今仍然活在许多人的记忆中。这些运动标志着社会运动组织性质的变化和运动目标从利益到文化、身份和生活方式的转折。其关注中心不仅是工资、利益和加班费，而是自我的本性、承认、共同体和意义。这些运动的反制度的、理性道德的冲击，不仅不同于其他运动，而且推动了现已众所周知的一种新社会运动理论的出现"①。

从某种意义上说，1968年代表的反文化运动是西方战后历史上第一次出现的新社会运动，它几乎很少导致直接的和根本的社会变化和改造，本质上是一场关于道德、文化和言论自由的革命。它以新的主体（青年，而不是劳工阶级）、新的诉求（个人主义价值，而不是阶级利益）和新的形式（文化抗议，而不是暴力革命）彰显了一种新社会运动的形式。如果以往的解放运动追求政治自由，那么60年代这些反抗异化和受压制文化的生活方式运动就是追求个人自由，追求那些狂热激情的乐趣和平实的日常生活。作为反文化的生活方式革命，60年代青年将性、毒品和摇滚乐等形式结合在一起，以冒犯性的狂欢公开嘲弄主流规范，宣泄对传统文化束缚的不满；作为批判消费主义的文化运动，这些"外表粗暴，内心高尚"的不羁的嬉皮士们思考生活的意义，要求尊重个人的生活方式，不愿被传统中产阶级保守伪善的生活规范和追求物质主义的庸俗生活所塑造。因此有人说，1968年是要面包，更要玫瑰的运动。无疑，这是历史上第一次不是为了面包，而是为了玫瑰的斗争。它不是1848、1789，也不是1917，而是一场非传统阶级斗争形式的文化革命。埃尔斯沃思的说法是准确的：它改变世界，但不是颠覆政权的革命。

20世纪60年代这场文化革命留下的一个持久的遗产，是公共领域和私人领域得以区分，是社会对个人生活权利更多的尊重和宽容。没有1968，就没

---

① Lauren Langman,"1968-2008：DIARY OF ACTIVIST GENERATION".

有它所带来的社会平等和文化宽容。罗雅尔未婚生育四个子女仍可代表社会党竞选法国总统；奥巴马当选美国第一位黑人总统；美国连续三任国务卿均为女性、甚至有一位黑人女性；中右的萨科齐组成拥有多位女性和有色人种部长的"彩虹内阁"；巴黎市长德拉诺埃则公开承认自己的同性恋身份；……这些现象在40年前是完全不可思议的。如今，习惯成自然，60年代的遗风早已固化为新的社会心理习惯。

乌托邦理想。"1968年人"追求反对资本主义、超越当下现实的理想主义的乌托邦，体现了对具有社会道德理想的"好社会"的向往。1968年最大的精神遗产，是留下了一代人对乌托邦理想的追求。

同样是在2008年罗马研讨会上，齐泽克指出，反资本主义的乌托邦追求，"这才是1968的真正遗产"。"1968的核心是对自由资本主义体制的拒绝，从整体上对它的否定，最好的概括就是这句口号：Soyons realistes, demandons l'impossible！（立足现实，渴求无望之事）。真正的乌托邦，是置身于与全球体制内时的一种信念，它可以无定限地自我繁衍；要做真正的'现实主义者'，唯一的途径便是，在与这种体制共存的同时，去思考那必然会以不可能之事出现的东西"[①]。

正是在40年后的理论反思中，才有了对乌托邦主义精神遗产的这种新的认识高度。依照以往的一般说法，1968是一场失败的革命，当年的反叛一代现已回归主流。但是，同样不可否认的是，1968年的乌托邦主义的精神遗产没有泯灭，当年的许多激进分子并没有放弃社会理想。正如劳伦教授所指出的，"政治身份典型地持续于人的一生。对于许多青年人来说，特别是在大学和研究生时参加激进主义运动的那些人，那种激进主义对事业生涯的选择已经具有一种重要影响，并且今天大多数大学都有一个相当大的左翼核心，进步的教员队伍。"他告诉我们，今天大多数大学校园里，存在着能够并且真正作为"有机知识分子"行动的教员。这个庞大的多数现在继续坚持进步的价值观，其中一些人为进步组织和运动而工作。他们形成了作为文化载体的、持续的、淹没的激进分子的网络，当新自由主义全球化的后果清晰显现时，这些网络迅速地开发出来，当美帝国主义侵略伊拉克时，更是如此[②]。劳伦教

---

① 转引自康慨：《黑五月，红五月》，《南方都市报》，2008年6月1日。

② Lauren Langman，"1968-2008：DIARY OF ACTIVIST GENERATION"。

授把这批具有社会理想的、参与今天公民抗议运动的 1968 年人称作"现在的老兵，那些在当今岁月的解放斗争中仍然可能扮演积极角色的灰背类动物"，并把他们视为 1968 年运动的"最重要的持久遗产"①。

在政治领域，1968 年人已经改变了今天的政治景观。管理社会的思维方式已经不同于 40 年前。即使是右派，现在也沿袭着 1968 年开启的平民主义化的统治风格。我们还看到，当年许多激进分子后来都转而选择追求绿色议程，以另一条道路、另一种方式继续实行他们的进步理念②。在学术界，这些转入校园的激进分子在教授职位中创造了种种有意义的空间，形成了各式各样的政治思想线索，从马克思主义到法兰克福学派到心理分析的女性主义或同性恋研究，等等。在全球公民正义运动等社会运动中，他们是主要的倡导者和参与者③。

此外，也有人从另一些角度总结 1968 年运动的遗产，认为这是一场想使资本主义社会民主化的广泛的民主暴动，一场和平革命。警察并不狰狞，学生并不血腥，对峙的双方冲突而不破裂、疯狂但不暴力，本质上具有体制内对抗的民主和平的气息。即使是像法国巴黎那样在街头对抗中铺路石飞舞，但是警察和学生都小心翼翼地恪守着不以暴力推翻现存制度的理性，并没有发生制度坍塌的真正危机。参与者的目的是重构那些能够引领社会走向更民主的、更包容的和个人自由的身份认同的意义、价值观和原则。历史地看，这场运动是具有文化革命性质的一场新社会运动，它开启了战后政治中的新

---

① Lauren Langman,"1968-2008：DIARY OF ACTIVIST GENERATION".
② 法国学生运动领袖丹尼尔·科恩—本迪，德国学生运动领袖鲁迪·杜契克在 20 世纪 70 年代均参与了当地绿党的创建，视绿色运动为实现理想的新途径。美国学生运动领袖汤姆·海登在 40 年后仍被称为"参议院的良心"，在反伊拉克战争的群众抗议运动中起主导作用。
③ 欧美各种公民抗议运动的创始人和老一代领袖人物，现在基本上是年龄在 60 岁上下的"1968 年人"。比如，当代最著名的反全球化公民抗议运动"世界社会论坛（WSF）"的创始人奇科·维塔克（Chico Whitaker），是 60 年代巴西的激进分子。"世界社会论坛"的核心人物、法国著名新马克思主义哲学家和社会学家米切尔·洛维（Michel Lowy），1968 年曾任教于曼彻斯特大学，是 1968 年"新左派"的创建者彼得·沃斯莱（Peter Worsley）的助手。全球正义运动（GJM）中"68 年精神"的直接继承人，还有当年的学生领袖之一、现英国《新左派评论》杂志的编委塔里克·阿里（Tariq Ali）等人。当代西方新马克思主义女性主义流派的许多激进知识分子，如属于法兰克福学派线索的美国知识左翼南茜·弗雷泽（Nancy Fraser）和劳伦·兰格曼（Lauren Langman）等人，均是当年参加美国 1968 年运动的在校大学生。

抗争形式，提供了另类的解放样式和道路，发展了左翼斗争的空间。因此，有人认为，拒绝暴力和流血的"68底线"才是1968年的真正遗产。

三、关于1968年运动的成因

1968年发达资本主义社会的抗议风潮是在西方大多数国家经济繁荣、社会安定、生活富裕的背景下发生的。40年来，人们反复诘问：人类历史上生活最好的一代青年为什么要抗议这个丰衣足食的社会？中产阶级"好人家"的子弟为什么要激进地反叛资本主义？40年后，西方人对1968年前因后果的认识有了新的提升。

社会文化危机。表面上，1968年的造反在每一个国家的起因都有偶然性，如：法国是因为5月3日警察冲进索邦大学校园内强行驱散并逮捕学生，打破了从中世纪以来法国警察从未进入过校园的先例，从而激发学生运动的大规模升级；美国是因为马丁·路德·金被刺等事件引发抗议高潮；西德是因为4月学生领袖杜契克被刺造成学生包围斯普林格，引发对抗性冲突；等等。但是，偶然性后面隐藏着反叛的必然基础。1968年西方世界的青年学生中涌动着变革的欲望，其不满和躁动从根本上说是对当时西方的社会文化危机的反应。

1968年运动第一次告诉世人，革命不仅仅是因为贫穷，每个时代都有自己的问题。在60年代的西方，经历了战后20多年经济的高速增长之后，社会在物质的富足之余陷入了新旧矛盾纠结的社会文化危机。一方面，在传统社会向工业社会的现代化强力转型中，传统的家长制社会、旧的官僚体系、学校教育和管理制度、落后的性道德和僵化的文化气氛，不适应已经迅速变化的经济结构，不适应青年的变革要求；另一方面，在社会走向现代化的过程中，经济奇迹、生活富裕伴随着物质主义、消费主义的增长，技术理性的统治导致了生活世界的殖民化，资本主义现代社会中出现了新的文化危机。科技统治导致劳动物化，使工人越来越成为机器的奴隶，使人越来越丧失人性；消费无度和金钱拜物教，导致社会异化现象普遍存在，使人重新失去了自由，失去了生命的意义。因此，在"经济繁荣、政治安定"的表象之下，西方面临着一场"物质增长，信仰下降"的精神危机。

巴黎1968年5月运动典型地体现了这种新旧因素共同构成的文化危机。

当时的法国在各个领域都发生快速变化的同时，仍然延续着 19 世纪的伦理道德和旧式的权威统治方式。法国的大学教育还是原始的家长式教育，教学内容和方式使人厌倦和反感。在 60 年代的扩招后，膨胀的大学大批吸收来自各阶层的孩子，成批地制造工具化的脑力劳动者，变成"知识的自动发送机"和"毕业文凭制造厂"。高校盲目发展引发巨大不满。而面对严峻的形势，教育当局不思改革，麻木不仁。1968 年初，新任教育部长阿兰·佩雷菲特颁布的新的大学管理计划，仍然强调"不准男生去女生房间"的规定，引发学生的反感升级，成为触发"5 月运动"的导火索。早在 1964 年，哲学家保罗·利科就在《精神》杂志上发出警告："如果国家不采取适当办法解决大学的发展问题，将会招来酿成全国性灾难的学校大爆炸"。1968 年，大规模的学生造反果然发生了。在消费主义、物质主义氛围中成长起来的一代西方青年，生活富裕却精神空虚。他们通过 1968 年这场声势浩大的文化反叛运动，同时回应了新旧两种因素混合构成的文化危机：他们试图以各种越轨违法的反叛行为对抗传统的中产阶级价值观，探索新的价值标准；他们反对工业化社会所产生的社会异化现象，以及不正常的生活方式和社会结构，重新呼唤人的自由和解放。法国的 5 月运动是在伴随着莺歌燕舞的社会转型中发生的。为了一个有面包更有玫瑰的世界，法国的青年一代需要一场运动。

其他西方国家的青年面对危机提出了同样的文化诉求。美国大学生在 SDS 发表于 1962 年的《休伦港宣言》中说道："我们这一代人在甜水里长大，现在身处校园，不安地看着我们继承的这个世界"[1]。20 世纪 60 年代，这些麦卡锡时代担惊受怕的中产阶级自由派的子女已经不再担心被指责为左翼分子、颠覆分子，《休伦港宣言》表达了他们激进的文化态度。"60 年代运动包括了批判排斥的、独裁的政府和压抑道德的各式各样的立场。但这些运动都不是同样的。这些激进分子有两个主要议程，一方面对边缘化的认可和概括，以及另一方面对终结美帝国主义的认可和概括"[2]。劳伦教授指出，这些生活方式的族类关注私人的快乐主义和个体的改造。一方面反文化，一方面反战，西方青年以个人主义为中心，提出了个人自由和社会民主的要求。社会文化危机表明了新一代青年对主流价值观的反感和整个社会新价值观的缺失。当

---

① 参见《休伦港宣言》重印版，SDS,*The Port Huron Statement,* Thunders Mouth, 2005。
② Lauren Langman,"1968—2008：DIARY OF ACTIVIST GENERATION".

时的联邦德国前内政部长格哈特·包默后来承认，自己多年后才醒悟，历届政府在青年问题上犯了错误。这表明，当局不了解新一代青年，不了解已经形成的社会文化危机，因而在应对现实中进退失据。这也是诱发学生抗议不断升级、导致持续的社会动乱的客观原因之一。

全球革命背景。除了对1968年运动根本原因的这一解释，西方学者还多方面地探讨了运动的起源。20世纪60年代西方外部、尤其第三世界的革命环境，是导致60年代运动中西方青年的反叛情绪和革命激情的重要背景因素。

法国社会学家艾德加·莫兰的分析指出，当时"法国社会生活平平淡淡，毫无波澜，而世界上到处都在动荡，美国社会的黑人、卡斯特罗、格瓦拉、越南民族统一阵线，手上都举着武器，正规战、游击战，到处都是革命的旗帜，青年人满脑子都是从电影中看来的十月革命的史诗、西班牙战争以及各种各样的革命形象，少数大学生是从模拟暴力来开始模拟革命的。……从某种意义上说，学生的革命运动想重新经历全世界的革命历史"①。当年反叛运动的学生领袖之一、现为英国《新左派评论》编委的塔里克·阿里（Tariq Ali）在他那本被誉为1968年"政治日记"的《1968：反叛的年代》②一书中，叙述了毛泽东及他所发动的"文革"给西方青年造成的浪漫想象。他说，1968年是毛泽东的名字响彻世界，也是"毛主义"成为一个世界性的政治概念的一年。毛泽东暴力革命的理论和实践，通过他与马尔罗的谈话，在西方青年中广为流传。毛泽东摧毁自己艰苦建立的现政权的继续革命理论和他发动的向当权派夺权的红卫兵运动，对当时西方的学生运动产生了很大影响，震动了不满现实的一代青年。完全不了解"文革"政治实质的西方大学生从"破四旧、立四新"等造反形式中找到了榜样。法国青年喊着"沿着毛泽东指引的道路前进！""建立一个新社会！""再创一个巴黎公社！"的口号走上街头。

意识形态氛围。当时的意识形态氛围、尤其是各种新马克思主义思潮的流行，成为青年学生从怨愤不满走向激烈行动的中介。1968年运动没有统一的理论和指导思想。托派、毛派、马克思主义、列宁主义、格瓦拉主义、无政府主义以及新出现的女性主义、工人自治主张、本土主义、生态主义、反传统精神病法、同性恋的合法斗争、麻醉探测嗜好、迷恋旅游、追求享乐的

---

① 转引自 http://longxun.blogbus.com/logs/20294088.html。

② （英）塔里克·阿里·苏珊·沃特金斯：《1968：反叛的年代》(*Tariq Ali Susan Watkins, 1968: Marching in the Streets*)，范昌龙译，山东画报出版社，2003年。

自恋癖、性自由、奇装异服、亲美和厌美的混合、团体狂热等等，一起在运动中泛滥。

其中，法兰克福学派的社会批判理论、阿尔都塞的"结构主义的马克思主义"、萨特的"存在主义的马克思主义"和英国的"文化马克思主义"，是1968年运动的主要理论推力。从这个意义上说，西方新马克思主义是1968年新左派思潮的思想孵化器。法兰克福学派马尔库塞和存在主义的马克思主义者萨特的思想，对西方各国青年的影响最大。"大拒绝"（马尔库塞）和"存在先于本质"、"他人是地狱"（萨特）等名言俨然成为运动中青年学生的标语和流行语。萨特、波伏娃和福柯等人支持学生运动的激进政治立场，使他们在青年学生中享有极高的声誉。新左派一代的反叛是战后西方新马克思主义思潮的直接产物。

此外，电影和文艺革命也为形成这种意识形态氛围推波助澜。电影大师贝托鲁奇说："1960年代，是电影满足了人们对希望的需求。……1960年代的时候，年轻人可以梦想一个难以置信的美好未来。今天，还有那种希望的空间吗？"马尔罗、加缪、福柯等人的思想，戈达尔的电影叙事等等，张扬了关于人的意义的询问，都为这场社会运动打下了"造反"的底色。

法国的民族个性。60年代风潮并非兴起于法国，它最早起源于美国的嬉皮士运动和英国的新左派运动。法国的工业化、现代化进程相对起步较晚，二战后才进入经济高速增长和社会转型的繁荣年代。新旧因素相互矛盾引发的冲突在60年代表现得较为剧烈是一个事实。但是，从1968年运动的法国个案分析，1968年5月在法国能被演绎成一部活色生香的大片，应当说有其典型性和特殊性。法国人特有的革命情结和浪漫的民族性格在一定程度上成就了它的5月盛况。杜明教授认为，法国人特有的革命观加速和激化了"五月风暴"。法国人并不把革命看作一次暴力活动，更不是改朝换代，而是当作一次可以充分解放自己、尽情发泄自己从而获得快乐的狂欢。因此，法国人不看重革命的结果，而是注重革命的过程，因为革命的过程就是自己快乐的过程。在一个革命过程中，人们会提出一些不合理的口号，如"宁肯跟萨错，不能跟阿隆对"等等。但是，这并不影响他们参加革命的热情①。法国60年代的青年激进运动特别具有无政府主义、工团主义和乌托邦主义的本土传统

---

① 转引自《法国"五月风暴"及其与"文化大革命"的比较》，《理论前沿》2005年第11期。

特点。法国人不怕错过赚钱的机会，就怕错过热闹的大事。每个人都渴望在历史舞台上留下自己的精彩痕迹，这是法国的运动表现得最激烈的原因之一。

1968 年运动为什么会发生？这是一个说不尽的话题，我们充其量只是从今天的高度大致地归纳了几个方面。也许正如《1968 年 5 月，无奈的遗产》[①]一书的出版者所指出的，"五月风暴"是一次运动，而运动的特点即没有僵化的政治纲领，它的发生，为的是来改变先前的政治格局，过后也还可能无法给它下一个明确的定义。

在 1968 年乃至"动荡的 60 年代"，反叛的西方战后"婴儿潮"一代人高呼反越战、反官僚体制、反传统教育制度、反传统生活方式等口号，对资本主义的政治体制、工业主义体制和生活现实进行了全面批判。尽管这场轰轰烈烈的运动很快落幕了，并且在 20 世纪 70 年代中期以后西方社会迅速被新保守主义政治思潮主导，然而这场运动至今仍久久为人们缅怀。

1968 年的成果广泛而深刻，其意义也值得人们深长思之。其中最重要的成果，是为西方社会运动翻开了历史的新页，从此开创了新社会运动的抗议形式。这一新的抗议形式从 1968 年所代表的新左派运动，到 70 年代中叶以后的生态运动、和平运动、反核反战运动，再到世纪之交的反全球化运动，一脉相承，展示了社会正义运动的新空间。在笔者看来，1968 年运动给我们留下的最好的东西，也许是当年的年轻一代那种洋溢着理想主义热情的"1968 精神"，那种对未来美好社会的执著追求。在一个物质丰富、信念普遍缺失的年代，这种精神弥足珍贵。

（作者单位：中国社会科学院哲学研究所）

---

① 让-皮埃尔·勒·戈夫：《1968 年 5 月，无奈的遗产》(Jean-Pierre LE GOFF, *Mai 68,Un héritage impossible*)，胡尧步、韦东、高璐译，中国青年出版社，2007 年。

原著及史料研究

欧美 MEGA2 研究新进展

魏小萍

    《马克思恩格斯全集》历史考证版（即 MEGA）第一版、第二版的编辑出版工作，尤其是起始于 20 世纪 70 年代初的第二版（即 MEGA2）的陆续编辑和出版的工作，为国内外的马克思主义研究开辟了一个既不同于传统苏联模式的马克思主义、又不同于传统西方马克思主义模式的研究路径，这一研究路径在某种程度上与考证版的编辑出版工作齐头并进。一方面，这种以原文本为基础的研究路径，在阅读文本资料的过程中，自然而然地形成了不同于传统苏联模式的马克思、恩格斯研究方式，而后者在很大程度上是以恩格斯的解读、宣传，进而由列宁加以发展的马克思主义解读为基础；另一方面，这种以原文本为基础的研究路径，也不同于不同历史阶段、不同地域、不同学派体系中的西方马克思主义、新马克思主义、甚至后马克思主义等等各类马克思主义的研究方式，后者在一定程度上或者形成于对苏联体系的叛逆、或者以一定的哲学流派体系为背景。然而这两种情况的共同之处在于，它们都以既有的马克思、恩格斯著作版本（含德文版本）为基础，在一定的政治、哲学、意识形态背景中对马克思、恩格斯思想进行不同视角的研究，因而既有版本的格式、内容、规模在很大程度上规范了这些研究。《马克思恩格斯全集》历史考证版的出版，通过依靠其资料的完整性、原始性，从两个方面突破了传统的、奠定在各类著作版基础上的马克思、恩格斯思想研究：一是《德意志意识形态》，二是《资本论》及其前期的政治经济学手稿。由于《德意志意识形态》手稿自身的不完整和不成熟，使得编辑工作遇到了很大困难，因而考证版第二版的《德意志意识形态》的编辑计划一拖再拖，至今仍没有出版。因此，历史考证版的四个部分到现在为止唯一编辑出版齐全的部分就是第二部分，即《资本论》及其前期的政治经济学手稿。本文将着重介绍近年来国外学界以历史考证版第二版为基础并围绕着第二部分所进行的研究工作。

一、马克思《资本论》第二卷、第三卷未完成稿与恩格斯编辑稿之间的差异——编者们阐述 MEGA2 为人们提供的重读马克思的空间

MEGA2 第二部分手稿资料的编辑出版，尤其是《政治经济学批判大纲》（Grundrisse）直至《资本论》三卷本编辑出版工作的全部完成，使人们想起了一个早在 20 世纪 20 年代就由考茨基提出的问题：这就是如果《资本论》第二卷、第三卷不能够总是遵循马克思本人的研究思路，那么就有必要原封不动地出版马克思的经济学手稿。1992 年随着 MEGA2 第二部分第 4 卷第 2 分册的编辑出版，第二部分其余部分的编辑出版将带来什么样的讨论就已经很清楚了。学者们进一步提出了这样的质疑——"马克思是通过马克思的语言被表达的吗（Marx in Marx's Words)?"这一质疑引发了更加热烈的讨论。这些讨论对文本文献资料所披露的作者马克思与编者恩格斯之间的关系进行了不同的解读。

海克尔（Rolf Hecker，德国柏林科学院 MEGA2 编辑部）教授总结了近 10 年来有关这些问题的讨论，他主要依据的是 MEGA2 第二部分第 12 卷的《资本论》第二卷。这一卷首次出版了恩格斯于 1884 年 6 月至 1885 年 2 月编辑的《资本论》第二卷，他的编辑手稿以马克思 8 个手稿中的 7 个为基础，并且包含其他一些不同于马克思的笔记。其中马克思在 1865 年写作了手稿 1，手稿 2 则写于 1868 年 12 月初和 19 世纪 70 年代中旬。当马克思于 1877 年 3 月再回到第二卷的问题时，他已经开始了对早先分册观点的概括，并于 1877 年和 1878 年从这里进一步发展出开端部分的两个章节。最后，在 1880 年和 1881 年初，马克思在此基础上撰写了第三章。如何编辑这些手稿，取决于恩格斯的判断。而在他看来，有些著名的手稿即使对于马克思自己来说，都不

知道该如何处置。从这些恩格斯编辑的手稿来看，我们可以具体地看到他对马克思手稿的选择和编辑，并且看到在第二卷出版之前恩格斯对其编辑程序所进行的重新建构和修改。恩格斯赋予自己作为一个编者的任务是，从理论上完成马克思遗留的手稿。恩格斯的编辑工作应该用他为自己制定的"指导规则"来进行判断，即用这一方法出版这一著作，使其一方面成为一个连贯的、尽可能完成的著作，同时又使这一著作体现出作者而非编者的思想。正因如此，恩格斯认为，重要的是这一著作必须要从不同的手稿中进行选择，而选择的标准就是：如果与其进程中的手稿相比较的话，那么更应该依据最后可以获得的编辑手稿；而当在编辑过程中遇到并非技术上的、而是内容上的困难时，就必须遵循马克思本人的精神来处理。恩格斯的这一编辑程序包含着选择，而选择实际上已经意味着编者精神和作者精神的融合。

这只是一个简单的例子，说明了不管编者如何试图去遵循作者的原意，只要当他面对着不成熟且复杂的手稿时，选择本身就成了一种不可避免的编辑精神的干预过程。从这一意义上来说，MEGA2 提供了尽可能具体的原手稿，而将这一主观性的解读权留给了读者。

海克尔在对各种编辑情况进行了详细地分析之后，对自己在编辑出版过程中的发现做了个总结。他在总结中指出：第一，人们不能从恩格斯的编辑手稿与马克思文本具有差异这一点出发进而得出某种结论，说恩格斯有意识地去改变马克思的文本。恰恰相反，恩格斯编辑手稿和马克思文本中存在着的大量差异倒可以解释为对原手稿的改进和完善。在这一情况下，恩格斯修改了一些马克思手稿中的明显错误，并且补充了一些短缺的部分。第二，人们必须考虑到马克思手稿自身的不完整性。如果要根据我们掌握的有关恩格斯的编辑手稿和马克思文本之间差异的文献，试图去说明恩格斯有关马克思文稿情况的解释只是在语言上缺乏修饰，而从内容上来说已经基本成形，这是不符合事实的。海克尔认为，事实上，大量的修改产生于恩格斯没有提及的困难中，即马克思在手稿中所提及的很多问题，只是尝试着去形成新的思想，而并没有形成明确的结论。

例如，在《资本论》第二卷第一版的前言中，恩格斯指出，这本书并不是所有部分都顺利完成了，它的第一部分和第三部分具有极大的困难。这些困难并不仅仅是简单的技术问题，而是认识问题。恩格斯尤其强调部分一的前半部分，即在第一章至第四章中存在着困难。而在部分三中一个很大的困难便是如何修改手稿 2 的思想，以及改进和拓展手稿 8 中的思想。即使我们考虑到马克思的手稿本身已经包含着马克思本人的认真修改，我们还是要判断：与马克思的修改相比，如何评价恩格斯的修改？

海克尔以 MEGA2 编者的身份阐述了对这些复杂的文献资料进行处理的原则，即编者希望通过对手稿的科学处置和相关说明而使读者更容易地理解问题的进程。他通过对恩格斯 1885 年编辑的文本与马克思的原文本进行比较，向人们打开了这些新资料展现的新视野。海克尔通过将恩格斯编辑的版本与马克思的手稿进行对比，非常具体地再现了恩格斯通过遵循马克思的思想而进行的编辑进程：在整理手稿的过程中，恩格斯为了解决他所面对的难题，对文本进行了大量的调整（例如通过改变结构，调整和扩充单页纸，修改术语等等）。这样的编辑过程现在已经可以通过对马克思手稿的阅读而为人们所知。

《资本论》第二卷及其手稿的编辑出版曾经引起过学界关于恩格斯编辑稿与马克思原稿的争论，而第三卷及其手稿在这一争论中成了新的焦点。柔斯（Regina Roth，德国柏林科学院 MEGA2 编辑部）博士编辑了马克思的《资本论》第三卷手稿，这些手稿与 1894 年恩格斯的印刷稿一起在新考证版（MEGA2）中得以出版。柔斯认为，MEGA2 提供的文本和考证资料，为人们对马克思理论与恩格斯作为马克思政治遗产和文献执行者所做的工作之间的关系的讨论提供了新的信息。在《资本论》第三卷手稿（1864/65）写完之后，马克思在 1867/68 年和 1874/75 年的手稿中，对同样的问题构思了大的修改计划。恩格斯几次试着将这些材料放在《资本论》第三卷中发表，他从不同的片段中选取一些部分，删去一些纸张，增加另一些纸张，尝试着用不同的方法或者重新安排马克思的文稿。恩格斯通过这种方法对马克思在这些片段中所表达的意图做了第一手的解读，他的这些解读结果体现在信用和虚拟资本这一部分中。

柔斯通过对改卷及其手稿的编辑工作并根据自己的编辑经历指出，马克思总是很严肃认真地对待自己的研究工作，他的这种研究态度使得他的写作总是需要很多的时间。因此，与大部分已经出版的《资本论》版本比较起来，MEGA2 编辑从马克思那里获得了非常多的手稿和研究资料，这些手稿和资料涉及《资本论》的不同主题和问题。柔斯指出，她希望读者们关注到这样一个现象：马克思思想的开放性以及他为何在 1867 年完成了《资本论》第一卷以后并没有停止反而继续他的研究工作。人们首先可以借助 MEGA2 提供的信息看他的原手稿，然后可以看其他相关资料，例如马克思的阅读以及在阅读中做的摘要、报纸剪辑、信件等等，这些资料都为人们了解马克思研究思路的发展提供了信息。

对于恩格斯编辑稿与马克思手稿的关系，柔斯是这样认识的：恩格斯作为编者，尝试着为读者提供尽可能接近马克思遗稿分析思路的文本，但是由于马克思的分析思路以一种非常零散的方式存在着，而且其中有相当一部分只是研究过程中的文件。因此，恩格斯为了使这些文件具有可读性，对其进行了大量的编辑，并且为这些零散文件提供了第一手的解读。恩格斯编辑版本与马克思原手稿之间存在着的这些距离，为人们解读马克思遗稿留下了大量的空间。

我们现在就以柔斯对剩余价值、利润和利润规律的编辑来分析马克思研究思路的艰难历程：在 1864/65 年手稿后半部分中有很多内容涉及与第一章相关联的剩余价值和利润问题。在这里，马克思被两个问题所困扰：一、价值范畴如何向价格范畴转移；二、何为决定利润率运动的规律。在 1864/65 年手稿中，马克思起步于对剩余价值和利润之间关系的解释，然后讨论剩余价值率和利润率之间的关系，并且使用了大量的例子来说明两者之间的关系，但马克思并不满意这种讨论。在 1867/68 年的手稿中，马克思写下了至少另外四个作为开端的手稿，与前手稿不同的是，马克思转而从成本价格和利润开始讨论问题。

同样能够说明马克思研究工作艰难历程的例子是：与他在《资本论》第一卷提出的剩余价值率规律的情况相似，在 1864/65 年的手稿中，他尝试着对利润率提出相应的"规律"，正如已经在这一手稿的计算中体现的那样。马克思认为剩余价值率和利润率是不同的，那种把它们看作是相同的观点则是错误的。从 1867 年起，马克思仔细地研究了利润率的变动，以及决定这一变动的主要因素。以工作时间长度来计算和以劳动强度来计算的工资的改变，其重要性正如技术进步及其影响对不变资本在价格和量的变化上的意义。马克思通过对大量例子的计算，研究了这一变化，抓住了决定因素——可变资本、不变资本、总资本、剩余价值、剩余价值率、利润、利润率或不变资本的资本周转正是这些因素能够改变其他因素的因素。资本的这些运动是马克思在 1864/65 年手稿开端部分所遇到的困难中的一部分，马克思在 1867/68/75 年又花费了很多精力去研究这些问题。

柔斯的例子不过说明，在 1864 年到 1875 年中，马克思曾多次对资本运动的核心问题进行了重起炉灶式的研究。这说明在此之前，马克思对这些问题并没有获得一个确切的定论，或者也可以说，这是一个还在进行中的研究过程。既然是研究过程，就具有试探性、反复性、试错性、以及自我修正等特征，同时由于恩格斯既要遵从原手稿作者的意图，又要兼顾可读性，这都使得恩格斯的编辑手稿不得不作出自己的解读。这一客观情况的存在，是人们今天依据马克思原手稿对一些基本问题进行重新认识的必要性所在。而 MEGA2 的编辑出版，正是为人们的重新阅读提供了一个机遇。

二、马克思所使用的概念术语与其思想表达之间的关系——阅读 1857/58 年政治经济学手稿

菲勒倪（Roberto Finelli，意大利巴瑞大学）博士对考证版的阅读，始于对阿尔都塞关于马克思思想中存在着"认识论断裂"的质疑。在菲勒倪看来，阿尔都塞的这一判断或许有助于人们理解人道主义方法对马克思的影响，但并不能够说明反黑格尔困惑的科学方法能够成为"大纲"和《资本论》的理论结构。因此，我们为了解读青年马克思向成熟马克思的转变，"认识论的断裂"并不足以说明问题，因为从马克思的文本中所体现出来的系统概念术语及其转换从表面上来看并没有发生变化。但是这些概念术语的含义却发生了变化，例如劳动、类、抽象、自由、权利和自然等核心概念，而正是这些变化使我们看到了马克思前后思想发生的转变。更重要的是，马克思经常对概念语义和理论表达进行浓缩，将不同的含义组合成一个术语，在他的著作中，这一术语的含义通常又会根据马克思的自我—理解而发生相应的变化。这是当代马克思研究必须面对的一个问题。

因此，菲勒倪认为，我们应该从以下两个方面去理解问题：

1. 马克思的思想如何在核心概念中得到体现。

2. 马克思在其著作中连续使用的概念术语，包含了他的认识意识以及他对问题的理解。

这些概念术语总是可以回溯到马克思研究《资本论》之前的阶段。

他以"自由劳动（freie Arbeit）"为例来说明这一问题。由于马克思早期

对这一概念术语的使用与他在成熟著作中的使用有着不同的含义，所以这一概念术语包含了两个完全不同的内容：自由权利和劳动。

马克思在"政治经济学批判大纲"的第三笔记中对"自由劳动"所下的定义，与当代人对该概念通常所作的定义不同：马克思超越了当代人从康德—启蒙意义上对"自由"与"自主"两者相结合而形成的定义。在马克思这里，自由不是从个人自主性意义上而言的自由，而是分离（Trennung），即劳动与实现劳动客观条件的分离，更确切地说，即前—现代社会历史条件下那种劳动与其人身依附关系相脱离的自由。马克思因此界定，工人作为自由劳动者，与劳动的客观物质条件发生了分离，工人没有任何劳动的客观条件。在第3手稿的同一页，马克思将"自由劳动"与"活劳动(lebendige Arbeit)"相等同。活劳动更能够表达出工人代表着纯粹主观、绝对被否定的存在，它是在纯粹潜在的劳动意义上与物化在产品上的物质劳动相对而言的。

这里的自由已经不是从自主性意义上，而是从个人与一切可能的客观条件相分离的意义上来说的，正是在这一概念的基础上，马克思在人权（droits de l'homme）概念的范围内重构了他的早期理论。而在《论犹太人问题》一文中，马克思在法国革命和美国革命的意义上解读和批判了人的普遍权利，例如"自由"权、"财产"权等等，而这些概念仍可以运用于当代市民社会。马克思将市民社会看作是超越了等级社会的社会秩序，是建立在以"个人主义"和"自我主义"为宪法原则基础的社会。但在马克思看来，这些市民权利（les droits du citoyen）只存在于想象的市民社会中，在类的群体被以个人主义为特征的市民社会所否定的条件下，人们假设了政治地位的重要性。

马克思的批判建立在"类（Gattung）"和"自我中心的个人主义"的对立之上。因此，人权代表着以个人主义为基础的经济社会中的个体市民的权利，与其他社会生活原则不相干。

在马克思那里有以下三个基本概念，马克思正是以此为基础分析了当代社会的理论"抽象"：

1. 当代个人与类群体的分离。

2. 当代社会结构的基础是抽象的和自我中心的个人主义。

3. 在国家的分裂和抽象中重构和创造类群体。

菲勒倪的研究以"大纲"考证版（MEGA2）第二部分呈现出的文本文献为基础，同时结合了第四部分的相关散稿。通过这些散稿，菲勒倪认为，马克思对商品、货币和资本的解剖遵循着黑格尔的逻辑假设结构，但是他强调了两者之间的本质性区别：在黑格尔那里，抽象逻辑（否定/矛盾）决定了概念的发展，而在马克思那里，却是现实的抽象，并且马克思所形成的这一特殊的逻辑方法对于认识前现代社会和前资本主义社会也是同样有效的。菲勒倪通过研究还试图说明，根据考证版，在"大纲"的许多地方，马克思已经超越了《德意志意识形态》中阐述的历史唯物主义观点，尽管他本人还没有充分意识到这一点。对此，我们同意他的判断，即马克思在"大纲"中所阐述的历史观与《德意志意识形态》中所阐述的历史观有所不同，但对他的观点不置可否。由于"形态"是马克思和恩格斯的合作作品，在人们对马克思和恩格斯各自所起作用的认定上仍存争议的情况下，所谓"超越"就没有立论根据。

基于自己的研究经历，并且借鉴部分正在试行的考证版电子版模式，菲勒倪对于历史考证版 MEGA2 的阅读，从文本文献的使用角度，提出了自己的设想。他认为重读马克思的原文本，在很大程度上可以直接从语义学上来关注马克思的术语和范畴的变化，尽管它们在形式上和语言上仍保持原来的面貌，但是含义已经发生了变化。对这一变化的研究工作，可以构建出一个马克思文本语义学意义上的系统的理论工程。从这一角度来说，MEGA2 虽然提供了一个独立的阅读工具，但我们还是有必要把马克思著作的考证版和考证词典（Critical Lemmatic Dictionary）结合起来使用，制作出考证版的电子词典。这一电子词典能够在完整的马克思著作中追踪术语和概念的发生、转换、变化和意义上重合的情况，而无论从哲学或者语义学的意义上来说，它都将成为一个独立的阅读工具，并且对于 MEAG2 的阅读来说是一个重要的补充工具，因此便成为另一个有用的理论研究资源。

三、剩余价值分配理论的发展——阅读 1861/63 年经济学手稿

莫斯勒教授（Fred Moseley，美国蒙特（Mount Holyoke）学院）通过对 MEGA2 马克思 1861/63 年经济学手稿的阅读，对马克思的剩余价值分配理论的发展提出了自己的观点。他认为马克思的剩余价值理论以两个层次的抽象为基础：

第一，剩余价值的生产。在一个经济体中，剩余价值的总量是既定的。

第二，剩余价值的分配。既定的剩余价值总量被分配到各个部门（平均利润率、商业利润、利息和租金）。

在剩余价值的分配理论中，待分配的剩余价值总量被看作是既定的，它已经被剩余价值的生产理论所决定。这一关键的量的预设，在《资本论》的1861/63年手稿和1864/65年手稿中不断地被重复，因此这是马克思研究剩余价值理论的核心问题。

莫斯勒在此基础上进一步论证，如果要对剩余价值的生产和分配进行区分，就与马克思在另外两个层次上的理论抽象密切相关：一般资本和竞争。抽象的一般资本涉及的主要问题是剩余价值的生产（或者总剩余价值的决定因素），而另一个问题则是资本的循环以及资本与利润（含利润率下降因素）。当讨论到抽象的竞争问题时，马克思涉及的主要问题是剩余价值的分配（或者总剩余价值向其各个部门的分化）。抽象的竞争所涉及的另一个问题是"税收及其来源"，以及批判庸俗政治经济学对竞争现象的解释。

在《资本论》中，马克思逻辑理论的结构是这样的：第一，一般资本，这又可以分为：1.剩余价值的生产（第一卷），2.循环资本（第二卷），3.资本和利润（第三卷的第一和第三部分）；第二，竞争，或者剩余价值的分配，这又可以分为：1.平均利润率（第三卷第二部分），2.商品利润（第三卷第四部分），3.利息（第三卷第五部分），4.租金（第三卷第六部分），5.税收及其来源（第三卷第七部分）。

《大纲》完全处于抽象的一般资本的层次上，竞争或者剩余价值的分配、平均利润率等等都不属于《大纲》的讨论范围。由于马克思将平均利润率问题留到了对竞争的分析中，这就说明马克思在大纲的结尾部分已经很清楚，这一理论应该基于这一根本的预设：剩余价值总量的决定先于剩余价值的分配，并且先于平均利润率的形成。这一关键的预设始终是马克思后来研究剩余价值分配、尤其是平均利润率理论的基础。

MEGA2新近出版的1861/63手稿为马克思剩余价值分配理论的发展提供了新的视野，这一理论最终发表于《资本论》第三卷中。1861/63手稿是《资本论》的第2手稿，在这里，马克思第一次发展了总剩余价值分配为各个部门的理论。1861/63手稿的大部分是关于剩余价值的理论，其中大部分又是关于剩余价值分配的理论。

莫斯勒着重讨论了MEGA2披露的新资料，即1861/63年马克思插入手稿

第三部分的"纲要",这一纲要的主要内容是:

1. 剩余价值转化为利润。与剩余价值率相区别的利润率。

2. 利润转化为平均利润。一般利润率形式。价值转移为产品价格。

3. 斯密和李嘉图的利润理论和产品价格。

4. 租金(说明产品价值和价格的区别)。

5. 所谓李嘉图租金理论的历史。

6. 利润率下降规律。亚当·斯密,李嘉图,凯利(Carey)。

(v)产品的价值转移为价格。

(vi)李嘉图的观点:工资的一般变化理论对一般利润率的影响,进而对产品价格的影响。

莫斯勒认为这一纲要是第三部分内容的扩展,是马克思在前几年对剩余价值分配理论研究基础上得出的具有开拓性的主要研究成果。显然,马克思的1861/63年手稿为其写作《资本论》第三卷打下了基础,在这些手稿中,马克思澄清了他对一些问题的思考,这便使得他能够进行第三卷的写作。作为第三卷的1864/65年手稿虽然还没能为最后发表做好准备,但是除了关于利息的第五部分之外,已经是清楚和完整的了。1864/65年手稿的完整情况能够进一步说明马克思1861/63年手稿的清晰性。

然而,莫斯勒认为,让人们感到非常遗憾的是,这一非常重要的拓展第三部分内容的"纲要"被错误地置于剩余价值理论部分中,从而遮蔽了它的重要意义。这一纲要作为附录被置于第一卷剩余价值理论结尾部分,并且与该部分讨论斯密理论的内容没有什么关系,因此,一般读者并不知道这一纲要是位于1861/63年手稿的结尾部分,而不是其开端部分。它是马克思写作这一手稿的主要结果性纲要,而不是研究纲要。

马克思的1861/63年手稿,从其内容上来看,从新的角度展示了剩余价值理论。人们可以从作为整体的这一手稿中更加清楚地看到,剩余价值理论的第八部分,在马克思的著作中是一个新的转折点,并且是对剩余价值各个部分和不同表现形式进行研究的一个新开端。在马克思后来的研究工作中,这个过程漫长而富有创造性,尤其从其抽象的竞争、超越一般资本的理论意义上来说更是这样。

我们同样通过这一手稿看到,马克思在这整个手稿中都贯穿着他的剩余价值分配理论。而根据这一理论,总剩余价值的量在其进行分配之前就已经被决定了，这一理论进行了关键的量的预设：总剩余价值的量形成于其被分为各个部分之前。这一关键的量的预设，在马克思第三卷的最后文本中被保留，同样在马克思 1864/65 年手稿的剩余价值分配理论中也被保留。

我们通过这一文本还看到，马克思剩余价值分配理论的主题之一是：剩余价值的个别表现形式模糊了剩余价值的真正来源（剩余劳动）。马克思关于剩余价值生产和分配的理论揭示了这些表现为剩余价值个别形式背后的、隐藏着的剩余价值的真正来源，这是非常重要的，它通过剩余劳动这一概念揭示了一个被隐藏着的秘密。

有一些学者对马克思的 1861/63 年手稿提出了不同的观点。他们认为，由于在 1861/63 年手稿中马克思为了对剩余价值的生产和剩余价值的分配进行区分而遇到了很大的理论困境，因此，马克思在 1863 年以后放弃了一般资本和竞争的逻辑结构。

与此观点不同，莫斯勒认为，马克思在 1861/63 年手稿中并没有遇到这样的理论困境。在 1863 年以后的手稿中，马克思在其理论中坚持了这两个基本理论，即一般资本和竞争的抽象。马克思没有放弃剩余价值的生产和分配之间的区别，他也没有放弃决定总剩余价值的关键的量的预设理论。1863 年 1 月附加到第三部分"纲要"中的基本内容都与剩余价值的分配有关，这仍然属于抽象的竞争范畴。唯一不同的是，在写作纲要后，马克思决定尽快地发表他的这一部分理论。在莫斯勒看来，马克思的这一决定使得第三卷成为其理论抽象水平上的一般资本和竞争的结合，而并不体现为马克思对自己理论中这两个基本的抽象理论的放弃。

正是这样，通过对 MEGA2 最新资料的阅读，莫斯勒认为马克思的《资本论》一共写了 4 稿，而不是像通常人们所认为的那样只是写了两稿（即 Grundrisse（大纲）和《资本论》），因为在这两个手稿之间，马克思写了另外两个几乎完成了《资本论》三卷的手稿，即 1861/63 年手稿和 1863/65 年手稿。莫斯勒着重分析了作为《资本论》第 2 手稿的 1861/63 手稿，并且指出，马克思在这一手稿中第一次发展了总剩余价值向部门剩余价值分配（平均利润率、商业利润、利息和租金）的理论，这些理论后来在 1864/65 手稿中得到了具体的发展，该部分手稿经过恩格斯的编辑，成为著名的《资本论》第三卷。

四、剩余价值率向一般利润率的转换问题——阅读1864/65年经济学手稿

莪腾教授（Geert Reuten，荷兰阿姆斯特丹大学）依据马克思的1864/65年手稿讨论了《资本论》第三卷第二部分中非常著名的问题，即剩余价值率向一般利润率的转化问题。恩格斯编辑的《资本论》第三卷就是以这一文本为依据并纳入了一些1870年手稿，这说明《资本论》第三卷的内容在时间上要早于以1866/67年手稿为基础的《资本论》第一卷的内容。这些资料于2003年在MEGA2中首次得以发表。

长期以来人们根据已经发表的资料，而不是未经恩格斯编辑的原一手资料，产生了一些困惑或理解障碍：第一，在不同层次的抽象过程中，这一转换的方法论问题；第二，马克思关于剩余价值率平均化的假设，这一情况存在于1864/65年手稿第二部分的大多数地方；第三，1864/65年手稿只是一个研究手稿，它与能够用于最后发表的研究结论相差甚远。

对此，一些观点认为，马克思自己对他在1864/65年手稿中的研究结果非常失望。所以在1866/67年的手稿中，即在《资本论》第一卷的最后文本中，他并不倾向于保留1864/65年手稿中的转换程序。因此，根据恩格斯编辑的《资本论》第三卷文本去解读《资本论》第一卷文本就会形成一种误导。

莪腾的研究就是以这样一个争论背景为前提，他以马克思在1864/65年手稿中对这一转换问题的研究进程为例来讨论。在他看来，如何评价马克思的这一转换理论在很大程度上取决于我们对马克思所使用方法的理解。通常人们对马克思的方法主要有两种不同的解读，莪腾将这两种方法归结为具体（Concretion）方法和完成（Completion）方法。在他看来，即使其中的一种解读能够使得马克思的方法具有合理性，也并不意味着马克思就要接受这一方法。

我们看到，马克思在为《资本论》第三卷进行准备的1864/65年手稿的第九章中，讨论了剩余价值率向一般利润率的转换程序。长期以来，马克思的这一转换理论引起了广泛争论，而对这一理论的评价，则引起了人们对他在《资本论》第三卷中所使用的一般方法的讨论。莪腾认为，如果马克思在具体方法的意义上形成转换理论，那么这一程序就是不合法的。这一问题的关键

在于产品的"价值"和"价格"的等同，因为我们不可能在这两个处于不同的抽象层次的问题之间划上等号。因此，这一理论的实际错误就是它在不同的抽象层次上进行了量的直接转换；如果马克思在完成方法的意义上形成转换理论，那么这个程序就是合法的，尽管这一合法性并不意味着这一理论就是完善的。根据完成方法的解读，第三卷只是在不同层次上尝试着去完成第一卷中形成的问题，而并不试图在两者之间形成等同关系。这一转换理论的困境引发了人们对《资本论》第一卷更多的讨论。

尧腾指出，在1864/65年手稿的第十章中，马克思对第九章的转换程序更加感到担忧，其中有多达15页篇幅的内容显示，马克思倾向于完成方法。而在这一章的结尾处，马克思明显地颠覆了"具体的方法"。最后，他将第九章的转换程序问题搁置起来。尧腾由此认为，这一解读适用于这一手稿。如果我们依据恩格斯编辑的文本（正如他在《资本论》第一卷第一部分的解释中所说的那样），那么完成方法对于《资本论》第三卷的大部分内容来说，就都是非常适用的。

在尧腾看来，问题在于我们该如何去解读马克思的著作以及马克思之后的马克思主义理论的发展。而真正的问题在于：在恩格斯的编辑文本中，他淡化了马克思自己的很多担忧，从而使得《资本论》第三卷看起来像是一个最终文本，而不仅仅是一个在这一问题上正在进行研究的和未完成的手稿。

我们同样可以看到，1864/65年手稿第九章所存在的转换程序的主要问题实际是统一剩余价值率理论的问题。如果人们放弃这一统一问题，那么也就没有所谓的转换问题了。这涉及到马克思最后关于这个转换问题的简短手稿，而我们在这一手稿的最后一部分看到，有一些迹象显示马克思或许将沿着放弃统一性这样的思路出发。

与长期以来人们对马克思转换问题的争论不同的地方在于，尧腾教授的讨论以MEAGA2提供的新资料为基础，这一新资料为他直接对马克思的原文本与恩格斯的编辑文本进行比较研究提供了可能。我们从尧腾的研究结果中可以看到这样几个观点：第一，马克思的转换理论之所以长期以来被人们争论不休，是因为这些争论都以一个相对完成和具有最终结论的文本为前提，而这样的错觉产生于恩格斯所编辑加工的《资本论》第三卷；第二，这一转换问题本身在马克思那里实际上是一个正在研究的方法，对这一方法可以有两种解释。马克思有可能最后接受其中之一，有可能两种都放弃，而人们的争论却是以定论为前提的。

莱腾认为，无论这一转换理论的方法被进行了哪一种解读，它都会遗留下问题。莱腾的言外之意似乎是，马克思本人或许会选择放弃剩余价值率和一般利润率的统一性问题。莱腾将问题的讨论引向了更彻底的层次，但是问题本身也就在更深的层次上彰显出来。如果没有这样的统一性，马克思的剩余价值理论如何能够成功地批判庸俗政治经济学的一般利润率理论？从方法论上来说，这一争论真正彰显的还是那个理论与现实之间关系的方法论问题。

五、《资本论》版本与手稿——阅读考证版第二部分（II）

细心的读者或许已经发现，以上几个部分是按照手稿写作时间的顺序来安排的，而《资本论》卷数的顺序与此没有太大关系。本文如此安排的意图在于，通过这样一个时间程序上的"顺"与编排程序的不相干性，给读者留下这样一个印象：马克思对政治经济学问题的研究并非从《资本论》第一卷开始，以《资本论》第三卷告终，实际上第三卷的写作时间早于第一卷，这其中还存在着相互交错的情况。这一情况的存在或许能够说明一个问题，即马克思自己安排的逻辑起点与马克思自己探索问题的起点是不同的，下面所介绍的几组文章基本上都以对手稿在时间上的综合性研究为前提。

1. 重构还是解构——如何理解《资本论》手稿与《资本论》版本的关系

海尼希（Michael Heinich，德国柏林科技大学）依据考证版对马克思写作《资本论》的原计划、手稿［由三本理论著作（其中第二卷、第三卷由恩格斯编辑出版）和一本理论历史所组成］与我们已知的《资本论》三卷本进行了比较，在他看来，马克思的手稿至少从三个方面值得我们关注：

第一，海尼希认为马克思的《资本论》还有着消失了的第四卷，"剩余价值理论"肯定不是这本书的手稿。这一不存在的第四卷的重要性，被人们大大地低估了。在传统的马克思主义理论那里，马克思对政治经济学的批判与古典政治经济学之间的区别被泛泛地递减为剩余价值、剥削和经济危机理论，而价值形式分析、货币作用、拜物教、三段式因素在很大程度上被人们所忽略。这样的理解在很大程度上被归咎为第四本书的消失，因为第四卷不仅仅是对前三卷的补充，也许还对于理解三卷本提供了一个重要的线索。

第二，今天人们看见的这三卷中没有一卷是以马克思自己所提供的方式出现的，每一卷（即使是第一卷）都是由恩格斯定型的。这对于第一卷来说，没有什么，但是从其他两卷的结构和讨论内容上来看，恩格斯的编辑作用影响很大。马克思的某些观点在不同程度上被挪位了，而有些开放性的问题则被恩格斯终结为最后的结论，同时对此又没有给读者一个清楚的解释。

第三，《资本论》三卷本，以不同时期的不同文本为基础。在这期间，马克思在一些问题上持不同的观点，使用了不同的概念。

《资本论》版本与手稿是这样的关系：

（1）第一卷是 1872/73 年的德文版和 1872/75 年的法文版的结合。

（2）第二卷由马克思写于 1868 年和 1881 年之间的几个文本编辑而成。

（3）第三卷的主要手稿写于 1864/65 年。

在海尼希看来，《资本论》不仅是一部没有完成的著作，而且这三卷已发表的著作甚至不能构成一个整体，尤其是第三卷在理论水平上滞后于修改后的第一卷以及第二卷的最后手稿。海尼希甚至极端地认为，根据新考证版提供的资料，从严格的意义上来说，马克思撰写的三卷本《资本论》就像马克斯·韦伯的《经济学和社会学》一样并不真正地存在，三卷本只是编辑出来的版本。从这一意义上来说，新考证版提供的资料"解构"了《资本论》，这不仅仅因为它是一个开放的体系，而且因为一些基本理论和概念也有待完善，例如危机理论、银行和金融理论。海尼希进而认为，如果我们考虑到这些文本的整体性和内在关联性，例如抽象劳动、价值、货币和货币商品等等，并以此作为展示马克思批判理论内核的资源，那么，任何尝试着展示"资本论"文本基本核心思想的"重构"理论都难以成功。海尼希因此认为，考证版呈现的马克思手稿资料对既有的《资本论》版本的影响是解构大于重构。

2. 被蒸发的幽灵——价值在向价格转化过程中的丢失

贝勒菲尔教授（Riccardo Bellofiore，意大利贝格蒙大学）从四个方面对"问题中的马克思"进行了讨论：第一，马克思与黑格尔的关系；第二，抽象劳动的意义；第三，剥削概念；第四，货币和价值的统一。这些问题自 20 世纪 50 年代就开始被人们讨论，在贝勒菲尔看来，这些不同的方面涉及同样的问题。我们以马克思与黑格尔的关系为例，这一问题体现为马克思的理论在几个方面与黑格尔相关，其中最突出的是知识从低级阶段向高级阶段的发展，以及理论从间接存在向直接存在的过渡。无论在哪一种情况下，本质性的东西在表现出来时就已经发生了扭曲。这样的方法用在对资本的认识上就表现为，作为概念来认识的资本必须通过一个体系才能被揭示出来，它开始于简单的和抽象的范畴，然后经过发展进入不断复杂的过程，这些过程只有通过更加具体的术语才能得到表达。这样，"对前提的证实"就不仅仅是个方法问题，而且也是个方法论问题。这与资本的"理念"相关，这一"理念"需要使自身现实化，并且包含于活劳动的有机体中。商品的价值在交换之前只是一个"幽灵"，它需要寻找一个"附体"使自身成为现实的存在。为了使自身价格化，价值成为资本并且因此成为吸血鬼，死劳动吸活劳动的血。

贝勒菲尔把自己与传统争论观点的区别解释为：根据传统争论的观点，我们从马克思的价值理论中无法获得价格概念，价格与货币的统一也因此同样不成功，它们只是黑格尔方法的体现。相反，贝勒菲尔则认为，马克思的政治经济学批判以资本主义发展动力的宏观社会基础为对象，这一政治经济学批判理论立足于总体性概念和对现实的抽象，并且坚持认为，如果不涉及生产和抽象劳动的概念，当代资本主义就无法被认识。

贝勒菲尔的目的在于重新强调马克思的劳动价值论是货币剥削理论（monetary theory of exploitation）的基础，同时他也指出，马克思自己的理论形式陷入了一些困境，不过这些困境并不同于人们通常对其理论进行的诘难。正是根据这一点，贝勒菲尔指出，我们立足于马克思手稿的解读必须与那些立足于著作版而重构马克思政治经济学工程的尝试区别开来。

以此为前提，贝勒菲尔对马克思的价值和货币理论在考证版基础上重新进行了解读。除了货币作为商品这一部分之外，他还提出了自己重构价值理论的设想。

3."直接生产程序的结果"——映现着马克思与黑格尔的关系与区别

阿瑟教授（Chris Arthur，英国苏塞克斯大学）集中分析了马克思使用的一个非常突出的概念："小前提"（subsumption）。这一概念首先在1861/63年手稿中出现，然后在"直接生产程序的结果"这一章中出现，其时间早于马克思的主要著作《资本论》第一卷（1867年）。但是，旧版本的1861/63年手稿没有包含"结果"这一章，只是在第十六章中包含了有关小前提的"形式"和"现实"之间的区别。阿瑟指出，人们现在已经能够从考证版获得其最新的1861/63年手稿（即所谓的《资本论》第2手稿），这一手稿证实了人们在1863/64年手稿（即所谓的《资本论》第3手稿）中发现的有关"直接生产程序的结果"这一章的情况。这是第一卷最精彩的章节，却在最终出版时被省略掉，只是在结尾处被压缩为一个段落，而后来该段也在1867年版本中被去掉了。由于该章的被删除，导致在最后发表的版本中，马克思只提到了一次小前提的"形式（formal）"和"现实（real）"之间的区别。

阿瑟根据新的考证版考察了1861/63年手稿中的资料，指出"小前提"这一概念在马克思的思想进程中是一个非常关键的概念。这一概念之所以如此重要，是因为它能体现出马克思的体系与黑格尔体系的关系，体现出马克思究竟在多大程度上受到黑格尔的影响。在阿瑟看来，马克思的表现方法类似于黑格尔的表现方法只是因为资本概念本身具有某些"理念"的成分。黑格尔的观念本体是颠倒的，他的概念也是现实的颠倒。马克思的情况则有所不同，"小前提"这一概念同时涉及了观念形式和现实内容，也只有通过对两者关系的认识才能把马克思和黑格尔区别开来。

4. "直接生产程序的结果"被删除之谜———个没有被解读的问题

梅瑞教授（Patrick Murray，美国克雷顿大学）同样关注"直接生产程序的结果"这一被删除的章节。他认为这一章很长时间都没有被人们关注过，但由于近年来新考证版提供了新的资料，再加上与《大纲》手稿及1861/63年手稿联系在一起，于是引发了人们对马克思成熟著作在深层次上的再解释和再评价。

通过这些手稿，人们对马克思进行了不同的解读。有些人从哲学的、黑格尔辩证法的意义上来解读马克思，还有一些人从追求透彻的道德和社会学层面上来解读马克思。针对考证版提供的新资料，人们提出了这样的问题：为什么马克思没有完成这一"结果"并且将其发表于《资本论》第一卷中？为什么"小前提"概念的形式和现实首先在1861/63手稿中出现，继而在"结果"中出现，但却几乎没有在《资本论》第一卷中被提及？

梅瑞注意到，在如何认识结果的归宿这一问题上，存在着两种意见：一部分人认为，马克思没有理论上的理由不把"结果"纳入到《资本论》第一卷中；另一部分人则认为，马克思舍弃"结果"的原因或许在于《资本论》第一卷写作计划的改变已经使得"结果"这一章变得多余，亦或"结果"的材料本来就是属于另一个部分的。

梅瑞否定了第一种观点，他并不认为马克思舍弃"结果"的原因是理论上的，他推测了"结果"对于我们理解《资本论》第一卷所具有的意义。梅瑞也反对MEGA2编辑的一种观点：关于商品作为资本的产品与"结果"没有多大关系，而是紧接在《资本论》第三卷生产价格之后。在梅瑞看来，这一判断产生于对马克思辩证方法的误解。梅瑞希望通过"结果"一章新资料的发现，能为人们对这些困惑的解读带来一些启示。遗憾的是，无论是通过对文献的考证，还是他的推测，都没能驱散"结果"被删除的迷雾。不过在他看来，至少"结果"能够澄清马克思关于"个别商品"的含义，并且有助于人们判断马克思是如何从简单商品流通发展到资本流通的。

*　　*　　*　　*　　*

本文提供的只是一个近年来学者们通过历史考证版提供的新资料对马克思的《资本论》及其政治经济学研究进行重新解读的轮廓。从中我们或许能够看到，随着对考证版新资料的阅读，产生了一些什么新问题，并且给以前的问题带来了什么新意义；同时我们也看到，同样是阅读考证版提供的新资料，人们的解读却是不同的，如何解读新资料，在一定程度上仍然取决于人们对观点的判断及对资料的取舍。国外学者的这些研究成果，至少在一定的意义上启发着我们的研究工作。

主要参考文献

1. MARX/ENGELS GESAMTAUSGABE, II, DIETZ VERLAG BERLIN, 该部分是《资本论》及政治经济学手稿，共 15 卷，23 册，自 20 世纪 70 年代至 2008 年，分别出版于不同年代。

2. Re-reading Marx······ New Perspectives after the Critical Edition, Edited by Riccardo Bellofiore and Roberto Fineschi, Palgrave Macmillan, 2009.

（作者单位：中国社会科学院哲学研究所）

日本 MEGA 第 II 部门的编辑情况

韩立新

　　2008 年是马克思写作《政治经济学批判大纲》（简称《大纲》）的第 150 周年，为纪念这一历史事件，世界上的很多国家都举办了多种形式的纪念活动。但是，《大纲》只不过是马克思从 1857 年起到 1883 年去世为止为撰写《资本论》而留下的众多手稿之一。从 1975 年开始，MEGA[①] 编委会将这些手稿与马克思和恩格斯的其他手稿加以区别，以"资本论及手稿"（"Das Kapital"und Vorarbeiten）的形式作为 MEGA 的第 II 部门（Zweite Abeilung）独立出版。截至 2009 年 3 月为止，世界各国的编者们历经了 33 年之久终于将除了第 4 卷第 3 册以外的全部 15 卷 22 分册（见附表）正式付梓。这当然是马克思主义研究史和出版史上的一件大事。由于这一出版以严格的 MEGA《编辑大纲》[②] 为准则，遵循了"历史考证（historisch-kritische）"的科学精神，不仅成功地再现了马克思的创作过程和恩格斯编辑过程的原貌，而且正如 1939—1941 年《大纲》出版时所带来的冲击那样，众多首次面世的马克思手稿也一定会给马克

[①] 在本文中，MEGA 都指 Zweite Marx Engels Gesamtausgabe，即第 2 次 MEGA 或者说新 MEGA。
[②] Editionsrichtlinien der Marx-Engels-Gesamtausgabe (MEGA), Dietz Verlag Berlin, 1993. 参照日译本：『マルクス・エンゲルス全集 (MEGA) の編集要項』、『マルクス・エンゲルス・マルクス主義研究』第 32 号、八朔社、1998 年 11 月。

思主义研究带来新的刺激和新的发现。

我们知道，马克思和恩格斯的文献绝大多数都是由德文、英文和法文写成的。因此，正像苏联和东德在冷战时期垄断了马克思恩格斯手稿的编辑和解读权那样，对 MEGA 的编辑，甚至对 MEGA 的研究一般都是由印欧语系的人，或者干脆说是由欧洲人做的。但是，令人感到意外的是，相当一部分 MEGA 第 II 部门的编辑工作，特别是最后几卷的出版却与日本学者有关，或者毋宁说主要是由日本学者完成的。作为实事，由"仙台小组"独立编辑的第 II 部门第 12 卷和第 13 卷以及由大谷祯之介和俄罗斯学者瓦西娜（Ljudmila Vasina）共同编辑的第 11 卷都已经正式出版，在 MEGA 出版史上第一次刻上了以非印欧语系为母语的人的名字。那么，为什么日本学者能够实质性地参与 MEGA 的编辑工作？他们究竟承担了哪些工作以及他们的工作有什么特点？他们在 MEGA 的编辑过程中究竟有什么新发现？这些都应该引起中国学界关注并深思。2008 年，笔者作为"MEGA 第 I 部门第 5 卷（《德意志意识形态》）电子版编辑小组"① 成员去日本，有幸在国际马克思恩格斯基金会（IMES）编委、现任日本 MEGA 编委会主任、"仙台小组"的负责人大村泉教授的指导下学习和编辑第 I 部门第 5 卷，并接触到了日本学者参与 MEGA 第 II 部门编辑工作的核心资料，因此得以了解相关实况。

一、第 II 部门的编辑和出版情况

众所周知，"马克思恩格斯全集（MEGA）是关于卡尔·马克思和弗里德里希·恩格斯的印刷物、手稿以及来往书信的完全的、历史的批判的全集"。MEGA 共分四个部门：(I) 除《资本论》以外的所有著作和论文、(II)《资本论》及手稿、(III) 书信、(IV) 笔记，计划出版 114 卷 123 册。1990 年以前，由于苏联和东德两国政府的支持，莫斯科和柏林的马列研究院共编辑出版了 37 卷 43 册，从 1990 年到 1992 年又陆续出版了 4 卷，这 4 卷也是在旧体制下

---

① "MEGA 第 I 部门第 5 卷（《德意志意识形态》）电子版编辑小组"由以下 9 名成员组成：日本东北大学的大村泉教授（总负责人）、东北大学的窪俊一副教授（电子版负责人）、小林一德教授、鹿儿岛大学的涩谷正教授（编辑负责人）、一桥大学的平子友长教授、关东学院大学的渡边宪正教授、北海道教育大学的佐山圭司副教授、韩国高丽大学的郑文吉教授，中国清华大学的韩立新副教授。

编辑出版的卷次。但是 1992 年以后，由于苏联和东欧社会主义体制的瓦解，MEGA 的编辑与出版工作中断。在这种情况下，阿姆斯特丹的"社会史国际研究所"(Internationaal Instituut voor Sociale Geschiedenis)、前柏林和莫斯科的马列研究院、特里尔的卡尔·马克思博物馆等联合起来，于 1990 年 10 月在阿姆斯特丹组建了"国际马克思恩格斯基金会"(IMES)。1992 年 2 月，该基金会和德国的科学院签署了合作协议，建立起了一个新的编辑体制，其宗旨是学术化和国际化，"以纯学术的编辑，来继续 MEGA 的出版事业"。1993 年，在德国编辑学专家的帮助下，国际马克思恩格斯基金会确立起新的《编辑大纲》。此后，MEGA 的编辑工作重新步入正轨并于 1998 年恢复出版，出版社由传统的狄茨出版社改为现在的柏林科学院出版社。

在 MEGA 的全部四个部门中，最受关注的是第 II 部门，这是因为该部门由马克思和恩格斯生前出版的《资本论》各版以及为《资本论》撰写的所有手稿和发行物组成，其中包括大量从未发表过的手稿。也正是因为如此，无论是在旧苏联东欧时代还是在新体制下，这一部门都受到了 MEGA 编委会的高度重视，同其他部门相比，该部门的编辑和出版速度最快。

在 MEGA 开始出版时，第 II 部门的编者曾对马克思的《资本论》手稿进行过如下划分：1857—1858 年的经济学手稿《大纲》是《资本论》的"原始手稿"或者"第一手稿"；1861—1863 年的手稿是"第二手稿"；而 1863—1865 年有关《资本论》全部 3 卷的手稿是"第三手稿"。马克思在写完这些手稿以后，才完成对《资本论》第 1 卷的定稿。因此，第 II 部门全部 15 卷的内容就是按照上述顺序排列的。

MEGA2 第 II 部门 "《资本论》及其手稿" 的编辑与出版情况

第 II 部门共计 15 卷 23 分册		出版时间	中文 2 版出版时间、卷次及内容
第 1 卷（第 1 分册）	1857－1858 年经济学手稿（《政治经济学批判大纲》）第一册	1976	1995 年，30 卷，1857－1858
（第 2 分册）	第二册	1981	1998 年，31 卷，1857－1861
第 2 卷	1858—1861 经济学手稿及其著作	1980	
第 3 卷（第 1 分册）	1861－1863 年经济学批判手稿第 3 章：资本一般 1、2、3、4	1976	1998 年，32 卷，1861－1863
（第 2 分册）	《剩余价值学说史》(1)	1977	2004 年，33 卷，1861－1863

第 II 部门共计 15 卷 23 分册		出版时间	中文 2 版出版时间、卷次及内容
（第 3 分册）	《剩余价值学说史》（2）	1978	2008 年，34 卷，1861—1863
（第 4 分册）	《剩余价值学说史》（3）	1979	
（第 5 分册）	《政治经济学批判》手稿	1980	
（第 6 分册）	《政治经济学批判》手稿	1982	
第 4 卷（第 1 分册）	1863－1867 年经济学手稿《资本论》第 2 卷第 1 稿	1988	
（第 2 分册）	《资本论》第 3 卷第 1 稿	1992	
（第 3 分册）	《资本论》第 2 卷第 3 和 4 稿、第 3 卷第 2—3 稿等，第 2 卷和第 3 卷的准备稿	未刊	
第 5 卷《资本论》	第 1 卷德文第 1 版（1867）	1983	
第 6 卷《资本论》	第 1 卷德文第 2 版（1872）	1987	
第 7 卷《资本论》	第 1 卷法文版（1872—1875）	1989	
第 8 卷《资本论》	第 1 卷德文第 3 版（1883）	1989	未出版
第 9 卷《资本论》	第 1 卷英文版（1887）	1990	未出版
第 10 卷《资本论》	第 1 卷德文第 4 版（1890）	1991	2001 年，44 卷，《资本论》第 1 卷
第 11 卷	1868—1881 年《资本论》第 2 卷第 2 稿、第 5—8 稿	2008	
第 12 卷	《资本论》第 2 卷 1884－1885 年恩格斯编辑原稿	2005	
第 13 卷	《资本论》第 2 卷（1885 年恩格斯编辑版）	2008	2003 年，45 卷，《资本论》第 2 卷
第 14 卷	《资本论》第 3 卷马克思草稿和恩格斯编辑文本（1871—1894 年）	2003	
第 15 卷	《资本论》第 3 卷（1894 年恩格斯编辑版）	2004	2003 年，46 卷，《资本论》第 3 卷

从上表看，1992 年以前第 II 部门共出版了 10 卷 21 册，余下了第 4 卷第 3 分册、第 11、12、13、14、15 卷，这余下来的部分都跟《资本论》第 2 卷和第 3 卷有关。特别是其中的第 4 卷第 3 分册以及第 11 卷、第 12 卷和第 14 卷大多数属于未曾公开发表的手稿，情况非常复杂。再加上这些卷次因编辑人才奇缺以及财政困难，1992 年以后有关这些卷次的编辑工作事实上处于中

断状态。这种状况直到 1998 年才由于日本学者的参与有所改变。1998 年以后，MEGA 的编辑大致形成了这样一个格局：即与《资本论》第 3 卷相关的部分由柏林编委会负责，跟第 2 卷相关的部分则主要由日本编委会负责。上述内容是关于第 II 部门编辑和出版的基本情况。需要一提的是，我国目前还未有学者实质性地参与第 II 部门的编辑工作，而且关于《资本论》第 2 卷和第 3 卷手稿的翻译和研究工作相对滞后，这与下面提到的日本 MEGA 编委会的工作形成了鲜明的对照。

二、日本学者参与 MEGA 编辑的历史和现状

1. 日本学者参与 MEGA 的历史过程

1989 年柏林墙倒塌之后，日本的马克思主义研究者们很快就感受到了 MEGA 出版事业所面临的危机，开始了一系列挽救 MEGA 的活动。1990 年，他们首先邀请了包括当时的"MEGA 基金会"理事马丁·洪特（Martin Hundt）在内的一些"MEGA 使节"来日本，请他们介绍 MEGA 编辑和出版所处的危机状况，以扩大 MEGA 的影响以及吸引日本学者的注意。1990 年 11 月，以日本第一流的马克思主义经济学家为核心，日本学者成立了"日本支援 MEGA 委员会"，由大内力为会长，大谷祯之介、置盐信雄、服部文男为副会长，明石博行为秘书长，征集到了 1521 名日本学者的签名，并将签名信寄给了包括当时的科尔总理在内的相关人士和单位，表达了希望 MEGA 出版事业继续下去的强烈愿望。同时，他们号召日本学者自费去购买 MEGA，间接地支援 MEGA 的出版事业。据说一时间，已出版的 MEGA 中有近一半卖到了日本，"日本支援 MEGA 委员会"的工作因此也受到国际上的好评。

1992 年以后，随着国际马克思恩格斯基金会的成立，"日本支援 MEGA 委员会"完成了自己的历史使命，他们的工作重心发生了转移，即要让欧洲的 MEGA 编委们认识到日本在研究马克思手稿上的实力，寻求将一部分 MEGA 的编辑工作拿到日本来的可能性，并为此进行扎扎实实的准备。1992 年 2 月他们召开了"以前的 MEGA 和今后的 MEGA——关于马克思恩格斯全集（MEGA）的编辑和出版方针"研讨会，其直接目的就是要对新体制下的 MEGA 编辑方针产生影响。1994 年，以大村泉等人为首的"马克思恩格斯研

究者协会"①借《资本论》第 3 卷出版 100 周年纪念、第 II 部门第 4 卷第 2 分册（马克思《资本论》第 3 卷手稿的第 1 稿）出版之际，在日本掀起了一个研究第 3 卷马克思手稿的高潮，并在东京举办了第一次关于 MEGA 的国际研讨会，邀请了 10 名德国和俄罗斯的编者与会。会上，田中菊次和市原健志发表了他们经过精心准备的研究成果，对第 II 部门第 4 卷第 3 分册的编者俄罗斯的米谢克威奇（Larissa Mischkevic）的编辑提出了质疑，引起了与会的欧洲人的关注。具体情况是这样的，根据 MEGA 的《编辑大纲》，手稿必须严格按照时间的顺序进行排列，但是米谢克威奇却对《资本论》第 2 卷马克思的第 3、4 稿的时间推定存在着严重问题。田中认为，时期的不同使得马克思表示资本（不变资本＋可变资本）以及资本的产品价值（不变资本＋可变资本＋剩余价值）时的数字与 c、v、m 的组合方式也不同，从这一事实出发，他推翻了米谢克威奇关于马克思手稿写作顺序的推断②，这件事情给俄罗斯和德国的学者留下了极为深刻的印象。后来，田中菊次又承担了该卷的鉴阅工作，否定了米谢克威奇的编辑方案③。为此，柏林的编辑委员会对米谢克威奇的编辑方案和田中菊次的方案进行了仲裁验证，最后包括当时马克思恩格斯基金会理事长约根·罗扬（Jürgen Rojahn）在内大部分编委都接受了田中的意见，这使得第 II 部门第 4 卷第 3 分册不得不重新编排，这也是该卷次至今未能出版的真正原因。

　　1995 年，借纪念《资本论》第 2 卷出版 110 周年之际，"马克思恩格斯研究者协会"又在东京召开了第二次国际 MEGA 研讨会。与上一次不同，这次他们还邀请了除德俄以外的其他国家的学者。通过这两次研讨会，世界各国 MEGA 的编委们惊奇地发现，在马克思恩格斯手稿的研究上，日本居然有如此众多的高水平专家，他们在做着与自己同样朴实无华的工作，不仅能够同自己对话，甚至还能够纠正自己的错误，这在苏联东欧社会主义瓦解的今天，实在是令人难以置信的。就这样，日本学者一步一步地展示了自己的实力，让世界了解了他们，这为后来他们争取到 MEGA 的编辑权奠定了基础。

---

① 该协会成立于 1984 年 11 月，当时的协会名称是"青年学者马克思恩格斯研究者协会"，1987 年 10 月出版《马克思恩格斯马克思主义研究》杂志至今，是日本专门研究 MEGA 的学术刊物，负责人为大村泉。

② 田中菊次:《马克思的〈资本论〉写作工作——新 MEGA 第 II 部门第 4 卷第 3 分册的重要性》,《经济》, 2002 年 12 月号。

③ 详情参照大村泉:《刊行状况和关于第 4 卷第 3 分册的争论》,《经济》, 2002 年 6 月号。

1997 年 3 月，大村泉和宫川彰等人邀请了当时俄罗斯国家档案馆的主任研究员瓦西娜（Ljudmila Vasina）女士访问日本，同时也迎来了他们参与 MEGA 编辑的直接契机。瓦西娜女士作为俄罗斯为数不多的《资本论》手稿编辑专家，负责包括第 II 部门第 11 卷在内的《资本论》第 2 卷手稿的编辑工作。大村和宫川借此时机第一次明确地向她本人提出了日本学者能否独立地参与编辑的问题，并于同一年春天向国际马克思恩格斯基金会正式表明了自己要编辑第 II 部门第 12 卷和第 13 卷的意向，并争得了该基金会的初步同意。但是，在与莫斯科方交涉时却遇到了异常的阻力，因为莫斯科方面并不愿意将自己常年辛苦的解读成果就这样交给日本学者，且担心他们会糟蹋自己的成果。1998 年 1 月 6 日以大谷祯之介为代表的"日本 MEGA 编辑委员会"正式成立，大谷利用自己的代表身份以及与瓦西娜的合作身份同莫斯科进行了长时间的交涉，并借助罗杨的支持最后说服了莫斯科，承诺做出一部高质量的 MEGA 来，打消了莫斯科的顾虑。1998 年初，大村等人的要求终于得到了莫斯科的理解，罗杨、大谷、巴加图利亚、瓦西娜四人签署了协定。同年 3 月，仙台小组在阿姆斯特丹从罗杨的手里拿到了第 II 部门第 12 卷和第 13 卷的原始文本，1998 年 11 月 13 日仙台小组得到了国际马克思恩格斯基金会的正式批准①。就这样，日本 MEGA 编委会经过不懈的努力，终于进入到独立编辑 MEGA 的新阶段②。

从 1998 年到现在，日本已有 30 多名专家分成 6 个小组或者以个人的形式参加了 MEGA 的编辑工作。他们的工作主要分成三个部分：一是与第 II 部门"《资本论》及手稿"相关的工作；二是与第 IV 部门摘录笔记相关的工作；三是关于第 I 部门第 5 卷的《德意志意识形态》电子版的工作。具体内容如下：

（1）仙台小组（代表：大村泉）负责编辑第 II 部门第 12 卷和第 13 卷。第 II 部门第 12 卷所收录的是恩格斯为编辑《资本论》第 2 卷而制作的"编辑原稿"，该卷已于 2005 年 11 月出版。第 II 部门第 13 卷所收录的是由恩格斯 1885 年编辑出版的《资本论》第 2 卷，该卷已于 2008 年出版。

（2）大谷以个人的形式负责编辑第 II 部门第 11 卷的后半部分。该卷也是有关《资本论》第 2 卷的马克思手稿，前半部分即马克思遗留下的第 2 稿由

---

① 参照大谷祯之介：《日本对新 MEGA 的编辑》，《经济》，2003 年，第 5 号。

② 虽然早在 1990 年大谷祯之介就已经接受了第 II 部门第 11 卷的编辑工作，可是这一卷的最终责任者是莫斯科的编辑小组，因此不能算是"日本 MEGA 编委会"的工作。

瓦西娜编辑，后半部分即第 5—8 稿及其相关的草稿片断由大谷编辑。该卷已于 2008 年出版。

（3）北海道小组（代表：小黑正夫）负责编辑第 IV 部门第 17 卷。该卷收录的是马克思在 1863 年 5 月至 6 月所作的摘录和笔记，现在正处于编辑中。

（4）东京小组（代表：大谷）负责编辑第 IV 部门第 18 卷。该卷收录的是马克思和恩格斯在 1864 年 2 月至 9 月所作的摘录和笔记，其主要内容是两人关于农学和经济学的摘录，现在正处于编辑中。

（5）西日本小组（代表：伊藤武）负责编辑第 IV 部门第 19 卷。该卷收录的是马克思在 1868 年 9 月至 1869 年 9 月所作的摘录和笔记，主要内容是马克思从报纸和杂志中摘录的有关货币市场和经济危机的笔记，现在正处于编辑中。

（6）"《德意志意识形态》电子版小组"（代表：大村泉）负责编辑第 I 部门第 5 卷的电子版，现在正处于编辑中。

本来，日本 MEGA 编委会还组织了一个历史小组（代表：的场昭弘）准备编辑第 IV 部门第 29 卷，该卷收录的是马克思的世界史年表笔记。但是后来由于德国人编辑该卷的强烈要求，这一小组被迫停止了工作。此外，田中菊次鉴阅了第 II 部门第 4 卷第 3 分册，大村泉最近又参加了第 IV 部门第 14 卷的编辑。下面，我想以仙台小组对 MEGA 第 II 部门第 12 卷的编辑为例，介绍一下日本编辑 MEGA 的工作特点。

2. 第 II 部门第 12 卷的编辑

按照恩格斯在《资本论》第 2 卷序言中的说明，马克思为撰写《资本论》第 2 卷，共留下了八份手稿。这八份手稿如果按照执笔时期的顺序，大概可以分为两组，一组是由马克思自己标注的第 I-IV 的四份手稿，这一部分大约写于 19 世纪 60—70 年代，另一组是马克思写于 70 年代后期到 80 年代初的四份手稿，恩格斯称之为第 V-VIII 稿。恩格斯的具体做法是首先从这八份手稿中选取一部分，将其制作成一个用于编辑的手稿，即"恩格斯的编辑原稿"（Redaktionsmanuskript von Friedrich Engels 1884—1885）。它不同于恩格斯 1885 年正式出版的《资本论》第 2 卷印刷用原稿，而是属于介于马克思原始手稿和正式出版的《资本论》第 2 卷之间的一部编辑文本。关于这部编辑文本是如何从马克思手稿的基础上编辑出来的，恩格斯在《资本论》第 2 卷序言中曾做过详尽的交代，这里就不再赘言了。

2005 年 11 月，这部"恩格斯的编辑原稿"以 MEGA 第 II 部门第 12 卷(Karl Marx: Das Kapital. Kritik der politischen Ökonomie. Zweites Buch. Der Zirkulationsprozeß des Kapitals. Redaktionsmanuskript von Friedrich Engels 1884—1885 MEGA2II/12) 的形式正式出版，编辑者就是日本的仙台小组。该小组之所以被称为仙台小组，是因为该小组的代表大村泉属于仙台的东北大学。成立伊始，仙台小组的成员是大村泉、柴田信也、宫川彰、八柳良次郎、大野节夫和市原健志。现在的成员是大村、早坂启造、柴田、守健二、窪俊一、久保城二郎、宫川、八柳、大野、赤间道夫、柏林科学院的罗尔夫·赫克尔 (Rolf Hecker)、瓦列里·夫米切夫 (Valerij Fomichev)。

仙台小组的编辑工作始于 1998 年 8 月，即第 12 和 13 卷的 "解读文本" 等被寄到了仙台以后。但是，他们的工作并不是一帆风顺的。由于是第一次正式编辑马克思恩格斯的手稿，他们对《编辑大纲》的理解以及在编辑上完全是新手，再加上由于理念和想法的不同，他们同欧洲的 MEGA 编委们发生过几次大的争执，整个编辑过程可谓是历尽艰苦。首先是他们同罗尔夫·赫克尔 (Rolf Hecker) 的论战。为了帮助仙台小组的编辑工作，1998 年柏林科学院的赫克尔来到了日本。但是，他提出的第一个问题就是要将第 12 和 13 卷合并，换句话说，就是认为没有必要单独出版一个 "恩格斯编辑原稿"。要想维持原来的编辑计划，关键在于 "恩格斯编辑原稿" 与正式出版的《资本论》第 2 卷之间的差异，这一差异是不是足可以使第 II 部门第 12 卷具有独立出版的价值。为了说服了赫克尔和 MEGA 编委会，日本学者制作了很多它们之间差异的一览表，经过据理力争维持了原来的编辑计划，将第 12 和 13 卷分别出版。从后来出版的第 12 卷来看，单独出版 "恩格斯编辑原稿" 是一个完全正确的选择。

其次，在要不要制作一个马克思原始手稿和恩格斯 "编辑原稿" 之间的 "出入一览" 的问题上，他们与欧洲的 MEGA 编委之间发生了分歧。从 2000 年起，仙台小组的工作重心开始转移到如何处理马克思原始手稿与恩格斯 "编辑原稿" 之间的出入上来。由于恩格斯对马克思原始手稿的改动非常多，为了能够向世人揭示这一事实，仙台小组向柏林的 MEGA 编委会提出要在第 12 卷的《附属材料》(Apparat) 卷中增加 "构成比较"、"出处一览" 和 "出入一览" 三个附录，这三个附录是 MEGA 其他卷次中所没有的，也是超出《编辑大纲》要求的。前两项虽然很快得到了 MEGA 编委会的赞同，但是增加 "出入一览"

的建议却遭到了反对，理由是超过了MEGA《编辑大纲》的要求，工作量过大且与其他刊有《资本论》第3卷手稿的卷次缺少统一性。但是，仙台小组经过多次努力，证明了"出入一览"对于第12卷以及对于解决下面将提到的"马克思恩格斯问题"的意义，最终征得了MEGA编委会的同意。于是，他们就以被称作"丰田主义"的工作精神，克服了重重困难，终于完成了这一内容庞大的"出入一览"，从而使得第II部门第12卷的《附属材料》（计1329页）卷比《正文》（计483页）卷的篇幅还要大，其分量大约是《正文》卷的2.8倍，这在已出版的整个MEGA卷次中是罕见的。

2004年8月，仙台小组终于将编好的定稿交给了国际马克思恩格斯基金会秘书长诺伊豪斯（Manfred Neuhaus），并按程序开始接受MEGA专家的鉴阅（Gutachten）。负责鉴阅的是阿姆斯特丹大学政治学教授米歇尔·克莱科特（Michael R. Krätke）。克莱考特撰写了长达10万言的审查报告，对仙台小组的工作给与了高度的评价，他说："本卷实现了90年代初所设定的MEGA的新规定和新方向的约定，即把恩格斯为编辑《资本论》第2卷而制作的编辑原稿以MEGA中一个特殊的卷次——后来被称作第II部门第12卷——公诸于世。但富有意义的是，通过第12卷的正文卷和附属材料卷，我们发现这决不是一个单纯的公开发表，它在整个第II部门中具有独特的地位，即它是对这部以唯一完美的形式遗留下来的手稿的公开发表，它的发表可以弥补研究史上的空白。MEGA第II部门第12卷的完成和公开发表对于国际马克思恩格斯研究具有划时代的意义"①。2005年11月，这一由仙台小组历经八年之艰辛而独立完成的第II部门第12卷终于问世。

三、《资本论》编辑中的"马克思恩格斯问题"

研究马克思和恩格斯的原始手稿自然会有新的发现，自从MEGA第II部门将马克思的《资本论》手稿公开发表以来，日本学者就开始孜孜不倦地对其进行研究，积累了深厚的理论基础，这也是他们从欧洲人手里获得MEGA编辑权的前提。自从他们掌握了马克思恩格斯的手稿以后，在日本对《资本

---

① 转引自大村泉：《论恩格斯〈资本论〉第2卷编辑原稿（1884—1885年）在MEGA第II部门第12卷中的再现》，《经济理论》，第42卷第4号，2006年1月，第21页。

论》手稿的研究更是成为一个潮流。他们在《经济》等日本各种全国性杂志上纷纷刊登这方面的论文，还陆续出版了这方面的专著，譬如大村泉《新MEGA 和〈资本论〉的成立》（八朔社、1998 年）、早坂启造《〈资本论〉第 II 部的成立和新 MEGA》（东北大学出版会，2004 年）等等。从笔者掌握的资料来看，他们的研究涉及许多理论领域，譬如晚期马克思为什么没有完成《资本论》的写作工作，恩格斯对第 3 卷第 5 章的编辑是否合理、第 2 卷和第 3 卷手稿的写作顺序问题，利息和信用、资本的流通以及"总过程的各种形式"问题等等。在这里，笔者不可能面面俱到，只想选取一个编辑《资本论》第 2 卷和第 3 卷手稿必然要遇到的、实际上也是近年来国际上最为关注的"马克思恩格斯问题"做一下介绍，以便读者能够对出版 MEGA 的理论意义有一定的了解。

1."马克思恩格斯问题"

众所周知，马克思逝世以后，恩格斯承担起整理和出版《资本论》第 2 卷和第 3 卷的艰巨工作。从 1883 年到 1894 年，恩格斯历经 11 载终于在逝世以前将这两卷付梓，可谓是居功至伟。关于这两卷的编辑，恩格斯曾多次强调他恪守了最大限度地尊重原作者的编辑原则，除非万不得已才对马克思的原始手稿进行了修改。譬如，在第 2 卷的序言中，恩格斯写道："我只是把这些手稿尽可能逐字逐句地抄录下来；在问题上，仅仅改动了马克思自己也会改动的地方，只是在绝对必要而且意思不会引起怀疑的地方，才加进几句解释性的话和承上启下的字句。意思上只要略有疑难的地方，我就宁愿原封不动地编入。我所改写和插入的文句，总共还不到 10 个印刷页，而且只是形式上的改动"①。在第 3 卷序言中，恩格斯写道："我把这种编辑工作限制在最必要的范围内。凡是意义明白的地方，我总是尽可能保存初稿的面貌。……在我所作的改动或增补已经超出单纯编辑的范围的地方，或在我必须利用马克思提供的实际材料，哪怕尽可能按照马克思的精神而自行得出结论的地方，我都用方括号括起来，并附上了我的姓名的缩写"②。但是，恩格斯是不是真正地做到了这一点呢？换句话说，恩格斯编辑的《资本论》和马克思的原始手稿是否真的一致呢？这就是所谓的《资本论》编辑中的"马克思恩格斯问题"。

---

①《马克思恩格斯全集》（第 2 版），第 45 卷，第 3—4 页。
②《马克思恩格斯全集》（第 2 版），第 46 卷，第 7 页。

最早提出这一问题的是考茨基。他曾经为编辑《资本论》第4卷（《剩余价值学说史》）和大众版《资本论》接触过马克思的原始手稿。特别是在1926年大众版《资本论》第2卷的序言中，他曾批评恩格斯并没有完全地把握住马克思的思想脉络，也并没有自始至终地遵循这一思想脉络对手稿进行整序和编辑，在恩格斯版《资本论》和马克思的原始手稿之间存在着很多差异。要想使这一问题得到科学与公正的解决，只有将马克思的全部手稿公开出版，让公众去对比马克思的原始手稿和恩格斯版《资本论》。但是，由于这一工作需要耗费大量的人力、物力和时间，考茨基本人对能否出版这些手稿持悲观态度。

但是，考茨基的梦想在今天已经成为现实，马克思关于《资本论》第2卷和第3卷原始手稿的出版终于使一般读者也可以做这一对比。1992年《资本论》第3卷马克思主要手稿（第Ⅱ部门第4卷第2分册）的出版使这一问题变得无法回避。1994年负责该卷编辑的福尔格拉夫（Vollgraf）等人公开了一个惊人的事实：恩格斯并没有践行他尊重原作的编辑原则，对马克思的手稿进行了远远超出人们想象的"干涉"，按旧版《马克思恩格斯全集》第25卷来计算，恩格斯版《资本论》第3卷共计870页，其中未经恩格斯加工的只有580页，也就是说其中有三分之一不是马克思的原始手稿。这些变更不但包括篇章结构的标题和顺序的变更、原始文本的压缩或者扩充、还包括术语和内容的变更。这样一来，《资本论》第3卷是不是还属于马克思本人的作品就是值得怀疑的。福尔格拉夫甚至还提出，应该在新出版的MEGA《资本论》第3卷的封面上，加上恩格斯是"编者和著者"之类的字样，以表明恩格斯对第3卷的编辑大大超过了编者的范围①。

但是，由于受《资本论》第3卷其他相关手稿——1871到1894年手稿（MEGA Ⅱ/14）于2003年，恩格斯版《资本论》第3卷（MEGA Ⅱ/15）于2004年——出版滞后的限制，再加上编者们又没有提供恩格斯版《资本论》与马克思原始手稿差异的具体信息，对于一般读者来说要想研究《资本论》编辑中的"马克思恩格斯问题"还存在着许多困难，因此对这一问题的讨论也一直限于MEGA编辑者内部以及直接接触和研究过手稿的特殊群体，譬如

---

① Vgl., Carl-Erich Vollgraf, Jürgen Jungnickel, Marx in Marx's Worten? Zu Engels' Edition des Hauptsmanuskripts zum dritten Buch des Kapital, In: MEGA-Studien, Berlin, 1994. 参照大村泉："《资本论》第3卷主要草稿的研究"，《经济》，1997年1月号。

一批热衷于文献考证的日本学者。

这种状况会因 MEGA 第 II 部门第 12 卷的出版而彻底改变。克莱特科（Michael Krätke）在鉴阅书中就称："MEGA 的该卷第一次为一般研究提供了一个本质性基础，不管怎样，展望《资本论》第 2 卷的所谓马克思恩格斯问题因此而进入到一个新阶段"①。为什么可以这样说呢？这是因为该卷不仅首次公开了恩格斯为出版《资本论》第 2 卷而制作的编辑原稿，更重要的还在该书的《附属材料》卷中收录了揭示恩格斯编辑原稿与马克思原始手稿之间差异的几个附录，从而为研究恩格斯的工作质量，以及马克思和恩格斯的思想关系提供了决定性的证据。下面我们就对此做一下详细的说明。

2. 第 II 部门第 12 卷的证明

恩格斯出于非凡的责任心和使命感，从一开始就把编辑目标设定为编出"一部联贯的、尽可能完整的著作"来，这使得他不得不对完成程度相对较低的马克思原始手稿进行了大量的修改，其结果就是使恩格斯的编辑原稿超越了马克思原始手稿的草稿性质，在二者之间就出现了对后人来说必须予以究明的三个问题：(1)"编辑原稿"是否继承了马克思原始手稿的结构和篇章标题；(2)"编辑原稿"采用了原始手稿的哪些部分；(3)"编辑原稿"是否与原始手稿的文本一致。

对这三个问题，负责该卷编辑工作的仙台小组是通过在该卷的《附属材料》卷中增加三个特殊的附录来予以解决的。即针对（1）增加了"构成比较（Gliederungsvergleich）"；针对（2）增加了"出处一览（Provenienzverzeichnis）"；针对（3）增加了"出入一览（Abweichungsverzeichnis）"。"构成比较"列举了恩格斯编辑原稿的构成与马克思原始手稿章节的区别，对恩格斯所制作的标题和每个章节的小标题进行了概括；"出处一览"标明了恩格斯采用马克思原始手稿的出处，并具体标明了恩格斯是如何从马克思的原始手稿中制作出编辑原稿的过程，其中还包括恩格斯对马克思原始手稿的修改以及省略的记述；"出入一览"则揭示了恩格斯对马克思原始手稿的改动、补充和删除等具体情况。通过这三个附录，读者可以彻底把握住恩格斯编辑原稿与马克思原始手稿的具体差别。

---

① 转引自大村泉：《论恩格斯〈资本论〉第 2 卷编辑原稿（1884—1885 年）在 MEGA 第 II 部门第 12 卷中的再现》，《经济理论》，第 42 卷第 4 号，第 21 页。

特别需要提到的是"出入一览"。前面说过，增加这一"出入一览"曾遭到了 MEGA 编委会的反对，因此这一"出入一览"对于第 II 部门第 12 卷的编者来说具有特殊的意义。在《附属材料》卷中，"文本出入一览表"（Verzeichnis der Textabweichungen）的篇幅达 371 页，占到了整个《附属材料》卷的 28%。根据这个一览表，读者可以发现恩格斯对马克思原始手稿的删减和增补、以及对定式和术语等的变更超过 5000 多处，而且这还不包括标点符号、笔误等技术性的失误以及恩格斯对马克思原始手稿的概括部分。这些变更显然要比恩格斯本人在《资本论》第 2 卷序言中所承认的变更要多得多，而且有些变更未必像他所说的那样，"只是形式上的改动"，实际上涉及对《资本论》内容的理解。而第 II 部门第 12 卷的编者不仅对这些变更都做出了明确的说明，还标明了被变更以前的马克思原始手稿的具体出处，即第 II 部门第 11 卷等的页码，使用起来非常方便。我想提请读者注意，第 II 部门第 11 卷直到 2008 年才正式出版，而在 2005 年出版的 12 卷中就已经出现了第 11 卷的页码，从中我们也可以看出编者的良苦用心。

关于恩格斯对马克思手稿的变更所引起的内容上的变化，在这里我想举一个例子予以说明。在《附属材料》卷的"题解"（Einführung）中，编者曾举出了六个恩格斯对马克思手稿进行变更的例子，其中一个是他将马克思的"生产资本"（produktives Kapital）概念改为"产业资本"（industrielles Kapital）的问题 ① 。在《附属材料》卷的"文本出入一览表"（Verzeichnis der Textabweichungen）的 947 页，有这样一段记述：

28. 35-39 Geldkapital Waarenkapital, Produktives Kapital bis nach einander annimmt.] H9 *Geldkapital u. Waarenkapital* sind hier also nicht selbständige Kapitalsorten, deren Funktionen den Inhalt eben so selbsätndiger u. von einander getrennter Geschäftszweige bilden. Sie sind hier nur besondre Funktionsforman des indautriellen Kapitals. Andrersits ist das productive Kapital keine selbständige Kaitalsort, sondern nur die besondre Funktionsform, die das industrielle Kapital in seinem Produktionsstadium annimmt. (bekleidet) [MEGA II/11. S. 587. 11-17]

"] H9"以前的部分为恩格斯的编辑原稿，"] H9"以后的部分是与此相对

---

① Vgl., *Karl Marx: Das Kapital, Kritik der politischen Ökonomie, Zweites Buch, Redaktionsmanuskript von Friedrich Engels, 1884/1885, Apparat, MEGA II/12*, Akademie Verlag, 2005, S. 512.

应的马克思的原始手稿。"H9"是指马克思手稿的代号，即第 V 手稿（位于
MEGA II/11. S. 556-660）。从恩格斯的编辑原稿来看，恩格斯对货币资本、商
品资本与生产资本作了统一说明，即它们都"不是独自的资本类型"。而在马
克思的原始手稿中，马克思则是将"货币资本和商品资本"与生产资本作了
区别，前两者和后者在功能上是有差别的。在恩格斯版《资本论》第 3 卷中，
恩格斯又将马克思原始手稿中的"生产资本"（productives Kapital）大量地改
为"产业资本"（industrielles Kapital），仅第 4 篇和第 5 篇就达 350 多处。恩
格斯的这些变更不仅容易使人们对马克思手稿的原意产生误解，还使《资本
论》第 2 卷和第 3 卷之间缺少统一性。对此，仙台小组的负责人大村批评道：
"恩格斯的编辑包含着很大的问题。恩格斯应该准确地再现相应的文字，而且
在编辑第 3 卷时应该对这些重要的概念变更做出交代"①。

　　这样的例子举不胜举，有兴趣的读者可以利用第 II 部门第 12 卷的编者提
供的这三个附录，对马克思的原始文本与恩格斯的编辑原稿之间的差异进行
验证。相信读者一定会有新的发现。总之，第 II 部门第 12 卷的出版使人们对
《资本论》编辑中"马克思恩格斯问题"的研究进入到了一个实证阶段。

　　过去，在我国和苏联东欧，"马克思恩格斯问题"一直被当成一些西方
学者的别有用心，即通过制造马克思和恩格斯的思想对立来否定马克思主义，
长期以来很难对这一问题进行公开的讨论。笔者无意要制造马克思和恩格斯
的思想对立，更反对那些通过让两者对立来否定马克思主义的企图。但是，
随着第 II 部门第 12 卷的普及以及第 II 部门第 11 卷的出版，这一问题将变得
无法回避。面对这一事实，如果再拒绝承认甚至把对它的研究当成异端明显
有悖于科学精神，也不利于我们加深对马克思恩格斯思想的理解，相反倒有
可能限制我们对《资本论》的解读和研究质量。因此，我的基本观点是，与
其回避还不如对其加以正确引导，使其成为当今研究马克思主义的一个重要
方向和生长点，因为这毫不影响恩格斯的功绩，也无损于马克思主义的名誉。
但是，我们在对二者的差异进行分析时必须要做到实事求是，必须严格依照
文献学和文本学的研究成果还历史一个真实。

---

① 大村泉："论恩格斯《资本论》第 2 卷编辑原稿（1884—1885 年）在 MEGA 第 II 部
　门第 12 卷中的再现"，《经济理论》，第 42 卷第 4 号，第 30 页。

结　语

从日本学者参与 MEGA 编辑的历史来看，一个国家的研究积累和团队精神是至关重要的。如果没有深厚的研究积累，他们是不可能得到欧洲编委的信赖的，当然也就不可能实质性地参与 MEGA 的编辑工作。此外，由于 MEGA 的编辑工作是一个复杂的系统工程，需要大量的人力和物力以及协调工作的能力，在这个意义上，团队精神是完成这一工作的基础。从第 II 部门第 12 卷的编辑来看，尽管仙台小组内部以及"日本 MEGA 编委会"内部也存在着严重的意见分歧，但是他们都能够以大局为重，众志成城，出色地完成了编辑任务。通过对第 II 部门的编辑，日本学者不仅获得了宝贵的第一手资料：包括手稿影印件和解读文本，而且还培养出了一批掌握 MEGA 编辑知识的文献学专家，也打破了欧洲在马克思恩格斯文献学方面的垄断权。

最近，随着汉译广松版的出版和《德意志意识形态》文献学讨论的深入，马克思主义的文献学研究也成为我国学术界的一个焦点。从日本学者的经验来看，我觉得有以下三点值得我们深思：

第一，关于文献学研究的科学性问题。首先，文献学研究不同于理论研究和思想研究，它是一个严格的科学事实，换句话说，它要受到材料和条件的限制，它是绝不可能离开材料而杜撰出来的。特别是，要使自己的文献学研究具有原创性，不接触马克思恩格斯的原始手稿是不行的，否则，所谓的"文献学研究"充其量是对前人翻译成果的解释和再加工而已。日本学者从 20 世纪 60 年代起就前赴后继地去阿姆斯特丹和莫斯科考察手稿，并花费大量人力和物力去搜集马克思和恩格斯的第一手文献，他们能够对欧洲的 MEGA 编委提出质疑，说明他们已经掌握了能够进行原创性研究的基本条件。他们参与 MEGA 的初衷是因为他们不满意欧洲人的工作质量，他们参与的结果，就是使他们处于一个和欧洲人平起平坐的水平上。他们所走过的道路，是值得我国有志于从事文献学研究的学者们深思的。

第二，关于文献学研究的定位问题。最近有人对我国的文献学研究提出了批评，指出它试图"僭越"，要搞成唯我独尊。我觉得这里面存在着一定的误解，至少从我本人而言从来不想以自己的文献学研究来否定他人的研究方式，况且我自己也做理论研究和思想研究。在这一问题上，我们应该借鉴日本学者的做法，他们三十几名学者做文献学研究完全是凭个人的学术兴趣从而自然分工的结果。从笔者所看到的材料来看，他们没有花时间去讨论哪种研究范式才是"一统学术界"的真理这样的问题。这值得引起中国马克思主义哲学研究工作者思考。

第三，关于人力和物力的支持问题。编辑 MEGA 不但是一项费力和费时的工作，而且还是需要大量经费支持的事业。迄今为止，日本学者对 MEGA 的参与一般由两种情况，要么获得日本文部省的资助，要么由个人自己解决。笔者所参加的"第 I 部门第 5 卷《德意志意识形态》电子版"编辑小组几次向日本文部省申请未果，结果所需经费就都由自己解决的。这对于编者来说是一个极大的负担。2007 年 8 月，在清华大学召开的有 40 余名中日学者参加的"中日《德意志意识形态》编辑问题的研究会"，平子友长教授表达了一个愿望，即希望中国不仅能积极参与、而且从财力上支持 MEGA 的编辑工作。我个人理解，这是平子友长对作为马克思主义与社会主义大国的中国提出的一个合理的请求，而这项工作对于推动中国马克思主义的理论研究与学科建设，也是十分有益且必要的。

(作者单位：清华大学哲学系)

研究索引

国外研究索引

英文版著作及文献索引

1.《马克思主义与犯罪学：批评与手段》,*Marxism and Criminological Theory: A Critique and a Toolkit*/Mark Cowling. New York: Palgrave Macmillan, 2008.

2.《马克思主义、社会主义与印度政治》,*Marxism, Socialism, Indian Politics*/Randhir Singh. Delhi: Aakar Books, 2008.

3.《从马克思主义到后马克思主义》,*From Marxism to Post-Marxism*/Göran Therborn. London: Verso Books, 2008.

4.《俄国的马克思主义：1879 – 1906 年的主要文献》,*Marxism in Russia: Key Documents 1879-1906*/ed. Neil Harding, tr. Richard Taylor. New York: Cambridge University Press, 2008.

5.《西班牙的马克思主义对苏联共产主义：西班牙内战期间的马克思主义统一工人党》,*Spanish Marxism versus Soviet Communism: A History of the P.O.U.M. in the Spanish Civil War*/Victor Alba and Stephen Schwartz. Transaction Books, 2008.

6.《后马克思主义与政治：巴西劳工党研究》,*Post-Marxism and Politics: The Case of the Brazilian Workers' Party*/Carlos Pessoa. VDM Verlag, 2008.

7.《马克思主义、批评、对话》,*Marxism, Criticism, Dialogue*/Terrence Hawkes. Routledge, 2008.

8.《马克思主义、法西斯主义与极权主义：激进主义思想史上的三个篇章》,*Marxism, Fascism, and Totalitarianism: Chapters in the Intellectual History of Radicalism*/A. James Gregor. Stanford University Press, 2008.

9.《苏联的马克思主义与自然科学：1917—1932 年》,*Soviet Marxism and Natural Science: 1917-1932*/David Joravsky. Routledge, 2008.

10.《世界劳工协会与萨帕塔：关于无政府主义、马克思主义和激进历史的对话》,*Wobblies and Zapatistas: Conversations on Anarchism, Marxism and Radical History*/Staughton Lynd and Andrej Grubacic. PM Press, 2008.

11.《马克思主义与阶级分析》,*Marxism and Class Analysis*/Andre Beteille. Oxford University Press, USA, 2008.

12.《乌托邦主义与马克思主义》,*Utopianism and Marxism,* Second Updated Edition / Vincent Geoghegan. Peter Lang Publishing, 2008.

13.《霸权与教育：再现葛兰西、后马克思主义与激进民主》,（*Hegemony and Education: Gramsci, Post-Marxism, and Radical Democracy Revisited*/Deb J. Hill. Lexington Books, 2008.

14.《改良主义还是革命：21 世纪的马克思主义和社会主义》,*Reformism or Revolution: Marxism and Socialism of the 21st Century*/Alan Woods. Well Red Publications, 2008.

15.《马克思的观念理论》,*Karl Marx's Theory of Idea*/ John Torrance. Cambridge University Press, 2008.

16.《当代马克思主义批判指南》,*Critical Companion to Contemporary Marxism*/ Jacques Bidet and Eustache Kouvélakis. Brill Academic Publishers, 2008.

17.《麦金太尔与马克思主义：1953—1974 年文选》,*Alasdair MacIntyre's Engagement with Marxism: Selected Writings 1953-1974*/ ed. Paul Blackledge and Neil Davidson. Brill Academic Publishers, 2008.

18.《普郎查斯读本：马克思主义、法律与国家》,*The Poulantzas Reader: Marxism, Law and the State*/ ed. by James Martin. London: London: Verso Books, 2008.

19.《全球政治经济：马克思主义的批判》,*Global Political Economy: A Marxist Critique*/ Bill Dunn. Pluto Press, 2008.

20.《马克思主义女权主义对圣经的批判》,*Marxist Feminist Criticism of the Bible*/ Roland Boer and Jorunn Okland. Sheffield: Sheffield Phoenix Press, 2008.

21.《左派的国际法：再论马克思主义的遗产》,*International Law On the Left: Re-examining Marxist Legacies*/ Susan Marks. Cambridge; New York: Cambridge University Press, 2008.

22.《马克思主义辩证法问题》,*Problems of Marxist Dialectics*/ Anil Rajimwale. New Delhi: People's Pub. House, 2008.

23.《政治与政策：马克思主义的视角》,*Politics and Policies: A Marxist Perspective*/ Prakash Karat. Hyderabad: Prajasakti Book House, 2008.

24.《社会、政治、文学理论与批评：重访英国 20 世纪 30 年代的马克思主义经典》,*Society, Politics, Literary Theory and Criticism: Revisiting the British Marxist Classic of the 1930s*/ P ī Ena Simha. Jaipur: National Pub. House, 2008.

25.《弗朗西斯·克林金德——1907—1955：超越时代的马克思主义艺术史学家》,*Francis Klingender 1907-1955: A Marxist Art Historian Out of Time*/ Grant Pooke. London: Gill Vista Marx Press, 2008.

26.《重新拷问经典马克思主义的革命民主话语》,*Reinterrogating the Classical Marxist Discourses of Revolutionary Democracy*/ Soma Marik. Delhi: Aakar Books, 2008.

27.《一次未受谴责的罪行：马克思主义对资本主义经济危机的分析》,*A Crime Beyond Denunciation: A Marxist Analysis of Capitalist Economic Crisis*/ Sandra Bloodworth. Melbourne: Socialist Alternative, 2008.

28.《伦理的马克思主义：解放的绝对命令》,*Ethical Marxism: The Categorical Imperative of Liberation*/ Bill Martin. Chicago, Ill.: Open Court, 2008.

29.《马克思主义与环境危机》,*Marxism and Environmental Crises*/ David Layfield. Arena Books Ltd, 2008.

30.《曼海姆与匈牙利的马克思主义》,*Mannheim and Hungarian Marxism*/ Joseph Gabel. Somerset, N.J. : Transaction, 2008.

31.《马克思主义、政治与文化》,*Marxism, Politics and Culture*/ Gregor Benton. London: Routledge, 2008.

32.《早期萨特与马克思主义》,*The Early Sartre and Marxism*/ Sam Coombes. New York, NY. : Wien Lang, 2008.

33.《东方的马克思主义和其他论文集》,*Eastern Marxism and Other Essays*/ S. N. Nagarajan, T. G.. Jacob, and P. Bandhu. Ootacamund: Odyssey, 2008.

34.《马克思主义与教育理论》,*Marxism and Educational Theory: Origins and Issues*/ Mike Cole. London: Routledge, 2008.

35.《马克思主义与科学社会主义：从恩格斯到阿尔都塞》,*Marxism & Scientific Socialism: From Engels to Althusser*/ Paul Thomas. Milton Park: Routledge, 2008.

36.《马克思主义、社会主义、印度政治：左派的观点》,*Marxism, Socialism, Indian Politics: A View from the Left*/ Randhir Singh. Delhi: Aakar Books, 2008.

37.《当代社会科学中的阶级和政治："马克思主义光线"及其文化盲点》,*Class and Politics in Contemporary Social Science:" Marxism Lite" and Its Blind Spot for Culture*/ Dick Houtman. New Brunswick, N.J. : Aldine Transaction, 2008.

38.《殖民地的自由主义与西方马克思主义》,*Colonial Liberalism and Western Marxism*/ Stuart Macintyre London: SAGE, 2008.

39.《马克思》,*Marx*/ Martin McIvor. London: Continuum, 2008.

40.《马克思与法律》,*Marx and Law*/ Susan Easton. Ashgate, 2008.

41.《马克思恩格斯传》,*Marx & Engels: A Biographical Introduction*/ Ernesto Guevara. Melbourne: Ocean Press, 2008.

42.《马克思的价格和利润哲学》,*Marx's Philosophy of Price and Profit*/ ed. Sunil Chaudhary. New Delh: Global Vision Pub., 2008.

43.《卡尔·马克思》,*Karl Marx*/ Michael A. Lebowitz and A. P. Thirlwall. Palgrave Macmillan, 2008.

44.《马克思与资本主义的意义：介绍与分析》,Marx and the Meaning of Capitalism: Introduction and Analyses / Stanley Bober. Palgrave Macmillan, 2008.

45.《马克思的经济学：分析与应用》,*The Economics of Karl Marx: Analysis and Application*/ Samuel Hollander. Cambridge, New York: Cambridge University Press, 2008.

46.《论终结：马克思、福山、霍布斯鲍姆、安德森》,*Ends in Sight: Marx/ Fukuyama/ Hobsbawm/ Anderson*/Gregory Elliott, London: Pluto Press; Toronto: Between the Lines, 2008.

47.《更新马克思主义和教育的对话：开端》,*Renewing Dialogues in Marxism and Education: Openings*/ ed. Anthony Green, Glenn Rikowski and Helen Raduntz. Palgrave Macmillan, 2008.

48.《鬼魂的划界：论德里达的〈马克思的幽灵〉》,*Ghostly Demarcations: A Symposium on Jacques Derrida's Specters of Marx*/ Michael Sprinker. London: Verso Books, 2008.

49.《多元文化的动力学与历史的终结》,*Multicultural Dynamics and the Ends*

of History/ Réal Robert Fillion. Ottawa: University of Ottawa Press, 2008.

50.《马克思在伦敦：图片集》,*Marx in London: An Illustrated Guide*/ Asa Briggs and John Callow. London: Lawrence and Wishart, 2008.

51.《卡尔·马克思》,*Karl Marx*/ Bertell Ollman, Modern Library, 2008.

52.《马克思的〈大纲〉：150 年后政治经济学批判的基础》,*Karl Marx's Grundrisse: Foundations of the Critique of Political Economy 150 Years Later*/ Marcello Musto. London and New York: Routledge, 2008.

53.《如何阅读马克思的〈资本论〉》,*How to Read Marx's Capital*/ Stephen Shapiro. London and Ann Arbor: Pluto, 2008.

54.《重读马克思：历史考证版后的新视角》,*Rereading Marx: New Perspectives after the Critical Edition*/ R. Bellofiore and Roberto Fineschi. Basingstoke: Palgrave Macmillan, 2008.

55.《马克思与现代性：主要读物与评论》,*Marx and Modernity: Key Readings and Commentary*/ Robert Antonio and Ira J. Cohen. Blackwell Pub., 2008.

56.《斯大林主义阴影下的葛兰西和托洛茨基：反对派的政治理论和实践》,*Gramsci and Trotsky in the Shadow of Stalinism: The Political Theory and Practice of Opposition*/ Emanuele Saccarelli. New York: Routledge, 2008.

57.《葛兰西、政治经济学与国际关系理论：现代王子与裸体国王》,*Gramsci, Political Economy, and International Relations Theory: Modern Princes and Naked Emperors*/ Alison J. Ayers. New York: Palgrave Macmillan, 2008.

58.《葛兰西与全球政治：霸权与反抗》,*Gramsci and Global Politics: Hegemony and Resistance*/ Mark McNally and J. J. Schwarzmantel London: Routledge, 2008.

59.《再见，社会主义先生！》,*Goodbye Mr. Socialism*/ Antonio Negri and Raf Valvola Scelsi. New York: Seven Stories Press, 2008.

60.《历史时代的挑战和重负：21 世纪的社会主义》,*The Challenge and Burden of Historical Time: Socialism in the Twenty-First Century*/ István Mészáros. New York: Monthly Review Press, 2008.

61.《超越资本主义和社会主义：旧理想的新宣言》,*Beyond capitalism & Socialism: A New Statement of An Old Ideal: A Twenty-First Century Apologia for Social and Economic Sanity*/ Tobias J. Lanz. Norfolk, Va.: Light in the Darkness

Publications, 2008.

62.《社会主义向何处去：寻找第三条道路》，*Whither Socialism: Quest for a Third Path*/ K. K. Sinha, Uma Sinha, and Priyam Krishna. New Delhi: Serials Publications, 2008.

63.《真实的委内瑞拉：21 世纪社会主义的形成》，*The Real Venezuela: Making Socialism in the 21st Century*/ Iain Bruce. Pluto 2008.

64.《麦克弗森：自由主义和社会主义的困境》，*C.b. Macpherson: Dilemmas of Liberalism and Socialism*/ William Leiss. McGill Queens University Press, 2008.

65.《市场与社会主义：中国和越南的经验》，*Market and Socialism: In the Light of the Experiences of China and Vietnam*/ János Kornai and Yingyi Qian. Basingstoke: Palgrave Macmillan, 2008.

66.《定额的恐怖：从列宁到斯大林的国家安全》，*Terror by Quota: State Security from Lenin to Stalin*/ Paul R Gregory. New Haven, Conn.; London: Yale University Press, 2008.

67.《列宁主义的轮廓》，*Contours of Leninism*/ Nandan Maniratnam. Chennai: Bharathi Puthakalayam, 2008.

68.《团结的辩证法：劳动、反犹主义与法兰克福学派》，*Dialectic of Solidarity: Labor, Antisemitism, and The Frankfurt School*/ Mark P. Worrell Leiden and Boston: Brill, 2008.

69.《法兰克福学派视野中的全球化、民主和法律》，*Frankfurt School Perspectives on Globalization, Democracy, and The Law*/ William E. Scheuerman. New York: Routledge, 2008.

70.《停滞不前的伦理学：列维纳斯和法兰克福学派的历史和主体性》，*Ethics at A Standstill: History and Subjectivity in Levinas and the Frankfurt School*/ Asher Horowitz. Pittsburgh, Pa.: Duquesne University Press, 2008.

71.《法兰克福学派批判理论新论》，*New Essays on the Frankfurt School of Critical Theory* New Edition / ed. Alfred J. Drake. Cambridge Scholars Pr Ltd., 2008.

72.《阿多尔诺与海德格尔：哲学问题》，*Adorno and Heidegger: Philosophical Questions*/ Iain Macdonald and Krzysztof Ziarek. Stanford, Calif.: Stanford University Press, 2008.

73.《阿多尔诺》,*Adorno*/ O'Connor, Brian. Routledge 2008.

74.《阿多尔诺：主要概念》,*Theodor Adorno: Key Concepts*/ Deborah Cook. Stocksfield: Acumen Pub., 2008.

75.《灾难之后的荷尔德林：海德格尔、阿多尔诺、布莱希特》,*Hölderlin after The Catastrophe: Heidegger, Adorno, Brecht*/ Robert Savage. Rochester, N.Y.: Camden House, 2008.

76.《四位犹太人在帕纳塞斯山上的对话：本雅明、阿多尔诺、舒勒姆与勋伯格》,*Four Jews on Parnassus: A Conversation: Benjamin, Adorno, Scholem, Schönberg*/ Carl Djerassi and Gabriele Seethaler. New York: Columbia University Press, 2008.

77.《处在十字路口的阿多尔诺》,*Adorno at the Crossroads*/ Arne De Winde and Bart Philipsen. Eekhout: Academia Press, 2008.

78.《阿多尔诺：经验的复兴》, *Adorno: The Recovery of Experience*/ Roger Foster. State University of New York Press, 2008.

79.《萨特与阿多尔诺：主体性的辩证法》,*Sartre and Adorno: The Dialectics of Subjectivity*/ David Sherman. State University of New York Press, 2008.

80.《美学与艺术品：阿多尔诺、卡夫卡、李赫特》,*Aesthetics and the Work of Art: Adorno, Kafka, Richter*/ Peter De Bolla and Stefan H Uhlig. Basingstoke: Palgrave Macmillan, 2008.

81.《动荡时代的哲学：冈奎莱姆、萨特、福柯、阿尔都塞、德勒兹、德里达》,*Philosophy in Turbulent Times: Canguilhem, Sartre, Foucault, Althusser, Deleuze, Derrida*/ Elisabeth Roudinesco. New York: Columbia University Press, 2008.

82.《霍克海默和哈贝马斯的政治概念》,*The Concept of the Political in Max Horkheimer and Jürgen Habermas*/ A. Marinopoulou. Athens: Nissos Academic Pub., 2008.

83.《意见体系：从霍布斯到哈贝马斯的公共领域困境》,*The Opinion System: Impasses of the Public Sphere from Hobbes to Habermas*/ Kirk Wetters. New York: Fordham University Press, 2008.

84.《印度和西方视角中的意识：商羯罗、康德、黑格尔、利奥塔、德里达与哈贝马斯》,*Consciousness: Indian and Western Perspectives: Sankara, Kant, Hegel, Lyotard, Derrida & Habermas*/ Raghwendra Pratap Singh. New Delhi: Atlantic

Publishers & Distributors, 2008.

85. *Between Naturalism and Religion: Philosophical Essays*/ Jürgen Habermas. Cambridge, UK; Malden, MA: Polity Press, 2008.

86.《分裂的西方》,*The Divided West*/ Jürgen Habermas and Ciaran Cronin. Cambridge: Polity, 2008.

87.《伊斯兰与西方：与德里达的对话》,*Islam and the West: A Conversation with Jacques Derrida*/ Jacques Derrida, Mustapha Cherif, Teresa Lavender Fagan,and Giovanna Borradori. Chicago: The University of Chicago Press, 2008.

88.《我就是那种动物》,*The Animal That Therefore I Am*/ Jacques Derrida and Marie-Louise Mallet. New York: Fordham University Press, 2008.

89.《德里达著作选》,*Jacques Derrida: Basic Writings*/ ed. Barry Stocker.New York, NY: Routledge, 2008.

90.《论意识形态》,*On ideology*/ Louis Althusser. London: Verso Books, 2008.

91.《以拉康和齐泽克看乔伊斯：探索》,*Joyce through Lacan and Žižek: Explorations*/ Shelly Brivic. New York, NY: Palgrave Macmillan, 2008.

92.《后现代哲学中的基督：吉亚尼·瓦迪摩、勒内·吉拉尔与斯拉沃热·齐泽克》,*Christ in Postmodern Philosophy: Gianni Vattimo, René Girard and Slavoj Žižek*/ Frederiek Depoortere. London: T & T Clark, 2008.

93.《齐泽克与海德格尔：技术资本主义问题》,*Žižek and Heidegger: The Question Concerning Techno-Capitalism*/ Thomas P. Brockelman London; New York: Continuum, 2008.

94.《齐泽克的存在论：超验唯物主义的主体性理论》,*Žižek's Ontology: A Transcendental Materialist Theory of Subjectivity*/ Adrian Johnston Evanston, Ill.: Northwestern University Press, 2008.

95.《幻见的瘟疫》,*The Plague of Fantasies*/ Slavoj Žižek. London: Verso Books, 2008.

96.《暴力：六个侧面的反思》,*Violence: Six Sideways Reflections*/ Slavoj Žižek. New York: Picador, 2008.

（吕增奎　整理）

德文版著作及文献索引

1.*Zeitschrift marxistische Erneuerung*（《马克思主义创新杂志》）Nr.73 ～ 76, 2008.Herausgegeben von Forum Marxistische Erneuerung e.V.(Frankfurt/M)und dem IMSF e.V.

2.*Marxistische Blaetter*（《马克思主义杂志》）*Heft* 1-6, 2008Neue Impuls Verlag GmbH.

3.*Sozialismus*,（《社会主义》）Redaktion Sozialismus, Hamburg 2008.

4.*WestEnd. Neue Zeitschrift fuer Sozialforschung*（《西方的终结：社会研究新杂志》）,Stroemfeld Verlag, Frankfurt/M 2008.

5.Albrecht von Luke, *68 oder neues Biedermeier. Der Kampf um die Deutungsmacht*（《68 或新市侩：为阐释权力而斗争》）,Berlin 2008.

6.Goetz Aly, *Unser Kampf 1968—ein irritierter Blick zurueck*（《我们的 1968 年的斗争：一个误入歧途的回顾》）,Frankfurt am Main 2008.

7.Gregor Kritidis, *Linkssozialistische Opposition in der Aera Adenauer. Ein Beitrag zur Fruehgeschichte der Bundesrepublik Deutschland*（《阿登纳时代的左翼社会主义反对派：联邦德国早起历史文献》）,Hannover 2008.

8.Erika Hebeisen/Elisabeth Joris/Angela Zimmermann, *Zuerich 68. Kollektive Aufbrueche ins Ungewisse*（《苏黎世 1968：不确定性中的集体启程》）,Baden/Schweiz 2008.

9.Stefan Bollinger, *1968-die unverstandene Weichenstellung*（《1968：难以理解的屈服》）,Berlin 2008.

10.Daniel Kuechenmeister/Detlef Nakath/Geld-Ruediger Stephan, *Mit Vernunft und Anstand. Hans Modrow zum Achtzigsten*（《理性和犹豫：Hans Modrow 论 80 年代》）,Berlin 2008.

11.Horst Bethge/Gerrit Grosse/Nele Hirsch/Ulrike Zerhau, *PISA-Schock.Was sagt DIE LINKE?*（《PISA- 冲击：左翼党说什么?》）, Hamburg 2008.

12.Rolf Lindner/Lutz Musner, *Unterschicht. Kulturwissenschaftliche Erkundungen der „Armen" in Geschichte und Gegenwart*（《弱势群体：关于"穷人"的历史与现状的文化科学调查》）,Berlin/Wein 2008.

13.Matthias Steinbach, *Oekonomisten, Philanthropen, Humanitare. Professorensozialismus in der akademischen Provinz*（《经济学家、慈善家、人道主义者：边缘省份学院中的教授社会主义》）,Berlin 2008.

14.W.Hedeler/K.Kinner, *Die Wache ist Muede, Neue Sichten auf die russische Revolution von 1917 und Wirkungen*（《"警卫累了：对 1917 年俄国十月革命及其效果的新看法"》）,Berlin 2008.

15.Richard Heigl, *Oppositionspolitik. Wolfgang Abendroth und die Entstehung der Neuen Linken(1950-1968)*（《反对派政治：阿本德罗特与新左派的形成（1950—1968)》）,Hamburg 2008.

16.Wolfgang Foerster, *Klassische deutsche Philosophie. Grundlinien ihrer Entwicklung*（《德国古典哲学：它的发展的基本线索》）,Frankfurt am Main 2008.

17.Dietmar Dath, *Maschinenwinter.Wissen, Technik, Sozialismus. Ein Streitschrift*（《机器的冬天：知识、技术、社会主义》）,Frankfurt am Main 2008.

18.Joachim Hirsch/John Kannankulam/Jens Wissel, *Der Staat der Buergerlichen Gesellschaft. Zum Staatsverstanendnis von Karl Marx*（《市民社会的国家：论马克思对国家的理解》）,Baden- Baden 2008.

19.Joerg Roesler, *Die wiederaufbauluege der Bundesrepublik, oder: Wie sich die Neoliberalen ihre "Argumente" produzieren*（《德国的又一次谎言，或者：新自由主义如何生产它的"论据"》）, Berlin 2008.

20.Georg Fuelberth, *"Doch Wenn sich die Dinge aendern".DIE LINKE*（《可是如果事情发生了变化：左翼党》）,Köln 2008.

21.Frank Deppe, *Politisches Denken im Kalten Krieg, Teil II: Systemkonfrontation, Golden Age, antiimperialistische Befreiungsbewegung*（《冷战中的政治思维——第二部：系统冲突、黄金时代、反帝国主义的解放运动》）,Hamburg 2008.

（王凤才整理）

法文版著作及文献索引

1.《1845 年的马克思：关于费尔巴哈的"提纲"》,*Marx 1845: Les « thèses » sur Feuerbach/ Pierre Macherey*. Amsterdam (5 mars 2008)

2.《马克西米连·于贝尔：重新发现马克思》,*Maximilien Rubel, pour redé-couvrir Marx/* Miguel Abensour, Louis Janover. Sens & Tonka (9 juin 2008)

3.《读〈1844 年手稿〉》,*Lire les Manuscrits de 1844/* Emmanuel Renault. Presses Universitaires de France - PUF (23 novembre 2008)

4.《马克思的革命观念》,*Les idées révolutionnaires de Marx/* Alex Callinicos (Auteur), Jean Marie-Guerlin (Traduction). Editions Syllepse (12 juin 2008)

5.《马克思与历史》,*Marx et l'histoire/* Eric Hobsbawm (Auteur), Christophe Magny (Traduction). DEMOPOLIS (23 octobre 2008)

6.《马克思〈资本论〉节选》,*Abrege du Capital de Karl Marx/* Carlo Cafiero. Le Chien Rouge (17 décembre 2008)

7.《创造未知：马克思恩格斯论巴黎公社》,*Inventer l'inconnu: Textes et correspondance autour de la Commune/* Karl Marx, Friedrich Engels, Daniel Bensaïd. La Fabrique éditions (13 novembre 2008)

8.《回忆马克思》,*Souvenirs sur Marx/* Paul Lafargue, Karl Liebknecht. Editions du Sandre (29 janvier 2008)

9.《历史唯物主义理论：马克思主义社会学教程》,*La théorie du matérialisme historique: Manuel populaire de sociologie marxiste/* Nicolas Boukharine. Editions du Sandre (12 février 2008)

10.《批判社会学》,*Sociologie critique/* Karl Marx (Auteur), Maximilien Rubel (Auteur). Payot (13 mars 2008)

11.《汉娜·阿伦特反马克思？：对一种政治的哲学人类学的反思》,*Hannah Arendt contre Marx? : Réflexions sur une anthropologie philosophique du politique/* Arno Münster. Hermann (13 septembre 2008)

12.《答列宁》,*Réponse à Lénine/* Herman Gorter. Editions du Sandre (30 janvier 2008)

13.《政治经济学导论》,*Introduction à l'économie politique/* Rosa Luxemburg.

Collectif d'édition Smolny (30 avril 2008)

14.《保卫萨特》,*Pour Sartre*/ Michel Contat. Presses Universitaires de France - PUF (20 février 2008)

15.《萨特》,*Sartre*/ Nathalie Monnin. Belles Lettres (4 avril 2008)

16.《萨特在中国（1939—1976）：接受史与影响史》,*Sartre en Chine (1939-1976): Histoire de sa réception et de son influence*/ Chi Zhang. Le manuscrit (11 janvier 2008)

17.《萨特未刊手稿》,*Sartre inédit. Avec les manuscrits «Mai-juin 1789» et «Liberté - Égalité»*/ Jean Bourgault (Sous la direction de), Vincent de Coorebyter (Sous la direction de)/ Ousia (19 juin 2008)

18.《萨特的第一哲学》,*La première philosophie de Sartre*/ Alain Flajoliet. Honoré Champion (29 avril 2008)

19.《论社会契约》,*Sur le Contrat Social*/ Louis Althusser. MANUCIUS (5 novembre 2008)

20.《阿尔都塞对马克思的解读》,*Althusser: une lecture de Marx*/ Jean-Claude Bourdin. Presses Universitaires de France - PUF (27 août 2008)

21.《布迪厄》,*Bourdieu* / Rancière: La politique entre sociologie et philosophie/ Charlotte Nordmann. Amsterdam (9 janvier 2008)

22.《皮埃尔·布迪厄》,*Pierre Bourdieu*/ Patrick Champagne. Editions Milan (23 octobre 2008)

23.《皮埃尔·布迪厄：走向一种幸福经济学》,*Pierre Bourdieu: Vers une économie du Bonheur*/ Marie-Anne Lescourret. Flammarion (7 mars 2008)

24.《皮埃尔·布迪厄：他的著作和遗产》,*Pierre Bourdieu: Son oeuvre, son heritage*/ Louis-Jean Calvet (Auteur), Pierre Chartier (Auteur), Philippe Corcuff (Auteur), Nathalie Heinich (Auteur), Collectif (Auteur). Editions Sciences Humaines (6 novembre 2008)

25.《皮埃尔·布迪厄的两个阿尔及利亚》,*Les deux Algéries de Pierre Bourdieu*/ Enrique Martin-Criado (Auteur), Hélène Bretin (Traduction). Editions du Croquant (11 octobre 2008)

26.《生态论》,*Ecologica*/ André Gorz. Editions Galilée (17 janvier 2008)

27.《安德里·高兹或艰难的社会主义》,*André Gorz ou le socialisme difficile*/

Arno Münster. Nouvelles Editions Lignes (16 octobre 2008)

28.《乌托邦宣言》,*Manifeste Utopia*/ André Gorz. Parangon (1 juin 2008)

29.《阿尔及利亚大纲》,*Esquisses algériennes*/ Pierre Bourdieu, Tassadit Ya-cine. Seuil (11 septembre 2008)

30.《从共产主义到资本主义：灾难理论》,*Du communisme au capitalisme: Théorie d'une catastrophe*/ Michel Henry. Editions l'Age d'Homme (5 mars 2008)

31.《阿多尔诺美学理论导论》,*La théorie esthétique d'Adorno: Une introduction*/ Martin Thibodeau. PU Rennes (22 mai 2008)

32.《阿多尔诺与布洛赫》,*T.W Adorno et E. Bloch*/ Collectif (Auteur). Revue Europe (2 mai 2008)

33.《阿多尔诺与策兰通信集》,*Correspondance*/ Theodor-W Adorno, Paul Celan. Nous (18 septembre 2008)

34.《哲学的现实性》,*L'actualité de la philosophie: Et autres essays*/ Theodor-W Adorno. Rue d'Ulm (6 février 2008)

35.《精神》（2008 年 5 月号：1968：乌托邦的年代还是寄生虫的年代？）,*Esprit, N° 5, mai 2008: Autour de 1968: années utopiques, années parasites?* / Esprit (29 mai 2008)

36.《反潮流》（第 22 期：1968：一个造反的世界）,*ContreTemps, N° 22, Mai 2008: 1968: un monde en révolte*/ Textuel (30 avril 2008)

37.《1968：终结与延续》,*1968: Fins et suites*/ Daniel Bensaïd, Alain Krivine. Nouvelles Editions Lignes (9 mai 2008)

38.《1968 年的法兰西》,*La France des années 1968*/ Antoine Artous, Didier Epsztajn, Patrick Silberstein. Editions Syllepse (6 mars 2008)

39.《大罢工：1968 年 5 月至 6 月》,*La grève générale: Mai-Juin 1968*/ François de Massot (Auteur), Daniel Gluckstein. L'Harmattan (27 mai 2008)

40.《1968 年 5 月运动和意大利的"平庸 5 月"》,*Mai 1968 et le Mai rampant italien*/Jacques Guigou , Jacques Wajnsztejn. L'Harmattan(1 avril 2008)

41.《资本主义》,*Le capitalisme*/ Jessua Claude. Presses Universitaires de France - PUF (8 octobre 2008)

42.《认识的资本主义：一场新的伟大转折》, *Le capitalisme cognitif: La Nouvelle Grande Transformation*/ Yann Moulier Boutang (Auteur), Philippe Aigrain

(Auteur), Olivier Assouly (Auteur), François Fourquet (Auteur), Collectif (Auteur). Amsterdam (5 mars 2008)

43.《美学资本主义：论趣味的产业化》,*Le capitalisme esthétique: Essai sur l'industrialisation du gout*/ Olivier Assouly. Cerf (22 mai 2008)

44.《社会经济：一个对资本主义的替代》, *L'économie sociale: Une alternative au capitalisme*/ Thierry Jeantet& Ignacy Sachs . Economica (6 mars 2008)

45.《资本主义争取空间的斗争》,*La guerre des capitalismes aura lieu*/ Jean-Hervé Lorenzi (Auteur), Collectif. Librairie Académique Perrin (2 avril 2008)

46.《新资本主义文化》,*La culture du nouveau capitalisme*/ Richard Sennett (Auteur), Pierre-Emmanuel Dauzat (Traduction). Hachette Littératures (14 mars 2008)

47.《资本主义的动力》,*La dynamique du capitalisme*/ Fernand Braudel. Flammarion (28 février 2008)

48.《降落：关于资本主义现实危机的理论》,*La chute: théorie de la crise actuelle du capitalisme*/ Patrick Castex. L'Harmattan (16 juillet 2008)

49.《资本的虚构》,*Fiction du capital*/ Gérard Lépinois. Les Cahiers de l'Egaré (3 juin 2008)

50.《资本主义的新奴隶》,*Les nouveaux esclaves du capitalisme*/Patrick Herman.Au diable Vauvert(31 octobre 2008)

51.《资本主义机制中的冲突与能力》,*Conflits et pouvoirs dans les institutions du capitalisme*/ Frédéric Lordon, André Orléan, Alexandre Roig, Pépita Ould-Ahmed. Les Presses de Sciences Po (19 juin 2008)

52.《从资本主义到文明》,*Du capitalisme à la civilization*/ Samir Amin. Editions Syllepse (15 mai 2008)

53.《我们能够批判资本主义吗?》,*Peut-on critiquer le capitalisme?* /Kenza Aghouchy , Gilles Campagnolo , Philippe Chanial , Bernard Doray. La Dispute(24 janvier 2008)

54.《从资本主义到生态学：我的个人哲学》,*Du capitalisme à l'écologie: Ma petite philosophie*/ Richard Branson. Scali (29 avril 2008)

55.《工资的面相：当代资本主义劳动与就业的变动》,*Figures du salariat: Penser les mutations du travail et de l'emploi dans le capitalisme contemporain*/ Ali

Boulayoune, Lionel Jacquot, Rachid Belkacem, Philippe Hirlet. L'Harmattan (16 janvier 2008)

56.《迈向新资本主义》,*Vers un nouveau capitalisme*/Muhammad Yunus. Lattès(1 avril 2008)

57.《全球化：最糟糕时刻即将到来》,*Globalisation, le pire est à venire*/ Patrick Artus, Marie-Paule Virard. Editions La Découverte (5 juin 2008)

58.《数的独裁：自由主义、科学与精神分析》,*La dictature du chiffre: Le libéralisme, la science et le psy*/ Fabien Galzin. L'Harmattan (10 octobre 2008)

59.《制造虚弱（第一卷）：左派、知识分子和保障的自由主义》,*La Fabrique de l'impuissance: Tome 1, La gauche, les intellectuels et le libéralisme sécuritaire*/ Jérôme Vidal.Editions Amsterdam (3 octobre 2008)

60.《自由主义的终结》,*La Fin du Libéralisme*/ Backe C. Nel (24 janvier 2008)

61.《供给与需求的规律：论经济自由主义》, *La loi de l'offre et de la demande: Une enquête sur le libéralisme économique*/ Fabrice Tricou. PU du Septentrion (11 décembre 2008)

62.《对于性的新战争：经济自由主义对我们的性领域的控制》,*La nouvelle guerre du sexe: L'emprise du libéralisme économique sur notre sexualité*/ Elisabeth Weissman

63.《南方银行与新国际危机：对新自由主义的资本主义的替代和反抗》,*Banque du Sud et nouvelle crise internationale: Alternatives et résistances au capitalisme neoliberal*/ Eric Toussaint. Editions Syllepse (5 juin 2008)

64.《从超越自由主义到民主革命》,*De l'Ultra-Libéralisme à la Revolution Democratique*/ Jeannot Paganelli. Aparis (7 mai 2008)

65.《参与制民主与社会转型》,*Démocratie participative et transformation sociale*/ Patrick Coulon, Obey Ament, François Auguste, Daniel Bachet. Editions Syllepse (25 septembre 2008)

66.《两种社会主义的危机》,*La crise des deux socialisms*/ Jean Lojkine. Temps des Cerises (25 août 2008)

67.《菲德尔的古巴与切·格瓦拉：或社会主义的冒险》,*Cuba Fidel et le Che Ou l'Aventure du Socialisme*/ Bleitrach / Bonaldi. Temps Cerises (5 février 2008)

68.《共产主义：社会的未来》,*Le Communisme Avenir de la Societe*/ Blanqui Auguste. Clandestin (20 mars 2008)

69.《共产主义与乔治·甘古安的反抗》,*Communisme et résistance de Georges Guingouin: Actes du colloque 24 Mars 2007 à Limoges*/ Marcel Parent. Le Temps des Cerises (28 février 2008)

70.《今日马克思》（第43卷：意识形态批判），*Actuel Marx 2008 N° 43: Critiques de l'Idéologie*/ Presses Universitaires de France - PUF (23 avril 2008)

71.《今日马克思》（第44卷：不同的全球化，反资本主义）,*Actuel Marx 2008 N° 44: Alter-mondialisme, anti-capitalisme*/ Presses Universitaires de France - PUF (3 septembre 2008)

72.《今日与马克思一起思考（第二卷）》, *Penser avec Marx aujourd'hui: Tome 2*/ Lucien Sève. La Dispute (6 novembre 2008)

73.《当代马克思：第二辑》,*Marx contemporain: Acte 2*/ Editions Syllepse (29 mai 2008)

（吴猛整理）

日文版著作及文献索引

1.《〈资本论〉与我》,『資本論』と私』；宇野弘蔵／著；御茶の水書房；2008年01月。

2.《资本主义生产方式的展开：资本主义生产方式的衰退与全球化》,『資本制生産様式の展開　資本制生産様式の衰退とグローバリゼーション』；岡田清／著；八朔社；2008年01月。

3.《灵活运用马克思主义》,『マルクスを「活用」する』；高橋洋児／著；彩流社；2008年01月。

4.《后福特主义时代的资本主义》,『ポストフォーディズムの資本主義』；パオロ・ヴィルノ／著、柱本元彦／訳；人文書院；2008年02月。

5.《新资本主义的真相》,『新たなる資本主義の正体』；スティーブン・デイビス、ジョン・ルコムニク、デビッド・ピット‐ワトソン／著、鈴木泰雄／訳；講談社；2008年02月。

6.《共产主义理论、马克思：资本主义批判的转折》，『コミュニタリアン・マルクス 資本主義批判の方向転換』；青木孝平／著；社会評論社；2008年02月。

7.《马克思主义的现实问题》，『マルクス主義の現実的諸問題』；H.ルフェーブル／著、森本和夫／訳；現代思潮新社；2008年03月。

8.《全球资本主义与景气循环》，『グローバル資本主義と景気循環』；SGCIME／編；御茶の水書房；2008年03月。

9.《资本主义的矛盾》，『資本主義のパラドックス』；大沢真幸／著；筑摩書房；2008年03月。

10.《劳农派马克思主义：理论、人与历史》（上），『労農派マルクス主義 理論・ひと・歴史 上巻』；石河康国／著；社会評論社；2008年03月。

11.《古典鉴赏》（上），『古典への招待.上巻』；不破哲三／著；新日本出版社；2008年03月。

12.《现代马克思主义经济学》，『現代マルクス経済学』；長島誠一／著；桜井書店；2008年04月。

13.《马克思主义的体验：20世纪30—40年代日本的历史学》，『マルクス主義という経験 1930—40年代日本の歴史学』；磯前順一、ハリー・D.ハルトゥーニアン／編；青木書店；2008年04月。

14.《东亚资本主义史论：构造与特点2》，『東アジア資本主義史論 構造と特質 2』；堀和生／編著；ミネルヴァ書房；2008年04月。

15.《资本与剩余价值理论：马克思剩余价值理论的再构筑》，『資本と剰余価値の理論 マルクス剰余価値論の再構成』；森田成也／著；作品社；2008年04月。

16.《资本主义经济的动态——原理的展开与日本经济的现状分析》，『資本主義経済の動態 原理的展開と日本経済の現状分析』；栗田康之／著；御茶の水書房；2008年04月。

17.《不平等的国家中国：自我否定的社会主义的未来》，『不平等国家中国 自己否定した社会主義のゆくえ』；園田茂人／著；中央公論新社；2008年05月。

18.《资本主义与资本主义》，『資本主義対資本主義』；ミシェル・アルベール／著、小池はるひ、久水宏之／監修；竹内書店新社；2008年05月。

19.《以〈共产党宣言〉为中心：马克思主义文献的普及过程和数字化》，『「共産党宣言」を中心とするマルクス主義文献の普及過程の解明とデータベース化』；窪俊一；東北大学；2008 年 05 月。

20.《战胜赌博式的资本主义》，『カジノ資本主義の克服』；相沢幸悦／監修、日米金融比較研究会／著；新日本出版社；2008 年 05 月。

21.《企业分析与当代资本主义》，『企業分析と現代資本主義』；工藤章、井原基／編；ミネルヴァ書房；2008 年 05 月。

22.《世界金融资本主义》，『グローバル金融資本主義』；鈴木芳徳／著；白桃書房；2008 年 05 月。

23.《失控的资本主义》，『暴走する資本主義』；ロバート・B. ライシュ／著、雨宮寛、今井章子／訳；東洋経済新報社；2008 年 06 月。

24.《智慧的前卫志士：近代马克思主义对日本的冲击》，『知の前衛たち　近代日本におけるマルクス主義の衝撃』；寺出道雄／著；ミネルヴァ書房；2008 年 06 月。

25.《"皇帝的新装"：现代马克思主义再入门》，『「はだかの王様」の経済学　現代人のためのマルクス再入門』；松尾匡／著；東洋経済新報社；2008 年 06 月。

26.《再见，贪婪的资本主义》，『さらば、強欲資本主義』；神谷秀樹／著；亜紀書房；2008 年 06 月。

27.《劳农派马克思主义：理论、人与历史》（下），『労農派マルクス主義　理論・ひと・歴史　下巻』；石河康国／著；社会評論社；2008 年 07 月。

28.《迈向自律的马克思主义》，『アウトノミーのマルクス主義へ』；渋谷要／著；社会評論社；2008 年 07 月。

29.《回望小林多喜二时代的挑战》，『小林多喜二時代への挑戦』；不破哲三著；新日本出版社；2008 年 07 月。

30.《宪法与资本主义》，『憲法と資本主義』；杉原泰雄／著；勁草書房；2008 年 08 月。

31.《不同的资本主义：资本主义比较分析》，『さまざまな資本主義　比較資本主義分析』；山田鋭夫／著；藤原書店；2008 年 09 月。

32.《当代资本主义的历史结构》，『現代資本主義の史的構造』；村上和光／著；御茶の水書房；2008 年 09 月。

33.《古典鉴赏》（中），『古典への招待．中巻』；不破哲三／著；新日本出版社；2008 年 09 月。

34.《建立没有贫困的世界》，『貧困のない世界を創る』；ムハマド・ユヌス／著、猪熊弘子／訳；早川書房；2008 年 10 月。

35.《贪婪的资本主义华尔街的自我毁灭》，『強欲資本主義ウォール街の自爆』；神谷秀樹／著；文芸春秋；2008 年 10 月。

36.《美国资本主义与学校教育：教育改革与经济制度的矛盾》，『アメリカ資本主義と学校教育　教育改革と経済制度の矛盾　1』；S. ボウルズ、H. ギンタス／著、宇沢弘文／訳；岩波書店；2008 年 10 月。

37.《世界资本主义与农业》，『グローバル資本主義と農業』；農業問題研究学会編；筑波書房；2008 年 11 月。

38.《青年马克思论》，『青年マルクス論』；広松渉／著；平凡社；2008 年 11 月。

39.《资本主义失控到何时》，『資本主義はどこまで暴走するのか』；森永卓郎、吉田司／著；青灯社；2008 年 11 月。

40.《世界金融危机为何爆发——从次贷危机到金融资本主义的崩溃》，『世界金融危機はなぜ起こったか－サブプライム問題から金融資本主義の崩壊へ』；小林　正宏、大類　雄司／著；東洋経済新報社；2008 年 11 月。

41.《2009 年资本主义大崩溃》，『2009 年資本主義大崩壊』；船井幸雄／著；ダイヤモンド社；2008 年 12 月。

42.《共产党宣言》，『共産党宣言』；カール・マルクス、フリードリヒ・エンゲルス／著、水田洋／訳；講談社；2008 年 12 月。

43.《资本主义为何而自灭》，『資本主義はなぜ自壊したのか』；中谷巌／著；集英社；2008 年 12 月。

44.《金融危机的资本论》，『金融危機の資本論』；本山美彦、萱野稔人／著；青土社；2008 年 12 月。

（张利军　整理）

国内研究索引

国内学者论文

1.《我拟真故我在：鲍德里亚的理论逻辑转换》，张异宾，《哲学动态》2008 年第 1 期

2.《鲍德里亚的"诱惑"概念》，仰海峰，《哲学动态》2008 年第 1 期

3.《鲍德里亚消费社会理论存在论上的启示》，陈立新，《哲学动态》2008 年第 1 期

4.《社会符号化——鲍德里亚的另一个研究视角》，张天勇，《哲学动态》2008 年第 1 期

5.《列斐伏尔日常生活批判理论研究的一部力作——读〈现代性的平庸与神奇〉》，仰海峰，《北京大学学报（哲学社会科学版）》2008 年第 1 期

6.《利奥塔的后马克思主义理论介评》，陈炳辉、王宾新，《理论探索》2008 年第 1 期

7.《论哈贝马斯对马克思"社会劳动"概念的人类学解读》，夏巍，《云南大学学报（社会科学版)》2008 年第 1 期

8.《"后世俗社会"的批判理论——哈贝马斯与宗教》，童世骏，《社会科学》2008 年第 1 期

9.《A.施密特论马克思的非同一性思想》，赵长伟，《齐齐哈尔大学学报（哲学社会科学版)》2008 年第 1 期

10.《霍克海默技术批判理论探析》，倪瑞华，《国外社会科学》2008 年第 1 期

11.《詹姆斯·奥康纳对历史唯物主义生态观的阐释》，关春玲，《江汉论坛》2008 年第 1 期

12.《福柯与马克思历史观的微观比较》，赵福生，《理论探讨》2008 年第 1 期

13．《阿多尔诺对大众文化的批判》，张静静，《天津行政学院学报》2008年第1期

14．《为何重读葛兰西》，仰海峰，《中国图书评论》2008年第1期

15．《今日俄罗斯的马克思主义研究》，林艳梅，《理论视野》2008年第1期

16．《施密特对马克思的几个哲学概念的生态阐释——兼与J.B.福斯特的生态学马克思主义思想的比较》，郭剑仁，《江汉论坛》2008年第1期

17．《批判恩斯特·布洛赫的"马克思主义"乌托邦》，汉斯·约纳斯、方秋明，《求是学刊》2008年第1期

18．《哈贝马斯技术批判理论探析》，朱凤青、冯学佳，《哈尔滨工业大学学报（社会科学版）》2008年第1期

19．《20年来我国西方马克思主义哲学研究的反思与检讨》，王雨辰，《学术研究》2008年第1期

20．《用"马克思主义哲学中国化"的范式研究西方马克思主义》，王雨辰，《哲学研究》2008年第1期

21．《西方马克思主义的意义和局限》，张立波，《哲学研究》2008年第1期

22．《"后马克思主义"：西方马克思主义的后现代转换》，周凡，《哲学研究》2008年第1期

23．《解读阿尔都塞"理论上的反人道主义"理论》，金瑶梅、胡绪明，《晋阳学刊》2008年第1期

24．《主体性理论视域中的现代辩证法》，刘森林，《南京大学学报（哲学·人文科学·社会科学版）》2008年第1期

25．《詹姆逊的晚期资本主义思想浅析》，宋德孝、翁顺利，《广西大学学报（哲学社会科学版）》2008年第1期

26．《阿尔都塞和他的理论创新》，陈杰、瞿薇，《国外理论动态》2008年第2期

27．《阿尔都塞论偶然相遇的唯物主义》，寇荷超，《国外理论动态》2008年第2期

28．《批判理论现代性反思经验的引入》，王凤才，《山东社会科学》2008年第2期

29.《实践结构中自然与社会的"似博弈"关系——从施密特自然概念的失误说起》，陈鹏、许俊达，《湖北社会科学》2008 年第 2 期

30.《论葛兰西的市民社会思想》，徐强，《南京社会科学》2008 年第 2 期

31.《经验之痛——论哈贝马斯和阿佩尔的语用学之争》，张廷国、马金杰，《南京社会科学》2008 年第 2 期

32.《波斯特忽略了什么：生产方式理论过时了吗？——对马克·波斯特信息方式理论的批评》，张金鹏，《南京社会科学》2008 年第 2 期

33.《简论西方马克思主义意识形态理论的几个问题》，王晓升，《福建论坛（人文社会科学版）》2008 年第 2 期

34.《意识形态与文化身份——乔治·拉伦意识形态思想研究》，曾志浩，福建论坛（人文社会科学版）》2008 年第 2 期

35.《格尔茨：作为文化体系的意识形态》，刘光斌，福建论坛（人文社会科学版）》2008 年第 2 期

36.《试论马尔库塞的科学技术观》，夏鑫，《江西社会科学》2008 年第 2 期

37.《马尔库塞的单向度理论解读》，卢瑾，《理论观察》2008 年第 2 期

38.《"西马"论现代资本主义社会的危机》，李巍、姜海波，《理论观察》2008 年第 2 期

39.《浅议马尔库塞的理性与非理性》，肖洋，《理论观察》2008 年第 2 期

40.《芬伯格对马克思劳动过程理论和社会主义过渡理论的解读》，朱志宏，《山西高等学校社会科学学报》2008 年第 2 期

41.《"后现代语境中的鲍德里亚及其在中国的效应"国际学术研讨会综述》，孙乐强，《哲学动态》2008 年第 2 期

42.《"技术统治的意识"：哈贝马斯的新意识形态论》，田润锋，《求索》2008 年第 2 期

43.《高兹哲学思想的发生学逻辑》，汤建龙，《国外理论动态》2008 年第 3 期

44.《阿尔都塞晚期著作》，王慧，《国外理论动态》2008 年第 3 期

45.《公共领域与合法性——兼论哈贝马斯合法性理论的主题》，傅永军，《山东社会科学》2008 年第 3 期

46.《论马尔库塞的马克思主义哲学观》，王雨辰，《山东社会科学》2008

年第 3 期

47.《詹姆逊后现代马克思主义理论辨析》，王维杰，《学术交流》2008 年第 3 期

48.《早期西方马克思主义社会历史观共性阐释》，曾祥耿、唐鸿，《湖北社会科学》2008 年第 3 期

49.《论西方马克思主义关于人的问题的两种解释路向》，胡绪明、杨向东，《理论界》2008 年第 3 期

50.《齐泽克意识形态批判理论初探》，莫雷，《理论界》2008 年第 3 期

51.《科学技术的政治化向路及其理性的合理重建——哈贝马斯的后现代科学技术观，张谨，《理论月刊》2008 年第 3 期

52.《哈贝马斯的后形而上学理论》，李嘉美，《国外社会科学》2008 年第 3 期

53.《批判与超越——"西马"学者及西方左翼思想家关于当代资本主义研究的启示》，陈学明，《上海大学学报（社会科学版）》2008 年第 3 期

54.《重建语境下的历史唯物主义——兼论哈贝马斯与马克思在历史观上的分歧》，关桂芹，《内蒙古民族大学学报（社会科学版）》2008 年第 3 期

55.《启蒙与道德的变奏——霍克海默、阿多尔诺〈启蒙辩证法〉的道德界域》，包桂芹《内蒙古民族大学学报（社会科学版）》2008 年第 3 期

56.《现代性辩证法视野中的现代性批判——青年卢卡奇哲学思想评析》，郑飞，《社会科学辑刊》2008 年第 3 期

57.《论卢卡奇的物化思想对马克思异化理论的异质发展》，刘敬爱，《前沿》2008 年第 3 期

58.《本雅明思想的批判性维度及其意义》，王才勇，《人文杂志》2008 年第 3 期

59.《论詹姆逊后现代主义的差异性特征》，秦裕，《广西社会科学》2008 年第 3 期

60.《哈贝马斯后期宗教思想论析》，铁省林、傅永军，《世界宗教研究》2008 年第 3 期

61.《恩斯特·布洛赫与马克思主义传统的创新》，金寿铁，《福建论坛（人文社会科学版）》2008 年第 3 期

62.《马克思与哈贝马斯交往理论的本质区别》，姜爱华，《辽宁大学学报

（哲学社会科学版）》2008 年第 3 期

63．《规范的重建和反思——从哈贝马斯到霍内特》，张廷国、马金杰，《求是学刊》2008 年第 3 期

64．《从马克思到鲍曼：现代性理论的转型》，陶日贵，《广东社会科学》2008 年第 3 期

65．《佩里·安德森的历史唯物主义"图绘"》，鲁绍臣，《兰州学刊》2008 年第 3 期

66．《否定的辩证法与非同一性哲学——阿多尔诺〈否定的辩证法〉解读》，王福生，《学习与探索》2008 年第 3 期

67．《阿尔都塞保卫马克思的三重向度与划界方法》，钱厚诚，《哈尔滨工业大学学报（社会科学版）》2008 年第 3 期

68．《论卢卡奇阶级意识理论及其历史考察》，李兴旺，《社会科学论坛（学术研究卷）》2008 年第 3 期

69．《卢西奥·科莱蒂哲学思想研究》，孙乐强、唐正东，《天津社会科学》2008 年第 3 期

70．《鲍德里亚的资本主义批判逻辑》，胡大平，《吉林大学社会科学学报》2008 年第 3 期

71．《象征性交换：鲍德里亚思想的阿基米德点》，夏莹、胡大平，《吉林大学社会科学学报》2008 年第 3 期

72．《卢森堡的政治哲学及其历史效应》，熊敏，《哲学研究》2008 年第 3 期

73．《卢森堡的民主思想与西方马克思主义的历史回应———种政治哲学的考量》，李佃来，《哲学研究》2008 年第 3 期

74．《论霍奈特的承认关系结构说》，王凤才，《哲学研究》2008 年第 3 期

75．《评阿兰·利比兹的政治生态学马克思主义》，唐正东，《哲学研究》2008 年第 3 期

76．《关于主体性的否定性辩证法：兼论解构主义的误区》，李昀，《哲学研究》2008 年第 3 期

77．《阿尔都塞多元决定理论的后马克思主义解读》，仰海峰，《东岳论丛》2008 年第 3 期

78．《哲学是革命的武器——阿尔都塞的哲学观》，朱晓慧，《湖南师范大

学社会科学学报》2008年第3期

79.《国外四位"马克思学家"及其对马克思主义哲学的理解》，聂锦芳，《江西社会科学》2008年第3期

80.《鲍德里亚思想研究评述》，孔明安、陆杰荣，《湖南社会科学》2008年第3期

81.《卢卡奇虚假意识的生成性解读》，杜敏、陈路，《求索》2008年第3期

82.《论马尔库塞对消费社会的批判》，郑春生、李宏图，《求索》2008年第3期

83.《本雅明〈单行道〉的反智方式》，王才勇，《南京社会科学》2008年第4期

84.《论柯亨的"首要性命题"》，陈伟，《兰州学刊》2008年第4期

85.《梅林对历史唯物主义的贡献》，曾瑞明，《历史教学（高校版）》2008年第4期

86.《广松涉：物象化与历史唯物主义——〈历史唯物主义原像〉解读》，张一兵，《哲学研究》2008年第4期

87.《人道主义伦理批判的实质和局限——论霍克海默的社会批判理论》，吴友军，《哲学研究》2008年第4期

88.《"分析马克思主义"的正义论述评》，曹玉涛，《哲学动态》2008年第4期

89.《英国马克思主义哲学的历史进程及其个性》，方珏，《哲学动态》2008年第4期

90.《认同政治时代的正义——南希·弗蕾泽的二价正义论述要》，汪行福，《哲学动态》2008年第4期

91.《霍克海默社会批判理论的形成及其困境》，吴友军，《哲学动态》2008年第4期

92.《分析马克思主义者论马克思与平等》，曹玉涛，《求索》2008年第4期

93.《英国新马克思主义对文化概念的哲学分析》，乔瑞金，《理论探索》2008年第4期

94.《生态学马克思主义的理论发展轨迹初探》，李富君，《河北社会科学》

2008 年第 3 期

95.《海德格尔真理观的马克思主义镜像》，张雪梅，《理论月刊》2008 年第 5 期

96.《葛兰西"文化领导权"思想及其对马克思主义大众化的启示》，胡杰华、潘西华，《理论视野》2008 年第 5 期

97.《马尔库塞对"发达工业社会"消费异化的批判及其当代价值》，陈玉霞，《理论视野》2008 年第 5 期

98.《"总体性"与"非同一性"——论阿多尔诺对卢卡奇总体性辩证法的批判》，王福生，《人文杂志》2008 年第 3 期

99.《汤普森阶级意识学说的当代审视》，张亮，《社会科学辑刊》2008 年第 3 期

100.《马克思的劳动观与西方政治哲学传统——从阿伦特的视角看》，陈高华，《社会科学辑刊》2008 年第 3 期

101.《论哈贝马斯对后形而上学的阐释》，李嘉美，《社会科学辑刊》2008 年第 3 期

102.《人的"新感性"与"新感性"的人——马尔库塞"新感性"理论探析》，丁国旗，《徐州师范大学学报 (哲学社会科学版)》2008 年第 3 期

103.《论马尔库塞技术概念的本质》，刘晓玉，《东北大学学报 (社会科学版)》2008 年第 3 期

104.《社会历史反思性的批判活动——霍克海默社会批判理论的主旨与奠基特点》，吴友军《学习与探索》2008 年第 3 期

105.《从"补充"、"修正"到背离马克思主义——西方马克思主义的思想轨迹》，纪咏梅，《前沿》2008 年第 5 期

106.《论哈贝马斯的"实践话语"理论》，杨礼银、朱松峰，《国外社会科学》2008 年第 5 期

107.《从 STS 视角评鲍德里亚对马克思自然观的批判》，田鹏颖，《自然辩证法研究》2008 年第 5 期

108.《论葛兰西的实践哲学》，吴友军，《教学与研究》2008 年第 5 期

109.《从马克思主义到后马克思主义——拉克劳与莫菲思想演进的全景透视》，周凡，《学术月刊》2008 年第 5、6、7 期

110.《社会批判理论的范式演进：从福柯、哈贝马斯到霍奈特》，李和佳、

高兆明，《哲学研究》2008 年第 5 期

111．《古尔德纳反思的马克思主义意识形态批判理论》，郭世平，《现代哲学》2008 年第 3 期

112．《葛兰西的文化领导权思想研究》，任洁，《东岳论丛》2008 年第 3 期

113．《大卫·哈维的不平衡地理发展理论述评》，董慧，《哲学动态》2008 年第 5 期

114．《福斯特生态学语境下的马克思哲学——〈马克思的生态学〉的旧唯物主义定向》，卜祥记，《哲学动态》2008 年第 5 期

115．《批判精神下否定的意识形态概念——评乔治·拉伦对马克思意识形态概念的解读》，牛菲，《哲学动态》2008 年第 5 期

116．《现代性与媒介文化批评中的主体型像——从本雅明、麦克卢汉到鲍德里亚》，荣耀军，《厦门大学学报（哲学社会科学版）》2008 年第 3 期

117．《佩珀的生态学马克思主义思想评析》，李富君，《河南大学学报（社会科学版）》2008 年第 3 期

118．《在失望与希望之间——评马尔库塞论解放力量》，郑春生，《社会科学战线》2008 年第 3 期

119．《"革命"淡出西方马克思主义视野》，陈喜贵，《社会科学报》2008-06-05

120．《论哈贝马斯与马尔库塞关于"科学技术是意识形态"的分歧》，瞿建权，《理论界》2008 年第 6 期

121．《从批判技术到转化技术——论芬伯格对马尔库塞技术哲学的发展》，孙浔，《理论界》2008 年第 6 期

122．《霍克海默式的启蒙圆圈：神话—启蒙—神话》，杜丽燕，《北京行政学院学报》2008 年第 3 期

123．《唯物史观视域中的马尔库塞新技术观》，刘士才、阮祥红，《探索》2008 年第 3 期

124．《试析詹姆逊的后现代马克思主义》，李简瑷，《兰州学刊》2008 年第 6 期

125．《论卢卡奇的总体性理论对构建和谐社会的意义》，赵司空，《江淮论坛》2008 年第 3 期

126．《哈贝马斯的"话语政治"论的建构——兼谈公民权利的一个维度》，李先敏、王巧玲，《江汉论坛》2008 年第 6 期

127．《论西方新马克思主义社会理论主题的若干转向》，黄继锋，《理论学刊》2008 年第 6 期

128．《哈贝马斯与交往理性》，赵一凡，《中国图书评论》2008 年第 4、6 期

129．《葛兰西对马克思"社会有机体"理论的继承与发展》，孙玉霞，《马克思主义与现实》2008 年第 3 期

130．《空间何以生产》，陆杨，《马克思主义美学研究》2008 年第 1 期

131．《论布达佩斯学派对卢卡奇总体性美学范式的批判》，傅其林，《马克思主义美学研究》2008 年第 1 期

132．《近三年来我国学者关于国外马克思主义研究综述》，梁树发、彭冰冰，《思想理论教育导刊》2008 年第 6 期

133．《阿尔都塞与普兰查斯意识形态理论比较研究》，杨东，《东南大学学报（哲学社会科学版）》2008 年第 S1 期

134．《试析卢卡奇的总体性理论》，贾婷婷，《东南大学学报（哲学社会科学版）》2008 年第 S1 期

135．《马尔库塞的"单向度人"》，孙丽、孙大为，《广西社会科学》2008 年第 6 期

136．《马尔库塞哲学思想的人文意蕴》，张和平、戴春勤，《西南大学学报（社会科学版）》2008 年第 4 期

137．《法兰克福学派视域下的历史唯物主义刍议》，郭庆罡，《西南大学学报（社会科学版）》2008 年第 4 期

138．《汤普森视域中的民族性与马克思主义》，张亮，《福建论坛（人文社会科学版）》2008 年第 7 期

139．《哈贝马斯市民社会理论探析》，伍俊斌，《福建论坛（人文社会科学版）》2008 年第 7 期

140．《在政治分歧的背后——萨特与梅洛—庞蒂之争再思考》，赵勇，《贵州社会科学》2008 年第 7 期

141．《为日常生活批判辩护——论列斐伏尔〈日常生活批判〉第一卷的基本意义》，刘怀玉，《江苏社会科学》2008 年第 4 期

142．《霍奈特承认道德观的建构》，张廷国、任彩虹，《江苏社会科学》2008 年第 4 期

143．《法兰克福学派论传统文化与文化的两重性》，詹贵斌、詹艾斌，《时代文学》2008 年第 7 期

144．《具体存在何以可能？——论科西克的辩证法观》，潘宇鹏，《学习与探索》2008 年第 4 期

145．《恩斯特·布洛赫：一位马克思主义哲学家——历史定位及其当代意义》，金寿铁，《江苏社会科学》2008 年第 4 期

146．《麦金太尔与马克思"实践哲学"的比较》，王强，《云南大学学报》2008 年第 4 期

147．《霍奈特承认理论与批判理论范式转型》，陈波，《四川大学学报（哲学社会科学版）》2008 年第 4 期

148．《马克思主义整体性与国外马克思主义》，阎孟伟，《南开学报（哲学社会科学版）》2008 年第 4 期

149．《浅析生态学马克思主义理论》，翟三江，《河北学刊》2008 年第 4 期

150．《论东欧的法团主义与马克思主义的走向》，赵司空，《现代哲学》2008 年第 4 期

151．《承认话语的当代诠释——霍奈特思想的研究述评》，陈良斌，《哲学动态》2008 年第 7 期

152．《后现代性：鲍曼社会理论的建构视角》，周发财，《求索》2008 年第 7 期

153．《浅析阿尔都塞的意识形态功能理论》，陈杰、向晨晨，《国外理论动态》2008 年第 8 期

154．《西方马克思主义对意识形态理论的贡献》，高阳，《国外理论动态》2008 年第 8 期

155．《权利的商谈式构建——哈贝马斯权利理论的解读》，刘伟，《湖北社会科学》2008 年第 8 期

156．《文化研究与法兰克福学派关系探析》，陈书毅，《文艺研究》2008 年第 8 期

157．《重建国家与社会的良性互动——哈贝马斯的市民社会理论探析》，

张翠、王友刚，《理论月刊》2008 年第 8 期

158．《约翰·B．汤普森的意识形态理论解读》，彭冰冰，《理论月刊》2008 年第 8 期

159．《浅析"西方马克思主义"》，杨爱东，《科教文汇》（上旬刊）2008 年第 8 期

160．《西方马克思主义对马克思生产逻辑的拒绝及理论后果》，祁海军，《理论界》2008 年第 8 期

161．《消费主义文化的挑战与西方马克思主义的突围》，黄力之，《社会科学》2008 年第 8 期

162．《西方马克思主义的社会批判思想评析》，姜锡润、马健，《马克思主义研究》2008 年第 8 期

163．《不可能性：哈贝马斯市民社会理论的命运》，李佃来，《马克思主义研究》2008 年第 8 期

164．《论法兰克福学派对历史唯物主义的重建》，王雨辰、张翠，《马克思主义研究》2008 年第 8 期

165．《国外马克思主义研究的几个方法论原则》，梁树发，《中国图书评论》2008 年第 8 期

166．《国外马克思主义研究要加强全面性、主体性》，徐崇温，《中国图书评论》2008 年第 8 期

167．《交往行为与语言游戏：论哈贝马斯对维特根斯坦语言哲学的接纳与批评》，张庆熊，《马克思主义与现实》2008 年第 4 期

168．《20 世纪中末期以来的西方马克思主义研究》，李青宜，《马克思主义与现实》2008 年第 4 期

169．《汤普森〈英国工人阶级的形成〉的历史语境与理论旨趣》，张亮，《马克思主义与现实》2008 年第 4 期

170．《本雅明思想身份的生平解读》，杨庆茹，《黑龙江社会科学》2008 年第 4 期

171．《本雅明的历史时间观念》，纪逗，《黑龙江社会科学》2008 年第 4 期

172．《鲍德里亚对马克思劳动观的批判：解读与评价——对〈生产之镜〉的文本学解读》，郭华，《南京社会科学》2008 年第 8 期

173．《以死亡反对死亡：作为理论恐怖主义者的鲍德里亚——鲍德里亚〈象征交换与死亡〉解读》，张一兵，《南京社会科学》2008年第8期

174．《论葛兰西的知识道德集团理论及现实意义》，姚国宏，《福建论坛（人文社会科学版）》2008年第8期

175．《国外马克思研究是一面镜子》，杨学功，《中国图书评论》2008年第8期

176．《伊格尔顿意识形态批评的确立——论〈沃尔特·本雅明，或走向革命批评〉》，王龙辉，《中国图书评论》2008年第8期

177．《规范的语言学地基——试析哈贝马斯法哲学的语用学前提》，陈伟，《兰州学刊》2008年第8期

178．《多元主义背景下的宽容与团结——哈贝马斯团结思想探要》，王江涛，《兰州学刊》2008年第8期

179．《生态学马克思主义和生态学社会主义关系研究述评——国内学者有关二者关系争论的综述》，余洋，《理论观察》2008年第4期

180．《批判、实践与解放——哈贝马斯的现代性理论解读》，郎晓波，《社会科学论坛（学术研究卷）》2008年第8期

181．《詹姆逊历史化认知思想探析》，邢媛，《哲学研究》2008年第8期

182．《历史与审美的意识形态重建——从卢卡奇到哈贝马斯》，郝明工，《重庆师范大学学报（哲学社会科学版）》2008年第4期

183．《国外学者眼中的当代马克思主义哲学问题——访凯文·B.安德森教授》，吴昕炜，《哲学动态》2008年第8期

184．《技术政治与技术文化——凯尔纳资本主义技术批判理论评析》，颜岩，《哲学动态》2008年第8期

185．《早期西方马克思主义社会历史观的历史生成及哲学向度》，唐鸿，《西南大学学报（社会科学版）》2008年第5期

186．《西方马克思主义及修正主义对待晚年恩格斯的两种态度》，祁海军，《理论界》2008年第9期

187．《质疑自然辩证法：从卢卡奇到莱文》，张立波，《中州学刊》2008年第5期

188．《后现代马克思主义对"马克思主义终结论"的理论回应》，付文忠，《西南大学学报（社会科学版）》2008年第5期

189.《阿多尔诺唯物主义观念的逻辑运作》，谢永康，《社会科学辑刊》2008 年第 5 期

190.《马克思思想与德勒兹后马克思主义理论》，陈炳辉、王东明，《山西大学学报（哲学社会科学版）》2008 年第 5 期

191.《鲍德里亚与早期法兰克福学派思想的比较研究》，孔明安，《中国社会科学院研究生院学报》2008 年第 5 期

192.《论阿多尔诺对现代性批判的理论维度》，胡绪明，《北岳论丛》2008 年第 5 期

193.《消费意识形态：符码操控中的真实之死——鲍德里亚的〈消费社会〉解读》，张一兵，《江汉论坛》2008 年第 9 期

194.《技术民主的两条道路——哈贝马斯和芬伯格技术政治学比较研究》，孙浔，《兰州学刊》2008 年第 9 期

195.《论法兰克福学派的科技导向观》，何林，《辽宁大学学报（哲学社会科学版）》2008 年第 5 期

196.《从总体性到总体化：萨特人学辩证法的内在逻辑转变——萨特〈辩证理性批判〉解读》，孙乐强，《福建论坛（人文社会科学版）》2008 年第 9 期

197.《法兰克福学派异化理论的逻辑转向》，丁香桃，《岭南学刊》2008 年第 5 期

198.《承认的类型学探析——对霍奈特承认理论的解读》，陈伟，《理论与现代化》2008 年第 5 期

199.《从主体到结构——法国马克思主义哲学的当代演进》，王时中，《理论与现代化》2008 年第 5 期

200.《波德里亚的后现代主义及其存在论视域》，徐琴，《河北学刊》2008 年第 5 期

201.《对"西方马克思主义"的新认识》，陈学明，《教学与研究》2008 年第 9 期

202.《论西方马克思主义存在论视域的初始定向》，吴晓明，《河北学刊》2008 年第 5 期

203.《卢卡奇晚年重建马克思主义存在论的努力与局限》，姜佑福，《河北学刊》2008 年第 5 期

204.《霍克海默和阿多尔诺对启蒙精神的批判及其存在论基础》，陈蓓洁，

《河北学刊》2008年第5期

205．《汤普森"文化唯物主义"的理论与范式》，张亮，《吉林大学社会科学学报》2008年第5期

206．《社会空间的生产——析列斐伏尔〈空间的生产〉》，陆扬，《甘肃社会科学》2008年第5期

207．《弗洛姆：异化的消费》，李辉，《山东师范大学学报（人文社会科学版）》2008年第5期

208．《国外马克思主义研究状况及前沿》，邹诗鹏（执笔），《社会科学报》2008年10月9日

209．《汤普森与英国马克思主义的文化转向》，张亮，《南京大学学报（哲学·人文科学·社会科学版）》2008年第5期

210．《本雅明的历史思想探析》，曲瑞华，《扬州大学学报（人文社会科学版）》2008年第5期

211．《卢卡奇的"总体性"对科学思维的反驳》，邹之坤、卓越，《国外理论动态》2008年第10期

212．《在先验与经验之间——解读哈贝马斯"后形而上学"思想》，鄢松波，《理论月刊》2008年第10期

213．《哈贝马斯商谈理论之逻辑前提与语义后承》，鲁学军、祁海军，《理论界》2008年第10期

214．《德波与景观社会批判》，仰海峰，《南京社会科学》2008年第10期

215．《詹姆逊：后现代再现》，赵一凡，《中国图书评论》2008年第10期

216．《西方马克思主义视野中的社会主义》，陈喜贵，《当代世界与社会主义》2008年第5期

217．《鲍德里亚对使用价值的批判及其内在困境》，尤金，《浙江社会科学》2008年第5期

218．《意识形态形成的思维机制——论埃尔斯特对马克思意识形态理论的一个重建》，马俊领、刘卓红，《社会科学家》2008年第10期

219．《论布达佩斯学派的批判及批判的终结》，赵司空，《哲学动态》2008年第10期

220．《论霍奈特对黑格尔法哲学中承认思想的研究》，许卫超，《前沿》2008年第11期

221.《浅析马克思与卢卡奇的异化根源学说》，梁伟，《前沿》2008 年第 11 期

222《青年鲍德里亚与他的〈物体系〉》，张一兵，《学术论坛》2008 年第 11 期

223.《论德里达对马克思主义批判精神的诠释》，郑朝阳，《深圳大学学报（人文社会科学版）》2008 年第 6 期

224.《西方马克思主义的地域性思想》，李进书，《北方论丛》2008 年第 6 期

225.《解构与重建：阿多尔诺"否定的辩证法"理论目的解读》，于永坤，《理论探讨》2008 年第 6 期

226.《理解马尔库塞"单向度"思想的两种维度》，张波，《理论学刊》2008 年第 11 期

227.《别尔嘉耶夫与法兰克福学派：自由观的异度与共维》，郑忆石，《浙江学刊》2008 年第 6 期

228.《从实践理性到交往理性——哈贝马斯的社会整合方案》，王晓升，《云南大学学报（社会科学版）》2008 年第 6 期

229.《葛兰西是"西方马克思主义者"吗?》，田时纲，《教学与研究》2008 年第 11 期

230.《哲学视阈中西方马克思主义与马克思主义的关系》，饶志华、施伟佳，《社会科学论坛（学术研究卷）》2008 年第 11 期

231.《为什么"不能没有马克思"——论德里达对马克思遗产的当代解读》，郑朝阳，《学术研究》2008 年第 11 期

232.《哈贝马斯与马克思生活世界理论比较》，赵志勇，《长白学刊》2008 年第 6 期

233.《当代西方生态学马克思主义生态危机理论评析》，陈食霖，《武汉大学学报（人文科学版）》2008 年第 6 期

234.《哈贝马斯交往概念的思想起源》，鲁路，《晋阳学刊》2008 年第 6 期

235.《论霍克海默对实证主义的批判——启蒙批判早期进路研究》，马俊领、刘卓红，《广西社会科学》2008 年第 6 期

236.《鲍德里亚是一个后现代主义者吗? ——兼论现代技术与后现代的

关系》，孔明安，《现代哲学》2008 年第 6 期

237．《葛兰西与"后马克思主义"的生成》，周凡，《现代哲学》2008 年第 6 期

238．《马克思主义的发展与社会转型——内格里访谈》，肖辉，《国外理论动态》2008 年第 12 期

239．《论生态学马克思主义的科技导向观》，何林，《国外理论动态》2008 年第 12 期

240．《论科西克的"具体总体"观》，潘宇鹏、李宝文，《学术交流》2008 年第 12 期

241．《马尔库塞与阿格尔生态马克思主义理论之比较和评价》，王学伟，《学术交流》2008 年第 12 期

242．《早期西方马克思主义意识形态论研究——以卢卡奇、葛兰西和柯尔施为例》，张秀琴，《山东社会科学》2008 年第 12 期

243．《哈贝马斯交往行动理论批判》，张汝伦，《江苏行政学院学报》2008 年第 6 期

244．《论恩斯特·布洛赫的哲学人类学思想》，金寿铁，《社会科学》2008 年第 12 期

245．《卢卡奇主体性思想概述》，吕艳红，《理论界》2008 年第 12 期

246．《浅析哈贝马斯的科技观》，王永、王丁龙，《世纪桥》2008 年第 20 期

247．《近期国外马克思主义理论研究动向》，邹诗鹏，《理论视野》2008 年第 12 期

248．《论戴维·佩珀的生态学马克思主义理论》，王雨辰，《江汉论坛》2008 年第 12 期

249．《后马克思主义之后的马克思主义——辨析詹姆逊与后马克思主义的关系》，周凡，《马克思主义与现实》2008 年第 6 期

250．《哈贝马斯与马克思科学技术观比较》，倪伟波，《自然辩证法研究》2008 年第 12 期

251．《阿尔都塞意识形态理论视域中的身体》，王建香、王洁群，《求索》2008 年第 12 期

译　文

1.《向乌托邦告别吗?》，E.布洛赫 著，梦海 译，《现代哲学》2008年第1期

2.《马克思：直路、具体的乌托邦》，E.布洛赫 著，梦海 译，《现代哲学》2008年第1期

3.《希望会成为失望吗?——图宾根1961年开讲词》，E.布洛赫 著，梦海 译，《现代哲学》2008年第1期

4.《马克思主义与解构：批判性的关联》，麦克·瑞安 著，李昀 译，《现代哲学》2008年第3期

5.《一个西方马克思主义者的探索足迹》，雅克·彼岱 著，魏小萍 译，《现代哲学》2008年第3期

6.《马克思主义哲学在英国》，肖恩·塞耶斯 著，高宝丽译，《现代哲学》2008年第3期

7.《评齐泽克的激进左翼政治理论》，亚历克斯·柯林尼克斯 著，曾志浩 译，《现代哲学》2008年第3期

8.《鲍德里亚：一位冷战哲学家的拟真、影像与死亡》，瑞安·毕晓普 著，戈贝 译，《文艺研究》2008年第4期

9.《马克思思想中的黑格尔：马克思主义革命观里的分娩式论题》，G.A.柯亨 著，吴晓云 译，《马克思主义与现实》2008年第2期

10.《黑格尔和马克思论创造活动与异化》，肖恩·塞耶斯 著，邵华 译，《马克思主义与现实》2008年第2期

11.《论阿尔都塞的结构主义马克思主义》，E.P.汤普森 著，张亮 译，《马克思主义美学研究》2008年第1期

12.《意识形态国家机器、消费主义和美国资本主义：左派的教训》，理查德D.沃尔夫 著，吴昕炜 译，《学术研究》2008年第6期

13.《鲍德里亚：一个千禧年的跨学科思想家》，道格拉斯·凯尔纳 著，孔明安 译，《南京社会科学》2008年第8期

14.《拯救1968的哈贝马斯批判观》，K.W.格瑞 著，贺翠香 译，《世界哲学》2008年第5期

15．《分析的马克思主义在当代——威廉姆·H.肖教授访谈录》，威廉姆·H.肖 著，沈亚生 译，《南京大学学报（哲学·人文科学·社会科学版）》2008 年第 5 期

16．《法兰克福学派在亚洲的接受史及影响》，阿克塞尔·霍奈特 著，王才勇 译，《文汇报》2008—11—29

17．《当代法国哲学思潮》，阿兰·巴迪乌 著，陈杰、李谳 译，《国外理论动态》2008 年第 12 期

18．《意识形态与后马克思主义》，欧内斯托·拉克劳 著，陈红 译，《马克思主义与现实》2008 年第 6 期

19．《后马克思主义：民主与认同》，尚塔尔·莫菲 著，山小琪 译，《马克思主义与现实》2008 年第 6 期

20．《马克思主义之后的马克思》，本雅明·布鲁姆博格、潘·诺格内斯 著，王平 译，《社会科学报》2008—04—10

研究著作、集刊及研究报告

1．《当代国外马克思主义评论》（第 5 辑），复旦大学当代国外马克思主义研究中心 编，人民出版社，2008 年 12 月

2．《马克思主义研究论丛（第十辑）：阶级和革命的基本观点研究》，俞可平 等主编，中央编译出版社，2008 年 12 月

3．《生态文明与马克思主义—生态文明系列丛书》，李惠斌、薛晓源、王治河 主编，中央编译出版社，2008 年 10 月

4．《国外马克思主义研究报告 2008》，复旦大学国外马克思主义与当代思潮研究国家创新基地、复旦大学当代国外马克思主义研究中心、复旦大学哲学学院 主编，人民出版社，2008 年 10 月

5．《当代西方哲学综述评析马克思主义与当代西方哲学的相互关系》，王蓉拉 著，学林出版社，2008 年 10 月

6．《阶级、文化与民族传统——爱德华·P.汤普森的历史唯物主义思想研究》，张亮 著，江苏人民出版社，2008 年 9 月

7．《当代学者视野中的马克思主义哲学》（西方学者卷），吴晓明 主编，

北京师范大学出版社 2008 年 1 月

8.《当代学者视野中的马克思主义哲学》（俄罗斯者卷），安启念 主编，北京师范大学出版社 2008 年 8 月

9.《当代学者视野中的马克思主义哲学》（苏联东欧学者卷），衣俊卿、陈树林 主编，北京师范大学出版社，2008 年 8 月

10.《马克思与欧洲近代政治哲学》，杨晓东 著，社会科学文献出版社，2008 年 6 月

11.《西方马克思主义前沿问题二十讲》，陈学明、王凤才 著，复旦大学出版社，2008 年 5 月

12.《"空间生产"——从马克思到当代》，孙江 著，人民出版社，2008 年 2 月

13.《生态地批判——福斯特的生态学马克思主义思想研究》，郭剑仁 著，人民出版社，2008 年 1 月

14.《文本的深度耕犁——后马克思思潮哲学文本解读》（第二卷），张一兵 著，中国人民大学出版社，2008 年 1 月

15.《哈贝马斯评传》，陈勋武 著，中山大学出版社，2008 年 10 月

16.《黑格尔、哈贝马斯与自由意识》，薛华 著，中国法制出版社，2008 年 7 月

17.《哈贝马斯与现代哲学的基本问题》，刘钢 著，人民出版社，2008 年 6 月

18.《伊格尔顿意识形态理论探要》，方珏 著，重庆出版社，2008 年 4 月

19.《社会符号化——马克思主义视阈中的鲍德里亚后期思想研究》，张天勇 著，人民出版社，2008 年 2

20.《影响与对话——西方马克思主义意识形态批评研究》，孙士聪 著，上海人民出版社，2008 年 12 月

21.《生态学马克思主义研究》，曾文婷 著，重庆出版社，2008 年 4 月

译　著

1.《晚期马克思主义》，（美）杰姆逊 著，李永红 译，南京大学出版社，

2008 年 10 月

2.《马克思与诺齐克之间》，（美）柯亨 著，吕增奎 编，江苏人民出版社，2008 年 9 月

3.《马克思主义以后的马克思——卡尔·马克思的哲学》，（法）汤姆·洛克曼 著，杨学功、徐素华 译，东方出版社，2008 年 6 月

4.《马克思的复仇——资本主义的复苏和苏联集权社会主义的灭亡》，（英）梅格纳德·德赛 著，汪澄清 译，中国人民大学出版社，2008 年 5 月

5.《理解马克思》，（美）埃尔斯特 著，何怀远 等译，中国人民大学出版社，2008 年 4 月

6.《激进民主》，（美）拉米斯 著，刘元琪 译，中国人民大学出版社，2008 年 4 月

7.《反对资本主义》，（美）戴维·施韦尔特 著，李智、陈志刚 等译，中国人民大学出版社，2008 年 4 月

8.《马克思与恩格斯：学术思想关系》，（美）卡弗 著，姜海波 等译，中国人民大学出版社，2008 年 4 月

9.《马克思的幽灵——债务国家、哀悼活动和新国际》，（法）德里达 著，何一 译，中国人民大学出版社，2008 年 4 月

10.《马克思主义与人性》，（英）肖恩·塞耶斯 著，冯颜利 译，东方出版社，2008 年 3 月

11.《阿多尔诺》，（德）施威蓬豪依塞尔 著，鲁路 译，中国人民大学出版社，2008 年 9 月

12.《本雅明》，（德）斯文·克拉默 著，鲁路 译 中国人民大学出版社，2008 年 9 月

13.《文化马克思主义在战后英国》，（英）丹尼斯·德沃金 著，李凤丹 译，人民出版社，2008 年 12 月

（陈祥勤 整理；另，2008 年报告中"国内研究索引"也由陈祥勤整理）

责任编辑：郐中建
装帧设计：曹　春

图书在版编目（CIP）数据

国外马克思主义研究报告.2009/ 复旦大学国外马克思主义与国外思潮研究
　国家创新基地、复旦大学当代国外马克思主义研究中心、复旦大学哲学学
　院编
－北京：人民出版社，2009.11
ISBN 978-7-01-008102-1

Ⅰ.国… Ⅱ.①复…②复…③复… Ⅲ.马克思主义－研究报告-外国
　－2009 Ⅳ.A81

中国版本图书馆CIP数据核字（2009）第130494号

书　　名　国外马克思主义研究报告2009
　　　　　GUOWAI MAKESIZHUYI YANJIU BAOGAO 2009
　　　　　复旦大学国外马克思主义与国外思潮研究国家创新基地、复
　　　　　旦大学当代国外马克思主义研究中心、复旦大学哲学学院编
出版发行　人民出版社
　　　　　（北京朝阳门内大街166号　邮编　100706）
邮购地址　100706 北京朝阳门内大街166号人民东方图书销售中心
邮购电话　(010)65132886　65250042　65289539
印　　刷　北京龙之冉印务有限公司　新华书店经销
版　　次　2009年11月第1版　2009年11月北京第1次印刷
开　　本　710毫米×1000毫米1/16　印张 31.5
字　　数　512千字
印　　数　1—3,500册
书　　号　ISBN 978-7-01-008102-1
定　　价　59.00元